Bernd Winkler

Das Bierbrauen in Kulmbach

CHW-Monographien

Im Auftrag des Colloquium Historicum Wirsbergense e. V.
herausgegeben von
Günter Dippold

Band 10

Bernd Winkler

Das Bierbrauen in Kulmbach

Lichtenfels 2014

Die laufende Arbeit des Colloquium Historicum Wirsbergense e.V. wird vom Bezirk Oberfranken und vom Landkreis Lichtenfels regelmäßig unterstützt.

Die Herausgabe des vorliegenden Bandes wurde gefördert
　durch die Oberfrankenstiftung,
　durch die Kulmbacher Brauerei AG und
　durch den Landkreis Kulmbach.

ISBN 978-3-945411-00-1

Colloquium Historicum Wirsbergense – Heimat- und Geschichtsfreunde in Franken e.V.
1. Vorsitzender: Prof. Dr. Günter Dippold, Brückleinsgraben 1, D-96215 Lichtenfels

Druck: Louis Hofmann Druck- und Verlagshaus GmbH & Co. KG, Sonnefeld

Inhalt

Vorwort 12

1. Die Entwicklung des Brauwesens in Kulmbach vor der Industrialisierung 15
1.1 Die drei Säulen der Brautradition – Bierbrauen in Kulmbach vor 1800/10 15
1.2 Das Bier der Mönche – Das Augustinerkloster von 1349 17
    1.2.1 Die Gründung durch Burggraf Johann II. 17
    1.2.2 Die Bestätigungsurkunde von 1349 17
    1.2.3 Standort und Ausstattung 18
    1.2.4 Die weitere Entwicklung 19
    1.2.5 Das Ende des Klosters 20
    1.2.6 Randbemerkung 21
    1.2.7 Ein Brauhaus des Klosters Langheim in der Blaich? 21
1.3 Das Bier der Herrschaft – Bierbrauen auf der Plassenburg 22
    1.3.1 Die herrschenden Geschlechter 22
    1.3.2 Verpflegung und Bierbrauen vor 1554 23
    1.3.3. Bierbrauen nach 1560 25
1.4 Das Bier der Bürger – Brauen in der Stadt Kulmbach 27
    1.4.1 Vorschriften des Landesherrn 27
    1.4.2 Braurecht und Brauhäuser in der Stadt 28
    1.4.3 Weinbau in der Kulmbacher Gegend 30
    1.4.4 Die Situation des Brauwesens um 1800 30

2. Die weitere Entwicklung des Brauwesens in Kulmbach bis 1870 32
2.1 Der Stand des Kulmbacher Brauwesens zu Beginn des 19. Jahrhunderts 32
    2.1.1 Brau- und Mulzhäuser 32
    2.1.2 Organisation des Brauprozesses 33
    2.1.3 Braupersonal und Bierkieser 34
    2.1.4 Die brauende Bürgerschaft im Sudjahr 1816/17 36

2.2	Der Export als bestimmender Faktor für den Aufschwung des Brauwesens nach 1830	37
	2.2.1 Überlegungen zum Datum der ersten „offiziellen" Bierausfuhr	39
	2.2.2 Entwicklung des Kulmbacher Bierexports	41
	2.2.3 Das Besondere am Kulmbacher Bier	44
	2.2.4 Unabhängigkeitsbestrebungen von Lorenz Sandler, Erhard Gummi und anderen	44
2.3	Die Errichtung neuer Braustätten nach 1848 als Folge zunehmender Exportraten	46
	2.3.1 Die neuen Brauhäuser	46
	2.3.2 Die brauende Bürgerschaft im Sudjahr 1853/54	50
	2.3.3 Die brauende Bürgerschaft um 1860	51
	2.3.4 Die Errichtung eines zweiten Kommunbrauhauses	53
	2.3.5 Auslastung der Brauhäuser und Bierverkauf im Sudjahr 1865/66	55
	2.3.6 Der Verkauf der beiden Kommunbrauhäuser 1869 bzw. 1872	59
	2.3.7 Etwas Wohlstand dank Bierbrauerei	61
	2.3.8 Eine Brauhaus-Ordnung von 1868	61
3.	**Aufschwung zur Brauindustrie in den Jahren bis 1900**	63
3.1	Allgemeine Entwicklung von 1870 bis 1900	63
3.2	Die Rolle Sachsens und Michael Taeffner aus Kulmbach	70
	3.2.1 Sachsen und seine Brauwirtschaft	70
	3.2.2 Michael Taeffner – sein Werdegang bis 1872	71
3.3	Die entstehenden Großbrauereien im einzelnen	72
	3.3.1 Erste Culmbacher Actien-Exportbier-Brauerei	72
	3.3.2 J. W. Reichel – Reichelbräu AG	80
	3.3.3 Carl Petz – Petzbräu AG	88
	3.3.4 Georg Sandler	94
	3.3.5 Carl Rizzi – Rizzibräu AG	97
	3.3.6 Rizzibräu und das Alt-Pilsenetzer Bräuhaus *(von Helmut Geiger)*	102
	3.3.7 Simon Hering – Mönchshofbräu AG	104
	3.3.8 Zusammenfassung	107
3.4	Die kleineren Brauereien bis 1900 – allgemeine Darstellung	108
	3.4.1 Firmen- bzw. Handelsregister (ab 1862)	109
	3.4.2 Reisehandbuch für das Königreich Bayern von 1868	114
	3.4.3 Bierausfuhrstatistik von 1878 im Vergleich zu 1896/97	116
	3.4.4 Branchenverzeichnis der Stadt Kulmbach von 1882	118

Inhalt 7

3.5 Das Jahr 1900 – Höhepunkt und vorläufiges Ende einer fantastischen Erfolgsgeschichte 120
   3.5.1 Michael Taeffner † 120
   3.5.2 Das Stadtbild Kulmbachs um 1900 123
   3.5.3 Kulmbacher Bier in San Francisco und ein Praktikant aus Japan 124
   3.5.4 EKU-Bier bereits um 1900 in China 127
   3.5.5 Kulmbacher Bier in der Literatur 128

4. Erste Rückschläge in den Jahren nach 1900 131
4.1 Allgemeine Darstellung der Entwicklung ab 1900 bis zu Beginn des Ersten Weltkriegs 131
4.2 Ursachen für die Umsatzverluste der Kulmbacher Brauindustrie 140
   4.2.1 Schlechte Konjunktur 140
   4.2.2 Der Couleur-Prozess von 1899 140
   4.2.3 Geschmackswandel 141
   4.2.4 Weitere Schwierigkeiten 142
4.3 Umsatz- und Gewinnentwicklung der Großbrauereien von 1900 bis 1914 144
4.4 Einzeldarstellung der nach 1900 noch bestehenden Kulmbacher Kleinbrauereien
   und der Kommunbrauer 151
   4.4.1 Michael Angermann – Anton Eichenmüller 152
   4.4.2 Leonhard Eberlein – Kapuzinerbräu AG 154
   4.4.3 Mathaeus Hering 160
   4.4.4 Christian Pertsch 162
   4.4.5 Hans Petz – Gebrüder Fleischmann – Markgrafenbräu 164
   4.4.6 Conrad Planck – Hans Planck sen./jun. 168
   4.4.7 Friedrich Pöhlmann – Adolph Christenn – Ottmar Schmidt 168
   4.4.8 Wilhelm Poehlmann – Georg Pöhlmann 172
   4.4.9 Louis Weiß 173
   4.4.10 Weitere Braugeschäfte 177
   4.4.11 Kommunbrauer 178
4.5 Arbeitsverhältnisse und Entlohnung in den Kulmbacher Brauereien 179
   4.5.1 Löhne und sonstige Leistungen vor 1900 179
   4.5.2 Soziale Spannungen nach 1900 181
   4.5.3 Die Vereinbarung von 1901 182
   4.5.4 Der Tarifvertrag von 1905 184
   4.5.5 Der Tarifvertrag von 1905 – zwei unterschiedliche Berichte und Urteile 186
   4.5.6 Die Anzahl der Beschäftigten nach 1900 190

4.5.7	Tierhaltung in den Arbeitsbedingungen	192
4.5.8	Die Kulmbacher Brauerlöhne im Vergleich	193

5. Zunehmende Konzentration in der Kulmbacher Brauindustrie in den Jahren von 1914 bis 1939 195

5.1 Der Erste Weltkrieg und die nachfolgenden Jahre: Einschränkungen und Belastungen für die Kulmbacher Brauindustrie 195
    5.1.1 Allgemeine Darstellung der Jahre 1914 bis 1918 195
    5.1.2 Die Jahre nach 1918 und die Folgen des Krieges 199
    5.1.3 Geschäftsaufgabe der Petzbräu AG 1923 201
    5.1.4 Ungewissheit bei Sandlerbräu 205

5.2 Die Jahre von 1924 bis 1939 207
    5.2.1 Allgemeine Entwicklung von 1924 bis 1933 207
    5.2.2 Die Brauereien im Einzelnen 213
    5.2.3 Die Übernahme von Rizzibräu und Markgrafenbräu durch Reichelbräu im Jahr 1930 220
    5.2.4 Die Jahre von 1933 bis 1939 224
    5.2.5 Erstes Fassmann-Fleischmann-Fest und erstes Bierfest in Kulmbach 228

5.3 Exkurs: Die Abnehmer des Kulmbacher Bieres nach 1900 230
    5.3.1 Allgemeines 230
    5.3.2 Der Bierabsatz der Rizzibräu in den Jahren vor 1914 bzw. vor 1930 231
    5.3.3 Reichelbräu-Kunde Conrad Kißling in Breslau feiert 1935 100jähriges Geschäftsjubiläum 233
    5.3.4 Beschwerde des Thüringer Brauerbundes gegen eine Kulmbacher Brauerei 240
    5.3.5 Die Austausch-Brauereien der Mönchshofbräu 243

6. Der Zweite Weltkrieg, die Nachkriegsjahre und die Jahrzehnte bis 1980 245

6.1 Die deutschen Brauereien in der Kriegswirtschaft 245
    6.1.1 Rohstoffversorgung und Absatzgestaltung 245
    6.1.2 Ertragslage und unbefriedigter Investitionsbedarf 246
    6.1.3 Transportfragen und Austausch von Liefer-Brauereien 247
    6.1.4 Rationalisierung 247

6.2 Die Situation der Kulmbacher Brauereien im Zweiten Weltkrieg 248
    6.2.1 Beinahe unveränderte Ausstoßzahlen 248
    6.2.2 Einberufungen zur Wehrmacht 249
    6.2.3 Ein Todesurteil wegen Bierdiebstahl 249
    6.2.4 Andere Beeinträchtigungen gegen Kriegsende 251
    6.2.5 Exkurs: Die Südwerke in Kulmbach 252

Inhalt

6.3 Das Kriegsende in Kulmbach und die amerikanische Besatzung während des Jahres 1945 255
    6.3.1 Keine Kriegsschäden an den Brauereigebäuden 255
    6.3.2 Eingeschränkte Bierabgabe an Wirte 255
    6.3.3 Brauverbot und Überwachung 256
    6.3.4 Auseinandersetzungen um die Malzvorräte der Kulmbacher Mälzereien 257
    6.3.5 Betriebsappell am 22. Mai 1945 258
    6.3.6 Bestandsaufnahme der Kulmbacher Brauereien zum 29. Mai 1945 258
    6.3.7 Auswirkungen auf die Mitarbeiter 260

6.4 Weitere Erschwernisse in den Nachkriegsjahren bis 1949 261
    6.4.1 Verlust der Absatzgebiete in Mittel- und Ostdeutschland 262
    6.4.2 Verschlechterung der Verkehrssituation 263
    6.4.3 Absoluter Mangel an sämtlichen Roh-, Hilfs- und Betriebsstoffen 263
    6.4.4 Auswirkungen auf den Braubetrieb 265
    6.4.5 Keine Besserung durch die Währungsreform 267
    6.4.6 Eine Beschlagnahme bei der Mönchshofbräu 1947
           und anderer Ärger für die Erste Actienbrauerei 1949 268
    6.4.7 Mönchshofbräu feiert 600 Jahre 270

6.5 Die Kulmbacher Brauereien in den Jahrzehnten nach 1950 271
    6.5.1 Neubeginn mit Schwierigkeiten: 1950 und das folgende Jahrzehnt im Überblick 271
    6.5.2 Kulmbacher Bierwoche 272
    6.5.3 Schweizerhof-Bräu als neue Kulmbacher Brauerei 275
    6.5.4 Treue Mitarbeiter – die Brauereipferde 277
    6.5.5 Freche Werbung 278
    6.5.6 Ausbau der Marktstellung für Kulmbacher Bier nach 1960 und 1980 280
    6.5.7 EKU – Neubau auf der „grünen Wiese" 280
    6.5.8 Mönchshof, Sandler- und Reichelbräu 286
    6.5.9 Ständige Veränderungen 288

7. Erneute Konzentration und weiteres Wachstum bei den Kulmbacher Brauereien ab den 1980er Jahren 291

7.1 1980: Reichel übernimmt Sandlerbräu 291
    7.1.1 Die Übernahmeverhandlungen 292
    7.1.2 Der Ablauf der Übernahme 294
    7.1.3 Mönchshof kauft zu 295
    7.1.4 1981: Die EKU – ein Flaggschiff in der Brauindustrie 296
    7.1.5 Der Abbruch der Sandler-Brauerei 297

7.2 1984: Reichel- und Mönchshofbräu wollen zusammengehen ... 298
7.2.1 Die Meldung vom 21. August 1984 ... 298
7.2.2 Die Hauptversammlung vom 18. Oktober 1984 ... 299
7.2.3 Unmut bei der EKU ... 300
7.2.4 Die Großaktionäre bei Reichelbräu ... 300
7.2.5 Die Meußdoerffer-Holding ... 302
7.2.6 Das Ende der Ära Meußdoerffer ... 303
7.3 1985: Der Höhenflug der EKU ... 303
7.3.1 1985/86: Die EKU mit Engagements in Afrika und Übernahme von Tucherbräu und Brauhaus Amberg ... 303
7.3.2 1987: EKU kauft Henninger und wird Großkonzern ... 304
7.3.3 War Henninger für Reemtsma ein „Problemkind"? ... 304
7.3.4 Der EKU-Konzern 1987/88 ... 306
7.4 1990: Neue Positionen im Kulmbacher Brauwesen ... 308
7.4.1 Die DDR öffnet ihre Grenzen – geht den Kulmbachern das Bier aus? ... 308
7.4.2 Kooperationen und Übernahmen ... 308
7.4.3 Pläne und Investitionen in Kulmbach ... 309
7.4.4 Dr. Carl Reischach 65 Jahre alt – Würdigung ... 309
7.4.5 Die Schweizerhof-Bräu „macht dicht" ... 311
7.4.6 Die Kommunbräu – eine neue Brauerei entsteht ... 312
7.4.7 Ein Brauereimuseum für Kulmbach? ... 316
7.4.8 Haus- und Hobbybrauer ... 320
7.4.9 Reichelbräu bleibt auf Erfolgskurs ... 323
7.5 1992: EKU – Auch für härteren Weg gewappnet? ... 324
7.5.1 Gespräche – Gerüchte ... 325
7.5.2 Schlechte Zahlen – Sorgen mit den „Töchtern" ... 325
7.5.3 Ärger beim Verkauf der Tucher-Bräu AG ... 326
7.5.4 Rückbesinnung auf Nordbayern ... 327
7.5.5 Einstellung und Entlassung von Führungskräften ... 327
7.5.6 Die EKU ohne Helmuth Pauli ... 328
7.5.7 Das letzte Jahr als eigenständige Brauerei ... 329
7.5.8 Reichelbräu übernimmt den Betrieb der EKU ... 331
7.5.9 Abwicklung der alten Firma EKU ... 333
7.5.10 Dr. Carl Reischach † ... 333
7.5.11 Weitere Ereignisse seit 1994 ... 334

8. 1997 – endlich Kulmbacher Brauerei AG 337
8.1 Ein Krisenjahr für die deutsche Brauwirtschaft 337
8.2 Aus Reichelbräu AG wird die Kulmbacher Brauerei AG 338
8.3 Der neue Konzern und seine Töchter 339
- 8.3.1 Sorgen mit der EKU 339
- 8.3.2 Mönchshofbräu 340
- 8.3.3 Markgrafen-Bräu GmbH i. L. 341
- 8.3.4 Gert Langer übergibt an Jürgen Brinkmann 341
- 8.3.5 Die Kulmbacher Brauerei AG in den Jahren 1998 und 1999 342
- 8.3.6 Die neue Strategie 345
- 8.3.7 Die Kulmbacher Brauerei AG in den Jahren ab 2000 345

8.4 Die Kulmbacher Brauerei AG im Jahr 2012 351
- 8.4.1 Allgemeine Branchenentwicklung 351
- 8.4.2 Geschäftsverlauf der Kulmbacher Gruppe 354
- 8.4.3 Bierexport 356
- 8.4.4 Ertragslage 358

8.5 Bier- und Braukultur heute in Kulmbach 359
- 8.5.1 Das Bayerische Brauereimuseum im Mönchshof 359
- 8.5.2 Exkurs: Der Mönchshof heute – das Schaufenster des Lebensmittelstandorts Kulmbach 360
- 8.5.3 Kulmbachs Unterwelt – die alten Bierkeller 368
- 8.5.4 Brauer-Nachwuchs und Meisterkurse in Kulmbach 370
- 8.5.5 Die Hobbybrauer Himmelkron e. V. 373
- 8.5.6 Kulmbacher Kommunbräu e.G. – Reale Bierwirtschaft 375
- 8.5.7 Kulmbach – die heimliche Hauptstadt des Biers? 378
- Das Kulmbacher Bierfest – Impressionen 2013 379

Vorstände und Geschäftsführer in den Kulmbacher Brauereien lt. Handelsregister Bayreuth 384
Literaturverzeichnis 392
Abkürzungen 397
Auflösung des Literaturrätsels von Seite 128 f. 397
Abbildungsnachweis 398
Anmerkungen 399
Korrekturen der Auflage von 1987 406
Personen- und Firmenregister 407

Vorwort

Im Jahr 1980 erhielt ich – nach einem eher zufälligen Gespräch in der damaligen Reichelbräu – den Auftrag, ein Buch über die Entwicklung der Kulmbacher Brauindustrie zu schreiben. Ansprechpartner für mich war Herr Direktor Gert Langer, der mir auch die Kontakte zu den drei anderen, damals noch selbstständig arbeitenden Kulmbacher Brauereien herstellte.

Im Laufe der folgenden Jahre habe ich mir Schritt für Schritt dann das Thema erarbeitet, schriftlich niedergelegt sowie Bilder und Pläne zusammengesucht. Herr Horst Uhlemann, Erster Vorsitzender des Vereins *Freunde der Plassenburg,* übernahm das Manuskript unter dem Titel *Das Bierbrauen in Kulmbach* in dessen angesehene Buchreihe. Die Arbeit wurde dann 1987 bei E. C. Baumann gedruckt, aufwändig gestaltet von Herrn Albert Gombert.

Rund 60 Jahre nach *Die Kulmbacher Brauindustrie,* der Doktorarbeit von OTTO SANDLER aus dem Jahre 1926, war *Das Bierbrauen in Kulmbach* die zweite systematische Darstellung dieses wichtigen Wirtschaftszweiges unserer Stadt. Zusätzlich stellte das neue Buch alle Kulmbacher Brauereien, die dank des Eisenbahnanschlusses nach Sachsen in den Jahren nach 1848 entstanden sind, im Einzelnen und ausführlich vor, mit Namen und Schicksal der Brauerei und ihrer Eigentümer, Geschäftsumfang (jährlich gebraute bzw. exportierte Hektoliter Bier), jeweiliger Lage in der Stadt, sowie Abbildung der Gebäude und der Firmenzeichen.

Bei der Darstellung konnte ich auf viele alte Berichte und Aussagen zurückgreifen, und diese alten Texte sollen möglichst oft selbst „sprechen". Im folgenden Druck sind die Originaltexte – wie auch andere ursprüngliche Formulierungen – in Schrägschrift wiedergegeben. Dabei wurde auch die damalige Schreibweise unkorrigiert übernommen. Aufmerksame Leser mögen sich deshalb nicht daran stören, dass einzelne Wörter – nach heutiger Schreibweise – falsch geschrieben erscheinen und dass einzelne Namen vor 1900 häufig in unterschiedlicher Schreibweise auftauchen.

Aus der Fülle der benutzten Quellen möchte ich drei grundlegende Arbeiten besonders herausstellen. Es ist die schon genannte Doktorarbeit von OTTO SANDLER aus dem Jahre 1926 und *Die brauende Bürgerschaft,* eine unveröffentlichte Diplomarbeit von JOACHIM MEIER (1978). Beide Autoren haben einzelne Bereiche bzw. Situationen des Brauwesens in unserer Stadt sehr gut und ausführlich erforscht und beschrieben, so dass ihre Arbeiten für eine umfassende Darstellung der Kulmbacher Brauereien-Geschichte eine wesentliche Hilfe waren. Ebenfalls gerne benutzt habe ich die *Chronik der Stadt Kulmbach (1890–1910)* von MAX HUNDT. Diese Chronik bot für den genannten Zeitraum einen schnellen und zuverlässigen Überblick.

Nach seinem Erscheinen im Herbst 1987 wurde das Buch sofort mit großer Begeisterung aufgenommen. Es verkaufte sich im Folgenden sehr gut, und die

Vorwort

Auflage in Höhe von 2.270 Exemplaren war schon nach einigen Jahren vergriffen.

Mit *Das Bierbrauen in Kulmbach* habe ich wichtige Grundlagenarbeit für die Erforschung und Darstellung der hiesigen Brauwirtschaft und für rund 150 Jahre Kulmbacher Stadtgeschichte geleistet. Das Buch hat den Verantwortlichen die Entwicklung unserer Brauindustrie wieder bewusst gemacht und sicherlich mit dazu beigetragen, sich mit dem Gedanken eines Brauereimuseums in Kulmbach zu befassen.

Auch hat das Buch so manchen Kulmbacher veranlasst, sich näher mit der Geschichte unserer Stadt und ihrer Brauereien zu befassen und nach entsprechenden Erinnerungsstücken – z. B. alten Ansichtskarten, Bierkrügen, Gläsern und anderen Belegen – zu suchen und sie zu sammeln. Dank der Wiedervereinigung Deutschlands und dank Internet geschah dies zuletzt auch deutschland- und weltweit. So wurden viele Einzelstücke wieder zu sinnvollen Sammlungen zusammengetragen.

Dass solche Sammeltätigkeit auch zu weiteren Nachforschungen anregt und dass damit oft ein besonderes Spezialwissen erwächst, überrascht nicht. Und so haben zwei begeisterte Sammler auch ihre Erkenntnisse zu Papier gebracht und veröffentlicht. So stellte Bernd Körnich in seiner ersten Veröffentlichung anhand seiner umfangreichen Sammlung alter Kulmbacher Bier-Etiketten die hiesige Brauereigeschichte noch einmal dar.

Helmut Geiger aus Guttenberg, lange Jahre im Biervertrieb tätig, gab seit 2011 immerhin drei Bücher heraus: über kaum noch bekannte, ehemalige Klein- und Kleinstbrauereien in den Dörfern des Landkreises, über *Kulmbacher Braugeschichte(n)* und nun darüber, in wie viel fernen Ländern Kulmbacher Bier bekannt und geschätzt ist.

Und der Jurist Thomas Hofmann promovierte 2000 in München mit dem Thema *Das Recht der Brauereiarbeiter am Ende des 19. und Anfang des 20. Jahrhunderts – dargestellt insbesondere am Beispiel der Kulmbacher Brauereien*.

Alle drei Autoren haben noch einmal spezielle Themenbereiche bearbeitet und ihr Wissen der interessierten Öffentlichkeit mitgeteilt. Ich freue mich, dass ich mit meiner Arbeit Anlass und Grundlage für weitere Forschungen gegeben habe, und sehe diese Arbeiten als gute Ergänzung zu meiner Gesamtdarstellung *Das Bierbrauen in Kulmbach*.

Nicht unerwähnt lassen möchte ich bei meiner Würdigung auch einige aufmerksame Leser, die mich auf kleine Fehler bzw. Ungenauigkeiten aufmerksam gemacht haben. Des Weiteren habe ich auch Informationen erhalten, die mir bei der ersten Auflage fehlten, so z. B. über Michael Taeffner, den Direktor der EKU in den Jahren von 1872 bis 1900, oder bei Sandlerbräu die Ausstoßzahlen für alle Jahre. Über alle Hinweise habe ich mich gefreut und notwendige Korrekturen auf Seite 408 angefügt.

Doch die Zeit steht nicht still: Das Manuskript für *Das Bierbrauen in Kulmbach* wurde 1985 abgeschlossen und inzwischen ist vieles geschehen, was die hiesige Brauereien-Landschaft enorm verändert hat, so unter anderem:
– der Zusammenschluss der seinerzeit vier selbstständigen Brauereien zu einer Kulmbacher Brauerei AG,
– die Wiedervereinigung Deutschlands, wodurch die Kulmbacher wieder Bier in die alten, angestammten Absatzgebiete Sachsen und Thüringen liefern können,
– die Einrichtung des Bayerischen Brauereimuseums im ehemaligen Mönchshof-Gelände,
– die Ausweitung des Mönchshofs heute zum „Schaufenster" des Lebensmittelstandorts Kulmbach,

– die Gründung der *Kommunbräu*, einer genossenschaftlich organisierten Kleinbrauerei, und anderer Initiativen wie der *Hobbybrauer* in Himmelkron; Einiges von dem, was in den 1980er Jahren eine aktuelle Aussage bzw. eine aktuelle Abbildung war, ist also inzwischen schon wieder Vergangenheit und somit historisch. Deshalb habe ich mich, auch wegen der häufigen Nachfrage nach „alten" Buchexemplaren bzw. nach einer Neuauflage, nun – nach meiner Pensionierung – der Aufgabe einer Neubearbeitung von *Das Bierbrauen in Kulmbach* gestellt.

Für die erweiterte Neuauflage hatte ich zunächst den Verein *Freunde der Plassenburg* als ursprünglichen Herausgeber angesprochen. Leider hat sich aber der derzeitige Vorstand des Vereins dazu nicht in der Lage gesehen. Daraufhin erklärte sich Herr Prof. Dr. Günter Dippold in seiner Eigenschaft als Erster Vorsitzender des Geschichtsvereins *Colloquium Historicum Wirsbergense* zur Übernahme der Neuauflage in dessen Buchreihe bereit.

Als Verfasser habe ich mich bei *Das Bierbrauen in Kulmbach* um eine umfassende, sachliche Darstellung der Kulmbacher Bier- und Brauereiszene bemüht. Es ist gut möglich, dass bei manchen Vorgängen Betroffene oder Insider die Dinge anders sehen und beurteilen – manchmal vielleicht auch sehr emotional. Aber unterschiedliche, oft konträre Stellungnahmen zu denselben Tatbeständen kommen ja im Leben häufig genug vor, und als Verfasser war und bin ich angewiesen auf allgemein zugängliche Darstellungen und Informationen.

Im Übrigen habe ich bei den neu eingefügten Kapiteln und Textpassagen die Quellen für einzelne Aussagen direkt als Anmerkung angegeben. Den interessierten Lesern ist es so leichter möglich, beschriebene Vorgänge nachzuvollziehen und zu überprüfen. Dieses Vorgehen unterscheidet sich zwar von der ersten Auflage, erscheint aber gerade bei den Ereignissen der letzten 30 Jahre angebracht.

Zum Schluss verbleibt es mir, Dank zu sagen. Dank für Hinweise und Informationen, für die Überlassung von Bildern und Unterlagen, für gezeigtes Interesse und Ermutigung und schließlich für kritisches Korrekturlesen. Viele Namen wären zu nennen, sie sind aber bei den entsprechenden Stellen angeführt.

Ein besonderer Dank gilt Herrn Prof. Dr. Günter Dippold für die Aufnahme dieser Arbeit in die Buchreihe des Vereins *Colloquium Historicum Wirsbergense* und Herrn Günter Menzner aus Grub am Forst für die aufwändige und arbeitsintensive Gestaltung.

Ein ganz persönlicher Dank gilt meiner lieben Frau Hannelore, denn ihre Hilfe und ihr Verständnis waren letztlich entscheidend für das Entstehen und Gelingen dieses Buches.

Ohne dem Leser in seiner Lektüre vorgreifen zu wollen, möchte ich noch zwei persönliche Eindrücke nennen: Der erste betrifft die wesentliche Rolle zweier Frauen – Margaretha Reichel und Margaretha Sandler – bei der Entwicklung zur Brauindustrie im vorletzten Jahrhundert. Zum zweiten erscheinen mir auch in den darauf folgenden Generationen die Brauereibetriebe nicht als etwas nur „Ererbtes", das man einfach – ohne große Mühen – so weiter betreiben konnte. Vielmehr musste jede Generation neu ihre Leistungen erbringen, wollte man das Ererbte nicht aufs Spiel setzen.

Und so wünsche ich nun dem Leser Freude bei der Lektüre und zugleich viele neue Entdeckungen beim Spaziergang durch unsere Heimatstadt Kulmbach. Dann hätte sich der Aufwand aller gelohnt!

Bernd Winkler

1. Die Entwicklung des Brauwesens in Kulmbach vor der Industrialisierung

Die Stadt Kulmbach sieht sich gern als die *heimliche Hauptstadt des Biers*. Fast ein jeder Einwohner ist stolz auf eine Jahrhunderte alte Brautradition am Ort, und auch viele Auswärtige verbinden den Namen Kulmbach zunächst einmal mit Bier.

1.1 Die drei Säulen der Brautradition – Bierbrauen in Kulmbach vor 1800/1810

Im Bewusstsein der Kulmbacher – egal ob Bierbrauer oder Biertrinker – markiert das Jahr 1349 den offiziellen Beginn der Kulmbacher Brautradition: Denn in einer Urkunde vom 28. Mai dieses Jahres bestätigte der Bischof Friedrich von Bamberg dem Burggrafen Johann II. von Nürnberg die Gründung eines Klosters der Augustiner-Eremiten in der unlängst erworbenen Stadt Kulmbach.

Und wer könnte sich ein mittelalterliches Kloster ohne Brauhaus vorstellen? Wohl keiner – auch nicht die Kulmbacher einige Jahrhunderte nach der Klostergründung. Denn zur leiblichen Grundversorgung eines Mönches im Mittelalter gehörte das Bier! Ein Tatbestand, von dem sogar jeder Protestant in Kulmbach wusste.

Deshalb eignete sich die im Jahr 1885 als Aktiengesellschaft gegründete *Mönchshofbräu* – etwas sehr großzügig – auch das genannte Jahr 1349 als Gründungsdatum an. Denn seit diesem Termin gab es ja ein Kloster in der Stadt Kulmbach. Und auch die Gebäude der neu firmierten Mönchshofbräu *in Blaich bei Culmbach* standen auf ehemaligem Klostergrund: Ursprüngliche Eigentümer waren nämlich bis zum Jahr 1803 die Zisterzienser von Kloster Langheim bei Lichtenfels. Trotzdem sprachen drei Tatbestände gegen diese Rückdatierung der neuen Aktiengesellschaft:
1. Der Vorort Blaich gehörte seinerzeit noch nicht zur Stadt Kulmbach.
2. Es handelte sich bei Langheim und Kulmbach um zwei verschiedene Klöster.
3. Auch die dahinter stehenden Mönchsorden – Augustiner-Eremiten und Zisterzienser – waren nicht zu verwechseln.

Doch zunächst störte sich niemand an dieser konstruierten Tradition der einen Brauerei.

Dieser gedankliche Ansatz mit dem Jahr 1349 war dennoch nicht ganz so verwegen. Immerhin haben auch renommierte Kulmbacher Geschichtsforscher – Hans Edelmann und Otto Sandler – für das genannte Jahr ein Brauhaus des Augustinerklosters angenommen. Und sieht man 1349 nicht als Gründungsdatum einer einzelnen Brauerei, sondern als Beginn der Kulmbacher Brautradition überhaupt, dann sieht die Sache schon anders aus.

Zur weiteren Klärung dieser Frage wollen wir uns zunächst etwas näher mit der Geschichte der Stadt Kulmbach, ihrer Burg und des Klosters befassen:

Die erste Nennung Kulmbachs findet sich als *culma* in der sog. Alkuinbibel, aufbewahrt im Staatsarchiv Bamberg. Diese Eintragung lässt sich auf den Zeitraum der Jahre 1028 bis 1040 eingrenzen. Und die Plassenburg wurde erstmals im Jahre 1135 urkundlich erwähnt: Damals unterschrieben Graf Berthold und sein Sohn Poppo erstmals mit dem Titel *comes de blassenberg* als Zeugen einer Schenkungsurkunde.

Zum Zeitpunkt ihrer ersten urkundlichen Nennung waren die Siedlung *culma* und die Burg auf dem Plassenberg sicher noch recht klein und unbedeutend. Nach einer ersten Ausbauphase der Siedlung etwa in den Jahren nach 1130/35 zum Markt, erfolgte hundert Jahre später ein erneuter Ausbau Kulmbachs – verbunden mit der Verleihung der Stadtrechte durch das Geschlecht der Andechs-Meranier. Im zeitlichen und kausalen Zusammenhang damit sieht SABINE WEIGAND-KARG die Konzeption einer neuen Höhenburg auf dem strategisch günstigen Bergsporn oberhalb der Marktsiedlung und sie legt den Baubeginn der „neuen" Plassenburg ebenfalls ab etwa 1230 fest.

Und so darf man sicher sein, dass ab dem Jahre 1230 – Kulmbach nun als Stadt und die Plassenburg als Sitz der Herrschaft im Ausbau – an beiden Stellen auch Bier gebraut worden ist. Für diese Annahme sprechen einfach die Bedeutung beider Plätze und die Anzahl der jeweils hier lebenden Personen. Allerdings ist uns hierfür kein schriftlicher Hinweis bekannt.

Doch sei in diesem Zusammenhang auch auf ein „doppeltes Handicap" der örtlichen Geschichtsschreibung hingewiesen: Zweimal wurde die Stadt im Laufe ihrer Geschichte eingenommen und zerstört: 1430 im Hussitenkrieg und 1553 im Markgräfler- bzw. Bundesständischen Krieg. In beiden Fällen brannte die Stadt völlig nieder, und damit verbrannten natürlich auch alle Urkunden und schriftlichen Belege für die Zeit davor. Schließlich wurde auch die Plassenburg im Jahr 1554 niedergebrannt. Wieder wurden wichtige Urkunden vernichtet. – Deshalb teilt man die Kulmbacher Lokalgeschichte immer in den Zeitraum vor und in den nach 1553/54 ein: Den letzteren kann man mit Urkunden gut dokumentieren, den ersten kaum. Für die Jahrhunderte vor 1553 ist man auf Belege von auswärts angewiesen, die Kulmbach und die Plassenburg meist nur zufällig nennen.

Aber bedeuten verlorene Urkunden für einen geschichtlichen Zeitraum, dass in ihm nichts geschehen wäre? Wohl kaum. Immerhin werden Stadt und Burg schon frühzeitig urkundlich genannt, und ab 1230 erfolgte ein erneuter Ausbau beider. Es erscheint deshalb angemessen und vertretbar, das bisher von dem örtlichen Verständnis genannte Jahr 1349 als Beginn der Kulmbacher Brautradition weiter anzuerkennen.

HANS EDELMANN schrieb im gleichen Sinne bereits 1950: *Es steht zweifellos fest, dass in Kulmbach schon vor 1349 von den Bürgern Bier gebraut wurde, wenn auch kein Nachweis über das Bestehen eines Brauhauses in früherer Zeit aufzufinden ist.* Zugestimmt werden kann auch seiner abschließenden Bemerkung: *Ob hier seit 600 oder 800 Jahren Bier gebraut und getrunken worden ist, spielt keine große Rolle. Für die Gegenwart und für die Zukunft ist wichtiger, dass die Brauindustrie, durch die der Name Kulmbachs weltbekannt wurde, weiterhin blüht und neue Absatzgebiete findet.*

Und so können wir Kulmbacher stolz sein auf eine Jahrhunderte alte Brautradition, beruht sie doch auf drei Säulen einer Tradition und Erfahrung, wie sie sonst wohl kaum ein Ort oder eine Brauerei vorzuweisen hat: Diese sind das Bierbrauen
– der Mönche im Augustinerkloster,
– der Herrschaft auf der Plassenburg und
– der Bürger in der Stadt Kulmbach.

Die Brauerei *Mönchshof* hat als erste an diese alte Tradition der Augustiner-Eremiten erinnert. Und so gründet sich für viele der Beginn der Kulmbacher Brautradition auf die Bestätigung des Klosters im Jahre 1349.

1.2 Das Bier der Mönche – Das Augustinerkloster von 1349[1]

1.2.1 Die Gründung durch Burggraf Johann II.

Mit Otto II. starb 1248 der letzte Herzog aus dem Haus der Meranier. Um das Erbe stritten sich nun die Ehemänner seiner drei Schwestern und der Bischof von Bamberg. Nach zwölf Jahren endlich – im Frieden von Langenstadt 1260 – einigten sich die Parteien: Die Grafen von Orlamünde erhielten das Gebiet um Kulmbach und die Zollern, Burggrafen von Nürnberg, jenes um Bayreuth. Im Jahre 1338 sicherte sich Johann II., Burggraf von Nürnberg, in einem Erbvertrag die Ansprüche auf Kulmbach und die Plassenburg. Nach dem Tod des letzten Orlamünders Graf Otto – er starb 1340 kinderlos – kam nun das „Land ob dem Gebirg" unter die Herrschaft der Burggrafen von Nürnberg aus dem Geschlecht der Zollern (später: Hohenzollern).

Die Gründung des Klosters der Augustiner-Eremiten in Kulmbach fällt in den Zeitraum zwischen 1338 und 1349, wobei die neuere Literatur die Gründung schon auf 1340 datiert, das Jahr der Besitzergreifung Kulmbachs und der Plassenburg durch die Zollern. In der älteren Literatur wird als Gründungsjahr vor allem das Jahr 1349 genannt. Dies stünde dann im Zusammenhang mit der Pest, die in den Jahren 1348/49 wütete und die viele religiöse Stiftungen zur Folge hatte.

Der Klostergründung lag wohl einerseits die Idee zugrunde, diese Besitzerweiterung durch ein gutes Werk zu krönen und dem eigenen Seelenheil zu dienen. Zum anderen wollte man in unmittelbarer Nähe dieses neuen Herrschaftsbesitzes einen geistlichen Mittelpunkt zur Versorgung der Adels- und Bürgergeschlechter des Umlandes haben und schließlich die Geistlichkeit für sich selbst verpflichten.

Solche Motive dürften auch Johann II. bewegt haben, im Zusammenhang mit dem Residenzausbau in Kulmbach ein Kloster zu gründen. Schließlich verfügte seine Familie mit dem Kloster Heilsbronn – im heutigen Mittelfranken – schon über ein „Familienkloster". Dass seine Wahl auf die Augustiner-Eremiten, einen Bettelorden, gefallen ist, könnte u.a. mit dem finanziellen Aspekt der Klostergründung zusammenhängen: Bettelorden lebten sehr bescheiden.

1.2.2 Die Bestätigungsurkunde von 1349

Eine Stiftungsurkunde für das Kloster ist nicht überliefert und ist – nach Franziska von Hoesslin – wohl auch nie ausgefertigt worden. Die erste urkundliche Erwähnung stammt von 1346: Am 15. April übergab der Burggraf die Pfarrei Untersteinach mit allen ihren Einkünften und Rechten an das Kloster. Und mit einer Urkunde vom 24. April 1349 wurde die Kulmbacher Pfarrei für den Schaden, den sie durch die Stiftung des Klosters erlitten hatte, entschädigt.

Entscheidend für uns ist aber die Urkunde vom 28. Mai 1349 über die Bestätigung der Klostergründung durch Bischof Friedrich von Hohenlohe. Hierin billigt der Bischof von Bamberg *die von den Burggrafen Johann und Albrecht zu Nürnberg zum Ruhm der hl. Jungfrau Maria und des hl. Bischofs*

Augustin zum Heil ihrer und ihrer Nachkommen Seelen begonnene Stiftung und den Bau eines Klosters in der Stadt Kulmbach und erlässt die Urkunde, damit das Kloster die Weihe der Kirche, des Altars, des Kreuzgangs und des Kirchhofs ordnungsgemäß von dem jeweiligen im Amt befindlichen Bischof oder Erzbischof erhalte.[2]

Diese Bestätigungsurkunde nennt und regelt die „geistliche" Ausstattung des Klosters: Kirche, Altar, Kreuzgang und Friedhof. Sie befasst sich aber – leider – nicht mit der „weltlichen" Ausstattung, also mit den Dingen für die tägliche Haushaltsführung wie Essen und Trinken. Und so „ignoriert" die Urkunde so profane Dinge wie Küche, Backofen und Brauhaus.

Im Allgemeinen wird man als sicher unterstellen können, dass die vorgenannten Einrichtungen für die tägliche Haushaltsführung bei einem fertig eingerichteten Kloster vorhanden waren. Damit wäre auch ein Brauhaus für unser Augustinerkloster für das Jahr 1349 anzunehmen. Aber war das Kulmbacher Kloster zu diesem Zeitpunkt wirklich schon fertig eingerichtet? Immerhin war – wie noch zu zeigen ist – der Beginn des Klosters recht bescheiden, und die Kirche – als wohl wichtigster Bestandteil – konnte erst 26 Jahre später geweiht werden. Zweifel am Vorhandensein eines Brauhauses in der Anfangsphase sind also erlaubt.

1.2.3 Standort und Ausstattung

Das neu gegründete Kloster wurde am heutigen Holzmarkt – im Bereich der Gebäude Webergasse 1

Das ehemalige Kloster der Augustiner-Eremiten am heutigen Holzmarkt. Lageplan von Hans Edelmann nach Angaben aus dem Jahr 1557

und Holzmarkt Nr. 5 und 6: Kulmbacher Bank e.G. und ehem. Bayerische Hypotheken- und Wechselbank – eingerichtet. Das Grundstück reichte von da bis zum Main bzw. heute bis zum Mühlkanal. Es befand sich damit in der *Vorstadt*, also außerhalb der befestigten Stadt.

HANS EDELMANN hat 1950 einen Plan der Klosteranlage gezeichnet. Dieser Plan richtet sich aber nach einer Beschreibung aus dem Jahre 1557 – also rund 200 Jahre nach der Klostergründung – und gibt damit nur den „Endausbau" wieder. Den Beginn des Kulmbacher Klosters haben wir uns auf jeden Fall viel bescheidener vorzustellen.

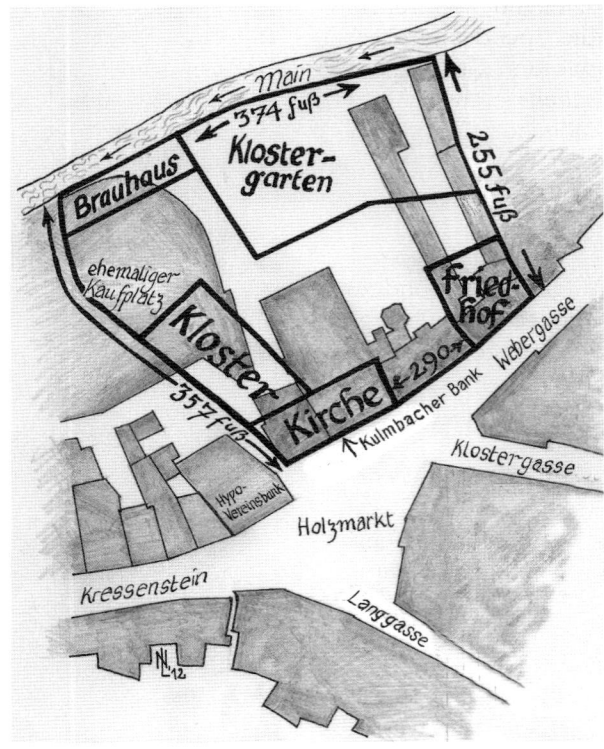

Der Kulmbacher Konvent war bei seiner Gründung offensichtlich zu gering ausgestattet worden und litt von Anfang an unter schlechten wirtschaftlichen Verhältnissen. Zwar hatte das Kloster mit der Betreuung der Pfarrei Untersteinach eine Einnahmequelle erhalten. Dort hielten sich fast immer drei Patres zur Ausübung der Seelsorge auf, und umgekehrt entrichteten aus diesem Gebiet etwa 30 Höfe ihre Abgaben an das Kloster. Insgesamt hatte aber der Konvent zu wenig Schenkungen und Stiftungen als „Startkapital" erhalten.

So mussten die Kulmbacher Augustiner ihren Lebensunterhalt im Wesentlichen durch *Terminieren* – d. h. durch bettelndes Herumziehen und Spenden sammeln – bestreiten. Die Mönche waren damit auf die Spendenbereitschaft ihrer Mitmenschen angewiesen; diese Spendenbereitschaft war aber anscheinend nicht besonders ausgeprägt, denn die Mönche beschweren sich darüber, dass die Gläubigen unter dem Vorwand schlechter Zeiten den Kulmbacher Brüdern nicht das Nötigste zum Leben lieferten.

Außerdem kam es so auch zu mancherlei Unzuträglichkeiten und zu Kritik am Lebenswandel der Brüder. Schließlich gerieten die Kulmbacher Augustiner noch in Konflikt mit ihren Nachbarklöstern Königsberg in Franken und Neustadt an der Orla, die ebenfalls im Kulmbacher Gebiet betteln ließen.

Diese wirtschaftliche Notlage hatte für das Kloster und seine Aufgaben nachteilige Folgen:

So zog sich offensichtlich der Bau der notwendigen Gebäude recht lange hin, denn erst am 1. April 1375 konnte die Kirche mit ihren vier Altären geweiht werden. Auch war wohl das Kloster für „anzuwerbende" Mönche wenig attraktiv, und die Zahl der Brüder hielt sich in Grenzen: Die Konventualen befürchteten deshalb, dass so der Gottesdienst geschmälert würde und eine Verödung der Kirche zu befürchten sei. – Anscheinend war der Beginn des Kulmbacher Augustinerklosters doch recht bescheiden.

1.2.4 Die weitere Entwicklung

Einen wirtschaftlichen Aufschwung – verbunden mit sittlicher und religiöser Festigung – erlebte das Kloster unter der Regierung der Burggrafen Johann und Friedrich zu Nürnberg (1420–1440). Das Ziel der Burggrafen war: Unabhängigkeit des Klosters von der Bettelei, in welcher sie einen wesentlichen Grund für einen religiösen und sittlichen Verfall sahen. Dieses Vorhaben verlangte eine wirtschaftliche Absicherung für das Kloster, damit die Mönche sich nun – fern jeder wirtschaftlichen Not – dem geistlichen Leben voll hingeben konnten. Reichliche Ausstattung des Klosters mit Besitz und zusätzliche Reformmaßnahmen führten ab 1420 zu einem Aufblühen des Klosters – immerhin erst 71 Jahre nach seiner Bestätigung im Jahre 1349.

Diese gute Entwicklung des Augustinerklosters wurde durch den Einfall der Hussiten zunächst jäh unterbrochen: Am 3. Februar 1430 zerstörten sie die Stadt Kulmbach und das Kloster *in der Vorstadt*.

In den Jahren bzw. Jahrzehnten danach erfolgte der „äußere und innere" Wiederaufbau des Klosters, und es erlebte erst in den Jahren nach 1450 seine eigentliche Blütezeit. Diese zeigte sich u. a. in reicher wissenschaftlicher Tätigkeit, die sich in einer seinerzeit umfangreichen Bibliothek mit insgesamt 288 Büchern niederschlug. Den Höhepunkt dieser guten Entwicklung stellte der Abschluss der Reformen unter Markgraf Albrecht Achilles in den Jahren 1466–1468 dar: Das Kulmbacher Kloster wechselte von der bayerischen zur sächsischen Provinz der Augustiner-Eremiten und schloss sich den Reformkongregationen unter Andreas Proles und Johannes von Staupitz an.

1.2.5 Das Ende des Klosters

Das Ende des Kulmbacher Klosters der Augustiner-Eremiten kam mit der Einführung der Reformation in Kulmbach. Im Jahr 1528 traten die Markgrafen – bis dahin die großen Förderer des Klosters – zum Luthertum über: Das Kloster erhielt einen evangelischen Geistlichen zugeordnet, und den Mönchen wurde freigestellt, in ihren vertrauten Mauern – unter Beachtung der neuen religiösen Regeln – zu bleiben oder abzuwandern. Das Kloster löste sich allmählich von selbst auf und wurde schließlich 1547 vom Markgrafen in weltliche Verwaltung übernommen.

Im Markgräfler- bzw. Bundesständischen Krieg des Markgrafen Albrecht Alcibiades im Jahr 1553 brannten die Kulmbacher Bürger die vor der Stadtmauer gelegene Vorstadt – und mit ihr auch die Gebäude des Augustinerklosters – nieder. Bei der erwarteten Belagerung der Stadt sollten sich die Feinde hier nicht festsetzen können. Mit dieser Zerstörung war die Tradition des Klosters der Augustiner-Eremiten in Kulmbach endgültig zu Ende gegangen.

Es mag seltsam erscheinen, aber erst dem genannten Krieg und der Zerstörung des Klosters – und anschließend der Stadt – verdanken wir heute eine genauere Vorstellung von dem Kloster und seinem Brauhaus. Auf zwei Zeichnungen wurde seinerzeit die Zerstörung der Stadt Kulmbach festgehalten; sie zeigen auch die bereits niedergebrannten Klostergebäude. Und ein *Inventar* von 1557 beschreibt detailliert die Ruine und den erlittenen Schaden.

Dabei überraschen uns heute die Ausmaße des damaligen Brauhauses des Augustinerklosters am heutigen Holzmarkt: Seine Länge betrug 119 Schuh, also rund 40 m, und seine Breite 34 Schuh, rund 11 m. Damit war es immerhin länger als das eigentliche Klostergebäude mit nur 102 Schuh.

1.2 Das Bier der Mönche

Die Größe des Klosterbrauhauses lässt auf entsprechende Nutzung und angemessene Bedeutung schließen. Anzunehmen ist deshalb, dass es nicht nur dem Eigenverbrauch der Mönche und ihrer Gäste diente, sondern dass auch *Klosterbier* an die Kulmbacher Bürger verkauft wurde. In der beschriebenen Gestalt wurde das Klosterbrauhaus sicher erst beim Ausbau des Klosters nach 1430 errichtet. Ab dieser Zeit war ja auch erst der erforderliche Wohlstand da. Ab wann und in welcher Größe die Mönche vor 1430 ein eigenes Brauhaus hatten, können wir heute nicht mehr klären.

Auch wenn die Tätigkeit der Klosterbrauerei irgendwann zwischen 1528 und 1553 aufhörte, so wird doch der bleibende Einfluss auf das „bürgerliche" Brauwesen in der Stadt hoch eingeschätzt: Sorgfältiges Arbeiten und eigene, gut ausgestattete Brauhäuser begründeten ganz allgemein das Ansehen der Klosterbiere. Und so dürften auch die Kulmbacher Augustiner beispielgebend für das Brauwesen in der Stadt gewesen sein.

1.2.6 Randbemerkung

Kulmbach war 1528 mit der Reformation evangelisch geworden, und der ehemalige Klosterbesitz wurde im Auftrag des Markgrafen verwaltet. Auch die Gebäude – anlässlich der Belagerung 1553 zerstört – konnten nicht mehr an die Mönche erinnern. Ein gewisses Interesse am Kulmbacher Kloster blieb aber auch bei den „Protestanten" bestehen: Immerhin war ja der Reformator Dr. Martin Luther selbst als Mönch bei den Augustiner-Eremiten eingetreten.

Die Stadt Kulmbach zwischen 7. August und 18. November 1553. Links im Bild die schon teilweise zerstörten Klostergebäude

Und so berichtet die Legende, dass er auf seiner Reise nach Augsburg im Jahre 1518 sogar im Kulmbacher Augustinerkloster abgestiegen sei, er habe hier gepredigt und das hiesige Kloster als das schönste, das er von seinem Orden gesehen, bezeichnet. Für diese fromme Legende findet sich in den Tischreden und den Briefwechseln Luthers zwar keine Bestätigung, sie schmeichelt aber dem hiesigen Lokalstolz.

Konkreter wurde allerdings die Erinnerung an das alte Kloster noch einmal im Jahr 1921: Die Bayerische Hypotheken- und Wechselbank hatte am Holzmarkt das große alte Fachwerkhaus vor der Christenn-Mälzerei abreißen lassen, um dort ihr Bankgebäude zu errichten. Bei den Ausschachtarbeiten wurden zahlreiche Skelette ausgegraben, zum Teil noch in den Särgen. Man hatte den Friedhof des ehemaligen Kulmbacher Augustinerklosters angeschnitten.[3]

1.2.7 Ein Brauhaus des Klosters Langheim in der Blaich?

Außer dem Augustinerkloster beherbergte Kulmbach eine weitere klösterliche Einrichtung, den Verwaltungshof des Klosters Langheim am Fuße des Festungsberges nahe der Katharinenkapelle. Dieser Besitz wurde seinerzeit als *Mönchshof* bezeichnet[4]; wann er gegründet wurde, ist nicht bekannt. Kloster Langheim lag auf Bamberger Territorium, und so überstanden das Kloster und somit auch der Amtshof in Kulmbach die Reformation unbeschadet. Erst 1802/03, mit der Säkularisation, wurde der Amtshof aufgehoben, und der Besitz fiel an Preußen, zu dem seinerzeit Kulmbach und das übrige Markgraftum gehörten.

G. W. A. FIKENSCHER berichtet im Jahr 1804 in seiner *Geschichte des Mönchshofs in Culmbach*: Zu *diesem Gebäude (dem Amtshof des Klosters Langheim) gehörte als unteilbar das sogenannte Vorwerk in der Blaich bei Culmbach ... Es ist dies, wenn man will, ein bequem gelegenes und dem Klosterhofe vorteilhaftes Küchengut, wo er seine Gemüse, Geflügel, Fische usw. teils zieht, teils aufbewahrt. Da 1748 unter dem Prälaten Stephan dieses Vorwerk mit einem neuen Oekonomiegebäude verbessert wurde und man keine Erlaubnis dazu hatte, wurde auf geschehene Anzeige der Bau verboten, bis sich der Prälat erklärt hatte, daß es ein bloßes Schutthaus zum Getreide sei, ... worin ein kleines Stüblein und Kämmerlein für den Bauer, nebst noch einem dergleichen für das Hornvieh und Flügelwerk (Geflügel), dann eine Schupfen zur Aufbehaltung der Kufen und Fässer, und endlich eine Viehstall mit angelegt ... Unter diesen Umständen kam dann am 12. Februar 1749 die Erlaubnis zur Fortsetzung des Baues, doch mit dem Anhang, daß kein Feuerrecht und Zimmer, welches mit Mannschaft bewohnt werden könnte, unter der Androhung des Niederreißens aus dem Grunde, errichtet werden dürfte, weil man das Ansiedeln der Catholiken fürchtete.*[5]

Dieses Vorwerk in der Blaich sollte somit als Getreidelager und *Küchengut*, nicht aber als Braustätte dienen. Und ohne Feuerrecht war die Verwendung zu Brauzwecken von vornherein ausgeschlossen.

Erst 1864/65 wurde auf dem ehemaligen Besitz des Klosters Langheim in der Blaich ein Brauhaus errichtet, vermutlich von dem Glasermeister Simon Hering. 1885 erwarb Heinrich Hering das gesamte Anwesen, und die bald darauf gegründete Aktienbrauerei übernahm – in Erinnerung an den ehemaligen Klosterbesitz – den Namen *Mönchshof*.

1.3 Das Bier der Herrschaft – Bierbrauen auf der Plassenburg

1.3.1 Die herrschenden Geschlechter

Die Plassenburg ob Kulmbach verfügt über eine lange, stolze Tradition. Sie war Festung und Residenz von großen, bedeutenden Geschlechtern:

Die ersten Eigentümer der Burg waren die Grafen von Andechs und späteren Herzöge von Meranien; sie stammten ursprünglich aus Dießen am Ammersee und besaßen dort das Schloss Andechs – heute eine bedeutende Klosteranlage der Benediktiner. Die Andechs-Meranier verfolgten eine den Stauferkaisern treue Politik und erlebten mit diesen auch einen entsprechenden Aufstieg zu einem bedeutenden Geschlecht im europäischen Hochmittelalter. „Höhepunkt" war dabei im Jahr 1208 die Hochzeit Herzog Bertholds mit der Pfalzgräfin Beatrix von Burgund, einer Enkelin Kaiser Barbarossas. Die Meranier stellten mehrere Bamberger Bischöfe, und Bischof Ekbert († 1237) gilt als der Erbauer des Bamberger Doms in seiner heutigen Gestalt. Schließlich wurden von der Kirche noch zwei Frauen aus diesem Geschlecht heilig gesprochen: Elisabeth († 1231), Landgräfin von Thüringen, und Hedwig († 1243), Herzogin von Schlesien.

Auf die Andechs-Meranier folgten die thüringischen Grafen von Orlamünde. Sie lebten und herrschten von 1260 bis 1340 auf der Plassenburg. Heute noch bekannt – bzw. „berühmt-berüchtigt" – ist Kunigunde, die Witwe des letzten Orlamünders auf der Plassenburg. An ihre Person knüpft die Sage von der *Weißen Frau* an, wobei ihr unterstellt wird, sie habe – um Friedrich den Schönen von Nürnberg heiraten zu können – ihre zwei kleinen Kinder grausam umgebracht. Dies ist zwar falsch, denn Kunigunde war beim Tode ihres Mannes kinderlos und ging anschließend ins Kloster Himmelthron im heutigen Mittelfranken, aber seitdem spukt sie als Hausgespenst der Hohenzollern auf der Plassenburg und in diversen anderen Schlössern dieses Geschlechts. Und immer verkündet die *Weiße Frau* dabei kommendes Unheil.

Die Orlamünder wurden von den Zollern beerbt. Diese – später Hohenzollern genannt – hatten ihren Ursprung in Schwaben und waren als Amtsleute des Kaisers Burggrafen von Nürnberg geworden. Mit dem Jahr 1415 begann für die Zollern ein gewaltiger Aufstieg: Sie wurden von Kaiser Sigismund mit der Verwaltung der Mark Brandenburg betraut und waren nun Markgrafen und Kurfürsten.

Nach dieser Neuerwerbung hieß nun unser Gebiet *Brandenburg-Kulmbach,* und „unsere" Markgrafen – auf der Plassenburg und später in Bayreuth – waren die „Vettern" der erfolgreichen Brandenburger Linie, die nach 1700 schließlich noch die Könige von Preußen und – nach 1871 – die deutschen Kaiser stellen sollte. Immerhin stand unser Gebiet – einschließlich Plassenburg – bis zum Jahre 1806 unter der Herrschaft der Hohenzollern, also beinahe ein halbes Jahrtausend lang.

Alle drei einst hier herrschenden Geschlechter haben sich im Kulmbacher Stadtwappen – und damit auch im Firmenlogo der Kulmbacher Brauerei AG – verewigt: Vom Beschauer aus zeigt die linke Hälfte den Hohenzollernschild silbern und schwarz geviert, die rechte Hälfte das Meranierwappen, das von den Orlamündern übernommen worden ist: den silbernen Adler und darüber den schreitenden staufische Löwe, beide silbern auf blauem Feld. In seiner heutigen Form wurde das Stadtwappen 1922 vom Kulmbacher Graphiker Lorenz Reinhardt Spitzenpfeil gestaltet und vom Bayerischen Staatsministerium des Innern genehmigt. Vorausgegangen waren Forschungen von Professor Erich Freiherrn von Guttenberg, die das bis dahin verwendete Kulmbacher Stadtwappen korrigierten.

Auch die Reichelbräu AG, Vorgängerin der heutigen Kulmbacher Brauerei AG, änderte seinerzeit ihr Firmenlogo – das Kulmbacher Stadtwappen – entsprechend ab. Hinzugefügt hatte die Brauerei noch die beiden bayerischen Löwen, die das Stadtwappen in ihren Pranken halten, wohl als Hinweis auf ihre Eigenschaft als „bayerische" Brauerei. Insofern gibt das Firmenzeichen der Brauerei auch die Geschichte der sie beherbergenden Stadt wieder.

1.3.2 Verpflegung und Bierbrauen vor 1554

Als Hauptsitz für das jeweils herrschende Geschlecht beherbergte die Plassenburg stets eine größere Anzahl von Menschen: die Familie des Markgrafen mit seinem Hofstaat, Bedienstete und Gesinde, Knechte und Mägde. Und alle diese Menschen wollten verpflegt und verköstigt werden;

Die Plassenburg vor der Zerstörung im Jahre 1554 mit der Großen Bastei zum Buchwald hin

dafür musste der Markgraf aufkommen. Denn die Entlohnung geschah seinerzeit kaum mit Bargeld, sondern im Wesentlichen in Form von Naturalien: unter anderem Essen und Trinken.

In ihrer Dissertation[6] beschreibt SABINE WEIGAND-KARG auch ausführlich die Verpflegung auf der Burg und stellt dabei die Organisation der Mahlzeiten mit ihren vielen Teilbereichen – Beschaffung, Vorratshaltung, Zubereitung und Tischordnung – dar. In unserer Betrachtung soll aber nur auf die Getränke eingegangen werden: Den Durst stillte man schon damals – sofern man es sich leisten konnte – mit Wein oder Bier. Schon dem „kleinsten" Burgbediensteten standen pro Tag zwei Liter Bier zu, und höhere Beamte konnten zum Teil gar unbegrenzt Wein oder Bier trinken.

So beanspruchte – nach einer Kellerordnung des Markgrafen Albrecht Alcibiades aus dem Jahre 1542[7] – ein Hofstaat von 80 Personen täglich über 90 Liter Wein und über 170 Liter Bier. Der Verbrauch an der Fürstentafel ist dabei in dieser Rechnung noch gar nicht enthalten. SABINE WEIGAND-KARG erklärt den recht hohen Verbrauch von Wein und Bier mit den damals üblichen Essgewohnheiten, etwa einem großzügigen Umgang mit Gewürzen, und zugleich durften Geräuchertes, Gepökeltes oder Eingesalzenes bei keiner Mahlzeit fehlen.

Wein wurde seinerzeit viel als Würzwein getrunken – die damals üblichen Beigaben dürften einen heutigen Weinliebhaber eher abschrecken. Aber vielleicht wurde dadurch mancher hiesiger saure Landwein erst genießbar. Und das Bier war damals dunkel, stark gemalzt und dementsprechend süß.

Im Hinblick auf den Bierkonsum nahm die Hofhaltung der fränkischen Zollern im Übrigen eine Sonderstellung ein: An anderen Fürstenhöfen wurde fast nur Wein getrunken.

Bier war auch für die Versorgung der übrigen Burgbesatzung eminent wichtig. Und so ließ auch die Herrschaft Bier brauen. Ursprünglich wurde im *Viehhof* Malz hergestellt und Bier gebraut. Der Viehhof lag außerhalb der Burg – *unten*, vor der Stadt, am Tränkmain – und hatte als eigentliche Aufgabe, einen Fleischvorrat in Form von Lebendvieh zu halten. Bei seiner Arbeit wurde dabei der Braumeister vom Ochsenknecht unterstützt. Seit welchem Jahr auf der Plassenburg selbst ein Brauhaus stand, bleibt – mangels vorhandener Urkunden – offen. Für 1499 wird erstmals ein *Hofbrauer zu Kulmbach namens Kunz Vogel* genannt.

In einem Inventar von 1541 wurden – unter anderem – im Bierkeller der Plassenburg 60 Eimer Bier erfasst. Das war eigentlich eine kleine Menge, wegen der schnellen Verderblichkeit konnte man aber nur relativ wenig Bier auf Lager nehmen. Ging es zu Ende, dann wurde eben neu gemalzt und gebraut. Inzwischen hatte man auf der Burg selbst auch schon ein eigenes Brauhaus; es lag 1552 zwischen Rossmühle und Christiansturm vor der kleinen Bastei. Und ein Brunnen auf dem Buchberg versorgte die Burg – mittels Röhren – mit dem zum Brauen nötigen Wasser. Aber auch der Brunnen im inneren Schloss lieferte zum gleichen Zweck noch genügend Wasser.[8]

Aufzeichnungen aus der Zeit der Belagerung der Plassenburg 1553/54 veranschaulichen den damaligen Stellenwert des Bieres für die Burgbewohner: Bereits 1552 hatte der Markgraf Weisungen für Befestigung, Besatzung und Vorratshaltung der Burg erteilt: So rechnete man für die Verteidigung mit insgesamt 1.000 Mann Besatzung, die ja entsprechend versorgt werden mussten. Neben den Lebensmitteln kalkulierte man auch die Getränke: Pro Mann und Tag wurden ein Liter Bier und ein Liter Wein angesetzt. Die angesetzten Vorratsmengen sollten für drei Monate ausreichen; mehr konnte man vermutlich auf der Burg auch nicht unterbringen.

Als die Belagerung am 18. November 1553 tatsächlich begann, waren ca. 2.000 Personen auf der Plassenburg: Zu der eigentlichen Besatzung kamen noch Frauen und Kinder, schließlich auch Flüchtlinge aus dem Umland. Es überrascht nicht, dass es im Frühjahr 1554 Schwierigkeiten mit der Versorgung an Lebensmitteln und Getränken gab: langsam aber sicher sank die Stimmung der Eingeschlossenen. Besonders schlimm wirkte sich dabei ausstehender Sold, rationierter Wein und nicht mehr zugeteiltes Bier aus. Die Hoffnungslosigkeit der Lage wurde damit immer deutlicher. Anscheinend benötigte man seinerzeit Alkohol zusätzlich als „Stimulans" für die Landsknechte, was bei dem harten Kriegshandwerk wohl auch bitter nötig war.

Schließlich kapitulierte die Besatzung der Plassenburg am 21. Juni 1554 und zog ab. Drei Monate später brannten die Gegner die Burg widerrechtlich nieder.

1.3.3 Bierbrauen nach 1560

Beim Wiederaufbau der Plassenburg in den Jahren 1561 bis 1567 wurde auch ein Brauhaus neu eingerichtet. Es hatte seinen Platz neben dem heutigen Christiansportal.

1654/55 wurde in der Nachbarschaft der Kosermühlbastion ein neues Rauch- und Brauhaus errichtet.[9] Offensichtlich war es aber noch nicht vollständig eingerichtet, denn am 7. April 1657 beklagt der Festungskommandant Wolff Friedrich Muffel von Ermreuth[10] in einem Schreiben an den Markgrafen Georg Albrecht neben anderen Problemen, dass dem Brauhaus *eine düchtige Breupfannen ermangelt*. Einen Monat später – am 6. Mai – meldet Muffel genauer, was er an Reparaturen auf der Plassenburg für notwendig hält, und führt hinsichtlich des Brauhauses aus:

Ist die Stirn Mauer und Schlot im Rauch: und Breuhauß zu vollführen, zum Stand zu bringen und das nöthige Breugeräth von Pfannen, Kuffen, Kühl vff Culmbacher Eich gericht, zu erindern.

Am 9. Juli 1658 schließlich wird der Sägschmied Georg Drechsel zu Goldkronach beauftragt, für 50

Reichstaler eine Braupfanne für die Festung Plassenburg anzufertigen. Die fertige Braupfanne wog 18 Zentner und 24 ½ Pfund. Am 18. Oktober erhielt Peter Schobert von Kottersreuth bei Himmelkron den Auftrag, die Braupfanne auf die Plassenburg zu transportieren.

Am 29. August 1663 formuliert Kommandant Muffel seine Überlegungen hinsichtlich einer Belagerung der Plassenburg und geht dabei von einer Besatzung von rund 1.000 Personen aus. Was den Bedarf an Bier betrifft, so rechnete er pro Tag zwei Maß Bier pro Person, das ergibt
- pro Tag 31 Eimer 16 Maß,
- in einer Woche 218 Eimer und 38 Maß und
- in einem Jahr 11.375 Eimer oder 947 Fuder und 11 Eimer, also – 50 Eimer auf ein Gebräu gerechnet –
- 227 ½ Gebräu jährlich.

Um diesen Jahresbedarf von 11.375 Eimer Bier abdecken zu können, mussten

- 1.365 Sümmra Gerste und
- 2.957 ½ Meßlein böhmischer Hopfen sowie
- 568 ¾ Klafter Brennholz

wie auch genügend Fässer und Pech in Vorrat gehalten werden.

Aber anscheinend war erneuter Verschleiß aufgetreten, denn am 27. Oktober 1667 monierte Kommandant Muffel in einem Schreiben an Markgraf Christian Ernst: *weil daß Breuhauß zu guthen Standt gebracht, eine schöne Pfannen vorhanden vndt nur noch Durchlaß, Kühl und Kufen ermangeln, die auch mit höchstens 30 Thaler zu erheben, stehet zu E. Hochfürstl. Durchleuchtigkeit ohnmaßgeblich gnädigsten Gefallen, ob sie gar perfectioniren vndt sich dessen im Nothfall zuebedienen schaffen laßen wollen.*

14 Jahre später – am 23. Dezember 1681 – erinnerte der Festungskommandant Georg Adam von Machwitz an überfällige Reparaturen im Brauhaus. Zugleich schlug er den Verkauf der 1658 ange-

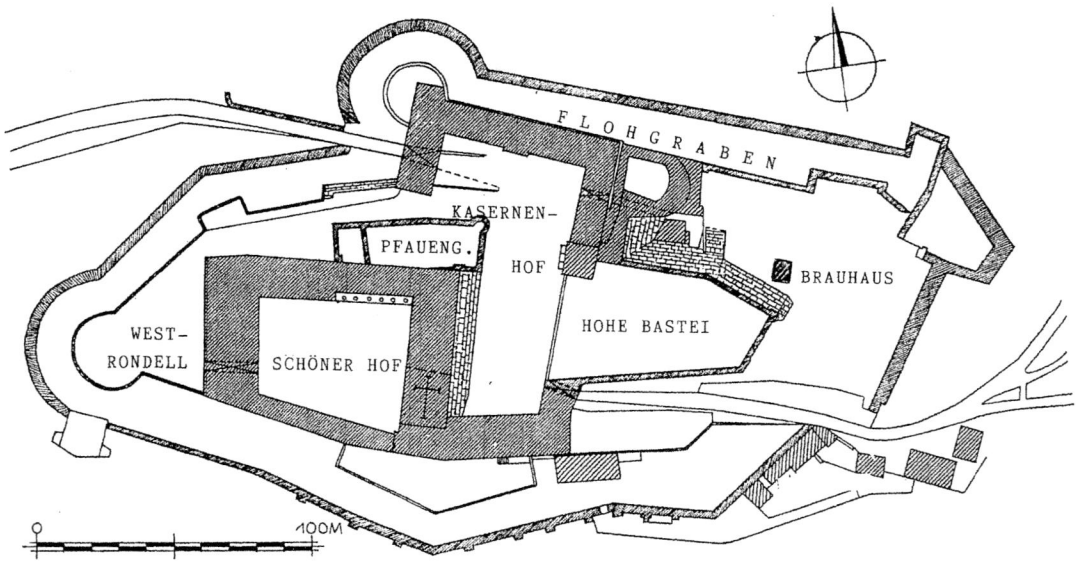

schafften übergroßen Braupfanne vor – sie war nie in Betrieb genommen worden:

Euer Hochfürstl. Durchl. ruhet sonderzweiffel annoch in gndsten Andencken, wie dieselben vor dreyen Jahren gnädigst anbefohlen, daß das Breuhauß uf der Vestung Plaßenburg zugerichtet werden solle und darauf das benöthigte Holtz zuverferttigung deß bedürfftigen Breugeschirrs und andern Geräths ohnverlängt anhand geschaffet, auch nunmehr zur Arbeit dörre gnug worden.

Wann dann die Vorhandene Breupfanne von merkclicher Größe, albereit vor etlich und zwanzig Jahren zwar verschaffet, iedoch niemahls gebrauchet worden, dieses Bräuwesen aber etwas geringer ... einzurichten, Unsers wenigen Ermeßens rathsamer scheinet, sindemahln Brgmstr. und Rath allhier obige große Pfannen zuerhandeln gewillet, hingegen von selbigen erlösenden Werth eine andere und etwas geringere neue erkauffet werden könnte.

In seinem Schreiben vom 14. Januar 1682 stimmte der Markgraf dem Verkauf der nie benutzten Braupfanne zu und ermächtigte den Kommandanten v. Machwitz gleichzeitig, die entsprechenden Verhandlungen mit Bürgermeister und Rat der Stadt Kulmbach aufzunehmen.

Schon 1603 hatte der junge Markgraf Christian seine Residenz von der Plassenburg in sein neues Schloss in Bayreuth verlegt. Doch blieb die Plassenburg bis zum Jahre 1806 Landesfestung des Markgraftums bzw. des Königreiches Preußen mit der entsprechenden militärischen Besatzung. Zu deren Verpflegung wurde auch das Brauhaus weiter betrieben. Beim Bau der kleinen Kaserne 1783/84 wurde es nach Osten – Richtung Pulverturm – verlegt. Im Jahr 1810 bayerisch geworden, ließ die anschließende Verwendung der Burg – 1813 als Militärlazarett, ab 1817 als Zwangsarbeitshaus und ab 1862 als Zuchthaus – keine Brautätigkeit für die neuen, meist unfreiwilligen „Bewohner" mehr zu. Die Brautätigkeit auf der Plassenburg war damit beendet.

1.4 Das Bier der Bürger – Brauen in der Stadt Kulmbach

1.4.1 Vorschriften des Landesherrn

Eine Vorschrift über den Brauprozess als solchen und über die zu verwendenden Rohstoffe, so wie sie das bayerische Reinheitsgebot von 1516 beinhaltet, findet sich für die Markgrafschaft Brandenburg-Kulmbach nicht. Insofern blieb die Verfügung des bayerischen Herzogs Wilhelm IV. ohne Resonanz im benachbarten Franken. Vorschriften finden sich nur hinsichtlich

– des Rechts zum Brauen,
– der Besteuerung und
– wo bzw. bei wem Bier zu erwerben sei.

Die erste Vorschrift, die uns erhalten ist, findet sich im Landbuch der Herrschaft Plassenburg aus dem Jahr 1398[11] und ist steuerrechtlicher Natur. Sie lautet: *Die herschaft hat und nuemet in der stat und auf dem lande von einem iglichen fuder weines zwen guldein und von iglichem fuder pires ein gulden zu ungelt.* Mit Urkunde vom 5. April 1388 hatte König Wenzel dem Burggrafen Friedrich VI. das Recht zur Erhebung einer Tranksteuer in seinen Ländereien bestätigt. Eine weitere Abgabe, der sog. Zapfenpfennig, betraf den Bierausschank der Bürger.

Grundriss der Plassenburg von 1958 mit dem letzten Standort des aufgelassenen Brauhauses

Immer wieder im Laufe der Jahrhunderte erhielten Kulmbach und seine Bürger – so wie andere Städte der Markgrafschaft auch – ihre von *uralten Zeiten her gewährten Privilegien und Freiheiten* bestätigt[12], so in den Jahren 1558, 1639 und 1713. Endlich – im Jahr 1746 – ließ Markgraf Friedrich alle *seit 200 Jahren ausgegangenen geistlichen und weltlichen Verordnungen und Gesetze* gesammelt veröffentlichen. Dies geschah unter dem Titel *Corpus Constitutionum Brandenburgico-Culmbacensium (CCBC)*[13]. Das Werk hatte den beachtlichen Umfang von 686 Seiten für kirchliche und knapp 1.750 Seiten für weltliche Angelegenheiten.

Diese Gesetzessammlung gewährte in § 52 jedem Bürger, der ein eigenes Haus besaß, das Recht *zu mulzen und zu brauen*.[14] Gleichzeitig sah aber § 51 schon damals eine Wein- und Biersteuer, das sog. Umgeld vor, das an den Rat der Stadt zu zahlen war. Und § 19 bestimmte, wonach keiner auf dem Land seinen Wein- oder Bierbedarf zu Familienfeiern anderswo als nur in der Stadt Kulmbach beschaffen sollte. Der Verfasser geht davon aus, dass diese Bestimmung weniger die eigenen brauenden Bürger schützen sollte. Vermutlich sollte sie der Herrschaft die Steuereinnahmen aus dem Umgeld sichern.

Dieser *Bierzwang* war aber eingeschränkt durch den Tatbestand, dass das Markgraftum kein geschlossenes Herrschaftsgebiet war mit unumschränkten Rechten des Fürsten, sondern ein „Flickenteppich" mit sich überlappenden Rechten verschiedener Herrschaften. Unmittelbar neben der Stadt Kulmbach lebten Untertanen anderer Adeliger, so derer von Giech in Thurnau, derer von Guttenberg auf Steinenhausen oder des Klosters Langheim. Und diese Untertanen mussten ihre Getränke wieder von anderen Berechtigten beziehen, denn die jeweilige Herrschaft achtete peinlich genau auf ihre Rechte und Einnahmen.

Neben dem CCBC wurde 1746 noch eine Polizei-Ordnung[15] für das Fürstentum erlassen. Sie umfasst immerhin 103 Seiten und enthält auch umfangreiche Vorschriften im Bereich der Ernährung: für Gastwirtschaften und Weinschenken, für Mühlen, Bäcker und Metzger – aber keine für das Bierbrauen und nur eine einzige für den Wein- und Bierausschank! Danach soll kein Wirt nach *zehen Uhr in der Nacht ... einigen Trunk mehr aus dem Hause geben.*[16] Denn es sollte *Schlemmen, Sitzen, Zechen, Spielen und Gastiren, inn- und ausserhalb den Wirths-Häusern, über obgemeldte Stunden abgeschnidten und nicht geduldet werden.*

1.4.2 Braurecht und Brauhäuser in der Stadt

1398 zählte das Landbuch der Herrschaft Plassenberg – eine Art Bestandsaufnahme anlässlich des Regierungsantritts der Markgrafen Johann III. und Johann VI. – für die Stadt Kulmbach neben den öffentlichen Gebäuden 105 Häuser ihrer Bürger. Dazu kamen noch Stadthäuser des Adels. Die Zahl der Einwohner wird auf seinerzeit 1.500 bis 2.000 Personen geschätzt. Diese Einwohnerzahl erscheint für heutige Verhältnisse gering, im Mittelalter – Kulmbach war ja zudem noch Residenzstadt – bedeutete sie eine respektable Größe.

Die Zahl der Einwohner stieg bis 1531 auf ca. 2.600 Personen. Abgesehen von gewissen Schwankungen und Einschnitten – z. B. nach der Zerstörung Kulmbachs 1553 oder im Dreißigjährigen Krieg – hielt sich diese Zahl recht konstant über die folgenden vier Jahrhunderte. Erst nach 1800 sollte die Einwohnerzahl deutlich und konstant ansteigen.

Es versteht sich von selbst, dass in einem Gemeinwesen von dieser Größe von Anfang an auch Bier – als eine Art Grundnahrungsmittel – gebraut

1.4 Das Bier der Bürger

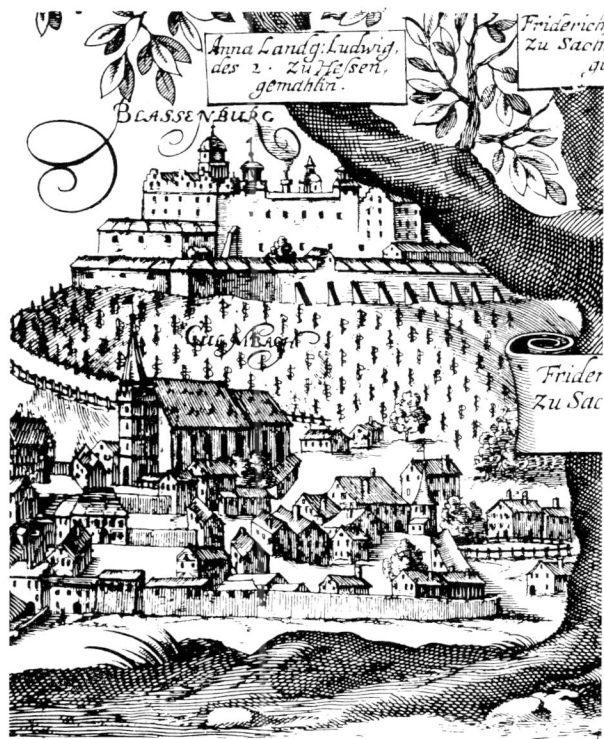

Der Stich, erschienen um 1662, zeigt einen Teil der Stadt Kulmbach mit der Plassenburg. Am Burgberg sind die angepflanzten Weinstöcke zu erkennen.

wurde. Und das Recht dazu hatte jeder Bürger. Mit dem Recht des Bierbrauens war gleichzeitig das Schankrecht verbunden. Meist brauten die Bürger Bier über ihren notwendigen Eigenverbrauch hinaus und schenkten den Überschuss dann im eigenen Haus aus. So wurde jedes Bürgerhaus mehrmals im Jahr zum Wirtshaus.

Der erste urkundliche Hinweis auf das Bierbrauen der Bürger betrifft diesmal kein Brauhaus, sondern die schon erwähnte „Biersteuer" in der Form, dass *die herschaft in der stat ubd auff dem lande von iglichem futer pires ein gulden zu ungelt nuemet.*[17]

Für das städtisches Brauhaus am *Eberhaken* – heute das Anwesen der Caritas im Oberhacken – datiert der erste urkundliche Nachweis aus dem Jahre 1531. Nach der Zerstörung 1553 war das Brauhaus bald wieder aufgebaut worden. Der Bierumsatz blieb aber in dieser Elendszeit so niedrig, dass der Rat das Brauhaus verkaufen wollte. Erst um 1575/80 stieg der Umsatz wieder so bedeutend, dass die Stadt erhebliche Steuereinnahmen daraus buchen konnte. 1582 wurden in Kulmbach 5.388 Eimer Bier erzeugt. Da den Bürgern nur ein bis fünf Gebräue zu je 25 Eimer erlaubt waren, reichte das Bier – trotz Ausfuhrverbots und einer Einfuhr von 304 Eimern Wein – nicht aus.[18]

Nach 1600 befanden sich in der Stadt drei Brauhäuser: das schon genannte städtische Kommunbrauhaus und zwei private Brauhäuser – eines in der Vorstadt neben dem Mainbad *beim Viehhof*, der heutigen Sutte, und eines in der Fischergasse. Das Braurecht war inzwischen eingeschränkt worden auf die Bürger, die ein eigenes Haus besaßen.

An diesen Braurechten und ihrer Ausübung in Kulmbach änderte sich insgesamt in den nächsten 200 Jahren wenig. Gebraut wurde weiterhin in drei Brauhäusern – wie bisher im Kommunbrauhaus im Oberhacken und in zwei privaten: dem Christenn'schen Brauhaus am Holzmarkt und dem Weyße'schen Brauhaus in der Fischergasse/Grabenstraße. Das Braurecht übten etwa 40 bis 60 Bürger aus, und in erster Linie war das Braugeschäft ein Nebengewerbe der Bäcker-, Metzger- und anderer Meister.

1.4.3 Weinbau in der Kulmbacher Gegend

Aber auch Weinbau wurde in der Kulmbacher Gegend betrieben. Das Landbuch von 1398 zählt immerhin 72 Wein- und Obstgärten in der Kulmbacher Umgebung auf: Am Burghaiger Hang, am Plassenberg und später auch am Mühlberg bei Kauerndorf, bei Fölschnitz, Ködnitz, Untersteinach und bei Mangersreuth. Nach MAX HUNDT war Kulmbach im Jahr 1531 von Weinbergen umgeben. 1563 kostete der Eimer Kulmbacher und Fölschnitzer Wein 2, Untersteinacher 2½, Burghaiger 3 und Rheinwein 5 Gulden. Die Maß Bier wurde zu dieser Zeit mit 5 Pfennig bezahlt. Aber auf Dauer war das hiesige Klima zu rau für den Weinbau: Immer wieder erfroren in kalten Winternächten die Weinstöcke. In den Jahrzehnten nach 1700 wurde der Weinbau allmählich aufgegeben, und man wandte sich mehr und mehr dem Anbau von Obst zu.

Eine Darstellung der Plassenburg von 1662 zeigt den Burgberg kahl, nur bepflanzt mit Weinstöcken. Dies weist hier noch auf einen speziellen Zweck der Weinstöcke hin: Die Plassenburg war seinerzeit als Festung eine reine Militäranlage, und die Besatzung brauchte natürlich vor den Mauern eine freie Sicht auf sich eventuell annähernde Personen. Das wäre bei der heute üblichen Bepflanzung mit Laubbäumen aber nicht der Fall gewesen. Deshalb musste der Burgberg baumfrei, d. h. kahl sein. Zugleich durfte aber das Erdreich nicht abrutschen. Und hier erwiesen sich die Weinstöcke als ideale Lösung: Sie behinderten kaum die freie Sicht und hielten außerdem mit ihrem Wurzelwerk den Boden fest.

1.4.4 Die Situation des Brauwesens um 1800

Insgesamt dürfte sich bis 1800 wenig an den Braurechten und ihrer Ausübung in Kulmbach geändert haben. Nachdem Kulmbach 1792 preußisch wurde veranlasste Minister Hardenberg die *Historische Tabelle von dem Zustande der Haupt Stadt Culmbach 1795*. Darin werden – neben vielen anderen Daten – auch die *vornehmsten der vorhandenen Gewerbe und Professionen* aufgeführt, wobei *vornehm* hier die Bedeutung von „wichtig" oder „hauptsächlich" hat. Nicht genannt in der Erhebung von 1795 ist die Brautätigkeit. Dies überrascht aber nicht, denn seinerzeit stellte Brauen noch kein Gewerbe im engeren Sinne dar.

Bei seiner Abberufung aus Franken stellte Hardenberg in seinem 260 Punkte umfassenden Generalbericht vom 10. Juni 1797 dem neuen König Friedrich Wilhelm III. seine Arbeit und seine Leistungen in den neu erworbenen Fürstentümern vor. Dabei behandelt er auch die Versorgung der Einwohner mit Nahrungsmitteln – Getreide und Vieh –, und er macht sich Gedanken über die Preisgestaltung der einzelnen Lebensmittel. In diesem Zusammenhang geht er auch – in § 202 – ganz allgemein auf das Bierbrauen ein:

Bier wird in den fränkischen Fürstenthümern von vorzüglicher Güte gebrauet. Die Brauereyen gehören hauptsächlich mit zu den städtischen Gewerben und Privilegien, indes giebt es auch Brauereyen auf den Lande.... Ohne besondern rechtlichen Titel oder herrschaftliche Concession ist niemand zu brauen berechtigt. Man brauet viel Lagerbier, d. i. blos im Frühjahr und Herbst, welches ausgegohren in Felsenkellern aufbewahrt wird. Die Bierpreise, die sich nach den Gerstenpreisen natürlicherweise richten, sind mit diesen auch gestiegen.[19]

Auch der preußische Offizier J. C. E. VON REICHE erwähnt – ein Jahr später – in seiner Schilderung *Culmbach und Plassenburg* Bierbrauen nicht als Gewerbe. Er hält nur fest, dass im Jahr 1726 der

1.4 Das Bier der Bürger

Stadtrat die Erlaubnis erhalten habe, *außer dem braunen Biere, auch ein weißes Bier ... zu brauen und auszuschenken*.[20]

In einem Kaufleute- und Fabrikantenverzeichnis, 1801 in Leipzig gedruckt, wird Kulmbach mit 4.000 Einwohnern aufgeführt und zusätzlich vermerkt: *Die Hauptnahrung derselben besteht aus der starken Bierbrauerey, aus den Ledergerbereyen, dem Garten- und Obstbau etc.* Brauberechtigt waren seinerzeit in Kulmbach etwa 60 Bürger.

In der Nacht zum 10. Oktober 1806 wurde Kulmbach von französischen und bayerischen Truppen besetzt und kam für die folgenden vier Jahre – wie die gesamte Markgrafschaft – unter französische Besatzung und Verwaltung. Dem seinerzeitigen Zivilgouverneur, Baron CAMILLE DE TOURNON, verdanken wir eine sehr ausführliche Beschreibung der Verhältnisse in der damaligen Provinz.[21] Er erwähnt dabei die Stadt Kulmbach nur kurz in Zusammenhang mit der Plassenburg, geht aber nicht auf das hiesige Brauwesen ein.

Dagegen stellt TOURNON die Abgaben der Bierbrauer als die bedeutendste unter den Verbrauchssteuern *im Oberland* – also auch in Kulmbach – heraus und lobt gleichzeitig die sichere Steuererhebung hier: *Jedes Mal, wenn sie brauen wollen, müssen sie dem Kammeramtmann oder seinen Aufsehern die Menge Gerste angeben, die sie verbrauchen werden, und sogleich ihre Steuersumme bezahlen. ... Jeder Bürger, der in einer Stadt oder einem Markt ein Haus sein Eigen nennt, hat das Recht Bier zu brauen, aber nur in der öffentlichen Brauerei, die der Gemeinde gehört und wo ein öffentlich angestellter Braumeister am Werk ist. So werden Betrügereien ... im Keime erstickt, zugleich wird allerdings auch jeglicher Verbesserungsansatz verhindert.*[22]

TOURNON fährt in seinem Bericht fort: *Einige Gutsherren haben das Recht, für sich und ihre Hausangestellten zu brauen, manchmal sogar für ihre Vasallen.* Damit dürften noch einige reichsritterschaftliche Sitze im Umkreis der Stadt Kulmbach über eigene Brauhäuser verfügt haben. Für Schloss Steinenhausen bei Melkendorf – heute gehören beide zur Stadt Kulmbach – wird bereits für das Jahr 1550 ein Brauhaus unterhalb des Schlosses am Roten Main erwähnt.[23]

Als schließlich im Jahre 1810 Kulmbach mitsamt der ganzen Markgrafschaft ans Königreich Bayern kam, da wollte sich der bayerische Minister Maximilian Graf Montgelas einen Überblick über die neuen Landesteile verschaffen – so wie es 15 Jahre zuvor der preußische Minister Hardenberg getan hatte. Und genauso wie in der Tabelle von 1795 fehlt auch in der Montgelas-Statistik von 1811/12 unter den aufgeführten Gewerben der Stadt Kulmbach die Brautätigkeit. Bierbrauen war immer noch kein eigenständiges Gewerbe, sondern nur ein Recht für eine bestimmte Anzahl von Bürgern.[24]

2. Die weitere Entwicklung des Brauwesens in Kulmbach bis 1870[1]

2.1 Der Stand des Kulmbacher Brauwesens zu Beginn des 19. Jahrhunderts

Durch verschiedene staatliche Maßnahmen erfolgte nach 1800 eine Neuordnung des Brauwesens. Unter dem Aspekt der Gewerbefreiheit und zur Belebung des Wettbewerbs wurden die alten Bann- und Zwangsrechte aufgehoben. Die Bestimmungen des Biersatzregulativs von 1811 sollten den Konsumenten vor zu teurem und vor minderwertigem Bier schützen, gleichzeitig aber auch den staatlichen Malzaufschlag und den Unternehmergewinn sichern.

Eine Aufstellung von 1809, in der sämtliche brauenden Bürger erfasst sein sollen, führt nur 24 Namen auf. Die geringe Zahl von 24 – später sollten es wieder rund 60 sein – lässt Auswirkungen der französischen Besatzung vermuten. Einige Namen von Brauern, deren Nachkommen in späterer Zeit noch Bedeutung erlangen werden, finden sich aber schon hier: Es sind dies Reichel, Hering, Meußdoerffer und Sandler.

Den brauenden Bürgern standen seinerzeit in Kulmbach drei Brauhäuser – das Kommunbrauhaus und zwei Privatbrauhäuser – zur Verfügung. Die Besitzer der Privatbrauhäuser betrieben aber das Braugeschäft nicht selbst, obwohl ausschließlich sie dazu die Berechtigung hatten. In erster Linie war das Braugeschäft Nebengewerbe der Bäcker-, Metzger- und anderer Meister, die damit ihren Hausbedarf deckten und gleichzeitig aber auch Bier in der eigenen Wohnung verkauften.

2.1.1 Brau- und Mulzhäuser

Das Kommunbrauhaus stand im Oberhacken und war – vermutlich 1555 – an gleicher Stelle wiederaufgebaut worden, wo bereits ein älteres gestanden hatte. 1826 war das Brauhaus ausgestattet mit zwei eingemauerten eisernen Braukesseln, mit zwei Durchlässen, zwei Bierkühlen, einer Wasservorratskufe und mit einem weiteren kleineren Braugeschirr. Zum Brauen wurde Quellwasser verwendet, das vom Rossbrunnen hergeleitet wurde. Dieses Wasser war härter als das in den Privathäusern. Deshalb war die Ausbeute im Kommunbrauhaus geringer, und die dort erzeugten Biere waren weniger lange haltbar. Auch lag das Kommunbrauhaus für viele Brauer hinsichtlich Wohnung und Felsenkeller etwas entlegen. Daraus ergab sich eine geringe Beliebtheit des Kommunbrauhauses bei der brauenden Bürgerschaft.

Das Christenn'sche Brauhaus, etwa beim Gebäude der ehemaligen Bayerischen Hypotheken- und Wechselbank am Holzmarkt gelegen, hatte 1714 der Kaufmann und frühere Bürgermeister Johann Christoph Erb von der Landesherrschaft mit der Berechtigung zur Braun- und Weißbierbrauerei erworben. Diese Berechtigung erstreckte sich lediglich auf den Privatgebrauch.

Später erwarb der Rotgerbermeister und Senator Friedrich Wilhelm Christenn das Brauhaus. Aber erst im Sudjahr 1822/23 versuchte *der Rotgerbermeister Christenn, sein Brau- und Mulzhaus wieder in Auf-*

schwung zu bringen. Beim Tod des Senators ging das Brauhaus an seine Söhne, die Lederfabrikanten Christoph Valentin und Johann Christian Christenn, über.

Zur Einrichtung des Brauhauses gehörten ein Braun- und ein kleinerer Weißbierkessel, der nach 1830 durch einen weiteren Braunbierkessel ersetzt wurde. Zum Brauen wurde Mainflusswasser verwendet. Bei Hochwasser des Mains konnte das Brauhaus, weil es dann unter Wasser stand, oft nicht benutzt werden. Auch dieses Brauhaus lag etwas entlegen. Diesen Nachteil versuchten die Besitzer dadurch auszugleichen, indem sie *spekulativ genug waren,* den brauenden Bürgern zu gestatten, ihr zum Brauen benötigtes Holz im Hof des Brauhauses aufschichten zu dürfen.

Das Weyße'sche Brauhaus, in der Fischergasse/Grabenstraße gelegen, gehörte seit 1817 den Brüdern Weyße gemeinschaftlich. Heinrich Weyße war Ökonom, der Bruder Karl herzogl. Forstmeister zu Eichstätt. 1845 bestand das Brauhaus seit *mehr als einem Jahrhundert.*

Das Brauhaus war gleich den anderen Brauhäusern mit zwei Braugeschirren ausgestattet. Der städtische Feuerbach floss hindurch. Verwendet wurde aber mittels eines angelegten Pumpbrunnens Quellwasser, dessen Milde das Bier besonders lange haltbar machte. Aufgrund der vorteilhaften Lage zu den Felsenkellern der Brauer und wegen der besonderen Qualität des Wassers war dieses Brauhaus bei den brauenden Bürgern überaus beliebt.

Allen drei genannten Brauhäusern war jeweils ein Mulzhaus angegliedert. 1820 gab es noch zwei weitere Mulzhäuser in Kulmbach, nämlich
– das Mulzhaus des Kaufmanns Johann Heinrich Bauer (es wurde zwischen 1846 und 1856 an Nic. Meußdoerffer und Cons. verkauft) und
– das Mulzhaus der Zeugmacherswitwe Christiane Zwerenz.

Als die Kapazität der Malzdarren nicht mehr ausreichte, wurden weitere Mulzhäuser errichtet. Diese Entwicklung war auch auf die gestiegene Nachfrage auswärtiger Kunden nach Kulmbacher Malz zurückzuführen. Erbaut wurden
– das Mulzhaus des Büttnermeisters Lorenz Sandler 1825,
– das Mulzhaus des Schwarzbäckers Andreas Eberlein zwischen 1825 und 1842 (es wurde 1856 durch Pachtvertrag von Johann Peter Ruckdeschel übernommen) und
– das Mulzhaus des Kaufmanns Louis Weiß 1842.

2.1.2 Organisation des Brauprozesses

Die Güte des Bieres war von der Verwendung eines guten Malzes abhängig. Was die Ausbeute betrifft, so wussten die Brauer, dass sich aus schlechter Gerste weniger Malz, aus süßem Malz aber mehr Bier erzielen ließ. Damit sind Merkmale genannt, die sich qualitäts- und kostenmäßig auswirkten. Um Kulmbach wurde gute Gerste angebaut, aber auch das Flusswasser des Mains, das durch seine Milde den Zuckerstoff des Malzes besser auflöste als Brunnenwasser und zugleich das Bier länger haltbar machte, wirkte sich günstig aus. JOACHIM MEIER beschreibt in seiner Diplomarbeit den seinerzeit in Kulmbach üblichen Brauprozess[2]:

Das Mulzen ging so vor sich, dass die in mit Wasser gefüllten Bottichen gequollene und geweichte Gerste, nachdem sie zum Keimen gebracht worden war, in noch feuchtem Zustand auf der Tenne zu Haufen von 30 bis 50 cm aufgeschüttet wurde. Die Haufen wurden in Abständen von 10 bis 12 Stunden umgeschaufelt, um Sauerstoff zuzuführen und *die Temperatur (7–10 °C) konstant zu halten. Wenn eine bestimmte Wurzelkeimlänge und damit der größte Diastasegehalt erreicht war, war der Vorgang beendet. Nach dem Keimungsprozess wurde das Malz auf der Darre durch warme und heiße Luft getrocknet. Pro Mulz wurde $^1/_7$ Klafter hartes Holz, Buchen-, Birken- ... Holz verwendet. Zur Erzielung eines dunklen bzw. braunen, starken und aromatischen Biers sollte das Malz „im Mulzhaus bloß naß gedörrt resp. gedunkelt" und auch der Hopfen „durch das Rösten nicht zu stark angegriffen" werden. Denn durch zu starkes Rösten hätte das Bier an würzigem Geschmack und Haltbarkeit verloren.*

Die zeitliche Planung eines Brausudes erfährt man aus einem Magistratsprotokoll von 1850, dessen Aussage durchaus auf das beginnende 19. Jahrhundert übertragen werden kann. Danach sollte die Ansprengung des Malzes an einem Dienstag stattfinden, das Schroten des Malzes in der Mühle sollte zwei Tage später, am Donnerstag, erfolgen, und mit dem Brauen wollte man in der Nacht vom Donnerstag auf Freitag, eine Stunde vor Mitternacht, beginnen.

Generell waren die Monate Januar, Februar und März zum Brauen bevorzugt, weil in dieser Zeit mit einer geeigneten Witterung und kälteren Nächten gerechnet wurde.

Gebraut wurde nach dem sogenannten Läutermaischverfahren. Das gemahlene Malz wurde im Maischbottich mit auf 50° Reaumur (etwa 62 °C) erwärmtem Wasser verrührt. Kochendes Wasser aus dem Braukessel kam nun gleichfalls in den Maischbottich, wo durch kräftiges Umrühren das Aufmaischen erfolgte. Hier blieb die Masse bei 50°Reaumur eine Stunde stehen, ehe sie abgelassen und im Braukessel eine $^3/_4$ Stunde gekocht wurde. Die Maische kam dann zurück in den Maischbottich, wo sie mit dem Malzrest noch einmal abgemaischt wurde. Nach einer Stunde kam die Vorderwürze abermals in den Braukessel, und nun wurde unter leichtem Kochen der Hopfen zugesetzt. Der verbliebene Malzrest im Maischbottich wurde mit kaltem Wasser aufgegossen und verrührt. Das erhaltene Aufschwänzwasser kam zusätzlich zur Vorderwürze in den Braukessel. Nachdem die Würze 5 bis 6 Stunden gekocht hatte, wurde sie mit hölzernen Rinnen über einen Hopfenseiher in die Kühlen abgeleitet. Dort blieb sie 12 bis 15 Stunden stehen und wurde dann mit Butten zu den Felsenkellern getragen. In den Gärbottichen wurde die Hefe zugesetzt. Die Gärung dauerte 10 bis 20 Tage. Nach Beendigung der Gärzeit wurde das Bier in Lagerfässer umgeschöpft.

Eine niedrige Kellertemperatur verlängerte die Dauer der Gärung und erhöhte dadurch die Haltbarkeit des Biers. Allerdings sollten die Keller auch nicht kälter als 5 bis 6 °C sein, um das Hellwerden des Biers nicht zu erschweren und zu verlangsamen.

Die Sudperiode dauerte in Kulmbach jeweils vom 1. Oktober bis zum 30. April. Um 1860 wurde der Anbrautermin auf den 15. September vorgezogen. Auf Antrag genehmigte der Magistrat häufig Ausnahmen von dieser zeitlichen Regelung. Das Brauverbot an Sonn- und Feiertagen blieb allerdings unangetastet.

2.1.3 Braupersonal und Bierkieser

In jedem Kulmbacher Brauhaus waren ein Braumeister und zwei oder drei Braugehilfen für die Bereitung des Bieres verantwortlich. Daneben konnten die brauenden Bürger selbst, wenn es ihre Fähigkeiten und Fertigkeiten zuließen, an der Produktion mitwirken oder sie persönlich überwachen.

Das Braupersonal musste sich dem Eid der Braumeister und Brauknechte unterziehen und bei Verlust ihres *Seelenheils und Seeligkeit* geloben, nichts zu veruntreuen, fleißig und sorgfältig *so Tag als Nacht* zu arbeiten und die vorgeschriebenen Mengen zu beachten.

Bis 1847 hatten die Braumeister keinen Befähigungsnachweis in Form einer abgelegten Prüfung vorzulegen. Der Aufstieg zu diesem Amt setzte voraus, dass der Braugehilfe viele Jahre – manchmal jahrzehntelang – zur Zufriedenheit der brauenden Bürger gearbeitet hatte. Einmal Braumeister geworden, blieb er dies bis zu seinem Tode. Da das fachliche Wissen in hohem Maße auf Erfahrung beruhte, ergab sich zwangsläufig ein fortgeschrittenes Alter für Braumeister. Sie kannten die speziellen Besonderheiten, deren sich manche brauende Bürger bei der Herstellung ihres Bieres bedienen mochten. Dies machte die Braumeister zu Vertrauenspersonen und beließ sie in einer dauerhaften Stellung. So ist es auch zu verstehen, wenn mitunter der eigene Sohn als Braugehilfe eingestellt wurde, dem dann das Wissen des Vaters vermittelt werden konnte.

Dem Braumeister und seinen Gehilfen stand pro Gebräu 1 Gulden 48 Kreuzer als Vergütung zu; diese wurde allerdings sehr häufig von den brauenden Bürgern teilweise in Naturalien erbracht. Auch hatte das Braupersonal aus dieser Tätigkeit keine das ganze Jahr hindurch fließende Einnahme. Abgesehen davon, dass mitunter die Brauhäuser während der Sudzeit für einen oder mehrere Tage leer standen oder die brauenden Bürger ihre Gebräue selbst anrichteten, ruhte in den Monaten Mai bis September das Braugeschäft gänzlich. Die Braumeister, die 1847 bestellt waren, übten während des Sommers kein anderes Gewerbe aus, und *so leb[t]en sie teilweise von den Ersparnissen, teils vom Betriebe der Ökonomie und teils, was die Braugehilfen betrifft, von Landbautagsarbeit.*

Für das Kommunbrauhaus konnte Joachim Meier die Braumeister bis 1855 lückenlos nachweisen. Es waren dies:
– Johann Paulus Klein bis zu seinem Tod 1807;
– Johann Weiß von 1807 bis 1832, er war zuvor erster Brauhelfer und starb 1832 im Alter von 67 Jahren;
– Albrecht Jungkuntz von 1832 bis 1848, er hatte vorher 26 Jahre lang als Braugehilfe gearbeitet und musste schließlich 1848 mit 74 Jahren wegen Altersschwäche abtreten;
– Johann Weiß von 1848 bis mindestens 1855, wahrscheinlich ein Sohn des ersten Johann Weiß. Er war seit 1840 Braugehilfe und hatte 1847 die Prüfung mit *gut* abgelegt.

Nicht ganz so lückenlos kann der Nachweis für die anderen Brauhäuser geführt werden. Für das Weyße'sche Brauhaus sind folgende Braumeister bekannt:
– Johann Friedrich Hiesch bis zu seinem Tod 1807;
– Johann Michael Zink, Nachfolger von Hiesch, zuvor Brauhelfer im Kommunbrauhaus;
– Johann Michael Fiert, genannt 1821;
– Erhardt Schröter, genannt 1824 und 1831, zuletzt 72 Jahre alt;
– Heinrich Leikam, ab 1833 und noch 1847; er hatte zuvor 27 Jahre als Gehilfe gearbeitet.

Im Christenn'schen Brauhaus war 1831 der 70jährige Michael Söhnlein Braumeister; 1838 und noch 1847 war es Johann Nikolaus Söhnlein, der vorher 10 Jahre Gehilfe war.

Zur Kontrolle der Braumeister waren zwei Bierkieser bestellt, die selbst brauende Bürger waren. Ihre Aufgabe bestand darin, durch Geschmacksprobe das Bier auf Unverdorbenheit und auf Geschmack zu prüfen.

Interessant erscheinen die Urteile über missratene Gebräue aus den Jahren 1820 bis 1824: Das Bier des brauenden Bürgers Christoph Lorenz Haaß sei *ungenießbar* und man könne *daraus auch nicht Essig machen*. Die Biervorräte des Erhardt Gummi wurden als *trüb* und von *ganz widerwärtigem Geschmack* und als *ungenießbar* bezeichnet. Einen Grund für das Umschlagen der Gebräue konnten die Bierkieser oft nur vermuten.

Zur Bierbeschau bestellt war in den Jahren 1820 und 1824 der Bäckermeister Carl Friedrich Opel, der seine Tätigkeit noch ohne Bezahlung ausübte. Erst als 1829 die als Sachverständige zur Biervisitation förmlich verpflichteten brauenden Bürger Heinrich Bauer und A. Wilhelm Putschky *für ihre seit einigen Jahren geschehene Tätigkeit* eine Vergütung verlangten, erhielt jeder von ihnen jährlich 4 Gulden. Als Heinrich Bauer 1843 starb, übernahm der brauende Bürger Ernst Grampp die vakante Stelle. Putschkys Nachfolger wurde der brauende Bürger Johann Friedrich Nützel; ihm folgte der Bäckermeister Martin Putschky. 1864 trat an die Stelle von Ernst Grampp der brauende Bürger Johann Georg Pöhlmann. 1866 wurde schließlich Paulus Semmelroch Bierkieser.

Die Bierbeschau nahm nicht allzu viel Zeit in Anspruch. 1861 z. B. dauerte die Visitation der Sommerbiere, wobei gleichzeitig die Winterbiervorräte mit aufgenommen sein dürften, drei Vormittage. Anfang des 19. Jahrhunderts, als die Bierproduktion der brauenden Bürger niedriger war, dürfte der Zeitaufwand geringer gewesen sein. Geht man davon aus, dass von 60 brauenden Bürgern jeder mindestens einen Keller hatte, kann man sich vorstellen, dass lediglich kurze Stichproben genommen wurden, um die Trinkfestigkeit und das Durchhaltevermögen der Bierbeschauer nicht zu sehr zu beanspruchen.

2.1.4 Die brauende Bürgerschaft im Sudjahr 1816/17

Im Sudjahr 1816/17 erzielten 59 brauende Bürger zusammen 448 Gebräue.[3] Der Durchschnitt lag bei 7,6 Gebräuen. An der Spitze standen dabei folgende Brauer:
– Joh. Lorenz Sandler sen., Büttner, 18 Gebräue,
– Johann Christoph Maurer, Senator, 15 Gebräue,
– Johann Simon Hering, Glaser, 14 Gebräue,
– Christoph Nützel, Bäcker, 14 Gebräue,
– Erhardt Gummi, Bäcker, 13 Gebräue,
– Conrad Haas, Melber, 13 Gebräue,
– Johann Georg Sandler jun., Büttner, 13 Gebräue,
– Leonhard Christoph Hoffmann, 12 Gebräue, und
– Carl Friedrich Opel, Bäcker (und zeitweise Bierbeschauer), 11 Gebräue.

Geht man davon aus, dass seinerzeit eine Jahresleistung von zehn Gebräuen von den brauenden Bürgern als ausreichend angesehen wurde, um den Lebensunterhalt allein aus dem Braugeschäft zu bestreiten, so kommen für das Sudjahr 1816/17 hierfür 19 brauende Bürger in Betracht. Zwei Drittel der brauenden Bürger dagegen blieben unter der Normgröße von zehn Gebräuen.

Nach JOACHIM MEIER entsprach die Produktionsmenge zu der Zeit in Kulmbach etwa der des 16. Jahrhunderts: Damals wurden – bei etwas geringerer Bevölkerung – rund 300 Gebräue erzielt. Daran sollte sich auch bis 1830 wenig ändern.

MEIER hat aus den Kesselgeld-Einnahmen des Magistrats die Anzahl der Gebräue zwischen 1818/1819 und 1829/30 errechnet: Während im Sudjahr 1816/17 nur 448 Gebräue erzielt wurden, stieg die Anzahl der Gebräue von zunächst 570 im Sudjahr 1818/19 kontinuierlich auf schließlich 651 im Sudjahr 1826/27. Danach sank die Zahl wieder; 1829/30 wurden nur noch 526 Gebräue hergestellt.

2.2 Der Export als bestimmender Faktor für den Aufschwung des Brauwesens nach 1830

Der Stillstand im Kulmbacher Brauwesen fand sein Ende mit den 30er Jahren des 19. Jahrhunderts. Es bahnte sich ein ungeahnter Aufschwung an, veranlasst durch das beginnende Exportgeschäft. Vorgeschichte und Anfang des Kulmbacher Bierexportes – d. h. die Ausfuhr von Kulmbacher Bier über die Grenzen Bayerns hinaus – wurden rund 60 Jahre später in der Denkschrift zur Zweiten Bayerischen Gewerbeausstellung in Nürnberg[4] ausführlich und anschaulich beschrieben:

Die Entstehung des Kulmbacher Bierexports dürfte auf Folgendes zurückzuführen sein: Im zweiten und dritten Jahrzehnt unseres Jahrhunderts bestand bereits ein reger Handelsverkehr zwischen Franken einerseits und Vogtland, Sachsen und Thüringen andererseits. Ein Teil dieses Warenverkehrs wurde durch Kulmbacher Fuhrleute (die Familie Zapf und andere) vermittelt. Diese Kulmbacher Fuhrleute pflegten auf ihren Fahrten ins Vogtland und nach Sachsen für ihren eigenen Bedarf jeweils einige Fässchen Bier mitzunehmen, um auch auswärts das gewohnte Getränk nicht ganz entbehren zu müssen. Wenn sie nun in mittel- oder norddeutschen Städten übernachteten und des Abends in der Herberge sich ihren heimatlichen Trunck schmecken ließen, so gaben sie denselben wohl dann und wann auch anderen anwesenden Gästen zu verkosten, worauf ihnen hie und da der Auftrag zuteil wurde, von dem „schönen" Tranke bei der nächsten Reise mehrere Fässchen für Wirte in jenen Orten mitzubringen. Diesen Aufträgen und Wünschen kamen die Kulmbacher Fuhrleute selbstverständlich gerne nach, und sie wurden auf diese Weise die ersten Pioniere für den Kulmbacher Bierexport. Ein weitschauender Kulmbacher Kaufmann, der damals noch nicht selbst Bier braute, wohl aber später eine Brauereifirma, die jetzt noch besteht, gründete, Herr Louis Weiss, unterstützte die Fuhrleute häufig bei der Ausführung solcher Bier-Aufträge und sammelte dann später selbst für verschiedene Brauer solche Aufträge nebenbei auf seinen Geschäftsreisen.

So kam es also, dass bereits im Jahre 1831 die „brauenden Bürger" Glaser Bauer, Bäcker Andr. Plank, Büttner Haberstumpf, Bäcker Ruckdeschel, Bäcker Weith und Büttner Sandler Kulmbacher Bier in kleinen Gebinden nach Coburg, Rossdorf, Rossbach, Hannover, Leipzig etc. versandten. Als eigentlicher Uranfangstag des Kulmbacher Bierexports dürfte der 23. Dezember 1831[5] zu betrachten sein, an welchem Tage der Büttnermeister und brauende Bürger Lorenz Sandler (der Großvater der jetzigen Inhaber der Brauerei G. Sandler) einen Fuhrmannswagen, ganz mit Kulmbacher Bier beladen, nach Leipzig abgehen liess. Weitere Sendungen dahin folgten im Jahre 1832, in welchem Jahre L. Sandler und Glaser Matthäus Hering erstmals auch nach Gera Bier schickten.

Von da ab wurden nach und nach immer mehr Orte Mittel- und Norddeutschlands dem Kulmbacher Bier zugänglich gemacht. So sind noch folgende erstmalige Biersendungen erwähnenswert:

1833   Bäcker Andreas Plank nach Berlin, Braunschweig u. Dresden;
*   Büttner Lorenz Sandler nach Berlin;*
*   Gastwirt Priehäuser nach Chemnitz;*
*   Bäcker Weber nach Lobenstein;*
1834   L. Sandler nach Dresden;
*   Bäcker Eberlein nach Meiningen und Eilenberg;*

"Dem Fuhrwerk stehe Gott stets bey, daß es vor Unfall sicher sey."

Der erste Bierexport des Lorenz Sandler im Jahre 1831

	Goldarbeiter Scheiding nach Dresden und Lobenstein;
	Bäcker K. Meseth nach Dresden;
1835	L. Sandler nach Zwickau, Lengenfeld, Annaberg und Bautzen;
	Math. Hering nach Magdeburg;
	Hutmacher Meussdörffer nach Birnbaum;
	Bauer nach Dresden;
	Bäcker Opel nach Berlin und Adorf;
	Bäcker Hofmann nach Leipzig;
	Eberlein nach Dresden;
	Scheiding nach Breslau u. Berlin;
1836	Meussdörffer nach Meissen;
	L. Sandler nach Breslau und Freiberg;
	Andr. Plank nach Gotha;
	Heinrich Petz nach Birnbaum;
	Scheiding nach Lobenstein;
	M. Hering nach Dresden;
	Eberlein nach Magdeburg;

Gummi nach Berlin;
1837/38 K. Pertsch nach Zwickau;
Gummi nach Meiningen, Gotha, Aschersleben und Merseburg;
Sandler nach Hannover, Görlitz und Göttingen;
P. Angermann nach Neuschönbach;
A. Plank nach Erfurt und Breslau (erste Sendung an Kissling);
Weber nach Meiningen und Plauen;
Priehäuser nach Lobenstein;
Reichel nach Auerbach und Plauen;
G. Hofmann nach Birnbaum und Erfurt;
Hering nach Hirschberg;
Petz nach Coburg;
1839/40 Seifert nach Berlin und Falkenstein;
Gummi nach Dessau;
Plank nach Hamburg u. Saalfeld;
Scheiding nach Gera;

2.2 Der Export nach 1830

Friedr. Taeffner nach verschiedenen Orten im Vogtland;
1841/42 *Eberlein nach Neustadt a. d. Orla, Schleiz u. Dresden;*
A. Ruckdeschel nach Hildburghausen;
Th. Grampp nach Plauen und Gera;
Withauer nach Plauen;
Sandler nach Dessau;
Plank nach Döbeln;
Weber nach Kassel und so fort.

2.2.1 Überlegungen zum Datum der ersten „offiziellen" Bierausfuhr

Der Bericht von der 2. Bayerischen Landesausstellung von 1896 nennt den 23. Dezember 1831 als Tag der ersten Bierausfuhr des Lorenz Sandler – *ein Fuhrmannswagen, ganz mit Kulmbacher Bier beladen.* HERMANN LIMMER beschreibt wenig später den Tatbestand so: *am 23. Dezember des Jahres 1831 überschritt es (das Kulmbacher Bier) zum ersten Male in größerer Sendung die Grenze des engeren bayerischen Vaterlandes.*[6]

Ansonsten wurde später fast immer[7] der 11. Oktober 1831 als Tag der ersten Bierausfuhr genannt, vor allem von der Brauerei Sandler. Deshalb will der Verfasser auch diesem Datum nicht widersprechen. Trotzdem bleiben Zweifel, die Anlass geben, weitere Überlegungen anzustellen.

Dabei soll für diese Überlegungen die Doktorarbeit von OTTO SANDLER als Grundlage dienen. SANDLER war ein Nachfahre des Lorenz Sandler, in einer Brauerfamilie aufgewachsen und schrieb seine Arbeit in den Jahren um 1920. Er hatte also vollen Einblick in die Materie und war zeitlich deutlich näher an dem genannten Ereignis als wir heute.

OTTO SANDLER erinnert an *eine Jahrhunderte alte Bestimmung,* die sich bis in die 1860er Jahre hielt.

Nach ihr durfte *nur in den Wintermonaten gebraut werden. Nach bayerischen Gesetz war die Frist von Michaeli (29. September) bis Georgi (23. April) fixiert.*[8] Lorenz Sandler hätte demnach für seinen Bierexport nur einen zeitlichen Vorlauf von zwölf Tagen gehabt. Diese Frist erscheint aber dem Verfasser als äußerst knapp bemessen, denn die Bierherstellung lief Anfang des 19. Jahrhunderts[9] so ab:

Maische zubereiten	2 Stunden
Würze kochen	5–6 Stunden
Stehen nach Kühlung	12–15 Stunden
Zusammen rund	**1 Tag**
Gärung im Felsenkeller	10 Tage bis 3 Wochen
Abfüllen auf Transportfässer, manchmal schon nach	1–2 Tagen
Produktionsdauer: Absolute Untergrenze	**12 Tage**

Demnach wäre es Lorenz Sandler seinerzeit schon möglich gewesen, am 29. September mit dem Brauen zu beginnen, um am 11. Oktober sein Bier mit einem Fuhrwerk nach Sachsen zu schicken. Dies wäre allerdings – zeitlich betrachtet – die absolute Untergrenze gewesen. Dabei erscheint auch der Vorgang „Maische zubereiten und Würze kochen" mit zu wenig Stunden angesetzt. Zudem wäre das frisch hergestellte Bier sofort zum Versand gekommen, unter Verzicht auf eine mehrwöchige Lagerung und Reifung.

Eine andere Erklärung wäre ein vorzeitiger Braubeginn des Lorenz Sandler gewesen. Eine eventuelle Genehmigung dafür fand sich aber nicht in den Protokollen des Magistrats der Stadt Kulmbach für das Jahr 1831.[10]

Ein beliebtes Motiv ist dieser Bierwagen mit Pferden des Kulmbacher Heimatmalers Michel Weiß. So könnte der Bierexport nach Sachsen vor dem Bau der Eisenbahn – also vor 1848 – ausgesehen haben. Zwei Anmerkungen zu diesem Bild seien erlaubt: Michel Weiß hat diese Zeit selbst nicht mehr erlebt, er hat das Bild vermutlich zwei Generationen später gemalt. Und Louis Weiß, dessen Name auf der Wagenplane steht, dürfte erst ab 1849/50 Bier exportiert haben; zu diesem Zeitpunkt bestand aber schon der Eisenbahnanschluss.

2.2.2 Entwicklung des Kulmbacher Bierexports

Der Verkauf Kulmbacher Bieres über die bayerische Grenze hinweg entwickelte sich in den beiden ersten Jahrzehnten nach 1831 ausgesprochen günstig. Nach OTTO SANDLER[11] betrug der Bierexport

im Jahr	Hektoliter
1831	166
1834	800
1837	2.071
1840	1.900
1845	1.914
1846	2.391
1848	6.512
1851	16.726

Die Exportzahlen lassen zwei Einschnitte in der Entwicklung erkennen, nach denen jeweils die Kulmbacher Bierausfuhr wieder bedeutend zunehmen konnte. Es sind dies die Gründung des Deutschen Zollvereins im Jahre 1833 und der Eisenbahnanschluss Kulmbachs nach Sachsen 1848.

Die auffällige Steigerung des Bierexportes innerhalb weniger Jahre – 1831 erstmals 166 hl, 1834 immerhin schon die fünffache Menge – hatte ihre Ursache in der Gründung des Deutschen Zollvereins im Jahre 1833. Dadurch hatten sich die Rahmenbedingungen für die Kulmbacher Brauer derart verbessert, dass nun die Exportgeschäfte erstmals Gewinne abwarfen.

Bis zur Gründung des Deutschen Zollvereins gab es folgendes Verfahren: Das Bier wurde zum ersten Mal in Kulmbach durch den Malzaufschlag besteuert, ohne Steuerbefreiung oder Steuervergütung über die Grenze gebracht und im Importland ein zweites Mal belastet. Damit verteuerte sich das Bier erheblich, und es wird verständlich, dass aufgrund mangelnder Wettbewerbsfähigkeit vor 1833 kein nennenswerter Bierexport stattfand.

Durch die Gründung des Deutschen Zollvereins fiel die erneute Besteuerung des Bieres im Importland weg, somit wurden die bayerischen Bierausfuhren, mithin auch die Kulmbacher, nach außerbayerischen Märkten begünstigt. In dieser Zeit beteiligten sich auch andere nordbayerische Städte – Kitzingen, Nürnberg, Hof und Erlangen – an der Bierausfuhr, insbesondere nach Sachsen und Preußen. Die brauenden Bürger Kulmbachs sprachen dann auch 1836 hinsichtlich des Zollvereinigungsvertrages von einer *beglückenden Wirkung auf die hiesige Kgl. Stadt, die sich in einem früher nicht für möglich gehaltenen bedeutenden Bierabsatz in das Ausland* äußert.

Durch den Zolländerungsvertrag von 1841 wurde schließlich die steuerliche Belastung des Inlands dem des Auslands gleichgestellt. Dies brachte den Kulmbacher Brauern insofern einen Vorteil, weil vorher Bayern gegenüber den anderen Ländern die höchste Steuerbelastung hatte.

Mit dem beginnenden Export stieg natürlich auch die Zahl der Gebräue in der Stadt. JOACHIM MEIER hat die Gebräue des Sudjahres 1816/17 mit denen von 1833/34 verglichen. Danach stieg die Zahl der Gebräue von ursprünglich 448 auf nun 679 an. Die Anzahl der brauenden Bürger mit 10 und mehr Gebräuen erhöhte sich von 19 auf 30. (Ab zehn Gebräuen pro Jahr konnte seinerzeit ein Bürger ausschließlich vom Braugeschäft leben.) Braute 1816/17 nur ein einziger – nämlich Lorenz Sandler sen. – mehr als 16 Gebräue im Jahr, so taten dies 1833/34 bereits 13 Bürger. Umgekehrt fiel die Anzahl der brauenden Bürger mit weniger als zehn Gebräuen pro Sudjahr von 40 auf 31. Für diese blieb das Braugeschäft ein Nebengewerbe.

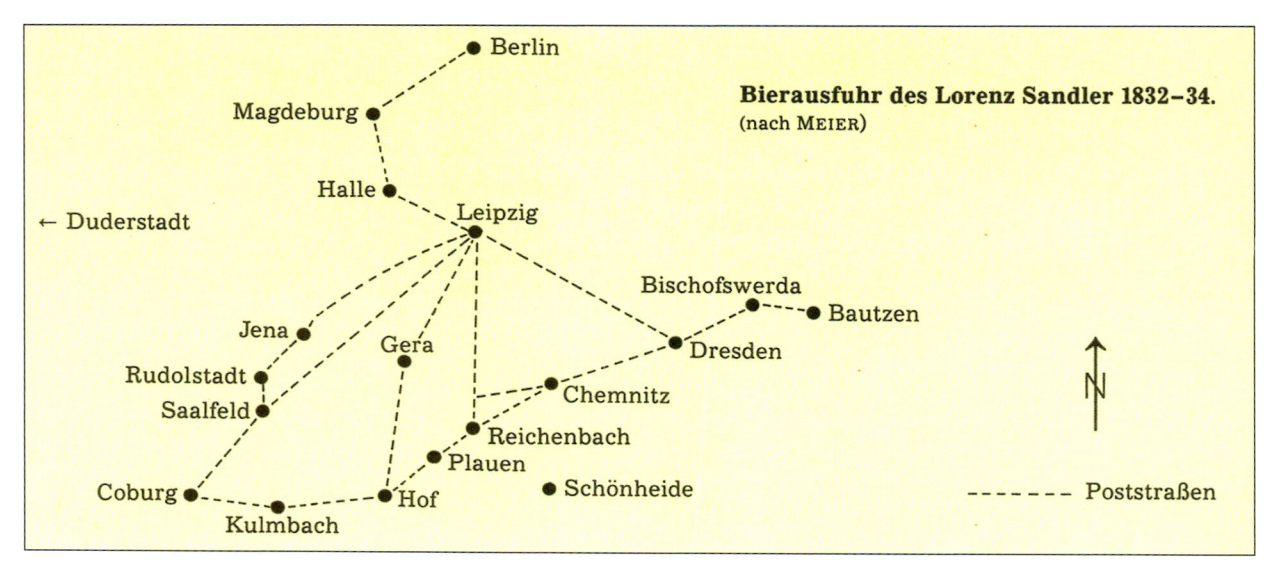

Bierausfuhr des Lorenz Sandler 1832–34.
(nach MEIER)

------ Poststraßen

Die umsatzstärksten Brauer waren im Sudjahr 1833/34[12]:

Name des brauenden Bürgers	Anzahl der Gebräue 1833/34	zum Vergleich 1816/17
Andreas Planck	41	
Lorenz Sandler	37	
Georg Hofmann	29	
Christoph Krauß	25	4
Ernst Grampp	20	
Christoph Sandler	20	
Erhardt Gummi	19	13
Adam Eberlein	18	
Nikolaus Meußdoerffer	18	
Peter Planck	18	
Wilhelm Putschky	17	4
Veit Münch	16	
Friedrich Opel	16	11

Der entscheidende Durchbruch im Bierexport sollte für Kulmbach aber erst mit dem Jahr 1848 beginnen. Seit diesem Jahr war die Stadt über die neu gebaute Eisenbahnlinie – die erste große in Bayern überhaupt – direkt mit Sachsen, einem seinerzeit bedeutenden Industrie- und Wirtschaftszentrum, verbunden. Vorher war man für den Biertransport auf Pferdefuhrwerke angewiesen. Bedenkt man den damaligen Zustand der Straßen und die Entfernung – es mussten ja zudem noch die Höhen des Frankenwaldes bzw. des Fichtelgebirges überwunden werden –, so ahnt man die Schwierigkeiten, und man zollt auch den relativ kleinen Exportzahlen vor 1848 volle Anerkennung.

Kulmbach hatte zwar schon vor 1848 anderen bayerischen Bierstädten gegenüber den Vorteil kürzerer Transportwege zu den Absatzgebieten in Sachsen und Preußen. Immerhin mussten ja die Bierexporteure aus München, Nürnberg, Erlangen oder Kitzingen weit größere Entfernungen überwin-

2.2 Der Export nach 1830

Dieser Stich zeigt Kulmbach etwa im Jahre 1860 als kleine beschauliche Provinzstadt. Industriebauten sind auf diesem Bild nicht zu erkennen.

den als ihre Kollegen aus Kulmbach. Längerer Transport bedeutete – neben erhöhten Kosten – aber auch eine starke Gefahr für Haltbarkeit und Qualität des Bieres; die Gefahr des Verderbens war groß. Deshalb brauten die Kulmbacher zur besseren Haltbarkeit ihr Bier besonders stark ein. Trotzdem war der Fortschritt für Kulmbach durch den Eisenbahnanschluss entscheidend. Der Transport mittels Eisenbahn war wesentlich schneller und billiger, es konnten insgesamt größere Mengen transportiert werden, und die Gefahr des Verderbs wurde deutlich verringert.

Umgekehrt konnte nun von Sachsen Kohle, seinerzeit die wichtigste Energiequelle, recht bequem bezogen werden. Und so überrascht es nicht, dass erst nach 1848 die Kulmbacher Bierbrauer begannen, eigene Braustätten zu errichten.

Die Stadt Kulmbach und ihre Wirtschaft hatten den Riesenvorteil, an der ersten Eisenbahnlinie, die Bayern durchzog, zu liegen und nun *durch Schienenstrang und Dampfroß ... mit dem benachbarten Vogt- und Sachsenlande, mit dem ein reger Geschäftsverkehr sie bereits verknüpfte, noch enger verbunden zu werden.*[13] Bedeutung und Möglichkeiten der neuen Eisenbahn wurden seinerzeit in allen Orten voll erkannt. GEORG KRAUSS beschreibt in *Die Oberfränkische Geschichte* ausführlich das bereits 1836 beginnende Tauziehen zwischen den einzelnen oberfränkischen Städten über den Verlauf des projektierten Schienenstranges. Schließlich fiel die Entscheidung zugunsten der Linie Bamberg–Lichtenfels–Kulmbach–Hof mit direktem Anschluss an die sächsische Bahn nach Leipzig und Dresden. Die Bayreuther beispielsweise, unberücksichtigt geblieben bei der staatlichen Planung und nun verkehrsmäßig im Abseits, mussten eine private Stichbahn nach Neuenmarkt bauen, um Anschluss zu finden.

2.2.3 Das Besondere am Kulmbacher Bier

Alle Vorteile der neuen Eisenbahnverbindung nach Sachsen hätten den Kulmbacher Brauern nichts genützt, wenn ihr Bier nicht dem Geschmack ihrer Kunden im „Ausland" entsprochen hätte. Brauereien gab es schließlich auch in Sachsen und in Preußen; umgekehrt versuchten auch andere fränkische Städte mit direktem Eisenbahnanschluss den Bierexport nach Mitteldeutschland.

Was war also das Besondere am Kulmbacher Bier?

Zunächst einmal war das Kulmbacher Bier ein besonders stark eingebrautes Bier. Aufgrund der ursprünglich misslichen Transportmöglichkeiten geschah dies zur besseren Haltbarkeit, wurde dann aber später beibehalten und zu einer Art Markenzeichen.

Entscheidend für die besondere Güte des Kulmbacher Bieres war aber die hervorragende Qualität der verwendeten Rohstoffe. So war die in der Kulmbacher Umgebung angebaute Gerste besonders eiweißarm[14] und deshalb für das Brauen bestens geeignet. Auch benutzten die hiesigen Brauer überwiegend Hopfen aus Hersbruck und Spalt; dieser war zwar teurer, dafür aber von bester Qualität. Schließlich erwies sich das Kulmbacher Wasser als besonders weich und mild und so für das Brauen als vorzüglich geeignet.

Einen weiteren Vorteil stellten die Felsenkeller im Burgberg dar. Da es zu jener Zeit an künstlichen und natürlichen Hilfsmitteln zur Kühlung mangelte, kam ihnen besondere Bedeutung zu. Felsenkeller waren in Kulmbach bereits zahlreich vorhanden, konnten aber auch leicht neu angelegt werden. Der Magistrat vertrat 1863 sogar die Ansicht, dass *Kulmbach die besten Felsenkeller besitzt, in welchen das Bier am besten aushält*. Die Haltbarkeit des Bieres erhöhte sich ja, wie bereits erwähnt, mit der Länge der Gärung.

Der große Erfolg des Kulmbacher Bieres beruhte sicherlich auch auf dem Können – der „Kunst" – der hiesigen Bierbrauer. Sie konnten ja auf den reichen Erfahrungsschatz zurückgreifen, der sich bei der seinerzeit großen Anzahl von brauenden Bürgern in langer Tradition herausgebildet hatte.

Nach Meinung des Verfassers ist das besondere Engagement der Kulmbacher zu jener Zeit für das Braugeschäft auch damit zu begründen, dass die Stadt damals noch über keine andere wesentliche Industrie verfügte. Andere Städte, die schon aufstrebende Industrien am Ort hatten – z. B. Textilindustrie oder Maschinenbau –, waren nicht so auf das Braugeschäft und den Bierexport angewiesen, wie dies in Kulmbach der Fall war.

Schon in den 50er und 60er Jahren des 19. Jahrhunderts konnten die einheimischen Brauer bald nicht mehr den ständig steigenden Lieferwünschen ihrer Kunden in Dresden, Leipzig und in anderen Städten gerecht werden. Dies führte dann schließlich zur Gründung der Kulmbacher Aktienbrauereien mit sächsischem Kapital. Später sollte es noch dazu kommen, dass sich die Kulmbacher mit Nachahmungen und mit missbräuchlicher Verwendung ihres Namens auseinandersetzen mussten.

2.2.4 Unabhängigkeitsbestrebungen von Lorenz Sandler, Erhard Gummi und anderen

Der Büttnermeister Lorenz Sandler gehörte zu den ersten Brauern, die das Braugeschäft systematisch betrieben und frühzeitig die Möglichkeiten, die im Exportgeschäft lagen, erkannten. Er war es auch, der vor allen anderen brauenden Bürgern versuchte, durch Errichtung einer eigenen Produktionsstätte Unabhängigkeit vom Kommunbrauverband zu erlangen.

Nachdem Lorenz Sandler bereits 1825 in der Fischergasse ein eigenes Mulzhaus gebaut hatte, beantragte er 1830 eine Konzession zum Bau und zum Betrieb eines eigenen Brauhauses. Tatsächlich erhielt Sandler im Jahr darauf die gewünschte Konzession, die er aber zunächst nicht ausnutzte. Immerhin versetzte ihn diese Konzession in die Lage, jederzeit – ein geeignetes Grundstück vorausgesetzt – ein Brauhaus zu errichten. Obwohl sich sein Braugeschäft in den nächsten Jahren enorm steigerte, kam es aber erst 1850 zum Bau eines eigenen Brauhauses.

1838 beantragten Erhardt Gummi, Johann Caspar Pertsch, Johann Paulus Pfaff und Georg Wilhelm Weber die Konzession zur Errichtung eines neuen Brauhauses. Unterstützt wurde dieses Gesuch von 15 weiteren brauenden Bürgern, die sich in einem beigefügten Zeugnis darüber beklagten, dass sie öfters wochenlang warten müssten, *bis ein brauender Bürger dabier nur einen Sud Bier machen darf*. Geplant war ein Brauhaus mit zwei Braukesseln, das im Garten des Bäckermeisters Pfaff errichtet werden sollte.

Nach Anhörung der Privatbrauhausbesitzer und der Gemeindebevollmächtigten lehnte aber das Landgericht Kulmbach im Dezember 1838 das Gesuch ab.

Hintergrund der eben skizzierten Aktivitäten war der Tatbestand, dass durch den gestiegenen Bierexport die Brauordnung nicht mehr alle Beteiligten zufrieden stellte. Zum einen wurde die Benutzung der drei Brauhäuser auf Grund der gestiegenen Nachfrage erschwert, zum anderen genügte das Kommunbrauhaus den Anforderungen – insbesondere denen der Exportbrauer – nicht mehr. Während die brauenden Bürger nun eigene Brauhäuser errichten wollten, beabsichtigte die Kommune, die brauenden Bürger durch Zwang in ihr Kommunbrauhaus zu ziehen und gleichzeitig durch den Bau oder Erwerb eines weiteren kommunalen Brauhauses den auftretenden Mängeln abzuhelfen.

Lorenz Sandler, der Gründer der Sandlerbräu

2.3 Die Errichtung neuer Braustätten nach 1848 als Folge zunehmender Exportraten

Nach dem Eisenbahnanschluss erhöhten sich die Bierausfuhren zunehmend, und bereits 1848 ging von der gesamten Bierproduktion der *bei weitem größte Teil als Handelsartikel ins Ausland*, wobei auch *die im Ausland seit Jahren errichteten Brauereien den Absatz nicht schmälern konnten*. Nach OTTO SANDLER[15] belief sich die Bierausfuhr

im Jahr	auf Hektoliter
1845	1.914
1848	6.512
1851	16.726
1854	16.064
1856	27.322
1860	36.239
1863	54.309
1865	56.847
1868	60.138
1870	66.889

Bis 1860 wurde, wie bereits in den Jahren zuvor, das meiste Bier nach Sachsen und Preußen ausgeführt. Aber auch nach Hamburg, Amsterdam und Breslau, Lübeck, Wien, *Österreich überhaupt*, sogar bis Athen und nach Frankreich fanden jetzt größere Bierausfuhren statt.

Der Betrieb des Braugeschäfts in derartigem Umfang verlangte von Anfang an nach einer bestimmten und konstanten Qualität und Eigenart des Bieres, die nur bei Benützung ein und desselben Brauhauses zu erreichen war. So schufen sich die brauenden Bürger nun durch Errichtung eigener Braustätten eigene, konstante und frei verfügbare Produktionsverhältnisse.

2.3.1 Die neuen Brauhäuser

Zwischen 1848 und 1863 errichteten deshalb die brauenden Bürger allein oder in Gemeinschaft neun Brauhäuser, und auch das Privatbrauhaus der Gebrüder Weyße gelangte in ihren Besitz. Dadurch teilte sich die ehemals geschlossene brauende Bürgerschaft auf in konzessionierte Bierbrauer einerseits und in die brauenden Bürger im herkömmlichen Sinne andererseits. Letztere brauten weiterhin für den Lokalverbrauch, insbesondere für den Ausschank in der eigenen Schankstube; ihre Initiativen blieben begrenzt. Die konzessionierten Bierbrauer dagegen exportierten fast ausschließlich und waren auf weitere Expansion bedacht, um ihre Brauereibetriebe auszulasten.

Eine persönliche Konzession brauchte damals jeder Brauer, der allein und selbständig die Bierbrauerei in einem eigenen Brauhaus ausüben wollte. Hierzu musste der Antragsteller im einzelnen Ansässigkeit, Befähigung, Vermögen, entsprechende Vor- und Einrichtungen, inkl. Felsenkeller und ein Bedürfnis für das neue Brauhaus nachweisen.

Taten sich mehrere Brauer mit der Absicht zusammen, auf gemeinschaftliche Rechnung und Gefahr ein Gesellschaftsbrauhaus zu betreiben, so war für die Gesellschafter lediglich eine gemeinschaft-

Das Gesellschaftsbrauhaus des Caspar Pertsch und Consorten, erbaut 1849 „im Garten des Pertsch nahe der Fischergasse". Es stand im Hofraum des Anwesens Fischergasse 1 – etwa an der Stelle, wo sich heute Ein- und Ausfahrt in die Tiefgarage der Dr.-Stammberger-Halle befinden. Stadtarchivar Richard Lenker hat das Gebäude vor dem Abriss noch fotografiert. Das obere Bild zeigt den Torbogen des Brauhauses, zunächst aufbewahrt im Bauhof, inzwischen im Bayerischen Brauerei- und Bäckereimuseum.

2.3 Die Errichtung neuer Braustätten nach 1848

Der Kaufvertrag vom 29. April 1847 über das Weyß'sche Brauhaus: „Die Endeseigenhaendig-Unterzeichneten, naemlich:
1. Erhardt Gummi, Baeckermeister,
2. Andreas Planck, Baeckermeister,
3. Johann Lorenz Sandler, Büttnermeister,
4. Georg Wilhelm Weber, Baeckermeister, saemmtlich Bürger und Brauberechtigte dahier, haben durch gerichtlichen Vertrag die vormals Weyß'ische Bierbrauerei nebst den dazugehörigen Gebäuden das Brau- und Mulzhaus und alle damit verbundenen Rechte käuflich erworben, demgemäß folgenden Societaets-Vertrag abgeschlossen für sie, ihre Erben und Nachfolger."

2.3 Die Errichtung neuer Braustätten nach 1848

liche Konzession erforderlich. Hierbei genügte es, wenn ein Mitbesitzer den Befähigungsnachweis liefern konnte und die Teilhaber gemeinschaftlich die geforderten Einrichtungen, insbesondere die Größe der Felsenkeller, nachweisen konnten.

Letztere Art von Brauereigründung wurde in Kulmbach mehrfach praktiziert. Sie bot den Vorteil, dass die Gründungskosten und laufenden Betriebskosten auf mehrere Gesellschafter verteilt werden konnten. Gleichzeitig sorgten mehrere Teilhaber für eine gute Auslastung des Brauhauses, wozu ein Brauer allein möglicherweise nicht imstande gewesen wäre.

Von der Konzeption her war der Typ des Gesellschafts- bzw. Societätsbrauhauses eine Rarität. Wie das Oberaufschlagsamt 1858 bemerkte, *besteht diese Art von Brauereien in anderen Kreisen des Reiches gar nicht*. Dabei blieb zunächst eine weitere Eigentümlichkeit unbeanstandet: Anstatt, wie auferlegt, das Gesellschaftsbrauhaus auf gemeinsame Gefahr und Rechnung zu betreiben, braute und verkaufte jeder Teilhaber auf eigene Rechnung und Gefahr.

Für die Erteilung einer Konzession war die Regierung von Oberfranken zuständig. Der Bewerber musste ein Gesuch beim Magistrat einreichen, der es mit einer Stellungnahme versehen an das Landgericht bzw. später an das Bezirksamt weiterleitete. Die öffentliche Bekanntmachung der Absichten des Bewerbers gab Dritten Gelegenheit, innerhalb von 14 Tagen Erinnerungen geltend zu machen. Gutachtliche Äußerungen standen neben dem Magistrat und Landgericht bzw. dem Bezirksamt auch dem Oberaufschlagsamt zu.

Die nebenstehende Tabelle zeigt, in welchen Jahren Brauhausgründungen erfolgten und welche brauenden Bürger als erstmalige Anteilseigner den Kommunbrauverband verließen.

Übersicht über die Brauhausgründungen und die jeweiligen Eigentümer, 1848–1863[16]

Jahr	Brauhaus	Eigentümer
1848	Gesellschaftsbrauhaus des Lorenz Sandler und Cons. *Fischergasse Nr. 335*	Lorenz Sandler, Andreas Planck, Wilhelm Weber, Erhard Gummi *(Erwerb des Brauhauses der Gebrüder Weyße)*.
1849	Gesellschaftsbrauhaus des Caspar Pertsch und Cons. *im Garten des C. Pertsch, nahe der Fischergasse*	Caspar Pertsch, Johann Christoph Sandler, Mathaeus Hering, Johann Nikolaus Meußdoerffer
1849	Brauhaus des Petz *Feuergasse*	Heinrich Petz
1850	Brauhaus des Sandler *Grünwehr*	Lorenz Sandler
1850	Brauhaus des Weiß *Spiegel*	Louis Weiß
1850	Brauhaus des Münch *Grünwehr Nr. 300*	Veit Münch *(ab 1857 Johann Christian Schmidt, ab 1861 Michael El. Michel)*.
1858	Gesellschaftsbrauhaus des Conrad Scheiding und Cons. *Webergasse Nr. 355*	Conrad Scheiding, Johann Martin Hübner, Margaretha Reichel
1862	Brauhaus des Pöhlmann *Schießgraben*	Johann Georg Wilhelm Pöhlmann
1863	Brauhaus des Haberstumpf *Kressenstein*	Christian Haberstumpf
1863	Brauhaus des Hering *Blaich bei Kulmbach*	Simon Hering

2.3.2 Die brauende Bürgerschaft im Sudjahr 1853/54

Im Sudjahr 1853/54 umfasste die brauende Bürgerschaft 57 Brauer, davon elf konzessionierte Bierbrauer und 46 brauende Bürger. Sie brauten insgesamt 1.014 Gebräue, 333 mehr als im Sudjahr 1833/34.

Dabei zeigt sich, dass die Steigerung der Gesamterzeugung im Wesentlichen auf die Ausweitung der Produktion der schon immer starken Brauer zurückzuführen war. Während 1833/34 die 30 umsatzstärkeren brauenden Bürger zusammen 490 Gebräue erzielten, konnten 1853/54 bereits 28 Brauer nun 879 Gebräue herstellen. Dagegen blieb die Brauleistung der schwächeren Brauer nahezu konstant. 1833/34 erzielten 31 Bürger 189 Gebräue, 1853/54 verteilten sich 155 Gebräue auf 28 Brauer.

Die kleineren Brauer konnten, bis auf wenige Ausnahmen, an dem allgemeinen Aufschwung nicht teilhaben. Die Zahl der Brauer, die zwischen ein und sechs Gebräue erzielten, nahm sogar um vier zu. Hingegen erhöhte sich die Zahl derer, die mehr als 19 Gebräue brauten, um acht.

Das Sudjahr 1853/54 verdient noch in anderer Hinsicht nähere Betrachtung: Infolge des Exportgeschäfts waren viele Kulmbacher Brauer dazu übergegangen, noch stärkeres Bier zu brauen. Diese so genannten Kommerzialbiere waren wegen ihrer besonderen Güte und Stärke bei den ausländischen Abnehmern besonders geschätzt. Während das Kommerzialbier im Ausland zu höheren als den für Kulmbach verbindlichen Taxpreisen abgesetzt werden konnte, konnte die Abgabe solchen Bieres in der Stadt mit Verlust verbunden sein.

Diese Situation trat 1853/54 ein: Hohe Gerstenpreise hatten hohe Taxpreise und geringe Vorräte an normalem Bier zur Folge. Bei manchen brauenden Bürgern musste bald das Kommerzialbier zum Ausschank kommen, dessen Abgabe aber mit Verlust verbunden war. Ein Abgehen von der Taxe war nicht möglich. Daraufhin stellten Hans Petz, Johann Paulus Zapf und andere Brauer im September 1854 kurzerhand den Bierausschank ein. Diese für die Konsumenten in der Stadt missliche Lage beschäftigte auch das Landgericht. Es ging dabei um die Frage, ob neben der Berechtigung zum Bierausschank nicht auch eine Verpflichtung dazu bestehe.

Die umsatzstärksten Brauer des Sudjahres 1853/54[17]:

Rang	Name des Brauers	Brauleistung in Gebräuen 1853/54	1833/34	Zunahme
1	Lorenz Sandler, kB	169	37	132
2	Andreas Planck, kB	87	41	46
3	*Conrad Scheiding, bB*	78	—	78
4	Wilhelm Weber, kB	62	12	50
5	Mathaeus Hering, kB	43	6	37
6	Heinrich Petz, kB	36	—	36
7	Erhard Gummi, kB	36	19	17
8	Louis Weiß, kB	27	—	27
9	Nikolaus Meußdoerffer kB	25	18	7
10	*Johann Zapf, bB*	24	—	24
11	*Maria resp. Thomas Bauer, bB*	23	13	10
12	*Ernst Grampp, bB*	21	20	1
13	*Conrad Schultheiß, bB*	20	10	10
14	*Georg Landmann, bB*	20	—	20
15	Wolfgang Reichel, kB	20	13	7

kB = konzessionierter Bierbrauer
bB = *brauender Bürger*

Obwohl der Magistrat beschwichtigte, sorgte sich das Landgericht um die Einstellung des Bierausschanks, weil es *als eine Aufgabe der Polizeigewalt anerkannt wurde, Sorge zu tragen, daß an den notwendigen und unentbehrlichen Nahrungsmitteln das Publikum keinen Mangel leide*. Das Landgericht wollte nicht einsehen, dass *ein brauberechtigter Bürger berechtigt sein soll, seinen Bierausschank beliebig einzustellen oder denselben auf gewisse Stunden zu beschränken*.

Schließlich erging im November 1854 ein Beschluss, der – *um der Willkür der brauenden Bürger vorzubeugen* – festlegte, dass *jeder brauende Bürger, der einmal begonnen hat, Bier zu schenken, die ganze Sudperiode hindurch ausschenken und den Bedarf decken muß*. Notfalls sei ein Vorrat anzulegen.

2.3.3 Die brauende Bürgerschaft um 1860

Dadurch, dass etliche Bürger aus dem Kommunalverband austraten, weil sie sich eigene Brauhäuser errichtet hatten, verringerte sich die Zahl der brauenden Bürger sukzessive. Ihre Anzahl ging von 58 im Jahr 1845 auf 43 bis 1860 zurück. Rechnet man die konzessionierten Bierbrauer zu den verbliebenen brauenden Bürgern hinzu, kommt man jeweils auf die – Jahrhunderte alte – Richtzahl von 60 Personen, die sich in der Stadt mit dem Braugeschäft befassen durften.

Mit Beginn der 60er Jahre rückten anstelle der Brauhausbesitzer bzw. -mitbesitzer nunmehr Bürger in den Kommunbrauverband nach, die sich erstmals mit dem Braugeschäft befassen wollten, so dass der Umfang von 60 brauenden Bürgern wieder erreicht wurde. Vergleicht man die Namen der brauenden Bürger des Jahres 1866 mit jenen von 1853/54, so finden sich viele neue Namen. Mehrere Namensänderungen sind freilich auch darauf zurückzuführen, dass das Braurecht z. B. an einen Schwiegersohn weitergegeben wurde.

Die Bürger mit den neuen Braurechten konnten natürlich, was den Umfang ihrer Brauleistungen betrifft, die ausgeschiedenen, nunmehrigen Brauhausbesitzer bzw. -anteilhaber nicht ersetzen. Leider liegen für diesen Zeitraum keine Angaben über die Anzahl der gemachten Gebräue jedes einzelnen Brauers vor, aber es ist anzunehmen, dass die neuen Brauer, weil es ihnen an gewachsenen Geschäftsverbindungen fehlte, kaum über nennenswerten Umsatz verfügen konnten. In der Hauptsache lag dieser wohl im Gassenverkauf oder im Schankbetrieb.

Dennoch wurden im Kommunbrauhaus zunächst jährlich rund 1.000 Gebräue hergestellt. Somit entfielen z. B. 1860 auf jeden der 43 kommunbraurechtigten Bürger im Durchschnitt etwa 23 Gebräue; dies war deutlich mehr als 1853/54, als jeder der 57 brauenden Bürger und konzessionierten Bierbrauer im Durchschnitt nur etwa 18 Gebräue herstellte.

Aber 1862 und 1863 verließen weitere brauende Bürger den Kommunbrauverband, und es war durchaus zu erwarten, dass auch andere Brauer, die auf Grund ihres Brauumfangs die Voraussetzungen zur Errichtung eigener Braustätten besaßen, diesen Schritt vollziehen könnten. Die Auffüllung des Kontingents auf 60 brauende Bürger schien deshalb ratsam, weil die Auslastung des Kommunbrauhauses – der Bau eines weiteren Kommunbrauhauses war zudem geplant – eher zu erreichen war, wenn die Benutzungspflicht auf möglichst vielen brauenden Bürgern lag.

Die Errichtung eigener Brauhäuser musste vor allem bei jenen Brauern erwartet werden, die über „ausländische" Kundschaft verfügten – wie zum Beispiel Johann Paulus Zapf und Michael

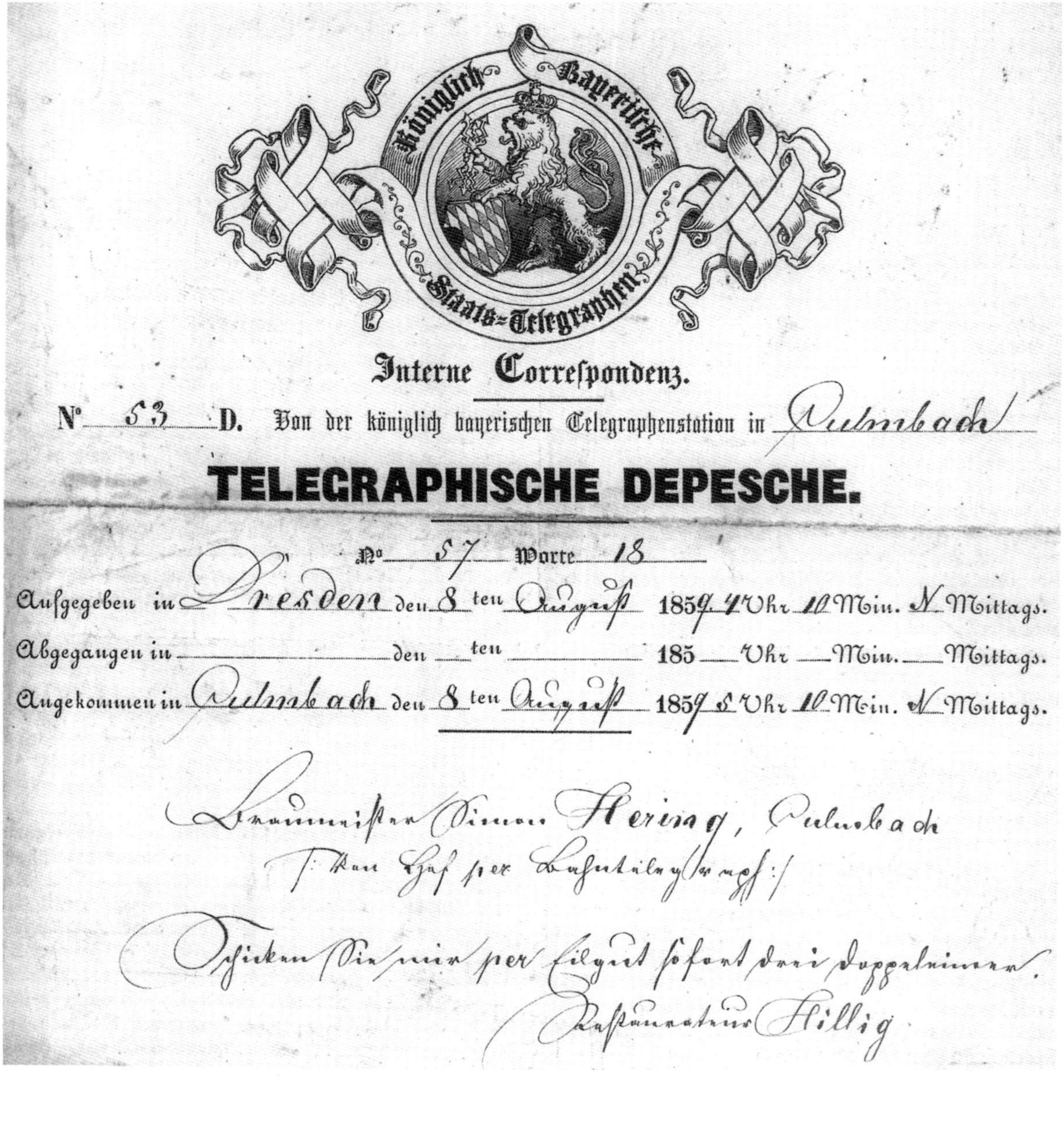

Königlich Bayerische Staats-Telegraphen

Interne Correspondenz.

N° 53 D. Von der königlich bayerischen Telegraphenstation in Culmbach

TELEGRAPHISCHE DEPESCHE.

N° 57 Worte 18

Aufgegeben in Dresden den 8 ten August 1859. 4 Uhr 10 Min. N Mittags.

Abgegangen in ______ den ___ ten ______ 185__ Uhr __ Min. __ Mittags.

Angekommen in Culmbach den 8 ten August 1859 5 Uhr 10 Min. N Mittags.

Braumeister Simon Hering, Culmbach

[illegible]

Schicken Sie mir per Eilgut sofort drei Doppeleimer.

Restaurateur Hillig

2.3 Die Errichtung neuer Braustätten nach 1848

Täffner. Zapf braute seit 1853, er stellte 1863 etwa 110 Gebräue her und hatte nur „ausländische" Kundschaft. Täffner hatte 1863 Christiana Hofmann, die Witwe Georg Hofmanns, geheiratet. Hofmann hatte 1833/34 29 Gebräue hergestellt; seine Witwe gewann im April 1863 einen neuen Abnehmer, der immerhin 800 Eimer Bier bestellte. Großen Bierumsatz hatte auch der Bäckermeister Johann Andreas Ruckdeschel, der als Geschäftsführer seiner Mutter Gertraud Ruckdeschel eingesetzt war und im Sudjahr 1862/63 etwa 45 Sude gemacht haben dürfte. Über ausländische Kundschaft verfügten weiterhin Friedrich Nützel, der Sohn von Christoph Nützel, welcher 1833/34 16 Gebräue gesotten hatte, dann Georg Landmann, der seit 1859 braute, außerdem der Bäckermeister Martin Putschky, der Sohn von Wilhelm Putschky, und schließlich der Bäckermeister Conrad Schultheiß, der 1853/1854 mit 20 Gebräuen relativ viel gebraut hatte.

Von den Bürgern mit langer Brautradition kam der Büttnermeister Ernst Grampp nicht mehr zur Errichtung eines eigenen Brauhauses. Kurz nachdem er verstorben war, verpachtete seine Witwe Sophia das Haus Nr. 68, in dem sich die Schankstube befunden hatte, an den Büttnermeister Johann Konrad Grethlein. Auch Maria Meserth, die Witwe von Michael Meserth, gab das Braugeschäft auf. Deren Braurecht übte ab 1867 Leonhardt Eberlein aus.

Telegraphische Depesche: Bierbestellung von 1859 per Telegramm an den Braumeister Simon Hering: „Schicken Sie mir per Eilgut sofort drei Doppeleimer. Restaurateur Hillig." In einer anderen Depesche des gleichen Jahres schrieb ein Herr Schröder aus Dresden: „Ich bitte so schnell als möglich Bier zu schicken." Und ein Herr aus Aschaffenburg: „Eben 2 Faß erhalten, bitte weitere 30 Eimer umgehend nachzusenden."

Damit sind die wichtigsten Familien der brauenden Bürgerschaft genannt. Sie betreiben das Braugeschäft schon lange, waren allerdings – im Gegensatz zu den konzessionierten Bierbrauern – (noch) nicht zu eigenen Braustätten gekommen.

2.3.4 Die Errichtung eines zweiten Kommunbrauhauses

Der Bedarf der brauenden Bürger, der um 1860 bei rund 1.000 Gebräuen pro Sudjahr lag, konnte durch das Kommunbrauhaus schon lange nicht mehr befriedigt werden. Als nun die aushilfsweise Benützung der Privatbrauhäuser durch magistratische Maßregeln erschwert worden war, zudem das Sandler'sche Brauhaus wegen des Eigenbedarfs der Gesellschafter nicht mehr zur Verfügung stand und auch das Christenn'sche Brauhaus nahezu ausgelastet war, forderten die brauenden Bürger im Januar 1861 den Magistrat zum Bau eines weiteren Kommunbrauhauses auf.

Zwar waren in dem bestehenden Kommunbrauhaus noch Kapazitäten frei, sie wurden aber nicht genützt, weil die dort gebrauten Biere nicht die zum Export notwendige Qualität erhielten. Man führte diesen Mangel jetzt in erster Linie auf das dort verwendete Wasser zurück, das – im Gegensatz zum Flusswasser – den Zuckerstoff des Malzes nicht so gut auflöste.

Der Magistrat erkannte die Untauglichkeit des bestehenden Kommunbrauhauses an und beschloss am 13. Februar 1861, ein weiteres Kommunbrauhaus zu bauen. Zu diesem Zweck wurde ein Teil des Gartens von Metzgermeister Münch in der Webergasse angekauft. (Im Folgenden wird das ältere Kommunbrauhaus mit Kommunbrauhaus I und das zweite mit Kommunbrauhaus II bezeichnet.)

No 2307

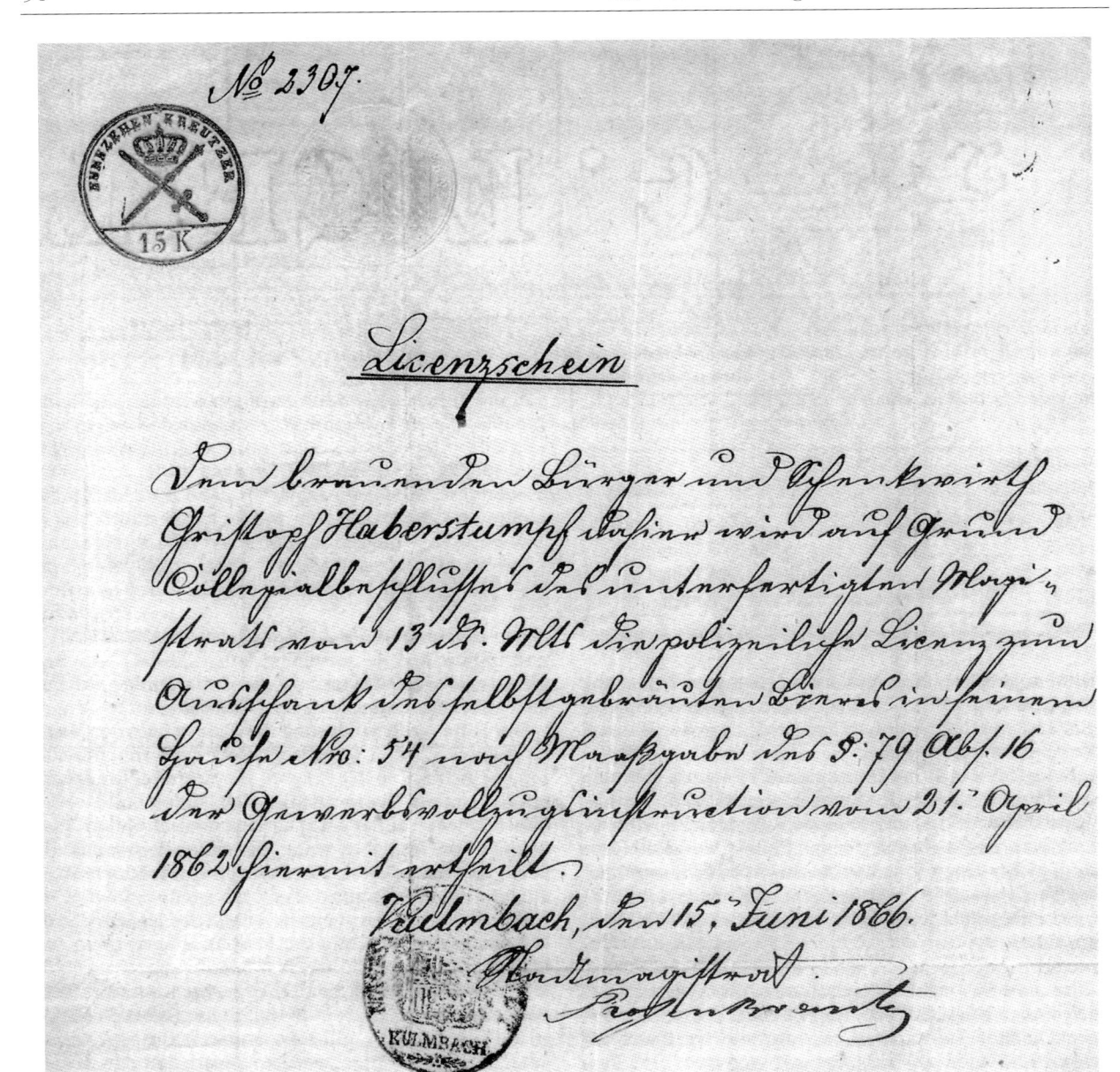

Licenzschein

Dem brauenden Bürger und Schenkwirth Christoph Haberstumpf dahier wird auf Grund Collegialbeschlusses des unterfertigten Magistrats vom 13. d. Mts. die polizeiliche Licenz zum Ausschank des selbstgebrauten Bieres in seinem Hause No: 54 nach Maaßgabe des §. 79 Abs. 16 der Gewerbsvollzugsinstruction vom 21. April 1862 hiermit ertheilt.

Kulmbach, den 15. Juni 1866.

Stadtmagistrat.

Im November 1862 lehnte aber das Bezirksamt die Vorlage des Magistrats mit der Begründung ab, dass das bisherige Kommunbrauhaus zur Befriedigung des stagnierenden Lokalabsatzes ausreiche. Ein weiteres Kommunbrauhaus diene *lediglich den Bedürfnissen der Exportbrauer. Für ein solches industrielles Unternehmen* habe aber die Kommune keine Verpflichtung.

Diesem Bescheid stimmte später auch die Regierung von Oberfranken zu; am 18. August 1863 genehmigte jedoch das Staatsministerium des Innern den Bau des Kommunbrauhauses II.

Beim Bau des Kommunbrauhauses II wurde aber von den ursprünglichen Planungen abgegangen: Im Februar 1864 drängten elf brauende Bürger auf die Errichtung einer Rohrleitung, die das Flusswasser des Mains zu dem Brauhaus leiten sollte. Im April 1864 beschloss der Magistrat auf Anregung der Gemeindebevollmächtigten, das projektierte Brauhaus gleich größer zu bauen, damit später einmal vier Kessel darin untergebracht werden könnten.

Im Juni 1864 schließlich sah sich der Vorstand der brauenden Bürgerschaft – unter Federführung von Michael Täffner – *gezwungen, alles aufzubieten, um einem so unzweckmäßigen Bau entgegenzutreten.* Die Vorwürfe gipfelten darin, dass bei Reparaturen der Braukessel das Dach des Brauhauses abgehoben werden müsse, weil die Einfahrt hierfür zu klein sei; dass die Wagen im Hof des Brauhauses nicht umdrehen könnten, sondern zurückgeschoben werden müssten, und schließlich, dass die Würze um das ganze Gebäude herumgetragen werden müsse, weil die Keller auf der gegenüberliegenden Seite der Türen lägen.

Der Bitte um Abänderung des Planes kam der Magistrat nach. Aber er beauftragte jetzt eine Kommission mit der *Betreuung der inneren Einrichtung.* Ihr gehörten die Brauer Georg Sandler, Johann Nikolaus Meußdoerffer und Michael Täffner an. Die Kommission nahm aber auch andere Aufgaben wahr. So veranlasste sie z. B. die Anlegung eines Wasserreservoirs, das mit Mainwasser aufgefüllt werden sollte.

Für Aufregung sorgte noch einmal der Umstand, dass der mit der Herstellung der zwei Braukessel und des meisten sonstigen Zubehörs beauftragte Fabrikant Merkel aus Chemnitz die Utensilien bereits im Juni 1864 nach Kulmbach sandte, noch bevor das Gebäude fertig gestellt war. So musste ein anderer Unterstellplatz gefunden werden, was bei den Ausmaßen der Kessel keine leichte Sache war.

Am 7. Februar 1865 war das Kommunbrauhaus II schließlich betriebsbereit. Mit dem Anbrauen wurden Michael Täffner und Paulus Zapf beauftragt, nachdem eine Prüfung der Einrichtung ergeben hatte, *dass alles vollständig und gut ist.*

2.3.5 Auslastung der Brauhäuser und Bierverkauf im Sudjahr 1865/66

Mit der Errichtung des Kommunbrauhauses II war der Bau neuer Brauhäuser in Kulmbach zunächst einmal abgeschlossen. Eine Abrechnung über den Local-Malzaufschlag zu Kulmbach für das Sudjahr 1865/66 gibt Aufschluss über die Auslastung der einzelnen Brauhäuser in der Stadt. Anhand der eingesetzten Malzmengen wurde der zu zahlende Malzaufschlag – in Gulden – berechnet. Wenn auch die produzierten Biermengen fehlen, so lassen sich die Größenverhältnisse doch sehr gut abschätzen.

Lizenzschein vom 15. Juni 1866 für den brauenden Bürger und Schankwirt Haberstumpf. Dieser erhielt damit die Erlaubnis zum Ausschank des selbstgebrauten Bieres in seinem Haus.

Name	Eimer	Maas	Name	Eimer	Maas
Angermann Michael	2268	12	Petz Hans	1468	14
Barth Conrad	6729	—	Pöhlmann Georg	1259	35
Berlein Leonhard	745	20	Putschky Martin	249	20
Eschebach Daniel	66	41	Pertsch Christoph	344	8
Gramepp Conrad	1030	17	Peusel Georg	418	37
Gramepp Sophie	222	21	Ranitt Andreas	269	12
Hering Matthäus	2791	12	Pfaff Heinrich	39	19
Hübner Martin	3075	21	Prichäuser Georg	66	38
Hahn Johann	333	7	Putschky Johann	91	—
Haberstumpf Christian	141	17	Peusler Johann	137	20
Hölzel Wilhelm	17	14	Reutel Wolfgang	6129	30
Krauss Peter	1676	32	Reutbesitel Johann	217	21
Kunette Johann	76	12	Reutbesitel Andreas	1287	54
Lauterbach Conrad	128	2	Reutbesitel Peter	302	43
Landmann Georg	838	10	Sindler Georg	6540	52
Meußdörffer Nikolaus	2253	2	Sandler Hans	7730	22
Meußdörffer Georg	1169	20	Scheiding Heinrich	7043	22
Müthel Michael	1171	20	Schultheiß Conrad	1208	21
Mösch Johann	459	45	Simelroth Paul	845	48
Nützel Heinrich	567	—	Stöhr Heinrich	130	29
Nützel Adam	1	15	Ströber Heinrich	288	29
Opel Simon	17	15	Scheiding Conrad	123	38
Ranitt Hans	3605	56	Strauperth Barbara	61	10
Ranitt Conrad	4330	42	Töpfner Michael	3238	19
Pertsch Christian	4263	57	Weiß Louis	5155	40
Pöhlmann Wilhelm	1962	7			
Petz Paul	4086	55			
Seite I	44013	29	Seite II	44689	15

Dieses Verzeichnis über das im Sudjahr 1865/66 exportierte Bier enthält zugleich eine Aufstellung sämtlicher exportierender Brauer und brauenden Bürger.

	Eimer	Maaß
Weber Martin	3430	11
Werner Andreas	1137	8
Weiß Georg	587	54
Weinreich Karl	496	32
Weiß Johann	33	28
Wagner Adam	29	25
Zapf Paul	4329	7
Zapf Heinrich	815	37
Opel Friedrich	20	40
Mesette Georg	100	1
Linner Margaretha	4	12
Gretelein Heinrich	14	32
Haberstumpf Christoph	31	14
Seida III	1030	1
" I	44018	29
" II	44689	15
Summa	99737	45

Kulmbach den 1 October 1866

Localmalzaufschlagskasse

Wagner

Gezählt und auf Neunundneunzigtausend sieben
hundertsiebenunddreißig Eimer fünfundvierzig
Maaß Bier festgesetzt.

Kulmbach den 19.ten October 1866

Stadtmagistrat

Rosenkrantz

Wagner Gebrechtinger Rußler
Hakelmeier Gummi Pückert Mussdörfer

Brauhaus	Malzverbrauch für 1865/66 in Scheffel[18]
1. Kommunbrauhaus I	1.627
2. Kommunbrauhaus II	458
3. Privatbrauhaus des Valentin Christenn	3.009
4. Privatbrauhaus des Karl Petz	1.161
5. Privatbrauhaus der Christianna Weiß	1.285
6. Privatbrauhaus des Michael Michel	285
7. Privatbrauhaus des Wilhelm Pöhlmann	646
8. Privatbrauhaus des Christian Haberstumpf	378
9. Gesellschaftsbrauhaus des Johann Planck	2.265
10. Gesellschaftsbrauhaus des Christ. Pertsch	6.083
11. Gesellschaftsbrauhaus des Georg Sandler	2.598
12. Gesellschaftsbrauhaus des Martin Hübner	5.135
Gesamter Malzverbrauch	24.969

Bei der Betrachtung der Zahlen überrascht es nicht, dass die Gesellschaftsbrauhäuser mit Abstand den stärksten Umsatz aufweisen; schließlich wurden diese ja stets durch mehrere Brauer benutzt. Auf der anderen Seite fällt aber die äußerst geringe Auslastung zweier Privatbrauhäuser und vor allem die des neu errichteten Kommunbrauhauses II auf.

Die Bierherstellung verteilte sich im Sudjahr 1865/1866 wie folgt:

Quartal	Malzverbrauch in Scheffel
I. Quartal (Oktober bis Dezember 1865)	8.605
II. Quartal (Januar bis März 1866)	10.224
III. Quartal (April bis Juni 1866)	4.628
IV. Quartal (Juli bis September 1866)	1.512
Gesamtes Sudjahr 1865/66	24.969

Das Schwergewicht der Brautätigkeit lag zwar noch im Winterhalbjahr, es wurde aber auch schon in den Sommermonaten gebraut.

Interessant erscheint des Weiteren *ein Verzeichnis über das von den Brauern und brauenden Bürgern zu Kulmbach im Etatsjahr 1865/66 exportirte Bier* (Seite 52 f.). Dieses Verzeichnis zählt immerhin 66 Namen mit sehr unterschiedlichen Einzelmengen auf; es müssten demnach alle Brauer bzw. brauenden Bürger dabei erfasst sein. Dafür spricht im Übrigen, dass die exportierte Biermenge mit 99.737 Eimer angegeben wird, das wären rund 70.000 hl gewesen. OTTO SANDLER beziffert aber für die Jahre 1865 bzw. 1868 den Export über die bayerischen Grenzen mit 56.847 bzw. 60.138 hl Bier. Es ist also anzunehmen, dass in dem Verzeichnis mit *Export* einfach der Verkauf über die Kulmbacher Stadtgrenze hinaus gemeint ist. So wären einerseits die höhere Hektoliter-Zahl zu erklären und andererseits der Tatbestand, dass – vermutlich – alle Brauer bzw. brauenden Bürger mit zum Teil nur sehr geringen Mengen exportierten.

Umgekehrt wurde zusätzlich noch ein Verzeichnis erstellt. Danach hatte Simon Hering 4.387 Eimer – also rund 3.070 hl – Bier importiert. Nachdem Hering hier gesondert aufgeführt wurde, ist als sicher anzunehmen, dass er bereits sein Brauhaus in Blaich bei Kulmbach benutzen konnte.

Wegen der enormen Dichte von Bierbrauern und -anbietern in der Stadt liegt die Vermutung nahe, dass Simon Herings Bier nicht tatsächlich nach Kulmbach eingeführt und verkauft, sondern hier nur mit dem Malzaufschlag versteuert und dann ebenfalls über die bayerische Grenze hinweg exportiert wurde.

2.3.6 Der Verkauf der beiden Kommunbrauhäuser

Für den Verkauf der beiden Kommunbrauhäuser lassen sich verschiedene Gründe anführen; allgemein gilt jedoch, dass das neue Gewerbsgesetz vom 30. Januar 1868 unmittelbar damit zusammenhängt. Bis dahin war auf Grund des Privilegiums von 1713 die Ausübung des bürgerlichen Braurechts mit dem Kommunbrauhaus verbunden gewesen, aber durch das neue Gewerbsgesetz wurden *alle hemmenden Schranken beseitigt* und den brauenden Bürgern u. a. freigestellt, wo sie ihr Bier herstellten.

Damit verlor die Kommune den Anspruch, die brauenden Bürger zur Benützung der Kommunbrauhäuser zu zwingen oder – bei Benützung anderer als der Kommunbrauhäuser – sie zur Zahlung des gewöhnlichen Kesselgeldes zu verpflichten. Dennoch erhob die Kommune auch nach 1868 weiterhin Kesselgelder für nicht besetzte Kommunbraukessel. Aber im November 1870 wiesen brauende Bürger auf die Unrechtmäßigkeit dieser Maßnahme hin und drangen auf die Herauszahlung bereits gezahlter Kesselgelder.

Diese Entwicklung war bereits 1868 zu erwarten gewesen. Damit war auch zu diesem Zeitpunkt schon klar, dass eine gesicherte Rentabilität für die Kommunbrauhäuser für die nächsten Jahre nicht zu erwarten war. Darauf aber war gerade die Schuldentilgung des Kommunbrauhauses II abgestimmt. Zwar gab es in Kulmbach noch genügend brauende Bürger, die sowohl 1869 als auch 1872 zwei bzw. eine Kommunbraustätte(n) hätten auslasten können, aber die Kommunbrauhäuser standen jetzt mehr noch als zuvor in Konkurrenz zu den Privatbrauhäusern, wo den brauenden Bürgern, wenn es das Braugeschäft der Privatbrauhausbesitzer zuließ, eine Benützung zu günstigen qualitativen und möglicherweise auch finanziellen Bedingungen gestattet wurde. In diesem Wettbewerb konnten die Kommunbrauhäuser auf Dauer nicht bestehen, weil nun auch das Kommunbrauhaus II den Ansprüchen der brauenden Bürger hinsichtlich der Produktionsbedingungen und -ergebnisse nicht voll entsprach.

Für die Privatbrauhausbesitzer waren die Auswirkungen des neuen Gewerbegesetzes recht vorteilhaft. Einerseits konnten sie durch die brauenden Bürger Beschäftigungsschwankungen in den Privatbrauhäusern ausgleichen, und andererseits gerieten die brauenden Bürger, sobald die Kommunbrauhäuser verkauft waren, in die Abhängigkeit der Privatbrauhausbesitzer, so dass zukünftig von den brauenden Bürgern kaum noch Konkurrenz ausgehen konnte.

Das Kommunbrauhaus II wurde zuerst verkauft. Die näheren Umstände, die zum Verkauf geführt hatten, sind aus den Archivalien nicht mehr zu entnehmen. Die Unterlagen hierüber fehlen ebenso wie jene über die Verkaufsverhandlungen.

Nach OTTO SANDLER wurde das Kommunbrauhaus II, ebenso wie das Kommunbrauhaus I, auf Grund qualitativer Mängel – *jeder Sud soll mißlungen sein* – von den brauenden Bürgern gemieden. So wurde eine gewohnheitsmäßige und vollständige Bindung der brauenden Bürger an dieses Brauhaus verhindert. Diese konnten weiterhin – bei gleichzeitiger Bezahlung des Kesselgeldes an die Kommune – Privatbrauhäuser benützen.

Das Kommunbrauhaus II war nur reichlich vier Brauperioden in Betrieb gewesen. Am 14. Juli 1869 erwarben es Michael Täffner und acht weitere brauende Bürger für 14.400 Gulden. Der Kaufpreis machte genau den Betrag aus, der seinerzeit vom Magistrat als Darlehen zur Finanzierung der Baukosten des Kommunbrauhauses II aufgenommen wurde, der aber bis dahin noch ungetilgt geblieben war. Vereinbart wurde die 16malige Zahlung einer Summe von 1.555 Gulden jährlich im Oktober, die der Magistrat für Zins und Tilgung seines aufgenommenen Darlehens verwenden wollte. Somit stellten sich die Konditionen äußerst günstig, wenn man weiterhin bedenkt, dass die Grunderwerbskosten von 3.950 Gulden unberücksichtigt blieben.

Michael Täffner, geb. am 12. März 1834, hatte 1863 durch die Verehelichung mit der Bäckermeisterswitwe Christiana Hofmann die Berechtigung zum Brauen erhalten. Bald setzte er sich an die Spitze der brauenden Bürgerschaft und vertrat als deren Vorstand die Interessen der Brauer, aber auch seine eigenen, in zielstrebiger Art und Weise. Dabei war für ihn weiterhin von Vorteil, dass er Mitglied im Gemeindekollegium war.

Täffner kannte den Wert und die Beschaffenheit des Kommunbrauhauses II genau, denn der Charakter dieses Brauhauses war teilweise durch seine Vorstellungen geprägt worden. Im Übrigen besaß er als Mitglied der Kommission, die gegen Ende der Bauzeit zur Überwachung des Baues eingesetzt worden war, beste Kenntnisse von dem Brauhaus.

Über die Namen der weiteren Käufer konnte JOACHIM MEIER nur Mutmaßungen anstellen. So wurden 1870, anlässlich einer Beschwerde gegen den Magistrat, folgende Bürger als Brauereibesitzer bezeichnet, die, weil sie keinem anderen Brauhaus zugerechnet werden können, als Käufer des Kommunbrauhauses II betrachtet werden müssen. Es handelt sich dabei um: Andreas Ruckdeschel, Paulus Zapf, Leonhardt Eberlein, Johann Eberlein, Georg Pöhlmann, Heinrich Pohle, Conrad Scheiding jun. und Hans Petz.

Die nunmehrige Vereinsbrauerei von Michael Täffner und Genossen wurde in einer Art und Weise betrieben, die vermuten lässt, dass die Besitzer mit den vorhandenen Produktionsbedingungen sehr zufrieden waren. Bereits 1870 reichte die angekaufte Braustätte zur Erzeugung des gesamten Bierbedarfs der Gesellschafter nicht mehr aus, so dass andere Brauhäuser zu Hilfe genommen werden mussten. 1872 wurden in der Vereinsbrauerei 25.000 Eimer produziert, wovon ein großer Teil nach Dresden ausgeführt wurde.

Ende 1872 erfolgte die Umwandlung in eine Aktiengesellschaft. Das Aktienkapital der jetzt gegründeten *Ersten Culmbacher Actien-Exportbier-Brauerei* betrug 410.000 Taler, wobei die Vereinsbrauerei mit 189.700 (!) Taler bewertet wurde. Täffner und Cons. hatten aber 1869 nur 14.400 Gulden für das Kommunbrauhaus II bezahlt. Seinerzeit galt ein Taler 1 3/4 Gulden; der Kaufpreis von 1869 hätte also rund 8.300 Taler entsprochen. Täffner, der Aktionär der neuen Aktienbrauerei wurde, übernahm zudem noch den Vorstand bzw. die Leitung der Gesellschaft. Dieses Amt sollte er bis zu seinem Tod – am 14. Mai 1900 – behalten.

Am 9. Januar 1872 wurde schließlich auch das Kommunbrauhaus I öffentlich versteigert. Veranlasst wurde der Magistrat zu dieser Entscheidung durch einen Schaden an einem Braukessel, der Aufwendungen in Höhe von 939 Gulden erfordert hatte. Gleichzeitig erhielt das Kommunbrauhaus I nicht mehr den erwarteten Zuspruch.

Den Zuschlag für das Brau- und Mulzhaus mit überbauter Wohnung im Oberhacken, zuzüglich einer Kohlenremise im Schießgraben, erhielt für das Gebot von 19.000 Gulden der Bierbrauer Leonhardt Eberlein, der bereits an dem Erwerb des Kommunbrauhauses II beteiligt gewesen war. Der Kommissionär Hermann Wunder hatte nur 14.000 Gulden, der Bierbrauer Georg Pöhlmann 16.200 Gulden geboten.

Nach dem Verkauf der Kommunbrauhäuser konnten die brauenden Bürger zwar ihre Gebräue

2.3 Die Errichtung neuer Braustätten nach 1848

unter ähnlichen Bedingungen weiter in den Privatbrauhäusern herstellen, aber ihre Absatz- und Produktionsmöglichkeiten wurden jetzt mehr und mehr begrenzt. Dies geschah zum einen durch die Massenproduktion der Privatbrauhausbesitzer, zum anderen waren die brauenden Bürger jetzt auch abhängig von ihnen. So nahm ihre Anzahl und Bedeutung in den Jahren nach 1872 immer mehr ab.

Für das Jahr 1878 gibt MEIER noch insgesamt 50 Brauer an, für 1892 nur noch 22, wobei konzessionierte Bierbrauer und brauende Bürger gleichermaßen enthalten waren. Rechnet man die Brauhausbesitzer bzw. -mitbesitzer ab, so wird deutlich, dass die brauenden Bürger bald nur noch als ein Relikt aus der vergangenen Zeit anzusehen waren.

2.3.7 Etwas Wohlstand dank Bierbrauerei

Über Kulmbach und den beginnenden Wohlstand gibt der Physikatsbericht von 1861[19] Auskunft. Danach profitierten nicht nur die Bierbrauer davon, sondern auch die Bauern im Umland:

Da sich Kulmbach als ein Städtchen von über 4.000 Einwohnern mit einer bevölkerten und ziemlich wohlhabenden Umgebung unterhalb des Gebirges befindet, so erfreut es sich einer besonderen Gewerbsthätigkeit, und jeder Gewerbtreibende ist daher beflissen, durch angestrengte Arbeit sein Geschäft zu heben. …

Wenn gleich Kulmbach nicht als reich bezeichnet werden kann, so erfreut es sich doch eines großen Wohlstandes. Der größere Theil seiner Bürger besitzt Grundeigenthum, und viele treiben daher auch neben ihrem Geschäfte Oekonomie. Namentlich hat sich seit 30 Jahren die Bierbrauerei sehr gehoben, und da jeder Haus besitzende Bürger das Recht zu brauen hat, so haben sehr viele diesen Erwerbszweig ergriffen. Mancher Bürger, welcher früher Bier nur geschenkt hat, hat jetzt die Schenke geschlossen und versendet nun sein Erzeugnis, welches ihm, wenn er nicht besonderes Unglück hat, so viel Gewinn abwirft, dass er, vorher nicht sehr bemittelt, nun als wohlhabend dasteht.

Auch auf dem Lande hat sich durch die höheren Getreidpreise der letzten 10 Jahre der Wohlstand sehr gehoben, und es macht sich dieser durch den größeren Luxus bei den Bauersleuten geltend.

Eine Folge dieser gesteigerten Wohlhabenheit ist der größere Verdienst, welcher den ärmeren Klassen aufgeschlossen wird. Jeder kann, wenn er nur will, Arbeit finden, und selbst arme Frauenspersonen in dem Städtchen können 8 Monate lang des Jahres durch ein ungefähr 3 Stunden langes Tragen der Würze aus den Brauhäusern in die Keller 11 bis 12 Kreutzer verdienen, wobei ihnen dann die übrige Zeit des Tages noch zu anderen Arbeiten übrich bleibt.

Der Verfasser ist hier etwas skeptisch hinsichtlich der Verdienstmöglichkeiten für die armen Frauenspersonen: Zum einen kann er heute nicht mehr den tatsächlichen Wert von 11 bzw. 12 Kreuzer beurteilen. Es bleibt offen, ob dieser Verdienst für das tägliche Leben ausgereicht hätte und ob dann die anderen Arbeiten wirklich ein zusätzliches Einkommen erbracht hätten. Auf jeden Fall war das Tragen der Würze für die Frauen, auch *Würzweiber* genannt[20], eine schwere Arbeit. Und es fällt auf, dass hier nur Frauen beschäftigt waren, denn ansonsten arbeiteten in den Brauereien ausschließlich Männer.

2.3.8 Eine Brauhaus-Ordnung von 1868

Im Bayerischen Brauereimuseum ist eine Brauhaus-Ordnung aus dem Jahre 1868 ausgestellt. Sie sei im Folgenden – ohne weiteren Kommentar – wörtlich wiedergegeben[21]:

Brauhaus-Ordnung
im Georg Sandler'schen Brauhause.

§. 1.
Der Braumeister ist für Aufrechthaltung folgender Ordnung und für die Aufführung und das Betragen der Arbeiter während der Arbeitszeit verantwortlich.

§. 2.
Jeder Arbeiter hat den Befehlen des Braumeisters ohne alle und jede Widerrede sofort Folge zu leisten.

§. 3.
Ohne Erlaubnis des Braumeisters darf kein Arbeiter weder bei Tag noch bei Nacht das Brauhaus, Mulzhaus, Keller oder die Arbeitsplätze verlassen und wird Dawiderhandlung, sowie

§. 4.
Grobheit, Faulheit, Trunkenheit, Liederlichkeit, Schlägerei, Schimpfen, Unreinlichkeit, Trotz mit 30 Kreuzer bis fl. 1. bestraft und kann der Betreffende im Wiederholungsfalle sofort entlassen werden.

§. 5.
Bier zum Trinken für die Arbeiter darf – bei Strafe von 30 Kreuzern – nur aus dem vom Braumeister bestimmten Schenkfasse und nur zur bestimmten Zeit geholt werden.

§. 6.
Bier darf bei Strafe von fl. 1. von keinem Arbeiter außerhalb des Brauhauses abgegeben oder mit nach Hause genommen werden.

§. 7.
Kein Arbeiter darf Vieh, Gänse, Hühner, Tauben oder Stallhaasen halten.

§. 8.
Die in der Oeconomie beschäftigten Arbeiter dürfen nur mit besonderer Erlaubnis oder Befehl des Braumeisters das Brauhaus oder den Keller betreten und erhalten ihr Bier nur vom Braumeister.

§. 9.
Sämmtliche Strafgelder werden an Weihnachten gleichzeitig wieder unter die Mannschaft vertheilt.

§. 10.
Jeder Braubursche kann vorkommenden Falls s o g l e i c h entlassen werden, kündigt er jedoch selbst, so kann er erst nach 14 Tagen austreten.

§. 11.
Beschwerden sind bei mir direct anzubringen.

§. 12.
Jeder Arbeiter wird mit diesem Gesetze bekannt gemacht, resp. es erhält jeder ein gedrucktes Exemplar obiger Ordnung, erklärt dieselbe verstanden zu haben, sie zu achten und zu ehren und bestätigt dies durch seine Unterschrift.

Kulmbach, 1. Januar 1868

*Georg Sandler
Brauereibesitzer*

3. Aufschwung zur Brauindustrie in den Jahren bis 1900

3.1 Allgemeine Entwicklung von 1870 bis 1900

Nach 1800 stellte das Braurecht – wie bereits dargestellt – zunächst noch ein besonderes Recht von etwa 60 Bürgern dar, die – als Nebenerwerb – in einem der drei Kulmbacher Brauhäuser brauten bzw. brauen ließen und dieses Bier dann schließlich selbst verbrauchten bzw. verkauften. Durch den ab 1846 verstärkt einsetzenden Export nach Sachsen und anderen außerbayerischen Staaten erwies sich die Kapazität der drei Brauhäuser für einzelne Brauer als zu gering, und so entstanden zwischen 1848 und 1863 neun neue Brauhäuser. Für Bau und Unterhalt schlossen sich meist mehrere Bierbrauer zusammen, die das Brauhaus gemeinsam finanzierten, aber jeweils auf eigene Rechnung brauten und verkauften. Sie erreichten damit eine gute Auslastung des Brauhauses, gleichzeitig wurde der einzelne bei der Finanzierung nicht überfordert. 1869 bzw. 1872 verkaufte die Stadt Kulmbach schließlich ihre beiden Kommunbrauhäuser.

Die Entwicklung im letzten Drittel des 19. Jahrhunderts war durch eine weitere Konzentration bei den Betrieben gekennzeichnet. Zunächst einmal übernahmen einzelne – besonders erfolgreiche und/oder besonders finanzstarke – Bierbrauer die Anteile der übrigen Teilhaber am jeweiligen Gesellschaftsbrauhaus und wirtschafteten alleine weiter. Gegen Ende des 19. Jahrhunderts schließlich gewannen die Gesellschaften – vor allem die Rechtsform der Aktiengesellschaft – an wesentlicher Bedeutung. Die Bierbrauer als Einzelunternehmer blieben auf Kleinbetriebe beschränkt. Die das alte Braurecht ausübenden brauenden Bürger verloren – gemessen am Umsatz – jede Bedeutung, einige brauten noch nach 1900 und gaben ihr altes Recht etwa mit dem Ersten Weltkrieg endgültig auf.

Besonders auffällig aber und charakteristisch ist das fast explosionsartige Wachstum des Kulmbacher Bierexportes nach außerbayerischen Ländern bis zur Jahrhundertwende.

Dieses enorme Wachstum der Kulmbacher Bierausfuhr dauerte immerhin 30 Jahre lang an. Die Jahresberichte der Handels- und Gewerbekammer für Oberfranken zeigen die Entwicklung der Kulmbacher Brauwirtschaft in den beiden letzten Jahrzehnten des 19. Jahrhunderts recht ausführlich auf:

1881
Nach der Statistik ist die Stadt Kulmbach allein mit 20 Procent an dem gesammten bayrischen Bierexport betheiligt. Dieser Export ist … in jährlicher Zunahme begriffen.

1882
participirt die Stadt Kulmbach allein mit … 209.964 hl Bierproduktion für das Ausland, d. i. 80,5% des oberfränkischen, oder 21,3% des gesammten bayerischen Bierexportes.

Die Bierausfuhr Kulmbachs über die bayerischen Grenzen, 1851 – 1900

Bierausfuhr in 1.000 hl

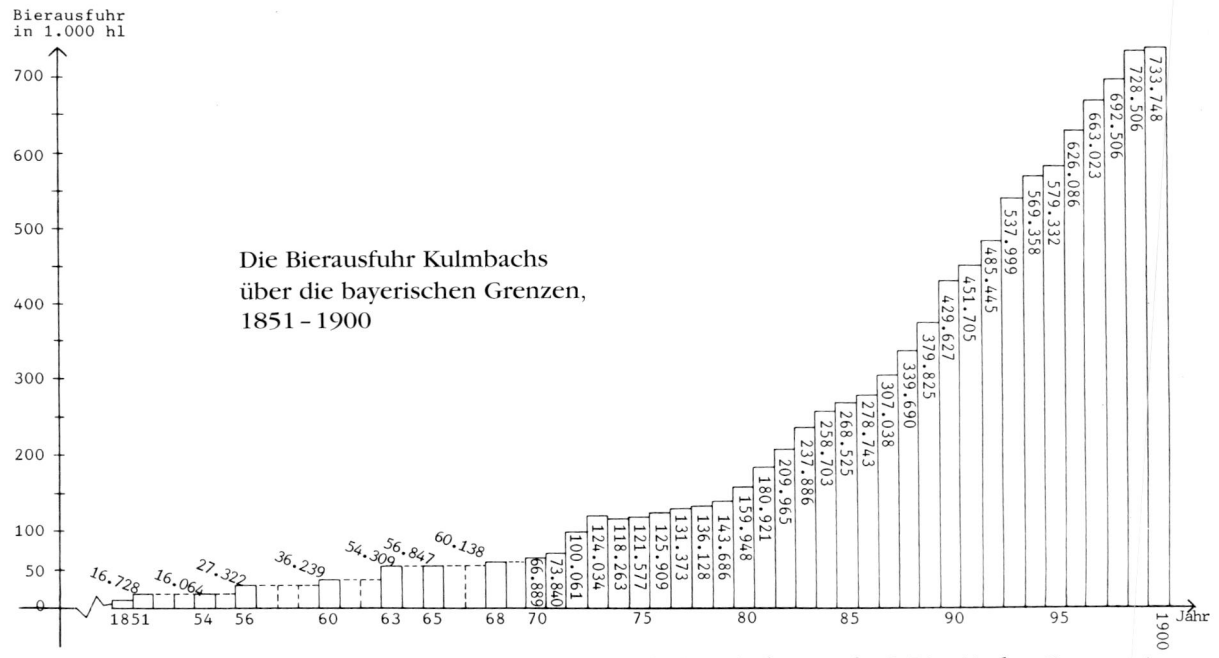

Jahr	hl
1851	16.728
54	16.064
56	27.322
60	36.239
63	54.309
65	56.847
68	60.138
70	66.889
	73.840
	100.061
	118.263
75	121.577
	125.909
	131.373
	136.128
	143.686
80	159.948
	180.921
	209.965
	237.886
	258.703
85	268.525
	278.743
	307.038
	339.690
	379.825
90	429.627
	451.705
	485.445
	537.999
	569.358
95	579.332
	626.086
	663.023
	692.506
	728.506
1900	733.748

1883

Diejenigen Brauereien, welche für den Lokalbedarf arbeiten, hatten ihren normalen Absatz. Diejenigen Brauereien dagegen, welche für den Export arbeiten, erfreuten sich einer fortdauernden und fortschreitenden Entwicklung und beeinflußten in günstiger Weise alle mit ihnen mittelbar und unmittelbar zusammen hängenden Gewerbszweige.

1885 / 86

Die Exportbierbrauerei in Oberfranken ist ein besonders blühender und rentabler Geschäftszweig; es ist daher begreiflich, daß das mobile Kapital sich mit besonderer Vorliebe darauf hindrängt. Große Actienbrauereien werden daher gegründet und schon bestehende Brauereien in Actien-Unternehmungen umgewandelt. In Kulmbach sind die C. Peetz'sche und C. Rizzi'sche Brauereien an Actiengesellschaften übergegangen.

Ebenfalls 1885 wurde die Mönchshofbräu als Aktiengesellschaft in Blaich bei Kulmbach gegründet.

1888

Die Exportbierbrauerei in Kulmbach hat auch im Jahre 1888 wieder einen weiteren beträchtlichen Aufschwung genommen, wie aus den statistischen Aufstellungen zu ersehen ist. Das Quantum des exportirten (d. h. über die Grenzen Bayerns hinaus versandten) Kulmbacher Bieres stieg von

306.959 hl im Jahre 1887
auf 339.637 hl im Jahre 1888,

also um mehr als 10 Procent. Auch das Jahr 1889 wird voraussichtlich wieder ein Plus bringen.

3.1 Allgemeine Entwicklung von 1870 bis 1900

Erste Schwierigkeiten ließen sich für das Jahr 1890 erwarten. Dennoch ging es den Kulmbacher Betrieben zunächst weiterhin ausgesprochen gut:

1889/90
Das Geschäft ging im Berichtsjahre wieder sehr gut, wenn auch die Rohmaterialien, Arbeitslöhne, Kohlen etc. wesentlich im Preise gestiegen sind. Für das Jahr 1890 sind die Verhältnisse der Brauerindustrie bedeutend ungünstiger: die Gerstenpreise sind um 25 bis 30 Prozent, die Kohlenpreise fast eben so viel gestiegen, dabei sind keine Aussichten auf eine, wenn auch nur mäßige Erhöhung der Bier-Preise vorhanden.

Das Exportbierbrauereigeschäft in Kulmbach ging auch im abgelaufenen Jahre wieder sehr flott. Fast alle größeren Brauereien, insbesondere die Aktienetablissements, haben ein erhebliches Exportplus gegenüber dem Vorjahre zu verzeichnen. Im Ganzen hob sich der Bierexport aus Kulmbach nach den außerbayerischen Absatzgebieten

von 339.684 Hektoliter im Jahre 1888
auf 379.825 Hektoliter im Jahre 1889,

was eine Zunahme von mehr als 11 Prozent bedeutet. Im Jahre 1890 wird der Bierexport aus Kulmbach voraussichtlich die Ziffer von 400.000 Hektolitern beträchtlich überschreiten.

1892
Das vergangene Jahr war für die oberfränkische Bierbrauerei (gleichwie für die Malzfabrikation) im Allgemeinen ein günstiges und der Absatz im Großen und Ganzen ein guter. Auf die Bamberger Exportbierbrauereien und auch auf einzelne Kulmbacher Exportbrauereien hat der Hamburger Choleranothstand nachtheilig eingewirkt. Auch ist unverkennbar, daß verschiedene Brauereien nur mit Mühe die Schwierigkeiten überwinden, welche sich der Vergrößerung und der Aufrechterhaltung des Bierexportgeschäftes entgegenstellen. Zu diesen Schwierigkeiten sind zu rechnen: die scharfe Konkurrenz, die sich die Exportbrauereien unter einander machen und theilweise machen müssen, und ferner die oft unerfüllbaren Ansprüche, welche manche Bierabnehmer an ihre Lieferanten in Bezug auf Bierkredit- und Baar-Darlehens-Gewährung stellen. Doch können, wie gesagt, die Bierbrauereien (sowohl die für den einheimischen Bedarf als auch die für den Export arbeitenden), verschiedene Ausnahmen abgerechnet, mit dem 1892er Geschäfte im Großen und Ganzen wohl zufrieden sein.

... während der Bierexport Kulmbachs seit Jahrzehnten stetig und ununterbrochen beträchtlich steigt und sich ... in den letzten 10 Jahren mehr als verdoppelt hat.

1894
Die Exportbierbrauerei, diese Hauptindustrie der Stadt Kulmbach, hat sich im Berichtsjahre weiter günstig entwickelt. Indessen mehren sich Anzeichen, welche darauf hindeuten, daß wahrscheinlich nunmehr ein kleiner Stillstand in jener Aufwärtsbewegung eintreten dürfte. Zum mindesten müssen die Exportbierbrauereien alle Hebel in Bewegung setzen, wenn sie die jetzigen Abnehmer erhalten und neue Absatzgebiete erobern und sichern wollen, da die Brauereien untereinander sich zum Theil immer schärfere Konkurrenz machen.

1895
Billige und gute Materialien, Gerste und Hopfen, gestalten den Bierbrauereibetrieb im Großen und Ganzen zu einem lohnenden Geschäfte. Allerdings haben da und dort einzelne Brauereien einen

ziemlich schwierigen Stand; allein sie gehören wohl zu den Ausnahmen. Die meisten Brauereien im Kreise, insbesondere die Mehrzahl der Exportbrauereien in Kulmbach, haben im Jahre 1895 mit guten Ergebnissen gearbeitet. Die 1895er Exportziffer Kulmbachs, 579.332 hl Bier, übersteigt zwar nur mit 7.404 hl die Summe des Bierversandts des Vorjahres; aber immerhin ist es schon ein großer Erfolg, wenn der Bierexport sich auf seiner bisherigen Höhe zu halten vermag. Denn die Zeiten, in welchen, wie in den 1880er und in den ersten 1890er Jahren, der Bierversandt aus Kulmbach sich von Jahr zu Jahr jeweils um 10 und noch mehr Prozent steigerte, scheinen leider vorüber zu sein. Die Brauereien müssen die größten Anstrengungen machen, um auf der Höhe der bisherigen Produktionsmenge zu bleiben.

1896

Die Exportbierbrauereien in Kulmbach haben, mit wenigen Ausnahmen, im Jahre 1896 wieder günstige Erfolge erzielt. In erster Linie sind diese guten Resultate allerdings den billigen Preisen von Gerste und Hopfen zu danken. Wenn der Preisstand der Rohmaterialien sich einmal in aufsteigender Richtung ändern sollte, so würden die Bier Verkaufspreise, die ohnehin durch die scharfe Concurrenz der Brauereien untereinander mehr und mehr gedrückt werden, schwerlich im gleichen Verhältnis in die Höhe gehen und ein wesentlich geringerer Produktionsnutzen würde dann die unausbleibliche Folge sein. Mit Rücksicht hierauf thun die Brauereien, soweit sie Aktiengesellschaften sind, gut, in der Dividendenvertheilung Maß zu halten, ihre Abschreibungen zu erhöhen und die Reserven immer mehr zu stärken. Dann erst kann die jetzt blühende Kulmbacher Bier-Industrie getrost in die Zukunft sehen. Auch im abgelaufenen Jahre haben die Kulmbacher Großbrauereien ihr Absatzgebiet erweitert und auch die bisherigen Abnehmer mit größeren Bierlieferungen versorgt. Die Bier-Produktion ist von 638.607 hl auf 698.596 hl und der Export über die bayerische Grenze von 579.332 hl auf 626.086 hl gestiegen. Nur München hat einen größeren, alle anderen Orte Bayerns haben einen kleineren Bierexport als Kulmbach.

Im Jahr 1896 fand außerdem die Zweite Bayerische Landes-Industrie-, Gewerbe- und Kunst-Ausstellung in Nürnberg statt. Diese Landes-Ausstellung war eine Leistungsschau der bayerischen Wirtschaft, an der sich auch die seinerzeit führenden sechs Kulmbacher Brauereien beteiligten. Alle sechs Brauereien – Erste Aktien, Reichel, Mönchshof, Petz-, Rizzi- und Sandlerbräu – wurden dabei mit Goldenen Medaillen ausgezeichnet. Ebenfalls Gold erhielten die Kulmbacher Malzfabriken Carl Veitl, J. Ruckdeschel und J. G. Meußdoerffer.

1897

In Kulmbach ist die Exportziffer wieder um nahezu 6 %, nämlich von 626.086 hl im Jahre 1896 auf 663.023 hl im Jahre 1897 gestiegen. Diese Exportvermehrung ist aber nur durch Aufwendung immer größerer finanzieller Mittel zu erreichen gewesen. Obgleich die Gerstenpreise seit dem vorigen Herbste beträchtlich stiegen, ist bis jetzt noch kein höherer Bierpreis im Engros-Verkauf zu erzielen gewesen, was bei manchen Brauereien voraussichtlich den Reingewinn des Jahres 1897/98 beeinträchtigen dürfte.

Unter den 15 Kulmbacher Exportbierbrauereien befinden sich 5 Actienunternehmungen. Nachdem die Rizzibrauerei im vergangenen Jahre wegen des Ankaufs des „Alt-Pilsenetzer Bräuhauses" in Pilsenetz bei Pilsen und wegen Vornahme größerer Neubauten in Kulmbach ihr Actienkapital um 2 ½

3.1 Allgemeine Entwicklung von 1870 bis 1900

Millionen Mark vermehrt hat, arbeiten die 5 Kulmbacher Actienbrauereien jetzt mit einem Gesammt-Grundcapital von 10 480.000 Mark, denen rund 2 Millionen Mark Reservefonds zur Seite stehen. Zu den jetzigen Cursen berechnet, repräsentirt die vorgenannte Actienkapitalsumme einen Werth von mehr als 24 Millionen Mark.

1898

Der Bier-Export aus Kulmbach hat sich im Jahre 1898 zwar wieder etwas gehoben, aber doch nur um etwa 4 ½ Prozent gegenüber dem Vorjahre.

Die größte der 15 Kulmbacher Brauereien hat 186.366 hl, die kleinste 1.434 hl Bier im letzten Jahre exportirt.

Die Engros-Verkaufspreise für Exportbier sinken langsam, aber stetig; der Konkurrenzkampf der Brauereien untereinander wird nach und nach immer stärker, die finanziellen Engagements bei den Abnehmern werden immer größer und der Geschäftsnutzen der meisten Brauereien, wenn man ihn auf den produzirten Hektoliter Bier ausschlägt, verringert sich, was bei der einen oder anderen Aktienbrauerei mit der Zeit möglicherweise auch in einer sinkenden Dividende zum Ausdruck kommen dürfte. Es wäre erfreulich, wenn diese Befürchtungen sich nicht bestätigen sollten.

1899

Wenn auch die Bierbrauerei im Allgemeinen noch immer zu den lohnenden Erwerbszweigen zu zählen ist, so mehren sich doch auch hier die Anzeichen dafür, daß der Höhepunkt überschritten ist und daß die Betriebsüberschüsse sich zu mindern beginnen.

Auch in der Bierbrauerei sind jetzt die Preisunterbietungen bei der Kundschaft an der Tagesordnung, während auf der anderen Seite die Betriebskosten der Brauereien sich mehren durch die stark steigenden Kohlenpreise, die anhaltende Geldvertheuerung, die enorme Erhöhung der Gewerbesteuer, die wachsenden Arbeitslöhne, Versicherungsgebühren, Reisespesen usw. Nur diejenigen Brauereien, welche in früheren guten Zeiten große Abschreibungen und entsprechende Rücklagen gemacht haben, sind im Stande ihre Dividendensätze bezw. ihre Betriebsüberschüsse prozentual auf der seitherigen Höhe zu erhalten. Wie lange solches noch möglich sein wird, steht dahin.

Wenn sich auch in den letzten Jahren vor 1900 die ersten Schwierigkeiten anbahnten, so stiegen dennoch die Verkaufszahlen der Kulmbacher Brauereien. Verglichen mit 1870 braute man nun die elffache Menge an Bier. Außer im Jahre 1874 wurden in jedem Jahr deutliche Zuwachsraten erzielt. Die Kulmbacher Brauereien schafften einen unerhörten, oft *amerikanisch* genannten Aufstieg. Die auf zahlreichen nationalen und internationalen Ausstellungen mit höchsten Auszeichnungen prämiierten Biere erzeugten einen neuen Qualitätsbegriff, dem sich die älteren Bierzentren anpassen mussten.

Als Beispiel für die erfolgreiche Teilnahme von Kulmbacher Brauereien an Ausstellungen seien die Auszeichnungen, die die Erste Culmbacher Actien-Exportbier-Brauerei in den Jahren von 1876 bis 1897 erhalten hat, nun aufgeführt:

1876 Ehrendiplom (höchste Auszeichnung) auf der Gastwirths-Ausstellung zu Hamburg.
1877 Silberne Medaille (höchste Auszeichnung) auf der Gastwirths-Ausstellung zu Breslau.
1878 Silberne Medaille (höchste Auszeichnung) auf der Gastwirths-Ausstellung zu Dresden.
1881 Silberne Medaille (höchste Auszeichnung) auf der Ausstellung zu Porto Allegre (Brasilien).

1882 Goldene Medaille (höchste Auszeichnung) auf der Bayerischen Landes-Ausstellung zu Nürnberg.

1889 Ehrendiplom mit goldenem Stern (höchste und einzige Auszeichnung) auf der Fach-Ausstellung zu Köln a. Rh.

1889 Ehrendiplom mit goldenem Stern (höchste Auszeichnung) auf der Internationalen Ausstellung für Hausbedarf zu Köln a. Rh.

1892 Ehrendiplom nebst goldener Medaille (höchste Auszeichnung) auf der Internationalen Ausstellung für Volks-Ernährung etc. zu Leipzig.

1894 Große Medaille (höchste Auszeichnung) auf der Welt-Ausstellung zu Chicago.

1894 Große goldene Staats-Medaille (höchste Auszeichnung) auf der Internationalen Ausstellung für Nahrungsmittel etc. zu Dresden.

1894 Goldene Medaille (höchste Auszeichnung) auf der Ausstellung für Nahrungsmittel etc. zu Frankfurt a. M.

1896 Goldene Staats-Medaille (höchste Auszeichnung) auf der Bayerischen Landes-Ausstellung zu Nürnberg.

1897 Goldene Medaille (höchste Auszeichnung) auf der Lebensmittel-Ausstellung zu Cassel.[1]

Als zusätzliches Zeichen für das deutlich gewachsene Selbstbewusstsein der Kulmbacher Brauer können folgende zwei Meldungen aus der Chronik von Max Hundt für 1895 dienen:

4. Februar: Die I. Kulmbacher Aktienbrauerei sandte einige Wagenladungen Bier nach München und erzielte dort großen Erfolg. Daß das von den Münchner Brauereien als Herausforderung angesehen wurde, ist nicht verwunderlich.

17. August: Das Residenzcafe in München führte Kulmbacher Bier der Brauerei Petz – ein weiterer Grund für Aufregung unter der Münchner Brauwirtschaft

Wesentlich für die Beurteilung der Kulmbacher Entwicklung erscheint noch der Vergleich mit anderen bayerischen Städten. Als zeitgenössische Stimme soll dabei der Jubiläumsbericht der Ersten Culmbacher Actien-Exportbier-Brauerei – erschienen im Jahre 1897 – dienen:

Der bayerische Bier-Export, heute eine der Hauptarterien der Productionsfähigkeit der bayerischen Grossbrauerei, ist aus kleinen Anfängen erwachsen, jedoch in der Hauptsache nicht von Oberbayern, München, sondern von Franken ausgegangen.

Franken, speciell Mittel- und Oberfranken, war von jeher der Vermittler des Verkehrs der bayerischen Volkswirthschaft mit dem Norden gewesen; zahlreiche Handelsbahnen gingen über Nürnberg, Erlangen und Culmbach, der Main führte nach dem Westen zum Rhein und von da zum Weltmarkte. Hiervon war auch die Brauerei nicht unberührt geblieben und wir sehen daher in den Städten Frankens, wie in Nürnberg, Erlangen, Kitzingen, Culmbach und Hof das Brauwesen verhältnissmässig früh entwickelt und zum Theil auf verzweigten Absatz begründet. Ueber die Anfänge der bayerischen Bierausfuhr liegen zusammenhängende statistische Nachweise nicht vor, erst von 1843 ab finden sich fortlaufende Zahlen. Es betrug beispielsweise der ausser Landes gehende Bier-Export (in hl) von

	1843	1869	1879	1889	1896
Kitzingen	10,798	13,086	7,923	1,683	576
Nürnberg	8,601	78,480	186,954	236,708	151,683
Culmbach	3,841	60,626	143,686	379,825	626,086
Hof	1,732	13,086	24,730	67,940	43,914
Erlangen	111	42,903	100,371	112,351	99,347
München	12	28,292	254,450	?	ca. 1100,000

Die Kulmbacher Brauereien beteiligten sich – vor allem vor 1900 – an zahlreichen Ausstellungen und errangen dabei viele Preise und Auszeichnungen. Erhalten ist diese Urkunde von 1905 für die Erste Kulmbacher Actienbrauerei

Diese Zahlen illustriren deutlich die Entwicklung des Bier-Exportes in den dafür vornehmlich in Betracht kommenden Städten, exportirt das kleine Culmbach mit seinen knapp 8000 Einwohnern heute doch mehr als die Hälfte wie München.

Die kleine Aufstellung zeigt weiterhin, dass zunächst auch andere fränkische Städte Bier in größeren Mengen exportierten. Auch hatte Kulmbach nicht von Anfang an seine später so dominierende Stellung inne: Nürnberg beispielsweise exportierte 1879 noch deutlich mehr Bier als Kulmbach; 1896 allerdings verkaufte Kulmbach mehr als das Vierfache der Nürnberger. Ebenfalls gute Exportzahlen, wenn auch nicht in der Höhe der beiden genannten Städte, erzielte Erlangen. Die größte Überraschung aber dürfte sein, dass München erst verhältnismäßig spät mit seinem Bierexport begann: Im Jahre 1843 nicht nennenswert, 1869 nur knapp halb so viel wie Kulmbach!

Einen weiteren, deutlichen Hinweis auf die Exportorientiertheit der Kulmbacher Brauereien gibt OTTO SANDLER, der für den folgenden Zeitraum, nämlich für die Jahre 1901 bis 1913, den Malzverbrauch und Bierexport von Kulmbach dem von Bayern gegenüberstellte. Danach betrug der Kulmbacher Malzverbrauch rund 4% des bayerischen Gesamtmalzverbrauches, dagegen machte aber die Bierausfuhr durchschnittlich 20% des bayerischen Gesamtexports aus. Diese Zahlen geben zum einen schon einen Anhaltspunkt für den Umfang der Kulmbacher Brauindustrie, sie zeigen aber auch, dass seinerzeit das erzeugte Bier fast restlos zur Ausfuhr gelangte.

3.2 Die Rolle Sachsens und Michael Taeffner aus Kulmbach

In den drei Jahrzehnten nach 1870 erlebte Kulmbach ein fast explosionsartiges Wachstum seines Bierexportes nach außerbayerischen Ländern. Und besonders wichtig war dabei für unsere Stadt das Königreich Sachsen. Sachsen war für die Kulmbacher Bierbrauereien zunächst einmal das wichtigste Absatzgebiet, dann Kapitalgeber für die nun einsetzende Industrialisierung des Brauprozesses und schließlich auch – mit der Kohle – Energielieferant.

3.2.1 Sachsen und seine Brauwirtschaft

Das Königreich Sachsen war im 19. Jahrhundert ein sehr reiches Land, wirtschaftlich erfolgreich und führend. Das galt auch für die Brauwirtschaft[2]: So wurden bereits in den Jahren 1836/37 im Dresdner Raum vier Aktiengesellschaften gegründet – die ersten in Deutschland überhaupt. Und etwa 20 Jahre später – ab Mitte der 50er Jahre – wurde hier erneut eine Reihe von Großbrauereien in der Rechtsform der Aktiengesellschaft ins Leben gerufen.

HOLGER STARKE skizziert die nach der Mitte der 1850er Jahre in Sachsen – und damit später auch bei uns in Kulmbach – einsetzende Industrialisierung mit vier Aussagen:
1. Die nun erforderliche großzügige Anlage des Brauereibetriebes konnte nur durch zusätzliches Eigen- bzw. Fremdkapital finanziert werden.
2. Der Maschineneinsatz in den Großbrauereien wurde allgemein üblich, die Kohlefeuerung begann sich durchzusetzen.
3. Erstmals fanden wissenschaftliche Erkenntnisse Eingang in die Brauereien und führten dazu, dass der bisher auf Erfahrungswerten beruhende Brauprozess erklärbar und beherrschbar wurde.

3.2 Die Rolle Sachsens und Michael Taeffner

4. Der Braumeister verlor allmählich seine privilegierte Stellung im Betrieb, die an das kaufmännische Personal überging.

Sachsen war somit unserer Region unternehmerisch weit voraus und hatte die entsprechenden Erfahrungen mit großen Brauereien in der Rechtsform der AG schon lange gemacht. Gleichzeitig ist aber festzuhalten, dass diese ersten Aktienbrauereien in ihrer technischen Ausstattung vollständig bayerischen Vorbildern folgten, selbst das Personal kam aus Bayern. Und so ist anzunehmen, dass – bei der Gründung der Ersten Culmbacher Actien-Exportbier-Brauerei – die Entscheidung für Kulmbach und für Michael Taeffner kein Zufall war, sondern dass die Kapitalgeber aus Dresden ihn ganz bewusst ausgesucht hatten.

Betriebswirtschaftlich war der entscheidende Vorteil dieser „neuen" Rechtsform der AG, dass nun deutlich mehr Kapital für das einzelne Unternehmen aufgebracht werden konnte. Damit waren auch entsprechende Investitionen in den einzelnen Braubetrieben möglich. Die bis dahin in Kulmbach vorhandenen Familienbetriebe waren durch ihre begrenzten finanziellen Möglichkeiten natürlich auch bei Investitionen und somit in ihrem Wachstum entsprechend eingeschränkt.

Doch warum wurde gerade Michael Taeffner von den Kapitalgebern ausgewählt?

3.2.2 Michael Taeffner – sein Werdegang bis 1872[3]

Johann Friedrich Michael Taeffner wurde am 12. März 1834 in Kulmbach geboren. Seine Eltern waren der *Bürger und Metzgermeister* Johann Friedrich Julius Taeffner und dessen Ehefrau Margaretha Catharina, geb. Rußler.

Ab dem Schuljahr 1848/49 besuchte Michael Taeffner das damals vierklassige Gymnasium Christian-Ernestinum in Bayreuth, um dort das Abitur bzw. die Berechtigung zum Besuch einer Universität zu erlangen. Am Bayreuther Gymnasium fiel Taeffner als ausgesprochen guter Schüler auf; zweimal erhielt er einen Preis als Klassenbester.

Mit dem Wintersemester 1852/53 begann Taeffner sein Studium der Rechtswissenschaften in Erlangen. Dort trat er in die Burschenschaft der Bubenreuther ein.

Über Dauer und Art der anschließenden Tätigkeit Taeffners war nichts zu erfahren. Anzunehmen ist, dass er seine juristische Ausbildung fortgesetzt bzw. abschlossen hatte und nach Kulmbach zurückgekehrt war. Erst mit dem Jahr 1863 wird er wieder „aktenkundig erfasst":

Am 28. April 1863 heiratete Michael Taeffner – 29 Jahre alt und nun als *geprüfter Rechtspraktikant und derzeitiger Advokaten-Concipient in Kulmbach* bezeichnet – die Witwe Anna Christiana Barbara Hofmann. Christiana Hofmann brachte das von ihrem verstorbenen Mann betriebene kleine Braugeschäft mit in die Ehe. Im Übrigen war sie die Tochter des Büttners Johann Lorenz Sandler, eines Pioniers der Kulmbacher Brauwirtschaft und des Bierexports in den vorausgegangenen Jahrzehnten. Mit dieser Eheschließung erwarb Taeffner die Berechtigung zum Brauen.

Dieses Jahr 1863 brachte Taeffner – neben seiner Eheschließung – auch den vollen Einstieg in das politische und wirtschaftliche Leben seiner Heimatstadt Kulmbach: Am 17. Juli erwarb er das Bürgerrecht, am 16. September wurde er zum Gemeindebevollmächtigten gewählt und bereits im Oktober zum Vorstand dieses Gremiums berufen. Zudem wurde Taeffner im gleichen Jahr noch Vorstand bzw. Sprecher der brauenden Bürger.

Diese brauberechtigten Bürger verfügten – im Gegensatz zu den konzessionierten Bierbrauern – über keine eigenen Brauhäuser, sie waren stattdessen auf das städtische Kommunbrauhaus angewiesen. Seit 1861 hatten sie sich – bis dahin ohne Erfolg – um ein zweites Kommunbrauhaus bemüht.

1869 erwarben Michael Taeffner und acht weitere brauende Bürger das in der Zwischenzeit gebaute Kommunbrauhaus II von der Stadt. In diesem Jahr rangierte Taeffner mit 4.178 Eimer bzw. knapp 2.700 hl Bier noch auf Platz 11 unter den Kulmbacher Brauern. Aber bereits im Jahr 1870 reichte die angekaufte Braustätte nicht mehr aus, um den gesamten Bierbedarf der Gesellschafter zu decken, so dass andere Brauhäuser aushelfen mussten.

3.3 Die entstehenden Großbrauereien im einzelnen

3.3.1 Erste Culmbacher Actien-Exportbier-Brauerei

Die Erste Culmbacher Actien-Exportbier-Brauerei wurde 1872 als erste Kulmbacher Brauerei in der Rechtsform der Aktiengesellschaft gegründet. Diese Brauerei hatte nun in den folgenden Jahrzehnten die Spitzenstellung in Kulmbach inne und diente als Industriebetrieb den anderen Brauereien am Ort als Vorbild. Der Bericht zum 25jährigen Bestehen der Ersten Actienbrauerei[4] von 1897 gibt interessante Einzelheiten über die Gründung der Brauerei im Jahre 1872 und über das Braugewerbe in Kulmbach allgemein wieder:

Die Erste Culmbacher Actien-Exportbier-Brauerei wurde am 2. November 1872 mit einem Actiencapitale von 1.230.000 Mark gegründet und entstand aus dem Exportbrauerei-Geschäft des Herrn Michael Taeffner (vorm. Ch. Hofmann) und dem ehemaligen zweiten Commun-Brauhause in der Sutte, in welchem Herr M. Taeffner und einige andere Brauer in den vorhergegangenen Jahren ihr Product hergestellt hatten.

Damals versandten die sämmtlichen Brauereien Culmbachs ungefähr jährlich 70.000 Hectoliter Bier, an welchem Quantum die Erste Actien-Gesellschaft mit 17.754 Hectolitern oder ca. 25 Procent betheiligt war.

Es wurden, wie der Geschäfts-Bericht lautet, in der elf-monatlichen Sud-Campagne ca. 30.000 Eimer Bier gebraut, eine Quantität, die vielleicht mehr in's Gewicht fällt, wenn wir hier erwähnen, dass dieselbe nur mit den von Anfang an vorhandenen einfachen Betriebsmitteln (Handbetrieb) beschafft wurde und dass andererseits es damals in Culmbach zu den grössten Seltenheiten gehörte, wenn daselbst in einer Exportbrauerei bis 10.000 Eimer producirt wurden.

10.000 Eimer bedeuten etwa 7.000 hl Bier. Die Brauereien in Kulmbach arbeiteten also mit noch sehr bescheidenen Mitteln. In einem Bericht des Kulmbacher Tagblattes vom 14. November 1872 wurden die Brauverhältnisse als *kleinlich* bezeichnet, und in einer Information des Gründungskonsortiums hieß es: *Als bekannt darf voraus gesetzt werden, ... daß im Durchschnitt die Produktionsfähigkeit der sämtlichen nur kleinen Brauereien mit den enormen täglich steigenden Lieferungsanforderungen, welche sich allein für Dresden auf ca. 120.000 Eimer jährlich beziffern, auch nicht annähernd Schritt zu halten im Stande ist.*

Die Verkaufsmöglichkeiten für die Kulmbacher Brauer waren also bestens, sie wurden nur nicht genutzt. Das Gründungskonsortium wollte mit der neuen Brauerei *den allseits gerügten Übelständen*

3.3 Die entstehenden Großbrauereien – Erste Actien

der Culmbacher Brauverhältnisse die längst gewünschte Abhilfe schaffen. Zwei der fünf Gründer bezeichneten sich selbst als zu den größten Geschäftskunden der Vorgänger-Brauerei gehörig. Die Initiative zur Gründung der ersten Kulmbacher Großbrauerei ging also von den Abnehmern aus, nicht von den Produzenten!

Die Gründungsmitglieder waren:

Karl Rosenkrantz,	Bürgermeister in Kulmbach,
Theodor Fiebiger,	Eigentümer des Restaurants Große Brüdergasse 13 in Dresden,
Richard Baumann,	Eigentümer des Hotel de France in Dresden,
Alwin Türpe,	Kaufmann und Fabrikant in Dresden, und
Edmund Schanz,	Rechtsanwalt in Dresden.

Betrachtet man die Umstände der Gründung näher, so fallen einige Tatbestände auf:
1. Bürgermeister Karl Rosenkrantz war der einzige Kulmbacher im Konsortium; die vier anderen Mitglieder kamen alle aus Dresden. Auch wenn man annehmen darf, dass der designierte Vorstand der neuen Brauerei, Michael Taeffner aus Kulmbach, maßgebend an der Vorbereitung beteiligt war, so überrascht doch das Engagement aus Dresden.
2. Sitz der Gesellschaft war Dresden. *Dieselbe hat in Kulmbach eine Zweigniederlassung.* Überraschend, wenn man bedenkt, dass sich die neue Brauerei ausdrücklich als *Culmbacher* Brauerei bezeichnete.
3. Die jährliche Versammlung der Aktionäre fand in Dresden statt, die Aktien wurden auch an der Börse in Dresden notiert.

Wenn auch nichts Genaues über die Aufbringung des erforderlichen Aktienkapitals bekannt ist, so kann man dennoch annehmen, dass wesentliches Kapital aus Sachsen bei der Brauereigründung eingesetzt wurde. Dies unterstreicht erneut die Bedeutung, die Sachsen – als Abnehmer und als Finanzier – für die Kulmbacher Brauindustrie hatte. Übrigens versprachen sich die Konsortiumsmitglieder eine Rendite von 15% jährlich.

Bei der Gründung der Brauerei am 2. November 1872 belief sich das Aktienkapital zunächst auf 410.000 Taler, es wurde dann auf 1.230.000 Mark umgestellt.

Als Vorstand der neuen Aktienbrauerei wurde Michael Taeffner aus Kulmbach berufen. Der Aufsichtsrat zählte in den kommenden Jahrzehnten überwiegend Mitglieder aus Dresden gegenüber meist nur zwei Herren aus Kulmbach.

Die neue Brauerei übernahm das bisherige Braugeschäft von Michael Taeffner sowie das ehemalige Kommunbrauhaus aus dem Besitz von Taeffner und Genossen *mit einer augenblicklichen für Culmbach überaus hohen Produktionsfähigkeit von 25.000 Eimer sammt erforderlichen Fasstagen, Kellereien mit Eishaus und sonst vorhandenen Utensilien und Inventarien einschliesslich aller in*

Eintrag im Firmen- bzw. Gesellschaftsregister beim Amtsgericht Bayreuth vom 2. Dezember 1877

der Bonität garantierten Außenstände, vorhandene Vorräte an Malz, Hopfen, fertigen Bieren und einer doppelten Wasserleitung, zugehöriger Oekonomie und Kundschaft sowie die zum Betrieb bis zu 65.000 Eimer erforderlichen angrenzenden Anwesen um den angemessenen Preis von 189.700 Thaler.

Gleichzeitig wurden noch in Dresden die Müller'schen Eiskellereien samt Wohngebäude, Garten und zusätzliche Grundstücke für 50.300 Taler erworben. Aufgabe von Taeffner war es nun, aus dem bestehenden eine neue, leistungsfähige Brauerei zu errichten. Einzelne Stationen dieses Ausbaus seien nun anhand von Zitaten aus der Jubiläumsschrift von 1897 und aus dem ersten Geschäftsbericht kurz wiedergegeben; zunächst einmal die Ausgangslage:

Das ursprüngliche alte Brauhaus hatte nur zwei einfache Sudwerke. Jedoch schon bald entsprachen dieselben nicht mehr den an sie gestellten Anforderungen. Man ersetzte sie durch zwei moderne Doppel-Sudwerke, ein Umbau, der sich längere Zeit hinzog und das Unangenehme mit sich brachte, dass man die steigende Production im eigenen Hause nicht mehr bewältigen konnte, vielmehr gezwungen war, periodisch anderwärts zu brauen, so z.B. während einer Zeit gleichzeitig bei den Herren Christenn, C. Petz und Pertsch.

Für das erste Geschäftsjahr 1872/73 berichtet der Aufsichtsrat im Oktober 1873 vom guten Fortgang bei den Neubauten: *Fertig davon sind bereits das gross angelegte Gähr- und Kühlhaus, die daran gebauten Wohnungen für Bedienstete, die Schlaf- und Speisesäle für die Burschen, das Kessel- und Maschinenhaus. In Kürze gehen der vollständigen Beendigung entgegen, die Einrichtung des einen neuen grossen Sudwerkes, die Dampfösse etc. Ebenso wird nächstens mit Aufstellung der Dampfmaschine, der Transmissionen, sowie der übrigen Maschinen und Geräthe vorgegangen werden.*

Mit Ausnahme des Dampfkessels sind bereits sämmtliche Maschinen und Geräthe von der in der Brautechnik rühmlichst bekannten Maschinenfabrik Germania in Chemnitz an Ort und Stelle geliefert, so dass deren Montirungen in fortschreitender Weise begonnen werden können.

Die praktische und gediegene Anlage unserer Neubauten und Einrichtungen wird namentlich auch hinsichtlich ihrer baulichen Ausführung und der dazu kommenden nach den neuesten Erfahrungen als die besten und praktischsten im Braufache bekannten Maschinen zu den rationellsten der Jetztzeit gehören.

Nach Beendung dieser Einrichtungen, deren Fertigstellung eine Vergrösserung des Actien-Capitals nicht beanspruchen wird, wird es möglich, die Productionsfähigkeit auf 500–750 Eimer per Tag zu steigern.

Für dieses Ergebnis hoffen wir aber um so mehr auf genügenden Absatz, als es uns jetzt bereits unmöglich ist, die allseits einlaufenden Bestellungen nur annähernd zu effectuiren. Die Kundschaft in Deutschland und den Reichsländern mehrt sich von Tag zu Tag, außerdem sind uns nach Amerika und Indien grosse Absatzgebiete eröffnet.

Die kommenden Jahre brachten eine weitere Modernisierung der bestehenden Brauerei. Im Jahr 1875 wurden die Felsenkeller im Burgberg – ursprünglich ein wesentlicher Faktor für die Qualität des Kulmbacher Bieres – von der Brauerei aufgegeben: *Das Jahr 1875 brachte die Offenlassung der seiner Zeit so berühmten Felsenkeller im Festungsberge. Der technische Fortschritt der neueren Zeit hatte ihnen nach langer, vorzüglicher Dienstesleistung ein rasches Ende bereitet! Ehemals ausschliesslich benützt, halfen sie den Ruf Culmbachs begründen, heute sind sie vergessen, nichts stört die Einsamkeit ihrer weiten Hallen.*

3.3 Die entstehenden Großbrauereien – Erste Actien

Das Brauhaus Taeffner im Jahre 1872 (mit den „Würzweibern")

Hier sei ihrer in dankbarer Erinnerung gedacht! Umfangreiche oberirdische Lagerkeller mit isolirten Doppelwänden und angebauten Eishäusern traten an ihre Stelle.

Die Jahre 1875 bis 1877 brachten gewisse Schwierigkeiten mit sich, die Zeitverhältnisse werden als wirtschaftlich ungünstig bezeichnet. So verursachte eine *abnorme Wärme* im Jahr 1875 Verluste, und eine totale Missernte führte im nächsten Jahr zu außergewöhnlich hohen Hopfenpreisen. Allerdings konnte dies schon 1877 durch eine gute und ergiebige Gerstenernte ausgeglichen werden. Seit dieser Zeit zeigte die Brauerei wieder ein beständiges Wachstum, auf Ausstellungen in nah und fern wurden Auszeichnungen gewonnen, und die Verantwortlichen befassten sich mit dem Gedanken der Ausweitung der Brauerei. Kleine, der Brauerei anliegende Grundstücke wurden erworben. Als wesentliche Investition erscheint 1884 eine Kältemaschine; vorher hatte man Natureis verwendet:

Die theure Herbeischaffung auswärtigen Eises hatte nämlich die Aufstellung der längst geplanten Kälteerzeugungs- und Eismaschinen in die Wege geleitet, die Umwandlung der überflüssig gewordenen alten umfangreichen Eiskammern in practische Lagerkeller veranlasst und durch den Zuwachs dieser Räume die Lösung obiger Frage raschestens bewirkt.

Die Anlage, nach dem System Linde, von der Maschinenfabrik Augsburg erbaut, hatte einen Aufwand von 240.000 Mark erfordert, äusserte jedoch schon im darauffolgenden heissen Sommer ihre volle, angenehme Wirkung und bewährte sich auch in der Folge in jeder Richtung. Die erzielten Vortheile in Bezug auf das Gährverfahren und die Lagerung der Biere waren in die Augen springend.

Gegen Ende des Jahrhunderts erwiesen sich die bestehenden Räumlichkeiten als zu eng, und die Brauerei errichtete zusätzliche Anlagen auf einem Grundstück in der Kronacher Straße, direkt hinter den Bahngleisen:

So war die Brauerei im Laufe der Jahre zu einer der bedeutendsten Grossbrauereien unseres bayerischen Heimathlandes – nur in München bestehen einige grössere – herangewachsen, und es war nur zu bewundern, wie der hervorragende Export auf einem so kleinen Terrain bewältigt werden konnte. Man hatte hierin im Laufe der letzten Jahre die Grenze des Möglichen erreicht.

Die verschiedenartigsten Erwägungen bezüglich Beseitigung der bestehenden Friktionen wurden gepflogen, bis endlich 1895 die durchgreifende Entlastung des Mutter-Anwesens durch die Hinaus-

← *Das Wachstum der Ersten Kulmbacher Actien-Exportbier-Brauerei in den Jahren von 1872 bis 1885 (heute Zentralparkplatz)*

Gesamtansicht: Der obere Teil des Bildes zeigt die Brauerei – um 1896 – in der Innenstadt, der untere Teil zeigt Mälzerei und Pichanlagen hinter dem Bahnhof in der Mittelau. Im Kreis das Wohnhaus von Michael Taeffner, im Kressenstein. Hier war auch das Büro untergebracht. →

3.3 Die entstehenden Großbrauereien – Erste Actien

ERSTE CULMBACHER ACTIEN-EXPORTBIER-BRAUEREI

CULMBACH i/B.

verlegung der Büttnerei und Picherei auf ein früher erworbenes Grundstück an der Kronacher Strasse in erwünschter Weise herbeigeführt wurde. Diese in ihrer Art zur Zeit grösste Anlage Bayerns geniesst den Vorzug einer directen Geleise-Verbindung mit dem anliegenden staatlichen Güterbahnhofe und hat eine ungemein angenehme Vereinfachung im Güterverkehre der abgehenden wie ankommenden Ladungen bewirkt.

Gleichzeitig errichtete man auf dem Gelände eine eigene große Mälzerei und verwirklichte damit ein Vorhaben, an das man bereits 1875/76 gedacht hatte. Nach Plänen der Maschinenfabrik „Germania" in Chemnitz erbaute Baumeister Levermann eine Mälzerei mit einer Leistungsfähigkeit von ca. 120.000 Zentner Malz im Jahr.

Die Entwicklung der Ersten Culmbacher Actien-Exportbier-Brauerei war bis 1900 beeindruckend. Im ersten Sudjahr 1872/73 wurden 30.000 Eimer bzw. 17.754 hl Bier gebraut, 1884 überstieg die Jahresproduktion 100.000 hl und im Sudjahr 1899/1900 wurden gar 209.337 hl exportiert! Damit war diese Brauerei eindeutig der Spitzenreiter gegenüber den anderen Kulmbacher Brauereien. In den 1880er Jahren erreichte die zweitgrößte Brauerei am Ort nicht ganz die Hälfte des Ausstoßes der Ersten Culmbacher, Ende der 1890er waren es dann immerhin etwa 60%. Der entscheidende Vorteil der Ersten Culmbacher war sicherlich die Rechtsform der Aktiengesellschaft, konnten doch damit wesentlich höhere Kapitalien aufgebracht werden als bei den anderen, noch als Einzelunternehmung geführten Brauereien am Ort, bei denen es auf die Finanzkraft der einzelnen Familien ankam. Durch die erhöhte Kapitalkraft konnte die Erste Culmbacher Actienbrauerei auch entsprechend investieren und so – von der technischen Ausstattung aus betrachtet – ebenfalls die Spitzenstellung behaupten. Ein weiterer Grund für das Wachstum der Brauerei mag zu dem daran liegen, dass ein Teil der Aktionäre auch Kunden waren: Persönliches Interesse und Interesse der Aktiengesellschaft liefen hier parallel. Schließlich muss man aber auch die unternehmerischen Fähigkeiten und Leistungen der Direktion, an ihrer Spitze Kommerzienrat Michael Taeffner, als entscheidend für das Gedeihen des Betriebs sehen.

1896 fand in Nürnberg die 2. Bayerische Landesausstellung statt. An dieser Ausstellung beteiligten sich auch die namhaften Kulmbacher Brauereien. Anhand des Prospektes erhalten wir einen guten Überblick über den Stand der einzelnen Betriebe kurz vor der Jahrhundertwende. Über die Erste Kulmbacher Actien-Exportbier-Brauerei erfahren wir folgende zusätzliche Einzelheiten:

Heute besitzt die Brauerei nach grossartigen Um- und Neubauten in den letzten Jahren 3 Sudwerke, welche eine tägliche Produktion von 800 Hektoliter ermöglichen, eigene Mälzerei, Lager- und Gährkeller für 45.000 Hektoliter Bier, zwei grösste Eiskühlmaschinen nach System Linde, sowie alle sonstigen verhältnismässigen Anlagen zu einer Produktion bis zu 250.000 Hektoliter; ausserdem steht der Brauerei noch grosses und wertvolles Areal zur Verfügung, von dem ein Teil gegenwärtig mit neuen Pich- und Waschhallen, Fasslagern und Eiskellern und einer neuen grossen Mälzerei (Produktionsfähigkeit 100.000 Centner Malz) bebaut, sowie durch Schienenstrang mit dem Güterbahnhof in Kulmbach verbunden ist. Das Etablissement beschäftigt durchschnittlich 210 Arbeiter, welche Löhne von 50 bis 150 Mark monatlich beziehen. Der

Die Erste Kulmbacher Actien-Exportbier-Brauerei am heutigen Zentralparkplatz, nach einem Gemälde um 1900

3.3 Die entstehenden Großbrauereien – Erste Actien

Gesamtarbeitslohn beträgt jährlich ca. 240.000 Mark, wozu noch circa 12.000 Mark Weihnachtsgeschenke kommen. Das Personal erhält über 7.000 Hektoliter Freibier. Die Brauerei arbeitet mit 6 Dampfmaschinen (ca. 400 Pferdekräften) und hat genügend Bier in Pflege, wodurch ihrer Kundschaft ununterbrochen ein gut und ohne jede Ueberstürzung ausgereiftes Bier, auch bei der gesteigertsten Anforderung im Quantum, garantiert wird.

Sämtliche technische Einrichtungen stehen auf der höchsten Stufe, welche Erfahrung und Wissenschaft bis in die neueste Zeit errungen haben. Die Erste Kulmbacher Actien-Exportbier-Brauerei braut folgende Biere: Ia. dunkles kräftigstes Exportbier, ff. helles Salon-Tafelbier (Specialität Bayerns), ff. Versandt-Bier „Monopol" (mitteldunkel), ff. St.Petri-Bräu (dunkel, leichterer Art).

Der Prospekt der 2. Bayerischen Landesausstellung in Nürnberg von 1896 ist für uns sehr wichtig, stellt er doch die einzige umfangreiche Darstellung der Kulmbacher Brauereien vor 1900 dar. Der Bericht der Ersten Kulmbacher-Actien-Brauerei zum 25jährigen Bestehen 1897 ist zwar sehr ausführlich und informativ, er bezieht sich aber im Wesentlichen auf die eine Brauerei. Bei den anderen Großbetrieben ist zu beachten, dass sie erst etliche Jahre später die Rechtsform der Aktiengesellschaft wählten und so viel später jährlich Geschäftsberichte für die interessierte Öffentlichkeit drucken mussten. Diese Geschäftsberichte sind aber teilweise heute nicht mehr auffindbar, zum anderen geben sie nicht die Informationen wie ein Bericht zum Betriebsjubiläum – seien es nun 25, 50 oder mehr Jahre. Nach 1900 aber verhielten sich die Brauereien in ihrer Informationspolitik im Wesentlichen „zugeknöpft", die Jubiläen fallen dann in schlechte wirtschaftliche Zeiten – Kriegs- und Nachkriegsjahre, Inflation und Massenarbeitslosigkeit –, in denen die einzelnen Betriebe infolge schlechter Geschäfte in ihren Darstellungen lieber Werbung trieben, als echte Informationen über ihre Situation zu geben.

3.3.2 J. W. Reichel – Reichelbräu AG

Das Brauhaus in der Sutte

An die Errichtung eines eigenen Brauhauses zusammen mit Teilhabern dachte der Kaufmann Wolfgang Reichel etwa um 1856 bzw. 1857; jedenfalls ist ein entsprechendes Baugesuch so zu datieren. Nachdem aber W. Reichel am 30. Juli 1857 starb, betrieb seine Witwe, Margaretha Reichel, zusammen mit Konrad Scheiding und J. M. Hübner den Bau des Brauhauses in der Sutte, das 1858 fertig gestellt wurde. Gebraut und verkauft wurde aber – wie wohl seinerzeit in Kulmbach in allen Fällen – von den einzelnen Teilhabern auf eigene Rechnung. Ein gemeinsames Braugeschäft bestand hier also nicht.

1863 wurden von den Kulmbacher Brauern 90.516 Eimer Bier ausgeführt; daran waren beteiligt: Scheiding mit 5.151, Frau Reichel mit 4.761 und Hübner mit 3.923 Eimer. In der Gesamt-Reihenfolge lagen Scheiding an fünfter, Frau Reichel an sechster und Hübner an neunter Stelle. Die folgenden Jahre brachten für die Beteiligten bedeutsame Veränderungen: 1864 zog sich Konrad Scheiding aus dem Geschäft zurück und übergab seinen Anteil an der Braugenossenschaft seinem Sohn, dem Bierbrauer Fritz Scheiding. Dieser hatte bereits im Jahre 1863 zusammen mit Frau Reichel ein Grundstück *im grünen Wehr* gekauft und darauf ein *Mälzhaus*, eine Mälzerei, erbaut. 1871 beteiligte Frau Reichel ihren Schwiegersohn, den Kaufmann Karl Rizzi, an der Firma J. W. Reichel und wandelte das Einzelunternehmen in eine Offene Handelsgesellschaft

3.3 Die entstehenden Großbrauereien – Reichelbräu

um. Jeder der beiden Gesellschafter war nun selbständig zur Firmenzeichnung und zur Vertretung berechtigt.

Das wichtigste Ereignis war aber zweifellos die Auflösung der Braugenossenschaft. Sie vollzog sich in zwei Schritten: Zunächst schied Fritz Scheiding aus. Laut Kaufvertrag vom 12. November 1872 trat er *den ideellen dritten Antheil an Plan-Nummer 610, 0,04 Dezimalen Waschhaus mit Keller und Holzschlicht* in der Webergasse, und an Plan-Nummer 611, *Brauhaus und Hofraum, Hausnummer 355 dahier*, ferner *die ideelle Hälfte* der Mälzerei am Grünwehr an Frau Reichel ab. Außer einigen Grundstücken verkaufte er an sie auch noch das neben dem von ihm bewohnten Anwesen in der Oberen Stadt gelegene Haus Nr. 224. Der Gesamtkaufpreis belief sich auf 20.000 Gulden. *Als Dreingabe, wofür der Preis in obigem Kaufschilling mitenthalten ist, erhält die Käuferin das gesamte vorhandene Faß- und Brauereigeschirr, Mälzereigeschirr, den Wergel nebst sämmtlichen Schläuchen, Malzsäcke und Hopfenvorräte, dann eine große Kiste Pech.*

1875 musste Bierbrauer Christian Hübner, der seinem 1871 verstorbenen Vater Martin Hübner in der Teilhaberschaft gefolgt war, seinen Anteil verkaufen. Frau Reichel übernahm seine Besitzungen *Pl.-Nr. 610 Wohnhaus Hausnummer 354 dahier in der Sutte mit Keller und Holzlege, ganze Fläche vier Dezimalen, ein Drittel Antheil; Pl.-Nr.*

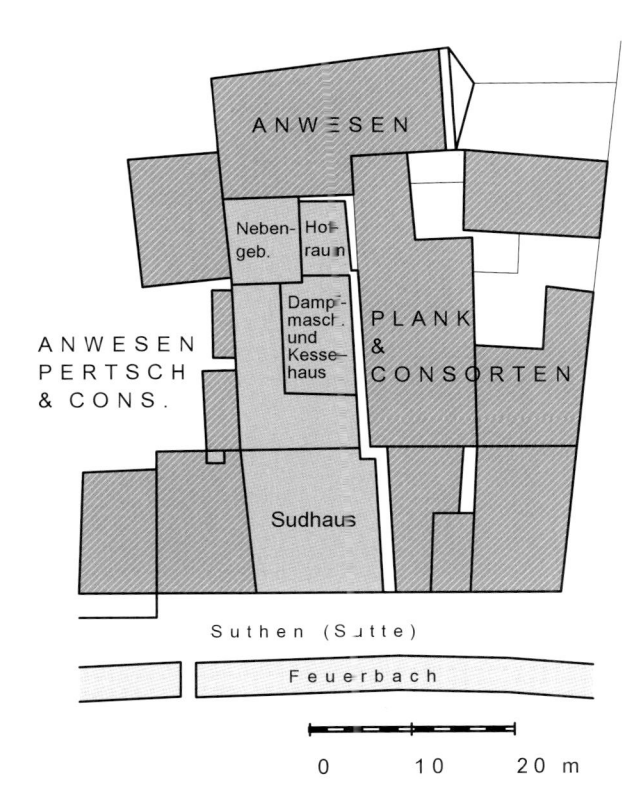

Das Ehepaar Wolfgang und Margaretha Reichel, um 1855

Situationsplan von 1884 des Anwesens der Firma J. W. Reichel in der Sutte

Das alte Brauhaus in der Sutte (im Bild links). Es wurde aber in der Zwischenzeit, wie auch die beiden Häuser rechts davon, abgerissen. An seiner Stelle steht heute die Dr.-Stammberger-Halle. Nur das Gebäude der Gastwirtschaft Hübner (Bildmitte) ist noch erhalten.

611 Brauhaus mit Hofraum daselbst, ganze Fläche fünfzehn Dezimalen, ein Drittel Antheil, deren andere zwei Drittel Frau Margaretha Reichel bereits besitzt, um den Preis von 9.200 Gulden ...

Alle und jegliche Brau-Ein- und Vorrichtungen und zum Brauen gehörige bewegliche Gegenstände, so wurde auch hier bestimmt, *sind unter denselben Bedingungen mitverkauft und ist insbesondere der*

Preis derselben im obigen Kaufschilling mitenthalten.

Durch diese Erwerbungen hatte Frau Reichel nunmehr alle drei Anteile der Braugenossenschaft in ihrer Hand und war somit im alleinigen Besitz der Brauerei in der Sutte. Schließlich schied mit Registerauszug vom 2. Juni 1877 Karl Rizzi nach sechsjähriger Teilhaberschaft aus der Gesellschaft J. W. Reichel aus, um nun ein eigenes Braugeschäft zu betreiben. Alleinige Eigentümerin des Braugeschäftes J.W. Reichel war wieder Margarete Reichel.

Die neue Brauerei in der Lichtenfelser Straße

Bei dem alten *Situationsplan* des Brauhauses in der Sutte fallen sofort die engen räumlichen Verhältnisse auf. Es fehlte an jeglichem Platz für die Erstellung neuer Betriebsgebäude. Zwar hatte man sich durch Um- und Ausbauten am Brauhaus in der Sutte und an den anderen Brauereianlagen – dem Felsenkeller mit Kellerhaus am Festungsberg, dem Kellerhaus mit Gär- und Felsenkeller hinter der Petrikirche und dem früheren Scheiding'schen Felsenkeller in der Oberen Stadt – eine gewisse Zeit zu behelfen vermocht, ein Neubau der Brauerei wurde aber unumgänglich.

Es war Frau Reichel, die rechtzeitig den Anstoß zur Verlegung der Brauerei gab. Ihr gehörte ein ausgedehnter, etwa 7,5 Hektar großer Grundbesitz *auf der Draht außerhalb des Bayreuther Thores* im Gebiet der heutigen Lichtenfelser Straße (einen Teil der Grundstücke hatte sie 1872 von Fritz Scheiding erworben). Auf diesem Gelände konnte 1878 mit der Erschließung und Bebauung begonnen werden. Dabei hatte Frau Reichel eine tatkräftige Hilfe an ihrem Sohn, dem Bierbrauer Karl Reichel. Er soll, wie berichtet wird, die Pläne für die neue Brauereianlage selbst entworfen haben. Der Bau der neuen Brauerei-Anlage erfolgte – schon aus finanziellen Gründen – in mehreren Abschnitten und war bis zur Gründung der Aktiengesellschaft (1895) im Wesentlichen beendet. Die einzelnen Gebäude wurden jeweils dann erstellt, wenn der Platz oder die Kapazität einer Anlage in der Sutte nicht mehr ausreichte. Auf diese Weise verlagerte sich der Brauereibetrieb allmählich zur Lichtenfelser Straße. Der Prospekt der 2. Bayerischen Landesausstellung beschreibt 1896 die neue Brauerei wie folgt:

Die Brauerei, deren vollständiger Betrieb im Jahre 1890 im neuen Etablissement eröffnet wurde, umfaßt zur Zeit eine Grundfläche von ca. 9 Hektar und ist in rationellster Weise den Anforderungen der Neuzeit entsprechend eingerichtet.

Das Sudhaus enthält zwei doppelte Sudwerke und können darin täglich 800 Hektoliter Bier erzeugt werden, was einer Jahresproduktion von ca. 250.000 Hektolitern gleichkommt. Das Malz wird teils in der eigenen Mälzerei hergestellt und teils gekauft. Über dem Sudhaus befinden sich vier Etagen Böden, wovon die drei unteren als Lagerräume für die Rohmaterialien Verwendung finden und die obere Etage als Kühlschiffraum benützt wird.

Die Gähr- und Lagerkeller reichen für eine volle Ausnutzung der Sudwerke aus. Zum Betriebe der Brauerei, sowie zur Herstellung des elektrischen Lichtes dienen zwei Dampfmaschinen zu 120 und 90 Pferdekräften.

Die Kühlung der Gähr- und Lagerkeller geschieht durch zwei grösste Linde'sche Kälteerzeugungsmaschinen und durch Natureis, welches aus einem, unmittelbar an der Brauerei liegenden Eisweiher, dessen Fläche im Sommer als Grasnützung dient, gewonnen wird. Den nötigen Dampf liefern drei Dampfkessel von zusammen 300 Quadratmeter Heizfläche. Der gesamte Wasserbedarf wird aus einem Brunnen, dessen zwei Pumpwerke durch die

Betriebsmaschinen in Bewegung gesetzt werden, entnommen.

Neben dieser Anlage befinden sich auf dem Areal der Brauerei noch grosse Aufschürhallen, Wohnhäuser für Beamte, Comptoirgebäude und Stallungen; dann eine neue grosse Böttcherei, die erst im Jahre 1896 dem Betriebe übergeben wurde. Ferner gehören noch zum Anwesen die vorerwähnte alte Brauerei, grössere Felsenkeller, eine Mälzerei, sowie verschiedene Wohn- und Lagerhäuser.

Die Brauerei ist durch ein eigenes Schienengeleise mit dem Bahnhof Kulmbach verbunden. Der Bierversandt geschieht in 35 eigenen Biertransportwagen direkt vom Lagerkeller aus, ebenso werden die Rohmaterialien direkt in Eisenbahnwaggons den Lagerräumen zugeführt.

Das „Reichelbräu" ist die einzige Brauerei in Bayern, die nur für den Export arbeitet und keine Platzkundschaft besitzt. Ein nicht unbedeutender Teil des Exportes erstreckt sich auf Oesterreich, Frankreich und England.

Es werden folgende Biere erzeugt: Ia schwerstes dunkles Exportbier, ff goldhelles Salonbier und Bier nach Münchener Art ....

Die Brauerei beschäftigt trotz ihres ausgedehnten Betriebes nur 60 Arbeiter, ein Beweis für die vollendete Einrichtung des gesamten Betriebes; an Löhne werden jährlich 55.000 Mark und ca. 6.000 Mark Weihnachtsgeschenke verausgabt. Das Freibier beläuft sich auf 1.500 Hektoliter.

Besonders auffällig erscheint der Hinweis auf die ausschließliche Exporttätigkeit. Man war auf diesen Tatbestand offensichtlich stolz – auch andere Kulmbacher Exportbierbrauereien überließen anscheinend den örtlichen Markt gerne den kleineren Brauereien – und kam dennoch auf gute Ausstoßzahlen. Überraschend gering ist auch der Personalstand von nur 60 Arbeitern bei den hergestellten Mengen. Der Bierabsatz der Brauerei betrug:

1880/81	19.460 hl	1895/96	116.300 hl
1885/86	44.880 hl	1899/1900	137.392 hl
1890/91	79.880 hl		

Die Brauerei konnte also in den beiden letzten Jahrzehnten des 19. Jahrhunderts deutliche Zuwachsraten erzielen. J. W. Reichel bzw. Reichelbräu war damit die zweitgrößte Brauerei am Platze.

Fortbestand und Wachstum der Brauerei waren im wesentlichen Leistung einer Frau, nämlich der Witwe Eva Margaretha Reichel. Sie war am 29. März 1824 in Goldkronach als Tochter des Otto Konrad Pöhlmann, Weißgerbermeister und Magistratsrat, später Rittergutsbesitzer in Goldkronach, und seiner Ehefrau Anna Margaretha, geb. Arzberger, geboren worden. Am 23. Mai 1844 hatte Eva Margaretha Pöhlmann den Kaufmann Johann Wolfgang Reichel aus Kulmbach geheiratet. Anscheinend hatte sie einiges Vermögen mit in die Ehe gebracht.

Nach dem Tode ihres Mannes im Jahre 1857 leitete Frau Reichel fast 30 Jahre lang die Firma; sie starb am 14. Juni 1885 kurz vor Vollendung der neuen Brauerei in der Lichtenfelser Straße. Es überrascht nicht, dass sie bei ihrer Familie und in der Belegschaft über ihren Tod hinaus Verehrung und Anerkennung genoss. Eigenschaften, wie *unermüdlichen Fleiß, praktischen Scharfblick, große Energie und seltene Fachkenntnis*, muss man ihr in Anbetracht ihres Lebenswerkes anerkennen.

Die Umwandlung in eine Aktiengesellschaft

Das enorme Wachstum mit einer Versechsfachung der Ausstoßmenge in 15 Jahren brachte aber gleichzeitig auch einen entsprechend stark ausgeweiteten Kapital- und Kreditbedarf der Firma mit sich: Darlehen und Finanzhilfen für Gastwirte und andere Kunden sowie wesentliche Geldmittel für den sai-

3.3 Die entstehenden Großbrauereien – Reichelbräu

Eva Margaretha Reichel in späteren Jahren

sonbedingten Einkauf von Gerste, Malz, Hopfen und Brennstoffen; schließlich mussten auch die neuen Anlagen bezahlt werden. Der gängigste Weg, neues Kapital der Firma zuzuführen und die Kreditmöglichkeiten ganz allgemein zu erhöhen, war die Umwandlung in eine Aktiengesellschaft. Diesen Weg wählte die Firma im Jahre 1895.

Neben diesen sachlichen Gründen können auch private eine Rolle gespielt haben. Kommerzienrat Karl Reichel hatte am 23. Mai 1885 Elisabeth Feller aus Dresden geheiratet. Anscheinend konnte sich die junge Frau in Kulmbach nur schwer eingewöhnen. Eine Enkelin berichtet: *Da die junge Frau sich in Kulmbach nicht einleben konnte, entschloß sich mein Großvater, die Brauerei in eine AG umzuwandeln und in die Heimat seiner Frau, nach Dresden, zu ziehen, wo meine Großmutter zahlreiche Verwandte hatte.*

Vielleicht spielte bei Karl Reichel auch der Gedanke, sich vorzeitig zur Ruhe zu setzen, eine Rolle. Aber was nun wirklich den Ausschlag gegeben hat, wissen wir nicht.

Die Vorbereitungen fielen in das Jahr 1894. Man nahm Verbindung mit der Berliner Handels-Gesellschaft in Berlin und dem Bankhaus Gebr. Arnhold in Dresden auf. Die Vermittlung hatte der Bankier Gottlieb Bauer in Lichtenfels übernommen. Ihm wurde dafür von Kommerzienrat Reichel eine Vermittlungsgebühr bezahlt, deren Höhe nicht bekannt ist. Am 10. November 1894 erwarben die beiden Geldinstitute sämtliche Mobilien, Vorräte und Außenstände der Reichelbräu. Sie übernahmen ferner deren Passiva zur Berichtigung. Der Wert der Mobilien, Vorräte und Außenstände wurde auf Grund der am 30. Juni 1894 durchgeführten Inventur mit 1.256.901,19 Mark festgestellt.

Zu Beginn des Jahres 1895 war es dann soweit. Am 9. Januar fanden sich vor Justizrat Hoffmann, dem Notar in Kulmbach, als Gründer der neuen Aktiengesellschaft ein:
1. der Bankdirektor Hermann Rosenberg aus Berlin, handelnd
   a) im Namen der Berliner Handels-Gesellschaft KG in Berlin,
   b) in eigenem Namen;
2. der Kaufmann Georg Arnhold aus Dresden, handelnd

a) im Namen des Bankhauses Gebr. Arnhold in Dresden,
b) in eigenem Namen;
3. der Kaufmann Georg Henne aus Dresden;
4. der Kaufmann Gustav Schmidt aus Kulmbach;
5. der Brauereidirektor Friedrich Reinhardt aus Leipzig.

Das Grundkapital der Aktiengesellschaft wurde auf 3.750.000,– Mark festgesetzt. Darauf machten die Berliner Handels-Gesellschaft und das Bankhaus Gebr. Arnhold gemeinsam folgende Einlagen:

1. die von ihnen erworbenen Mobilien, Vorräte und Außenstände im Wert von 1.256.901,19 Mark;
2. den Geschäftsgewinn seit dem 30. Juni 1894. Dieser wurde zwar ohne besonderen Gegenwert eingebracht, doch gewährte die Gesellschaft den Übernehmern und Zeichnern dafür die Aktien mit vom 1. Juli 1894 laufenden Dividendenscheinen. Für den Gegenwert der Einlagen erhielten die beiden Bankhäuser zu gleichen Rechten und Anteilen 1.256 Stück voll gezahlter Aktien zu je 1.000,– Mark.

3.3 Die entstehenden Großbrauereien – Reichelbräu

*Die Reichelbräu von Nordwesten 1893.
Das Äußere der Brauerei sollte sich bis in
die 1960er Jahre nicht wesentlich verändern*

Die neu errichtete Aktiengesellschaft übernahm sodann mit Zustimmung der Gründer und aller ersten Aktionäre durch einen besonderen Vertrag von Kommerzienrat Karl Reichel die Brauerei J. W. Reichel mit ihren Liegenschaften und Maschinen. Der Kaufpreis betrug 1.754.301,– Mark und wurde sofort bar entrichtet. Veranschlagt waren die Liegenschaften mit 1.397.600,– Mark, die Maschinen mit 356.700,– Mark und ein Kalksteinbruch mit 1,– Mark.

Als Aufsichtsrat der neuen Aktiengesellschaft wurden gewählt:
1. Kommerzienrat Karl Reichel, Kulmbach,
   als Vorsitzender,
2. Bankdirektor Hermann Rosenberg, Berlin,
   als stellvertretender Vorsitzender,
3. Kaufmann Georg Arnhold, Dresden,
4. Brauereidirektor Friedrich Reinhardt, Leipzig,
   und
5. Kaufmann Georg Kißling, Breslau.

Kaufmann Gustav Schmidt aus Kulmbach und Bankdirektor Wilhelm Schröder aus Zwickau wurden zum Vorstand bestellt.

Eine Frage bleibt jedoch offen: War die Familie Reichel an „ihrer" Brauerei noch beteiligt oder nicht? Nach der Schilderung über die Umwandlung in eine Aktiengesellschaft übernahm Karl Reichel selbst keine Aktien der neuen Firma. Die wesentlichen Anteile gingen an die beiden Bankhäuser. Wenn, dann hätte Reichel von diesen wieder Anteile erwerben müssen.

Dafür finden wir aber keinen Hinweis. So ist zu vermuten, dass Karl Reichel „Kasse machte", sich

Der Rest von 901,19 Mark wurde von der Gesellschaft bar bezahlt. Von den restlichen 2494 Aktien zeichneten:

die Berliner Handelsgesellschaft	1.200.000,–
die Firma Gebr. Arnhold	1.200.000,–
Hermann Rosenberg	37.000,–
Georg Arnhold	30.000,–
Georg Hennne	1.000,–
Gustav Schmidt	1.000,–
Friedrich Reinhardt	25.000,–

Mit diesem Brief vom 21. April 1892 bedankt sich der ehemalige Kanzler des Deutschen Reiches, Fürst Bismarck, bei der Brauerei Reichel für eine Sendung Kulmbacher Bier

als Privatier nach Dresden zur Ruhe setzte und von den Erträgnissen seines Vermögens lebte. Immerhin wirkte Karl Reichel noch als Vorsitzender des Aufsichtsrates bis zu seinem Tod am 4. Oktober 1926. Seine Witwe, Elisabeth Reichel, folgte ihm im Aufsichtsrat bis zu ihrem Tod am 18. März 1930. Ob aus diesen Ämtern im Aufsichtsrat auf eine kapitalmäßige Beteiligung zu schließen ist, bleibt offen.

3.3.3 Carl Petz – Petzbräu AG

1849 errichtete Heinrich Petz ein Brauhaus in dem zu seinem Wohnhaus gehörenden Hof in der Feuergasse. (Die heute nicht mehr bestehende Gasse verband die Buchbindergasse mit der damaligen Grienleinsgasse – heute Langgasse.) 1857 nahm bereits sein Sohn Carl einige geschäftliche Angelegenheiten wahr. Mit Wirkung vom 9. Dezember 1863

Karl Reichel

3.3 Die entstehenden Großbrauereien – Petzbräu

ließ Carl Petz sein Braugeschäft in das Handelsregister eintragen.

Umzug und Errichtung der neuen Anlagen in der Bayreuther Straße (heute Pestalozzistraße) lassen sich heute nicht mehr exakt datieren. Nachdem aber die Erste Kulmbacher Actien-Brauerei infolge ihres eigenen Ausbaues im Jahre 1873 *die vormals im Besitze des Herrn C. Petz gestandene Mälzerei am Main ... und ein Kellerhaus mit grossen Felsenkellern und Gährräumen, am hiesigen Festungsberge gelegen*, erworben hatte, kann man vielleicht auch dieses Jahr für Carl Petz annehmen. Für einen frühzeitigen Umzug sprechen die sicherlich beengten Verhältnisse in der Feuergasse, die Entfernung zu den dort nicht untergebrachten Betriebsanlagen und auch der Tatbestand, dass in den neuen Gebäuden *bis 1885 ohne maschinellen Betrieb gearbeitet wurde*.

Wann Wilhelm Müller, der Schwiegersohn von Carl Petz, in die Leitung des Unternehmens eintrat, lässt sich heute nicht mehr exakt feststellen; anzunehmen aber ist, dass dieses Datum mit dem der

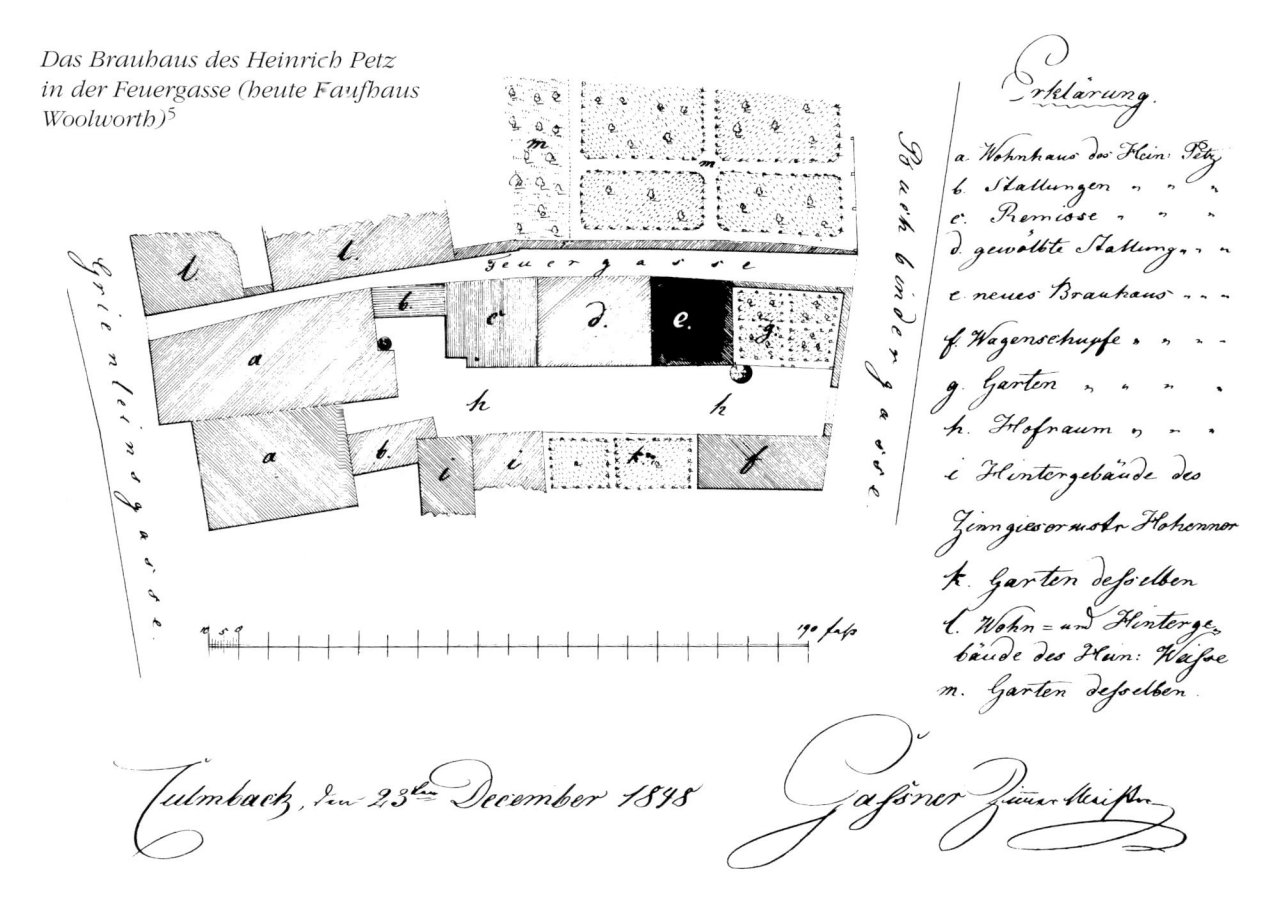

Das Brauhaus des Heinrich Petz in der Feuergasse (heute Kaufhaus Woolworth)[5]

Kommerzienrat Wilhelm Müller und seine Frau Adelhaid, geb. Petz, anlässlich der Hochzeit ihres Sohnes am 6. Januar 1916

Eheschließung mit Adelhaid Petz übereinstimmt. Wilhelm Müller stammte aus Wiesbaden und war in Kulmbach zunächst mit Elisabeth Reichel, einer Tochter der Margaretha Reichel, verheiratet. Dass er damals auch in diesem Braugeschäft mitarbeitete, ist anzunehmen. Nachdem seine Frau im Wochenbett jung verstorben war, verließ Müller Kulmbach und arbeitete bei der Brauerei Germania in Wiesbaden. Adelhaid Petz, die später dort zur Kur weilte, lernte ihn dort kennen. Nach der Eheschließung mit ihr kam Wilhelm Müller erneut nach Kulmbach und brachte in den folgenden Jahren die Petzbräu entscheidend vorwärts.

3.3 Die entstehenden Großbrauereien – Petzbräu

Mit Wirkung vom 25. Februar 1886 wurde das bisherige Braugeschäft des Carl Petz in eine Aktiengesellschaft umgewandelt. Die Firma nannte sich nun *Kulmbacher Exportbierbrauerei vorm. Carl Petz Actiengesellschaft;* erst 1896 wurde der eingängigere Name *Petzbräu Actiengesellschaft* angenommen. Gegenstand des Unternehmens ist *der Fortbetrieb der bisher im Besitz des Carl Petz zu Kulmbach gewesenen, nach Vertrag vom 21. Dezember 1885 aber an seine Tochter Adelhaid Müller, Frau des Bierbrauers Wilhelm Müller, von dort käuflich übergegangenen Bierbrauerei und Mälzerei.*

Als Gründer werden folgende Herren genannt:
1. Wilhelm Müller, Bierbrauer in Kulmbach,
2. Privatier Alwin Angermann in Hof,
3. Banquier Franz Kester in München,
4. Kaufmann Franz Ludwig Bauer in Kulmbach und
5. Kaufmann Gustav Strauß in Hof.

Wilhelm Müller übernahm den Vorstand der neuen Aktiengesellschaft, sein Schwiegervater und die vier restlichen Gründer bildeten den Aufsichtsrat. Überraschend bei der Zusammensetzung ist, dass es eine rein „bayerische Lösung" war, niemand kam – wie sonst üblich – aus Sachsen oder von anderen Abnehmerorten. Der Kaufpreis für die Brauerei betrug 1.150.000,– Mark, das Grundkapital der Aktiengesellschaft belief sich auf 800.000,– Mark. Die Beteiligung der einzelnen Gründer am Aktienbesitz ist nicht bekannt; anzunehmen aber ist ein deutlicher Anteil der Familien Müller und Petz.

Wie die folgenden Zahlen zeigen, erlebte die Brauerei am Ende des letzten Jahrhunderts einen beeindruckenden Aufschwung. Es wurden erzeugt:

1880	8.235 hl
1885	28.886 hl
1890	45.631 hl
1895	78.475 hl
1900	118.891 hl

Markenzeichen der Petzbräu

Auf der 2. Bayerischen Landesausstellung 1896 in Nürnberg stellte sich die Petzbräu so vor:

Unter den grossen Exportbrauereien, die den Namen der Stadt Kulmbach über die Länder und Meere tragen und fern von den blau-weissen Grenzpfählen bekannt und populär machen, erregt das Carl Petz'sche Etablissement in hervorragendem Masse die Aufmerksamkeit der Fachleute und Laien. Schon deshalb, weil es als kleine, dem Lokalbedarf dienende Brauerei ins Leben gerufen wurde und jetzt mit zu den ersten Exportgeschäften des Platzes gehört; nicht minder aber auch wegen des gewaltigen Wachstums ihrer Jahresproduktion in verhältnismässig kurzer Zeit. Dieselbe hat sich in wenig Jahren nahezu verachtfacht.

Diese Wandlung ist umsomehr bemerkenswert, als bis 1885 ohne maschinellen Betrieb gearbeitet wurde. Die maschinellen Anlagen, wie überhaupt die gesamte Einrichtung des Etablissements, sind Erzeugnisse der bayerischen Industrie – ein Umstand, der um so bemerkenswerter ist, als die Gesellschaft denselben ohne Einschränkung das höchste Lob spendet....

Auch die Dampfanlage und die verschiedenen Hilfsmaschinen wurden von dieser Firma (L. A. Riedinger in Augsburg) geliefert; die erstere enthält zwei Dampfmaschinen von 140 Pferdekräften. Die elektrische Beleuchtung des Etablissements, zur Zeit von drei Lichtmaschinen mit zusammen 280 Ampere und Akkumulatorenbetrieb bewirkt, wurde 1886 eingeführt. Zu diesem gewaltigen Maschinenapparat gesellen sich noch die Kräfte von 150 Arbeitern, die die Gesellschaft beschäftigt. Der Arbeitslohn beträgt jährlich ca. 100.000,– Mark.

3.3 Die entstehenden Großbrauereien – Petzbräu

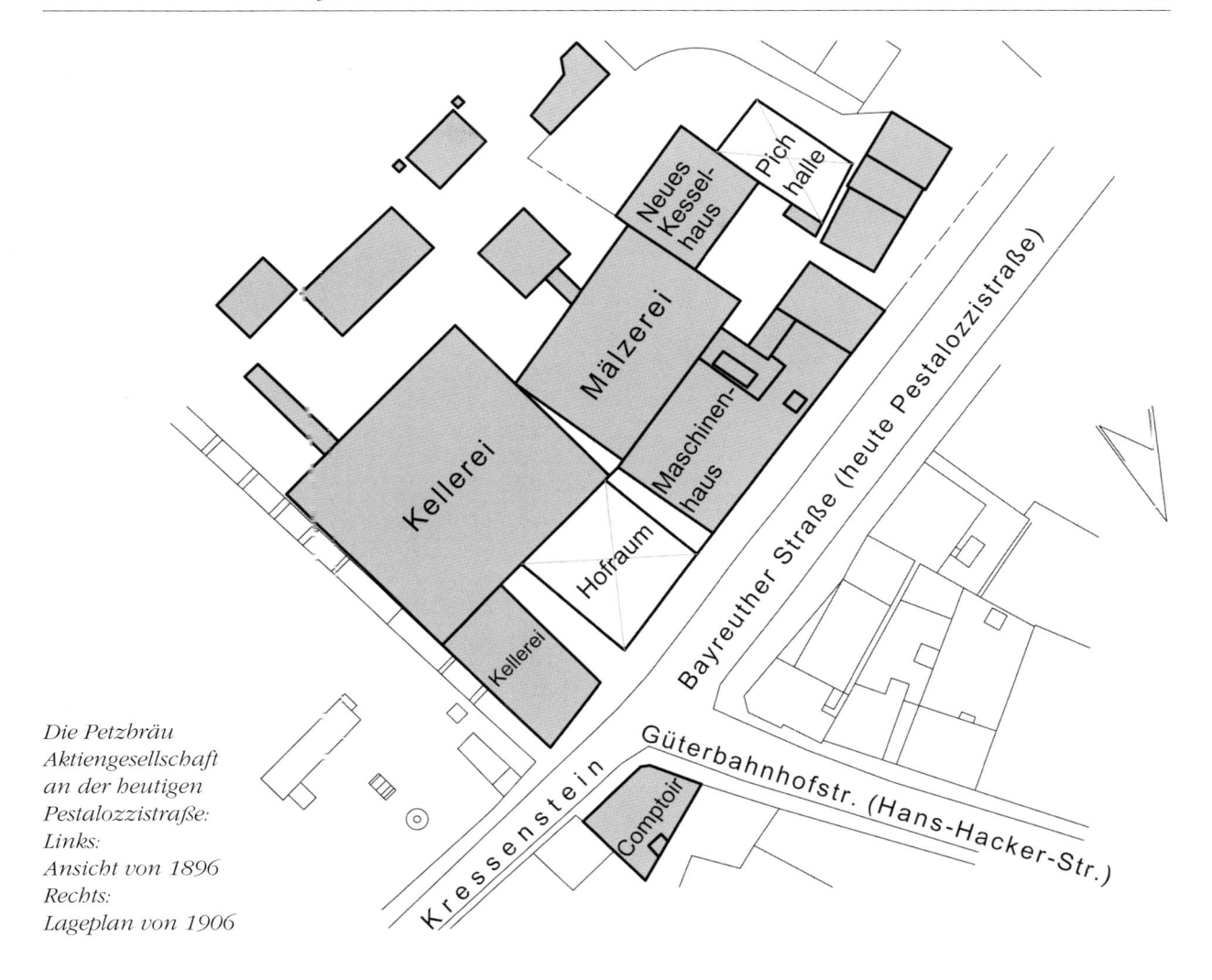

Die Petzbräu Aktiengesellschaft an der heutigen Pestalozzistraße:
Links: Ansicht von 1896
Rechts: Lageplan von 1906

Die Brauerei verwendet teils bayerische, teils böhmische Gerste. Das Malz wird fast ausschliesslich in ihrer eigenen Malzfabrik hergestellt, welch' letztere übrigens noch bis 1885 ebenfalls nur auf Handbetrieb eingerichtet war.

Die Specialität der Firma bildet das dunkle Exportbier schwerster Qualität, aber auch lichtes Bier wird erzeugt; von beiden Qualitäten gelangten im Jahre 1896 ca. 92.000 Hektoliter zum Versandt. Dieses Quantum erschöpft indes noch nicht die

Leistungsfähigkeit des Etablissements, die sich aufs Doppelte, nämlich 170.000 Hektoliter, erhöhen lässt. Der Export erstreckt sich auf ganz Deutschland, teilweise auch auf überseeische Länder. Die Firma hat früher nie Ausstellungen beschickt. Erst in neuerer Zeit beteiligte sie sich daran. 1896 hat die Brauerei an der Ausstellung in Berlin sowie an der bayerischen Landesausstellung in Nürnberg teilgenommen.

Der Betrieb der Petzbräu erscheint hier insgesamt sehr arbeitsintensiv und wenig maschinell ausgestattet. Auch lässt die Bemerkung über die Beschickung von Ausstellungen auf einen gewissen Nachholbedarf schließen.

3.3.4 Georg Sandler

Als einzige der sechs größeren Brauereien in Kulmbach blieb das Braugeschäft der Familie Sandler bis

3.3 Die entstehenden Großbrauereien – Sandlerbräu

1900 ein reines Familienunternehmen. Nachdem Georg Sandler 1870 im Alter von 39 Jahren frühzeitig verstorben war, führte seine Witwe Margaretha Sandler das Unternehmen weiter, zunächst als Einzelunternehmen allein, dann ab 1883 in der Rechtsform der offenen Handelsgesellschaft gemeinsam mit ihren vier Söhnen. Erst 1897 schied Frau Sandler aus der Geschäftsleitung aus.

Margaretha Sandler ist damit neben Margaretha Reichel die zweite Frau in Kulmbach zu jener Zeit, die nach dem Tode ihres Mannes seinen Betrieb fortführte und erst zur vollen Größe brachte. Die Leistungen der Margaretha Sandler sind damit ähnlich hoch einzuschätzen wie die der Frau Reichel.

Zunächst wurde noch im Brauhaus, das Georgs Vater Lorenz Sandler bereits 1850 errichtet und 1861 erweitert hatte, gearbeitet. Mit steigendem Absatz wurden aber für dieses Braugeschäft neue Anlagen zwingend erforderlich. In den Jahren 1881 bis 1886 errichtete die Familie Sandler eine neue Brauerei im Grünwehr. Neben Margaretha Sandler war ab 1883 ihr Sohn Lorenz an der Geschäftsleitung beteiligt. Als Frau Sandler sich 1897 zur Ruhe setzte, trat Sohn Otto an ihre Stelle.

Die hergestellte Biermenge betrug:
1880/81   15.000 hl
1885/86   26.724 hl
1890/91   49.602 hl

← *Das Brauhaus des Lorenz Sandler im Grünwehr*

Das Ehepaar Margaretha und Georg Sandler

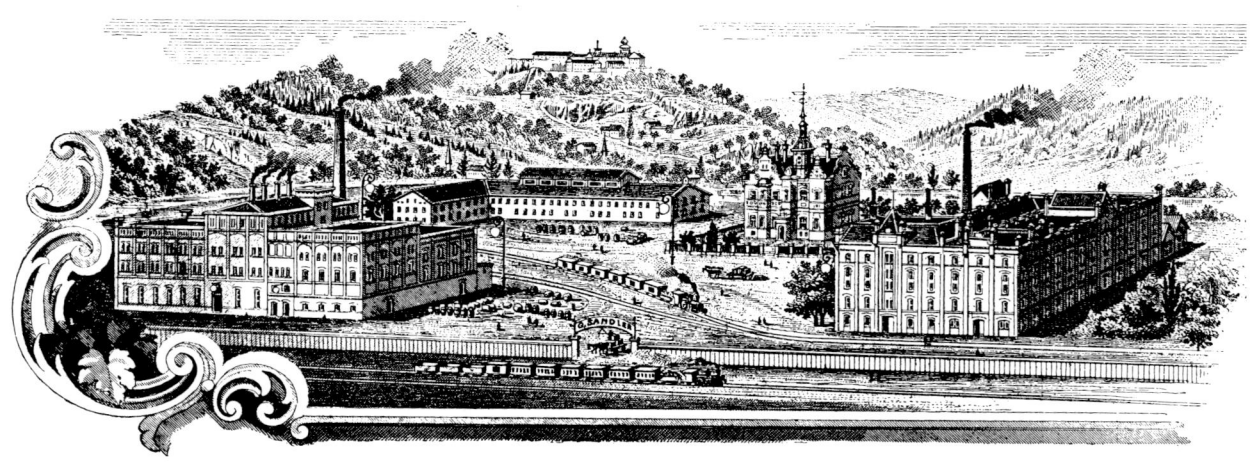

Die Exportbier-Brauerei G. Sandler, um 1896, von Norden gesehen. Alle Brauereigebäude und die Mälzerei sind inzwischen abgerissen. Erhalten ist nur noch die Sandlervilla, Grünwehr 1 – allerdings schon lange ohne Türmchen und sonstigem äußeren Zierrat. Heute befindet sich hier – am Schwedensteg – der Festplatz der Stadt Kulmbach.

1895/96   75.008 hl
1899/1900   80.691 hl

In dem Prospekt der 2. Bayerischen Landesausstellung in Nürnberg wird noch einmal auf die große Brautradition gerade dieser Familie Bezug genommen, um dann anschließend den Betrieb vorzustellen:

Dieses Etablissement ist die älteste exportierende Brauerei Kulmbachs. Bis auf das Jahr 1831 zurück lassen sich die Exportgeschäfte, wenn auch nur in minimalem Massstabe gegen die jetzigen Leistungen, nachweisen.

Dem Gründer dieser Firma, Herrn Lorenz Sandler, seines Zeichens Büttner, gebührt das Verdienst, zu dem jetzt so mächtigen Bier-Export Kulmbachs den Grundstein gelegt zu haben. Er sandte hie und da gratis ein Fass Bier, einen sogenannten Halb-Eimer, an seine Geschäftsfreunde nach Sachsen. Dort wurde der vorzügliche Kulmbacher Stoff richtig gewürdigt und aus diesen kleinen Anfängen entwickelte sich der Bier-Export der Brauerei Sandler.

Später lieferte diese alte Brauerei-Firma ihre Erzeugnisse nach grösseren Städten Deutschlands und wurden dieselben, ehe noch Eisenbahnen existierten, per Achse nach Breslau und anderen schlesischen Städten befördert.

Heute ist das Etablissement mit dem Güterbahnhof Kulmbach durch eine eigene Industriegleisen-Anlage verbunden, 30 eigene Biertransportwagen dienen dem Versandt des Bieres und eine eigene Lokomotive besorgt den Rangierdienst zwischen der Brauerei und der im Jahre 1894 neuerbauten grossen Malzfabrik und befördert die Waggons von und nach dem Güterbahnhofe. Die Brauerei ist mit den neuesten technischen Errungenschaften ihrer Bran-

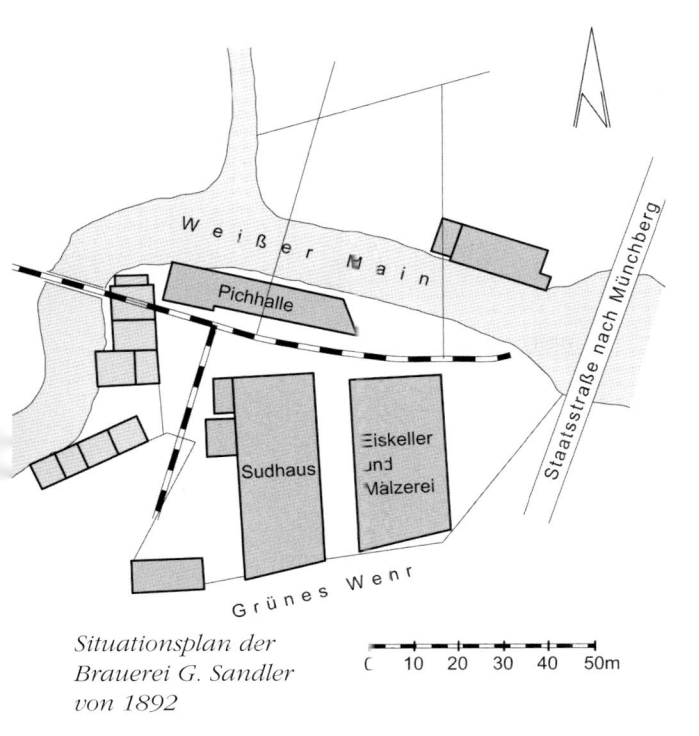

3.3 Die entstehenden Großbrauereien – Sandlerbräu

Situationsplan der Brauerei G. Sandler von 1892

che ausgestattet und besitzt neben den bewährtesten Hilfs-Apparaten und Einrichtungen Eis- und Kühlmaschinen-Anlagen, System Linde ...

Produktion pro 1896 = 85.000 Hektoliter; Produktionsfähigkeit 150.000 Hektoliter. Arbeiterzahl durchschnittlich 100 bis 120 Mann mit 100.000,- Mark jährlichem Arbeitslohn; ca. 2.500 Hektoliter Freibier per Jahr ...

Der Kohlenverbrauch beläuft sich auf jährlich 110.000 Centner, d. i. 550 Waggons à 200 Centner. Dieselben liefern die Feuerung für 2 Malzfabriken, 3 Dampfkessel mit 3 Dampf- und 2 Eismaschinen und 2 doppelte Sudwerke.

Sandler bot seinerzeit nur zwei Biere an: Dunkles Exportbier und helles Exportbier (Kaiserbräu).

3.3.5 Carl Rizzi – Rizzibräu AG

Da die Rizzibräu 1930 in der Reichelbräu aufging und die Gebäude seit etlichen Jahren abgerissen sind, erinnert nur noch wenig an dieses alte Unternehmen. Heute befinden sich auf dem ehemaligen Betriebsgelände in der Kronacher Straße das Autohaus VW-Dippold und das Einkaufszentrum *real*, vorm. *Meisterkauf*. Von den ehemaligen Anlagen steht nur noch eine alte Villa. Deshalb sei nun die ausführliche Beschreibung aus dem Prospekt der 2. Bayerischen Landesausstellung von 1896 fast ungekürzt wiedergegeben:

Die Gründung dieser in der Sutte, am linken Ufer des Maines liegenden Brauerei als Aktiengesellschaft fällt in das Jahr 1886; sie führt jedoch ihr Bestehen bis zum Jahre 1848 zurück und bestand damals in einem sogenannten Gesellschafts-Brauhause, in welchem vier Besitzer das Braurecht ausübten. Einer derselben war R. Riedel, der Vorgänger des Herrn Eduard Barth.

Im Jahre 1871 kaufte von dem Letzteren Herr Carl Rizzi einen Anteil an diesem Brauhause und führte das Geschäft unter der Firma E. Barth Nachf. fort, um dasselbe nach wenigen Jahren in grösserem Massstabe unter seinem eigenen Namen weiter zu betreiben.

Carl Rizzi, geboren am 4. März 1836[6], hatte anscheinend zunächst nicht den Beruf eines Brauers ergriffen. Laut Firmenregister hatte er als *Handlungscommis* von 1869 bis 1871 Prokura bei der Firma J. J. Trendel's Sohn in Kulmbach, einer Fabrik für leinene und halbleinene Beinkleider- und Rockstoffe mit 150 bis 200 beschäftigten Personen.

Rizzi heiratete Cornelie, eine Tochter der Margaretha Reichel, und trat 1871 in die Firma seiner Schwiegermutter als Gesellschafter ein; 1877 schied er wieder aus. Vermutlich hat Rizzi erst ab diesem

Die ehemaligen Gebäude der Rizzibräu in der Sutte nach dem Erwerb durch die Färberei Schüler. Inzwischen hat diese Firma ebenfalls ihren Betrieb verlegt, die Gebäude wurden abgerissen, und die Fläche diente zeitweilig als öffentlicher Parkplatz. Auf diesem Gelände steht jetzt der linke Teil der Dr.-Stammberger-Halle der Stadt Kulmbach.

← *Das erste Brauhaus von 1848 und die weiteren Gebäude der Brauerei Rizzi in der Sutte*

Zeitpunkt sein eigenes Braugeschäft – er hatte ja einen Anteil von Eduard Barth erworben – aufgebaut und betrieben.

Eingetragen findet sich die oben genannte Firma *E. Barth Nachf.* im seinerzeitigen Firmenregister nicht, wohl aber erscheint unter dem 5. Juli 1873 *C. Rizzi* mit *Kaufmann Karl Rizzi in Kulmbach* als

3.3 Die entstehenden Großbrauereien – Rizzibräu

Karl und Cornelie Rizzi

Inhaber (die Schreibweise Carl bzw. Karl wechselt). Da Rizzi bis 1877 bei seiner Schwiegermutter beteiligt war, dürfte anzunehmen sein, dass seine eigene Firma zwar eingetragen war, aber ruhte.

Im Jahre 1885 erfuhr die Brauerei unter Leitung des Herrn Carl Rizzi die erste bedeutendere Vergrösserung unter Anlage praktischer Maschinen und Apparate.

1886 ging die neue Brauerei mit allem Zubehör an die obige Aktiengesellschaft für einen Kaufpreis von 700.000 Mark über; es wurden 425 Aktien à 1.000 Mark ausgegeben und eine Hypothek von 400.000 Mark vom Vorbesitzer beliehen.

Gründer der Aktiengesellschaft waren:
1. Karl Rizzi, Bierbrauer in Kulmbach,
2. Karl Würzburger, Rechtsanwalt in Bayreuth,
3. Karl Fleischmann, Kaufmann in Kulmbach,
4. Karl Kaiser, Bankier in Dresden, und
5. Nathan Prausnitz, Börsensensal in Dresden.

Vorstand der Gesellschaft wurde Karl Rizzi, der Aufsichtsrat bestand aus den Herren Würzburger, Kaiser und Prausnitz. Von den 425 Aktien übernahm Rizzi 421, also den höchstmöglichen Anteil, denn jeder der anderen Gründer musste ja mindestens einen Anteil zeichnen. Auch die erste Kapitalerhöhung 1888 auf 600.000 Mark Grundkapital übernahm Rizzi voll; er zahlte für die 175 Aktien mit einem Nennwert von 1.000 Mark pro Aktie jeweils 1.200 Mark. Durch zwei weitere Erhöhungen betrug das Grundkapital der Brauerei im Jahre 1891 schließlich 1.000.000 Mark. Ob hierbei Rizzi bzw. seine Familie noch einmal Anteile übernommen haben, bleibt ungeklärt; das Bezugsrecht wäre auf jeden Fall gegeben gewesen.

Die neue Firma lautete *Kulmbacher Export Brauerei Actiengesellschaft vorm. C. Rizzi*; erst 1899 wurde die „griffigere" Bezeichnung *Kulmbacher Rizzibräu Aktiengesellschaft* gewählt.

Seit jener Zeit wurde das Möglichste gethan, um die Vergrösserung des Geschäftes zu erzielen und der Erfolg war derart, dass Jahr für Jahr gebaut werden musste. Der immer steigende Absatz bedingte im Jahre 1888/89 den Neubau eines zweiten Sudhauses, die Erweiterung der Kellereien und Anlage eines Kessel- und Maschinenhauses, nebst Einrichtung einer künstlichen Kellerkühlung (System Linde). Immer grösser aber wurde die Nachfrage nach „Rizzibräu", so dass in den folgenden Jahren die Kellereien wiederholt erweitert werden mussten und die alte Pichhalle nächst dem ursprünglichen Brauhause zum Abbruch kamen. Im Jahre 1891 ging man an die Verlegung der Picherei ausserhalb der Stadt und zwar an die Kronacherstrasse auf das sogenannte Egelsee-Terrain (Niklassee), woselbst ausgedehnte Bauplätze zur Verfügung standen.

Zur Zeit besteht die Brauerei in der Sutte aus: Zwei Sudhäusern, in welchen 80.000 Hektoliter Bier produziert werden können, ferner aus Gähr- und Lagerkellern, mit je ca. 800 Quadratmeter

KULMBACHER EXPORT-BRAUEREI Actien-Gesellschaft vorm. C. RIZZI, KULMBACH.

Kulmbacher Export-Brauerei AG, vorm. C. Rizzi. In dieser Darstellung von 1896 sind die beiden – räumlich getrennten – Brauereikomplexe zusammengezeichnet. Der rechte, vordere Teil zeigt die „alte" Rizzibräu in der Sutte; diese Gebäude wurden 1920 an die Färberei Schüler verkauft. Im linken, hinteren Teil des Bildes werden die neuen Anlagen hinter den Bahngleisen in der Kronacher Straße gezeigt. Die Plassenburg als Hintergrund „stimmt" nicht, sie wurde aber – wie auch bei anderen Firmendarstellungen – hinzugezeichnet.

Grundfläche, aus dem Kühlschiffraume und den Malzböden. Mehr an der Strasse liegt das Maschinenhaus, in welchem sich zwei Dampfmaschinen mit zusammen 100 HP und drei Compressoren für die Kühlanlage befinden; zwei Dampfkessel mit ca. 160 Quadratmeter Heizfläche liefern den nötigen Dampf, zwei Brunnen von ca. 12 Meter Schacht-Tiefe und 40 Meter Bohrtiefe das nötige Wasser. Der Eisapparat mit 96 Zellen liefert täglich 1500 Kilo Kunsteis.

An der Kronacherstrasse sind: eine grosse Pichhalle, eine Schwankhalle, zwei Fasshallen mit Eisen-

blechdachung, ca. 1600 Quadratmeter Fläche, ein Maschinenhaus mit einer Dampfmaschine 30 HP, ein Kesselhaus mit zwei Kesseln, eine Werkstätte für Büttner, ein Aichlokal, eine Kantine, mehrere Wohnungen für Bedienstete und zwei Stallungen.

Ein massives Eishaus für 2.000 Kubikmeter Natureis, welches aus dem in der Nähe liegenden Niklasseegraben im Winter gewonnen wird und im Sommer zur Kühlung der Biertransportwägen dient, ist im vergangenen Sommer gebaut worden. Das Pichen der Fässer geschieht seit August 1896 mit überhitzten Dampf und wurde damit die unangenehme Rauchbelästigung grösstenteils beseitigt.

Das Terrain, auf welchem die Brauerei steht, ist nur ein Tagwerk gross und gestattet dieser Raum keine bauliche Ausdehnung mehr, dagegen umfasst das an der Kronacherstrasse liegende Terrain 13 Tagwerk, wovon ca. 3 Tagwerk für die Pich-Anlage, Stallungen, Remisen, Fasshallen, Eishaus und Hofräume zum Betriebe dienen, während die restlichen 10 Tagwerk als Bauplätze für Erweiterungsbauten und ein Industriegeleise reserviert sind.

Die Brauerei liefert ein ganz schweres, dunkles und helles Exportbier, ferner ein etwas leichteres Versandtbier in ganz dunkler, mittelbrauner und heller Farbe, ausserdem im Winter ein sehr schweres, vollmundiges Bockbier.

… Die Rizzibrauerei exportiert nach fast allen grösseren Plätzen Deutschlands und ist ihr Bier besonders in Sachsen, Schlesien und Nordwestdeutschland gut eingeführt.

… 20 Biertransportwägen stehen der Brauerei für den Versandt der Biere zur Verfügung.

Am 1. Oktober 1888 ist Herr Carl Rizzi nach langjähriger erfolgreicher Thätigkeit als Besitzer und Vorstand der Brauerei zurückgetreten, an seine Stelle kamen die Herren J. Heufelder und Georg Kaune, von welchen Ersterer dem kaufmännischen Teil und der Spedition vorsteht und Letzterer den technischen Betrieb leitet.

Nach seinem Ausscheiden als Vorstand wechselte Rizzi nicht in den Aufsichtsrat. Karl Rizzi verstarb am 25. April 1890. Wie später noch darzustellen ist, kann angenommen werden, dass sich die Familie Rizzi von dem Besitz „ihrer Brauerei" getrennt hat. Unklar dabei ist nur, wann und in welchem Umfang dies geschehen ist. Dem Lebenswerk von Karl Rizzi ist auf jeden Fall Anerkennung zu zollen: Die von ihm gegründete Brauerei entwickelte sich, betrachtet man die Menge des verkauften Bieres, ausgesprochen gut:

1886/87	16.041 hl
1890/91	43.040 hl
1895/96	69.041 hl
1899/1900	89.587 hl

Mit dem 1. August 1896 hat die Brauerei als Aktien-Gesellschaft die erste Dekade beendet; ihr Export hat sich innerhalb dieser Zeit um 440% vermehrt, – ein ganz kolossaler Erfolg. Auch für ihre Arbeiter sorgt die Brauerei bestens; nicht nur dass ansehnliche Beträge zu Weihnachten den Arbeitern ausgehändigt werden, wird zur Unterstützung der Arbeiter und ihrer Hinterbliebenen ein Fond gesammelt, der zur Zeit die Höhe von 9.684 Mark erreicht hat und durch jährliche Zuweisungen weiter vermehrt werden soll. Zur Zeit beschäftigt die Brauerei 70 Arbeiter excl. der Mälzer. An Arbeitslohn incl. Gehältern wurden im letzten Jahre 68.495 Mark, an Weihnachtsgeschenken pro 1895/96 7.000 Mark ausbezahlt.

1897 erwarb die Rizzibräu eine etwa gleich große Brauerei in Österreich-Ungarn: das Alt-Pilsenetzer Bräuhaus im Sudetenland. Der Kaufpreis betrug 1.800.116,54 Gulden (= 3.070.721,55 Mark). Zu diesem Zweck wurde das Aktienkapital der Rizzibräu um 2,5 auf 3,5 Millionen Mark erhöht.

Werbekarte der Rizzibräu

Nach MAX HUNDT hatte schon vorher eine andere Kulmbacher Brauerei versucht, in Pilsen fußzufassen:

4. Januar 1897: Die Rizzibräu AG Kulmbach kaufte eine Brauerei ... in Pilsen. Schon 1896 bemühte sich Kommerzienrat Reichel ... in Pilsen eine Großbrauerei zu bauen, stieß aber auf heftigen Widerstand der Pilsener Gemeindeverwaltung, weil angeblich das Wasser für eine so große Brauerei nicht ausreiche. Das Eindringen des Kulmbacher Braukapitals in die Münchner und Pilsener Brauwirtschaft, also in das Gefüge der beiden Hauptkonkurrenten, ist bezeichnend für den unerhörten, oft „amerikanisch" genannten Aufstieg des Kulmbacher Brauwesens.

3.3.6 Rizzibräu und das Alt-Pilsenetzer Bräuhaus

Von Helmut Geiger[7]

Der Kauf des Alt-Pilsenetzer Bräuhauses war von den Kulmbachern wohl überlegt und gut gewählt. Alt-Pilsenetz – oder wie es heute auf tschechisch heißt: Starý Plzenec – liegt nur acht Kilometer südlich von Pilsen, dem Ursprungsort der Biersorte Pils. Vom Ruf der damals schon weltberühmten Bierstadt wollte die Rizzibräu profitieren. Die meisten der künftigen Werbeaktivitäten waren eher auf den Namen Pilsen ausgerichtet, als auf den eigentlichen Standort der Brauerei.

Das Bräuhaus in Alt-Pilsenetz stand schon im 16. Jahrhundert, wurde aber im Dreißigjährigen Krieg zerstört. Der Wiederaufbau blieb den Einwohnern jedoch viele Jahre verwehrt. Erst 1873 konnte der Neubau eingeweiht werden. Die neue Braustätte wurde als Aktiengesellschaft getrieben, Aktionäre waren Bürger der Stadt unter Federführung der Stadtverwaltung. Als erste Maßnahme wurde ein renommiertes Gasthaus in der Bierstadt Pilsen gekauft, um auch dort präsent zu sein.

Aber schon ein Jahr später musste Konkurs angemeldet werden. Die Schuld daran gab man der Wirtschaftskrise 1873/74, die sowohl die k. u. k.

3.3 Die entstehenden Großbrauereien – Rizzibräu

zwungen. Die nächsten Eigentümer, Anton Weber und Karl Wolf, griffen zu, als sie 1897 das Kaufangebot der Rizzibräu erhielten. Von dem Verkaufserlös erwarb Karl Weber in der Hauptstadt Wien das mondäne Hotel *Bristol*.

Erst mit den Kulmbachern kam auch der Erfolg nach Alt-Pilsenetz, und die Brauerei erwarb sich bald einen guten Ruf. Das Alt-Pilsenetzer Bier bekam auf mehreren internationalen Ausstellungen Auszeichnungen und wurde in viele Großstädte Europas und sogar nach Amerika exportiert.

Die Alt-Pilsenetzer brauten sowohl für die deutsche als auch für die tschechische Bevölkerung. Je nach dem, wohin das Bier geliefert wurde, gab es deutsche oder tschechische Etiketten. Auch das Markenzeichen der Rizzibräu wurde in Pilsenetz verwendet: die Liesl neben dem Bierfass. In Kulmbach hatte die Liesl ein Bierglas in der Hand, in Böhmen mehrere Gläser. Die Tracht musste auch leicht verändert werden, natürlich böhmisch mit einer großen Schleife im Haar.

Werbekarten des Alt-Pilsenetzer Bräuhauses

Monarchie als auch das Deutsche Reich heimgesucht hatte. Die Bürger verloren ihr eingesetztes Kapital, der Bürgermeister seinen Posten. 1875 kaufte Josef Pfeifer Ritter von Hochwalden die Brauerei, war aber schon fünf Jahre später zum Aufgeben ge-

Hauptabsatzgebiete waren neben der eigenen Region vor allem Wien und einige Gebiete im Deutschen Reich. Gewöhnt an den harten Konkurrenzkampf unter den Kulmbacher Brauereien sorgte die Rizzibräu auch in ihrer Schwesterbrauerei in Böhmen für aufwändige Werbemittel.

Über Synergieeffekte ist wenig bekannt, zumindest nichts über den gemeinsamen Einkauf von Roh- und Betriebsstoffen. Wohl aber im Vertrieb. Dort schaffte es die Rizzi-Verkaufsmannschaft, dass bei Biergroßhändlern in Sachsen und Schlesien Alt-Pilsenetzer Biere mit ins Sortiment aufgenommen wurden. Auch bei großen Ausstellungen waren Rizzi und Alt-Pilsenetz mit einem gemeinsamen Stand vertreten, so auf der Jubiläumsausstellung in Wien 1898.

3.3.7 Simon Hering – Mönchshofbräu AG

Am 1. Oktober 1885 wurde die *Kulmbacher Export Brauerei Mönchshof vorm. Simon Hering Aktiengesellschaft* in das Handelsregister eingetragen. Mit dem Namen *Mönchshof* nahm man Bezug darauf, dass das Brauereigelände ursprünglich einmal zu den Besitzungen des Klosters Langheim bei Lichtenfels gehört hatte. Nach der Säkularisation war erster privater Besitzer der Weißgerbermeister Kripner. Seine Erben mussten diesen Besitz versteigern lassen. Am 18. Juli 1846 erwarb Ehrhard Ender das Anwesen, und noch im gleichen Jahr ist von einem *Mulzhaus* auf diesem Gelände die Rede. 1864/65 wurde ein Brauhaus angebaut, vermutlich von dem Glasermeister Simon Hering. 1885 wurde das ganze Anwesen mit großem Grundbesitz von Heinrich Hering für 400.000 Mark gekauft und bald darauf von der neu gegründeten Aktienbrauerei übernommen, die die Gebäude errichten und mit Maschinen ausstatten ließ.

In die neue Aktiengesellschaft brachte Heinrich Hering auch sein bisheriges Braugeschäft ein. Dafür wurde er, zusammen mit dem Rentier Josef Unger aus Dresden, zum Vorstand bestellt. Als Gründer sind folgende Herren aufgeführt:
1. Rechtsanwalt Friedrich Gotthold Georg Schubert, Dresden,
2. Bankier Viktor Karl Richard Hahn, Dresden,
3. Privatier Josef Unger, Dresden,
4. Bankier Heinrich Wilhelm Meyer, Dresden, und
5. Bierbrauer Heinrich Hering, Blaich bei Kulmbach.

Das Grundkapital der Gesellschaft betrug 600.000 Mark. Im Firmennamen selbst überrascht eigentlich das „Kulmbacher": *Die Aktiengesellschaft hat ihren Hauptsitz in Dresden. Dieselbe hat eine Zweigniederlassung zu Blaich bei Kulmbach.* Blaich war

Heinrich Hering als junger Mann

3.3 Die entstehenden Großbrauereien – Mönchshof

Mönchshof
EXPORT-BRAUEREI AKTIENGESELLSCHAFT.

Kulmbach, den 24. Januar 1923

Telegramm-Adresse:
Mönchshof Kulmbach.
Fernsprechnummer 52
Giro-Konto bei der Reichsbank
Postscheck-Konto Nürnberg 4147

Briefkopf der Mönchshofbräu mit den erhaltenen Medaillen und Auszeichnungen

Mönchshofbräu in Blaich bei Kulmbach, wohl um 1880

Die Mönchshofbräu in der vorgesehenen Gesamtplanung um 1900

bis 1901 eine eigene Gemeinde und gehörte eben noch nicht zur Stadt Kulmbach. Das einzige, was mit Kulmbach verband, war der Tatbestand, dass Hering ursprünglich Keller im Festungsberg besaß und nutzte.

3.3 Die entstehenden Großbrauereien – Mönchshof

Offensichtlich machte die Zusammenarbeit in der neuen Firma Schwierigkeiten: Heinrich Hering schied am 26. Mai 1886 aus dem Vorstand aus, sein Kollege Josef Unger am 3. Mai (bzw. 4. Juni) 1887. Die beiden Herren konnten sich also nur knappe acht bzw. zwanzig Monate in der Firma halten. Neuer alleiniger Vorstand wurde Robert Riemer, der dieses Amt bis 1903 bekleiden sollte. Erst 1895 wurde aber in der Firma der Zusatz *vorm. Simon Hering* weggelassen.

Nach seinem Ausscheiden betrieb Heinrich Hering bis 1897 wieder ein eigenes Braugeschäft in Kulmbach.

Die Angaben über die Mönchshofbräu sind im Prospekt der 2. Bayerischen Landesausstellung 1896 knapp gehalten:

Die Produktionsfähigkeit der Brauerei ist somit auf eine Höhe von annähernd 150.000 Hektoliter gebracht worden, während der derzeitige Absatz … ca. 70.000 Hektoliter beträgt. Die Brauerei Mönchshof ist seit vier Jahren mittelst eines Industriegeleises mit dem Bahnhof Kulmbach unmittelbar verbunden. Infolge dieser Bahnanlage besitzt die Brauerei eine ungemein praktische Verbindung mit der Eisenbahn, da der Versandt der Biere von den Kellern aus, unter Zollabfertigung an Ort und Stelle, direkt waggonweise erfolgt.

Auch Mönchshof entwickelte sich – betrachtet man die verkaufte Biermenge – bis 1900 ausgesprochen gut:

1885	ca. 17.000 hl
1885/86	22.796 hl
1890/91	44.446 hl
1895/96	62.352 hl
1899/1900	67.006 hl

Über die verkauften Biersorten wurden in dem Prospekt der Landesausstellung keine Angaben gemacht.

Mönchshofbräu auf der Landesausstellung 1896

3.3.8 Zusammenfassung

Aus der Darstellung der sechs größeren Kulmbacher Brauereien lässt sich für diese folgendes Fazit ziehen:

Die Erste Kulmbacher Actienbrauerei hatte hinsichtlich Bierausstoß eindeutig die Spitzenstellung unter den Kulmbacher Brauereien inne. An zweiter und dritter Stelle folgten Reichelbräu und Petzbräu, dann – in dieser Reihenfolge – Rizzi, Sandler und Mönchshof. Allerdings konnte Rizzi Sandler erst in den letzten Jahren vor der Jahrhundertwende ein- und überholen. Der Abstand zwischen der Ersten Kulmbacher und Reichelbräu ist am größten, die Unterschiede zwischen den anderen Brauereien dagegen fallen kleiner aus. Sandler und Mönchshof exportierten in den einzelnen Jahren jeweils knapp 40% der Hektoliterzahl der Ersten Kulmbacher.

Stellen wir die Zahlen der Hektoliter und die der beschäftigten Arbeiter gegenüber, so erhalten wir folgendes Bild:

Brauerei	Verkaufte hl Bier 1895/96	Arbeitskräfte 1896	Verkaufte hl pro Arbeitskraft
Erste Aktien	192.007	210	914
Reichelbräu	116.300	60	1.938
Petzbräu	96.643	150	644
Rizzibräu	69.041	70	986
Sandlerbräu	75.008	100–120	750 / 625
Mönchshofbräu	64.743	?	?

Nach diesen Werten war die Reichelbräu seinerzeit der Betrieb mit dem besten technischen Standard in Kulmbach. Umgekehrt boten die anderen Brauereien der einheimischen Bevölkerung deutlich mehr Arbeitsplätze.

Alle sechs Brauereien hatten ihre betrieblichen Anlagen in dem beschriebenen Zeitraum ständig erweitert und ausgebaut. Die ursprünglichen Brauhäuser, errichtet um das Jahr 1850, wurden zunächst modernisiert und erweitert; schließlich reichten sie aber dennoch nicht aus, und es entstanden neue Brauereigebäude, zumeist auf Grundstücken „vor" der Stadt. Diese neuen Betriebe dürften dann auch im Allgemeinen von ihrer technischen Ausstattung her den neuesten Stand erreicht haben. Das Brauen wurde hier nun industriell betrieben.

Dagegen können wir für die anderen, kleineren Brauereien annehmen, dass bei diesen um 1900 noch mehr oder minder stark handwerklich gearbeitet wurde. Auch wurden noch meist die ursprünglichen Brauhäuser benutzt. Sicherlich erfolgte bei diesen in der Zwischenzeit manche Modernisierung und Verbesserung; aber sie wurden nicht – wie bei den „Großen" geschehen – durch völlig neue Anlagen, gemeint sind Gebäude und Maschinen, ersetzt. Ein Grund dafür war sicherlich u. a. fehlendes Kapital.

Es erfolgt nun ein Überblick über die Gesamtentwicklung der kleineren Kulmbacher Brauereien bis 1900. Eine Einzeldarstellung soll erst im nächsten Abschnitt versucht werden.

3.4 Die kleineren Brauereien bis 1900 – allgemeine Darstellung

Die Quellenlage für die kleineren Kulmbacher Brauereien erweist sich als wenig ergiebig, weil diese Firmen fast ausschließlich in der Rechtsform der Einzelunternehmung bzw. als Personengesellschaften betrieben wurden. Eine Verpflichtung zum Druck und zur Veröffentlichung von jährlichen Geschäftsberichten – wie bei den Aktiengesellschaften – entfiel damit. Auch bei der 2. Bayerischen Landesausstellung in Nürnberg waren diese wesentlich kleineren Brauereien nicht vertreten. Damit wurden sie nicht in dem gedruckten Prospekt vorgestellt und beschrieben. Wir sind deshalb heute auf Darstellungen angewiesen, die diese Kleinbetriebe meist nur am Rande erwähnen.

Es stellt sich nun die Frage, warum diese kleineren Brauereien überhaupt namentlich erfasst und dargestellt werden sollen. Schließlich war doch ihr Anteil am gesamten Bierausstoß und am -export recht bescheiden. Zudem sind diese Betriebe schon lange aus dem Bild der Stadt verschwunden.

Dagegen muss man aber festhalten, dass im 19. Jahrhundert der Ruf Kulmbachs als Bierstadt auch und gerade von den kleineren Brauereien mitbegründet wurde. Immerhin erzählen ja viele Kulmbacher heute noch mit Stolz, in der Stadt habe es einmal 40 bis 60 „Brauereien" gegeben.

Hierbei muss man aber den verwendeten Begriff „Brauereien" genauer fassen. Die hohe Zahl von 40 bis 60 umfasste alle brauberechtigten Bürger der

3.4 Die kleineren Brauereien bis 1900

Stadt – egal, in welchem Umfang sie selbst brauten, brauen ließen oder aber dieses Recht gar nicht ausübten. Bierbrauen war für diese Brauberechtigten nur ein Nebengewerbe bzw. ein Nebenverdienst zum eigentlich ausgeübten Beruf.

Nach dem erfolgten Eisenbahnanschluss nach Sachsen im Jahr 1848 wurden in Kulmbach bis 1863 neun Brauhäuser – zu den bis dahin vorhandenen dreien – neu errichtet. Es gab nun zwölf Bräustätten in der seinerzeit nur rund 4.000 Einwohner zählenden kleinen Stadt. „Braugeschäfte" aber gab es deutlich mehr: Das waren Bürger, die nun als Hauptgewerbe Bier brauten und nach auswärts verkauften. Diese Bürger verfügten aber oft nicht über die erforderlichen Geldmittel und den entsprechenden Absatz, um allein ein Brauhaus errichten zu können. So schloss man sich zusammen, baute – wie z. B. 1849 Caspar Pertsch und Consorten – gemeinsam ein „Gesellschaftsbrauhaus". Die vier Teilhaber brauten hier und verkauften dann ihr Bier jeder für sich allein auf eigene Rechnung. In diesem einen Brauhaus wurden nun vier Braugeschäfte betrieben.

Natürlich lösten sich diese Eigentümergemeinschaften auch irgendwann wieder auf: Sei es, dass die einzelnen Teilhaber mit unterschiedlichem Erfolg arbeiteten und dass dann der eine den anderen auszahlte; andere Gründe für das Ausscheiden waren sicherlich auch Krankheit, Alter oder Erbfall.

Leider kann aber kaum einer noch die Stellen, an der die alten *Mulz*- und Brauhäuser standen, zeigen, noch weiß man die Namen der ehemaligen Inhaber. Und so soll die folgende Aufstellung etwas gegen das Vergessen dieser kleineren Betriebe bewirken. Weiter muss man festhalten, dass die heute in Kulmbach bestehende Großbrauerei nicht auf die ersten Brauereien in der Stadt zurückgeht. Die Betriebe der Unternehmerfamilien, die man als Pioniere für den Kulmbacher Bierexport in der Mitte des 19. Jahrhunderts bezeichnen kann, wurden teilweise schon vor 1900 aufgegeben. Diese kleineren Brauereien nicht zu erfassen, hieße, die Leistungen ihrer Eigentümer und Arbeiter nicht anzuerkennen. Immerhin arbeiteten sie teilweise über Jahrzehnte erfolgreich, und ihre betrieblichen Anlagen konnten sich ebenfalls sehen lassen! Des Weiteren gibt die folgende Aufzählung etwas von der enormen Vielfalt, die einmal unter den Kulmbacher Bierbrauereien herrschte, wieder.

Anhand einzelner Quellen sei nun eine namentliche Erfassung der kleineren Brauereien zu bestimmten Zeitpunkten versucht:

3.4.1 Firmen- bzw. Handelsregister (ab 1862)

1862 wurde für das Königreich Bayern das Handelsregister – damals noch als *Firmen-* bzw. *Gesellschaftsregister* bezeichnet – eingeführt. Dieses Register ist ein Verzeichnis aller Vollkaufleute eines Amtsgerichtsbezirkes. Wir können annehmen, dass sich die Bierbrauer unserer Stadt erst ab einem bestimmten Umsatz hier eintragen ließen; in den Fällen, wo das Brauen mehr als Nebengewerbe ausgeübt wurde, dürfte kein Eintrag erfolgt sein. Das Register bietet einen Hinweis auf bestehende Firmen und ihre Inhaber, es sagt aber nichts aus über Umfang und Erfolg der Geschäftstätigkeit.

In das Firmenregister wurden die Brauer eingetragen, die ihr Gewerbe als Einzelkaufmann betreiben. Im Gesellschaftsregister wurden dagegen die Gesellschaften – seinerzeit nur offene Handelsgesellschaften oder Aktiengesellschaften – aufgeführt. Die beiden folgenden Übersichten geben nun die einzelnen Eintragungen wieder. In den beiden ersten Jahren 1862/1863 ließen sich besonders viele Brauer mit ihren Brauereigeschäften eintragen:

Firmenregister Bayreuth	Nr.	Tag der Eintragung	Firma	Abgeschlossen am
Band I	126	11.09.1862	Michael Angermann	02.04.1897
	128	11.09.1862	J. M. Hübner jr. (Johann Martin Hübner)	31.12.1874
	142	15.09.1862	Louis Weiß	28.07.1871
	248	25.09.1862	J. W. Reichel (Inh. Eva Margaretha Reichel)	29.03.1870
	251	25.09.1862	Nic. Meußdoerffer	12.11.1887
	290	29.09.1862	Conrad Scheiding	15.01.1867
	291	29.09.1862	Joh. Georg Meußdoerffer	29.08.1878
Band II	29	24.08.1863	A. Eichenmüller (Anton Eichenmüller)	02.04.1897
	33	24.09.1863	Eduard Friedrich Barth	05.07.1873
	34	24.09.1863	Math. Hering (Matheus Hering)	26.07.1881
	36	29.09.1863	Hans Planck	05.11.1896
	37	30.09.1863	Paul Zapf	17.07.1888
	38	30.09.1863	Simon Hering	29.09.1885
	39	30.09.1863	Martin Weber	16.12.1882
	40	30.09.1863	G. Sandler (Georg Bernhardt Sandler)	11.01.1883
	41	30.09.1863	Conrad Planck	28.05.1884
	42	30.09.1863	Christian Pertsch	17.12.1919
	45	05.10.1863	Wm. Poehlmann (Johann Georg Wilh. Pöhlmann)	18.09.1883
	49	03.11.1863	Hans Sandler (Inh. Johann Martin Sandler)	07.11.1889
	50	04.11.1863	S. H. Kern, Kirchleus	
	51	06.11.1863	Michael Taeffner	24.04.1877
	52	14.11.1863	Michael Michel	10.03.1888
	54	09.12.1863	Carl Petz	03.03.1886
	74	15.12.1864	Fritz Scheiding	18.10.1887
	104	03.12.1866	Peter Krauß	07.11.1889
	111	04.03.1867	Gg. Pöhlmann (Johann Georg Pöhlmann)	02.05.1895
	147	01.06.1869	Hans Petz	04.02.1897
	167	29.06.1870	Friedr. Pöhlmann (Kaufmann)	15.11.1875
	170	27.10.1870	Leonhard Eberlein	08.09.1893
	196	05.07.1873	C. Rizzi (Karl Rizzi)	09.11.1886
	292	23.01.1874	Heinrich Pohle	21.12.1894
	299	23.01.1875	J. M. Hübner jr. (Inh. Christian Hübner)	28.12.1887
	322	15.12.1875	Adolph Christen	17.11.1910
	359	02. 06.1877	J.W.Reichel (Inh. Eva Margaretha Reichel)	13.02.1895
Band III	161	18.09.1883	Gg. Poehlmann (Georg Pöhlmann)	15.12.1922
	165	08.11.1883	Louis Weiß	08.03.1921
	175	12.05.1884	Math. Hering (Matthäus Hering)	28.10.1907
	240	16.04.1887	Heinrich Hering	30.10.1897
	448	09.07.1895	Aeltester Kulmbacher Flaschenbier-Export Pensel & Popp, Inh. Karl Popp	11.10.1929

3.4 Die kleineren Brauereien bis 1900

Fast noch interessanter als das Firmenregister erscheint für den gleichen Zeitraum das Gesellschaftsregister. Dieses gibt – in geraffter Form – Aufbau und Entwicklung der größeren Kulmbacher Brauereien wieder; es zeigt aber auch zugleich, wie kurzfristig mancher Zusammenschluss und Geschäftsbeginn war. Insofern wird auch eine gewisse Hektik und Turbulenz widergespiegelt.

Aus der Herkunftsbezeichnung einzelner Gesellschafter ist des Weiteren leicht erkennbar, dass sich auch Auswärtige an dem Kulmbacher Brauereiaufschwung beteiligen wollten.

Umgekehrt darf man sich aber auch nicht von bestimmten Formulierungen täuschen lassen: *Löschung* oder *Aufgelassen* bedeutet nicht immer das Ende der Brauerei bzw. des Brauereigeschäftes.

Dies soll an der Firma *J. W. Reichel* verdeutlicht werden: Diese wurde am 25. September 1862 in das Firmenregister eingetragen und von Eva Margaretha Reichel allein betrieben. Nachdem Karl Rizzi mit Wirkung vom 29. März 1871 als Gesellschafter eingetreten war, wurde die Firma im Firmenregister gelöscht und gleichzeitig im Gesellschaftsregister neu eingetragen. Rizzi trat zum 2. Juli 1877 aus der Firma aus, also wurde sie – Frau Reichel war wieder alleinige Inhaberin – im Gesellschaftsregister gelöscht und erneut ins Firmenregister eingetragen. Endgültig im Firmenregister gelöscht wurde die Firma J.W. Reichel zum 13. Februar 1895: Zu diesem Datum wurde der Brauerei die Rechtsform einer Aktiengesellschaft gegeben.

Gesellschaftsregister Bayreuth
Band I

Nr.	Tag der Eintragung	Firma	Rechtsform	Gesellschafter und weitere Eintragungen
26	10.4.1867	P. Priehaeußer u. Sohn	oHG	a) Peter Priehaeußer, b) Georg Priehaeußer, des ersten Sohn. Beide, Brauer und Malzfabrikanten in Kulmbach, betreiben seit dem 10. April 1867 in Kulmbach ein Malzfabrikations- und Bierexportgeschäft … 8. Dezember 1868: Über das Vermögen der offenen Handelsgesellschaft wurde … der Conkurs eröffnet.
41	29.3.1871	J. W. Reichel	oHG	1.) Die Kaufmanns-Witwe Eva Margaretha Reichel zu Kulmbach. 2.) Der Kaufmann Karl Rizzi dortselbst. (Am 2. Juni 1877 Austritt von Karl Rizzi; OHG aufgelöst.)

Nr.	Tag der Eintragung	Firma	Rechts-form	Gesellschafter und weitere Eintragungen
45	28.7.1871	Louis Weiß	oHG	1.) Eberlein, Andreas Leonhard, Bierbrauer, 2.) Schultheiß, Karl, Bäckermeister, 3.) Weiß, Valentin, Bierbrauer, 4.) Weiß, Heinrich, Kaufmann, 5.) Weiß, Jeanette, ledig, 6.) Weiß, Babette, ledig, 7.) Weiß, Christian, Handlungscommis, 8.) Weiß, Eduard, Handlungscommis, sämtlich zu Kulmbach wohnhaft. 12. Oktober 1871: Die Mitgesellschafter Eberlein, Schultheiß, Heinrich, Jeanette, Babette und Christian Weiß sind am 14. August 1871 aus der Gesellschaft ausgeschieden, welche von den zwei übrigen Gesellschaftern 1.) Valentin Weiß und 2.) Eduard Weiß ... fortgesetzt wird ... (Am 8. Nov. 1883 Gesellschaft aufgelöst.)

Band II

Nr.	Tag der Eintragung	Firma	Rechts-form	Gesellschafter und weitere Eintragungen
9	21.12.1874	J. M. Hübner jr.	oHG	1.) Bierbrauer Christian Hübner in Kulmbach, 2.) Emil Schönfelder aus Dresden, nun ebenfalls in Kulmbach. Dieselben betreiben seit 8. September 1874 ein Fabrik-, Bierversandt- und Ziegeleigeschäft zu Kulmbach ... (23. Januar 1875: ... Gesellschaft seit 8. Januar d. J. aufgelöst...)
15	7.6.1876	S. H. Kern, Kirchleus	oHG	1) Kunigunde geborene Heublein, Witwe zweiter Ehe des zu Kirchleus verlebten Bierbrauers Simon Heinrich Kern; 2) Die ersteheliche Tochter des Letzteren: Katharina geborene Kern, Ehefrau des Gastwirtes Karl Schultheiß in Oberlangenstadt; 3) Die sechs minderjährigen Kinder des verlebten Simon Heinrich Kern – aus seiner zweiten Ehe – a) Heinrich, c) Johann, e) Cristof, b) Georg, d) Margaretha, f) Hans. (14.6.1901: Vorstehende Firma ist erloschen.)

3.4 Die kleineren Brauereien bis 1900 113

Nr.	Tag der Eintragung	Firma	Rechts-form	Gesellschafter und weitere Eintragungen
21	21.12.1877	Erste Culmbacher Actien-Exportbier-Brauerei-Gesellschaft	AG	Der Sitz der Gesellschaft ist in Dresden. Dieselbe hat in Kulmbach eine Zweigniederlassung.
64	24.5.1881	Koehler & Leipold	oHG	1) Stephan Koehler, Bierbrauereibesitzer in Weidnitz, und 2) Johann Leipold, Oekonom in Obristfeld. Dieselben betreiben in Kulmbach eine Export-Dampf-Bierbrauerei... (7.11.1889: Firma von Amts wegen gelöscht.)
68	26.7.1881	Math. Hering	oHG	1.) Matthäus Hering, Bierbrauer in Kulmbach u. 2.) dessen drei noch minderjährige Brüder namens Konrad, Hans und Jean Hering. (12.5.1884: Firma in Folge der seit 31. Januar 1884 erfolgten Gesellschaftsauflösung erloschen.)
75	11.01.1883	G. Sandler	oHG	1.) Margaretha Sandler, Bierbrauerwittwe in Kulmbach 2.) Lorenz Sandler, saemmtliche 3.) Hans Sandler Bierbrauer 4.) Otto Sandler in Kulmbach 5.) Christian Sandler z. Zt. Stud. in Leipzig
84	28.05.1884	Conrad Planck	oHG	Charlotte Planck, Bierbrauerswittwe in Kulmbach Johann Simon Planck, genannt Hans Planck, Bierbrauer in Kulmbach (29.3.1906: Als Gesellschaftsfirma erloschen.)
Band III				
2 1885	29.9.1885	Hattingen & Weerth	oHG	1) Kaufmann Gustav Hattingen zu Leipzig; 2) Kaufmann Johann Weerth, zu Leipzig. Dieselben betreiben seit 1. September eine Biertreber-Trocken-Anlage (5. Februar 1903: Firma ist erloschen.)
3	1.10.1885	Kulmbacher Export Brauerei Mönchshof vorm. Simon Hering Aktiengesellschaft	AG	Die Aktiengesellschaft hat ihren Hauptsitz in Dresden. Dieselbe hat eine Zweigniederlassung zu Blaich bei Kulmbach.

Nr.	Tag der Eintragung	Firma	Rechts-form	Gesellschafter und weitere Eintragungen
7	25.2.1886	Kulmbacher Exportbierbrauerei vorm. Karl Petz Actiengesellschaft	AG	
11	9.11.1886	Kulmbacher Export Brauerei Actiengesellschaft vorm. C.Rizzi	AG	
31	31.10.1888	Aeltester Kulmbacher Flaschenbier-Export Pensel & Popp	oHG	1) Hans Pensel, Kaufmann in Kulmbach 2) Karl Popp, Kaufmann von da. Dieselben betreiben ein Flaschenbier Exportgeschäft ... (9.7.1895: Firma ... gelöscht.)
Band IV				
23	8.9.1893	Leonhard Eberlein	oHG	
38	4.2.1895	Reichelbräu	AG	
Band V				
3	2.4.1897	A. Eichenmüller	oHG	
4	2.4.1897	M. Angermann	oHG	
5	15.4.1897	Hans Petz Inhaber Gebrüder Fleischmann	oHG	
10	5.2.1898	Kapuzinerbräu Mainleus bei Kulmbach	AG	

3.4.2 Reisehandbuch für das Königreich Bayern von 1868

In seinem *Reisehandbuch für das Königreich Bayern*, erschienen in Stuttgart 1868, beschreibt Dr. Julius Bernhard die Bahnstation Kulmbach und gibt dabei auch Hinweise auf die bestehenden Brauereien:

Culmbach, schön gebaute Stadt am weissen Main, 4.150 Einw., hat 3 Kirchen, Spital, Armen- und Krankenhaus, ist Siz eines Landgerichts, ... betreibt ausgezeichnete Bierbrauereien mit grossem Absaz in's Ausland ...

Gasthöfe, Brauereien usw.:
– Georg Weiss, Gasth. z. gold. Adler mit Brauerei, unterhalb der Plassenburg gutes bürgerliches Haus. – J. S. Pöhlmann's Felsenkeller, Brauerei und Gartenwirthschaft nebst Kegelbahn, unterhalb der Plassenburg mit herrlicher Aussicht über die ganze Gegend. – Christian Haberstumpf, jun., Brauerei unweit des Bahnhofs, den ganzen Tag warme und kalte Speisen bei gutem Bier und billigen Preisen. – Georg Sandler, bedeutendste Exportbrauerei, Versandt ausschliesslich von Exportbieren in vorzüglicher Qualität. Abs. Norddeutschland und Amerika. – J. M. Hübner, jun., bedeutende Exportbrauerei, Versandt von Exportbieren in bester Qualität. Abs.

3.4 Die kleineren Brauereien bis 1900

Deutschland und Frankreich. Damit verbunden ausgedehnte Ziegel- und Backsteinfabrikation. – **M. Angermann**, *bedeutende Exportbrauerei, Versandt von Exportbieren in bester Qualität. Abs. Norddeutschland, Amerika und Melbourne in Australien. Ausserdem Band- und Garngeschäft en gros. –* **Louis Weiss**, *Exportbrauerei, Versandt von Exportbieren in bester Qualität. Abs. Norddeutschland und Amerika. –* **Simon Häring**, *Exportbrauerei, Versandt von Exportbieren in anerkannt bester Qualität. Abs. Norddeutschland und Amerika. –* **Carl Petz**, *Exportbrauerei, ebenso. –* **Hans Plank**, *Exportbrauerei, ebenso. Abs. Norddeutschland hauptsächlich. –* **Christian Pertsch**, *Exportbrauerei, Versandt von Exportbieren bester Qualität. Hauptabsaz Norddeutschland. –* **Nicolaus Meussdörffer**, *Exportbrauerei, Versandt von Exportbieren bester Qualität besonders nach Norddeutschland. –* **Conrad Plank**, *Exportbrauerei, ebenso. –* **Joh. G. Pensel**, *Exportbrauerei, ebenso. –* **Hans Sandler**, *Exportbrauerei, ebenso. –* **Mathias Hering**, *erste Exportbrauerei, ebenso. –* **Wilhelm Pöhlmann**, *Exportbrauerei, ebenso. –* **Michael Täffner**, *Exportbrauerei, ebenso. –* **P. Krauss**, *Exportbrauerei, ebenso. Abs. Norddeutschland, bes. Sachsen und Südamerika. –* **Paul Zapf**, *Exportbrauerei, ebenso. Abs. Norddeutschland, Amerika und Australien. –* **J. W. Reichel**, *Exportbrauerei, ebenso. Abs. Norddeutschland und Amerika. –* **Carl Weinreich**, *Exportbrauerei, ebenso. Abs. Norddeutschland und Holland. –* **Andreas Ruckdeschel**, *Bierbrauerei, Versandt von einfachen und Doppelbieren in guter Qualität. Abs. Süddeutschland. –* **Christian Pöhlmann**, *Versandt von einfachen und Doppelbieren in bester Qualität. Abs. Süddeutschland. –* **Carl Schultheiss**, *Bierbrauerei, Versandt von einfachen und Doppelbieren in guter Qualität. Abs. Süddeutschland.*

Natürlich ist die Aufzählung nicht vollständig. Interessant erscheinen aber die genannten Exportländer für das heimische Bier und die zusätzlich erwähnten Nebengewerbe der einzelnen Bierbrauer. Insgesamt ergibt die Aufstellung aber ein aufschlussreiches Bild der Situation vor der bald einsetzenden Industrialisierung im hiesigen Braugewerbe. Brauerei bzw. Exportbrauerei bedeutet nicht unbedingt den Besitz eines Brauhauses bzw. eines Anteils daran; in etlichen Fällen dient es nur als Hinweis auf ein eigenes Braugeschäft ohne den gleichzeitigen Besitz entsprechender Anlagen.

In dem Reisehandbuch werden noch einige Gastwirtschaften und Bierbrauereien in nahe gelegenen Ortschaften aufgeführt:

***Rothwind**, bei Culmbach.*
Adam Angermann, *Gasth. z. Schwanen mit Brauerei, versendet einfache und Doppelbiere in guter Qualität nach Aussen.*

***Wernstein**, bei Culmbach.*
Christoph Welsch, *Bierbrauerei, versendet einfache und Doppelbiere in guter Qualität. Abs. Süddeutschland.*

***Veitlahm**, bei Culmbach.*
Veit Schneider, *Gasth. und Bierbrauerei, beliebter Spaziergang der Culmbacher, warme und kalte Speisen, besonders aber am Freitag ausgezeichnete Würste.*

***Weinbrücke**, ½ Std. von Culmbach.*
Adam Pöhlmann, *Bierbrauerei z. Weinbrücke, Versandt von Exportbier in guter Qualität, hauptsächl. nach Norddeutschland. An Freitagen gute Würste.*

***Neuenmarkt**, Bahnstation.*
Louis Deinzer, *Bahnhofrestauration, wird gut betrieben, besonders zu empfehlen Leberklöse mit*

Bratwurst und Magdeburger Kraut, gutes Erlanger Bier, solide Preise.

3.4.3 Bierausfuhrstatistik von 1878 im Vergleich zu 1896/97

Von 1878 ist im Stadtarchiv eine Aufstellung über die Bierausfuhr erhalten; wir finden daran 21 Firmen beteiligt. Insgesamt sind die Zahlen zwar schon recht ansehnlich, erscheinen aber im Verhältnis zu dem späteren Wachstum doch noch bescheiden. Denken wir an die im Reiseführer von 1868 von einzelnen Brauern genannten überseeischen Exportländer, so müssen wir nun in Anbetracht dieser Zahlen vermuten, dass der Export nach Amerika und Australien oft nur jeweils aus einigen wenigen Fässchen Bier bestanden hat.

Um die Entwicklung bis zur Jahrhundertwende wiederzugeben, ist die Aufstellung aus dem Jubiläumsbericht der Ersten Kulmbacher von 1897 mit angefügt. Einige Namen von 1878 tauchen 20 Jahre später nicht mehr auf, die Gewichte zwischen den einzelnen Brauern haben sich in diesem Zeitraum teilweise stark verschoben. Die Aufstellung erfolgt gemäß der Reihenfolge von 1878.

In der Aufstellung von 1896/97 wurde vom Verfasser getrennt nach Groß- und Mittelbetrieben einerseits und Kleinbetrieben andererseits. Bei der Betrachtung der Werte von 1878 fällt auf, dass Carl Rizzi, Carl Petz und Heinrich Hering (als Vorläufer von Mönchshofbräu) seinerzeit vom Absatz her ganz „normale" Betriebsgrößen hatten und den anderen keinesfalls haushoch überlegen waren. Die Aufstellung gibt aber nicht die gesamte Bierproduktion wieder; es fehlt die in Kulmbach bzw. in Bayern verbrauchte Menge, also das nicht exportierte Bier. Dies dürfte im Einzelnen die hl-Zahlen etwas, wenn auch nur unwesentlich, erhöhen; gleichzeitig können wir aber auch von mehr Brauereigeschäften für beide Zeitpunkte – 1878 bzw. 1896/97 – ausgehen.

Die Bierausfuhr der Kulmbacher Brauereien 1878 im Vergleich zu 1896/97:

Brauerei 1878/1897	Bierausfuhr in hl		
	1878	1896/97 Großbetriebe	1896/97 Kleinbetriebe
Erste Kulmbacher J. W. Reichel/	47.360	174.805	
Reichelbräu	16.547	117.567	
Georg Sandler	13.172	75.587	
Carl Rizzi/Rizzibräu	9.548	72.266	
Christian Pertsch	8.416		16.853
Carl Petz/Petzbräu	7.954		97.743
Leonhard Eberlein	7.164		14.429
Adolph Christenn	5.262		8.256
Heinrich Hering/ Mönchshof	4.992		66.787
Hans Petz/Fleischmann	4.911		7.629
Louis Weiss	4.481		3.096
Michael Angermann	4.030		11.704
Christian Hering/ Math. Hering	1.798		1.532
Konrad Plank	1.616		
Michael Michel	1.381		
Paul Zapf	826		
Christ. Poehlmann/ Georg Pöhlmann (?)	795		6.034
Hans Plank	667		
Carl Weinreich	592		
Erhardt Hering	854		
Wilhelm Pöhlmann	574		
Gesamtausfuhr	145.685	604.755	69.533

Eine gute Ergänzung findet die Aufstellung von 1878 durch ein *Manual über das von den hiesigen*

Die Brauerei Georg Sandler schreibt – um 1870 – an Lazarus Oppenheimer in Burgkunstadt:
„Bitte, sagen Sie Ihrem Herrn Schwiegersohn, daß es mir leid thut, die Americ. Commission nicht ausführen zu können, da mit Aufträgen fortwährend collossal überhäuft bin & kaum meine alte Kundschaft befriedigen kann!

Besten Gruß
G. Sandler"

Die Firma E. Buss aus Aurich am 17. Nov. 1860 an Herrn Lubinus in Hooksiel:
„Auf Ihr gef. vorgestrige Zuschrift beehre ich mich, Ihnen mitzuteilen, dass ich Ihren geschätzten Auftrag erst in einigen Wochen ausführen kann, indem das alte Culmbacher Bier bereits vergriffen, die neue Waare aber erst nach einiger Zeit versendbar wird."

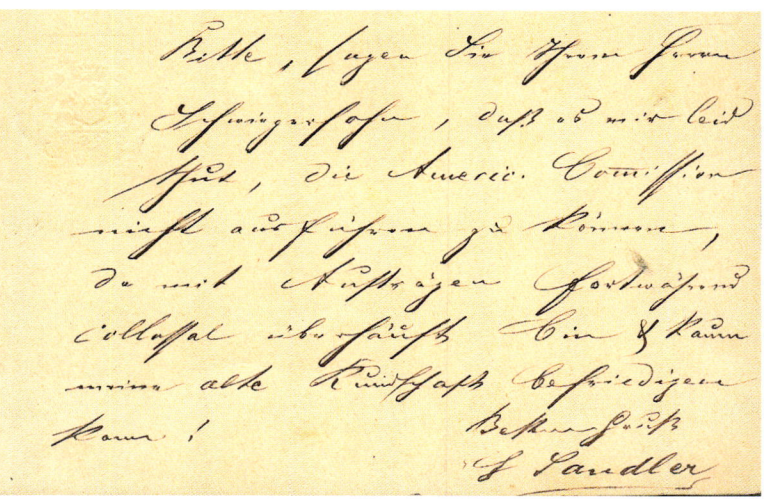

Brauern exportirte Bier pro 1878. Zunächst einmal werden die Exportzahlen für die genannten Brauer bestätigt. Darüber hinaus werden aber 21 weitere, kleinere Brauer mit ihren Exportzahlen genannt, nämlich

Eberlein Johann	185 hl
Grethlein Fritz	20 hl
Grethlein Wilhelm	177 hl
Haberstumpf Christian	21 hl
Hahn Conrad	194 hl
Hölzel Wilhelm	6 hl
Lauterbach Conrad	160 hl
Lauterbach Georg	152 hl
Moesch Hans	203 hl
Nützel Conrad	250 hl
Müller ?	242 hl
Pensel Georg	99 hl
Pfaff Heinrich	6 hl
Ruckdeschel Andreas	196 hl
Ruckdeschel Katharina	88 hl
Semmelroch Paul	120 hl
Schott Adam	16 hl
Schultheiß Carl	237 hl
Täffner Simon	98 hl
Weiß Jean	254 hl
Werner Andreas	14 hl

Die zuerst genannte Aufstellung nennt für 1878 die Gesamtausfuhr mit 145.685 hl, tatsächlich ergibt die Addition der aufgeführten 21 Brauer aber nur 142.940 hl. Die Differenz von 2.745 hl wird jedoch exakt von den im Manual zusätzlich aufgeführten kleineren Brauern erbracht. Nicht im Manual enthalten sind aber Heinrich Hering und Erhardt Hering (wohl aber Christian Hering); es ist anzunehmen, dass beide im Brauhaus des Heinrich Hering in Blaich bei Kulmbach Bier brauten.

Dafür spricht eine zusätzliche *Nachweisung,* nach der *der Brauer Erhard Hering von hier Bier importirte* und *erhielt.* Des Weiteren führte der Brauer Simon Hering, wohl der Vater von Heinrich Hering, im Jahre 1878 334 hl Bier nach Kulmbach ein; dieses erhielt der Wirt Ferdinand Hering.

OTTO SANDLER beziffert den Export über die bayerische Grenze mit 136.128 hl Bier. Die Differenz auf 145.685 hl – nämlich 9.557 hl – ist dann die Biermenge, die in Bayern – ohne Kulmbach und Blaich – seinerzeit verkauft wurde.

3.4.4 Branchenverzeichnis der Stadt Kulmbach von 1882

Wichtig für die namentliche Erfassung der kleineren Brauer ist auch die Auswertung des *Adress- und Geschäfts-Handbuch[s] der Stadt Kulmbach* von 1882. Im Branchenverzeichnis sind unter Bierbrauereien insgesamt 47 Namen aufgeführt; hinsichtlich eigenem Betrieb oder einfachem Ausüben des alten Braurechtes im Privatbrauhaus von Christenn bzw. in einem anderen Brauhaus wird nicht unterschieden. Als hauptsächlich Exportgeschäfte betreibend sind 16 Firmen gekennzeichnet. Gegenüber der Aufstellung von 1878 erscheinen nicht im Exportgeschäft: Christian Hering, Heinrich Hering, Michael Michel, Wilhelm Pöhlmann, Karl Weinreich und Paul Zapf; zusätzlich aufgeführt ist Matthäus Hering. Um herauszufinden, welche Personen hauptberuflich Bier brauten, wurde im Einwohnerverzeichnis unter dem jeweiligen Namen der Beruf nachkontrolliert. Dabei ergab sich, dass bei 24 von den insgesamt 47 Namen als Beruf *Bierbrauer* oder Entsprechendes angegeben war. 23 Personen wurden mit einem anderen Beruf aufgeführt, davon waren 15 allein Bäckermeister (davon einmal Bäckerswitwe), und vier sind als Gastwirt o. ä. bezeichnet. Man kann somit im Jahre 1882 für Kulmbach 24 Braugeschäfte, wenn auch in sehr unter-

3.4 Die kleineren Brauereien bis 1900

schiedlicher Größe, annehmen; des weiteren gab es noch 23 Bürger, die nebenher Bier brauten bzw. brauen ließen.

Folgende Namen bzw. Bierbrauereien werden als Eigentümer von Brauhäusern und anderen notwendigen Einrichtungen angegeben, wobei aber anzumerken ist, dass die Teilhaber bei Pertsch und Planck nicht genannt werden:

Erste Kulmbacher Actien-Exportbierbrauerei	Brauhaus Webergasse 376/377, Mulzhaus Draht 452 $^1/_3$, Kellerhaus Festungsberg 209 $^1/_4$
Christenn Chrissy	Kellerhaus Röthleinsberg 263
Eberlein Johann	Mulzhaus Spitalgäßchen 385
Eberlein Leonhard	Brauhaus Oberhacken 66, Mulzhaus Oberhacken 67, Kellerhaus Spiegel 189
Pertsch Christian & Cons.	Brauhaus Sutte 356, Kellerhaus Fischergasse 331
Petz Hans	Brauhaus Kronacher Straße 362
Petz Karl	Brauhaus Buchbindergasse 411 $^1/_2$, Mulzhaus Draht 457 $^1/_3$
Planck Hans & Cons.	Brauhaus Fischergasse 334, Mulzhaus Sutte 353
Reichel Margarete	Brauhaus Sutte 355, Mulzhaus Grünwehr 299, Kellerhaus Festungsberg 205
Sandler Margarete	Brauhaus Fischergasse 285 $^1/_2$, Kellerhaus Grünwehr 308 $^1/_5$
Weiß Valentin und Eduard	Brauhaus Spiegel 162, Mulzhaus Spiegel 162 $^1/_2$

Daneben werden noch Pohle Heinrich & Cons. als Eigentümer des Mulzhauses Sutte 360 $^1/_2$ und Christenn Chr. Aug., Malzfabrikant, als Eigentümer des Mulzhauses Holzmarkt 437 genannt.

Die *Bierbrauereien* gemäß dem *Adress- und Geschäfts-Handbuch der Stadt Kulmbach* von 1882 unter Angabe der Berufe der genannten Personen und der heutigen Anschriften:

* I. Kulmbacher Actien-Exportbierbrauerei (Director M. Täffner)	Klosterg. 4
Angermann Karl, Bäckermeister	Fischergasse 6
* Angermann Michael, Inh. Angermann Elise	Pörbitscher Weg 9
* Christenn Adolf, Inh. Christenn Chrissy	Grabenstraße 8
Eberlein Johann, Bierbrauer	Spitalgasse 7
* Eberlein Leonhard, Bierbrauer	Schießgraben 8
Grethlein Fritz, Bäckermeister	Obere Stadt 31
Grethlein Wilhelm, Bierbrauer	Huthersgasse 9
Hahn Konrad, Büttnermeister	Oberhacken 32
Hartmann Fritz, Bäckermeister	Obere Stadt 9
Hereth Joh. Adam, Metzgermeister	Obere Stadt 5
* Hering Erhard, Glasermeister	Obere Stadt 21
Hering Matthäus, Bierbrauer	Marktplatz 5
Hühnlein Adam, Bäckermeister	Kirchwehr 8
Lauterbach Georg, Bäckerm.	Grabenstraße 15
Lauterbach Konrad, Bäckerm.	Holzmarkt 10
Ludwig Andreas, Bäckermeister	Langgasse 9
Michel Michael, Bierbrauer	Grünwehr 32
Mösch Johann, Bäckermeister	Röhrenplatz 1
Nützel Konrad, Bierbrauer	Langgasse 16
Pensel Georg, Bäckermeister	Fischergasse 40
Pertsch Christian, Bierbrauer	Fischergasse 2
* Petz Hans, Bierbrauer	Buchbindergasse 12
* Petz Karl, Bierbrauer	Langgasse 6
Pfaff Heinrich, Bäckermeister	Fischergasse 42
Plank Andreas, Bierbrauer	Röhrenplatz 5
* Plank Hans, Bierbrauer	Spitalgasse 2
* Plank Konrad, Bierbrauer	Fischergasse 31
* Pöhlmann Christian, Bierbrauer	Fischergasse 21
Pöhlmann Wilhelm, Inh. Pöhlmann Marie	Schießgraben 24

* Reichel J. W.,	
Inh. Reichel Margarete	Buchbindergasse 2
* Rizzi Karl, Bierbrauer	Spitalgasse 16
Ruckdeschel Andreas, Bierbrauer	Obere Stadt 16
Ruckdeschel Katharina,	
Bäckerswitwe	Kressenstein 10
* Sandler Georg,	
Exportbierbrauerei	Fischergasse 8
Sandler Lorenz, Bierbrauer	
Schott Adam, Bäckermeister	Langgasse 25
Schultheiss Karl, Bäckermeister	Holzmarkt 12
Semmelroch Paul, Bierbrauer	Grabenstraße 9
Ströber Fritz, Bäckermeister	Buchbindergasse 6
Täffner Simon, Bierbrauer	Spitalgasse 26
Weinreich Karl, Bierbrauer	Obere Stadt 17
Weiss Georg, Gastwirt	Grünwehr 1
Weiss Jean, Büttnermeister	Röthleinsberg 3
* Weiss Louis,	Spiegel 14
Inh. Weiß Valentin u. Eduard	Obere Stadt 13
Werner Andreas, Bäckermeister	Kapellengäßchen 7
Wich Heinrich, Bierwirt	Webergasse 2
Zanner Heinrich, Restaurateur	Kressenstein 19

*Die mit * bezeichneten Firmen betreiben hauptsächlich Exportgeschäfte.*

Zunächst soll auf eine Darstellung der Entwicklung der einzelnen kleineren Brauereien verzichtet werden; dies geschieht später – gemeinsam mit deren Schicksal zu Beginn des 20. Jahrhunderts. Wiederholungen lassen sich so besser vermeiden, auch bleibt der Zusammenhang gewahrt.

3.5 Das Jahr 1900 – Höhepunkt und vorläufiges Ende einer fantastischen Erfolgsgeschichte

Die Jahre 1899 und 1900 bildeten für die Kulmbacher Brauindustrie – mit 728.506 bzw. 733.748 hl exportiertem Bier – den Höhepunkt einer fantastischen Erfolgsgeschichte. Gleichzeitig sollten diese beiden Jahre aber auch den vorläufigen Abschluss dieser Erfolgsgeschichte bedeuten. Deshalb soll kurz innegehalten und die seinerzeitige Situation in und für Kulmbach und seine Brauindustrie genauer betrachtet werden.

3.5.1 Michael Taeffner †

Am 14. Mai 1900 verstarb Michael Taeffner – ein heute fast vergessener Pionier der Kulmbacher Brauindustrie. Sein Tod markiert auch das Ende einer Epoche. Taeffner hatte die Erste Culmbacher Actien-Exportbier-Brauerei im Jahr 1872 mitgegründet, aufgebaut und 28 Jahre lang bis zu seinem Tod geleitet. 1897 – zum 25jährigen Bestehen – konnte er deshalb zu Recht mit Stolz feststellen: *So war die Brauerei im Laufe der Jahre zu einer der bedeutendsten Grossbrauereien unseres bayerischen Heimathlandes – nur in München bestehen einige grössere – herangewachsen.*

Nun sein Lebensweg ab 1872: Nachdem seine Frau Christiana am 9. November 1866 verstorben war, hatte Michael Taeffner am 16. Juli 1867 erneut geheiratet, diesmal F r i e d e r i k a Georgine Weiß, Tochter des *Bürgers und Tuchscherermeisters* Christian H e i n r i c h Weiß und dessen Frau Susanna Maria, geb. Ries. Aus dieser Ehe entstammten eine Tochter und zwei Söhne.

3.5 1900 – Der Höhepunkt

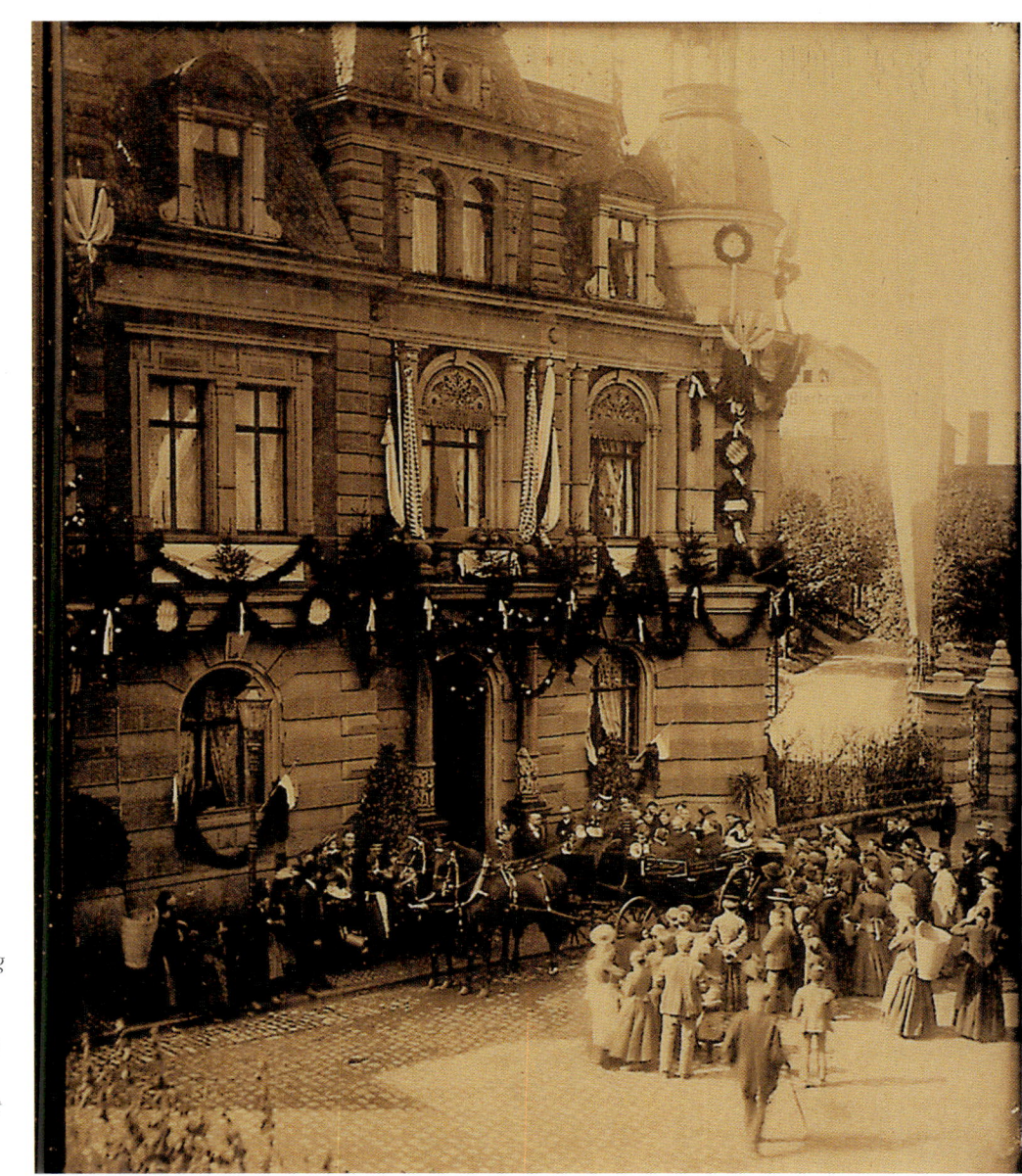

Prinz Ludwig von Bayern, der spätere König Ludwig III., besucht vom 22. bis 24. Mai 1892 die Stadt Kulmbach und nimmt Quartier im Hause Taeffner.

Michael Taeffner

Mit seiner Familie bewohnte Michael Taeffner – etwa ab 1880 – das heutige Haus Kressenstein 17 – eine neu errichtete, äußerst repräsentative Villa. Dieser Bau demonstrierte eindrucksvoll den Reichtum und die gesellschaftliche Stellung seines Besitzers. Jeder auswärtige Besucher Kulmbachs hatte bei seinem Weg vom Bahnhof in die Stadt als erstes dieses hochherrschaftliche Gebäude vor Augen.

Taeffner war in den drei Jahrzehnten nach 1870 – nach seinem persönlichen Einfluss und nach der allgemeinen Anerkennung – einer der ersten, vielleicht sogar d e r erste Bürger seiner Heimatstadt Kulmbach: Er war nicht nur 28 Jahre lang Direktor des größten Unternehmens in der Stadt, sondern zugleich noch Vorstand der Gemeindebevollmächtigten bis Dezember 1881 und anschließend Magistratsrat bis Dezember 1887.

Als offizielle Ehrungen erhielt Michael Taeffner 1887 von Prinzregent Luitpold den Titel *Commerzienrath* verliehen und 1897 – anlässlich des 25jährigen Bestehens seiner Brauerei – von der Stadt Kulmbach das Ehrenbürgerrecht. Bei ihren Besuchen in Kulmbach nahmen die bayerischen Prinzen Wohnung im Hause Taeffner: 1892 Prinz Ludwig und 1897 Prinz Rupprecht – sicherlich eine große Ehre und Auszeichnung für den Brauereidirektor.

Als Michael Taeffner am 14. Mai 1900 starb, brachten beide Zeitungen der Stadt – das *Kulmbacher Tagblatt* und die *Kulmbacher Nachrichten* – ausführliche Nachrufe für den Verstorbenen:

Er ist der Vater und Schöpfer dieses größten Unternehmens unsrer Stadt, und durch seinen rastlosen Fleiß und großen Scharfsinn gelang es ihm, dieses Unternehmen zu nie geahnter Höhe emporzuschwingen. In Herrn Taeffner verkörperte sich die gewaltige industrielle Entwicklung unserer Vaterstadt. „Seine" Brauerei wurde dabei als *bahnbrechend für die ganze heutige Bedeutung des Kulmbacher Bierexportes* bezeichnet. Und als Abschluss hieß es: *Der Name Michael Taeffner ist eingezeichnet in die Geschichte unserer Stadt und zwar in die Geschichte einer Zeitperiode, in der sie eine Ent-*

Ansichtskarte von Kulmbach mit dem Kulmbacher Schankmädchen, 1900

wicklung wie nie zuvor genommen. Sein Andenken überdauert daher Grab und Tod! Er ruhe in Frieden!

Mit einigen Sätzen sei ein persönliches Fazit des Verfassers gezogen. Michael Taeffner war
- ein Mann mit seinerzeit bester schulischer und universitärer Ausbildung – damit seinen Mitbürgern deutlich überlegen und von diesen offensichtlich auch anerkannt.
- einer, der die Kulmbacher Wirtschaft und Lokalpolitik über Jahrzehnte entscheidend mit beeinflusste,
- nicht Eigentümer, sondern – von der zeitlichen Entwicklung her betrachtet – der erste angestellte Manager einer Kulmbacher Brauerei.
- ein ausgesprochener Pionier für die Kulmbacher Brauindustrie mit entscheidenden Verdiensten für die Stadt und für alle Brauereien am Ort. Die Würdigungen anlässlich seines Todes erscheinen gerechtfertigt und angemessen.

Trotzdem erinnert heute kaum etwas in Kulmbach an Michael Taeffner, nicht einmal eine Straße und auch sonst nichts trägt seinen Namen.

3.5.2 Das Stadtbild Kulmbachs um 1900

Innerhalb von etwa 50 Jahren – zwischen 1848 und 1900 – hatte sich das Stadtbild Kulmbachs wesentlich geändert: Ein Gemeinwesen, das über mehrere Jahrhunderte hinweg nahezu unverändert in seinen

(Stadt-)Mauern verharrt hatte, überschritt seine engen Grenzen und mauserte sich innerhalb von nur zwei Generationen zur expandierenden Industriestadt – mit allen Vor- und Nachteilen.

Aber nicht in jeder Hinsicht wollte man diese Entwicklung anerkennen und sehen. So zeigen die damals üblichen Ansichtskarten – kunstvolle Lithographien – stets das alte, heimelige Städtchen mit seiner Petrikirche und darüber – beherrschend und beschützend zugleich – die Plassenburg. Dieses „heile" Bild wurde noch ergänzt durch die Darstellung der neuesten Bauten, auf die man vor Ort besonders stolz war: Königliche Realschule, Vereinshaus, Rehturm und andere. Ausgespart blieben dabei die neuen Industriebauten – sie hätten wohl die Idylle gestört.

Im Gegensatz dazu zeigt die abgebildete Karte von 1900 die Stadt Kulmbach so, wie sie damals wirklich war, nämlich eher als Industriestadt denn als Idylle: Industriebauten – Brauereien und Malzfabriken – nehmen die reichliche, linke Hälfte des Bildes ein, dazu rauchende Schornsteine. Im rechten Teil ist – recht zusammengedrängt – die alte Stadt mitsamt der Burg zu sehen. Aber auch hier sind noch zwei Fabrikschornsteine zu erkennen.

Und in *Geographie von Bayern I* – einem Unterrichtsbuch für Landschulen – heißt es über unsere Stadt: *Vielen hohen Schornsteinen entqualmen unaufhörlich schwarze Rauchwolken. Kulmbach ist eine Fabrikstadt. Namentlich gibt es dort große Brauereien, die vortreffliches Bier herstellen.*[8]

Kulmbach war also nicht mehr eine kleine „romantische" Stadt aus dem Mittelalter, sondern eine nun moderne Industriestadt mit Qualm und Ruß. Rauchende Schornsteine galten damals noch nicht als Umweltverschmutzung; sie waren vielmehr ein Zeichen dafür, dass die Wirtschaft in der Stadt Kulmbach florierte und dass es ihren Bürgern gut ging. Natürlich schimpften die Hausfrauen über den Ruß, der ihre zum Trocknen aufgehängte Wäsche verschmutzte. *Wos wollt ihr denn*, sagte dagegen der Bierbrauer Sandler recht ungerührt, *der Ruß bringt's Geld.*[9]

Eingefügt auf der Postkarte ist außerdem noch das *Kulmbacher Schankmädchen* – ein Genrebild des seinerzeit in München lebenden Malers Professor Johann Carl Hetz. Hetz, eines geborenen Kulmbachers. Er hat dieses Motiv mehrmals gemalt und variiert. Dabei soll die Tochter des Malers Modell gestanden haben; ihr Name ist uns leider nicht überliefert.

3.5.3 Kulmbacher Bier in San Francisco und ein Praktikant aus Japan

Schon um 1868 warben verschiedene, damals noch „kleine" Kulmbacher Brauer mit Bierexport nach Amerika und Australien. Bierbrauen und -export geschahen seinerzeit aber in Kulmbach noch in recht bescheidenem Umfang. Insofern dürfte sich der genannte Export nach Amerika und Australien wohl auf wenige Fässer beschränkt haben.

Umso toller ist deshalb für uns Kulmbacher eine Ansichtskarte aus dem Jahr 1908: Ein – uns ansonsten unbekannter – *Walter* grüßt aus San Francisco ein Fräulein Margarete Steffen in Berlin. Walter benutzt für seinen Gruß eine Ansichtskarte des Lokals *The Louvre – Leading Restaurant*. Als *führendes Haus* am Platz wirbt *The Louvre* mit *German Beers*: neben Pilsner, Hofbräu und Würzburger Bier auch mit *Culmbacher*. Wir können natürlich heute nicht überprüfen, ob und in welchem Umfang Kulmbacher Bier im Jahre 1908 in San Francisco – in der von uns aus am weitest entfernten Großstadt der USA – im regelmäßigen Ausschank war. Aber man warb mit Kulmbacher Bier in San Francisco – also

3.5 1900 – Der Höhepunkt

Ansichtskarte von dem Restaurant „The Louvre" aus San Francisco (1908)

wollte man auch dort von seinem guten Ruf profitieren.

Leider sind uns heute für den Bierexport nach den USA nur Zahlen für die Jahre 1908 und 1909 bekannt: So beliefen sich die Bierlieferungen aus dem Amtskreis des Konsulats Bamberg für die Vereinigten Staaten auf den Wert von 81.922 bzw. 127.992 Mark, wobei anzunehmen ist, dass diese Lieferungen so gut wie ausschließlich von Kulmbacher Brauereien stammten. Demnach hatten die Kulmbacher ihre Ausfuhr im Lauf des Jahres 1909 deutlich steigern können. Nimmt man dabei einen Wert von 20 Mark pro Hektoliter an, dann belief sich 1909 der Kulmbacher Bierexport nach den USA auf ungefähr 6.000 hl.[10]

Auch im „nahen" London wurde seinerzeit Kulmbacher Bier ausgeschenkt und getrunken. Mit einer Postkarte vom 10. Mai 1904 teilt der Wirt des Lager-Beer-Saloons *Ye Olde Gambrinus* der Brauerei Mönchshof folgende Reklamation mit:

Bezugnehmend auf Ihr Faß-Conto … theile ich Ihnen höflichst mit, daß ich Ihnen nur 80 leere Gebinde schulde und nicht 81, und bitte ich daher Ihr Conto demgemäß zu corrigieren. Die Anzahl der Gebinde lässt hier jedenfalls auf einen guten Umsatz mit Kulmbacher Bier schließen.

Noch ein anderes Vorkommnis unterstreicht den damaligen Weltruf der Kulmbacher Biere: Im Jahr 1903 praktizierte Masashi Fujita[11] im Auftrag der japanischen Brauerei Sapporo zwei Monate lang bei

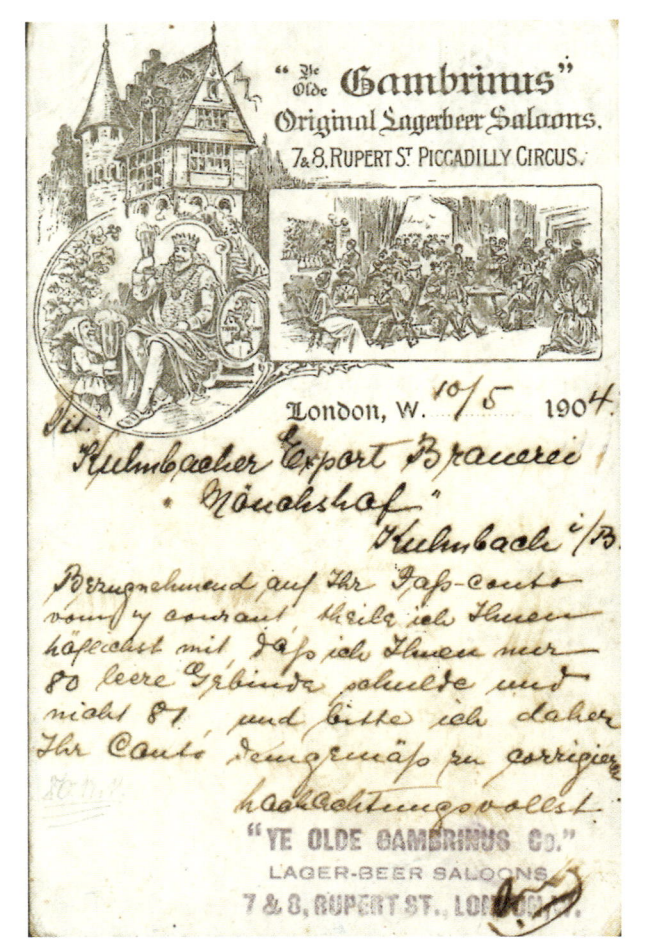

Postkarte des Saloons „Ye Olde Gambrinus" an die Brauerei Mönchshof vom 10. Mai 1904

Masashi Fujita, fotografiert 1903 in München

der Kulmbacher Mönchshof-Brauerei, um hier die Kunst, dunkles Bier zu brauen, zu erlernen. Fujita war bereits 1897 in die Dienste der Brauerei Sapporo eingetreten und bis 1940 für das Unternehmen tätig. Seine Firma schickte ihn 1902 erstmals ins Ausland: In den USA sollte er damals an der *Wahl & Henius Brewing Academy* in Chicago Brauerei-Technologie studieren.

Ein Jahr später wurde er dann nach Deutschland beordert, um in Kulmbach bei der Mönchshofbräu

3.5 1900 – Der Höhepunkt

zu lernen, wie das dunkle Bier gebraut wird. Sein Lehrmeister war Oskar Riedel, der damalige Direktor der Brauerei. – Masashi Fujita wurde so der erste Brauer, der in Japan dunkles Bier hergestellt hat.

Fujitas Praktikum bei Mönchshof war vor Ort schon längst vergessen. Aber 1999 starteten Sohn und Schwiegertochter – als „alte Herrschaften" – eine Weltreise auf den Spuren des Vaters. Und so kamen sie auch nach Kulmbach zur Mönchshof.

3.5.4 EKU-Bier bereits um 1900 in China

2006, bei seinem ersten Besuch in China, erlebte Thomas Wölfel, der Exportleiter der Kulmbacher Brauerei AG, eine faustdicke Überraschung: Kulmbacher Bier wurde hier schon um 1900 verkauft! Wölfels erster Kunde unterhielt ein kleines Privatmuseum und präsentierte seinem Gast stolz einen alten Zeitungsausschnitt.

In der *Peking and Tientsin Times* vom 20. April 1901 boten die Gebrüder Trendel in einer Kleinanzeige frisch eingetroffenes Bier der Ersten Kulmbacher Actien-Exportbierbrauerei an, und zwar die folgenden Sorten:

Id Dunkles Exportbier	$ 20,00
Monopolbier	$ 19,00

Anzeige der Gebrüder Trendel in der
Peking and Tientsin Times, 20. April 1901

Salon Tafelbier $ 20,00
Bockbier $ 24,00

Der Preis verstand sich immer *per case*. Dabei muss offen bleiben, um welche Menge Bier es seinerzeit ging. Auch wenn wir heute den Wert der genannten Dollars nur schwer einschätzen können, so war dieses Kulmbacher Bier in China mit Sicherheit ein ausgesprochen teures Luxusgut. Im Übrigen boten die Gebrüder Trendel noch *Pilsen Beer* zu $ 15,00 an.

Doch wer waren eigentlich diese Gebrüder Trendel? Es waren die drei Brüder Eduard Wilhelm, Anton Wilhelm und Fritz Trendel, aus einer alteingesessenen Kulmbacher Fabrikantenfamilie stammend.[12] Offensichtlich hatte alle drei das „Chinafieber" ergriffen, denn sie wanderten um 1900 in den Fernen Osten aus. Dort waren sie dann als Kaufleute tätig – wohl vor allem im Ex- und Import verschiedener Waren. Dazu gehörte – offensichtlich war die entsprechende Nachfrage gegeben – auch der Handel mit Kulmbacher Bier. In Kulmbach selbst war ein Wilhelm Trendel – Vater oder Onkel der drei Brüder? – bis 1901 als Prokurist bei der Ersten Actienbrauerei beschäftigt; damit war schon entschieden, von welcher Brauerei das Bier bezogen wurde.

3.5.5 Kulmbacher Bier in der Literatur

Kulmbacher Bier haben nicht nur Große und Prominente getrunken, Kulmbacher Bier hat sogar Eingang in die Literatur gefunden. Es werden im Folgenden zwei kurze Textstellen[13] abgedruckt, und Sie – als der/die geneigte Leser/in – sollen dann herausfinden, aus welchem Werk diese Textstellen stammen und welcher Schriftsteller sie geschrieben hat. Um es Ihnen nicht zu schwer zu machen, erhalten Sie jeweils drei Vorschläge zur Auswahl. Für einen müssen Sie sich dann entscheiden. Also viel Spaß bei der Lektüre und beim Nachdenken! Die Lösung finden Sie dann am Schluss des Buches.

Text 1:

Hans C. hatte sich Tee geben lassen und tauchte Zwieback hinein. Auch etwas Marmelade versuchte er. Den Rosinenkuchen betrachtete er genau, doch erzitterte er buchstäblich bei dem Gedanken, davon zu essen. Abermals saß er an seinem Platze im Saal mit dem einfältig bunten Gewölbe, den sieben Tischen, – zum viertenmal. Etwas später, um sieben Uhr, saß er zum fünftenmal dort, und da galt es das Abendessen. In die Zwischenzeit, welche kurz und nichtig war, fiel ein Spaziergang zu jener Bank an der Bergwand, beim Wasserrinnsal – der Weg war jetzt dicht belebt von Patienten, so daß die Vettern häufig zu grüßen hatten – und eine neuerliche Liegekur auf dem Balkon, von flüchtigen und gehaltlosen anderthalb Stunden: Hans C. fröstelte heftig dabei.

Zur Abendmahlzeit kleidete er sich gewissenhaft um und aß dann zwischen Miss Robinson und der Lehrerin Juliennesuppe, gebackenes und gebratenes Fleisch nebst Zubehör, zwei Stücke von einer Torte, in der alles vorkam: Makronenteig, Buttercreme, Schokolade, Fruchtmus und Marzipan, und sehr guten Käse auf Pumpernickel. Wieder ließ er sich eine Flasche Kulmbacher dazu geben. Als er jedoch sein hohes Glas zur Hälfte geleert hatte, erkannte er klar und deutlich, daß er ins Bett gehöre. In seinem Kopfe rauschte es, seine Augenlider waren wie Blei, sein Herz ging wie eine kleine Pauke, und zu seiner Qual bildete er sich ein, daß die hübsche Marusja, die, vornüber geneigt, ihr Gesicht in der Hand mit dem kleinen Rubin verbarg, über i h n lache, obgleich er sich so angestrengt bemüht hatte, keinerlei Veranlassung dazu zu geben. Wie aus weiter Ferne hörte er Frau Stöhr etwas erzählen oder behaupten, was ihm als so tolles Zeug erschien, daß er in verwirrte Zweifel geriet, ob er noch richtig höre oder ob Frau Stöhrs Äußerungen sich vielleicht in seinem Kopfe zu Unsinn verwandelten. Sie erklärte, daß sie achtundzwanzig verschiedene Fischsaucen zu bereiten verstehe, – sie habe den Mut, dafür ein zu stehen, obgleich ihr eigener Mann sie gewarnt habe, davon zu sprechen. „Sprich nicht davon!" habe er gesagt. „Niemand wird es dir glauben, und wenn man es glaubt, so wird man es lächerlich finden!"

Aus welchem Werk stammt Text 1?
a) Joseph von Eichendorff:
                Aus dem Leben eines Taugenichts
b) Johann Wolfgang von Goethe:
                Die Leiden des jungen Werther
c) Thomas Mann: Der Zauberberg

Text 2:
Wir betreten den genannten Konzertgarten, und die drei Kritiker meiner Beine stellen sich draußen am Zaun auf und lassen mich so wenig aus den Augen, dass ich hingehe und sie frage:
   „Sie fixieren mich! Kennen Sie die Folgen davon? Was wählen Sie, Pistolen oder Säbel?"
   Sie starren mich mit hochroten Gesichtern erschrocken an, bis der älteste mir erklärt:
   „Wir haben nicht fixiert, sondern nur so hingeguckt."
   „Das bleibt sich gleich! Kennen Sie mich?"
   „Ja."
   „So kommen Sie herein! Wir müssen die Angelegenheit besprechen!"
   „Wir können nicht hinein; uns fehlt der Nervus rerum!"
   „Das tut nichts. Kommen Sie an die Kasse!"

Sie kommen dieser Aufforderung mit sorgenvollem Herzen nach und sitzen dann höchst niedergedrückt beim Kulmbacher, das ich ihnen geben lasse. Aber als ich kein Wort von Fixieren, Duell und Sekundanten erwähne, heitern sich ihre Mienen auf; sie bekommen den Mut, mir ihre „Blumen" zuzutrinken, und bald sitze ich als Prüfling vor ihnen und werde so gründlich über meine Reisen ausgefragt, dass ich, als das Konzert zu Ende geht, beim besten Willen nicht sagen kann, was geblasen worden ist. Sie aber trennen sich mit der Versicherung von uns, dass sie zwar gehörig erschrocken seien, bald aber bemerkt hätten, dass ich nur gescherzt habe; nun bitten sie mich mit dankbarem Herzen, ja nicht zu vergessen, dass die zwei seligen Stunden hier im Garten der schönste Tag in ihrem Leben sein und bleiben werden. –
   Nach dieser Abschweifung führe ich den Leser in mein Speisezimmer zurück, wo er beobachten kann, wie ich in wenigen Minuten die gestörte Mahlzeit beende. Dann flüchte ich mich wieder in mein Arbeitszimmer und gehe die Umschläge der zweiten Post durch. Zum Öffnen und Lesen habe ich heute keine Zeit mehr. Ein Brief ist kurz gerichtet an: „Mr. ..."; die pfiffige Post hat ihn nach Radebeul weitergeleitet.

Aus welchem Werk stammt Text 2?
Karl May: Der Zaubertrank
Ludwig Thoma: Lausbubengeschichten
Carl Zuckmayer: Der Hauptmann von Köpenick

Auflösung im Anhang

Konzentration der Kulmbacher Brauereien vor 1900 nördlich der Bahnlinie ...

- EHEM. BRAUEREI HEINRICH HERING
- Hattingen & Weerth
- Biertrebertrocknungsanlage
- Kronacher Straße
- Weißer Main
- Mittelau-Straße
- Malzfabrik
- ERSTE CULMBACHER ACTIEN-EXPORTBIER-BRAUEREI
- Dampfhaus
- Verladehalle
- Pich- und Schwankhalle
- Eishaus
- Büttn.
- BRAUEREI GEBR. FLEISCHMANN
- RIZZIBRÄU - Neue Brauerei -
- Bahnhofsgelände

0 10 20 30 40 50 m

... und in der Sutte

- Weißer Main
- Sutte
- Webergasse
- Kohlenbach (Feuerbach)
- Fischergasse
- Grabenstraße
- RIZZI BRÄU - Alte Brauerei -
- EHEM. PERTSCH & CONS.
- EHEM. J. W. REICHEL
- BRAUEREI O. SCHMIDT
- Brauhaus-gäßchen
- ERSTE CULMBACHER ACTIENBRAUEREI

4. Erste Rückschläge in den Jahren nach 1900

4.1 Allgemeine Darstellung der Entwicklung ab 1900 bis zu Beginn des Ersten Weltkriegs

War der Zeitraum ab 1870 durch einen fast ungebremsten Aufschwung der Kulmbacher Brauindustrie gekennzeichnet, so brachten die Jahre ab 1900 empfindliche Rückschläge für die ortsansässigen Betriebe. Die Bierausfuhr über die bayerische Grenze ging – nach dem Höhepunkt in den Jahren 1899 und 1900 – deutlich zurück und pendelte sich – wie die Darstellung auf Seite 133 zeigt – schließlich bei Werten ein, die noch unter den Ausfuhrzahlen von 1893 lagen.

Aus Gründen der Kontinuität sind die Zahlen für die Graphik bei OTTO SANDLER[1] entnommen und beschränken sich auf die Bierausfuhr über die bayerische Grenze. Diese Bierausfuhr machte etwa 85% der gesamten Bierproduktion in Kulmbach aus. Daneben wurden auch öfters Zahlen für die Bierausfuhr über die Stadtgrenze Kulmbachs veröffentlicht, die natürlich etwas über den hier verwendeten Werten liegen. Insgesamt geben sie jedoch alle die gleiche Tendenz wieder.

Im Folgenden soll nun die Entwicklung der einzelnen Jahre dargestellt werden. Es wird dabei im wesentlichen zurückgegriffen auf die Jahresberichte der Handels- und Gewerbekammer für Oberfranken und auf Hinweise von MAX HUNDT[2] (mit Datumsangabe):

Für 1900 geht die Handels- und Gewerbekammer von „nur" 723.749 hl Bierausfuhr aus, während OTTO SANDLER 733.748 hl angibt, also 10.000 hl mehr. SANDLER stützt sich bei seinen Zahlenangaben offensichtlich auf die Verwaltungsberichte der Stadt Kulmbach jener Jahre. Dagegen scheint die Handels- und Gewerbekammer die Zahlen für ihre Jahresberichte anders erfasst zu haben. Beide Aufstellungen weichen in den übrigen Jahren nur geringfügig voneinander ab. Allerdings ist die Differenz für das Jahr 1900 sehr deutlich; es ergibt sich daraus auch eine zusätzliche Konsequenz: Nach den Zahlen der Kammer hätte der Kulmbacher Bierexport seinen Höchstwert 1899 erreicht, nach den Zahlen von SANDLER wäre dies aber erst 1900 der Fall gewesen.

1900

Wie bereits im letzten Handelskammerberichte darauf hingewiesen wurde, mehren sich die Anzeichen, daß die Betriebsüberschüsse bei den Exportbierbrauereien sich zu mindern beginnen und überhaupt der Höhepunkt in der Entwicklung der bayerischen Exportbier-Industrie überschritten zu sein scheint.

Zum ersten Male in dem langen Zeitraume von fast drei Jahrzehnten hat im Jahre 1900 die Bierausfuhr aus Kulmbach die Höhe des vorangegangenen Jahres nicht erreicht und es erscheint möglich, daß der Rückschlag im Jahre 1901 noch fühlbarer werden wird. Denn es wirken verschiedene

Umstände zusammen, das Bierexportgeschäft zu erschweren, und man muß leider der Befürchtung Raum geben, daß die eingetretene Stockung nicht so rasch vorüber gehen dürfte.

Die Verkaufspreise für Bier gehen zurück, während die Rohstoffe, die Betriebsmaterialien, die Arbeitslöhne und sonstige Unkosten steigen. Sollte vielleicht noch eine Erhöhung des Gerstenzolles kommen, so würde desto stärker die deutsche Brau-Industrie geschädigt, wenn es nicht gelingen sollte, höhere Verkaufspreise zu erzielen.

1901
Die Exportbierindustrie hat ein schweres Jahr hinter sich. Die Befürchtungen, die im vorjährigen Berichte an dieser Stelle ausgesprochen wurden, sind leider eingetroffen und der Rückgang im Bierexport aus Kulmbach war noch stärker, als es zu Anfang des vorigen Jahres vermuthet werden konnte. Daß von diesem Rückgang alle Exportbrauereien des Platzes in ziemlich gleichmäßigem Prozentverhältnis betroffen wurden, ist für sie nur ein schwacher Trost.

Der Bierexport sank in einem Jahr von 733.748 hl auf 602.893 hl: ein Verlust von 130.855 hl oder 18%! Mit dem Geschäftsjahr 1900/01 begannen die sieben dividendenlosen Jahre der Rizzibräu AG.

7. Februar: *Wegen drohender Lohnkämpfe und der umfassenden gewerkschaftlichen Organisation der Brauer und Mälzer schlossen sich die Betriebsunternehmer dieser Industrien zu einer Brauer- und Mälzereivereinigung zusammen, die schiedsgerichtlichen Austrag der Differenzen durch eine Lohnkommission vorschlug.*

1902
Auch im Jahre 1902 hatte die Exportbier-Industrie mit äußerst schwierigen Verhältnissen zu kämpfen.

Denn speziell in denjenigen Gebieten Norddeutschlands, nach welchen vorwiegend die größeren Sendungen Kulmbacher Biere gingen, waren die Erwerbsverhältnisse ungünstig, was fast allenthalben eine Verminderung des Konsums zur Folge hatte. Dies gilt namentlich für die schweren und deshalb teureren Kulmbacher Exportbiere.

Der Bierexport sank erneut um 66.230 hl oder um 11%. Der Verlust gegenüber 1900 betrug 197.085 hl oder 27%.

31. Oktober: *Krise im Braugewerbe. ²/₃ der Kulmbacher Brauereiarbeiter hatten verkürzte Arbeitszeit. 150 Brauereiarbeiter waren arbeitslos. Aehnlich kritisch war die Lage des Nürnberger, Münchner und Berliner Braugewerbes. Die Konsumkraft der Bevölkerung war seit einem halben Jahr rapid gesunken.*

1903
Weiteres Absinken des Bierexportes um 28.206 hl oder 5%. Verlust gegenüber 1900: 225.291 hl oder 30,7%.

Noch niemals vorher ist der Rückgang des Bierkonsums so fühlbar in die Erscheinung getreten, wie im abgelaufenen Jahre. Fast alle Bierbrauereien, ohne Unterschied der Größe, haben darüber zu klagen. Die Gründe für diesen Rückgang des Bierkonsums sind verschiedener Art; hauptsächlich ist darauf hinzuweisen, daß die Erwerbsverhältnisse im allgemeinen und mit Ausnahme weniger Branchen noch ziemlich mißliche sind, – daß die zunehmende Agitation der Alkoholgegner nicht ohne Wirkung geblieben ist, – und daß speziell der vergangene Sommer eine für den Bierverbrauch ungünstige Witterung brachte.

Unter diesen Umständen hatten sowohl die für den Export, als auch die für den heimischen Bedarf

4.1 Entwicklung ab 1900

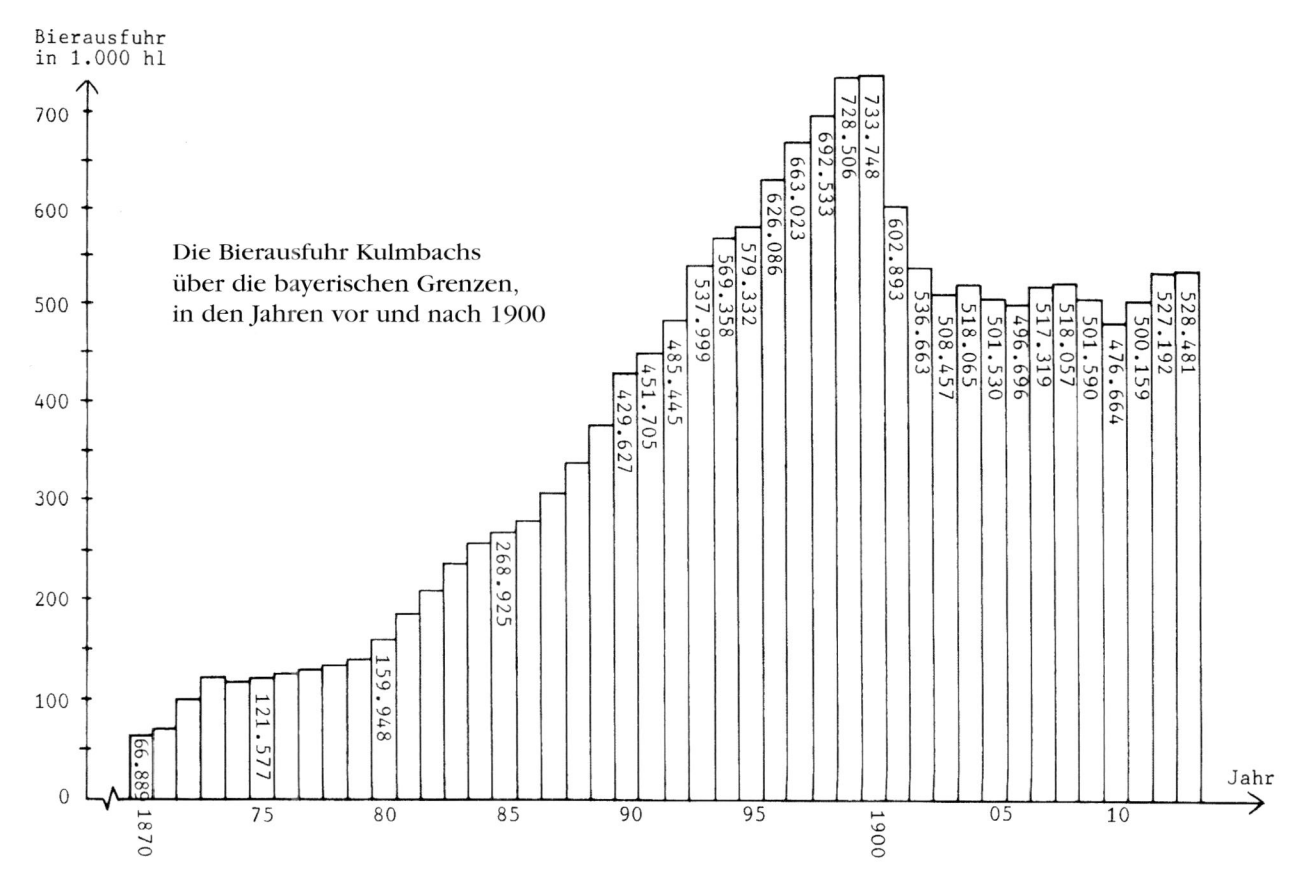

Bierausfuhr
in 1.000 hl

Die Bierausfuhr Kulmbachs über die bayerischen Grenzen, in den Jahren vor und nach 1900

Werte (Jahr: hl):
- 1870: 66.889
- 1875: 121.577
- 1880: 159.948
- 1885: 268.925
- 1890: 429.627
- 1891: 451.705
- 1892: 485.445
- 1893: 537.999
- 1894: 569.358
- 1895: 579.332
- 1896: 626.086
- 1897: 663.023
- 1898: 692.533
- 1899: 728.506
- 1900: 733.748
- 1901: 602.893
- 1902: 536.663
- 1903: 508.457
- 1904: 518.065
- 1905: 501.530
- 1906: 496.696
- 1907: 517.319
- 1908: 518.057
- 1909: 501.590
- 1910: 476.664
- 1911: 500.159
- 1912: 527.192
- 1913: 528.481

arbeitenden Brauereien zu leiden. – Gegen Ende des Jahres machte sich in den Absatzverhältnissen der Kulmbacher Exportbierbrauereien eine Wendung zum Besseren bemerkbar, und es bleibt nur zu wünschen, daß diese langsam beginnende Aufwärtsbewegung eine stetige und dauernde sein möge.

Die Gersten- und Malzpreise gestalteten sich im abgelaufenen Jahre günstig für die Brauereien. Dagegen werden die stark gestiegenen Hopfenpreise die Erträgnisse der Braukampagne 1903/04 sehr fühlbar beeinträchtigen.

1904

Nach 4 Jahren des Rückganges brachte das Jahr 1904 der Kulmbacher Bierindustrie zum ersten Male wieder eine Zunahme im Export. Wenn auch die Erhöhung der Gesamt-Bierversand-Ziffer zunächst nur eine mäßige ist und wenn sie auch nur durch Aufwendung außergewöhnlicher Anstrengungen

Diese gezeichnete Postkarte von 1899 zeigt einen deutlichen Wandel: Aus dem einst verträumten Landstädtchen, wie es der Stich von 1860 auf Seite 43 darstellt, ist eine Industriestadt mit vielen großen Backsteinbauten und mit hohen rauchenden Schornsteinen geworden.

erreicht werden konnte, so ist doch jetzt wenigstens die Grundlage für die Erwartung gegeben, daß der jahrelange Rückgang im Bierexport zum Stillstand gekommen sein möge.

Allerdings wird die Aufwärtsbewegung voraussichtlich nur eine sehr langsame sein. Denn in der letzten Zeit haben sich wieder neue Schwierigkeiten und Hindernisse der Entwicklung der Bierbrauerei und des Bierabsatzes in den Weg gestellt. Die Bewegung gegen den „Mißbrauch geistiger Getränke" nimmt zu und droht, weit über das Ziel hinauszuschießen. Gerste und Hopfen werden immer teurer. Das aus der 1904er Gerstenernte erzeugte Malz stellt sich um 2–3 Mark pro Doppelzentner höher als das des Vorjahres und gibt zudem eine quantitativ weniger günstige Ausbeute als dieses. Der Hopfen aus den beiden letzten Ernten ist um 40–50 % höher im Preise als im Jahre vorher.

4. August: *Die Brauereiaktien zogen wieder an. Erste Kulmbacher Aktien standen an der Dresdner Börse auf 430 %, Petz 165 %, Mönchshof 184 %, Reichel 185 % (letztere beide aber nicht erhältlich!).*

1905
In der Aufwärtsbewegung des Bier-Exportes in Kulmbach, über die im Vorjahre berichtet werden

4.1 Entwicklung ab 1900

Blick von der Plassenburg auf die Stadt mit den vielen Industriebauten entlang der Eisenbahn

konnte, ist leider wieder eine Stockung eingetreten. Hierdurch sind, außer den Brauereien selbst, die Mälzereien und auch eine Reihe anderer Gewerbszweige nachteilig beeinflußt worden, unter den letzteren namentlich die Büttnereien; diese hatten in Kulmbach außerdem noch besonders unter einer lange andauernden Arbeitseinstellung der Gehilfen zu leiden.

19. März: Neue Lohnbewegung der Brauer und Mälzer: Mindestlöhne für gelernte Arbeiter (Brauer, Mälzer, Büttner) bei 10stündiger Arbeitszeit wöchentlich 21 Mark, für Ungelernte (Kutscher, Hilfsarbeiter usw.) 18 Mark, sowie für alle Arbeiter tägl. 4 l Bier und 3 bis 6 Tage Urlaub.

11. Oktober: Die riesigen Felsenkeller am Festungsberg, einst die Ursache für die Qualitätssteigerung des Kulmbacher Bieres, standen wegen der Errichtung eigener Keller durch die Brauereien seit Jahren leer. Zwei solcher Keller, die im vorhergehenden Jahrhundert 60.000 Mark gekostet hatten, wurden nun um 3.000 Mark verkauft.

1906

Vorläufiger Tiefpunkt mit einem Bierexport von 496.696 hl. Verlust gegenüber 1900: 32%.

Der Bierexport über die bayerische Grenze hat jedoch die vorjährige Höhe nicht ganz erreicht. Einige Großbrauereien und zwei kleinere Betriebe konnten zwar einen Mehrverkauf ausweisen, der den Minderversand der anderen Brauereien ausglich. Im allgemeinen blieb aber der Bierverkauf erschwert trotz großer Anstrengungen und trotz Gewährung von Darlehen. Für einzelne Gegenden, besonders an Plätzen, wo helle Biere vorwiegend zum Ausschank kommen, machte sich eine etwas lebhaftere Nachfrage bemerkbar, sodaß die Hoffnung berechtigt ist, die Kulmbacher Bierindustrie

4.1 Entwicklung ab 1900

← *Das Verwaltungsgebäude der Ersten Actienbrauerei wurde erst 1908 erbaut; das Grundstück – bzw. ein Teil davon – war lange Zeit nicht im Besitz der Brauerei. Nachdem 1968/69 die Brauerei in die Mittelau verlegt wurde, wurden die alten Gebäude in der Stadtmitte abgerissen; auch dem alten Verwaltungsgebäude drohte eine Zeit lang der Abriss. Glücklicherweise erwarb nach einigen Jahren der Ungewissheit der Kulmbacher Architekt Fritz Schmidt das Haus und renovierte es gründlich. Heute stellt es wieder ein Schmuckstück am Holzmarkt dar. Nach einem im Kellergeschoss eingerichteten Lokal wird das Haus insgesamt als „Besenstiel" bezeichnet.*

Zwei Gebäude, die nicht mehr stehen, und eines, das noch nicht steht: Blick von der Klostergasse auf das alte Gebäude der Kulmbacher Volksbank am Holzmarkt (seinerzeit Gewerbe- und Vorschussverein); im Vordergrund das imposante Sudhaus der Ersten Actienbrauerei. An das Sudhaus in Richtung Holzmarkt anschließen müsste das Verwaltungsgebäude („Besenstiel"); es ist noch nicht gebaut, also muss das Bild vor 1908 aufgenommen worden sein.

werde sich wieder besser entwickeln, umsomehr da die Güte und Haltbarkeit der Biere überall unverändert vollste Anerkennung findet.

20. Januar: Die Erste Kulmbacher Aktienbrauerei teilte mit, daß sie eine Flaschenbierabteilung neu eingerichtet und in Betrieb genommen habe. In kurzen Abständen folgten die übrigen Brauereien.

Die Brauerei Eberlein ging in Konkurs und wurde von der Kapuzinerbräu AG aus Mainleus übernommen. Im selben Jahr stellten die Brauereien Angermann und Hering ihren Betrieb ein.

1908

Die Kulmbacher Exportbier-Industrie hat, allen widrigen Verhältnissen und allen hemmenden Umständen tapfer Trotz bietend, allerdings unter beträchtlichen finanziellen Opfern, sich auf dem vorigjährigen Stande gehalten mit einer Ausfuhrziffer von 553.000 Hektoliter (Ausfuhr über die Stadtgrenze; über die bayerischen Grenze nur 518.057 hl).

1909

Bierausfuhr über die bayerische Grenze 501.590 hl. Die Brauerei Christenn, Inhaber Ottmar Schmidt, stellte ihren Betrieb ein.

1910

Absoluter Tiefpunkt vor dem Ersten Weltkrieg mit 476.664 hl Bierexport. Der Verlust gegenüber 1900 betrug 35%.

Die Kulmbacher Brauereien berichten, daß das Berichtsjahr inbezug auf den Geschäftsgang etwas mehr befriedigt hat, als das Jahr 1909, doch hat die Erhöhung der Malzsteuer den Brauereien große Beunruhigungen gebracht. Es ist nur unter großen Schwierigkeiten und mit erheblichen Opfern gelungen, die durch die Malzsteuer-Erhöhung bedingte Erhöhung der Bierpreise durchzusetzen, und es konnte schließlich die Abwälzung der durch die höhere Malzsteuer verursachten Produktionsverteuerung des Bieres nur bei der Stadtkundschaft durchgeführt werden, während die Bierpreis-Erhöhung auf dem Lande an dem absoluten Widerstand der Konsumenten scheiterte . . . .

Der Absatz über die Grenze Bayerns hinaus wurde weiterhin ungünstig beeinflußt, weil in vielen Fällen kleinere Schankgefäße eingeführt wurden, die dauernd den Bierkonsum schmälern; es bedarf fortgesetzt größter Anstrengungen der einzelnen Betriebe, ihren Absatz zu erhalten.

Außerordentlich schädigend wirken die im norddeutschen Brausteuergebiet, hauptsächlich in Sachsen, gemachten Anstrengungen, an Stelle der Kulmbacher Biere Imitationen in den Vordergrund zu schieben; wir halten es für durchaus nötig, daß die Bezeichnung „Kulmbacher Bier" ebenso wie „Münchener Bier", „Pilsner Bier" als Herkunftszeichen anerkannt wird; es ist dies zur Erhaltung des Renommees der Kulmbacher Biere und der Kulmbacher Brau-Industrie dringend notwendig.

11. Januar: Die gegen schlechtes Einschenken meuternden Biertrinker hatten Erfolg. Das Bayerische Staatsministerium des Innern ordnete an, daß der Abstand des Füllstriches vom oberen Rand des Bierglases 2–4 cm betragen muß, so daß jeder nun die „Borte" kontrollieren konnte. Die Vorschrift besteht heute noch.

16. Februar: Der Prozentgehalt des Bieres mußte in jeder Wirtschaft durch Anschlag bekannt gegeben werden.

2. April: Brauereiaktienkurse an der Dresdner Börse: I. Kulmbacher Aktien 284%, Petz 101%, Rizzi 96,5%, Reichel 180%.

1. Mai: Bierpreiserhöhung auf 24 Pf je Liter. Stürmische, aber vergebliche Proteste der Biertrinker. Der Bierstreik konnte wegen des „durstigen Wetters" nicht durchgehalten werden und scheiterte.

7. Mai: Das Sterben der Klein- und Hausbrauereien begann. Magistratsrat Ludwig verkaufte seine Brauerei an die Brauereivereinigung, in der die Großbrauereien zusammengeschlossen waren.

14. November: Die Fleischmannsche Brauerei wurde von Frau Rizzi um 151.000 Mark ersteigert. (Die Brauerei Gebrüder Fleischmann war im Juli desselben Jahres in Konkurs gegangen.)

1911

Über die Lage der Kulmbacher Brauindustrie wird uns berichtet: „Das abgelaufene Jahr hat unsere heimische Brauindustrie im Allgemeinen befriedigt; die Mehrzahl der Kulmbacher Brauereien konnte sich einer kleinen Absatzsteigerung erfreuen.

Unsere Bestrebungen, für die Bezeichnungen „Kulmbacher Bier" einen gesetzlichen Schutz als Herkunftszeichen zu erwirken, sind dank der verschiedenen Unterstützungen, die wir durch die verehrliche Handelskammer für Oberfranken und durch den Bayerischen Brauerbund gefunden haben, einen kräftigen Schritt vorwärts gekommen; wir haben in einigen bei den Gerichten anhängig gemachten Prozessen obsiegende Urteile erwirkt, wonach die Bezeichnung „Kulmbacher Bier" untersagt ist, wenn nicht gleichzeitig deutlich kenntlich gemacht wird, daß es sich um echtes in Kulmbach selbst gebrautes Bier handelt; merkwürdigerweise können sich die Gerichte nicht entschließen, in Fällen der Verurteilung auch die Publikationsbefugnis zuzuerkennen.

Wir werden nicht aufhören, jeden uns zur Kenntnis gelangenden Mißbrauch der Herkunftsbezeichnung „Kulmbacher Bier" einzuklagen und hoffen dann mit der Zeit auch dahin zu kommen, daß die Gerichte auch auf Publikation der Urteile erkennen werden, damit die Verurteilungen auch zur Kenntnis des großen Publikums gelangen."

1912

Das Jahr 1912 war für die Brauereien durchaus ungünstig; die Produktionsbedingungen gestalteten sich bei außerordentlich hohen Preisen für Hopfen und hohen Gersten- und Malzpreisen sehr schwierig.

Wenn es den meisten Brauereien trotzdem möglich war, die gleichen Dividenden wie im Vorjahre zur Verteilung zu bringen, so haben dazu teilweise Rückstellungen aus dem vorhergegangenen Jahre und der etwas gesteigerte Bierabsatz beigetragen, den fast alle Kulmbacher Brauereien aufzuweisen hatten.

1913

Das abgelaufene Geschäftsjahr war für die Brauereien in Kulmbach eines der ungünstigsten. Die allgemein rückläufige Konjunktur sowie die verregneten Sommermonate beeinträchtigen den Bierabsatz ganz erheblich. Die Produktionsbedingungen gestalteten sich bei hohen Gersten- und Malzpreisen äußerst schwierig.

Über 1914 und die folgenden Kriegsjahre liegen keine Berichte der nunmehrigen Handelskammer für Oberfranken vor. Etliche Ursachen für die Schwierigkeiten der Kulmbacher Brauindustrie wurden in den Jahresberichten der Handels- und Gewerbekammer von Oberfranken schon angesprochen, andere Gründe kamen aber nicht zur Sprache.

Es sollen nun die einzelnen Hemmnisse untersucht werden, wobei aber betont werden muss, dass es im nachherein nicht möglich ist, die Auswirkungen der einzelnen Schwierigkeiten zahlenmäßig zu erfassen.

4.2 Ursachen für die Umsatzverluste der Kulmbacher Brauindustrie

4.2.1 Schlechte Konjunktur

Der allgemeine Aufschwung, in dem sich die deutsche Wirtschaft seit der Reichsgründung befand, erlebte unmittelbar nach der Jahrhundertwende einen deutlichen Einbruch. Die Handels- und Gewerbekammer berichtete noch für 1900: *Die aufsteigende industrielle Konjunktur in Deutschland, welche im Jahre 1895 eingesetzt hat, erreichte im Frühjahre 1900 ihren Höhepunkt und hat seitdem einer schwierigen Geschäftsperiode mit fallenden Preisen Platz machen müssen.*

Doch schon im folgenden Jahr wurde der Kommentar wesentlich deutlicher: *Das Jahr 1901 war fast für alle Zweige des Geschäftes das ungünstigste seit einer langen Reihe von Jahren. Der wirtschaftliche Rückgang, auf den wir schon im vorigen Jahre hingewiesen haben, trat mit voller Vehemenz ein und machte sich nicht nur bei uns, sondern auf dem ganzen Kontinente fühlbar, eine allgemeine Entwerthung industrieller Erzeugnisse hat Platz gegriffen.* MAX HUNDT schließlich schreibt in seiner Kulmbacher Chronik: *Die im Herbst 1901 begonnene schwere Wirtschaftskrise setzte sich fort und verursachte zahlreiche Konkurse. Die Konkursschuldensumme in Deutschland wurde auf 1 Milliarde Mark geschätzt.* Für 1903 endlich konnte die Handels- und Gewerbekammer ein vorläufiges Ende der Schwierigkeiten festhalten: *sodaß die Krisis, welche im Jahre 1900 eingesetzt und drei Jahre hindurch angedauert hat, nahezu als überwunden betrachtet werden darf.*

Die Wirtschaftslage der nächsten Jahre wurde als günstig bezeichnet, kleinere Rückschläge brachten die Jahre 1907/08 und 1912/13.

Die im Jahr 1900 beginnende Wirtschaftskrise brachte zunächst allgemein eine fallende Nachfrage nach Industrieprodukten. Dies traf zum einen Unternehmer und Gewerbetreibende mit nachlassendem Umsatz und rückläufigen Gewinnen, zum anderen bedeutete es für die Arbeitnehmer zumindest teilweise Verlust der Arbeitsplätze und damit Arbeitslosigkeit. Steigende Lebenshaltungskosten verringerten zusätzlich das frei verfügbare Einkommen der Konsumenten. Kulmbacher Bier war ein besonders stark eingebrautes und damit auch teures Bier; es überrascht also nicht, dass die Verbraucher zunächst einmal an diesem „Luxusgut" zu sparen begannen und auf andere, billigere Biere der jeweils ansässigen, einheimischen Brauereien auswichen.

Zum anderen ging – wie schon erwähnt – nach 1900 der Bierkonsum ganz allgemein zurück. Dadurch verschärfte sich gleichzeitig der Konkurrenzkampf zwischen den Brauereien wesentlich.

Eine andere Folge der Wirtschaftskrise war die, dass mancher Gastwirt seine Zahlungsverpflichtungen nicht mehr erfüllen konnte. Forderungsverluste für die Brauereien waren hier die Konsequenz.

Es fällt im übrigen auf, dass die Absatzzahlen der Kulmbacher Brauereien immer erst mit einer gewissen Verspätung auf den allgemeinen Konjunkturverlauf reagierten. Während beispielsweise das Jahr 1903 der Gesamtwirtschaft schon eine wesentliche Besserung brachte, war es gleichzeitig das zunächst schlechteste Jahr für das Kulmbacher Bier.

4.2.2 Der Couleur-Prozess von 1899

Der so genannte Couleur-Prozess wirbelte um die Jahrhundertwende einigen Staub im deutschen Brauwesen auf. Dabei wurde den Kulmbacher Betrieben eine Verletzung des bayerischen Reinheitsgebotes und gleichzeitig Nahrungsmittelfälschung vorgeworfen. Grund hierfür war die Verwendung von gebranntem Stärkezucker – so genanntem Zuckercouleur – zur Färbung des dunklen Bieres; die erlaubte Färbung mit entsprechend gebranntem Malz gelang den Kulmbachern erst später. Hierzu soll eine zeitgenössische Stimme gehört werden. Das *Berliner Tageblatt* berichtet in seiner Ausgabe vom 1. Januar 1911 von Kulmbach als der *nordbayerischen Bierhauptstadt* und führt dabei über die Kulmbacher Bierindustrie und über den Rückgang seit 1900 Folgendes aus:

Dieser Rückgang beruht nicht nur auf den allgemeinen, für das ganze deutsche Braugewerbe geltenden Ursachen, sondern es kam für Kulmbach noch ein besonderer Unstern hinzu. Nachdem nämlich vor Jahren für Bayern das Gesetz erlassen worden war, daß Bier nur aus Gerste, Hopfen, Malz und Wasser bestehen dürfe, brachte die Konkurrenz heraus, daß Kulmbach zur Färbung seiner dunklen Biere noch Zuckercouleur anwandte – das ist Rohzucker, der auf zweihundert Grad erhitzt wird und dadurch zu einer sirupdicken Flüssigkeit wird, die auch zum Färben von Rum, Likören, Essig, Bratensauce usw. benutzt wird. Wie unschuldig nun auch diese Zutat ist, was sich daraus ergibt, daß sie zum Beispiel in den Brauereien Preußens erlaubt ist, so wurden doch die betreffenden Kulmbacher Betriebe auf eine dahingehende Anzeige gerichtlich verurteilt. Dieser Umstand bot der Konkurrenz die Handhabe, gegen die nordbayerische Bierkapitale eine Agitation zu eröffnen, die eine starke Abnahme im Verbrauch von Kulmbacher Bieren herbeiführte. Erst neuerdings ist dieser Verbrauch wieder gestiegen und nähert sich wieder seiner früheren Höhe. Allerdings färbt jetzt Kulmbach seine Biere wie alle übrigen bayerischen Brauereien ausschließlich mit geröstetem Malz.

Auch OTTO SANDLER berichtet ausführlich über den Couleur-Prozess und seine Folgen, dagegen erwähnt die Handels- und Gewerbekammer von Oberfranken in ihren sonst doch so ausführlichen Jahresberichten dieses Gerichtsverfahren nicht einmal – vielleicht auch aus Rücksicht auf die Kulmbacher Betriebe. Nach SANDLER und auch nach MAX HUNDT wurde dieser Prozess von der Konkurrenz – norddeutsche und süddeutsche Brauereien werden dabei genannt – weidlich gegen Kulmbach ausgenützt. Ob allerdings der ganze Rückgang nach 1900 nur auf den Couleur-Prozess zurückzuführen ist, wie man bei SANDLER entnehmen kann, erscheint doch wenig wahrscheinlich. Immerhin mussten auch die anderen Brauereien Einbußen hinnehmen. Sicherlich schadete der Prozess den Kulmbacher Betrieben, aber als wesentliche Ursache für den Rückgang nach 1900 dürfte doch die nachlassende Konjunktur angesehen werden.

4.2.3 Geschmackswandel

Das *Berliner Tageblatt* spricht in seinem Bericht vom 1. Januar 1911 einen weiteren Tatbestand an:

Dazu kommt, daß Kulmbach, wie alle Brauereien, der heutigen Mode entsprechend, jetzt weit mehr helle Biere als dunkle herstellt. Diese Mode schreibt sich von dem Siegeszug des Pilseners her und von dem Aberglauben im Publikum, daß helle Biere leichter als dunkle seien, während sie doch nur einen größeren Hopfengehalt haben, wogegen die dunklen Biere malzreicher sind und dadurch auch mehr Nährgehalt besitzen. In Bayern selbst hat sich ja, wenigstens in den breiten Bevölkerungsschichten, die alte Vorliebe für die dunklen Farben erhalten – eine Vorliebe, die man in Norddeutschland eigentlich nur noch beim Damenpublikum findet, weil das dunkle Bier, zumal das Kulmbacher, wegen seines größeren Malzgehalts einen milderen, süßeren Geschmack hat. Wird man in einer bayerischen Wirtschaft aber als Fremder erkannt, so wird einem bekanntlich, ohne daß man überhaupt erst gefragt wird, Helles vorgesetzt. Diese Erfahrung wurde mir auch in Kulmbach zuteil.

Unter Kulmbacher Bier verstand man aber allgemein dunkles Bier. Dieser Geschmackswandel beim Publikum barg die Gefahr in sich, dass – wenn man ein helles Bier wollte – man eben kein Kulmbacher Bier forderte. Zwar wurde um 1900 in Kulmbach schon mehr helles Bier als dunkles gebraut, aber mancher Verbraucher wusste es eben nicht.

4.2.4 Weitere Schwierigkeiten

In den Berichten der Handelskammer werden noch weitere Schwierigkeiten für die Kulmbacher Brauindustrie genannt. Die einzelnen Erschwernisse seien im Folgenden noch einmal kurz angesprochen:

Gestiegene Kosten: Nach 1900 gingen einerseits die Verkaufspreise für das Bier zurück, andererseits erhöhten sich aber die Kosten für Rohstoffe und für Betriebsmaterialien; auch die Arbeitslöhne und sonstige Unkosten stiegen. 1900 erhöhte sich der Kohlenpreis um 50 %, und 1902 wurde der Zoll für die Gerste aus Böhmen und anderen Ländern Österreichs angehoben. Zum 1. Juli 1906 wurde die norddeutsche Übergangssteuer auf bayerisches Bier überraschend erhöht. Diese Steuer stellte einen Schutzzoll für die norddeutschen Brauereien dar. Zollpolitisch „geschützt" waren aber schon Thüringen und Sachsen, die unmittelbaren Nachbarn zu Oberfranken also. Ab 1910 schließlich wurde über die gestiegenen Eisenbahnfrachten für den Biertransport geklagt.

Die gestiegenen Kosten stellten zweifellos eine gewisse Erschwernis auch für die Kulmbacher Betriebe dar. Allerdings hatte man schon in der Vergangenheit über den gleichen Tatbestand geklagt und trotzdem gute Gewinne gemacht. Zwar mussten nach 1900 einige Kleinbrauereien aufgeben und zwei Großbrauereien Dividendenkürzungen hinnehmen, umgekehrt erwirtschafteten aber die anderen Aktiengesellschaften Gewinne in alter, ungeschmälerter Höhe und zahlten entsprechende Dividenden.

Ansprüche der Kundschaft: Es überrascht eigentlich nicht, dass bei härter werdendem Wettbewerb zwischen den Brauereien die Wirte anspruchsvoller wurden. Zumindest für die großen Brauereien am Ort muss aber festgestellt werden, dass diese offensichtlich gut mithalten konnten. OTTO SANDLER beschreibt die wachsenden Ansprüche der Wirte derart anschaulich, dass man fast Mitleid mit den Brauereien empfinden möchte. Dagegen ist aber festzuhalten, dass der Wettbewerb und die entsprechenden Angebote an die Wirte auch von den Kulmbacher Brauereien ausgingen. Natürlich waren die Zeiten vorbei, da es allein genügte, gutes Bier zuverlässig zu liefern. Es ist aber gleichzeitig SANDLER zuzustimmen, wenn er den nun auch im Wettbewerb um die Kundschaft erhöhten Kapitalbedarf der Brauereien mit für die nun beginnende Konzentration am Ort verantwortlich macht.

Unlautere Konkurrenz: Mit nachlassender Konjunktur mussten sich die Kulmbacher auch mit der missbräuchlichen Verwendung ihres Namens für Imitationen auswärtiger Brauereien auseinandersetzen. Schließlich wehrten sich die Kulmbacher Betriebe mit Unterlassungsklagen gegen ihre unlautere Konkurrenz. Streitpunkt war dabei die Frage, ob *Kulmbacher Bier* eine Herkunftsbezeichnung darstelle oder einen Gattungsbegriff. Letzteres hätte bedeutet, dass *Kulmbacher Bier* eine bestimmte Bierart ist, die man auch woanders – nach entsprechenden Rezepten – herstellen bzw. nachahmen kann. Als Biergattung gilt heute Pilsener, das jede Brauerei an jedem Ort herstellen kann.

Als Herkunftsbezeichnung, und darauf legten die Kulmbacher natürlich Wert, beinhaltet *Kulmbacher Bier* den Tatbestand, dass dieses Bier auch in Kulmbach gebraut wurde. In etlichen Gerichtsverfahren setzten sich die Kulmbacher schließlich mit ihrer Rechtsauffassung durch.

Mehr als Episode muss man heute einen Boykottaufruf gegen das Kulmbacher Bier im Jahre 1902 sehen: Im Verlage von M. Etzel, dem Gauvorsitzenden des Zentralverbandes deutscher Brauereiarbeiter zu Nürnberg, erschien am 19. September ein Flugblatt, das überall – namentlich in Norddeutschland – in Arbeiter- und Kleinbürgerkreisen massenhaft verbreitet wurde und das unter schweren Anklagen gegen die *Kulmbacher Brauherrn* zum Boykott des Kulmbacher Bieres aufforderte. Dieses Flugblatt schilderte die Arbeits- und Lohnverhältnisse der hiesigen Brauereien *in den trübsten Farben und stellte Behauptungen auf, welche sich nach den polizeilichen Erhebungen als unwahr, teils als übertrieben erwiesen.*³

Auch wenn sich die Frage stellt, wem eigentlich der Boykott nützen sollte – die Kulmbacher Brauereiarbeiter hätten ja zunächst einmal ihre Arbeit verloren bzw. waren ja teilweise schon arbeitslos – und ob die Vorwürfe an die Firmen in dieser Schärfe berechtigt waren, so reagierten die Brauereien doch schnell und nahmen sofort Verhandlungen mit dem Zentralverband auf. Am 14. Oktober wurde ein Kompromissvorschlag des Bürgermeisters Flessa angenommen und der Boykott aufgehoben. Übrigens waren bereits am 5. Oktober die Angaben des hannoverischen Boykottflugblattes durch das Gewerbegericht Kulmbach als unwahr nachgewiesen worden. Der Boykottaufruf traf unsere Brauereien in einem für sie heiklen Moment: Sie mussten 1902 – verglichen mit 1900 – Verkaufseinbußen von rund 200.000 hl Bier hinnehmen; gleichzeitig waren viele Brauereiarbeiter arbeitslos.

In den gleichen Zeitraum fielen die Klagen über die Aktivitäten der Antialkoholiker. Die Handelskammer erwähnt die Bewegung gegen den *Mißbrauch geistiger Getränke* in ihren Jahresberichten mehrmals – 1904, 1905 und 1910 – und zeigt gleichzeitig die möglichen Verluste des Staates an Steuern und Frachten bei völliger Abstinenz der Bevölkerung auf.

Ein Bier-Etikett, das Ärger bereitete: Bier „nach Kulmbacher Art"

4.3 Umsatz- und Gewinnentwicklung der Großbrauereien von 1900 bis 1914

Es soll nun die Entwicklung der großen Kulmbacher Brauereien anhand bestimmter Zahlenwerte – Ausstoß und Gewinnausschüttung – bis 1914 aufgezeigt und interpretiert werden. Darüber hinaus werden noch besondere Ereignisse in einzelnen Firmen vermerkt.

„Spitzenreiter" waren seinerzeit die Erste Kulmbacher Actienbrauerei und die Reichelbräu AG.

Vom Absatz her betrachtet, besaß die Erste Kulmbacher Actienbrauerei stets einen deutlichen Vorsprung gegenüber den anderen Brauereien am Ort und damit auch gegenüber der Reichelbräu. Interessant erscheint dagegen der ausgeschüttete Gewinn, denn hier zahlte die „kleinere" Reichelbräu zeitweilig den gleichen Betrag aus, zeitweilig übertraf sie sogar die Erste Kulmbacher Actienbrauerei. (In den letzten fünf Jahren vor 1899/1900 zahlten beide Brauereien konstant 450.000 Mark aus, Erste Kulmbacher 30%, Reichelbräu 12%.)

Um Missverständnissen vorzubeugen, soll zunächst das ausgewiesene Aktienkapital näher betrachtet werden:

Die Erste Kulmbacher Actienbrauerei wies ein relativ bescheidenes Aktienkapital aus, denkt man an die vorher angeführten Umsatzzahlen. Hier ist

Entwicklung der Ersten Kulmbacher Actienbrauerei und der Reichelbräu von 1899/1900 bis 1913/1914

Jahre	Erste Kulmbacher Actienbrauerei			Reichelbräu AG		
	Absatz in hl	Dividende in %	in Mark	Absatz in hl	Dividende in %	in Mark
1899/1900	209.337	30	450.000	137.392	12,5	468.750
1900/1901	176.245	22	330.000	130.822	12	450.000
1901/1902	161.804	22	330.000	112.048	10	375.000
1902/1903	156.138	23	345.000	107.135	10	375.000
1903/1904	166.630	25	375.000	107.194	10	375.000
1904/1905	165.793	25	375.000	110.000	10	375.000
1905/1906	167.625	25	375.000	112.000	10	375.000
1906/1907	174.735	25	375.000	120.000	10	375.000
1907/1908	171.637	20	300.000	132.000	10	375.000
1908/1909	161.054	18	270.000	134.000	10	375.000
1909/1910	⎫	18	270.000	130.648	10	375.000
1910/1911	⎬ 165.000 bis	18	270.000	133.771	11	412.500
1911/1912	⎬ 175.000	18	270.000	141.491	11	412.500
1912/1913	⎬ jährlich	18	270.000	148.152	11	412.500
1913/1914	⎭	18	270.000	150.027	11	412.500
Aktienkapital in Mark			1.500.000			3.750.000

aber das verhältnismäßig frühe Gründungsjahr 1872 entscheidend: Zu diesem Zeitpunkt brachten die Aktionäre das Grundkapital auf. Einbehaltener Gewinn – entweder in der Bilanz als offene Rücklagen ausgewiesen oder als stille Reserven nicht ausgewiesen – erhöhte in der Folgezeit zwar das Gesamtkapital des Unternehmens, nicht aber das so genannte Aktienkapital. GERHARD KAISER errechnet in einer äußerst sorgfaltigen Studie für die Erste Kulmbacher wesentliche stille Reserven: Diese überschritten 1891 die Millionengrenze, in den Jahren ab 1904 betrugen sie über zwei Millionen Mark. Die Aktien dieser Brauerei wurden deshalb auch vor der Jahrhundertwende stets deutlich mit über 400 % an der Börse bewertet. Dagegen wurden die anderen Kulmbacher Brauereien erst um einiges später – Mönchshof, Rizzi und Petz 1885 bzw. 1886, Reichel gar erst 1895 – in Aktiengesellschaften umgewandelt. Zu dem jeweiligen Termin wurde dann der genaue Zeitwert des betroffenen Betriebes ermittelt und als Kaufpreis festgehalten. Diesem Kaufpreis entsprach meist auch in etwa das neue Aktienkapital – offene oder stille Reserven waren praktisch nicht vorhanden. Zu den entsprechenden Terminen müssen wir bei der Ersten Kulmbacher zu dem Aktienkapital schon hohe Rücklagen dazuzählen, um zu dem Gesamtkapital zu kommen; bei den anderen Firmen bestand dagegen das Gesamtkapital im Wesentlichen aus dem Aktienkapital, wobei das letztere natürlich höhere Beträge aufwies. Insgesamt hatte aber die Erste Kulmbacher das höchste Betriebskapital, gefolgt von Reichelbräu und den anderen Brauereien.

Die Dividendensätze der Ersten Kulmbacher waren mit Abstand die höchsten unter den Kulmbacher Brauereien. Abgesehen davon, dass bei dieser Firma wirklich eine ausgesprochen günstige Gewinnsituation über Jahrzehnte hinweg vorlag, täuscht auch dieser Zahlenwert für die Erste Kulmbacher. Diese Brauerei zahlte in den Jahren bis 1900 jährlich 30 % Dividende auf ein Grundkapital von 1,5 Millionen Mark aus; das bedeutete eine jährliche Dividendenzahlung an die Aktionäre von 450.000,– Mark. Diese Zahl beeindruckt, aber die Reichelbräu erreichte vor 1900 den gleichen Wert: 12 % Dividende auf ein Aktienkapital von 3.750.000,– Mark ergaben ebenfalls eine Ausschüttung von 450.000,– Mark. Ab 1903 zahlte die Erste Kulmbacher an ihre Anteilseigner 25 % oder 375.000,– Mark jährlich aus; Reichelbräu zahlte konstant 10 % und damit ebenfalls 375.000,– Mark. Bedenkt man, dass die zuletzt genannte Brauerei stets deutlich kleinere Ausstoßzahlen aufwies, dann muss man ihr für diese Jahre die bessere Gewinnsituation zuerkennen. Ab 1907/08 zahlte Reichelbräu insgesamt eine deutlich höhere Dividende.

Sehr konstant arbeitete die Mönchshofbräu AG: Sie war zwar zunächst vom Absatz her die kleinste unter den sechs Kulmbacher Großbrauereien, sie hatte aber in dem genannten Zeitraum verhältnismäßig wenig Schwankungen.

Wie schon in den letzten Jahren vor 1899/1900 erwirtschaftete die Brauerei jährlich 10 % Dividende bzw. 120.000,– Mark, ab 1910/11 sogar 11 % bzw. 132.000,– Mark. Das ausgewiesene Aktienkapital betrug 1,2 Millionen Mark, wobei aber GERHARD KAISER auch für Mönchshof wesentliche stille Reserven errechnet hat. Immerhin waren die Konten für Maschinen, Inventar, Gefäße, Mobilien, Industriebahn, Sudwerkanlage und Beleuchtungsanlage auf je 1 Mark abgeschrieben. Die Brauerei unterhielt seinerzeit *Spezial-Ausschänke* in Berlin, Dresden, Leipzig, Hamburg, Wiesbaden, Königsberg, Königshütte, Lauban, Görlitz und in Magdeburg.

Der Absatz der Mönchshofbräu betrug:

1899/1900	65.986 hl
1900/1901	67.006 hl
1901/1902	60.394 hl
1902/1903	60.000 hl
1903/1904	55.000 hl
1904/1905	57.437 hl
1905/1906	60.834 hl
1906/1907	63.000 hl
1907/1908	65.000 hl
1908/1909	67.000 hl
1909/1910 1910/1911 1911/1912 1912/1913 1913/1914	60.000 bis 70.000 hl

1901 erwarb die alteingesessene Familie Meußdoerffer die Aktienmehrheit an der Mönchshofbräu. Alleinvorstand der Brauerei blieb bis 1903 Robert Riemer, der anschließend in Dresden bei einer Brauerei die Direktorenstelle übernahm. Sein Nachfolger wurde Albert Schulz. Mitglieder der Familie Meußdoerffer traten zwar in den Aufsichtsrat ein, beteiligten sich aber zunächst nicht an der direkten Leitung der Brauerei.

Nach dem Erwerb der Aktienmehrheit durch die Familie Meußdoerffer verlor das Dresdner Bankhaus Eduard Rocksch Nachf. seinen bisherigen Einfluss auf die Brauerei. Immerhin war das Bankhaus Rocksch bereits an der Gründung der Aktiengesellschaft im Jahr 1885 beteiligt gewesen. Im Jahr 1902 stellte das Bankhaus Rocksch seine Zahlungen ein. Inwieweit der Bankzusammenbruch und die Übernahme der Aktienmehrheit in Zusammenhang standen, ist heute wohl nicht mehr zu erfahren. Offensichtlich wurde aber die Verbindung zu Rocksch rechtzeitig gelöst, so dass Mönchshofbräu keinen Schaden nahm. Der Sitz der Firma wurde mit Wirkung vom 16. Dezember 1902 von Dresden nach Kulmbach verlegt.

Wie schon von den Gesamtzahlen her ersichtlich ist, mussten die aufgeführten Brauereien nach 1899/1900 bzw. nach 1900/01 deutliche Absatzeinbußen hinnehmen. Interessant ist aber die weitere Entwicklung: Bei fast allen Firmen stellte das Sudjahr 1902/03, bei Mönchshof erst 1903/04, das schwächste Jahr dar, danach war jeweils eine leichte Erholung und Stabilisierung feststellbar. 1911/12 erreichte Reichelbräu einen Ausstoß, der über dem Rekordjahr 1899/1900 lag. Mönchshof hatte die Ausstoßzahlen der Jahrhundertwende bereits 1908/09 geschafft. Die genannten Brauereien hatten sich also – vom Umsatz her betrachtet – bestens erholt. Für die Gewinnsituation selbst hatten sich keine bzw. nur unwesentliche Einbußen ergeben. Diese Aussage galt leider nur für die schon dargestellten drei Großbetriebe – Erste Kulmbacher, Reichelbräu und Mönchshof –, dagegen mussten Rizzi-, Petz- und Sandlerbräu deutliche Einbußen hinnehmen.

Zunächst sei die Rizzibräu AG in ihrer zahlenmäßigen Entwicklung dargestellt.

Rizzibräu entsprach zwar in der Entwicklung ihres Ausstoßes den schon dargestellten Kulmbacher Brauereien, hinsichtlich Gewinn bzw. Dividende ergaben sich aber wesentliche Abweichungen, die im Folgenden geklärt werden sollen. Dabei ist festzuhalten, dass der ausgeschüttete Gewinn für beide Brauhäuser – Kulmbach und Pilsenetz – gilt.

Das 19. Jahrhundert hatte für Rizzibräu sehr erfolgreich geendet: Im Geschäftsjahr 1899/1900 exportierte die Brauerei allein 89.579 hl Bier über die bayerische Grenze, zusammen mit dem erst 1897 erworbenen Alt-Pilsenetzer Brauhaus verkaufte man sogar 161.046 hl Bier. Die seinerzeit notwen-

4.3 Großbrauereien von 1900 bis 1914

Entwicklung der Rizzibräu AG von 1899/1900 bis 1913/14[4]

Jahre	Absatz in hl gesamt = mit Pilsenetz	ohne Pilsenetz = Kulmbach	Dividende in % Lit.A/Lit.B	in Mark
1899/1900	161.046	89.579	9 / 5	215.000
1900/1901	145.789	78.038	0 / 0	—
1901/1902	122.750	60.802	0 / 0	—
1902/1903	110.380	53.200	0 / 0	—
1903/1904	112.000	52.167	0 / 0	—
1904/1905	114.000	53.105	0 / 0	—
1905/1906	115.000	52.826	0 / 0	—
1906/1907	120.000	55.663	0 / 0	—
1907/1908	138.869	60.563	5 / 0	49.100
1908/1909	146.292	65.957	5 / 1,5	80.975
1909/1910	138.955	59.741	5 / 2,5	102.225
1910/1911	155.979	70.837	5 / 4,5	144.725
1911/1912	170.811	76.891	5 / 4,5	144.725
1912/1913	174.441	78.279	5 / 5	155.350
1913/1914	170.000	75.821	5 / 5	155.350

Aktienkapital:
Bis 1901   3.500 000 Mark
Ab 1901   3.107.000 Mark, davon
982 Aktien Lit. A und 2.125 Aktien Lit. B

dige Kapitalerhöhung ging glatt vonstatten: Von den jungen Aktien zu 1.000 Mark übernahm ein – nicht genanntes – Konsortium 500 Stück zu 110%, 1.000 Stück wurden den Aktionären zu 130% angeboten, und die restlichen 1.000 Stück wurden zu 145% zur Zeichnung aufgelegt. Die 1.000 Aktien des ursprünglichen Grundkapitals wurden mit *Lit. A*, die 2.500 Aktien der Kapitalerhöhung mit *Lit. B* benannt. Die Aktien Lit. A waren Vorzugsaktien und erhielten im Geschäftsjahr 1899/1900 9% Dividende, die Aktien Lit. B dagegen nur 5%. Immerhin zahlte Rizzibräu 215.000,– Mark Dividende aus.

Doch begann das neue Jahrhundert für die Brauerei ausgesprochen schlecht: Zusätzlich zu den allgemeinen Umsatzeinbußen der Kulmbacher Brauereien traf Rizzibräu noch ein besonderes Missgeschick, denn ihre Hausbank, die Dresdner Creditanstalt, ging im Sommer 1901 in Konkurs und verursachte damit bei der Brauerei empfindliche Verluste. Über die Umstände des Bankenzusammenbruchs gibt die *Geschichte der Frankfurter Zeitung* – Frankfurt 1911 – folgenden Hinweis:

Unter dem Druck der am Geldmarkte und in der Kreditgewährung allmählich eingetretenen Zurückhaltung war im Juni 1901 die Dresdner Credit-Anstalt durch Festlegung ihrer Geldmittel bei der Elektrizitäts-Gesellschaft Kummer in Schwierigkeiten geraten. Die Aktien (wohl der Credit-Anstalt) *wurden noch 1898 mit mehr als 200% bewertet, sie waren jetzt bereits auf 40% gefallen, als die Verwaltung, die noch wenige Monate zuvor 7½% Dividende verteilte, von den Gläubigern eine Stundung begehren mußte. Die nächsten Tage führten zu einem Run, den das Eingreifen der ersten Bankkreise zugunsten der Depositengläubiger und sonstiger Kreditoren überwinden half.*

Im Übrigen mussten auch noch andere Banken im sächsischen Raum nach 1900 ihre Zahlungen einstellen. Ein gewisser Zusammenhang mit der 1900 allgemein beginnenden Wirtschaftskrise kann wohl angenommen werden.

Genaue Zahlen über die Verluste der Rizzibräu sind dem Verfasser nicht bekannt. Immerhin hatte diese nicht das gleiche Glück wie Mönchshofbräu, die den Konkurs ihrer Hausbank doch ohne Schaden überstand. Betrachtet man aber die durchgeführten Sanierungsmaßnahmen bei Rizzibräu, dann kann man sich die erlittenen Geldverluste leicht vorstellen:

Mit Beschluss der Hauptversammlung vom 9. November 1901 sollten die Aktien Lit. A im Verhältnis 3:1 und die Aktien Lit. B im Verhältnis 5:1 zusammengelegt werden. Dadurch wäre das Aktienkapital um maximal 666.000 bzw. 2.000.000 Mark, insgesamt um 2.666.000 Mark herabgesetzt worden (von 3,5 Millionen auf 834.000 Mark). Diese Zusammenlegung konnten die Aktionäre durch Bareinzahlung von 350 Mark je Aktie (= 35% des Nominalbetrags[5]) für sich abwenden. Für je drei „zugezahlte" Aktien erhielten die Aktionäre noch einen Genussschein. *Die Durchführung der gesamten Transaktion hat in der Weise stattgefunden, daß auf Mark 3.005.000,- Aktien die geforderten 35 %, insgesamt also Mark 1.051.750,- zugezahlt wurden, außerdem wurden durch Zusammenlegung Mark 393.000,- Aktien frei, so daß als Buchgewinn zusammen Mark 1.444.750,- verfügbar waren.*

Diese Zahlen geben aber noch nicht den ganzen Schaden für die Brauerei wieder: *Die in der Generalversammlung vom 22.11.1904 gemachten neuen Sanierungsvorschläge, Herabsetzung des Aktienkapitals um Mark 1.063.000,- zur Vornahme von Abschreibungen, durch Zusammenlegung der Aktien Lit. B im Verhältnis 2:1 unter Verzichtleistung der Aktien Lit. A auf ihre Vorzugsrechte, wurde durch Opposition der Bank für Brau-Industrie, welche diesen Beschluß als nicht für die Gesellschaft gedeihlich hielt, zu Fall gebracht.* Leider fehlen die Geschäftsberichte der betreffenden Jahre, sodass nähere Einzelheiten nicht mehr zu erfahren sind.

Demnach dürften die finanziellen Verluste für Rizzibräu etwa zwei bis drei Millionen Mark betragen haben. Als „Ersatz" für den abgelehnten zweiten Sanierungsvorschlag erlebten die Aktionäre – mit dem Geschäftsjahr 1900/01 beginnend – sieben bzw. acht dividendenlose Jahre. Zur gleichen Zeit zahlte die deutlich kleinere Mönchshofbräu jährlich 10% oder 120.000 Mark an ihre Anteilseigner aus. Auch die darauf folgenden Jahre brachten den Rizzibräu-Aktionären nur bescheidene Dividende; erst ab dem Geschäftsjahr 1910/11 gab es 5 bzw. 4,5%, zwei Jahre später – 1912/13 und 1913/14 – gab es für beide Aktientypen 5% Gewinnausschüttung. Es überrascht deshalb nicht, dass die Rizzibräu-Aktien in diesen Jahren an der Dresdner Börse zum Teil sehr deutlich unter 100% gehandelt wurden.

Im Gegensatz zu den eben genannten vier Kulmbacher Großbrauereien musste Petzbräu AG Umsatzverluste auf Dauer hinnehmen und konnte nicht mehr an die vergangenen Erfolge anknüpfen. Die Absatzverluste dieser Brauerei erscheinen besonders groß; allerdings hatte sie auch vor der Jahrhundertwende eine über dem Durchschnitt liegende Geschäftsausweitung erlebt. Die Ausstoßzahlen pendelten sich ab 1910 bei 70.000 hl (aufgerundet?) ein und konnten nicht mehr gesteigert werden.

Nach recht guten Dividenden vor und um die Jahrhundertwende verringerten sich die Zahlungen bei Petzbräu immer mehr; die Verschlechterung in den letzten Friedensjahren ist fast dramatisch zu nennen. Dabei ist zusätzlich zu beachten, dass sich alle Prozentwerte hier auf das verhältnismäßig kleine Aktienkapital von 1 Million Mark beziehen. Deshalb ist der ausgeschüttete Gewinn auch jeweils kleiner als bei entsprechend höherem Kapital: 15% im Jahr 1900 bedeuten bei Petzbräu 150.000 Mark gegenüber 450.000 Mark bei „nur" 12% der Reichelbräu.

Der Verfasser weiß, dass es problematisch ist, vom ausgeschütteten Gewinn auf den Geschäftserfolg zu schließen. Immerhin entspricht ja der

4.3 Großbrauereien von 1900 bis 1914

Entwicklung der Petzbräu von 1899 bis 1914

Jahre	Absatz in hl	Dividende in %	in Mark
1899	120.010	15	150.000
1900	118.891	15	150.000
1901	94.426	9	90.000
1902	80.639	10	100.000
1903	77.541	11	110.000
1904	79.172	10	100.000
1905	72.908	8	80.000
1906	70.000	6	60.000
1907	65.000	5	50.000
1908	68.000	4	40.000
1909	68.000	5	50.000
1910	70.000	5	50.000
1911	70.000	4	40.000
1912	70.000	2	20.000
1913	70.000	2	20.000
1914	70.000	2	20.000

Aktienkapital: 1.000.000 Mark

ausgeschüttete Gewinn nicht unbedingt dem erzielten Gewinn. Teile des erzielten Gewinnes können zur Selbstfinanzierung von Investitionen im Unternehmen einbehalten werden. Zum anderen wird der ausgewiesene Gewinn in seiner Höhe von Abschreibungsmaßnahmen der Geschäftsleitung wesentlich beeinflusst. Zum letzteren ist aber festzuhalten, dass GERHARD KAISER gerade für zwei der erfolgreichen Brauereien – Erste Kulmbacher Actienbrauerei und Mönchshofbräu – wesentliche stille Reserven nachgewiesen hat: Es wurden hier bereits alle Abschreibungsmöglichkeiten – seinerzeit anscheinend auch nicht voneinschränkenden Vorschriften der Finanzbehörden gehemmt – genutzt,

ehe man eine stattliche Dividende beschloss. Des Weiteren lag die Aufbauphase der Kulmbacher Aktienbrauereien vor der Jahrhundertwende, wesentliche Investitionen dürften also in den Jahren nach 1900 nicht erfolgt sein. Als letztes: Die Dividendenzahlungen erfolgten über einen Zeitraum von 20 Jahren und somit langfristig. Deshalb erscheint es dem Verfasser schon vertretbar, die ausgezahlte Dividende mit dem (langfristigen) Geschäftserfolg gleichzusetzen.

Die Sandlerbräu wurde ab 1901 als GmbH betrieben, vorher als Kommanditgesellschaft. Beiden Rechtsformen ist gemeinsam, dass weder Geschäftsberichte noch sonstige Zahlenwerte veröffentlicht werden müssen. Dieser Tatbestand erschwert eine umfangreiche Darstellung der Brauerei. Die Protokolle der alljährlichen Teilhaber-Versammlungen und eine Aufstellung über den Bierausstoß blieben aber erhalten und geben gewisse Aufschlüsse:

Die Zahlenwerte zeigen, dass in den Jahren nach 1900 Ausstoß und Absatz fast dramatisch zurückgingen. Dagegen blieb die ausgezahlte Dividende bis zum Geschäftsjahr 1908/09 konstant hoch, dann aber wurde sie fühlbar reduziert. In den beiden letzten Friedensjahren schließlich wurde keine Dividende mehr gezahlt.

Einige Formulierungen aus den genannten Protokollen sind recht aufschlussreich und sollen deshalb wiedergegeben werden. Das abgelaufene Geschäftsjahr wird dabei immer zuerst genannt:

1901/02: Auf Antrag Lorenz Sandler wird beschlossen, sobald laufende Mittel dazu vorhanden sind, von jeder der hiesigen Aktienbrauereien, ausgenommen Rizzi, je 2–10 Aktien anzukaufen, um ihnen gegenüber auch als Mitaktionärin auftreten zu können. Dieser Beschluss wurde aber offen-

Entwicklung der Sandlerbräu von 1898 bis 1914[6]

Geschäfts-jahr	Ausstoß in hl	Dividende in Mark
1897/1898	81.718	?
1898/1899	85.500	?
1899/1900	81.926	?
1900/1901	74.533	?
1901/1902	62.265	?
1902/1903	52.879	120.000
1903/1904	48.799	120.000
1904/1905	49.266	120.000
1905/1906	46.536	144.000
1906/1907	49.958	120.000
1907/1908	42.278	120.000
1908/1909	38.994	120.000
1909/1910	35.471	60.000
1910/1911	37.808	45.000
1911/1912	36.510	36.000
1912/1913	37.811	—
1913/1914	36.451	—

sichtlich – auch in den späteren Jahren – nicht ausgeführt.

1903/04: *Der Jahresabsatz wird zwischen 48 und 50.000 hl betragen, also 2.000 bis 4.000 hl weniger als im Vorjahr. Trotzdem wird pekuniär das gleich günstige Resultat erzielt wie im Vorjahr.*

1907/08: *Es wird beschlossen, den Reisenden Kappler noch auf ein weiteres Probejahr zu behalten, ihm aber schriftlich Mitteilung zu machen, daß eine intensivere Bearbeitung der Kundschaft von ihm verlangt wird.*

1908/09: *wird beschlossen, am 22. November [1909] eine außerordentliche Generalversammlung abzuhalten, auf welcher entschieden werden soll, ob eine Herabsetzung des Stammkapitals unter Beibehaltung der Gesellschaft mit beschränkter Haftung oder unter Umwandlung in eine Aktien-Gesellschaft stattfinden soll. In beiden Fällen wollen die Herren Lorenz und Otto Sandler aus ihrer aktiven Stellung zurücktreten und soll deshalb bereits jetzt nach Ersatz in Form eines Direktors und Braumeisters Umschau gehalten werden.*

1909/10: *Die Versammlung beschloß einstimmig, einen Aufsichtsrat zu bestellen .... Der erste Aufsichtsrat setzt sich zusammen aus den Herren Dr. Christian Sandler, Otto Sandler und Lorenz Sandler.* Damit hatten sich Lorenz und Otto Sandler zunächst aus dem aktiven Geschäft zurückgezogen. (Sie sollten dann während des Ersten Weltkriegs – ab März 1916 – noch einmal „reaktiviert" werden.)

Mit Philipp Baumer war ab Juni 1910 – neben Christian Sandler – ein neuer Geschäftsführer bestellt worden; zum ersten Mal auch ein „Außenstehender" in verantwortlicher Position bei Sandlerbräu. (Christians Onkel, Dr. Christian Sandler, lebte als Privatgelehrter in München.[7])

1911/12: *Beschluß der außerordentlichen Gesellschafter-Versammlung vom 18. Oktober und lt. welchem die Hälfte des Stammkapitals an die Gesellschafter hinausgegeben und in Form eines 5%igen Darlehens gleichzeitig und bis auf weiteres unkündbar an die Brauerei wieder zurückgezahlt wurde.* Sinn und Zweck dieser Transaktion erscheinen im Nachhinein nur schwer einsichtig: Das Stammkapital wurde um 900.000,– Mark gesenkt, gleichzeitig aber ein Darlehen in gleicher Höhe gewährt. Kapitalmäßig hatte sich eigentlich nichts geändert. Hinsichtlich der beiden nun folgenden dividendenlosen Geschäftsjahre ist aber festzuhalten, dass hier immerhin jährlich 45.000,– Mark Zinsen gezahlt wurden.

4.4 Einzeldarstellung der nach 1900 noch bestehenden Kulmbacher Kleinbrauereien und der Kommunbrauer

Zunächst sollen Vorgeschichte und Entwicklung der um 1900 noch bestehenden Kulmbacher Kleinbrauereien dargestellt werden. Diese Brauereien wurden alle – mit Ausnahme der Kapuzinerbräu AG – in der Rechtsform der Einzelunternehmung bzw. als Personengesellschaft geführt. Sie mussten deshalb weder Geschäftsberichte noch andere Zahlen über ihre Tätigkeit veröffentlichen; schriftliche Unterlagen über ihre Entwicklung fehlen somit. Außerdem gaben die letzten der Kleinbrauereien etwa 1920 ihren Geschäftsbetrieb auf, so dass eine Befragung der damals Beteiligten nicht mehr möglich war[8]. Deshalb kann hier lediglich die Existenz der einzelnen Betriebe nachgewiesen und ihre Entwicklung in groben Zügen nachvollzogen werden. Hilfe dazu bieten öffentliche Register, wie das Adressbuch der Stadt Kulmbach, sowie Firmen- und Gesellschaftsregister beim Amtsgericht in Bayreuth. Dort wurden bestimmte Daten und die jeweiligen Eigentümer festgehalten. Darüber hinausgehende Informationen konnten oft nur durch Zufall gefunden werden.

Einen gewissen Hinweis auf die wirtschaftliche Bedeutung der kleineren Brauereien geben die folgenden Aufstellungen: Im Stadtarchiv Kulmbach ist eine für den Stadtmagistrat erstellte handschriftliche Aufstellung über den Export der einzelnen Kulmbacher Brauereien für die Jahre 1895 und 1896 erhalten. Daneben enthält der Jubiläumsbericht der Ersten Actienbrauerei von 1897 ebenfalls eine Aufstellung über den Export für das Sudjahr 1896/97. Mit Export ist in beiden Aufstellungen die Ausfuhr über die bayerische Grenze gemeint. Im Archiv der Mönchshofbräu waren ebenfalls handschriftliche Aufstellungen über den Bierexport der einzelnen Brauereien für die Jahre 1900 bis 1905 sowie 1907 und 1908 zu finden. Unter Export wird diesmal aber die Ausfuhr über die Stadtgrenze verstanden. Damit sind diese Aufstellungen nur bedingt mit denen von 1895 und 1896 vergleichbar, da Unterschiedliches erfasst wird. Immerhin dürften die Werte nach 1900 ziemlich genau den gesamten Ausstoß der kleineren Brauereien wiedergeben, da der Absatz in der Stadt selbst – schon aufgrund der großen Anzahl von Brauereien – nicht zu groß gewesen sein kann. Im gleichen Firmenarchiv ist noch eine Aufstellung für die Brauerei-Vereinigung e. V. Kulmbach vorhanden, worin die Malzverschrotung der einzelnen Brauereien ab dem Jahr 1907 enthalten ist. Leider wechseln die Zeiträume hinsichtlich Kalender- und Sudjahr, auch die Mengen werden einmal mit *hl* und einmal mit *Ctr.* angegeben. Immerhin gibt die Aufstellung Auskunft darüber, wann ein Brauer endgültig seinen Betrieb stillgelegt hat. Auch der Umfang der Brautätigkeit kann für die einzelnen Jahre anhand des verschroteten Malzes ungefähr abgeschätzt werden.

Wesentliche Hinweise, Ergänzungen und Erklärungen verdankt der Verfasser Herrn KARL DACHERT, einem alten Kulmbacher. KARL DACHERT (1899 – 1987), hat in seiner Jugend einen Großteil der hier angesprochenen Familien kennen gelernt und konnte so manche entscheidende Hilfe geben.

Im Adressbuch der Stadt Kulmbach sind für 1903 insgesamt 15 und für 1910 13 Brauereien aufgeführt; es verbleiben also noch – nach Abzug der sechs Großbetriebe – neun bzw. sieben Kleinbetriebe. 1903 waren dies:

Michael Angermann, Inhaber Anton Eichenmüller*
Adolf Christenn, Inhaber Ottmar Schmidt,
Leonhard Eberlein KG (1910 Kapuzinerbräu AG),
Gebrüder Fleischmann,
Matthäus Hering*,
Andreas Ludwig, Kommunbrauer,
Christian Pertsch,
Georg Pöhlmann und
Louis Weiß, Inhaber Heinrich Weiß.

---

* 1910 nicht mehr aufgeführt

Daneben tauchen in anderen Registern und Aufstellungen für Brauereien kurz vor bzw. kurz nach 1900 noch die Namen Heinrich Hering, Conrad bzw. Hans Planck, Köhler und Zapf auf.

Die genannten kleineren Brauereien sollen nun im Einzelnen dargestellt werden.

4.4.1 Michael Angermann – Anton Eichenmüller

Unter dem 11. September 1862 wurde *M. Angermann*, Inhaber Johann Michael Angermann, Kaufmann und Bierbrauer in Kulmbach, ins Firmenregister eingetragen. Angermann braute seit 1858, und zwar lediglich Kommerzialbier, d. h. ausschließlich für den Versand bestimmtes Bier. Von den 100 Gebräuen, die er 1863/64 machte, schaffte er 2.800 Eimer ins Ausland. Durch die Fertigstellung des zweiten Kommunbrauhauses, nach der er Privatbrauhäuser nicht mehr benutzen durfte, sah er sich – wohl weil er mit den Kommunbrauhäusern unzufrieden war – zum Erwerb eines Brauhausanteiles veranlasst. Deshalb überließ am 18. Februar 1865 Georg Sandler, der älteste Sohn von Lorenz Sandler, seinem damals 29jährigen Schwager für 5.000 Gulden die *ideelle Hälfte* seines Brauhauses. Angermann hatte seine Felsenkeller bei seinem Wohnhaus in der Fischergasse bereits vorher auf ein Fassungsvermögen von 2.000 Eimer erweitern lassen. Ebenfalls 1865 erwarb Angermann die persönliche Braukonzession. Wann Angermann bei dem Sandler'schen Brauhaus wieder ausgeschieden ist, bleibt ungeklärt. Zusammen mit A. Christenn und Planck bildete M. Angermann noch 1881/82 den Brauverband des ehemaligen Weyße'schen Brauhauses.

Nach dem Tod von Angermann im Jahr 1881 ging die Firma auf seine Witwe Elise über. Am 13. November 1885 erwarb der Kunstmühlenbesitzer Anton Eichenmüller die Firma *M. Angermann*. Offensichtlich betrieb Eichenmüller das Braugeschäft unter dem Namen Angermann weiter, während unter *Eichenmüller* die Kunstmühle lief. Vermutlich wurde die Brauerei Angermann dann erst von Eichenmüller erbaut. Nach einem Lageplan von 1889 lag sie am heutigen Schwedensteg, seinerzeit neben dem Anwesen von Christian Pertsch. Den ursprünglich Angermann gehörenden Viertelanteil am nun nach Planck genannten Genossenschaftsbrauhaus verkaufte Eichenmüller an Ottmar Schmidt.

Am 19. Dezember 1887 wurde für M. Angermann eine Zweigniederlassung in Dresden errichtet, die immerhin bis 1907 Bestand hatte. 1892 erhielten Otto und August Eichenmüller, wohl die Söhne, für beide Firmen die Prokura; 1897 wurden sie in beide Firmen als Gesellschafter aufgenommen.

Nach den uns erhaltenen Zahlen gingen die Geschäfte der Brauerei Angermann nach 1900 rasch zurück:

Gebäude der Brauerei Angermann am Schwedensteg, später Vereinigte Strumpffabriken Haas & Andreae, heute bebaut mit dem Seniorenheim „Mainpark"

Übersicht: Bierverkauf der Brauerei Angermann

Jahr	Export über die bayerische Grenze in hl	Verkauf über die Stadtgrenze Kulmbach in hl
1895	13.678	
1896	12.005	
1896/97	11.704	
1900		12.715
1901		9.283
1902		7.189
1903		6.988
1904		6.427
1905		3.294 *)
1906		?

*) Diese Zahl ist in der Aufstellung gestrichen und mit Fragezeichen versehen

Etwa 1906 oder 1907 dürfte bei Angermann die Brautätigkeit eingestellt worden sein. KARL DACHERT erinnerte sich, dass *der rote Backsteinkasten* schon um das Jahr 1908 mit eingeschlagenen Fenstern leer dastand. Am 8. Juni 1916 schließlich ging die Angermann'sche Brauerei – andere dort befindliche Grundstücke der Familie Eichenmüller folgten einige Jahre später – in den Besitz der Vereinigten Strumpffabriken Haas & Andreae über. Am 28. Januar 1921 wurde die Brauerei im Gesellschaftsregister gelöscht.

4.4.2 Leonhard Eberlein – Kapuzinerbräu AG

Unter den brauenden Bürgern Kulmbachs findet sich im Zeitraum 1830 bis 1870 öfters der Name

Anzeige im Adressbuch der Stadt Kulmbach von 1882

Eberlein. Ein familiärer bzw. verwandtschaftlicher Bezug der einzelnen Namensträger zueinander ist anzunehmen, vom Verfasser aber nicht nachweisbar. Besondere Bedeutung als Bierbrauer gewann gegen Ende des 19. Jahrhunderts Leonhard Eberlein.

1869 kaufte ein Konsortium von neun brauenden Bürgern unter der Leitung von Michael Täffner das Kommunbrauhaus II von der Stadt Kulmbach; einer der Beteiligten war Leonhard Eberlein. Als diese *Vereinsbrauerei* 1872 von der neu gegründeten *Ersten Culmbacher Actien-Exportbier-Brauerei* erworben wurde, waren die Teilhaber wieder ohne eigene Braustätte. Im selben Jahr trennte sich der Magistrat vom Kommunbrauhaus I; bei der Versteigerung am 9. Januar 1872 erhielt der Bierbrauer Leonhard Eberlein den Zuschlag für sein Gebot von 19.000 Gulden, die er für das Brau- und Mulzhaus mit überbauter Wohnung im Oberhacken, zuzüglich einer Kohlenremise im Schießgraben, abgegeben hatte. Eberlein zahlte für das Brauhaus 300 Gulden bar, den Rest – bei einer Verzinsung von 4½% – in jährlichen Raten von 1.500 fl. bis 1886. (1871 war Eberlein kurzfristig bei *Louis Weiß* beteiligt.)

Über Umfang und Entwicklung der neuen Brauerei ist nur wenig erhalten. Als Kleinbrauerei konnte sie aber bis zur Jahrhundertwende im Bierausstoß Zuwächse erzielen. Leonhard Eberlein war auch in der Lage, seine jährlichen Raten an den Magistrat termingerecht zu leisten. Die Brauerei arbeitete demnach mit gutem bzw. ausreichendem Ertrag.

MAX HUNDT erwähnt noch unter dem 20. November 1890: *Großer Brand in der Brauerei Eberlein.* Für das Jahr 1895 wird über *Industriebauten letztere bes. für ... Brauerei Eberlein* berichtet.

Leonhard Eberlein betrieb die Brauerei zunächst als Einzelunternehmen. Nach seinem Tod im Jahr 1893 wurde der Betrieb als offene Handelsgesellschaft weitergeführt. Gesellschafter waren die *Bierbrauereibesitzerswitwe* Agnes Eberlein mit ihren Kindern Christian, Karl, Leonhard, Babette und Marie. Für Christian wird als Beruf *Kaufmann*, für Karl *Bierbrauer* angegeben. Leonhard und seine Schwestern waren noch minderjährig und wurden durch ihren Vormund, den Kaufmann Gottfried Pensel, vertreten. 1896 schieden Agnes Eberlein und ihre beiden Töchter aus der Gesellschaft aus. 1898 wurde die Firma in eine Kommanditgesellschaft umgewandelt. Persönlich haftende Gesellschafter waren dabei die Bierbrauereibesitzer Christian, Karl und Leonhard Eberlein und der Fabrikbesitzer Louis Pensel, alle aus Kulmbach. Als weitere Gesellschafter beteiligten sich Friedrich Zehmisch, Baumeister in Leipzig-Goslis, mit 50.000 Mark und Karl Friedrich Bertram, Kaufmann allda, mit 30.000 Mark.

Zehmisch übernahm 1899 den Anteil des in der Zwischenzeit verstorbenen Bertram und erhöhte damit seine Einlage auf 80.000 Mark. Im selben Jahr eröffnete die Brauerei eine Zweigniederlassung in Leipzig. 1900 erhielten Leonhard und Karl Eberlein das Bürgerrecht der Stadt Kulmbach, und im Juni 1902 errang die Brauerei Eberlein auf der Berliner Industrieausstellung die Große Goldene Medaille.

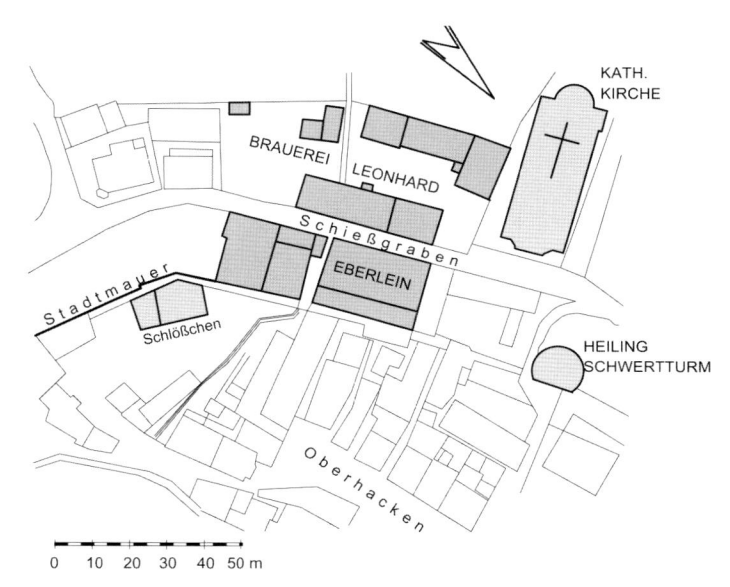

Situationsplan der Brauerei Leonhard Eberlein im bzw. am Schießgraben um 1899

Nach den uns heute bekannten Umsatzzahlen hatte sich die Brauerei Eberlein bis 1900 recht gut entwickelt. Auch in den Jahren danach konnte sie zunächst ihre Position ungefähr behaupten: Die Umsatzverluste von Eberlein waren nicht so stark wie die der anderen Brauereien am Ort.

Zumindest für den Außenstehenden kam das Ende der Brauerei Eberlein überraschend: Am 25. Juli 1903 *wurde über den Nachlaß des am 20. Juni 1903 in Kulmbach verstorbenen Bierbrauereibesitzers Leonhard Eberlein der Konkurs eröffnet.* Am 30. März 1906 schließlich *wurde das Konkursver-*

Zweimal die gleiche Brauerei Leonhard Eberlein im Oberhacken bzw. am Schießgraben: einmal als Foto und einmal dargestellt in „Woerl's Reisehandbücher – Illustrierter Führer durch Kulmbach und Umgebung" von 1912. Zur Orientierung diene die katholische Stadtpfarrkirche Unsere liebe Frau jeweils rechts im Bild. Die Brauereigebäude wurden etwa 1924/25 abgebrochen.

fahren je über das Vermögen des Louis Pensel und des Karl Eberlein, ferner ... über das der Kommanditgesellschaft eröffnet. Am 11. August desselben Jahres wurde die Firma im Gesellschaftsregister gelöscht.

Außer dem allgemeinen Rückgang für die Kulmbacher Brauereien nach 1900 sind keine speziellen Gründe für das jähe Ende dieser Firma bekannt. Es überrascht auch insofern, als sich doch erst 1898 Zehmisch und Bertram mit zusammen 80.000 Mark beteiligt hatten und Zehmisch ein Jahr später sogar erhöht hatte. Beide hatten offensichtlich den Zustand und die weitere Entwicklung der Brauerei Eberlein für günstig eingeschätzt.

Die in Konkurs gegangene Brauerei Eberlein wurde sofort von der Kapuzinerbräu AG übernommen. Unter dem 25. Juni 1906 ließ Letztere die Firma *Brauhaus Kulmbach*, eine GmbH mit einem Stammkapital von 20.000 Mark, ins Gesellschaftsregister eintragen: *Gegenstand des Unternehmens ist*

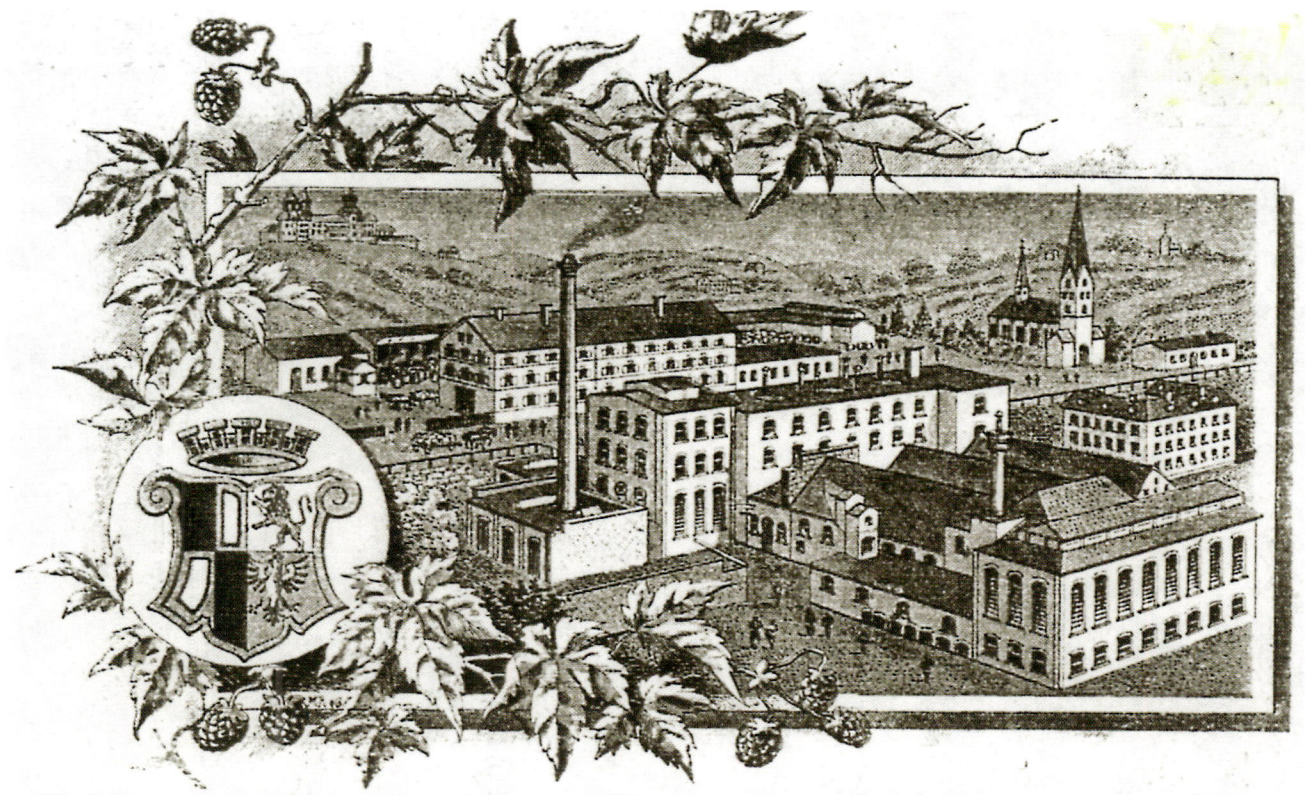

4.4 Kleinbrauereien und Kommunbrauer nach 1900

Etablissements der Brauerei Leonhard Eberlein, Kommandit-Gesellschaft in Kulmbach.

der Erwerb und Fortbetrieb der im Konkurs befindlichen *Brauerei Leonhard Eberlein*. Als Geschäftsführer der neuen GmbH wurde Brauereidirektor Josef Haupt, Vorstandsmitglied der Kapuzinerbräu AG, bestellt. Mit Wirkung vom 11. August 1906 wurde die neue Firma in *Export Bierbrauerei Leonhard Eberlein GmbH* umbenannt. Damit war der Name *Leonhard Eberlein* für die Kapuzinerbräu AG geschützt. Der Betrieb der Kapuzinerbräu AG, bis dahin in Mainleus bei Kulmbach, wurde nach Kulmbach verlegt und mit dem der Brauerei Eberlein verschmolzen.

Übersicht: Bierverkauf der Brauerei Eberlein

Jahr	Export über die bayerische Grenze in hl	Verkauf über die Stadtgrenze Kulmbach in hl
1895	7.466	
1896	12.553	
1896/97	14.429	
1900		15.665
1901		13.423
1902		12.044
1903		12.129
1904		11.858
1905		9.101
1906		?
Ab Juni 1906 Kapuzinerbräu AG		
1907		20.252
1908		19.471

Hier nun die Entwicklung der Kapuzinerbräu AG – vor und nach der Übernahme der Brauerei Eberlein: Die Kapuzinerbräu-Aktiengesellschaft wurde am 29. April 1897 in Mainleus bei Kulmbach gegründet. Gegenstand des Unternehmens war der Fortbetrieb der von Christian Viandt seit 1886 betriebenen Brauerei und der dazu gehörenden Nebengewerbe. Gründer der Aktiengesellschaft waren:
1. der Brauereibesitzer Christian Viandt,
2. der Braumeister Hans Wegener,
3. der Privatmann Tobias Hammon,
4. der Wirtschaftspächter Paulus Häublein, alle aus Mainleus, und
5. der Kaufmann Richard Heymann in Leipzig.

Christian Viandt brachte sein Brauereigeschäft – einschließlich *Flaschenbiergeschäftseinrichtungen* in Leipzig – in die neue Firma gegen 308 Aktien zu je 1.000 Mark ein. Wegener übernahm neun Aktien, die drei anderen Herren je eine. Zum Vorstand wurde Christian Viandt bestellt, dem ersten Aufsichtsrat gehörten an:
1. Rechtsanwalt Ernst Gerbig, Bayreuth,
2. Kommerzienrat Georg Konrad Schwarz und
3. Bankier Siegfried Pflaum, beide Fürth.

Im Dezember 1898 wurde der Sitz der Gesellschaft nach Kulmbach verlegt, der Brauereibetrieb blieb aber in Mainleus. Vermutlich wollte die Geschäftsleitung vom guten Ruf der Kulmbacher Brauereien profitieren; schließlich nannte man sich jetzt *Kapuzinerbräu AG in Kulmbach*. Der Verfasser weiß nicht, wie die „Sitzverlegung" vorgenommen wurde. Es hat aber den Anschein, dass seinerzeit die Regeln in dieser Hinsicht noch nicht so streng waren wie heute.

Die Kapuzinerbräu AG arbeitete von Anfang an wenig erfolgreich: Bereits am 15. Februar 1899 musste die erste Sanierung beschlossen werden. Danach sollten entweder pro Aktie 25 % (= 250 Mark) zugezahlt oder, wenn die Zuzahlung nicht erfolgen sollte, die Aktien im Verhältnis 2:1 zusammengelegt werden. Das Kapital sank durch diese Maßnahme von 320.000 auf 240.000 Mark. Schon ein Jahr später – mit Beschluss vom 19. Februar 1900 – wurde erneut saniert: Entweder sollte auf jede Aktie wiederum 25 % aufgezahlt, oder aber die Aktien sollten – zum Zwecke der Kapitalherabsetzung – im Verhältnis 3:1 zusammengelegt werden. Das neue Kapital betrug nun 204.000 Mark; es wurde mit gleichem Beschluss auf 275.000 Mark erhöht. Dividende, also Gewinnausschüttung, gab es in den einzelnen Geschäftsjahren nicht. Im Dezember 1900 trat Christian Viandt als Vorstand der Aktiengesellschaft zurück; Viandt wurde anschließend kaufmännischer Direktor bei der Sauermann AG in Kulmbach, der seinerzeit größten Fleischwarenfabrik des Deutschen Reiches.

Kapuzinerbräu AG in Mainleus bei Kulmbach etwa um 1898. Auf dem rechten Teil der Darstellung ist die Gastwirtschaft „Fränkischer Hof" zu erkennen. Auch das Haus links davon steht noch.

Im Januar 1903 musste neuerliche Sanierung beschlossen werden: *Die Aktien, auf welche ... 20% = M 200 zugezahlt sind, sind als 5% Vorz.-Aktien abgestempelt, ebenso die Aktien, welche bis dahin zur Zusammenlegung im Verhältnis 2:1 eingereicht wurden. Zu den durch Zuzahlung entstandenen Vorz.-Aktien ist je ein Genußschein im Werte von M 200 ausgegeben.* Ab dem Geschäftsjahr 1902/03 gab es dann immerhin Dividendenzahlung, auch wenn diese recht bescheiden ausfiel: 4% jährlich auf die Genussscheine, 1% auf die Vorzugsaktien. Es wurden somit jährlich etwa 4.000 bis 5.000 Mark an die Anteilseigner ausgeschüttet. Diese Zahlungen konnten zehn Jahre lang durchgehalten werden.

Nach dreijähriger Tätigkeit schied im Dezember 1903 der Nachfolger von Christian Viandt, Brauereidirektor Albert Schulz, als Alleinvorstand aus und übernahm den gleichen Posten bei der Mönchshofbräu. Seine Nachfolger wurden Josef Haupt und Eugen Baer als Vorstandsmitglieder.

Als wesentliches Ereignis kam dann 1906 die bereits dargestellte Übernahme der Exportbierbrauerei Leonhard Eberlein. Der Betrieb der Kapuzinerbräu wurde von Mainleus nach Kulmbach verlegt und mit dem von Eberlein verschmolzen. Die Bierproduktion betrug bis 1906/07 etwa 15.000 hl jährlich, danach scheint sie sich zwischen 18.000 und 22.000 hl pro Jahr bewegt zu haben.

Etwa ab 1912 wurde es für die Brauerei wieder kritisch: Nachdem es sieben „magere" Jahre lang jeweils 1% Dividende auf die Vorzugsaktien gegeben hatte und ab 1909/10 immerhin 2%, entfiel ab 1912/13 die Ausschüttung ganz. Ab 1913/14 wurden auch die Genussscheine nicht mehr bedient. Die Kapuzinerbräu AG arbeitete wieder mit Verlust.

> **Exportbierbrauerei**
> **Kapuzinerbräu A.G. Kulmbach**
> Fernsprecher Nummer 33
> empfiehlt ihre rühmlichst bekannten
> **Export-Biere**
> Pilsner und Münchener Type
> zu koulantesten Bedingungen.

Anzeige im Stadtführer von Kulmbach, etwa 1912

Wie allen Brauereien brachte der Erste Weltkrieg auch der Kapuzinerbräu AG eine deutliche Einschränkung des Braugeschäftes. Am 8. Oktober 1919 wurde der Betrieb eingestellt, am 1. September 1920 beschloss letztlich die Generalversammlung, die Firma aufzulösen; ebenfalls aufgelöst wurde die offiziell noch bestehende *Export Bierbrauerei Leonhard Eberlein*. Grund für die Auflösung dürfte gewesen sein, dass man sich für einen weiteren Betrieb der Brauerei wenig Erfolg versprach. Immerhin waren die letzten Jahre vor dem Krieg auch schon äußerst schwierig gewesen.

In einer Gemeinschaftsaktion übernahmen die Kulmbacher Großbrauereien Belegschaft und Kundschaft der Kapuzinerbräu. Man wollte in dieser schwierigen Wirtschaftslage vermeiden, dass die Kulmbacher Betriebe durch einen Firmenzusammenbruch ins Gerede kämen. Den Firmennamen kaufte die Mönchshofbrauerei, die in den folgenden Jahren auch unter *Kapuzinerbräu* Bier verkaufte; der Export nach Frankreich lief später ausschließlich unter *Kapuzinerbräu*. Immerhin waren ja Kapuziner auch Mönche; zum anderen ist *Mönchshofbräu* im Französischen kaum auszusprechen. Heute verkauft die Kulmbacher Brauerei ihr Weizenbier unter dem Namen *Kapuziner*.

Die Gebäude der alten Brauerei wurden abgerissen und die Grundstücke verkauft. Einen Teil des Geländes nimmt heute das katholische Caritasheim ein, ein Teil ist als ehemaliger Stadtgraben wieder frei von störender Bebauung. Das zugehörige Wohnhaus blieb im Besitz der Familie Neumair, bis es 1982 im Zuge des Schießgraben-Umbaus abgerissen wurde. Erhalten sind aber je ein Plan und ein Bild der Brauereien in Kulmbach und Mainleus.

4.4.3 Mathaeus Hering

Der Name *Hering* ist im ganzen 19. Jahrhundert eng mit dem Brauwesen in Kulmbach verbunden. Während Simon Hering, geboren etwa 1811, zusammen mit seinem Sohn Erhard 1863 ein Brauhaus in Blaich bei Kulmbach erbaute und damit den Grundstock zur späteren Mönchshofbräu legte, gab es daneben noch ein kleineres Braugeschäft unter der Firma *Math. Hering* bis zum Jahre 1907.

Mathaeus Hering braute etwa ab 1827/28 und beteiligte sich schon 1849 am Gemeinschaftsbrauhaus des Johann Caspar Pertsch. Inhaber der am 24. September 1863 ins Firmenregister eingetragenen Firma *Math. Hering* waren zunächst Mathaeus Hering und ab 1876 Christian Hering. Nachdem letzterer starb, wurde am 26. Juli 1881 eine offene Handelsgesellschaft, bestehend aus Matthäus Hering und seinen drei noch minderjährigen Brüdern Konrad, Hans und Jean, gegründet. Von 1884 bis 1907 wurde das Braugeschäft *Math. Hering* von *Matthäus Hering* allein betrieben. Wie die Zahlen belegen, war dieses Braugeschäft sehr klein.

Ob die Familie Hering über eigene Brauereigebäude verfügen konnte, bleibt ungewiss. Es erscheint möglich, dass der Anteil am ursprünglichen Gemeinschaftsbrauhaus Pertsch behalten wurde. Unter Umständen wurden auch später die alten bzw. neuen Anlagen der Brauerei Pertsch mitgenutzt; ein *Plan zur Aufstellung eines Schutzdaches über den Pechwärmekessel des Exportbierbrauers Herrn Matthäus Hering im Hofraum des Herrn Christian Pertsch in Kulmbach* vom Jahre 1890 lässt darauf schließen. Zudem braute Math. Hering nur eine kleine Menge Bier – eigene Anlagen hätten sich vermutlich nicht rentiert und wären auch wohl kaum zu bezahlen gewesen.

Eine Notiz des Kulmbacher Heimatforschers EDELMANN aus dem Jahre 1957 spricht zwar von Brauereigebäuden eines M. Hering, sie dürfte sich aber in Wirklichkeit auf Heinrich Hering beziehen:

Von M. Hering wurde in der Mittelau eine Brauerei mit den dazugehörigen Nebenräumen wie Ställen und Schmiede erbaut, die heute noch steht. Sie gehört jetzt der Ersten Aktienbrauerei, die den ganzen Heringschen Besitz, der an ihren Betrieb, insbesondere an ihre 1896 erbaute Mälzerei angrenzte, im Juli 1897 käuflich für 75.000 Mark erwarb. In der früheren Brauerei befinden sich jetzt unten Einstellhallen und Werkstätten für Kraftwagen und oben Lagerräume. Die Stillegung der Heringschen Brauerei wurde seinerzeit vom Volksmund mit den schadenfroh klingenden Worten bekannt gemacht: „Die Hering sin'n Maa nuntergeschwomma."

Heinrich Hering, der Sohn von Simon Hering, war 1886 aus der Mönchshofbräu ausgeschieden und betrieb seit 1887 wieder ein eigenes Braugeschäft. Wenn man bedenkt, dass Heinrich Hering für seine Anteile an der Mönchshofbräu finanziell entschädigt werden musste, dann hatte er auch die notwendigen Gelder für den Bau einer neuen kleineren Brauerei. HUNDT nennt übrigens unter Bautätigkeit für 1890 die Brauerei Hering (leider ohne Vornamen!). Das Ende dieser Brauerei und der Ankauf durch die Erste Kulmbacher Actienbrauerei im Jahre 1897 beziehen sich aber eindeutig auf Heinrich Hering. Matthäus Hering arbeitete

Übersicht: Bierverkauf der Brauerei Matthäus Hering

Jahr	Export über die bayerische Grenze in hl	Verkauf über die Stadtgrenze Kulmbach in hl
1895	1.954	
1896	1.780	
1896/97	1.532	
1900		845
1901		653
1902		363
1903		401
1904		374
1905		255
1906		?

ja immerhin bis 1907. Heinrich Hering exportierte übrigens 1895 2.739 hl und 1896 2.609 hl Bier.

4.4.4 Christian Pertsch

Auch die Familie Pertsch gehört zu den Familien mit langer Brautradition. Der Bäckermeister Johann Caspar Pertsch braute seit mindestens 1833/34; schon 1838 wollte er, als wohlhabender Bürger und Exportbrauer, in Gemeinschaft mit anderen ein Brauhaus errichten, was ihm aber verwehrt wurde. 1849 schließlich konnte Johann Caspar Pertsch – zusammen mit M. Hering, J. Sandler und N. Meußdoerffer – nahe der Fischergasse am Main ein Brauhaus errichten. Nach dem Tode von Johann Caspar Pertsch gingen seine Rechte am gemeinsamen Brauhaus auf seinen Sohn Christian Felix über. Dieser war 1834 geboren und hatte selbst das Bäckerhandwerk gelernt. Christian Pertsch übernahm nun das elterliche Geschäft und widmete sich besonders dem Bierbrauen. Seit 1865 wurde sein Bier *nach allen Teilen Deutschlands, besonders nach Sachsen, Thüringen und Schlesien, sowie nach Nordamerika ausgeführt.* 1885 wurde die Brauerei in einen am Schwedensteg errichteten Neubau verlegt, der mit allen brautechnischen Neuerungen ausgerüstet war. Ab 1894 verfügte der Betrieb sogar über zwei Dampfkessel. Nach dem Tode von Christian Pertsch Ende 1904 übernahm sein Sohn Julius die Brauerei und leitete sie bis kurz nach dem Ersten Weltkrieg. 1919 wurde das Braurecht an die Markgrafenbräu verkauft. Auf dem ehemaligen Brauereigelände am Schwedensteg befanden sich lange Jahre u. a. die Färberei Pöhlmann und das Geschäft für Bürobedarf Friedrich. Heute steht hier ein Teil des Seniorenzentrums *Mainpark*.

Betrachtet man die Zahlen der Pertschbräu, so muss man ihr auf jeden Fall eine gute Stellung auch

Anzeige im Stadtführer von Kulmbach, etwa 1912

als kleinere Brauerei zuerkennen. Ihre Umsatzverluste in den ersten Jahren nach 1900 entsprachen dem Durchschnitt aller Kulmbacher Brauereien; danach verlor Pertsch aber offensichtlich weiter an Kundschaft. Das letzte Mal wurde 1918 in der Brauerei Malz verschrotet und damit Bier gebraut.

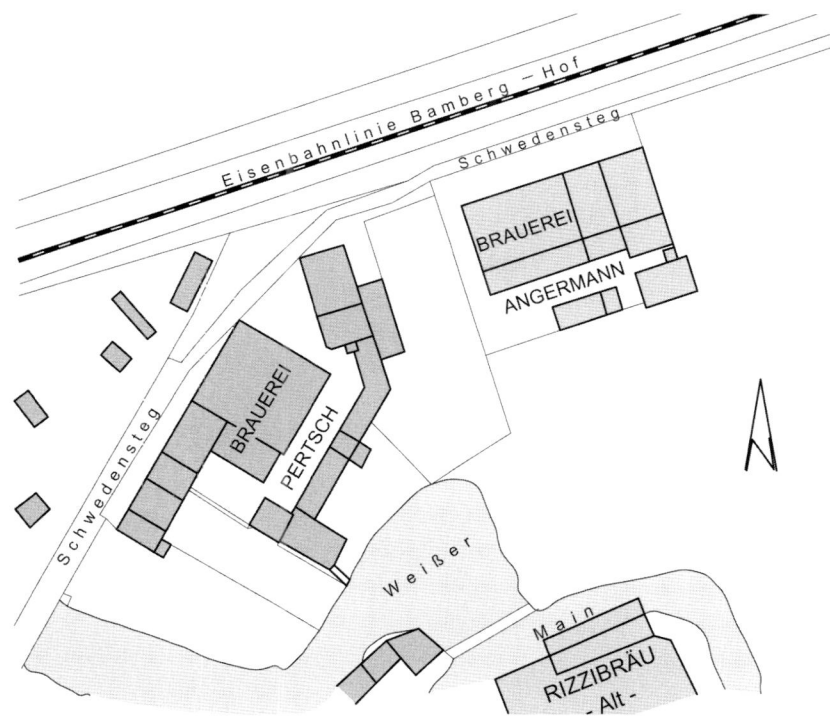

4.4 Kleinbrauereien und Kommunbrauer nach 1900

Die Brauereien Pertsch und Angermann am Schwedensteg um 1899

Bierkrüge und Zinndeckel der Brauerei Pertsch →

Übersicht: Bierverkauf der Brauerei Pertsch

Jahr	Export über die bayerische Grenze in hl	Verkauf über die Stadtgrenze Kulmbach in hl
1895	14.941	
1896	15.125	
1896/97	16.853	
1900		20.523
1901		16.372
1902		13.644
1903		13.505
1904		13.150
1905		12.166
1906		?
1907		9.505
1908		7.762

Erwähnt sei noch, dass die Stadt Kulmbach der Familie Pertsch wesentliche Stiftungen zu verdanken hat: So ließ Christian Pertsch 1897 die Figur des Zinsfelder-Brunnens renovieren, und 1905 vermachte er der Stadt Kulmbach 50.000 Mark für wohltätige Zwecke.

4.4.5 Hans Petz – Gebrüder Fleischmann – Markgrafenbräu

Am 1. Juni 1869 wurde die Firma Hans Petz, Inhaber Hans Petz, Bierbrauer in Kulmbach, ins Firmenregister eingetragen. Bei MEIER erscheint Hans Petz bereits 1854 als Brauer. Derselbe Autor rechnet Petz auch zu den Teilhabern an der Vereinsbrauerei des Michael Taeffner (1870–1872).
Verwandtschaftliche Beziehungen zu den ebenfalls brauenden Heinrich und Carl Petz (Vater und Sohn, spätere Petzbräu AG) bestanden nach KARL DACHERT kaum, höchstens sehr weitläufig. Mit dem Bau der Brauerei wurde etwa 1875 von Hans Petz in der Kronacher Straße, unmittelbar hinter der Eisenbahn, begonnen. Die Lage war sehr günstig, denn man hatte über ein eigenes Gleis direkten Anschluss an die Eisenbahn (heute befindet sich auf dem Gelände die Futtermittelfabrik Bergophor). Ab 1895 arbeitete die Brauerei mit zwei Dampfkesseln. 1894/95 betrieb Hans Petz ein knappes Jahr lang eine Zweigniederlassung in Berlin.

Am 7. Oktober 1896 ging die Brauerei durch Kauf an Viktor und Karl Fleischmann aus Kulmbach über. Zunächst wurde unter der alten Firmenbezeichnung weitergearbeitet, ab 1898 hieß die Brauerei *Gebrüder Fleischmann*. Schon 1897 wurde der Betrieb durch die neuen Eigentümer ausgebaut (Sud- und Kühlmaschinenanlage). 1898 wurden Zweigniederlassungen in Leipzig und in Dresden eröffnet; diese hatten allerdings nur bis 1900 bzw. bis 1902 Bestand. Ebenfalls 1898 errang die Brauerei *Ehrenpreis, goldene Medaille und großes Ehrendiplom auf der Gastwirths-Gewerbe-Ausstellung in Meerane*.

1900 erhielten die Brüder Karl und Viktor Fleischmann das Bürgerrecht der Stadt Kulmbach. Vermutlich zu dieser Zeit errichtete Karl Fleischmann zwei kleine Stiftungen:
- Karl Fleischmann'sches Legat für eine hiesige arme protestantische weiblich Person (1.300 Mark Kapital) und
- Karl Fleischmann'sches Stipendium für Handwerkslehrlinge (636,67 Mark Kapital). Für einen *braven und elternlosen Lehrling* gab es aus den Zinsen einen jährlichen Zuschuss von 23,– Mark.

Die Brauerei der Gebrüder Fleischmann hatte in den Jahren vor 1900 deutliche Zuwachsraten erzielt

4.4 Kleinbrauereien und Kommunbrauer nach 1900

Bierkrug der Brauerei Gebrüder Fleischmann

Situationsplan für Herrn Bierbrauer Hans Petz vom 18. August 1875

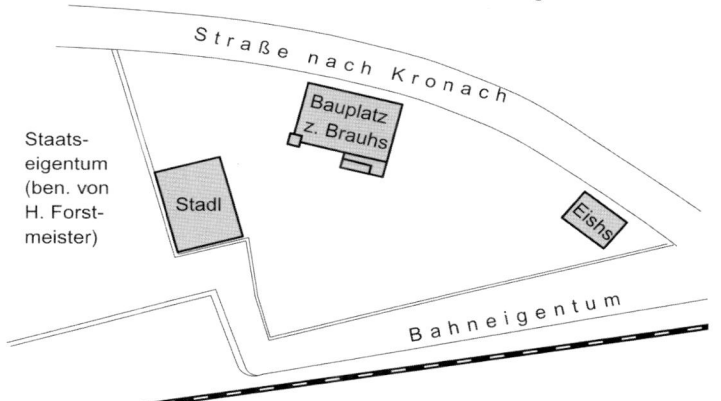

Das Anwesen des Herrn Hans Petz, Brauereibesitzer im Jahre 1889

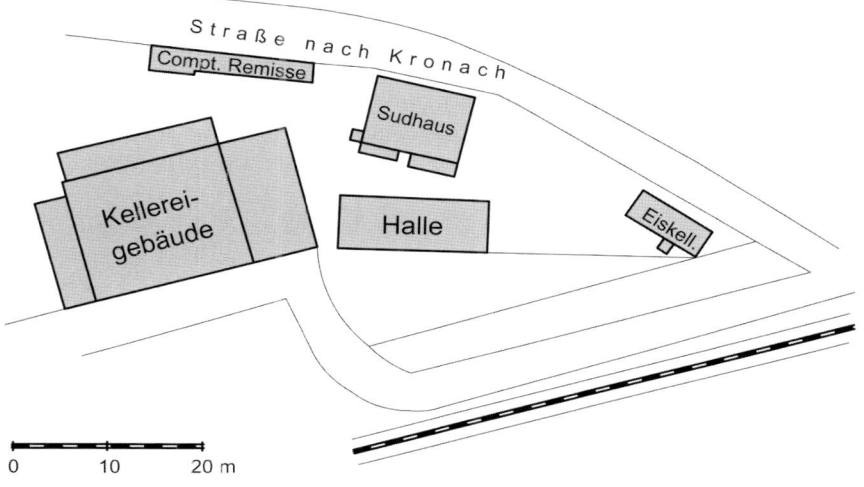

Werbetafel der Brauerei Gebrüder Fleischmann von 1897

Übersicht: Bierverkauf der Brauerei Fleischmann

Jahr	Export über die bayerische Grenze in hl	Verkauf über die Stadtgrenze Kulmbach in hl
1895	6.498	
1896	6.072	
1896/97	7.629	
1900		21.230
1901		15.944
1902		13.865
1903		11.295
1904		8.044
1905		6.383
1906		?
1907		7.232
1908		5.828

und erreichte 1900 einen ausgesprochen guten Absatz. Allerdings waren die Verluste in den darauf folgenden Jahren beträchtlich:

Ab 1909 führte Karl Fleischmann die Brauerei allein weiter. Im Juli 1910 wurde das Konkursverfahren über das Vermögen der Firma Gebrüder Fleischmann eröffnet.

Bei der Zwangsversteigerung der Fleischmann'schen Brauerei am 14. November 1910 *wurde das Höchstgebot von Frau Privatiere Cornelie Rizzi mit 151.000 Mark gelegt.* Die Mutter von Karl und Viktor Fleischmann war eine geborene Reichel und damit Schwester von Cornelie Rizzi gewesen. Unter Umständen war Cornelie Rizzi bei der Brauerei ihrer Neffen finanziell engagiert gewesen und beteiligte sich deshalb an der Versteigerung. Die Brauerei erhielt nun den Namen *Markgrafen-Bräu Kulmbach GmbH*; als Geschäftsführer wurde Adolf Kriegel, bis dahin Prokurist in der Malzfabrik Eberlein, bestellt. Eine Zusammenlegung des Betriebes mit dem der Rizzibrauerei, wie es HUNDT berichtet, fand aber nicht statt.

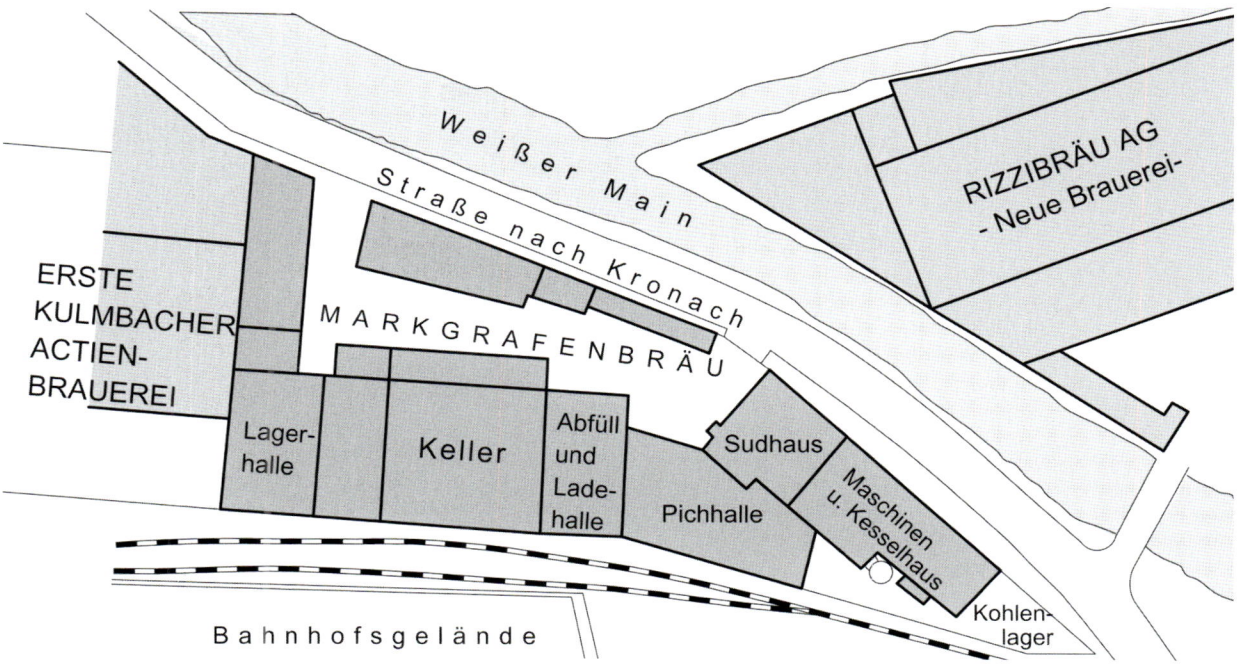

4.4 Kleinbrauereien und Kommunbrauer nach 1900

Markgrafen-Bräu um 1920

Werbung der Markgrafen-Bräu

Im Jahre 1916 übernahm die Markgrafen-Bräu die Brauerei Louis Weiß und 1919 die Brauerei Christian Pertsch.

4.4.6 Conrad Planck – Hans Planck sen./jun.

Verschiedene Mitglieder der Familie Planck – auch öfters *Plank* geschrieben – hatten in der Mitte des 19. Jahrhunderts große braugeschäftliche Aktivitäten entwickelt. In der Aufzählung des Adressbuches der Stadt Kulmbach fehlt aber sowohl 1903 als auch 1910 das Braugeschäft Conrad Planck, das zumindest nach dem Firmen- bzw. Gesellschaftsregister damals noch bestehen musste:

Der Bierbrauer Johann Conrad Planck ließ seine Firma Conrad Planck am 30. September 1863 ins Firmenregister eintragen. Nach seinem Tod 1883 – berichtigt im Firmenregister erst ein Jahr später – führten seine Witwe Charlotte und Johann Simon, genannt Hans Planck (sehr wahrscheinlich der Sohn des Verstorbenen)[9] in einer offenen Handelsgesellschaft das Geschäft weiter. Charlotte Planck starb 1895, aber erst 1906 ließ sich Hans Planck, nun als *Bierbrauereibesitzer in Kulmbach* bezeichnet, als Inhaber der Firma *Conrad Planck* ins Firmenregister eintragen. Diese Firma wurde erst 1930 gelöscht. Es ist zweifelhaft, ob Hans Planck nach 1900 noch gebraut hat, denn er erscheint in keiner der erwähnten Aufstellungen nach 1900 hinsichtlich Bierexport über die Stadtgrenze bzw. hinsichtlich Malzverschrotung. Auch im Branchenverzeichnis des Adressbuches der Stadt wurde er ja nicht mehr aufgeführt. Des Weiteren erscheint es fraglich, dass Planck nach 1900 eine eigene Brauerei in Kulmbach besaß; u. U. hatte er einen Anteil an einem Gesellschaftsbrauhaus. Wenn man die erwähnte Eintragung ins Firmenregister von 1906 als richtig ansehen will, dann muss angenommen werden, dass die Firma Conrad Planck noch – auf dem Papier – bestand, der Braubetrieb aber tatsächlich eingestellt worden war.

Neben Conrad Planck betrieb auch sein Bruder Hans, genannt *der Ältere* bzw. *sen.* vor 1900 ein eigenes Braugeschäft. Auf ihn treffen die anderen Daten hinsichtlich Planck zu. Hans Planck war von 1863 bis 1896 im Firmenregister eingetragen und besaß einen Anteil an der Planck'schen Genossenschaftsbrauerei. Diese wurde von 1892 bis 1895 in den Verwaltungsberichten des Stadtmagistrats mit einem Dampfkessel aufgeführt. Mit dem Sudjahr 1895/96 beendete Hans Planck seine Brautätigkeit; er hatte 1895 nur 350 hl und 1896 gar nur 39 hl Bier über die bayerische Grenze exportiert. (Für das Sudjahr 1896/97 wird er in der Aufstellung der Ersten Actienbrauerei hinsichtlich Export nicht mehr erwähnt.) Am 5. September 1896 verkaufte schließlich Hans Planck der Ältere – nun bezeichnet als *Privatmann früherer Bierbrauer* – das Brauhaus, Haus Nr. 333 (oder nur einen Anteil), an Christiana Schmidt bzw. an die Exportbierbrauerei Adolf Christenn, Inh. Ottmar Schmidt. Am 28. Juni 1899 verstarb Hans Planck sen. und vermachte rund 80.000 Mark seines Vermögens – er war Junggeselle – der Stadt Kulmbach für gemeinnützige Zwecke. Das Planck'sche Volksbad und die Hans-Planck-Straße wurden nach ihm benannt.

Der Neffe von Hans Planck sen. war der oben erwähnte Inhaber der Firma *Conrad Planck*; dieser trug zur Unterscheidung den Zusatz *jun.* Hans Planck jun. hatte Haus- und Grundbesitz in der Fischergasse und war ebenfalls Junggeselle. Er starb 1920.

4.4.7 Friedrich Pöhlmann – Adolph Christenn – Ottmar Schmidt

Diese Brauerei wurde zwar von verschiedenen Inhabern betrieben, gehörte aber immer einer Familie. Bevor das Braugeschäft Pöhlmann bzw.

4.4 *Kleinbrauereien und Kommunbrauer nach 1900*

Das Werbeplakat der Brauerei Friedrich Pöhlmann zeigt oben das Wohn- und Geschäftshaus in der Grabenstraße, links darunter das Brauhaus in der Sutte und rechts daneben die Mälzerei in der Blaich. Dieses Werbemittel – 64 cm hoch und 49 cm breit – wurde etwa 1872 von der Lithographie-Anstalt Seb. Fexer in Wunsiedel angefertigt. Auch für die anderen Kulmbacher Kleinbrauereien gestaltete Fexer seinerzeit ähnliche Werbeplakate.

Christenn dargestellt wird, sollen zunächst die Besitzverhältnisse am Brauhaus vor Übergang an die Familie Pöhlmann aufgezeichnet werden:

Das Brauhaus gehörte als Privatbrauhaus ursprünglich den Brüdern Weyße, die es 1847 an ein Konsortium unter Leitung von Lorenz Sandler verkauften (die anderen Teilhaber waren Andreas Planck, Erhard Gummi und Georg Wilhelm Weber). Lorenz Sandler, der übrigens zusätzlich 1850 noch ein eigenes Brauhaus errichtet hatte, verkaufte 1859 seinen Anteil am Gesellschaftsbrauhaus seinem zweiten Sohn Johann Martin Sandler; dieser starb bereits 1869. Aber schon 1867 trat Friedrich Pöhlmann als Pächter des Sandler'schen Anteils auf. Wenig später erwarb er ihn, was dazu führte, dass das Brauhaus auch als Pöhlmann'sches Gesellschaftsbrauhaus bezeichnet wurde. (Dieses Brauhaus dürfte später als Planck'sche Genossenschaftsbrauerei bezeichnet worden sein.)

Unter dem 29. Juni 1870 wurde die Firma *Friedr. Pöhlmann* ins Firmenregister eingetragen; als Beruf wurde für den Inhaber *Kaufmann* angegeben. Wohl Anfang 1875 starb Pöhlmann, seine Witwe Chrissy – nun als *Bierbrauerswitwe* bezeichnet – führte die Brauerei weiter. Sie war – ursprünglich aus Amerika (zurück?)kommend – wohl ziemlich vermögend gewesen. Vielleicht kam das Geld für den Erwerb des Sandler'schen Brauhausanteils von ihr. Nach dem Tod von Friedrich Pöhlmann war sie in zweiter Ehe mit Adolph Christenn und in dritter Ehe mit Ottmar Schmidt verheiratet. Aus jeder Ehe stammte eine Tochter.

Unter dem 15. Dezember 1875 wurde die Firma *Friedr. Pöhlmann* im Firmenregister gelöscht und nun die Firma *Adolph Christenn*, Inhaber Bierbrauer Adolph Christenn, eingetragen. Er starb 1882; die Brauerei wurde aber – auch nach Wiederverehelichung der Witwe Chrissy mit Bierbrauer Ottmar Schmidt – unter der alten Firma bis zur Auflösung und Löschung im Firmenregister 1910 weitergeführt.

1895 und 1896 erwarben Ottmar bzw. Christiana Schmidt von Anton Eichenmüller bzw. von Hans Planck dem Älteren Anteile am Brauhaus Haus-Nr. 333 und Haus Nr. 335. Das Ehepaar Schmidt dürfte damit alleiniger Eigentümer des Brauhauses und der zugehörigen Anlagen geworden sein.

Übersicht: Bierverkauf der Brauerei A. Christenn, Inhaber Otmar Schmidt

Jahr	Export über die bayerische Grenze in hl	Verkauf über die Stadtgrenze Kulmbach in hl
1895	9.714	
1896	8.232	
1896/97	8.256	
1900		8.598
1901		6.263
1902		5.268
1903		5.307
1904		4.457
1905		3.632
1906		?
1907		3.254
1908		3.249

Das Brauhaus befand sich in der Sutte 2 bis einschließlich Grabenstraße 21 (später Kohlen- und Baustoffhandlung Petschke); Grabenstraße 8 – in den 1980er und 1990er Jahren vermietet an Zoogeschäft Leutheusser – beherbergte im Erdgeschoss das Büro, im 1. Stock die Wohnung, und das Dachgeschoss diente als Hopfenboden. Zu diesem Haus gehörte noch ein Nebengebäude mit Büttnerei, Pferdestall und Heuboden. Am Röthleinsberg – heute Haus-Nr. 11 – befand sich ein großer Keller mit Eishaus. In der Blaich – im heutigen „Hand-

4.4 Kleinbrauereien und Kommunbrauer nach 1900

Die Brauerei Georg Pöhlmann zwischen Basteigasse, Schießgraben und „Bergstraße" (Karl-Jung-Straße). Heute stehen auf dem Gelände das Parkhaus Basteigasse und eine 2012/13 neu entstandene Wohnanlage.

Links:
Ansichtskarte von 1906

Unten:
Situationsplan von 1888

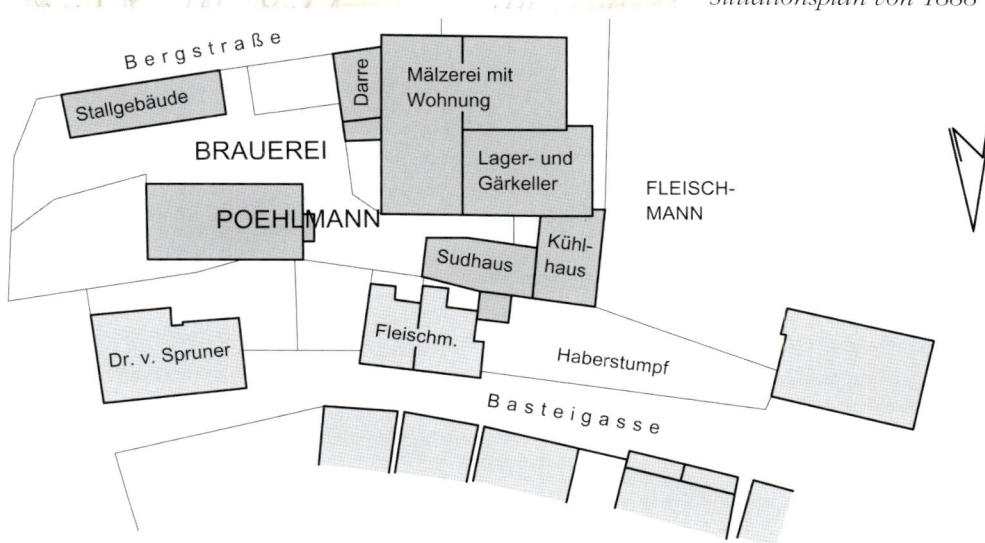

Im Vordergrund der ehemalige Brauereigasthof Pöhlmann Ecke Schießgraben / Langgasse, im Hintergrund ein Teil der Brauerei. An der Stelle der Gastwirtschaft wurde Ende der 1960er Jahre das „Kaufhaus der Mitte" (KDM) gebaut. Jetzt hat hier die Modekette C & A eine Filiale eröffnet.

werkerhof" – hatte die Brauerei noch ihre Mälzerei. Die Brauerei wurde bis einschließlich Sudjahr 1908/09 betrieben.

4.4.8 Wilhelm Poehlmann – Georg Pöhlmann

Am 5. Oktober 1863 ließ der Brauereibesitzer Johann Georg Wilhelm Poehlmann seine Firma *Wm. Poehlmann* ins Firmenregister eintragen. Pöhlmann war um 1851 als Bäckermeister in Kulmbach ansässig geworden und hatte sich seit dieser Zeit mit der Bierbrauerei und dem Schankgeschäft beschäftigt (als Gründungsjahr gab die Brauerei später selbst auf ihren Briefbögen 1824 an). 1862 erwarb Pöhlmann die Braukonzession und erbaute am Schießgraben ein Brauhaus. Er besaß dort bereits ein 1856 erbautes Mulzhaus, einen Fasskeller mit Stadel und zwei Felsenkeller von ca. 2.400 Eimer Fassungsvermögen. Pöhlmann wollte sich auf den Bierexport ins Ausland verlegen.

Nach dem Tode von Wilhelm Pöhlmann ging die Brauerei im September 1883 auf Georg Pöhlmann über. Die Firma lautete nun *Gg. Pöhlmann*, zunächst bis 1895 mit dem Zusatz jr. = junior, ab 1912 nannte man sich einfach *Pöhlmann-Bräu*.

Die Brauerei Pöhlmann am Schießgraben arbeitete zunächst mit einem Dampfkessel, ab 1897 mit zwei Dampfkesseln. Im gleichen Jahr kam es zu Streitigkeiten mit der Restauration Schwarzott – später *Bergschlösschen* – wegen Rauchbelästigung.

1905 erwarb Georg Pöhlmann das Kolb'sche Rehberganwesen und eröffnete dort eine Gartenwirtschaft, die sich zu einem beliebten und besonders im Sommer gut besuchten Ausflugsziel der Kulmbacher entwickelte. Seit 1926 ist in diesem Anwesen das Rehberg-Kinderheim der Mathilde-Trendel-Stiftung untergebracht.

Betrachtet man die uns heute erhaltenen Umsatzzahlen, dann erlebte die Brauerei Georg Pöhlmann auch nach 1900 eine gute Geschäftsentwicklung; als einzige Kulmbacher Brauerei musste Pöhlmann in diesen Jahren keine Umsatzeinbußen hinnehmen.

Übersicht: Bierverkauf der Brauerei Georg Pöhlmann

Jahr	Export über die bayerische Grenze in hl	Verkauf über die Stadtgrenze Kulmbach in hl
1895	2.989	
1896	3.721	
1896/97	6.034	
1900		7.549
1901		8.077
1902		7.909
1903		7.686
1904		7.602
1905		7.215
1906		?
1907		8.740
1908		9.006

Die Menge des verschroteten Malzes lässt vermuten, dass Pöhlmann seinen Ausstoß bis 1914 halten bzw. sogar leicht ausbauen konnte. Pöhlmann braute auch während des Ersten Weltkriegs; in den drei Jahren danach konnte sich der Geschäftsbetrieb sogar wieder erholen. Im Januar 1922 wurde schließlich die Brauerei am Schießgraben verkauft. Das Braukontingent übernahm die Erste Kulmbacher Actienbrauerei, die Gebäude die Firma Ruckdeschel & Söhne.

Das Pöhlmann'sche Stammhaus an der Ecke Langgasse/Schießgraben – Haus Nr. Schießgraben 31 – hatte ursprünglich eine Bäckerei mit Bierwirtschaft beherbergt. Nach 1922 wurde es Brauereiausschank der Ersten Actienbrauerei. Pöhlmann selbst wurde von der gleichen Brauerei als Braumeister übernommen. Er baute sich seinen am Schießgraben – Haus Nr. 2 – befindlichen ehemaligen Bier- oder Eiskeller als Wohnhaus aus.

Daneben gab es noch ein weiteres Braugeschäft *Gg. Pöhlmann* in Kulmbach. Der Eintrag ins Firmenregister erfolgte am 4. März 1867; Inhaber war Johann Georg Pöhlmann, *Bierbrauer und Kunstmehl-Niederlag Inhaber in Kulmbach*. Mit dem Tode des Inhabers erlosch diese Firma 1895 (Eintrag vom 2. Mai 1895). Damit wird auch verständlich, warum die andere Brauerei Gg. Pöhlmann zwölf Jahre lang den Zusatz *jr.* führte. Erst das zweite Braugeschäft Pöhlmann macht es einsichtig, warum sich 1870 ein Georg Pöhlmann an der Vereinsbrauerei des Michael Täffner beteiligt hatte. Derselbe Georg Pöhlmann hatte im Januar 1872 ein Gebot über 16.200 fl. für das Kommunbrauhaus I abgegeben. Eigene Räumlichkeiten bzw. ein eigenes Brauhaus für dieses Braugeschäft sind deshalb nicht anzunehmen. Vermutlich benutzte man ein anderes, nicht voll ausgelastetes Brauhaus mit.

4.4.9 Louis Weiß

Als einer der Männer, der wesentlichen Anteil an der Entwicklung Kulmbachs zur Bierstadt hatte, ist Louis Weiß zu nennen. Nach MEIER fand Weiß vor 1849/50 keine Erwähnung als brauender Bürger. Aber er war schon lange Zeit vorher als Kaufmann dem Braugeschäft verbunden. Insbesondere soll Louis Weiß den Kulmbacher brauenden Bürgern nach 1831 die ersten Exportaufträge verschafft haben. Schließlich wollte er wohl nicht nur Aufträge vermitteln, sondern auch selbst produzieren. Während des Sudjahres 1849/50 hatte er bis zum

Louis Weiß – er vermittelte den Kulmbacher Bierbrauern die ersten Exportaufträge.

2. Januar 1850 bereits 29 Gebräue hergestellt, freilich noch im Kommunbrauhaus. Zu dieser Zeit schenkte Weiß in Kulmbach überhaupt kein Bier aus, sondern versandte alles ins „Ausland" *bis Breslau und selbst bis Amsterdam.* In Breslau belieferte er übrigens zeitweise Kißling, den späteren Bierverleger der Reichelbräu für ganz Schlesien. Weiß war auch der erste, der auf dem Landweg Bier nach Hamburg verschickte. Sein Bier war *vorzüglich stark* bereitet. Ein Ölbild des Kulmbacher Heimatmalers Michel Weiß zeigt einen Bierwagen mit Pferden auf dem Marktplatz mit dem Namen *Louis Weiß* auf der Wagenplane (vgl. Seite 40).

1850 schließlich erbaute Weiß ein kleineres Brauhaus auf seinem Anwesen im Spiegel. Über ein Mulzhaus verfügte er schon seit längerer Zeit. Eine Ansicht dieser Anlagen ist als Stahlstich erhalten; man erkennt darauf noch heute bestehende Häuser. Das Stammhaus der Familie Weiß war in der Oberen Stadt – heute Haus Nr. 13. Es beherbergte noch lange das *Comptoir* der Firma und wurde etwa 1920 an Dr. Mader verkauft. Louis Weiß war übrigens von 1851 bis 1854 Bürgermeister in Kulmbach.

1865 verstarb Louis Weiß. Für die Witwe Weiß führte zunächst Sohn Heinrich als Prokurist die Geschäfte. Am 28. Juli 1871 – nach dem Tode von Frau Weiß – übernahm eine offene Handelsgesellschaft die Firma *Louis Weiß*. Neben sechs Mitgliedern der Familie Weiß waren noch der Bierbrauer Andreas Leonhard Eberlein und der Bäckermeister Karl Schultheiß beteiligt. *Dieselben betreiben seit dem 16. Juli 1871 ein Bierbrauerei- und Bierexportgeschäft in der Weise, daß nur dem Mitgesellschafter Eberlein das Recht zusteht, die Firma der Gesellschaft zu zeichnen und die Gesellschaft in allen Beziehungen zu vertreten.*

Bereits am 12. Oktober des gleichen Jahres löste sich die Gesellschaft jedoch wieder auf; Valentin und Eduard Weiß betrieben das Braugeschäft gemeinsam weiter. (Eberlein erwarb im Januar 1872 das Kommunbrauhaus I vom Magistrat.) Ab 1883 schließlich betrieb Eduard Weiß als Alleininhaber die Brauerei, ab 1906 Heinrich Weiß. Nach den uns erhaltenen Zahlen gingen die Geschäfte der Brauerei Weiß nach 1900 stark zurück:

4.4 Kleinbrauereien und Kommunbrauer nach 1900

Der Briefkopf von 1890 zeigt die Brauerei Weiß im Spiegel: Rechts das Wohnhaus, dann die Brauerei in Richtung Wolfskehle. Im Anbau rechts unten befindet sich heute die Gastwirtschaft „Schwanenbräukeller". Die Plassenburg als Wahrzeichen der Stadt ist – anstelle des Rehbergs – im Hintergrund hinzugefügt. Links von der Ansicht werden die der Brauerei verliehenen Preise und Auszeichnungen präsentiert.

Übersicht: Bierverkauf der Brauerei Louis Weiß

Jahr	Export über die bayerische Grenze in hl	Verkauf über die Stadtgrenze Kulmbach in hl
1895	4.692	
1896	3.608	
1896/97	3.096	
1900		3.881
1901		2.855
1902		3.191
1903		2.430
1904		2.405
1905		2.036
1906		?
1907		1.673
1908		1.575

Hatte Weiß in den Jahren 1907 und 1908 noch 1.000 hl Malz verschrotet, so sank der Malzverbrauch immer weiter ab: In den beiden Sudjahren 1911/12 und 1912/13 verbrauchte Weiß nur noch 300 Zentner Malz (wobei dieses Maß mit hl fast

Das Brauhaus des Michael Elias Michel im Grünwehr 300. Das Brauhaus wurde 1850 von Veit Münch erbaut, 1857 an Johann Christian Schmidt und 1861 schließlich an Michael Elias Michel verkauft. Heute befindet sich in dem Gebäude die Gastwirtschaft „Zum Seelöwen".

übereinstimmt), 1914 gar nur noch 132 Zentner! Der Braubetrieb scheint demnach vor dem Ersten Weltkrieg schon geruht zu haben.

1916 wurde die Braufirma von der Markgrafen-Bräu übernommen, einige Jahre später der Großteil des Anwesens mit Gebäuden an die Spedition Murrmann verkauft. Nur ein kleineres Haus – später benutzt als Wäscherei – blieb im Eigentum der Familie Weiß. Dabei ist aber festzuhalten, dass der Inhaber der Wäscherei Weiß – nach eigener Aussage – nicht mit der Brauerfamilie Weiß verwandt war.

Im Zusammenhang mit der Brauerei von Louis Weiß taucht auch der Name *Schwanenbräu* auf. Eine heute noch bestehende Gastwirtschaft im Spiegel, seinerzeit wohl zur Brauerei gehörig, trägt den Namen *Schwanenbräukeller*. Auch in einer Veröffentlichung der Markgrafen-Bräu von 1926 erscheint dieser Name. Woher er kommt, konnte nicht geklärt werden. Offiziell war aber der Name *Schwanenbräu* nicht: Er erscheint weder im Handelsregister und im Adressbuch der Stadt Kulmbach noch auf Briefbögen.

4.4.10 Weitere Braugeschäfte

Von dem Brauer Michael Elias Michel sind leider nur einige wenige Daten bekannt: Er hatte 1861 das von Veit Münch 1850 erbaute Brauhaus im Grünwehr – Hs.-Nr. 300 – erworben. Michel betrieb ein kleines Braugeschäft, und sein Brauhaus wies 1865/66 mit 285 Scheffel den geringsten Malzverbrauch aller Brauhäuser in der Stadt auf. Trotzdem exportierte Michel in der gleichen Sudperiode immerhin 1.171 Eimer Bier; im Jahr 1878 waren es dann 1.381 hl. Das Braugeschäft – eingetragen am 14. November 1863 – wurde am 10. März 1888 im Firmenregister gelöscht. Über eine Nachfolge ist nichts bekannt.

Von 1906 bis 1909 ist im Firmenregister ein Stephan Koehler als *Bierbrauerei- und Preßhefengeschäftsinhaber* in Kulmbach eingetragen. Von 1909 bis 1912 finden wir die *Felsenbrauerei Andreas Köhler*. In keiner Liste, auch hinsichtlich Bierausfuhr oder Malzverschrotung, taucht der Name Köhler wieder auf. Nach KARL DACHERT betrieb Köhler in der Fischergasse, am Anfang zum Arnetsgäßchen, eine Weißbierbrauerei, allerdings *eine ganz nebensächliche Geschichte*. Unter Umständen gab es einen Bezug zu der 1881 ins Gesellschaftsregister eingetragenen Firma *Koehler & Leipold*; diese Firma wurde allerdings schon nach wenigen Jahren wieder gelöscht.

Daneben braute auch noch Konrad Türk, der 1910 noch nicht als Brauer erwähnt worden war. Sein Enkel HEINZ-WOLFGANG TÜRK berichtete später über den Werdegang und das Braugeschäft seines Großvaters[10]: Konrad Türk war zunächst Maschinenmeister in der Rizzi-Brauerei und wohnte in der Sutte. 1907 erwarb er das Anwesen Oberhaken 40. In den Jahren 1907–1911 holte er mit Ochsengespannen von der Reichelbräu Hefe. Diese wurde ausgepresst – dabei mussten alle Kinder mithelfen – und von der Ehefrau auf dem Markt als Backhefe (Presshefe) verkauft. Die Kulmbacher Heimatdichterin Elise Gleichmann hat sogar Katharina Türk als Hefeverkäuferin in der Zeitschrift *Jugendlust* beschrieben.

Die übrige Hefe wurde nach Oberkotzau verkauft. Insgesamt war der Hefeverkauf für das Ehepaar Türk ein rentables Geschäft. Beim Auspressen der Hefe wurde Restbier aufgefangen und im Oberhaken verkauft. Als die Reichelbräu dies bemerkte, gab es für Konrad Türk keine Hefe mehr.

Aus Ärger über die Reichelbräu begann Konrad Türk – 1912 oder 1913 – eine eigenes, kleines Braugeschäft im Anwesen Gutmannsgässchen 8. Konrad Türk ließ in einer anderen Brauerei fertigen, füllte aber selbst ab. Er besaß eigene Fässer und Flaschen. Dieses Braugeschäft firmierte auch als *Felsenkellerbrauerei*. Gebraut wurde bis in den Ersten Weltkrieg hinein. Das Ende kam mit der Kontingentierung (etwa 1916).

1920 wurde das Braukontingent an die Brauerei Ambros Brütting in Staffelstein verkauft. Die Kulmbacher Brauereien hatten an dem kleinen Kontingent kein Interesse gezeigt bzw. wollten dafür zu wenig bezahlen. In diesem Zusammenhang wurde auch das Anwesen im Gutmannsgässchen veräußert.

Konrad Türk stellte bereits vorher im Anwesen Oberhaken 40 Limonaden her. 1919 übernahm sein Sohn Heinrich das Limonadengeschäft. 1921 wurde die Limonadenherstellung beendet und das Anwesen an den Schlossermeister Münch verkauft.

Obwohl das Braugeschäft im Ersten Weltkrieg eingestellt worden war, schickte eine Firma aus Sachsen – Name und Ort sind nicht mehr bekannt – jährlich Probe-Etiketten für Bierflaschen. Sie waren fantasievoll und bunt gestaltet. Die „besseren" Etiketten behielt Konrad Türk, mit den anderen durften seine Enkelkinder spielen. Diese Sendungen hörten erst mit Beginn des Zweiten Weltkriegs auf.

Es ist gut möglich, dass Konrad Türk das Braugeschäft von Stephan Koehler weitergeführt hat. Die zeitliche Abfolge, die Bezeichnungen *Felsen-* bzw. *Felsenkellerbrauerei*, die räumliche Nähe zur Fischergasse und der Handel mit Presshefe sprechen dafür.[11]

In der Aufstellung über den Verkauf von Bier über die Stadtgrenze findet sich in den Jahren von 1900 bis 1905 der Name **Zapf**. Dieser verkaufte seinerzeit jeweils rund 100 hl Bier nach auswärts. Vielleicht war Zapf auch ein Kommunbrauer, ein eigener Braubetrieb ist wohl nicht anzunehmen.

4.4.11 Kommunbrauer

Es muss überraschen, dass noch nach 1900 einzelne Kommunbrauer es als lohnend empfanden, aufgrund alter Rechte selbst zu brauen bzw. brauen zu lassen. Denn immerhin gab es zu dieser Zeit genug Brauereien in Kulmbach, die doch eigentlich günstiger produzieren und anbieten konnten. Außerdem hatte sich infolge des starken Absatzrückgangs die Konkurrenz zwischen den einzelnen Betrieben deutlich verschärft und auch einige Kleinbrauereien zur Aufgabe gezwungen. Eine *Übersicht über die Kommunbrauereien und deren Ausschankstätten 1910* beweist jedoch deren Existenz zu diesem Zeitpunkt und liefert dazu einige Daten:

Als brauberechtigt werden insgesamt acht Personen genannt; davon übten drei

Johann Giegold,
Adam Reuschel und
Heinrich Weiß

ihr Brau- und Schankrecht aus. Als zwar berechtigt, aber das Recht nicht ausübend werden genannt:

Wilhelm Grethlein,
Marie Schott,
Kunigunde Lauterbach,
Andreas Ludwig und
Dorothea Eigner.

Andreas Ludwig, Magistratsrat und Bäckermeister, hatte erst 1910 seinen Betrieb eingestellt. Umgekehrt hatte Johann Giegold sein Recht erst 1905 erworben. MAX HUNDT berichtet unter dem 3. Oktober dieses Jahres: *Eine der wenigen noch bestehenden Kommunbrauereien, das Bäckerei- und Bierwirtschaftsanwesen Hühnlein im Kirchwehr ging in den Besitz des Herrn Giegold über. Das auf dem Haus ruhende Braurecht wurde noch bis zum Ersten Weltkrieg ausgeübt. Das sog. „Beckenbier" [= Bäckerbier] der letzten Kulmbacher Hausbrauer erfreute sich eines sehr guten Rufes.*

Giegold und der schon erwähnte Konrad Türk ließen seinerzeit im Lohnsudverfahren bei Kulmbacher Kleinbrauereien brauen; erwähnt sind hierfür ausdrücklich Kapuzinerbräu AG und Louis Weiß. Mit der Auflösung dieser Brauereien während des Ersten Weltkriegs und unmittelbar danach entfiel auch die Möglichkeit für die Kommunbrauer, ihr altes Recht noch weiter auszuüben.

Insgesamt wurden von den Kommunbrauern jährlich etwa 2.600 hl Bier gebraut, die Qualität wird als *gut* bezeichnet. Die Wirtschaftsbetriebe sollen sich dabei *mittelmäßig* rentiert haben. Jeder Brauberechtigte braute für sich je nach Bedarf während des ganzen Jahres. Das Ausschankrecht wurde ebenfalls während des ganzen Jahres, und zwar durch Familienangehörige in eigener Wirtschaft, ausgeübt. Immerhin, ein Kommunbrauer gab zusätzlich Bier an Wirte ab, die übrigen verkauften dagegen ihr Bier nur in der eigenen Schänke. Alle jedoch verkauften Bier *über die Gasse*. Missstände bei den Kommunbrauereien wurden vom Magistrat nicht festgestellt.

Von zwei der genannten Kommunbrauer war noch Genaueres zu erfahren: So betrieb Marie Schott eine Bäckerei mit Gastwirtschaft, Langgasse 25 (später Bäckerei Prell). Marie Schott stellte ein billiges Nebenlauf-Bier her, das von den Arbeitern gerne gekauft wurde, das sog. *Schottla*. Andreas Ludwig betrieb ebenfalls eine Bäckerei mit Gastwirtschaft, Langgasse 33. Er verkaufte in den einzelnen Jahren nach 1900 immerhin jeweils zwischen 800 und 950 hl Bier nach auswärts.

4.5 Arbeitsverhältnisse und Entlohnung in den Kulmbacher Brauereien[12]

Verfolgt man Aufschwung und Entwicklung der Kulmbacher Brauindustrie in dem Zeitraum bis zum Ersten Weltkrieg, dann darf man auch die darin arbeitenden Menschen nicht vergessen. Viel war und ist von Unternehmern, von ihrem Wagemut und Tatendrang und von Erfolgen die Rede. Auch vom technischen Fortschritt wird berichtet, von Erfindungen und teuren Maschinen. Dabei besteht aber die Gefahr, dass man die Leistung der vielen Mitarbeiter – der Arbeiter und Angestellten – übersieht. Und so berührt es beispielsweise angenehm, dass die Erste Kulmbacher Actienbrauerei in ihrem Jubiläumsbericht von 1897 nicht nur stolz Gebäude und Maschinen darstellt, sondern auch Bilder der einzelnen Abteilungen mit ihren Arbeitern zeigt.

Um 1900 war die Brauindustrie die Hauptindustrie in Kulmbach. In der seinerzeit 10.000 Einwohner zählenden Stadt gab diese Industrie direkt nahezu tausend Arbeitern und indirekt einer noch viel größeren Zahl von Menschen Verdienst; zahlreiche Nebengewerbe innerhalb und außerhalb der Stadt wurden von ihr gefördert. 1896 wurden die gesamten Gehälter und Arbeitslöhne an das Personal der Brauereien auf 700.000 Mark jährlich beziffert.

Bei der Betrachtung der damaligen Löhne muss man sich von den heutigen Vorstellungen freimachen. Menschliche Arbeit wurde seinerzeit bekanntlich recht bescheiden bezahlt: 700.000 Mark, das bedeutet bei fast tausend Arbeitern für den einzelnen einen Durchschnittlohn von 700 Mark pro Jahr oder knapp 60 Mark pro Monat. Gleichzeitig gaben die Kulmbacher Brauereien aber mehr als 9 Millionen Mark aus zum Ankauf von Gerste, Malz und Hopfen sowie von Betriebsmaterialien (Kohlen und anderem)[13].

4.5.1 Löhne und sonstige Leistungen vor 1900

Otto Sandler beziffert die Wochenlohnsätze in Kulmbach vor 1900 wie folgt:

Brauereigehilfen	10,80 bis 13,50 Mark
Mälzer	9,60 bis 12,00 Mark
Büttner	11,20 bis 14,60 Mark
Sonstige Handwerker	9,00 bis 14,40 Mark
Tagelöhner	9,00 bis 10,20 Mark[14]

Zu diesen Löhnen kamen pro Arbeiter täglich drei bis vier Liter Bier als *Naturalverpflegung*. Sandler konnte hier – bei der großen Zahl von Betrieben – natürlich nur ungefähre Werte ermitteln. Detaillierter sind die Angaben in dem genannten Jubiläumsbericht von 1897 für die Erste Actienbrauerei über deren Lohnverhältnisse:[15]

Lohnverhältnisse in der Ersten Kulmbacher Actien-Exportbierbrauerei im Jahre 1897

Es sind beschäftigt	Anzahl	Durchschnittslohn in Mark pro Monat
Sudhaus	14	73,57
Gärkeller	14	72,14
Lagerkeller	35	70,14
Maschinenhaus	25	64,80
Mälzerei	52	65,00
Büttnerei	32	73,66
Hofarbeiter	45	50,29
Kutscher	15	56,33
Handwerker und sonstige Arbeiter	28	62,05
Arbeiter insgesamt	260	65,33
Comptoiristen	13	137,00

Die Erste Actienbrauerei nennt als ortsüblichen Tageslohn 1,70 Mark. Mit den hier aufgeführten Monatslöhnen lag die Brauerei auch deutlich über den von Sandler genannten Wochenlöhnen, wenn man diese auf den Monat umrechnet. Überraschen muss die ausgesprochen gute Bezahlung der *Comptoiristen*, also der kaufmännischen Angestellten: Sie verdienten im Durchschnitt etwas mehr als das Doppelte der anderen. Die Erste Actienbrauerei schreibt zu ihren Lohnsätzen ergänzend:
Hierzu kommt ferner:
1. *der tägliche Empfang eines Bierquantums von 4 bis 6 Litern;*
2. *die jährliche Vertheilung von Weihnachtsgeschenken in baar (im Jahre 1896 wurden unter die Bediensteten der Brauerei 13.250 Mark vertheilt);*
3. *Nebenverdienste für Pfannenburschen, Kellerburschen, Kutscher etc. durch Ausbezahlung von Sud-, Tropfbier-, Trebergelder etc.*

Im Weiteren wurden betriebliche Schutzvorrichtungen gegen Arbeitsunfälle, zwei Unterstützungsfonds für die Arbeiter und die eigene Betriebskrankenkasse erwähnt. Interessant erscheinen noch die folgenden Ausführungen:

Arbeiter, welche eine längere Dienstzeit aufzuweisen haben, werden im Falle der Untauglichkeit zu ihrem Dienste zu leichteren Arbeiten, die sie mit Rücksicht auf ihre physische Beschaffenheit zu versehen im Stande sind, verwendet; im Falle der gänzlichen Invalidität wird ihnen ein entsprechender Gnadenlohn ausgesetzt.

Zu militärischen Uebungen Einberufene erhalten bei mindestens einjähriger Arbeitszeit im Etablissement für 14 Tage, bei mindestens 2jähriger Arbeitszeit im Etablissement für 42 Tage ihren vollen Lohn als Zuschuß auf die Hand.

Witwen erhalten das gesetzliche Sterbegeld und nach Bedürftigkeit aus dem „Arbeiter-Unterstützungsfonds" Beiträge zur theilweisen oder vollen Bestreitung ihrer Wohnungsmieten etc.

Man wollte offensichtlich gegenüber seinen Arbeitern großzügig sein. Wie es sich aber im Einzelfall auswirkte, ist im Nachhinein nicht mehr feststellbar. Die nachstehende Notiz weist auf eine seinerzeit wohl notwendige Fürsorge der Brauerei für einen Teil der Belegschaft hin. Die von auswärts zu Fuß kommenden Mitarbeiter mussten in Anbetracht der langen Arbeitszeiten in der Brauerei untergebracht werden:

Die Brauerei beschäftigt heute 260 Arbeiter, von denen ein Theil – 80 – im Etablissement selbst untergebracht ist. Verschiedene Schlafsäle und Zimmer, sämmtlich einheitlich eingerichtet und durch Dampfheizung erwärmt, dienen diesem Zwecke; außerdem stehen mehrere Kantinen und Sitzzimmer sowie zwei Bade-Doucheanlagen für die Bediensteten der Brauerei in Gebrauch.

4.5.2 Soziale Spannungen nach 1900

OTTO SANDLER würdigt die Arbeitsverhältnisse im Kulmbacher Braugewerbe vor 1900 gegenüber den nun im beginnenden 20. Jahrhundert einsetzenden Veränderungen wie folgt:

Es steht wohl außer jedem Zweifel, daß die früheren Verhältnisse im Braugewerbe in bezug auf die soziale Stellung der Brauereiarbeiter die weitaus vorteilhafteren gewesen sind. Diese Tatsache war in der handwerksmäßigen Form des Kleinbetriebs begründet. Hier lag der ganze Braubetrieb und die Geschäftsführung allein in den Händen des Besitzers, der mit seinen wenigen Gesellen und Lehrlingen in engem Verkehr stand, zwischen ihm und seinen Arbeitern war kaum ein merklicher Unterschied. Er arbeitete im Betriebe mit, seine Leute wurden im eigenen Hause untergebracht und verköstigt, sie zählten mit zur Brauersfamilie und fühlten sich auch eins mit ihr. Auf diese Weise bildete sich ein patriarchalisches Verhältnis heraus, das den Interessen der Arbeitgeber wie auch denen der Arbeitnehmer gleich förderlich und dienlich war.

OTTO SANDLER stammte aus einer alteingesessenen Brauerfamilie, und so erscheint die obige Schilderung doch etwas nostalgisch verklärt – geschrieben von jemandem, der auf der sicheren, d. h. auf der Eigentümerseite lebte. Für diesen waren die *früheren Verhältnisse* auf jeden Fall weitaus vorteilhafter, aber waren sie es für die beschäftigten Arbeiter? Ein *patriarchalisches Verhältnis* bedeutet auch, dass die Arbeiter noch keinen eigenen Rechtsanspruch hatten und sehr vom Wohlwollen des jeweiligen Besitzers abhängig waren. Und hier mag es – in Kulmbach und anderswo – gute und weniger gute Beispiele gegeben haben.[16] Die Aussage, dass *zwischen ihm* (dem Brauereibesitzer) *und seinen Arbeitern ... kaum ein merklicher Unterschied* war, hat vielleicht in der Aufbauphase um 1850 gegolten, aber nicht mehr zwei Generationen später – um 1900.

SANDLER selbst macht die technische und kapitalmäßige Durchdringung des Braugewerbes mitverantwortlich für die nun eintretende Abkühlung des bis dahin guten Einvernehmens. Zum einen wurden die großen Brauereien in die unpersönliche Rechtsform der Aktiengesellschaft übergeführt; damit sei die bisherige Beziehung zwischen Betriebsleitung und Arbeitern verloren gegangen. Aber die Erste Aktienbrauerei zahlte ihren Arbeitern vor Ort die besten Löhne und bot ihnen schon 1896 umfangreiche Sozialleistungen, um die die anderen Arbeiter in den Verhandlungen der Jahre 1901 und 1905 noch kämpfen mussten.

Zum anderen fürchteten die Arbeiter durch den fortschreitenden Maschineneinsatz um ihre Arbeitsplätze. Die betriebliche Konzentration kam dann noch verschärfend hinzu. So stellt SANDLER mit einem gewissen Verständnis fest, *daß sich eine große Zahl der Brauereiarbeiter zur Wahrung ihrer Interessen in dem einseitiger werdenden Arbeitsverhältnis gegenüber einer geringen Anzahl Arbeitgeber im Jahre 1896 zu einer gewerkschaftlichen Organisation zusammenschloß, die als Zweigverband Kulmbach ihren Anschluß an den „Zentralverband deutscher Brauer und Berufsgenossen Hannover" vollzog.* Umgekehrt schlossen sich die Arbeitgeber im Februar 1901 zu einer *Brauer- und Mälzereivereinigung* zusammen.

Aber es gab noch weitere Gründe für die nun auftretenden sozialen Spannungen. Wie bereits dargestellt, mussten nach 1900 die Kulmbacher Brauereien zum Teil kräftige Umsatzeinbußen hinnehmen. Die Folge war zunehmende Arbeitslosigkeit bei den Brauereiarbeitern. Ende Oktober 1902 hatten zwei Drittel von ihnen verkürzte Arbeitszeiten,

150 waren überhaupt arbeitslos.[17] Zudem stiegen ab 1901 die Lebenshaltungskosten und verminderten so die tatsächlich zur Verfügung stehenden Einkünfte zusätzlich. Die Krise schlug somit voll auf die sowieso gering bezahlten Arbeiter und ihre Familien durch, während die erfolgreichen, großen Brauereien weiterhin beträchtliche Gewinne und im wesentlichen ungeschmälerte Dividenden erwirtschaften konnten.

Ein Urteil vom 18. Dezember 1900 gegen zwei Arbeiter der Brauerei Pertsch wegen *Sabotage und Mißbrauch von Koalitionsfreiheit* und der Boykottaufruf gegen Kulmbacher Bier vom September 1902 mögen nur als Symptom für die verschärfte Lage genannt werden.

4.5.3 Die Vereinbarung von 1901

Anfang Januar 1901 übermittelte der *Zweigverein Kulmbach des Central-Verbandes deutscher Brauer und Berufsgenossen* an die hiesigen Brauerei- und Mälzereibesitzer einen Katalog von Forderungen hinsichtlich der Löhne und Arbeitsbedingungen. Auf die angedeutete Möglichkeit eines Streiks reagierte aber die Arbeitgeberseite ausgesprochen gelassen: *denn wir kennen unsre in der großen Mehrzahl maßvoll und ruhig deutenden, braven, tüchtigen und treuen Kulmbacher Arbeiter viel zu gut, als daß wir befürchten könnten, daß sie sich durch auswärtige Agitatoren ... zu Gewaltmaßregeln verleiten lassen.* Und weiter: *Nach unserer unerschütterlichen Überzeugung würde dies nicht im Interesse des weiteren Gedeihens der hiesigen Industrie, nicht im Interesse der tüchtigen, seßhaften Arbeiter und am allerwenigsten im Interesse der braven Familien derselben liegen!*[18]

Schließlich wurde eine Lohnkommission aus je vier Vertretern der Arbeitgeber und der Arbeitnehmer gebildet; den Vorsitz führte Bürgermeister Wilhelm Flessa. Die mit Wirkung vom 1. Juni 1901 abgeschlossene Vereinbarung wird nun – nach dem Verwaltungsbericht des Stadtmagistrats Kulmbach – auszugsweise wiedergegeben:

Die Arbeitszeit ist in allen Betrieben und Abtheilungen 10 Stunden und zwar:
bei Brauereien innerhalb 12-stündiger Schicht
bei Mälzereien innerhalb 13-stündiger Schicht.

Die Sonntagsarbeit in Brauereien wird nur nach Bedarf auf die dringend nothwendigen und unaufschiebbaren Arbeiten beschränkt und ist die gesetzlich zulässige Arbeitszeit ... mit 3 Stunden vorgesehen.

Für diese gesetzlich zulässige Arbeitszeit an Sonn- und Festtagen wird kein Lohn extra vergütet. Derselbe ist im festgesetzten Wochenlohn enthalten.

Der Mindestlohn pro Woche beträgt:
für Klasse I: Brauer, Kellerarbeiter jeder Art, Mälzer in Brauereien, Büttner, Maschinisten und gelernte Handwerker M 16,–
für Klasse II: Mälzer in Malzfabriken M 18,–
für Klasse III: Bierkutscher, Hofarbeiter, Heizer und sonstige Hilfsarbeiter M 13,50

Diese Mindestlohnsätze gelten für Arbeiter, die mindestens 21 Jahre alt sind und mindestens 3 volle Jahre als Arbeiter einer der aufgeführten Klassen in einer ... Brauerei ... gearbeitet haben.

Die Arbeitnehmer verzichten auf alle Nebenbezüge, Geschenke und Unterstützungen in Krankheitsfällen oder bei militärischen Einberufungen usw. und wird der Lohn nur für wirklich geleistete Arbeit bezahlt.

Die Auszahlung des Lohnes erfolgt für gewöhnlich an jedem zweiten Samstag ... .

Die folgenden Bilder aus dem Jubiläumsbericht von 1897 der Ersten Aktienbrauerei zeigen gut die damaligen Produktions- und Arbeitsverhältnisse

Gärkeller

Abziehhalle

Für Überstunden werden bezahlt:

	an Wochentagen:	*an Sonn- und Feiertagen:*
für Klasse I und II	*30 Pfg.*	*40 Pfg.*
für Klasse III	*25 Pfg.*	*35 Pfg. pro Stunde*

In Brauereien werden 4 Liter Bier in natura für jeden ganzen Arbeitstag und für jede Klasse abgegeben und sind richtig geaichte Gefäße zu benützen.

Wird Vergütung des Bieres in Baar vereinbart, so werden für den ganzen Arbeitstag 4 Liter mit je 15 Pfennig vergütet.

Nach THOMAS HOFMANN erreichten die Arbeiter im Jahr 1901 zum ersten Mal eine überbetriebliche Vereinbarung;[19] diese muss daher als Beginn der Tarifbewegung in den Kulmbacher Brauereien angesehen werden. Die in der Vereinbarung geregelten Lohn- und Arbeitsbedingungen standen nun nicht mehr allein im Ermessen der Arbeitgeber, sondern waren erstmalig rechtsverbindlich festgelegt, d. h. die Brauereiarbeiter hatten einen durchsetzbaren Anspruch auf Einhaltung der Bestimmungen.

4.5.4 Der Tarifvertrag von 1905

Am 22. März 1905 wurde ein neuer Tarifvertrag geschlossen, der die Vereinbarung von 1901 ablöste. Nach dem neuen Vertrag wurden die Mindestlöhne für Klasse I auf 21,– und die der Klasse II (vorher Klasse III) auf 18,– Mark je Woche erhöht. Auch für die Überstunden wurde nun mehr bezahlt: 40 Pfennig pro Stunde an Wochentagen und 50 Pfennig pro Stunde an Sonn- und Feiertagen für jeden Arbeiter. Die Löhne waren nun wöchentlich am Freitag auszuzahlen. Das Freibier blieb bestehen, und es war *nur gutes, wie an die Kundschaft verabreichtes Bier an die Arbeiter zu verabfolgen.*[20]

Neben Lohnerhöhungen brachte der Tarifvertrag von 1905 noch folgende, arbeitsrechtliche Neuerungen:[21]
- Gewährung eines bezahlten Urlaubs,
- eine Regelung hinsichtlich Entlassung und Einstellung von Arbeitern, und
- der Zentralverband deutscher Brauereiarbeiter wurde von der Arbeitgeberseite als ausschließlicher Vertragspartner anerkannt. Ein Unterhandeln mit den Arbeitern direkt oder mit einem Arbeiterausschuss wie im Jahr 1901 schied damit aus.

An bezahltem Urlaub wurden nun gewährt: je drei Tage für das zweite und dritte Arbeitsjahr, je fünf Tage für das vierte und fünfte Arbeitsjahr und je sieben Tage (eine Woche) für die folgenden Arbeitsjahre. Versäumnisse wurden vom Lohn nicht abgezogen bei Kontrollversammlungen, familiären Ereignissen, Gerichtsverhandlungen bis zu einem Tag und bei militärischen Übungen bis zu 14 Tagen; bei ärztlich nachgewiesener Krankheit wurde bis auf die Dauer von zwei Wochen die Differenz zwischen Lohn und Krankengeld vergütet.

Hinsichtlich der Arbeitsvermittlung verpflichteten sich die Brauereien, ihren Arbeiterbedarf beim städtischen Arbeitsamt anzumelden und sich nur von dort Arbeiter zuweisen zu lassen, solange Arbeitssuchende gemeldet waren, die schon in Kulmbacher Brauereien gearbeitet hatten. Eine weitere Vereinbarung sollte eine gewisse Gerechtigkeit bei Einstellungen und Entlassungen für die Arbeiter bringen:

Bei Arbeiterausstellungen sind die Arbeiter der Reihe nach, bei den letzteingestellten angefangen, auszustellen. Diese sind bei Wiederbeginn der Malzperiode, oder bei vorkommendem Arbeitermangel, bei der Einstellung ebenfalls der Reihe nach, die

Pichhalle

Schwankhalle mit Faßantreibmaschine und Waschmaschine

letztausgestellten zuerst, in die Brauerei aufzunehmen.

Betriebsfremde Arbeiter sind erst dann einzustellen, nachdem alle bei Schluß der Malzperiode oder wegen sonstigem Arbeitsmangel verabschiedeten Arbeiter wieder in der betreffenden Brauerei Beschäftigung gefunden haben.

Diese Regelung bedeutete eine Absicherung der älteren, d. h. der schon länger beschäftigten Arbeitskräfte, während die jüngeren das volle Risiko tragen mussten. Denn der Letzteingestellte wurde als erster entlassen und später wieder als letzter eingestellt. Der Verwaltungsbericht des Stadtmagistrats für die Jahre 1904 und 1905 weist zusätzlich darauf hin, dass die Einstellung und Entlassung von Arbeitern wiederholt Meinungsverschiedenheiten zwischen den vertragsschließenden Körperschaften, also zwischen Gewerkschaften und Brauereivereinigung, verursacht hätten.

4.5.5 Der Tarifvertrag von 1905 – zwei unterschiedliche Berichte und Urteile

Über das Zustandekommen dieses Lohntarifs von 1905 gibt es zwei Berichte: Einen ausführlichen vom Kulmbacher Bürgermeister, Hofrat Flessa, und einen vom Regierungspräsidenten von Oberfranken, Rudolph Freiherr von Roman zu Schernau. Beide Berichte[22] wurden an das Staatsministerium des Innern geschickt. Zunächst Hofrat Flessa und seine Schilderung:[23]

Am 19. März fand eine Versammlung in Geuther'schen Saal in Kulmbach-Pörbitsch statt, die von ca. 600 organisierten Brauerei- und Mälzereiarbeitern besucht war. Der Hauptvorstand des Zentralverbandes, Georg Bauer aus Hannover, sprach in seinem Vortrag darüber, ob die örtlichen Betriebe in der Lage wären, den Lohnwünschen ihrer Arbeiter nachzukommen. Der Redner *zerpflückte* die Bilanzen der hiesigen Brauereien und Mälzereien *bis ins einzelne* und kam *selbstverständlich* zu einem bejahenden Resultat.

Bauer wurde von dem Büttner Winkelmann aus Bremen, einem der gewürfeltesten und redegewandtesten Agitatoren auf das Wirksamste unterstützt; er betonte unter anderem, daß es traurig um die Kulmbacher Arbeiterschaft bestellt wäre, weil immer erst die Organisation vom weiten Norden herkommen und die Kulmbacher Arbeiter aufrütteln müsse, damit etwas für die Besserung ihrer Lebenshaltung geschehe.

Winkelmann wies wiederholt in aufreizender Weise auf das Machtmittel des Bier-Boykottes hin, das schon vor einigen Jahren in Kulmbach wahre Wunderdienste geleistet habe. Er benutzte die amtlichen Kursnotierungen über den Stand der Kulmbacher Aktienpapiere seit 1. Februar 1904 bis 1. Februar 1905 als Grundlage seiner Ausführungen. Die 4stündigen Debatten hatten erst abends um 7:00 (Uhr) ihr Ende erreicht.

Gefordert wurde in der Tarifvorlage Erhöhung des Wochenlohnes in der I. Lohnklasse – eigentliche Brauereiarbeiter – von 16 auf 25 Mark = 56,25 % Lohnsteigerung und in der II. Lohnklasse – Hilfsarbeiter, Taglöhner usw. – von 13,50 auf 22 Mark = 55,55 % Lohnsteigerung. Die geforderten Lohnzuschläge mögen etwas hoch gegriffen erscheinen, aber Winkelmann konnte seine Forderung begründen: So sei aufgrund der Preislage für Nahrungs- und Konsumartikel nach Untersuchungen von Soziologen ein Wochenlohn von mindestens 25 Mark erforderlich, um allen Anforderungen, die Leben, Staat und Kommune geltend machen, genüge zu leisten.[24]

Am darauf folgenden Tag referierte Flessa bei den Vertretern der Brauereivereinigung im Rathaus:

*Eismaschinen-
haus*

Erfreulicherweise war unter den Arbeitgebern im allgemeinen die Meinung vorherrschend, daß lieber eine erhebliche Lohnaufbesserung vornehmen, als es bei den gegenwärtig heftig wütenden Konkurrenzkämpfen mit Norddeutschland auf eine Macht- und Kraftprobe durch Heraufbeschwören eines abermaligen Bier-Boykottes ankommen zu lassen.
Die Arbeitgeber einigten sich schließlich auf ein Angebot für eine Lohnerhöhung in der I. Klasse von wöchentlich 16 auf 20 Mark und in der II. Klasse von wöchentlich 13,50 auf 17 Mark (Steigerung 25 bzw. 25,92 %).

Am 22. März schließlich trafen sich die beiden Delegationen im Rathaus, um unter Vorsitz des Bürgermeisters die neuen Lohntarife auszuhandeln. Es wurden – nach mitunter sehr einrissigen Auseinandersetzungen auf beiden Seiten – schließlich folgende Lohnsätze vereinbart:

    Klasse I: Lohnerhöhung von 16 auf 21 Mark pro Woche und

    Klasse II   von 13,50 auf 18 Mark (Steigerung 31,25 % bzw. 33,33%).

Der Kulmbacher Bürgermeister schließt seinen Bericht ab: *Die Gefahr des Boykottes oder eines Streikes ist durch diese mannhafte Lohnerhöhung, für welche den Arbeitgebern sicherlich alle Anerkennung gebührt, wenigstens für die nächsten 3 Jahre abgewendet worden. ...*

Die kleineren Betriebe werden unter diesen neuen Lohnsätzen ganz empfindlich zu leiden haben. Ein Antrag derselben, für sie eine weniger drückende Lohnstaffelung eintreten zu lassen, wurde von der Organisation mit der Motivierung abgelehnt: Wer nicht existenzfähig ist, ist auch nicht existenzberechtigt. Der Arbeiter brauche in den kleinen Brauereien das Gleiche für seine Lebenshaltung, wie in den Großbetrieben. Die Industrie muß imstande sein, nicht bloß die Kapitalisten zu erhalten und zu bereichern, sondern auch die schaffenden Bienen auskömmlich zu ernähren.

Soweit der zufriedene Bericht des Kulmbacher Bürgermeisters, der offensichtlich an den Beratungen beider Seiten teilnahm und auch von beiden Seiten als unparteiischer Vorsitzender anerkannt wurde. Flessa weist dabei auch hin auf seine *eindringlichen Worte zum Frieden, zur Ruhe und zur Besonnenheit,* mit denen er in der Arbeiterversammlung *wiederholt beruhigend* eingegriffen habe.

Kritisch äußert sich dagegen von Roman[25], der Regierungspräsident in Bayreuth, in seinem Schreiben an das Ministerium zum Engagement des Bürgermeisters. Von Roman hatte Flessa schon lange vor Ablauf der Tarifvereinbarung von 1901 auf das gefährliche Konfliktpotential unter den Brauereiarbeitern der Stadt hingewiesen und zu Vergleichsverhandlungen aufgefordert. U. a. hatte er sich Auskünfte über Gewinne und Dividenden der Großbrauereien sowie über die Sterblichkeitsziffern[26] der Brauereiarbeiter verschafft und diese Informationen als Begründung angeführt.

In seinem Schreiben bemängelt von Roman, *daß sich die städtische Behörde in Kulmbach lange Jahre – trotz vielfachen Drängens von hier ... – um die Lohnbewegung der Brauereiarbeiter dort ... keineswegs interessiert hat und daß die Lohnerhöhung jetzt – endlich erzwungen – viel zu spät kommt, um von den Arbeitern angesichts der langjährigen geradezu glänzenden Dividenden der großen Häuser irgendwie mit besonderer Anerkennung geschätzt zu werden.*

Die 1904 für das vorausgegangene Geschäfts- bzw. Sudjahr 1902/03 bzw. 1903 gezahlten Dividenden waren – trotz der erlittenen Umsatzeinbußen – in der Tat glänzend. Es zahlten[27]:

Erste Aktien   25% aus 1.500.000 M = 375.000 M
Mönchshof   10% aus 1.200.000 M = 120.000 M

Malzlager

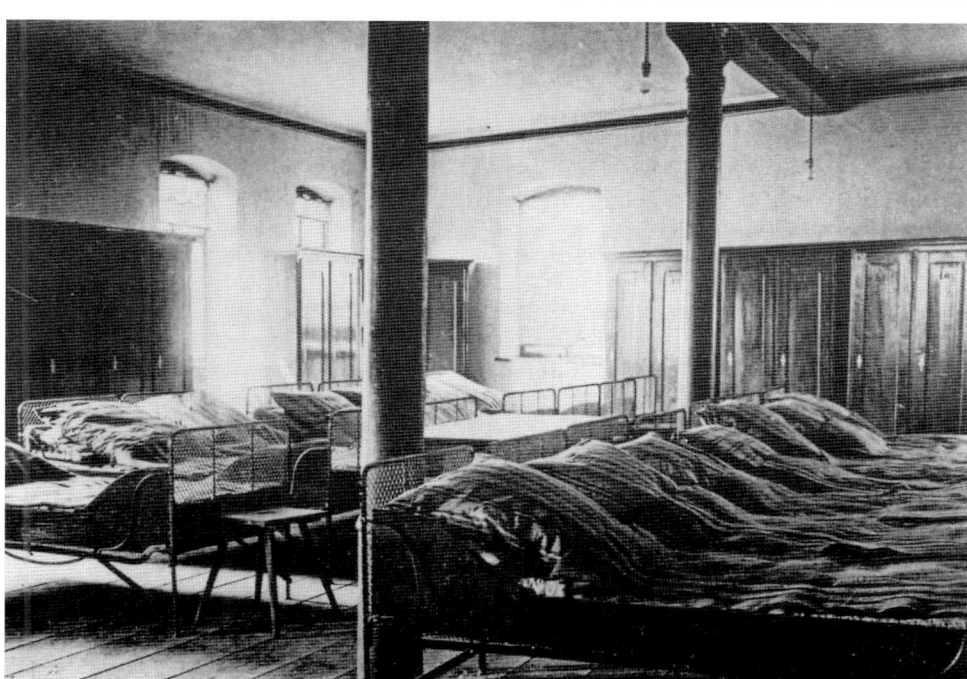

Schlafraum für Arbeiter

Petzbräu 11% aus 1.000.000 M = 110.000 M
Reichelbräu 10% aus 3.750.000 M = 375.000 M

Ausgesprochen zufrieden mit dem neuen Tarifvertrag zeigte sich die Arbeitgeberseite. Anlässlich einer Versammlung der Brauerei-Vereinigung Kulmbach am 6. April 1905[28] wurde betont, dass man nicht nur die Sympathie der Arbeiter für sich gewinnen konnte, sondern auch die der hiesigen Bevölkerung. Man habe jetzt wenigstens einen Lohntarif, über den kein Wort der Klage seitens der Arbeiter geführt werden könne.

Dies sei früher der Fall gewesen, denn die bisher gezahlten Löhne seien tatsächlich gering gewesen und fanden außerhalb auch Beanstandung. Es müsse offen zugegeben werden, dass die Forderung wegen Erhöhung der Löhne berechtigt war. Zwar würden die kleinen Brauereien hart getroffen, sie hätten sich jedoch einmütig der Mehrheit gefügt. Die einzelnen Großbrauereien hätten sogar einen noch höheren Tarif angenommen, um den *Boykott abzuwenden, was eine gefährliche Waffe sei und bleibe.*

Man erkannte somit von Arbeitgeberseite offen an, dass die Lohnforderungen berechtigt waren, und man räumte ein, dass die beiden Reden der Funktionäre Bauer und Winkelmann in der Versammlung vom 19. März 1905 *viel wahres enthielten.*

Der 1905 abgeschlossene Tarifvertrag galt – wie vereinbart – bis 1908. Der neue Vertrag brachte dann eine Lohnerhöhung für alle Arbeiter um 2,– Mark in der Woche. Sonst ergaben sich keine wesentlichen Veränderungen. Auch bei der Erneuerung des Tarifvertrages im Jahr 1911 wurden die alten Regelungen beibehalten und der Wochenlohn im Übrigen um 2,– Mark erhöht. Ab 1. April 1913 und 1915 war je eine weitere Lohnsteigerung von 1,– Mark pro Woche vorgesehen.

4.5.6 Die Anzahl der Beschäftigten nach 1900

Die im Tarifvertrag von 1905 neu aufgenommene Regelung hinsichtlich Entlassung und Einstellung von Arbeitern und die genannten Meinungsverschiedenheiten hatten ihren Grund in den nach 1900 stark rückläufigen Umsätzen der Kulmbacher Brauereien. Die bis zur Jahrhundertwende stets steigenden Ausstoßzahlen hatten auch den Brauereiarbeitern eine gesicherte Beschäftigung gebracht. Dies ist besonders gut für die Erste Kulmbacher Actienbrauerei nachvollziehbar; diese Brauerei verfügte nämlich seit 1890 über eine eigene Betriebskrankenkasse für ihre Arbeiter. Die Zahl der versicherten Arbeiter wurde für den Ersten eines jeden Monats in den Verwaltungsberichten des Magistrats abgedruckt; und so ist es im nachhinein möglich, die Entwicklung der Beschäftigtenzahlen bis 1913 insgesamt und bis 1905 sogar die Schwankungen während des Jahres exakt aufzuzeichnen.

Die Zahl der Arbeiter stieg in der genannten Brauerei von 1890 bis 1900 beständig an; sie betrug am 1. Januar 1890 157 und erreichte ihren Höchststand am 1. Januar 1900 mit 280 Arbeitern. In den ersten Jahren nach 1890 stieg die Beschäftigtenzahl auch während des Jahres, und viele Einstellungen erfolgten zum Oktober für den beginnenden Winter. In einigen Jahren – am Ende des Jahrzehnts deutlicher – wurden für den Sommer, meist vor dem 1. Juni, Arbeiter entlassen. Zum Oktober waren diese Leute aber meist wieder eingestellt. Im Allgemeinen beschäftigte die Erste Actienbrauerei zum Jahresabschluss mehr Leute als zu Jahresbeginn. Die Arbeitsplätze konnten somit als sicher angesehen werden.

Dies änderte sich nach 1900 gravierend; beschäftigte die Erste Actienbrauerei 1899 im Jahresdurchschnitt 253 und 1900 noch 241 Leute, so waren es

4.5 Arbeitsverhältnisse und Entlohnung

1904 nur noch 190 und 1905 gar noch 183. Betrug der Tiefststand an Arbeitern in den Jahren 1898 und 1899 jeweils 228 – Höchststand 275 bzw. 280 –, so lag der Höchststand des Jahres 1905 bei nur noch 198, also um 30 Arbeitskräfte unter dem Tiefststand der beiden genannten Jahre (Tiefststand des gleiches Jahres 168). Für die Sommer 1901 und 1902 entließ die Brauerei – schon im Februar und März beginnend – 71 bzw. 61 Arbeiter. Die Einstellung erfolgte aber nur für einen Teil der Leute ab Oktober. Es wird damit einsichtig, dass bei der genannten Brauerei viele Arbeitsplätze verloren gegangen waren. Wie an anderer Stelle bereits erwähnt und aufgrund der allgemein zurückgegangenen Ausstoßzahlen nicht anders zu erwarten, traf diese Entwicklung auch auf die anderen Brauereien am Ort zu.

Es sei nun noch kurz die Anzahl der Beschäftigten bei den Kulmbacher Großbrauereien insgesamt bis 1913 dargestellt. Die Zahlen werden wieder den Städtischen Verwaltungsberichten entnommen, da ab 1906 alle Betriebe mit über 50 Beschäftigten eine eigene Betriebskrankenkasse unterhalten mussten, deren durchschnittliche Mitgliederzahl in den genannten Berichten veröffentlicht wurde.

Zum Vergleich werden die Beschäftigtenzahlen von 1896, abgedruckt in der *Denkschrift für die 2. Bayerische Landesausstellung in Nürnberg*, mit angeführt.

Ein Vergleich mit den beiden Rekordjahren 1899 und 1900 würde den Beschäftigungsrückgang danach sicherlich noch mehr verdeutlichen. Zu den genannten Zahlen wären noch die Beschäftigten der Kleinbrauereien hinzuzuzählen; diese Zahlen sind aber heute nicht mehr erfassbar. Des Weiteren handelt es sich bei den genannten Werten um Durchschnittszahlen. Aus diesen beiden Gründen dürfte die Zahl der Brauereiarbeiter insgesamt höher gelegen haben. Frauen fanden vor 1900 in den Brauereien keine Arbeit, die wenigen danach fallen auch kaum ins Gewicht. Dieser Tatbestand überrascht insofern, als auf den Bildern aus der Mitte des 19. Jahrhunderts nur Frauen – die *Würzweiber* – zu sehen sind, die die schweren Butten mit Bierwürze zu den Felsenkellern trugen.

Übersicht: Anzahl der durchschnittlich Beschäftigten bei den Kulmbacher Großbrauereien von 1906 bis 1913 (männlich/weiblich)

	1896	1906	1908	1910	1912	1913
Erste Actienbrauerei	210	185/-	194/5	179/5	189/5	194/4
Reichelbräu	60	68/-	73/-	80/-	88/-	94/-
Petzbräu	150	102/1	75/-	78/-	78/1	76/1
Rizzibräu	*) 70	56/-	57/1	58/-	62/1	63/1
Sandlerbräu	100 bis 120	65/1	58/1	54/1	65/1	59/2
Mönchshof	**) ?	48/-	50/-	52/-	52/-	52/-
Gesamte Großbrauereien	640 bis 660	524/2	507/7	501/6	534/8	538/8

*) Rizzibräu 1896 ohne Mälzer   **) Die Beschäftigtenzahl bei Mönchshofbräu wurde mit 50 angenommen.

4.5.7 Tierhaltung in den Arbeitsbedingungen

Dass die Arbeitsbedingungen – oftmals festgehalten in sog. *Betriebsordnungen* – vor und um 1900 deutlich härter und strenger waren, als wir es heute kennen, ist bekannt. Ein Punkt aus der *Brauhaus-Ordnung im Georg Sandler'schen Brauhaus* vom 1. Januar 1868[29] erscheint uns heute aber etwas grotesk. In § 7 heißt es kurz und knapp: *Kein Arbeiter darf Vieh, Gänse, Hühner, Tauben oder Stallhaasen halten.*

Dem Verfasser ist nicht bekannt, in welchem Jahr diese Brauhaus-Ordnung von einer neuen abgelöst wurde und wie lange das Verbot der Tierhaltung galt. Aus heutiger Sicht wäre es ein eindeutiger Eingriff in die Privatsphäre der Mitarbeiter. Auch damals war diese Vorschrift sicherlich hart, denn sie machte es den Arbeitern und ihren Familien unmöglich, selbst Eier und Fleisch zu erzeugen. Selbstversorgung mit wichtigen Lebensmitteln – damals für viele Geringverdiener bitter notwendig – war im wesentlichen Teil verboten. Als Grund kann nur angenommen werden, dass die Brauereibesitzer dem Diebstahl von Brauereiabfällen vorbeugen wollten.

Umgekehrt nahmen aber die Eigentümer und leitenden Angestellten seinerzeit die angesprochene Selbstversorgung für sich selbst und ihre Familien in Anspruch. So heißt es 1898 in dem Anstellungsvertrag für den Brauereidirektor der Kapuzinerbräu AG, Christian Viandt, nachdem das Jahresgehalt und die Dienstwohnung geregelt waren: *Herr Viandt darf eine Kuh halten, welche von den Brauereiabfällen gratis mit gefüttert werden darf.* Des Weiteren wurden ihm noch fünf Tagwerk Kartoffel- und Kornfeld zur Nutznießung überlassen.

Creszenz Sandler aus München, Witwe des Dr. Christian Sandler, erhielt 1925 als Ersatz *für die Kuhhaltung der Frau Komm. Rat Sandler und der Frau Otto Sandler von Beginn unserer Aktiengründung an eine Entschädigung von 2.000 Mark.* Sandlerbräu firmierte seit 1921 als AG; es ist anzunehmen, dass die „Naturalwirtschaft" schon lange vorher praktiziert wurde. Etwas verblüffend aber ist, dass die genannte Regelung ausdrücklich in einem Protokoll der Gesellschafterversammlung aufgenommen wurde.

4.5.8 Die Kulmbacher Brauerlöhne im Vergleich

Die oben genannten Lohnsätze allein sagen aber noch nichts darüber aus, ob die Kulmbacher Brauereiarbeiter im Verhältnis zu anderen Arbeitern am Ort und im Verhältnis zu ihren Kollegen auswärts gut oder weniger gut verdient haben. Aussagekräftig für die Klärung dieser Frage sind die unveröffentlichten Arbeiten zweier Kulmbacher, nämlich die Doktorarbeit von JULIUS FLIERL von 1924 und die Diplomarbeit von MAX DOLLHOPF von 1925/1926. Beide beschäftigten sich eingehend mit der Kulmbacher Industrie und stellten besonders auch den Zeitraum vor 1914 dar.

MAX DOLLHOPF vergleicht in einer Tabelle die Lohnhöhen der bayerischen Brauereiarbeiter im Jahre 1911 und stellt dabei eine Rangfolge der Städte nach der Abnahme der Löhne auf:

Wochenlohn für Brauereiarbeiter in einzelnen bayerischen Städten im Jahre 1911[30]

Stadt	Lohn pro Woche
München	32,– Mark
Nürnberg	32,– Mark
Dachau	30,50 Mark
Freising	29,– bis 31,– Mark
Reichelsdorf	30,– Mark
Bruck	26,– bis 30,– Mark
Würzburg	27,50 Mark
Regensburg	25,– bis 27,50 Mark
Ochsenfurt	26,– bis 27,– Mark
Gunzenhausen	24,– bis 26,– Mark
Bamberg	24,50 Mark
Schnaittach	24,– Mark
Kulmbach	22,– Mark

Die tägliche Arbeitszeit betrug allgemein 10 Stunden, sie wich gelegentlich um eine viertel bzw. halbe Stunde nach unten ab, nur einmal – in Gunzenhausen – wurden 10¾ Stunden gearbeitet. Die Löhne waren in den beiden Großstädten München und Nürnberg am höchsten, wofür die Lage dieser Städte als Industriezentren verantwortlich war.

Dass gerade Kulmbach die niedrigsten Löhne zahlte, lag nach DOLLHOPF weniger in der billigen Lebenshaltung der Arbeiterschaft begründet als vielmehr darin, dass die Brauindustrie in Kulmbach bis zu dieser Zeit die Hauptindustrie darstellte und dass damit die Arbeitgeber eine Monopolstellung innehatten. Zwar beschäftigte die Kulmbacher Spinnerei nach 19.. immer mehr Menschen und verdrängte langsam die Brauereien aus ihrer Stellung als Hauptindustrie; die Spinnerei zahlte aber niedrigere Löhne und beschäftigte überwiegend Frauen, wogegen in den Brauereien praktisch nur Männer

Arbeit fanden. Auch das andere aufstrebende Unternehmen, die Fleischwarenfabrik Sauermann, bedeutete – da sie auf Fachkräfte aus ihrem Bereich angewiesen war – auf dem Arbeitsmarkt keine Konkurrenz für die Brauereien. Insofern ist DOLLHOPF zuzustimmen, der im Übrigen das Fehlen *einer tatkräftigen Organisation von Seiten der Arbeiterschaft* feststellt.

JULIUS FLIERL bestätigt die Aussage von DOLLHOPF, indem er kurz und bündig als einen Standortvorteil für die Brauindustrie festhält: *Das Angebot an Arbeitskräften war genügend und daher billig.* Auch der Hinweis im Jubiläumsbericht von 1897 der Ersten Actienbrauerei unterstützt diese Aussage, und er sei deshalb noch einmal erwähnt: *Für Nichtkenner hiesiger Verhältnisse ist zu bemerken, daß wir mit obigem Durchschnittslohn von 65 Mark 33 Pfennigen in der Branche hier an erster Stelle stehen.* Offensichtlich wurde seinerzeit woanders – speziell auch in Dresden und Sachsen – tatsächlich deutlich mehr bezahlt.

Allerdings darf man bei dem Vergleich mit anderen Industrieorten nicht stehen bleiben. Und so untersucht JULIUS FLIERL sehr genau die Löhne der anderen Kulmbacher Betriebe und kommt abschließend zu dem Ergebnis, dass die besten Verdienstmöglichkeiten sich zweifelsohne in der Brau- und Malzindustrie ergeben hätten. Demnach verdienten die Kulmbacher Brauereiarbeiter zwar weniger als ihre Kollegen an anderen Orten, sie hatten aber die besten Löhne in Kulmbach selbst.

Die geschilderten Lohnverhältnisse lassen die Stadt Kulmbach seinerzeit für die hier Arbeitenden als ein Armenhaus erscheinen. Und der Tatbestand, dass die weltberühmte und sehr gut verdienende Kulmbacher Brauindustrie ihren Arbeitern die schlechtesten Löhne in ganz Bayern zahlte, stimmt traurig und erscheint beschämend.

Nachdem Flierl noch die freiwillige Fürsorge der Unternehmer für ihre Arbeitskräfte untersucht, kann er sich hinsichtlich des gewährten Freibieres einen Seitenhieb nicht verkneifen: *Ob der Ausschank von 4 Liter Bier dazu geschaffen war, das materielle, geistige und sittliche Wohl der Arbeiter zu fördern, scheint zweifelhaft.*[31]

5. Zunehmende Konzentration in der Kulmbacher Brauindustrie in den Jahren von 1914 bis 1939

Konstante äußere politische und wirtschaftliche Verhältnisse in Europa und im Deutschen Reich hatten bis 1914 auch der Kulmbacher Brauindustrie eine langfristig ungestörte Aufwärtsentwicklung innerhalb großer Zeiträume ermöglicht. Immerhin konnte sich das wirtschaftliche Leben in einer Friedensperiode von über vier Jahrzehnten ungestört entwickeln. In diesem Zeitraum fand der Durchbruch der Kulmbacher Brauindustrie zu ihrer endgültigen Größe und Bedeutung statt, wenn auch nach 1900 gewisse Rückschläge hingenommen werden mussten. Dagegen erscheint das Geschehen in den Jahrzehnten nach 1914 zerhackt in sehr kurzfristige Zeitabschnitte, in denen immer neue Krisensituationen auftauchten und gemeistert werden mussten. Konnten sich die vorausgegangenen beiden Generationen auf einen langfristigen, zuverlässigen Trend einstellen und verlassen, so verlief nun das politische und daraus folgend auch das wirtschaftliche Leben recht hektisch und unberechenbar: die Verantwortlichen waren vor immer neue Entscheidungen gestellt, für die es aus der Vergangenheit nur wenig Erfahrungswerte gab.

Die Darstellung der Kulmbacher Brauindustrie folgt nun der politischen und wirtschaftlichen Entwicklung des damaligen Deutschen Reiches. Entsprechend kurz sind die Zeitabschnitte, die im Einzelnen dargestellt werden sollen. Es sind dies
- der Erste Weltkrieg (1914 bis 1918),
- die Nachkriegsjahre bis zum Ende der Inflation 1923
- und die Jahre von 1924 bis 1939.

Letztere brachten zunächst eine stabile Währung und eine gewisse wirtschaftliche Erholung. Diese wurde aber dann jäh unterbrochen von der Weltwirtschaftskrise, beginnend mit dem Jahr 1929. Schließlich bleibt der politische Einschnitt des Jahres 1933 festzuhalten.

Dem Zweiten Weltkrieg und seinen unmittelbaren Folgen bleibt ein eigenes Kapitel vorbehalten.

5.1 Der Erste Weltkrieg und die nachfolgenden Jahre: Einschränkungen und Belastungen für die Kulmbacher Brauindustrie

5.1.1 Allgemeine Darstellung der Jahre 1914 bis 1918

Der Ausbruch des Krieges äußerte sich als gewaltsame Unterbrechung der gesamten deutschen Wirtschaft; damit wurde gleichermaßen jede örtliche Industrie, so auch die Kulmbacher Brauindustrie, betroffen und eingeschränkt. Die Wirkung war ähnlich der einer großen industriellen Krise. Die Störung des Wirtschaftsprozesses machte sich für die Kulmbacher Brauereien in verschiedener Weise bemerkbar:

Die Mobilisierung des deutschen Heeres bedeutete zunächst eine Verminderung der Arbeitskräfte; dies wurde besonders in den ersten Wochen des

Weltkrieges infolge der Plötzlichkeit der Mobilisierung fühlbar. Allerdings wirkte sich dieser Mangel für die Kulmbacher Brauereien nicht in seiner vollen Schärfe aus: Diese Betriebe beschäftigten größtenteils Leute, die schon lange im Unternehmen tätig waren und deshalb wegen ihres meist schon vorgerückten Alters nicht mehr eingezogen wurden. Die großen Aktienbrauereien waren zudem eher in der Lage, die Verringerung der Belegschaft auszugleichen, dies auch deshalb, weil ja die Brautätigkeit in den Kriegsjahren deutlich abnahm. Schlechter daran waren in diesem Fall schon die Kleinbrauereien: Bei Louis Weiß standen z. B. beide Firmeninhaber *im Felde* und die Angehörigen waren geschäftlich nicht weiter informiert. In solchen Fällen musste dann oft der Braubetrieb stillgelegt und das Malzkontingent an andere abgetreten werden.

Als eine *vaterländische Pflicht* betrachteten aber die Kulmbacher Brauereien die Unterstützung der Familien ihrer zum Militärdienst einberufenen Arbeiter und Angestellten. Zunächst wurden im August 1914 zwei volle Wochenlöhne gezahlt, anschließend erhielten die Ehefrau 3 Mark und jedes Kind 2 Mark pro Woche. Diese freiwilligen Leistungen wurden während des ganzen Krieges aufrechterhalten. Dabei darf nicht vergessen werden, dass die staatliche Unterstützung der Familien der Kriegsteilnehmer erst einige Wochen nach Kriegsbeginn durch Reichsgesetz geregelt wurde.

Einschneidend wirkte auch die Stockung des gesamten Güterverkehrs infolge der Militärtransporte beim *Aufmarsch des Heeres*. Kulmbach lag seinerzeit an einem Eisenbahnstrang, der stark durch Militärtransporte in Anspruch genommen wurde. Dies bedeutete eine Verringerung des Güterverkehrs auch für die Brauereien, die ja den Großteil ihrer Produktion über die bayerischen Grenzen hinaus „exportierten" und nur einen kleinen Teil am Ort selbst verkauften. Neben diesen Schwierigkeiten beim Bierversand wirkte sich natürlich auch die Abgabe von Waggons, Lastautos und Pferden an das Heer aus.

Als besonders nachteilig erwies es sich für die Brauindustrie, dass sie dem Heeresbedarf nur wenig dienen konnte. Während andere Branchen am Ort – z. B. die Textil- und die Fleischwarenindustrie – wegen ihrer Bedeutung für das Heer eine ausgesprochene Hochkonjunktur erlebten, mussten die Brauereien immer neue Einschränkungen hinnehmen. Kriegswichtige Betriebe wurden zuverlässig mit Rohstoffen versorgt und auch hinsichtlich ihrer Ausstattung an Maschinen und anderen Gegenständen nicht vernachlässigt. Dagegen beklagt OTTO SANDLER den dauernden Mangel aller Hilfsmaterialien wie Fassholz, Flaschen, Spunde, Korken, Pech und dergleichen. Auch die Versorgung mit Kohle bereitete den Brauereien Schwierigkeiten. Zudem kam es sogar zur zwangsweisen Enteignung ganzer Apparate, um wichtige Metalle für das Heer zu beschaffen. Neben den zunehmenden Schwierigkeiten bei der Beschaffung von Roh- und Hilfsstoffen wurde auch allgemein über die ständig zunehmende Teuerung beim Einkauf geklagt.

Entscheidend war aber – trotz aller anderen Erschwernisse – die Versorgung der Brauereien mit ihrem wichtigsten Rohstoff, mit Malz bzw. Gerste. Dieses Rohmaterial konnte aber nicht in genügender Menge zur Verfügung gestellt werden, und so erhielten die einzelnen Betriebe bestimmte Kontingente an Gerste bzw. Malz. Sie bezogen sich auf den Verbrauch des letzten Friedensjahres 1912/13 und betrugen für Bayern in den einzelnen Wirtschaftsjahren:

1915/16	48 %
1916/17	35 %
1917/18	15 %

5.1 Der Erste Weltkrieg und die nachfolgenden Jahre

1918/19	15%
1919/20	15%
1920/21	30%

Diese Kontingente wurden nicht immer voll an die Brauereien ausgeliefert. Aber zunächst blieb der Stammwürzegehalt gleich. Erst ab Februar 1916 wurde die Herstellung von Starkbier verboten. Vermutlich, um die Biermenge nicht zu stark reduzieren zu müssen, setzten die Behörden den Stammwürzegehalt schließlich deutlich herab: Unter dem Namen *Dünnbier* wurde in Bayern die Herstellung eines *4%igen* Bieres gestattet, für das Feldheer kam ein *6%iges* Heeresbier zum Versand. Im November 1917 wurde Dünnbier mit 2% Stammwürze angekündigt, ab Januar 1918 wurde solches mit 3,5% Stammwürze ausgeschenkt. Wenn man bedenkt, dass die verschiedenen Sorten des Kulmbacher Bieres vor dem Krieg einen Gehalt zwischen 12 und 18% hatten und dass gerade darauf der gute Ruf begründet war, dann kann man den seinerzeitigen Niedergang voll nachempfinden.

Die stark reduzierten Malzkontingente machten es vor allem den Kleinbrauereien unmöglich, noch wirtschaftlich zu brauen, und so legten manche vorläufig ihren Betrieb still und gaben das Kontingent an größere Betriebe ab bzw. sie ließen dort im Lohnsudverfahren brauen. Diese Entwicklung führte dann nach dem Krieg zur endgültigen Stilllegung der Kulmbacher Kleinbrauereien.

Übersicht: Biererzeugung und -ausfuhr der Jahre 1915, 1916 und 1917[1] (1908 zum Vergleich[2]).

Brauerei	1908 hl	1915 hl	1916 hl	1917[3] hl
Eberlein, Leonhard (bzw. Kapuzinerbräu AG)	19.471	8.514 / 6.919	9.160 / 9.159	7.389 / 6.653
Mönchshofbräu	54.632	43.713 / 42.244	39.847 / 39.816	25.893 / 25.686
Pöhlmannsbräu	9.006	8.096 / 7.011	7.933 / 6.144	4.638 / 4.269
Erste Aktienbrauerei	156.570	148.775 / 145.541	125.329 / 122.982	64.074 / 64.760
Markgrafenbräu (vorher Gebr. Fleischmann)	5.828	25.884 / 22.605	16.860 / 16.130	10.475 / 11.089
Pertsch, Julius	7.762	6.898 / 6.432	5.506 / 5.278	3.580 / 3.156
Rizzibräu	59.187	54.842 / 59.940	22.318 / 54.846	40.158 / 31.051
Petzbräu	64.264	44.592 / 44.726	39.837 / 39.870	22.112 / 23.009
Sandlerbräu	40.154	32.042 / 32.383	23.722 / 20.088	17.408 / 10.342
Weiss, Heinrich	1.575	779 / 469	470 / 469	429 / 18
Giegold, Johann	—	37 / —	111 / —	183 / —
Reichelbräu	130.828	116.814 / 124.477	94.626 / 97.129	63.770 / 60.428
Türk, Konrad	—	22 / —	— / —	— / —
Pensel & Popp	—	— / 2	— / 13	— / —
Hergestelltes Bier	590.000	491.014	[4]385.724	260.115
Ausgeführtes Bier	553.518	492.753	411.713	240.465
In Kulmbach verbrauchte Biermenge			11.499	9.008
Korrigiert			13.236	35.064

[1] Die obere Zahl gibt für jede Brauerei die hergestellte Biermenge in hl laut Sudbuch an, die untere Zahl die aus Kulmbach ausgeführte Biermenge.
[2] Vom Verfasser eingefügt.
[3] 1917 nur vom 1. Januar bis 30. September.
[4] Geringfügige Ungenauigkeit 1916 und 1917 durch Aufrunden auf volle hl.

Malzkontingentierung und herabgesetzter Stammwürzegehalt minderten die Bierproduktion in Kulmbach hinsichtlich Menge und Qualität. Man hätte damit vielleicht noch den Kundenwünschen in etwa gerecht werden können, wenn nicht mehrmals Gerste- bzw. Biervorräte beschlagnahmt worden wären. So beanspruchte das Generalkommando im Juni 1915 60% der Biervorräte für die Truppe, nachdem schon im März die Gerstenvorräte konfisziert worden waren. Für das Geschäftsjahr 1917/18 berichtet die Reichelbräu erneut von einer solchen Maßnahme.

Der Biertrinker am Ort musste im November 1915 für einen Liter Bier mit 10% Stammwürze 36 Pfennig bezahlen; dagegen wurden im Oktober 1918 für zweiprozentiges Dünnbier je Liter 34 Pfennig Ausschankpreis genehmigt. Im Übrigen war bereits seit Januar 1917 die Abgabe von Bier in den Wirtschaften auf wenige Stunden mittags und abends beschränkt worden.

Die *Übersicht Biererzeugung und -ausfuhr der Jahre 1915, 1916 und 1917* beruht auf im Stadtarchiv Kulmbach befindlichen, handschriftlichen Übersichten *über die Biererzeugung und die Bierausfuhr sowie die Einnahmen an gemeindlichem Malzaufschlag der Kulmbacher Brauereien* für die Jahre 1915, 1916 und 1917 (für 1917 vom 1. Januar bis 30. September); eine Aufstellung für 1918 fehlt. Anscheinend wurden diese Übersichten von einer städtischen Behörde erstellt. Sie zeigen uns die zahlenmäßige Entwicklung der Biererzeugung und -ausfuhr in den ersten drei Jahren des Ersten Weltkrieges und zählen gleichzeitig alle seinerzeit in Kulmbach noch tätigen Brauereien – einschließlich Giegold und Türk – auf. (Pensel & Popp war eine Flaschenbierhandlung.) Die Übersicht zeigt deutlich den mengenmäßigen Rückgang während der Kriegsjahre, wobei allerdings das Jahr 1917 durch die Beschränkung auf die ersten neun Monate besonders krass erscheint.

Als Vergleichsjahr wurde vom Verfasser das Jahr 1908 gewählt. Besser wäre zwar das letzte Friedensjahr 1913 gewesen, hier fehlen zunächst aber Zahlen für die kleineren Brauereien. Außerdem sind die wenigen Werte von 1913 nicht direkt vergleichbar mit denen der folgenden Jahre. Diese Vergleichbarkeit ist aber für 1908 gegeben; auch wurde 1908 nur unwesentlich weniger gebraut als 1913. Insgesamt wurden folgende Biermengen hergestellt:

1908	590.000 hl	
1913	638.610 hl	
1915	491.014 hl	
1916	385.724 hl	
1917	260.115 hl	(1.1. bis 30.9.)

Die bereits dargestellte qualitative Verschlechterung – Dünnbier anstelle des alten Export- bzw. Starkbieres – kommt in diesen Zahlen natürlich nicht zum Ausdruck. Insofern verschönern diese Zahlen sogar noch die damalige Situation in der Kulmbacher Brauwirtschaft. Das ganze Ausmaß der Verschlechterung wird am deutlichsten in den zugeteilten Malzkontingenten.

Die allgemeine Reduzierung der Malzkontingente wurde bereits genannt. Insgesamt wurden von den Kulmbacher Brauereien verschrotet:

1912/13	280.148 Zentner Malz
1914	235.378 Zentner Malz
1915	205.553 Zentner Malz
1916	?
1917	55.296 Zentner Malz
1918	35.761 Zentner Malz
1919	39.484 Zentner Malz

Im letzten Kriegsjahr stand also den Kulmbacher Brauereien gerade ein Achtel der Malzmenge zur Verfügung, die sie im maßgeblichen Sudjahr 1912/1913 verbraucht hatten.

5.1 Der Erste Weltkrieg und die nachfolgenden Jahre

Einige kritische Anmerkungen zu der Übersicht auf Seite 197 sind allerdings notwendig:

Zum ersten wurde nach diesen Zahlen von einigen Brauereien mehr Bier ausgeführt als überhaupt hergestellt – dies gilt für die Summe aller Brauereien für die Jahre 1915 und 1916 sowie für die Petzbräu in allen drei Jahren und für die Reichelbräu 1915 und 1916 – und bei anderen wieder sind diese Zahlen fast identisch (z. B. Mönchshofbräu). Demnach hätten diese Brauereien in Kulmbach selbst kein (bzw. kaum) Bier verkauft und auch kein Bier an die eigene Belegschaft abgegeben. Diese Annahme erscheint aber wenig glaubhaft, ein gewisser Verbrauch am Ort dürfte schon stattgefunden haben; zum anderen kann man die Differenz zwischen ausgeführtem und hergestelltem Bier sicherlich nicht ganz aus der zeitlichen Differenz zwischen Herstellung und Verkauf – gegeben durch die Lagerung – erklären. Es hätte dann immer ein entsprechender Überhang vom Vorjahr vorhanden sein müssen.

Zum zweiten erscheint die Spalte 5 *Daher in Kulmbach verbrauchte Biermenge* als Differenz der Spalten 3 und 4, nämlich *Gesamtbier-Erzeugung lt. Sudbuch* und *Aus der Gemeinde ausgeführte Biermenge*. Diese Spalte 5 wies ursprünglich auch Minuswerte aus, die ja keinen Sinn ergaben; anschließend wurden die Zahlen der Spalte 5 korrigiert. Woher die neuen Werte genommen wurden, ist nicht ersichtlich. Schließlich dürfte die 1915 bei Rizzibräu hergestellte Biermenge (22.318 hl) in Anbetracht der Bierausfuhr (54.846 hl) falsch aufgeschrieben worden sein. Es fehlen mindestens 33.000 hl Bier bei dieser Brauerei. Etwa die gleiche Differenz weisen auch die Gesamtmengen für 1916 auf.

Bei allem Vorbehalt gegen die Zahlen der Jahre 1915 bis 1917 zeigt aber der Vergleich mit dem uns bekannten Bierabsatz der fünf Aktienbrauereien im letzten Friedensjahr 1913 doch sehr deutlich den mengenmäßigen Rückgang in den einzelnen Kriegsjahren auf.

5.1.2 Die Jahre nach 1918 und die Folgen des Krieges

Die Einschränkungen und Erschwernisse, unter denen das Braugewerbe während des Krieges zu leiden hatte, hielten auch nach dessen Beendigung an. Die Lage war weiterhin schwierig: Zwangswirtschaft und hohe Herstellungskosten mussten weiterhin verkraftet werden. Im Sudjahr 1918/19 waren den Brauereien 15% des Gerstenbedarfs von 1912/1913 geliefert worden. Die Kontingentierung galt auch für die beiden folgenden Sudjahre, wobei sogar noch ein Teil für Ernährungszwecke wieder zurückgegeben werden musste. So reichte die für den Export zur Verfügung stehende Biermenge in diesen Jahren nicht für die Versorgung der Kundschaft aus: *Viele Abnehmer beschafften sich daher die benötigten Quantitäten von außerbayerischen Brauereien*, klagte die Reichelbräu.

Der Stammwürzegehalt des Bieres war weiterhin auf 3,5% begrenzt, und er wurde erst ab 1920 auf 4,5% erhöht; dies galt auch für die Versandbiere. Trotzdem waren die Kulmbacher Biere in Norddeutschland stark begehrt. Allerdings war auch die Bierausfuhr dorthin von den Behörden kontingentiert, so dass die Kulmbacher Brauereien nicht frei innerhalb des Deutschen Reiches verkaufen konnten. Es bleibt aber die Frage offen, ob die Kulmbacher Brauereien bei der begrenzten Malzzuteilung überhaupt wesentlich mehr hätten liefern können.

Julius Flierl bezeichnet die damalige Lage der Kulmbacher Brauereien (und Mälzereien) als trostlos. In der Tat gaben in den Jahren kurz vor bzw. kurz nach 1918 etliche der noch bestehenden klei-

> **BRAUEREI-VEREINIGUNG KULMBACH e. V.**
>
> Kulmbach, 30. September 1923.
>
> ### An unsere geschätzte Kundschaft!
>
> Mit sofortiger Wirksamkeit müssen die Bierpreise neuerdings erhöht werden.
>
> Dieselben betragen:
>
> M. 1,040,000 000.— je Hektoliter für **Vollbier**
>
> „ 1,360,000 000.— je Hektoliter für **Exportbier**
> ab Brauerei.
>
> Bestellungen können nur noch freibleibend für Lieferung und Preis angenommen werden.
>
> Wir ersuchen, von Vorstehendem Kenntnis zu nehmen und die neuen Ausschankpreise ebenfalls **sofort** allgemein durchzuführen.
>
> Hochachtungsvoll
>
> **Brauerei-Vereinigung Kulmbach e. V.**

Ein Hektoliter Kulmbacher Bier kostete am 30. September 1923 über eine Milliarde Mark!
Vermutlich lag der Preis am Ende der Inflation sogar über einer Billion Mark, das wäre tausendmal soviel gewesen. Erhalten sind aus jener Zeit Notgeldscheine der Stadt Kulmbach und verschiedener Kulmbacher Firmen.

neren Brauereien auf: Weiß verkaufte 1916, Pertsch verkaufte 1919 und die Kapuzinerbräu stellte ebenfalls in diesem Jahr ihren Betrieb ein. MAX HUNDT zieht für 1916 das Fazit für die Kulmbacher Brauwirtschaft: *Die Brauerei verlor endgültig ihre führende Stellung. Der Aufsaugungsprozeß, der die Kleinbrauer wegen der ihnen abgekauften Malzkontingente mit den Großbrauereien verschmolz, beschleunigte sich. Daß die Gesamthektoliterzahl der Biererzeugung zunächst blieb, darf nicht über den Verlust der Exportgebiete hinwegtäuschen. Der Großteil der Erzeugung war nämlich nur noch für Heereslieferungen bestimmt.*

Neben den schon genannten Erschwernissen des Krieges brachte sein Ende, d. h. die Niederlage, zusätzliche Schwierigkeiten mit sich. Die Gebietsabtretungen des Deutschen Reiches bedeuteten zum Teil für die Kulmbacher Brauereien auch den Verlust von Kundschaft, vor allem in Ostdeutschland. Des Weiteren erwiesen sich die ständigen Preissteigerungen für sämtliche Rohstoffe und der rapid sinkende Geldwert als Vorboten der galoppierenden Inflation der Jahre 1922/23.

Mit zwei Meldungen beleuchtet MAX HUNDT die Situation schlaglichtartig. Am 15. August 1921: *Starkbier wieder genehmigt! Das 12 prozentige Bier* kostete *4 Mark je Liter. Der Preis des bisher schon zugelassenen 8 prozentigen Bieres stieg um 2 Mark je Liter.* Am 6. September 1922: *Neue Bierpreiserhöhung. Der Liter kostete 30 Mark. Der Zentner Gerste kostete 3.000 Mark, der Zentner Hopfen 35.000 Mark.*

Das Geschäftsjahr 1921/22 brachte den Brauereien die Aufhebung der Kontingentierung und damit wieder „freie Wirtschaft". Man konnte nun Biere in der gleichen Güte wie vor dem Krieg zum Ausstoß bringen und so den Absatz wieder steigern. Allerdings gelang es nicht, die Folgen der Inflation in den Jahren 1922/23 zu vermeiden; man musste beträchtliche Verluste aus dem verspäteten Geldeingang von Seiten der Kundschaft, der im Wesen des Exportgeschäftes begründet war, hinnehmen: *Ein fernerer Nachteil im Brauereibetriebe ist die bisherige Bierpreispolitik. Die Bierpreiserhöhungen in Bayern gehen viel zu langsam vor sich und hinken den tatsächlichen Herstellungskosten immer ca. 14 Tage nach. Da in diesen Fällen die Kunden bei einer Bierpreiserhöhung sich vorher reichlich eindecken, gehen Millionen Mark von Werten verloren.*[1]

Die Inflation „bescherte" den Kulmbacher Brauereien, wie allen Betrieben, ungeahnte Zahlenwerte: So bewegen sich die Papiermark-Bilanzen – erstellt Ende 1923 bzw. Anfang 1924 – der einzelnen Brauereien in einer Höhe von jeweils mehreren hundert Billiarden Mark (1 Billiarde = eine 1 mit 15 Nullen). Drei Brauereien – Erste Aktien, Reichelbräu und Mönchshof – gaben sogar eigenes Notgeld heraus.

Das Ende der Inflation brachte eine Konsolidierung der finanziellen Verhältnisse; die Kapitalien wurden entsprechend herabgesetzt und die Preise waren wieder stabil. Und so sahen auch die hiesigen Brauereien *Zeichen der beginnenden Stabilisierung. Die Wirkungen der letzteren machten sich auch in der Brauindustrie wohltuend fühlbar; denn die Möglichkeit, den Bierpreis während der ganzen Berichtsperiode stetig zu erhalten, hatte im Verein mit der Beliebtheit unserer Erzeugnisse einen günstigen Einfluß auf den Absatz, der gegen das Vorjahr eine erfreuliche Steigerung erfuhr.*[2]

Ausstoßzahlen für die Jahre nach 1917 fehlen für fast alle Betriebe. Um aber das Geschäftsvolumen der Kulmbacher Brauereien in dem genannten Zeitraum ungefähr abschätzen zu können, seien nun die Mengen des verschroteten Malzes angegeben:

1912/13	280.148 Zentner Malz
1914	235.378 Zentner Malz
1918	35.761 Zentner Malz
1919	39.484 Zentner Malz
1920	65.244 Zentner Malz
1921	141.328 Zentner Malz
1922	139.262 Zentner Malz
1922/23	139.332 Zentner Malz
1923/24	159.650 Zentner Malz

Der Vergleich mit den Jahren unmittelbar vor bzw. nach Kriegsende zeigt auf jeden Fall eine deutliche Geschäftsbelebung zu Beginn der 20er Jahre. Gegenüber dem Sudjahr 1912/13 verarbeiten die Kulmbacher Brauereien zunächst aber nur die halbe Malzmenge.

Leider markiert das Jahr 1923 auch das Ende einer Kulmbacher Großbrauerei, nämlich das der Petzbräu AG. Bereits ein Jahr früher – 1922 – hatte Georg Pöhlmann seine Brauerei im Schießgraben stillgelegt.

5.1.3 Geschäftsaufgabe der Petzbräu AG 1923

Nach dem Ende sämtlicher Kulmbacher Kleinbrauereien in den vorausgegangenen Jahren, gab 1923 mit der Petzbräu AG zum ersten Mal eine Großbrauerei ihren Geschäftsbetrieb auf. Unmittelbare Unterlagen, wie z. B. Geschäftsberichte, fehlen

Folgende Geldscheine wurden von den Brauereien herausgegeben:
Erste Kulmbacher Actien: vier Scheine zu 500.000 Mark, 1, 3 und 5 Millionen Mark;
Mönchshofbräu: ein Schein zu 5 Millionen, gedruckt auf der Rückseite von Dividendenscheinen;
Reichelbräu: vier Scheine zu 1, 2, 3 und 5 Millionen Mark.

uns heute. Deshalb lassen sich über die Gründe und Ursachen der Geschäftsaufgabe nur Vermutungen anstellen:

1885 wurde die Brauerei in die Rechtsform einer Aktiengesellschaft umgewandelt; die Leitung übernahm Wilhelm Müller, der Schwiegersohn des Vorbesitzers. Nach einem enormen Aufschwung erreichte die Brauerei 1899 mit 120.010 hl verkauftem Bier ihren Höhepunkt. Die Petzbräu lag umsatzmäßig an dritter Stelle unter den Kulmbacher Brauereien. Die allgemeine Krise nach 1900 traf aber Petzbräu besonders hart: Sie fiel bis 1907 auf 65.000 hl zurück, ab 1910 wurden 70.000 hl Bier als jährlicher Absatz angegeben. Ab 1906 verschlechterte sich auch die Gewinnlage; die Dividenden wurden laufend gekürzt und erreichten in den drei Jahren 1912 bis 1914 mit 2% ihren Tiefstand. So betrachtet, erscheint Petzbräu schon vor dem Krieg als die „schwächste" der großen Kulmbacher Aktienbrauereien.

Bei der Darstellung von 1896 fällt auf, dass Petzbräu offensichtlich sehr arbeitsintensiv betrieben wurde; d. h., die maschinelle Ausstattung der Brauerei war nicht auf dem gleichen Stand wie die der anderen Großbrauereien am Ort. Diese Vermutung wird gestützt, betrachtet man das eingesetzte Aktienkapital: Reichelbräu, seinerzeit nicht wesentlich stärker im Umsatz, hatte 3.750.000 Mark, Petzbräu dagegen nur 1 Million. Mönchshofbräu, um die Jahrhundertwende mit einem Umsatz nur halb so groß wie Petzbräu, hatte 1,2 Millionen Mark. Bei „rauherer" Konjunktur, und die trat ja ab 1900 ein, musste Petzbräu Schwierigkeiten bekommen. Zwar berichtet das Aktienhandbuch: *Durch die 1907 und 1908 geschaffenen maschinellen Neuanlagen und Verbesserungen ist es der Gesellschaft möglich geworden, an Betriebsspesen zu sparen.* Aber offensichtlich war es jetzt schon zu spät.

Petzbräu in der heutigen Pestalozzistraße

Nachdem der Krieg und die Nachkriegsjahre alle Betriebe Substanz gekostet hatten, erschien nun das Weiterarbeiten problematisch. Dabei darf nicht übersehen werden, dass Kommerzienrat Wilhelm Müller immer noch an der Spitze des Unternehmens stand. Zum 2. Juni 1908 war als weiteres Vorstandsmitglied Fritz Küffner, Einzelprokurist seit dem 23. April 1907, berufen worden; er schied bereits zum 16. August 1910 aus seiner Funktion wieder aus. Noch kürzer sollte die Vorstandstätigkeit von Alwin Lehmann sein; sie dauerte genau vom 5. April bis zum 3. November 1911. Am 3. April 1912 wurde schließlich Georg Günthner, Prokurist seit April 1907, zum weiteren Vorstandsmitglied ernannt; er hatte dieses Amt bis zum Ende der Petzbräu inne.

Nur karg fiel die Information über das Ende der Brauerei aus:

Die außerordentliche General-Versammlung vom 2. 3. 1923 genehmigte, nachdem die Aktien-Majorität bereits an die Braubank-Gruppe übergegangen war, den Verkauf des 62.290 hl betragenden Braurechtsfußes mit je 50% an die Kulmbacher Reichelbräu und die Rizzibräu Akt-Ges. Als Entschädigung werden der Petzbräu durch Vermittlung der Bank für

5.1 Der Erste Weltkrieg und die nachfolgenden Jahre

Brauindustrie in fünf Jahresraten Vergütung gewährt, die sich stützen auf den jeweiligen Hektoliterpreis und den seitens der betreffenden Brauereien mit der Petzbrauerei erzielten Absatz, wobei ein Minimalabsatz von 10.000 hl festgesetzt wird. Die Petzbräu AG hat sich verpflichtet, auf 20 Jahre ihren Brauereibetrieb stillzulegen und sich an keinem Konkurrenzunternehmen zu beteiligen.[3]

Bereits 1924 beschloss man die endgültige Auflösung der Petzbräu. Bei der Notiz fällt auf, dass die Aktienmehrheit nun bei einer Bankengruppe liegen sollte; schließlich war diese Mehrheit ursprünglich bei der Familie Müller. Umgekehrt behielt diese Familie den Gebäudekomplex in Kulmbach und richtete darin eine kleinere Malzfabrik ein.

5.1.4 Ungewissheit bei Sandlerbräu

Einige Formulierungen aus den Protokollen der Aufsichtsratssitzungen bzw. der Gesellschafterversammlungen lassen um 1920 auf eine gewisse Unsicherheit bei Sandlerbräu bzw. bei deren Eigentümern hinsichtlich des weiteren Schicksals der Brauerei schließen. Eine Erklärung dafür könnte sein, dass von den drei ursprünglichen Teilhabern Lorenz, Otto und Dr. Christian Sandler die beiden Letztgenannten bereits verstorben waren. Zwar traten an deren Stelle zunächst die beiden Witwen, Creszenz und *Frau Otto Sandler*. Eine Aufteilung der Anteile an eine größere Anzahl von Erben, die jeweils nur in verhältnismäßig geringem Umfang beteiligt und auch nur teilweise in der Brauerei beschäftigt worden waren, war voraussehbar. Hinzu kam sicherlich noch eine allgemeine Verunsicherung durch die wirtschaftlichen und geschäftlichen Schwierigkeiten des Krieges und der Nachkriegszeit.

Überraschend und wenig einsichtig erscheint die folgende Festlegung aus der Hauptversammlung vom 14. November 1917: *Sollte bei uns zur zwangsweisen Stillegung des Brauereibetriebes geschritten werden, so soll unser Betrieb der Rizzibrauerei angegliedert werden.* Hinweise auf eine mögliche Stilllegung von (großen) Brauereien waren aber für diese Zeit sonst nicht zu finden.

Eine gewisse größenmäßige Einordnung erlaubt die folgende Notiz aus der Hauptversammlung vom 12. November 1920: *Gegen die Verteilung einer Dividende von M 165.000,– erhebt Herr Komm. Rat L. Sandler Einspruch; er befürwortet eine solche von nur M 150.000,–, in anbetracht, daß Mönchshof M 144.000,– und Rizzibräu M 217.490,– verteilen.* Bei Sandler kamen ja noch zusätzlich 7% Zinsen aus 900.000,– Mark als Zahlung an die Teilhaber hinzu, das waren weitere 63.000,– Mark.

In der gleichen Hauptversammlung legten die beiden Witwen „Sprengstoff": *Von Frau Otto Sandler und Frau Creszenz Sandler wird der Antrag gestellt, die Fusionierung unseres Unternehmens mit einer anderen größeren Brauerei in die Wege zu leiten.* Zwar erhob Lorenz Sandler dagegen Einspruch, dieses Thema sollte aber nun das folgende

Jahr beherrschen. Der einzige Punkt der Tagesordnung der Aufsichtsratssitzung vom 24. April 1921 hieß *Fusionierung unseres Betriebes mit dem der Löwenbräu AG München.* Lorenz Sandler war offenbar auch schon vollständig umgestimmt: *Die Gesellschafter erklären sich einstimmig bereit zu einer Fusion und begründen dies damit*

a) *erhöhten Geldbedarf für Einkauf und Kontingente,*

b) *für Reparationen und Ausbau der maschinellen Anlage,*

c) *mit Rücksicht auf die Entwicklung der Großbrauereien.*

Es wird folgender Vorschlag eingebracht: ... Ein Mitglied der Gesellschafter soll in den Aufsichtsrat der Löwenbrauerei beordert werden. Die Familien Sandler wollten sich an der aufnehmenden Brauerei beteiligen. Zusätzlich angestrebt wurde noch die Anstellung eines Mitglieds der Familie Sandler. Bei der nächsten Sitzung, am 5. Juni 1921, wurde noch die Erste Kulmbacher Actienbrauerei ins Gespräch gebracht; Direktor Säuberlich hatte nämlich bereits in die Familie Sandler eingeheiratet. Anscheinend gab es Anhänger einer „Kulmbacher" und Anhänger einer „Münchner" Fusion, die sich gegenseitig blockierten. Zum Abschluss der genannten Zusammenkunft heißt es: *Der Beschluß, unseren Betrieb mit einer anderen Großbrauerei zu fusionieren, wird von den Anwesenden ein-stimmig angenommen. Der Antrag, die Verhandlungen mit den in Frage kommenden Unternehmungen aufzunehmen, scheitert an dem Widerspruch der Frau Otto Sandler.* Diese wollte erst die Meinung zweier nicht anwesender Töchter einholen.

In einer außerordentlichen Gesellschafterversammlung, am nächsten Tag, besprach man noch einmal die Einzelheiten einer möglichen Fusion. Damit war aber anscheinend das Thema erledigt, denn die Frage tauchte später nicht mehr auf. Als einziges Fazit aus diesen Überlegungen blieb hinsichtlich der Anstellungsverträge für Vorstand und Braumeister folgender Beschluss: *Als Maßstab für die Besoldung gelten die in den Verträgen der Aktienbrauerei zum Löwenbräu, München, genannten Gehälter.* (Sitzung vom 13. 9. 1921.)

Im August 1922 wird die Direktion der Sandlerbräu vom Aufsichtsrat beauftragt, *ca. 10–20 Stück Erste Kulmbacher Aktien zu kaufen.* Dieser Auftrag wurde aber – ähnlich wie der Beschluss von 1902 – anscheinend nicht ausgeführt.

Interessant – hinsichtlich beginnender Motorisierung und hinsichtlich Inflation – ist auch eine Notiz vom 5. Mai 1923: *Herr Direktor Sandler weist darauf hin, daß wir infolge der schlechten Zugverbindungen viel Zeit aufzubringen haben, um dem Erwerb neuer Kunden nachgehen zu können. Eine raschere und glattere Abwicklung ließe sich durch Anschaffung eines Motorrades erreichen. Es wird daher beschlossen, den Vorstand zu ermächtigen, ein Motorrad im Preise von ca. 4 Millionen anzuschaffen.*

Als Zeichen gelungener Konsolidierung ist ein Beschluss vom 8. August 1925 zu werten: Danach sollte ein Braurechtsfuß über 15.000 hl von der Schwartz-Storchen-Brauerei in Speyer zum Preis von 1,– Mark pro hl gekauft werden.

5.2 Die Jahre von 1924 bis 1939

5.2.1 Allgemeine Entwicklung von 1924 bis 1933

Der Zeitraum von 1924 bis 1939 umfasst zwar nur 15 Jahre, er brachte aber dem deutschen Volk auf politischem Gebiet Hektik und einschneidende Veränderungen. Auch die wirtschaftliche Entwicklung verlief nicht geradlinig, sie zerfällt vielmehr in drei sehr unterschiedliche Abschnitte. Hiervon war auch die Kulmbacher Brauindustrie betroffen.

Die Jahre von 1924 bis zum Beginn der Weltwirtschaftskrise (1929) bedeuteten für Deutschland, langfristig gesehen, Jahre des Wachstums. Im Vergleich zu den vorausgegangenen Inflationsjahren und zur nachfolgenden Weltwirtschaftskrise werden sie auch als die „Goldenen Zwanziger" bezeichnet. Die gesamtwirtschaftliche Entwicklung dieses Zeitraums war allgemein aufwärts gerichtet. Das Volkseinkommen je Einwohner nahm jährlich zu.

Der anschließende Zeitraum von 1929 bis 1933 ist durch die Weltwirtschaftskrise gekennzeichnet. Der wirtschaftliche Schrumpfungsprozess wirkte sich in Deutschland, wie in den meisten industrialisierten Ländern, für die Bevölkerung in zweierlei Weise aus: Zum einen sank der Anteil der Beschäftigten an der Gesamtbevölkerung, d.h. die Arbeitslosigkeit nahm rapide zu; zum anderen sanken die Einkommen der Beschäftigten. Waren die Stundenlöhne bis 1930 noch stärker angestiegen als die Lebenshaltungskosten, so fielen umgekehrt die Stundenlöhne 1931 und 1932 schneller als die Lebenshaltungskosten. Insgesamt trat damit ein durchschnittlicher Rückgang der Einkommen der Mehrheit der Bevölkerung um real 32% ein, wobei sich jedoch für die Einzelnen starke Unterschiede ergaben.

Der dritte Abschnitt umfasst die Jahre von 1933 bis 1939; dieser Zeitraum, der noch gesondert dargestellt werden soll, brachte einerseits staatliche Maßnahmen zum Abbau der Arbeitslosigkeit; er brachte zum anderen aber auch ein deutlich geändertes politisches Klima, verbunden mit Eingriffen von Staat und Partei in die einzelnen Betriebe.

Betrachtet man die Ausstoßzahlen der verbliebenen sechs Kulmbacher Brauereien im Zeitraum von 1924 bis 1939, dann waren sie der gleichen Entwicklung unterworfen wie die Gesamtwirtschaft – vielleicht mit einer gewissen zeitlichen Verzögerung und unterschiedlich stark ausgeprägt bei dem einzelnen Betrieb. Die Brauereien blieben zunächst deutlich unter dem Ausstoß der letzten Friedensjahre, z. B. gesamt 638.610 hl im Jahr 1913, sie arbeiteten aber nach der Inflation zunächst auf einem recht konstanten Niveau. Sandlerbräu und Markgrafenbräu konnten von 1925 bis 1929 sogar noch ansehnliche Zuwächse erzielen. Insgesamt stellten die Kulmbacher Brauereien 1928 475.598 hl und 1929 466.540 hl Bier her.

Der Einbruch begann mit dem Jahr 1930 – Bierausstoß 394.860 hl – und setzte sich 1931 mit 300.391 hl verstärkt fort; im Sudjahr 1932/33 fiel der Gesamt-Ausstoß gar auf 243.289 hl Bier (leider wechseln die Zahlenangaben häufig zwischen Kalenderjahr und Sud- bzw. Geschäftsjahr). Der Bierausstoß von 1931 entsprach damit nur noch der knappen Hälfte von dem des Jahres 1913, und das Sudjahr 1932/33 schaffte weniger als 40% von dem gleichen Jahr 1913. Neben der allgemeinen Wirtschaftskrise waren die Brauereien noch zusätzlich ab 1. Mai 1930 von einer 46prozentigen Erhöhung der Reichsbiersteuer betroffen worden. Die Geschäftsberichte der Mönchshofbräu beschreiben und kommentieren die Entwicklung dieser Krisenjahre besonders deutlich:

Ausstoßzahlen der Kulmbacher Brauereien von 1925 bis 1932/33 in hl
(1913/14 zum Vergleich)*

Kalenderjahr bzw. Geschäftsjahr	Erste Kulmbacher Actienbrauerei	Reichelbräu	Rizzibräu	Mönchshofbräu	Sandlerbräu	Markgrafenbräu	Gesamt
1913/14	170.0002**	150.027	75.821	65.000**	?	?	?
1925	171.441	106.711	58.329	54.851	48.696	33.386	473.414
1926	154.289	96.088	52.304	57.050	49.486	33.808	443.025
1927	149.172	96.325	55.275	45.870	58.344	39.412	444.398
1928	161.489	101.477	55.018	49.663	62.369	45.582	475.598
1929	155.407	99.806	50.189	49.148	65.058	46.932	466.540
1930	134.559	83.914	41.265	40.103	57.557	37.462	394.860
1931	101.564	122.685***	—	29.855	46.293	—	300.397
1931/32	89.175	101.135	—	24.476	39.433	—	254.229
1932/33	89.599	95.714	—	22.368	35.608	—	243.289

* Die Zahlen von 1925 bis 1931/32 stammen aus einer Zusammenstellung der Brauerei-Vereinigung Kulmbach e.V.
** Zahlen gerundet.
*** Reichelbräu nach der Fusion mit Rizzi- und Markgrafenbräu.

1929/30: *Es ist tief bedauerlich, daß die Gesetzgebung ... damit die Axt gelegt hat an eine der wenigen bisher noch gesunden Industrien im deutschen Reiche ...Es ist sicherlich von allgemeinem Interesse, daß die steuerliche Gesamtbelastung heute zwischen 14–17 Pfennige pro Liter Bier beträgt.* Gemeint war hiermit die Steuererhöhung vom 1. Mai 1930; der Liter Bier kostete damals in der Gastwirtschaft knapp 50 Pfennig.

1930/31: *Das abgelaufene Geschäftsjahr war für die gesamte deutsche Wirtschaft ein äußerst unglückliches. Ganz besonders hart aber mußte das deutsche Braugewerbe die Ungunst der Verhältnisse empfinden, ist es bisher doch auch in schweren Zeiten gesund geblieben und jetzt nur durch die unverständliche Steuerpolitik der Reichsregierung am Lebensnerv getroffen worden. Nachdem es in all den Jahren nach der Inflation dem Fiskus eine Steuerquelle war, die der Reichskasse bedeutende Ueberschüsse zuführte, glaubte der Gesetzgeber unserem Gewerbe immer größere Lasten aufbürden zu können und hat dabei den Bogen überspannt. Beträgt doch die Biersteuer allein je Hektoliter RM 22.00 ... Statt der nun aus dieser ungeheuren Steuer erwartenden höheren Einnahmen wurden diese immer weniger und sind heute geringer als vor der letzten großen Steuererhöhung; kein Wunder, da der durch die Übeteuerung des Bieres verursachte Absatzrückgang sich von Monat zu Monat verstärkt ... Der Ausblick in die Zukunft ist ein äußerst trüber...*

5.2 Die Jahre von 1924 bis 1939

1931/32: *Im Januar 1932 wurde ein bereits gegebenes Versprechen des Reichsfinanzministers auf Steuersenkung ... zurückgezogen. Kurz darauf wurde der überraschten Brauindustrie eine Bierpreissenkung um 2 Reichsmark je hl einfach diktiert. Die seitens des Preiskommissars erhoffte günstige Wirkung auf den Bierabsatz blieb jedoch aus; es trat im Gegenteil eine lebhafte Beunruhigung ein, die in Hamburg und Berlin sogar zum Bierstreik führte. Endlich am 22. März 1932 entschloß man sich zu einer Senkung der Reichsbiersteuer um 3 Reichsmark je hl, die jedoch im Ausmaß viel zu gering war, um den Absatzrückgang aufhalten zu können. Dieser setzte sich vielmehr von Monat zu Monat fort, und so stehen wir vor einem Jahresergebnis, das trotz eiserner Sparsamkeit keinen Gewinn aus Bier ausweist.*

Wie die folgende Tabelle zeigt, mussten in diesen Jahren alle Kulmbacher Brauereien die Dividenden kürzen. Bei der Ersten Actienbrauerei fielen diese für ein Jahr sogar ganz aus:

Dividendenzahlungen der Kulmbacher Brauereien von 1927/28 bis 1932/33 in %

	1927/28	1928/29	1929/30	1930/31	1931/32	1932/33
Erste Kulmbacher Actienbrauerei	12	5	6	4	0	4
Mönchshofbräu	10	10	10	8	5	5
Reichelbräu Stammaktien	20	20	20	15	10	7,5
Rizzibräu Stammaktien	14	14	$13^1/_3$	10	—	—
Sandlerbräu	10	14	14	10	6	6

Es tröstete dabei sicherlich wenig, dass von diesen Rückschlägen nicht nur die einzelnen Kulmbacher Brauereien betroffen waren, sondern die gesamte Branche: Der Gesamtausstoß fiel im Deutschen Reich von rund 58 Millionen hl Bier im Sudjahr 1929/30 auf rund 37 Millionen hl im Sudjahr 1931/32; der Verlust betrug 36,1 %.

Über die Auswirkungen auf die Beschäftigungslage im Braugewerbe allgemein gibt das Branchenbuch Auskunft:

Die mißlichen, absatzlosen Verhältnisse hatten bereits bis zum Herbst 1931 die ganz überwiegende Mehrzahl aller Brauereien zur Kurzarbeit gezwungen, wobei zumeist ein Tag wöchentlich als arbeits- und ausfahrfrei erklärt wurde. Bis zum Sommer 1932 war schon vielerorts – ganz besonders in den Notstandsgebieten – die 36-, 35- und 32-Stunden-Woche eingeführt. Der Beschäftigungsgrad ist in der Zeit von Februar 1930 bis Februar 1932 um rund ein Fünftel der gewerblichen Arbeitnehmer zurückgegangen.

Obwohl es in den betreffenden Jahren nicht ausdrücklich mitgeteilt wird, so kann doch aufgrund späterer Notizen auch auf Kurzarbeit in den Kulmbacher Brauereien geschlossen werden. Immerhin wurde bei Mönchshof- und bei Sandlerbräu mehrere Jahre lang 40 anstelle der üblichen 48 Stunden pro Woche gearbeitet. Das Gleiche ist – aufgrund der bekannten Ausstoßzahlen – auch für die Erste Actienbrauerei und für Reichelbräu anzunehmen.

Die Jahre kurz vor bzw. nach 1930 waren zwar für die Kulmbacher Brauereien sehr schlecht, gleichzeitig brachten sie aber zwei entscheidende Neuerungen für das hiesige Braugewerbe: Zum einen setzte nun die Entwicklung ein, dass die Brauereien ihr Produkt immer mehr in Flaschen abgefüllt verkauften. Bis dahin wurde Bier fast ausschließlich in Fässern abgegeben. Zum anderen bahnte sich ein erneuter Geschmackswandel beim Bier an, diesmal hin zum Pils. Beide Trends setzten sich erst langsam durch; heute aber – reichlich 80 Jahre später – dominiert seit langem zum einen das Bier in Flaschen und zum anderen das Bier nach Pilsener Art.

Den Anfang mit eigener Flaschenbierabfüllung machte die Erste Kulmbacher Actienbrauerei, die im Geschäftsjahr 1927/28 erneut eine Flaschenreinigungs- und Füllanlage anschaffte; die erste Flaschenabfüllanlage hatte diese Brauerei bereits im Januar 1906 in Betrieb genommen. Auch Sandler- und Markgrafenbräu verfügten bereits vor 1930 über entsprechende Anlagen. Bis zu diesem Zeitraum war Bier von den Brauereien nur in Fässern verkauft worden, von nun ab nahm aber der Anteil des Flaschenbiers am Ausstoß der Brauereien stetig zu.

Bereits 1888 wurde zwar ins Gesellschaftsregister Bayreuth die Firma *Aeltester Kulmbacher Flaschenbier-Export Pensel & Popp oHG* eingetragen, sie scheint aber keine zu große Bedeutung erlangt zu haben. Es bleibt unklar, von welcher Brauerei überhaupt das Bier bezogen wurde. 1895 schied Pensel aus der Gesellschaft aus, und Popp betrieb die Firma allein weiter. 1915 wurden 2 hl und 1916 13 hl Bier von der Firma in Flaschen aus Kulmbach ausgeführt; trotz der Kriegsverhältnisse erscheinen diese Zahlen doch als sehr bescheiden. 1929 wurde die Firma im Handelsregister gelöscht.

Größere Bedeutung scheinen dagegen nach 1900 in Kulmbach die Flaschenbierhandlungen gewonnen zu haben. Diese bezogen ihr Bier in Fässern von den Brauereien und füllten selbst in Flaschen ab. FRITZ STÜBINGER,[4] Büttnermeister und ehemaliger Inhaber einer Flaschenbierhandlung in Mangersreuth, nahm an, dass seine Eltern diese Flaschenbierhandlung schon ab 1901 betrieben hätten.

Seine Eltern verfügten weder über eine Wasserleitung noch über einen Brunnen beim Haus, und so musste die Mutter – sie leistete dabei die ganze Arbeit – das Wasser zum Flaschenreinigen mit einer Butte herantragen. Aus dem Fass wurde das Bier dann mit dem Schlauch abgefüllt. Das Flaschenbier wurde nur zum Teil von den Käufern selbst geholt, der größere Teil musste von der Mutter ausgetragen werden, manchmal sogar recht weit. Bedenkt man noch, dass die damaligen Bierflaschen deutlich massiver und deshalb auch schwerer waren als heute, so war dieser Flaschenbierhandel doch mit ziemlicher Schinderei verbunden.

Verboten war es, dass der Käufer das Bier sofort im Haus des Verkäufers trank. Das konnte leicht eine Anzeige durch die Gastwirte, die ja die unmittelbare Konkurrenz waren, nach sich ziehen. Im Übrigen verkauften auch die Gastwirte Bier *über die Straße*; dieses wurde aber von den Kunden in Krügen geholt.

Üblich war der Bierverkauf in Liter- und Halbliterflaschen; diese hatten einen Patent- oder Bügelverschluss. Daneben gab es noch die *Schimmel*, das waren ³/₄-Liter-Flaschen mit Stöpsel. Ursprünglich waren die Flaschen glatt, und der Name der Handlung wurde mit einer eigenen Tinktur darauf geschrieben. Die nächsten Flaschen hatten Brauereinamen und Firmenzeichen ins Glas eingeprägt und waren immer noch recht massiv und schwer. Die späteren Flaschen waren leichter und „glatt", d. h. neutral bzw. ohne Einprägung. Diese Flaschen wurden in der Brauerei selbst abgefüllt und dort etikettiert. FRITZ STÜBINGER meinte aber, dass die hiesigen Flaschenbierhandlungen zunächst noch weiter mit Fassbier beliefert wurden, das sie dann in gewohnter Weise selbst in Flaschen füllten.

FRITZ STÜBINGER bezeichnete seinen damaligen Flaschenbierhandel als zeitweilig recht gutes Ge-

Gemeinschaftswerbung der Kulmbacher Brauereien in der Zeitschrift "Das Bayerland" von 1926

Das echte Kulmbacher Exportbier

hell und dunkel

ist unerreicht an Güte und Wohlbekömmlichkeit, wodurch es Weltruf erlangt hat. Hergestellt aus feinstem Malz und Hopfen, erfreut sich das

bekannte Kulmbacher Exportbier

größter Beliebtheit

und wird infolge seines Malzreichtums in Verbindung mit niedrigem Alkoholgehalt ärztlich empfohlen

Bei Bedarf wolle man sich wenden an

Brauereivereinigung Kulmbach e. V.

bzw. deren Mitglieder

Erste Kulmbacher Aktien-Exportbier-Brauerei Kulmbach · Reichelbräu A.-G. Kulmbach · Kulmbacher Rizzibräu A.-G. Kulmbach · Sandlerbräu A.-G. Kulmbach · Kulmbacher Export-Brauerei "Mönchshof" A.-G. Kulmbach · Markgrafenbräu G. m. b. H. Kulmbach

Fuhrpark der Sandlerbräu AG, 1926

schäft. Es waren immerhin Monate dabei mit 25 bis 30 hl Bierumsatz. Der Flaschenbierhandel war aber noch aus einem anderen Grund für ihn sehr wichtig: Da er als Büttnermeister auf Brauereiaufträge angewiesen war, war die Brauerei, die ihn mit Bier belieferte – in seinem Fall die Erste Actien –, umgekehrt zu Gegengeschäften verpflichtet und musste ihn bei Büttnerarbeiten berücksichtigen. Aus diesem Grunde betrieben fast alle selbständigen Kulmbacher Büttner auch eine Flaschenbierhandlung.

Die zweite Neuerung erfolgte 1932, in einem ausgesprochenen Krisenjahr für die Kulmbacher Brauereien: Der Ausstoß war auf einem Tiefstwert angelangt, die Dividenden wurden zum Teil stark gekürzt, bzw. sie fielen ganz aus. Im Oktober dieses Jahres braute Reichelbräu als erste Kulmbacher Brauerei ein *Bier mit Pilsener Charakter*, genannt *Edelherb*. Bis dahin hatte Reichelbräu nur helles und dunkles Exportbier, Lagerbier und den Eisbock produziert.

Das neue Pilsbier unterschied sich von den schon vorher gebrauten hellen Bieren durch einen stärkeren Bitterwert – mindestens 28 Bittereinheiten –, der durch eine höhere Hopfengabe erreicht wurde. Für den technischen Betrieb der Reichelbräu war seinerzeit Braumeister Albert Wöhner zuständig; er stammte ursprünglich aus Thüringen, arbeitete aber bereits seit 20 Jahren in Kulmbach bei der Markgrafenbräu. Zur Vorbereitung des *Edelherb* hatte sich Wöhner in Pilsen und bei anderen Brauereien des Sudetenlandes umgeschaut. Den ersten Sud des neuen Bieres setzte der Biersieder Hans Rausch an. Nach Angaben der Brauerei wurde das neue Bier von der Wirtekundschaft sofort mit Begeisterung übernommen.

5.2 Die Jahre von 1924 bis 1939

5.2.2 Die Brauereien im Einzelnen

Die Erste Kulmbacher Actienbrauerei hatte auch in der Zeit nach dem Ersten Weltkrieg und nach der Inflation unter den Brauereien am Ort – gemessen am Ausstoß – eindeutig die Spitzenstellung inne. Neben dem üblichen Ausbau der Brauerei – so die aufgrund der immer stärkeren Nachfrage nach Flaschenbier 1927/28 angeschaffte neue Flaschenreinigungs- und Füllanlage – fallen andere Nachrichten besonders auf.

Im Geschäftsbericht 1926/27 heißt es: *Auf Wunsch unserer Angestellten und Arbeiter haben wir eine Betriebssparkasse eingerichtet.* Die Einlagen dieser Betriebssparkasse wurden auf der Passivseite der Brauereibilanz ausgewiesen und betrugen am 30. September 1927 rund 8.000 RM; sie stiegen in den folgenden Jahren an und erreichten 1932 den Höchststand von rund 44.000 RM. Zum September 1933 wurden die Einlagen ein letztes Mal ausgewiesen, danach erscheinen sie nicht mehr. Es wäre heute interessant zu wissen, warum der Wunsch nach einer eigenen Betriebssparkasse aufkam. Schließlich arbeitete ja die Städtische Sparkasse schon lange genug in Kulmbach, und auch nicht weit entfernt von der Brauerei. Eine mögliche Erklärung gab ein ehemaliger Angestellter dem Verfasser: Danach konnten die Arbeiter während ihrer Arbeitszeit im Büro der Brauerei über ihr Sparkonto verfügen. Zur Städtischen Sparkasse aber hätten die Arbeiter ihre Frauen schicken müssen. Und das wollten jene offenbar nicht tun. Die Einrichtung einer Betriebssparkasse wird für keine andere Kulmbacher Brauerei erwähnt, nur die Kulmbacher Spinnerei AG soll ebenfalls eine errichtet haben.

Das Branchenhandbuch meldet unter *Großaktionäre: Ende 1929 ging ein Aktienpaket von nom. RM 400.000 aus dem Besitz des insolvent geworde-*

Emaille-Werbeschild

nen Dresdner Bankhauses Albert Kuntze & Co. an ein Konsortium unter Führung der Bayerischen Hypotheken- und Wechselbank in München ... über. 1872 war die Brauerei von Dresden aus gegründet worden, und man kann wohl annehmen, dass bis zu der Zahlungsunfähigkeit des genannten Dresdner Bankhauses die Aktien an der Ersten Kulmbacher auch im sächsischen Raum gehalten wurden. Mit diesem Erwerb von 10% des Aktienkapitals tat wohl die Bayerische Hypotheken und Wechselbank

Die Erste Kulmbacher Actienbrauerei im Stadtkern. Luftaufnahme von 1957

den ersten Schritt zu ihrer späteren Rolle als Mehrheitsaktionär der Brauerei. Im Übrigen wurden aber die Hauptversammlungen der Ersten Kulmbacher Actienbrauerei auch weiterhin in Dresden abgehalten. Im Februar 1931 wurde schließlich der Sitz der Brauerei von Dresden nach Kulmbach verlegt.

Für das Geschäftsjahr 1932/33 meldet der Vorstand der Brauerei die Erschließung neuer Absatzgebiete und vor allem die *Bierausfuhr nach den Vereinigten Staaten*. Allerdings war die Freude über den Erfolg nicht von Dauer: *Die Ausfuhr nach Amerika, welche sich unmittelbar nach Aufhebung des*

5.2 Die Jahre von 1924 bis 1939

Alkoholverbotes günstig entwickelte, ist durch den eingetretenen Verfall der amerikanischen Währung und durch Einführung stark übersetzter Einfuhrzölle vollkommen zum Stillstand gekommen. Bereits der nächste Geschäftsbericht meldet 1933/34, dass die Bierausfuhr nach dem Zollausland, besonders nach Amerika, stark gehemmt war.

Die Sandlerbräu, seit 1901 in der Rechtsform einer GmbH betrieben, blieb auch nach der Umwandlung in eine Aktiengesellschaft im Jahr 1921 ein reines Familienunternehmen: Sämtliche Anteile lagen bei den verschiedenen Familien Sandler. Vorstand der AG war Christian Sandler, bereits seit 1906 Geschäftsführer der GmbH. Sein Vetter Dr. Otto Sandler, der in seiner Doktorarbeit Entstehen und Entwicklung der Kulmbacher Brauindustrie dargestellt hat, wurde 1924 stellvertretendes Vorstandsmitglied und 1929 Vorstand. Weiter arbeiteten in der Brauerei noch zwei Hans Sandler: Der eine, Bruder von Christian, war Prokurist, der andere, Bruder von Otto, war Diplom-Braumeister. Der Aufsichtsrat der Brauerei wurde überwiegend aus den angeheirateten Schwägern gebildet. Interessant erscheint auch die Rolle von Kommerzienrat Hermann Säuberlich: Dieser war mit Luise Sandler verheiratet und gleichzeitig Vorstand bei der Konkurrenz, nämlich bei der Ersten Actienbrauerei. 1930 beendete Säuberlich dort seine Tätigkeit und übernahm die Leitung der Kulmbacher Exportmälzerei GmbH, einer 100prozentigen Tochter der Sandlerbräu. Gleichzeitig gehörte Säuberlich dem Aufsichtsrat der Brauerei an, zunächst als stellvertretender Vorsitzender, dann als Vorsitzender. Hermann Säuberlich war also Aufsichtsrat der beiden Herren Sandler und gleichzeitig deren Untergebener.

Da Sandlerbräu ein reines Familienunternehmen war, sind auch die veröffentlichten Angaben über die Firma sehr knapp gehalten. Immerhin wurde

Emaille-Werbeschild

1928/29 *eine moderne Flaschenfüllereianlage, bestehend aus einer bürstenlosen Flaschenreinigungs-Maschine, einem automatischen Füller mit Etikettiermaschine und einer Rollerbahn,* angeschafft. Auch in den folgenden Jahren wurde die Brauerei ständig aus- bzw. umgebaut.

Man kann wohl zu Recht annehmen, dass Sandlerbräu in den 20er und 30er Jahren den Rang drei unter den Kulmbacher Brauereien einnahm – hinter Erste Actien und Reichelbräu. 1931 feierte die

Brauerei ihr 100jähriges Bestehen: Sie war damit die einzige Brauerei in Kulmbach, die noch von ihrer Gründerfamilie betrieben wurde.

Wie man den Übersichten entnehmen kann, hatte auch Mönchshofbräu hinsichtlich Bierausstoß und Gewinnausschüttung eine gute Position unter den Kulmbacher Brauereien inne.

Die drei folgenden Brauereien – Reichelbräu, Markgrafenbräu und Rizzibräu – fusionierten 1930. Sie sollen deshalb gemeinsam in ihrer Entwicklung in den vorausgehenden Jahren dargestellt werden.

Reichelbräu hatte am 1. April 1923 gemeinsam mit Rizzibräu je zur Hälfte Braukontingent und Kundschaft der stillgelegten Petzbräu übernommen. Charakteristisch für die Lage der Brauerei in diesen Jahren scheint eine Formulierung aus ihrer Chronik zu sein: *Dem Geschäftsgang kam besonders die Tatsache zugute, daß das Werk schon seit seiner Gründung über eine günstige Vermögenslage verfügte. Es war deshalb möglich, auch in schwierigen Zeiten fast ohne Inanspruchnahme von Bankkredit zu arbeiten und die flüssigen Mittel gewinnbrin-*

gend anzulegen. Auch die Geldbeschaffung zum Einkauf von Rohmaterialien ging ohne Mühe vonstatten. Reichelbräu verkaufte ab 1922 erstmalig Bier in Bayern. Als erster Ausschank wurde die *Altdeutsche Bierstube* in der Langgasse in Kulmbach beliefert.

Markgrafenbräu wurde als GmbH betrieben; damit fehlen veröffentlichte Geschäftsberichte und entsprechende Informationen über ihre Entwicklung. Eigentümer der Brauerei war die Familie Rizzi in Kulmbach, zum Geschäftsführer war seit 1910 Adolf Kriegel bestellt. Rittmeister a. D. Dr. Heinrich Rizzi fungierte seit 1919 als Verwaltungsrat und Stellvertreter des Geschäftsführers. Die Ausstoßzahlen weisen Markgrafenbräu als seinerzeit kleinste Kulmbacher Brauerei aus; andererseits ist der Zuwachs in den Jahren 1925 bis 1929 bemerkenswert. Einige Jahre später wird die Brauerei wie folgt beschrieben: *Der Grundbesitz der Markgrafenbräu GmbH hat eine Größe von 12.360 qm, davon sind bebaut 2.460 qm. Es besteht aus Sudhaus, Maschinenhalle, Böttcherei, Kellereien und Kontorgebäude. Das*

Die neue Rizzibräu in der Kronacher Straße – hinter der Eisenbahn – nach einer Abbildung von 1926. Inzwischen sind die Brauereigebäude – außer der Villa in der Mitte – abgerissen. An ihrer Stelle befinden sich heute das Autohaus VW-Dippold (links) und das Einkaufszentrum „real", vormals Meisterkauf (rechts).

Sudhaus nebst Gärkellern und Lagerkellern wurde im Jahre 1928/29 neu erbaut und eingerichtet. Die Brauerei hatte direkten Bahnanschluss, war aber räumlich eingegrenzt durch Eisenbahnlinie, Kronacher Straße und Weißen Main und Betriebsgelände der Ersten Actienbrauerei. Bauliche Ausweitungsmöglichkeiten waren nicht mehr gegeben. Wie auch die spätere Entwicklung bestätigt, kann wohl mit Recht festgestellt werden, dass es sich bei Markgrafenbräu um eine zwar kleine, dafür aber sehr moderne und gut geführte Brauerei gehandelt hat. Immerhin verfügte sie seinerzeit – im Gegensatz z. B. zur Reichelbräu – über eine eigene Flaschenfüllanlage.

Neben den allgemeinen Schwierigkeiten in den 20er Jahren erlebte R i z z i b r ä u noch eine Sonderentwicklung, die aber überwiegend durch Substanzverlust gekennzeichnet war.

1920 wurde die alte Brauerei in der Sutte an die Färberei Schüler verkauft. Es kann sein, dass die neue Brauerei in der Kronacher Straße für den seit langem deutlich verringerten Bierausstoß ausreichte. Aber es war ein Verkauf in einer wirtschaftlich schlechten Zeit, kurz vor der Inflation.

1923 erwarb Rizzibräu das halbe Braukontingent der stillgelegten Petzbräu AG und verfügte nun über ein Gesamtkontingent von rd. 108.400 hl. Dieses Kontingent wurde aber in den folgenden Jahren auch nicht annähernd ausgenutzt. Doch hatte man mit dem Kontingent auch einen Teil der Kundschaft mit übernommen. Rizzibräu stellte sich nun wie folgt: Der Grundbesitz der Brauerei in der Kronacher Straße betrug 27.405 qm, hinzu kamen noch drei Grundstücke in Dresden. Die Belegschaft zählte etwa 70 Arbeiter und Angestellte.

Ebenfalls 1923 wurde das Alt-Pilsenetzer Bräuhaus, bis dahin in vollem Eigentum der Rizzibräu, in eine tschechoslowakische Aktiengesellschaft eingebracht. Am Kapital der neuen Firma war Rizzibräu mit 2 von 5 Millionen tschechischen Kronen beteiligt; sie verlor damit 60% ihres Anteils. Vermutlich hatte diese Transaktion einen politischen Hintergrund, der aber dem Verfasser nicht bekannt ist. Ob Rizzibräu einen entsprechenden Gegenwert erhielt, muss offen bleiben (Unterlagen fehlen), kann aber wohl – auch wegen der seinerzeit noch nicht beendigten Inflation – verneint werden. Schmerzlich dürfte der Verlust auf jeden Fall gewesen sein, vor allem wenn man die Bedeutung der Brauerei in Pilsenetz näher betrachtet:

Zum Zeitpunkt des Erwerbs im Jahre 1897 waren beide Brauereien etwa gleich groß. Im vorläufigen Rekordjahr 1899/1900 verkaufte Rizzibräu 89.579 hl und Pilsenetz 71.467 hl Bier; die Kulmbacher Brauerei lieferte demnach rund 56% des Gesamtabsatzes. Dieses Verhältnis änderte sich aber mit dem Geschäftsjahr 1901/02; von da an hatte Pilsenetz den höheren Ausstoß. So verkaufte 1907/08 Pilsenetz 78.308 hl oder 56% des Gesamtabsatzes, im Jahr 1912/13 waren es 96.162 hl oder 55%. Auch bei der Gewinnerzielung hatte Pilsenetz nun ein Übergewicht: Zum Gesamtgewinn des Geschäftsjahres 1912/13 in Höhe von 318.213 Mark trug die Tochterfirma 194.021 Mark oder 61% bei.

Im Jahr 1928 schließlich wurde die restliche Beteiligung am Alt-Pilsenetzer Bräuhaus an eine tschechoslowakische Gruppe verkauft: *Unsere Be-*

Flaschenetikett mit der „Lies'l" als Markenzeichen der Rizzibräu.

teiligung an dem Alt-Pilsenetzer Bräuhaus haben wir mit Rücksicht auf die wirtschaftlichen und politischen Verhältnisse abgestoßen und hierbei den ungefähren Buchpreis erzielt. Dadurch erübrigen sich für uns die bisher notwendig gewesenen Rückstellungen, so daß wir in der Lage sind, eine erhöhte Dividende vorzuschlagen. Mehr ist dem Geschäftsbericht von 1927/28 leider nicht zu entnehmen. Betrachtet man die Bilanz dieses und der beiden vorausgegangenen Geschäftsjahre, dann dürfte der Buchwert etwa knapp unter 200.000 RM gelegen haben. 1897 hatte Rizzibräu für Pilsenetz rund 3.070.000 Mark gezahlt; 40% davon wären 1,2 Millionen RM gewesen.

Die Lage der Brauerei wurde in den Geschäftsberichten 1925/26, 1926/27 und 1927/28 noch optimistisch eingeschätzt: Für 1925/26 wird von *umfangreichen Anschaffungen, die eine wesentliche Verbesserung und Modernisierung unseres Betriebes bewirkten,* berichtet. Ein Jahr später heißt es: *Die von uns in den letzten Jahren vorgenommenen Betriebsverbesserungen haben sich auf das beste bewährt und insbesondere die Stetigkeit der Qualität unserer Biere, die bei unseren Abnehmern allgemeinen Beifall finden, sichergestellt. Wir konnten deshalb auch unseren Kundenkreis erweitern.* Leider fehlen die Geschäftsberichte der darauf folgenden Jahre.

Festzuhalten ist noch, dass zum Zeitpunkt der Fusion die Familie Rizzi mit ziemlicher Sicherheit nicht mehr an der Rizzibräu beteiligt war. Wenn die Familie Rizzi ihren Anteil an der von ihr gegründeten Brauerei behalten hätte, dann hätte Cornelie Rizzi 1910 vermutlich nicht die Brauerei der Gebrüder Fleischmann ersteigert, um sie dann mit einem eigenen Geschäftsführer als eigenständige Brauerei weiter zu betreiben. Ein Zusammengehen mit der größeren Rizzibräu, die ja auf der anderen Seite der Kronacher Straße und des Mains lag, wäre dann wohl angebracht gewesen. Außerdem fällt auf, dass die Familie Rizzi – seit dem Ausscheiden von Carl Rizzi im Jahre 1888 – nicht mehr im Vorstand oder im Aufsichtsrat der nach ihr benannten Brauerei vertreten war.

5.2.3 Die Übernahme von Rizzibräu und Markgrafenbräu durch Reichelbräu im Jahr 1930

Von wem der Anstoß zur Fusion der drei Brauereien ausging, ist heute nicht mehr feststellbar. Anlass hierfür war – wie schon dargestellt – sicherlich die immer schlechter werdende Wirtschaftslage und die ansteigende Erwerbslosigkeit; beide übten einen ungünstigen Einfluss auf die Brauindustrie aus. Hinzu kamen noch die aufgrund der Notverordnungen erfolgte Erhöhung der Reichs- und der Gemeindebiersteuern. Um wenigstens einen gewissen Ausgleich schaffen zu können, schien eine Konzentration der Kräfte angebracht. Die Generalversammlung vom 28. Oktober 1930 beschloss daher, die Kulmbacher Rizzibräu AG und die Markgrafen-Bräu GmbH mit der Reichelbräu AG zu vereinigen. Gleichzeitig wurde das Aktienkapital der Reichelbräu von 2,4 auf 3,5 Millionen RM erhöht. Diese Kapitalerhöhung diente dem Erwerb der gesamten Geschäftsanteile und des in der Kronacher Straße gelegenen Betriebsgrundstücks der Markgrafenbräu sowie des Aktienbesitzes der Rizzibräu. Mit der Rizzibräu wurde ein Vertrag abgeschlossen, nach dem die Reichelbräu mit Wirkung vom 1. August 1930 auf die Dauer von 20 Jahren deren gesamten Betrieb pachten und auf eigene Rechnung führen sollte. Jedoch wurde die Rizzibräu bereits Ende März 1931 stillgelegt.

Die Anteile der Markgrafenbräu wurden sofort von der Reichelbräu übernommen. Etwas komplizierter gestaltete sich die Übernahme der Rizzibräu AG: Den Aktionären der Rizzibräu wurde für die Dauer der Pachtzeit eine Dividende von $^2/_3$ der jeweils auf die Reichelbräu-Stammaktien entfallenden Dividende und während der gleichen Zeit der Ankauf durch Auslosung zu bestimmender Rizzibräu-Aktien zu 150% garantiert. Nach einem festgelegten Plan sollte Reichelbräu also in den nächsten 20 Jahren jährlich eine bestimmte Anzahl von Rizzibräu-Aktien erwerben. Diese ganze Aktion wäre dann im Jahre 1950 abgeschlossen gewesen. Tatsächlich erwarb aber Reichelbräu bereits 1941 und 1942 die letzten wesentlichen Aktienbestände, so dass im Januar 1943 das Vermögen der Rizzibräu auf Reichelbräu übertragen und Rizzibräu im Handelsregister gelöscht wurde.

Nach der Übernahme durch die Reichelbräu wurden die Anlagen der Rizzibräu bereits Ende März 1931 stillgelegt, aber nicht verkauft. Im April

1934 entschloss sich der Aufsichtsrat, die Räumlichkeiten der Rizzibräu als Lagerhaus umzubauen und zu vermieten. Sie dienten künftig der *Reichsstelle für Getreide* zum Zwecke der Getreideeinlagerung.

Ein Teil des ehemaligen Rizzi-Geländes wurde im Zweiten Weltkrieg an die Südwerke GmbH Bamberg, Betriebsabteilung Kulmbach, vermietet. Erst 1970 verkaufte die Reichelbräu das Anwesen. Heute befinden sich auf dem ehemaligen Brauereigelände das Autohaus VW-Dippold und das Einkaufszentrum *real*, vormals *Meisterkauf*.

Im Gegensatz zur Rizzibräu wurden die Anlagen der Markgrafenbräu weiter betrieben. Auch der unter dem Eindruck der ungünstigen Geschäftslage Anfang 1933 gefasste Beschluss, diese Brauerei stillzulegen, wurde nicht verwirklicht. Man erkannte vielmehr, dass dieser moderne Brauereibetrieb als Daueranlage für die Reichelbräu von entsprechendem Wert war und hielt die Produktion der Markgrafenbiere weiter aufrecht. Übrigens konnte bis zum Zeitpunkt der Fusion die Reichelbräu kein Flaschenbier abfüllen; der Haustrunk wurde vom Fass gezapft. Später wurde er in der Markgrafenbräu abgezogen und per Pferdewagen in die Reichelbräu gefahren.

Aufgrund behördlicher Maßnahmen wurde mit Wirkung vom 1. Mai 1943 der Betrieb der Markgrafenbräu *vorübergehend* stillgelegt. Nach dem Krieg mietete die Futtermittelfabrik Bergophor die Anlagen, um sie schließlich 1971 endgültig zu erwerben.

Die Markgrafenbräu in der Kronacher Straße, aufgenommen erst 1950 bzw. später.
Oben: Ansicht von der Kronacher Straße zusammen mit einem Borgward-Lkw der Firma Bergophor, des Mieters und späteren Erwerbers.
Unten: Blick vom Bahnhof aus.

Diese Darstellung von Reichelbräu wurde 1926 veröffentlicht. Im rechten Teil der Abbildung: Eisbunker mit Eisweiher (heute Parkplatz), Direktoren-Wohnhaus und Ziergarten, Verwaltungsgebäude

Reichelbräu, Ansicht vom Eisweiher, um 1935

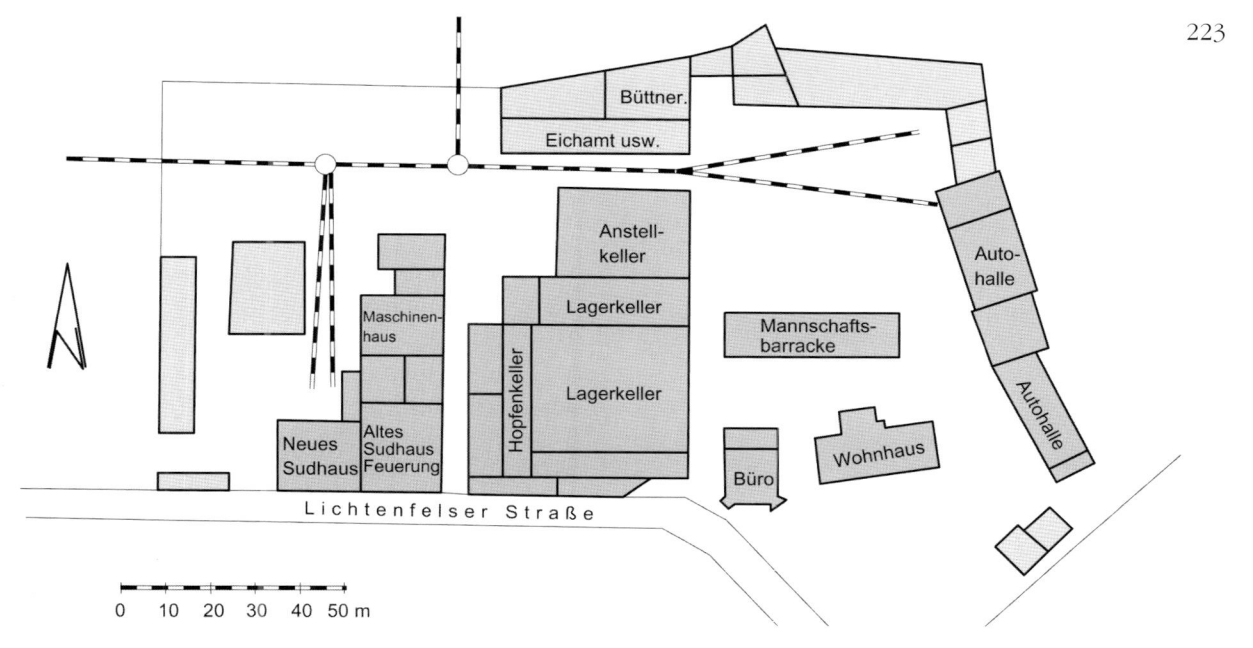

Reichelbräu AG, Lageplan um 1935

Reichelbräu, Ansicht von Nordosten, um 1935

Im Gegensatz zu Rizzibräu wurde Markgrafenbräu nicht im Handelsregister gelöscht; heute betreibt die Kulmbacher Brauerei AG unter diesem Namen ihren Getränkevertrieb.

Interessant erscheint auch die Neugestaltung der personellen „Spitze" in der Reichelbräu AG nach der Fusion im Jahr 1930. Anstelle der beiden alten Vorstände – Wilhelm Schroeder hatte dieses Amt seit 1894 (also seit der Gründung als AG) und Franz Raabe seit 1918 inne – wurden nun neu bestellt: Adolf Kriegel, bisheriger Geschäftsführer bei der Markgrafenbräu, und Erich Fischer, bisheriger Direktor bei der Allg. Treuhand-Aktien-Gesellschaft Dresden. In den Aufsichtsrat wurden berufen:

Konsul Dr. Heinrich Arnhold, Bankier in Dresden;
Gerhard Heller, Bankdirektor in Dresden;
Wilhelm Schroeder, Kommerzienrat in Dortmund (bis dahin Vorstand);
Hans Trenzinger, Kulmbach, vom Betriebsrat;
Dr. Heinrich Rizzi, Kommerzienrat in Kulmbach;
Dr. Otto Ritter von Rizzi, Major in Kulmbach.

Als Braumeister wurde Albert Wöhner, bis dahin Markgrafenbräu, berufen. Angesichts der Positionen, die Adolf Kriegel und die beiden Herren Rizzi erhielten, erscheint die Feststellung erlaubt, dass die leitenden Herren der bisherigen Markgrafenbräu in der nun erweiterten Reichelbräu sehr gut vertreten waren. Die Belegschaft von Rizzi- und Markgrafenbräu wurde offensichtlich in vollem Umfang von Reichelbräu übernommen und weiterbeschäftigt: Die Zahl der *Beamten* und Arbeiter stieg von 117 vor der Fusion auf 212 danach; in den nächsten beiden Jahren wurden 200 Mitarbeiter ausgewiesen.

Ebenfalls im Jahr 1930 erwarb die Reichelbräu einen Anteil von 37,5% an der Biergroßhandlung Conrad Kißling in Breslau, mit der sie schon seit Jahrzehnten in engster Geschäftsverbindung stand.

5.2.4 Die Jahre von 1933 bis 1939

Die Machtergreifung im Januar 1933 und die dadurch schlagartig veränderten politischen Verhältnisse wirkten sich auch auf die Brauereien und auf ihre Belegschaften aus. Abbau der Arbeitslosigkeit, Wiederbelebung der Wirtschaft nach dem Schrecken der Weltwirtschaftskrise und Maßnahmen zugunsten der Arbeitnehmer waren Dinge, die allgemeine Zustimmung finden konnten. Andererseits griffen aber nun Staat und Partei immer stärker und immer willkürlicher in die Arbeit der einzelnen Betriebe ein: So musste Adolf Kriegel schon im September 1933 als Jude aus dem Vorstand der Reichelbräu ausscheiden; er war vorher bereits 20 Jahre lang – von 1910 bis 1930 – als Geschäftsführer bei Markgrafenbräu tätig gewesen, hatte diesen Betrieb in schweren Zeiten geleitet und aufgebaut und genoss deshalb für seine Leistungen allgemeine Anerkennung. Kriegel erhielt noch eine Abfindung der Brauerei und wanderte mit seiner Familie in die Vereinigten Staaten aus.

Aufschlussreich ist auch das Protokoll über die Aufsichtsratssitzung bei Sandlerbräu am 22. Juli 1933:

Durch die inzwischen eingetretene Gleichschaltung des Betriebsrats ist an Stelle des seitherigen Betriebsratsmitgliedes Türk Herr Maschinist Opel gewählt worden ...

Eingangs der Sitzung bittet Herr Direktor Chr. Sandler um das Wort, um auf die besondere Bedeutung der heutigen Sitzung hinzuweisen, die die erste Zusammenkunft des A.R. im neuen Staate ist. Seine an die Herren des A.R. gerichtete Bitte geht dahin, daß sie fortab in allen ihren Entschlüssen, die sie für unsere Unternehmen zu fassen haben, sich stets an der Idee der nationalsozialistischen Weltauffassung leiten lassen möchten.

Hierauf nimmt Betriebsratsmitglied Herr Witzgall das Wort, um gleichfalls die Bedeutung des heutigen Tages zu würdigen. Er betont besonders, daß nunmehr alle Betriebsvertretungen der deutschen Wirtschaft im nationalen Sinne gleichgeschaltet wurden. Auch die Herren des A.R. müssen gegenüber den Belegschaftsmitgliedern im nationalsozialistischen Sinne handeln und wissen, daß sie heute nicht mehr die Vertreter einer bestimmten Klasse, sondern ständische Volksgenossen vor sich haben, die für sich das Recht in Anspruch nehmen, an der Wiederaufrichtung der deutschen Gesamtwirtschaft mitzuarbeiten.

Der Vorsitzende, Herr RA.[5] Regelsberger, erwiderte hierauf, daß er sowohl wie die beiden anderen Herren des A.R. in diesem Sinne ihr Amt verwalten werden.

Überzeugung oder Pflichtübung den neuen Machtverhältnissen gegenüber? Das ist im Nachhinein nicht festzustellen und nicht zu beurteilen. Es fällt aber auf, dass vorher Beiträge der Betriebsratsmitglieder selten und kurz gehalten waren. Im Übrigen waren es aber auch so ziemlich ihre letzten Beiträge im Aufsichtsrat, denn die neuen Machthaber verbannten bald die Arbeitnehmervertreter aus diesem Gremium. Ansonsten sind in den Protokollen keine weiteren politischen Stellungnahmen mehr zu finden; das Geschäftliche behielt den Vorrang.

Die ab 1933 einsetzenden staatlichen Maßnahmen zur Arbeitsbeschaffung und zur Wiederbelebung der Konjunktur führten zum Abbau der Arbeitslosigkeit und damit zur Vollbeschäftigung und zu einem ansteigenden Wohlstand der Bevölkerung. Betrachtet man die Ausstoßzahlen der nunmehr vier Kulmbacher Brauereien, dann konnten diese die Verluste der Weltwirtschaftskrise aber nicht mehr voll ausgleichen.

Die genannten Ausstoßzahlen sind interne Zahlen, die seinerzeit nicht veröffentlicht wurden; immerhin bezifferte die Erste Actienbrauerei ihren jährlichen Absatz im Branchenbuch von 1934 auf 110.000 bis 120.000 hl Bier. Stattdessen wurden nun von den Brauereien die deutlich höheren Zahlen der Produktionsfähigkeit veröffentlicht. Ein Vergleich der Zahlenwerte zeigt deutlich, wie wenig die vorhandenen Anlagen von den einzelnen Betrieben ausgenutzt werden konnten. Anders gesagt: Die Kapazität war vorhanden, aber es fehlte bei weitem an Nachfrage. Bei den Ausstoßziffern der Reichelbräu muss man bedenken, dass ab 1930 die ehemaligen Brauereien Rizzibräu und Markgrafen dazuzählen. Der gemeinsame Ausstoß betrug 1928 immerhin 202.077 hl und sank 1930 auf noch 162.641 hl. Diese Zahlenwerte wurden aber bis zum Zweiten Weltkrieg nicht mehr erreicht.

Wie die nachstehende Tabelle zeigt, blieben die Kulmbacher Brauereien auch bei den ausgeschütteten Gewinnen in den 30er Jahren deutlich unter den Werten vor der Weltwirtschaftskrise: Die Erste Actienbrauerei musste schon 1928/29 auf die bis dahin hohe Dividende von 12% verzichten und zahlte in den nächsten zehn Jahren nur noch zwischen 4 und 6% aus. Mönchshof fiel von ursprünglich 10% auf 5% und schließlich gar auf 4% ab; auch Sandlerbräu pendelte sich auf – im Vergleich zu den vorausgegangenen Jahren – bescheidene 6% Gewinnausschüttung ein.

Bei der Reichelbräu ist festzuhalten, dass sie ja in bestimmten jährlichen Raten Rizzibräu-Aktien von den bisherigen Aktionären ankaufen musste. Außerdem war noch zusätzlich eine Dividende – $2/3$ der Reichelbräu-Dividende – an dieselben Rizzibräu-Aktionäre zu zahlen. Die angegebenen Dividendensätze geben die tatsächlich gute Gewinnsituation von Reichelbräu somit nur unzulänglich wieder.

Ausstoßzahlen der Kulmbacher Brauereien von 1932/33 bis 1938/39 in hl (1928/29 bzw. 1928 zum Vergleich)

Geschäftsjahr	Erste Kulmbacher Actienbrauerei	Reichelbräu AG	Mönchshofbräu AG	Sandlerbräu
1928/29	?	99.374	48.233	64.330
(1928)	161.489	101.477	49.663	62.369
		(202.077)*		
1932/33	89.599	95.714	22.368	35.608
1933/34	97.346	108.017	?	38.559
1934/35	105.909	113.580	23.499	41.899
1935/36	116.548	118.681	23.153	42.937
1936/37	121.168	121.596	24.095	44.455
1937/38	131.969	130.382	25.183	46.186
1938/39	144.957	147.122	28.401	48.915
Produktionsfähigkeit:	250.000	250.000	150.000	?
Braurechtsfuß:** fuß:**	220.000	186.171,8	—	?

* Gemeinsamer Ausstoß der seinerzeit noch getrennten drei Brauereien Markgrafen-, Reichel- und Rizzibräu.
** Zahlen lt. Branchenbuch 1938

Etwa ab 1931 und in den folgenden Jahren fällt die Anschaffung von Lastkraftwagen bei allen Brauereien auf. Ab 1934 beteiligten sich ebenfalls alle Brauereien am Arbeitsbeschaffungsprogramm der Reichsregierung durch verschiedene Investitionen.

Am 25. Oktober 1935 trat die Regelung des Wettbewerbs der Brauereien und Biergroßverteiler in Kraft. Durch *Anordnung Nr. 5 der Hauptvereinigung der deutschen Brauwirtschaft* wurde die Ausgabe von Kapitalien an die Kundschaft nunmehr verboten. Diese Anordnung verfolgte das Ziel, dass

Dividendenzahlungen der Kulmbacher Brauereien von 1930/31 bis 1938/39 in %

	1930/31	1931/32	1932/33	1933/34	1934/35	1935/36	1936/37	1937/38	1938/39
Erste Kulmbacher Actienbrauerei	4	0	4	5	5	6	6	7	7
Mönchshofbräu	8	5	5	5	5	5	4	4	4
Sandlerbräu	10	6	6	6	5	6	6	6	6
Reichelbräu Stammaktien	15	10	7,5	5	5	5	4	5	5

der Kunde nicht mehr durch Verträge *brauereigebunden* sein sollte. Auch die Kulmbacher Brauereien hatten bisher laufend Hypotheken und Darlehen zur Errichtung von Spezialausschänken und somit zur vertraglichen Bierbezugsverpflichtung an die Kundschaft ausgegeben. Diese Hypotheken und Darlehen wurden von den Kunden in den meisten Fällen durch einen Aufschlag auf den Bierpreis laufend zurückgezahlt. Wenn die Kulmbacher Brauereien als typische Versandbrauereien nun keine Hypotheken und Darlehen an die Kundschaft mehr herausgeben konnten, so erschien dies im ersten Augenblick sehr bedauerlich. Andererseits hatten aber die bisher an fast allen größeren Plätzen Deutschlands so errichteten Spezialausschänke schon dazu beigetragen, eine gesunde Grundlage für den weiteren Ausbau des Kundenkreises zu schaffen. Aufgrund einer weiteren Anordnung wurde die Bezahlung der Bierlieferungen durch die Kundschaft geregelt. Hiernach durfte bei dem einzelnen Kunden nur je eine Rechnung offen stehen, was eine weitere Sicherheit im Geschäftsverkehr der Brauereien bedeuten sollte.

Interessant erscheint ab 1933 das Verhältnis zu Arbeitern und Angestellten in den Betrieben. Bis dahin gehörten bei allen Kulmbacher Aktienbrauereien zwei Arbeitnehmer als Vertreter der Belegschaft zum Aufsichtsrat. Diese Regelung fiel nun weg; ab 1933 waren wieder nur noch die Aktionäre in diesem Gremium vertreten.

Ab 1935 wurde aber in allen Geschäftsberichten über das Verhältnis zur *Gefolgschaft*, der neue Name für die Belegschaft, berichtet:

Die Zusammenarbeit von Betriebsführung und Gefolgschaft unseres Unternehmens war wiederum die denkbar beste. Wir danken der Gefolgschaft für den freudigen Arbeitswillen während des Berichtsjahres. Der Gesundheitszustand unserer Arbeitskameraden war ein guter; nennenswerte Unglücksfälle im Betrieb ereigneten sich erfreulicherweise nicht. Auf unserem Brauereigrundstück errichteten wir ein Sportgelände, das während der Freizeit gerne benützt wird. Je ein Betriebsausflug zu Fuß und mit Omnibus sowie zwei Gemeinschaftsabende mit Theateraufführung und Tanz verliefen zur vollsten Zufriedenheit aller Teilnehmer. Verschiedene Gefolgschaftsmitglieder nahmen an KdF-Fahrten teil und erhielten von uns entsprechende Zuwendungen. Anläßlich des Weihnachtsfestes wurden Geldmittel an die gesamte Gefolgschaft verteilt und manchem Arbeitskameraden damit eine unverhoffte Freude bereitet ...

Am Schlusse des Geschäftsjahres blicken wir auf eine rege und ersprießliche Zusammenarbeit im Vertrauensrat zurück und freuen uns über das kameradschaftliche Verhältnis innerhalb unserer Betriebsgemeinschaft.

Dies ist ein Auszug aus dem Geschäftsbericht der Sandlerbräu für 1935/36. Bei den anderen Brauereien am Ort lauteten die Ausführungen im Wesentlichen ähnlich. Es wurden nun Arbeitsjubilare namentlich aufgeführt und geehrt; des Weiteren wurde über die Einrichtung von Werkspensionskassen, die aus dem Reingewinn gespeist werden sollten, berichtet. Erwähnt wurden außerdem noch Altersstruktur und Wohnverhältnisse der Arbeitnehmer. Auffallend bei letzteren war, dass ein Großteil der Brauereiarbeiter bzw. -angestellten in Eigenheimen bzw. in Werkswohnungen lebte. Insgesamt kann man feststellen, dass nun offiziell der *Arbeitskamerad* und die *Betriebsgemeinschaft* im Mittelpunkt standen:

Die Sorge für das Wohlergehen unserer Gefolgschaft lag uns besonders am Herzen. Neben den ausgewiesenen gesetzlichen sozialen Abgaben haben wir für soziale und gemeinnützige Zwecke, wie

Mitarbeiter in den Kulmbacher Brauereien in den Jahren von 1934/35 bis 1938/39*

* Zahlen lt. Aktien- bzw. Branchenhandbuch; Markgrafen hatte seinerzeit 60 Arbeiter und Angestellte; diese dürften aber in der Zahl bei Reichelbräu mit enthalten sein.
** Die Beschäftigtenzahl bei der Mönchshofbräu wurde mit 50 angenommen.

	1934/35	1935/36	1936/37	1937/38	1938/39
Erste Kulmbacher Actienbrauerei	202	225	215	219	211
Mönchshofbräu	?	49	ca. 50	50	?
Sandlerbräu	88	94	97	100	100
Reichelbräu Stammaktien	196	203	190	212	212
Gesamt:	536	571	552	581	573**

Unterstützungen, Geburtenbeihilfen, Weihnachtsvergütungen, Jubiläums- und Hochzeitsgeschenke, freiwillige Versicherungen, Betriebsausflüge ... insgesamt RM 25.488,81 ausgegeben. Dem Unterstützungsverein der Gefolgschaft e.V. allein wurden RM 11.402,25 zugewendet. 18 Altkameraden wurden von ihm mit insgesamt RM 8.770,– unterstützt.[6] Über die Anzahl der Arbeitnehmer in den einzelnen Betrieben gibt die oben stehende Aufstellung Aufschluss.

Interessant erscheint noch die Aufgliederung der Belegschaft bei Mönchshof im Geschäftsjahr 1935/1936: *Sie besteht zur Zeit aus 49 Köpfen, wovon 8 kaufmännisch tätig sind. Sie haben nahezu alle eine Fachausbildung genossen, sei es als Brauer, Kaufmann oder Handwerker. 25 davon sind über 40 Jahre alt.* Der geringe Frauenanteil wurde sehr deutlich bei Sandlerbräu, die 1936/37 85 Männer und nur sechs Frauen beschäftigte. Auch hier übten praktisch alle Mitarbeiter einen gelernten Beruf aus.

Hinsichtlich der Arbeitszeit hieß es 1935/36 bei Mönchshof: *Leider haben die bisherigen Absatzverhältnisse die Verlängerung der 40-Stunden-Woche im Brauereibetrieb noch nicht gestattet.* Für das gleiche Geschäftsjahr meldete Sandlerbräu die Erhöhung der Arbeitszeit auf 42 Stunden wöchentlich.

Reichelbräu vollzog diesen Schritt im November 1937.

5.2.5 Erstes Fassmann-Fleischmann-Fest und erstes Bierfest in Kulmbach

Am 10. März 1938 fand zum ersten Mal das Fassmann-Fleischmann-Fest in Kulmbach statt. Der Name des Festes sollte auf die beiden Gewerbe, die bei diesem Fest besonders im Vordergrund standen, hinweisen: nämlich auf das Bierbrauer- oder Fassmann-Gewerbe und auf das Fleischer- oder Fleischmann-Gewerbe. Letzteres hatte in Kulmbach besondere Bedeutung durch die Sauermann'sche Fleischwarenfabrik erlangt. Zum Ausschank kam bei dem Fest *Bayrisch G'fromes* der Reichelbräu:

Diese Bierspezialität, die fortan während des neuen Festes zum Ausschank kommen soll, stellt gewissermaßen den Gipfel aller bayerischen Starkbiere dar und ist geeignet, schwächere Naturen schon bald nach dem ersten Schluck ihres Gleichgewichts zu berauben. Das „Bayerisch G'frorne" wird aus hochprozentigem Starkbier gewonnen, das zu diesem Zweck in Fässern dem Gefrieren ausgesetzt wird. Das im Starkbier enthaltene Wasser (etwa ein Drittel des Volumens) schlägt sich dabei an den In-

5.2 Die Jahre von 1924 bis 1939　　　　　　　　　　　　　　　　　　　　229

Reichelbräu-Lastzug mit „Kissling"-Aufschrift, einem wichtigen Kunden in Breslau. Auf dem Bild wird der tausendste Kilometer der Reichsautobahn in Breslau von Hitler eröffnet.

Vor dem Spezialausschank der Sandlerbräu in Chemnitz werden stolz die vielen Bierfässer – noch voll oder schon ausgetrunken? – präsentiert.

Brauereien schenkten knapp 400 hl eigens eingebrautes Bier aus, und die Firma Sauermann bot Fleisch- und Wurstwaren zum Verzehr an. Die Kulmbacher Büttner führten ihren Reifentanz vor, und sogar der Chor der Bayreuther Festspiele trug zur Ausgestaltung des Festes bei.

Die Idee zu den zwei heute so beliebten – und auch nicht mehr wegzudenkenden – Bierfesten, dem „kleinen" *Fassmann-Fleischmann-Fest* im Frühjahr und der großen Kulmbacher *Bierwoche* im Sommer, wurde also noch vor dem Zweiten Weltkrieg geboren.

5.3 Exkurs: Die Abnehmer des Kulmbacher Bieres nach 1900

5.3.1 Allgemeines

Die Kulmbacher Brauwirtschaft entstand zunächst in der ersten Hälfte des 19. Jahrhunderts aus den Braurechten der Kulmbacher Bürger. Dadurch sollte der Bedarf am Ort gedeckt werden. Bereits vor 1850 aber arbeiteten etliche Braubrechtigte in erster Linie nicht mehr für die Versorgung von Kulmbach und Umgebung, sondern für den *Export* ins *Ausland*, ins benachbarte Sachsen und Thüringen. Als besondere Daten sind dabei die Jahre 1831 und 1846 in Erinnerung. 1831 schickte Lorenz Sandler zum ersten Mal ein ganzes Fuhrwerk, nur mit Bier beladen, von Kulmbach nach Sachsen. 1846 erreichte die Eisenbahn die Stadt Kulmbach. Damit waren bald schnelle und schonende Transporte ins Vogtland und nach Sachsen möglich. Bereits 1848 ging von der gesamten Bierproduktion *der bei weitem größte Teil als Handelsartikel ins Ausland, wobei auch die im Ausland seit Jahren errichteten Brauereien den Absatz nicht schmälern konnten.*

nenwänden der Fässer als festgefrorenes Eis nieder, während der Starkbierextrakt wie ein Eidotter im Inneren der Eisschale ruht. Dieser Extrakt hat den Namen „Bayerisch G'frornes" erhalten und hat bereits bei der Eröffnung des ersten Kulmbacher „Faßmann-und Fleischmann-Festes" bei den fröhlichen Zechern einen nachhaltigen Eindruck hinterlassen. Das Urteil über die Güte und die Wirkungskraft des „Bayerisch G'frornen" lautete einhellig auf „ausgezeichnet".

Nach den Worten des damaligen Bürgermeisters Fritz Schuberth sah man in dem Fest den Vorläufer eines kommenden großen Bierfestes: *Wir beschäftigen uns mit dem Gedanken, zukünftig im Sommer das Kulmbacher Bierfest auf dem Marktplatz zu feiern. Wenn andere Städte schon längst derartige Veranstaltungen haben, warum soll die Bierstadt Kulmbach nicht auch ihr Fest bekommen?*

Die erste Kulmbacher Bierwoche wurde tatsächlich vom 29. Juli bis zum 6. August 1939 auf dem Marktplatz gefeiert. Das große Bierzelt stellte dazu die Kulmbacher Spinnerei zur Verfügung. Die

Als besonders auffälliges Beispiel einer Exportbrauerei muss die Firma J. W. Reichel angesehen werden. Seit ihrer Gründung im Jahr 1858 ging ihr Bier ausschließlich in den Export. Noch 1904 betonte Reichelbräu in einer Anzeige mit Stolz, dass man die einzige Großbrauerei Bayerns sei, die nur für den Export arbeite. So wurde seinerzeit sogar die Belieferung des Hauptbahnhofes Würzburg mit einem Jahresumsatz von ca. 2.400 hl abgelehnt, weil Würzburg in Bayern lag. Zum ersten Mal wurde 1922 in der *Altdeutschen Bierstube* mit dem Ausschank von Reichel-Bier in Kulmbach – und damit in Bayern – begonnen.

Aber auch die anderen Kulmbacher Großbrauereien hatten anscheinend vor 1914 wenig Interesse am Verkauf in Kulmbach und seiner engeren Umgebung: So berichtet eine Anekdote von einem Gastwirt aus dem Landkreis, der um 1900 seine Wirtschaft mit viel Liebe und Geld ausgebaut hatte und nun zur „Krönung" noch das Bier einer renommierten Kulmbacher Brauerei beziehen wollte. Der Direktor dieser Brauerei, ein *Kommerzienrat*, lehnte aber diesen Wunsch ab: Man sei schließlich eine Exportbrauerei, der Gastwirt sollte sich doch bitte an eine der anderen, kleineren Brauereien in Kulmbach wenden.

Offenbar hatte man als *Exportbrauerei* ein besonderes Renommee, und anscheinend verdiente man dabei auch entsprechend. Man verzichtete demnach auf die Belieferung der angrenzenden Region – z. B. Oberfranken oder Nordbayern – und arbeitete stattdessen als Versandbrauerei. So überrascht es auch nicht, dass in unmittelbarer Nähe zur Kulmbacher Brauindustrie in vielen Orten Kleinbrauereien vor und auch noch Jahrzehnte nach 1900 betrieben wurden.[7] Drei kleine Brauereien arbeiten heute noch mit Erfolg im Landkreis Kulmbach: in Altdrossenfeld, Stadtsteinach und Trebgast.

Dieser Verzicht auf das Geschäft in der unmittelbaren Nachbarschaft war so lange von Vorteil, so lange Frieden und Wohlstand in Europa und damit für das Deutsche Reich herrschten. Die Kriege und die daraus resultierenden wirtschaftlichen Krisen des 20. Jahrhunderts sollten bald die Nachteile dieser Geschäftspolitik aufzeigen.

Im Folgenden sollen die Absatzgebiete und auch ein einzelner Kunde der Kulmbacher Brauereien dargestellt werden. Dies ist aber nur in dem Rahmen möglich, wie uns heute noch Unterlagen erhalten sind.

5.3.2 Der Bierabsatz der Rizzibräu in den Jahren vor 1914 bzw. vor 1930

H. KARNITZSCHKY, zunächst angestellt bei Rizzi- und dann bei Reichelbräu, hat seinerzeit für die Reichelbräu-Chronik viele Zahlen „seiner" Rizzibräu zusammengestellt und damit auch für spätere Interessenten festgehalten. Wir verdanken ihm die Übersicht über den Gesamt-Bierabsatz dieser Brauerei, aufgeschlüsselt nach Ländern und Provinzen des damaligen Deutschen Reichs, für die Geschäftsjahre von 1911/12 bis 1913/14 und von 1924/25 bis 1928/29. Es sind jeweils „normale" bzw. „gute" Geschäftsjahre zu Beginn des 20. Jahrhunderts, die Krisenjahre des Ersten Weltkrieges und der Inflation fehlen. Diese von KARNITZSCHKY getroffene Auswahl erscheint auch heute statthaft, gibt sie uns doch einen guten Einblick in die Absatzgebiete einer Kulmbacher Exportbrauerei für Jahre, bei denen keine äußeren Zwänge die Geschäfte bzw. Lieferungen beeinflussten bzw. beeinträchtigten.

Es versteht sich dabei von selbst, dass die Zahlenwerte nicht exakt auf die Geschäfte der anderen Brauereien in Kulmbach übertragen werden können. Ein gewisser Aussagewert ist aber für die an-

# Erste Kulmbacher Actien-Exportbier-Brauerei

Gegründet 1872

Telegramm- u. Brief-Adresse:
Erste Kulmbacher
CODE-5th EDITION A.B.C.

Grösste Brauerei Kulmbachs
Fernsprech-Anschluss:
№ 6291

GIRO-CONTI:
KULMBACH:
REICHSBANK
BAYER. HYPOTHEKEN- u. WECHSELBANK
DRESDEN:
DRESDNER BANK
ALLG. DEUTSCHE CREDIT-ANSTALT
NÜRNBERG:
POSTSCHECK-KONTO №3071

P. Kulmbach (Bayern), den 11. Okt. 1938

Rechnung für Herrn
Generalleutnant K ö s t r i n g,
Militärattachè
bei der Deutschen Botschaft
M o s k a u.

Zufolge Jhres sehr gesch. Auftrages
v. 5.ds. Mts. sandten wir heute über Tilsit

an die von Jhnen angegebene Adresse:

Moskau
Nr.6-11 -

6 Kisten mit je 48/1 Flaschen ff. Exportbier dkl.
per Kiste Mk. 27.50   Mk. 165.--

Preis franko Tilsit !

Wie wir aus Ihren Zeilen entnehmen konnten, wünschen Sie die
Flaschen in Zukunft nur in Wellpapphülsen und nicht mehr in
Strohhülsen verpackt. Da wir Wellpapphülsen nur für die kleineren 0,35 Ltr.Flaschen in grösserer Menge verfügbar haben
-für die 0,7 Ltr.Flaschen müssten wir Wellpapphülsen erst beschaffen, die aber sehr schwer zu bekommen sind -gestatten wir
uns die höfliche Anfrage, ob Sie sich nicht auf den Bezug von
0,35 Ltr.Flaschen umstellen möchten, damit wir die von Ihnen gewünschte Verpackungsart vornehmen können.

Rechnung der Ersten Kulmbacher Actien für ihren Kunden in Moskau, 1938

deren Kulmbacher Brauereien auf jeden Fall anzunehmen.

Zunächst einmal überrascht bei der Betrachtung der Übersicht, dass eine Brauerei in der Größe der Rizzibräu – rund 75.000 hl Absatz vor 1914 und rund 55.000 hl Absatz in den Jahren vor 1930 – in fast allen Ländern und Provinzen des damaligen Deutschen Reiches Bier verkaufte. Bis 1914 wurden auch entfernte Regionen in Nord- und Ostdeutschland beliefert: die Freien Hansestädte Hamburg und Bremen, dann Pommern, Posen, Ostpreußen und Danzig. Diese Absatzgebiete entfielen später. Nur Hamburg wurde ab 1927/28 wieder mit kleinen Mengen beliefert.

Hauptabsatzgebiet war bis 1914 das Königreich Sachsen: Es nahm in den einzelnen Jahren rund 48% des gesamten Rizzi-Bieres ab. Zusammen mit Thüringen und der preußischen Provinz Sachsen verbrauchte jenes Land über die Hälfte des Ausstoßes.

In Bayern – einschließlich Kulmbach – wurden vor 1914 nur rund 20% des Bieres verkauft. In den Jahren nach der Inflation gewann dieser Markt aber an Bedeutung: Es wurden hier nun jeweils deutlich über 20.000 hl Bier abgesetzt, das waren stets über 40% des gesunkenen Gesamtabsatzes. Sachsen verlor dagegen etwas an Bedeutung: Konnte Rizzibräu dort vor 1914 in den einzelnen Jahren über 35.000 hl verkaufen – zusammen mit Thüringen und der Provinz Sachsen waren es sogar über 40.000 hl –, so sank der Absatz nach der Inflation auf nicht ganz 20.000 hl im Jahr; der Anteil am Gesamtabsatz der Brauerei fiel auf rund 34%.

Schlesien schließlich hatte als Absatzgebiet für Rizzibräu nur geringere Bedeutung: Man verkaufte dort vor 1914 jeweils etwas mehr als 3.000 hl jährlich, in den Jahren nach der Inflation waren es zunächst rund 1.100 hl, dann knapp 2.900 hl Bier.

Der Anteil am Gesamtabsatz betrug vor 1914 für Schlesien 4%, 1924/25 nur 2% und 1926/27, im besten Jahr, 5,3%. Grund hierfür könnte sein, dass dieses Gebiet vor 1914 überwiegend von der eigenen Brauerei in Pilsenetz beliefert wurde und dass Rizzibräu hier später nicht mehr dazu gewinnen konnte. Außerdem war Reichelbräu sehr stark in Schlesien vertreten.

Export als Ausfuhr über die Grenzen des Deutschen Reiches hinaus hatte nur vor 1914 eine gewisse Bedeutung: 1912/13 verkaufte Rizzibräu 3.400 hl Bier ins Ausland, das waren nur 4,4% des gesamten Bierabsatzes. Abnahmeländer waren, das Elsass, Böhmen, Holland und die USA. Nach 1924 wurden nur noch unbedeutende Mengen exportiert.

5.3.3 Reichelbräu-Kunde Conrad Kißling in Breslau feiert 1935 100jähriges Geschäftsjubiläum

Die durch den Import und den Ausschank Kulmbacher Bieres in Breslau allbekannte Bierverkaufsfirma Conrad Kißling kann am 12. Mai 1935 auf ein hundertjähriges Bestehen ihres Geschäftes zurückblicken. Diese Tatsache erscheint um so bedeutsamer, als das Geschäft seit der Gründung im Jahre 1835 in derselben Familie geblieben und stets vom Vater auf den Sohn übergebend heute bereits in der vierten Generation fortgeführt wird, ein jedenfalls für unsere alte Provinzialhauptstadt Breslau und ihre schlesische Umgebung historisch vielleicht nicht ganz bedeutungsloses Ereignis.

So beginnt die Festschrift zum hundertjährigen Bestehen der alten Schlesiern heute noch wohlbekannten Bierverkaufsfirma Conrad Kißling in Breslau. Diese Schrift verdient es, genauer betrachtet und gelesen zu werden, gibt sie doch nicht nur

Bierabsatz der Rizzibräu in den Ländern und Provinzen des Deutschen Reiches in den Jahren 1911/12 bis 1913/14 und 1924/25 bis 1928/29 (in hl)
(nach einer Zusammenstellung von H. Karnitzschky)

	1911/12	1912/13	1913/14	1924/25	1925/26	1926/27	1927/28	1928/29
Baden	767	1.338	1.748	1.048	533	264	76	—
Bayern	16.646	13.810	16.361	26.966	25.068	23.617	22.523	21.104
Braunschweig	243	288	257	214	323	—	91	93
Bremen	230	314	—	—	—	—	—	—
Hamburg	1.851	1.958	1.930	—	—	—	477	215
Hessen	2.117	2.090	133	1.560	865	1.625	2.794	2.197
Lippe	—	—	—	34	—	—	—	—
Lübeck	—	—	—	—	—	—	18	29
Mecklenburg	183	232	196	—	—	—	—	—
Sachsen	36.953	38.380	35.633	19.527	19.297	18.261	18.069	18.370
Thüringen	1.939	2.424	2.545	2.121	1.972	4.073	4.761	4.355
Württemberg	—	—	—	—	13	—	—	—
Danzig	326	625	329	—	—	—	—	—
Prov. Brandenburg	1.948	1.850	1.866	691	420	280	91	310
Prov. Hannover	1.389	1.585	2.187	991	1.499	1.323	1.626	1.258
Prov. Pommern	559	661	622	—	64	—	—	12
Prov. Posen	940	1.042	999	—	—	—	—	—
Prov. Ostpreußen	—	151	389	—	—	—	—	—
Prov. Rheinland	—	—	220	218	—	—	—	—
Prov. Sachsen	3.294	3.311	3.517	1.054	1.284	1.189	1.904	1.461
Prov. Schlesien	3.104	3.421	3.106	1.134	1.125	2.879	2.856	1.460
Prov. Westfalen	1.043	1.395	990	1.376	691	624	—	—
Deutschland	73.532	74.875	73.028	56.934	53.154	54.135	55.286	50.864
Österreich	1.734	1.586	1.203	6	4	5	—	—
Böhmen	347	382	260	—	—	—	—	—
Holland	181	203	284	229	48	—	—	—
USA	155	286	362	—	—	—	—	—
Elsaß	942	947	684	—	—	—	—	—
Ausland	3.359	3.404	2.793	235	52	5	—	—
Gesamter Bierabsatz	76.681	78.279	75.821	57.169	53.206	54.140	55.286	50.864

5.3 Die Abnehmer des Kulmbacher Bieres nach 1900

Aufschluss über die Entwicklung eines erfolgreichen Geschäftes und der daran beteiligten Familie. Entscheidend ist vielmehr, dass dabei Art und Weise des Bierexportes im 19. Jahrhundert beschrieben wird, diesmal aus der Sicht eines Kunden im entfernten Schlesien. Zum anderen kaufte Kißling sein Bier bei verschiedenen Kulmbacher Brauern, ehe er Großkunde der Reichelbräu wurde. Endlich vermittelt die Schrift auch etwas von der Atmosphäre in den verschiedenen Kißling-Schankstätten, die sich doch deutlich von der Stimmung in den alten fränkischen bzw. Kulmbacher Gastwirtschaften unterschieden hat.

Gründer des Geschäfts war der am 22. Oktober 1810 in Kraftshof bei Nürnberg geborene Conrad Kißling. Bereits im Alter von 22 Jahren gründete er zusammen mit zwei Freunden eine Handelsgesellschaft: Das Geschäft sollte sich mit dem Handel zwischen Bayern und Polen in verschiedenen Waren befassen, insbesondere mit Flachs, Wolle und so genannten Karten, welche für die Hausweberei benötigt wurden. Später trat als weitere Warengruppe auch Käse – Edamer, Limburger, Emmentaler u. a. m. – hinzu. Conrad Kißling leitete und beaufsichtigte dabei die Warentransporte und kam so nach Polen und nach Schlesien. Doch *das neugegründete Warenhandelsgeschäft erfüllte nicht die Erwartungen, die man gehegt hatte. Die damaligen wirtschaftlich schwierigen Zeiten, die umständlichen und langwierigen Transportmöglichkeiten brachten viele Verluste und verschlechterten zusehends die Geschäftslage, so daß Conrad Kißling schier verzweifelte. Im Winter 1834 mußte er sogar mangels ausreichender Reisegelder von Warschau nach Breslau zurück zu Fuß laufen.*

Im Dezember 1834 machte Conrad Kißling seinem Freunde Conrad Beck den Vorschlag, neben anderen Warengattungen auch laufend Bier aus Bayern mitzuverladen, um es in Breslau zum Ausschank zu bringen. Der Vorschlag wurde in die Tat umgesetzt. Nachdem C. Kißling in Breslau das Bürgerrecht erworben hatte, richtete er im ersten Halbjahr 1835 in Breslau im Hause Ring Nr. 1 einen Bierkeller ein, in dem echt Bayrisches Bier zu den beim Breslauer Publikum sich einer besonderen Beliebtheit erfreuenden Käsebrötchen zum Ausschank gelangte. Das jeweilig ausgeschenkte Bier stammte ursprünglich noch nicht ausschließlich aus Kulmbach, sondern aus verschiedenen bayrischen Brauereiorten wie Nürnberg, Erlangen, Augsburg usw. (Zitat leicht gekürzt.)

Das begonnene Geschäft brachte Conrad Kißling den erhofften Erfolg. Die Festschrift beschreibt nun die weitere Entwicklung, unterschlägt aber die seinerzeitigen Schwierigkeiten beim Bierbezug nicht.

Für uns heute noch erfreulich ist das offizielle Lob durch das Polizeipräsidium Breslau für das gute bayerische Bier. Interessant erscheint des Weiteren die Einführung eines Schusters:

Das Geschäft verdichtete sich immer mehr auf den Handel mit Bier und Käse und blühte rasch auf obwohl Bier nicht ununterbrochen zum Ausschank gelangen konnte, da bei den langwierigen und unzuverlässigen Transporten mittels Pferdefuhrwerks besonders zur heißen Sommerszeit manche Biersendung bereits unterwegs verdorben war und beim Eintreffen in Breslau weggegossen werden mußte. Auch hielt es sich nicht lange und wurde sauer. So entstanden wiederholt Pausen im Ausschank, Verluste und Verdrießlichkeiten. Gleichwohl fand sich, wenn ein Transport guten Bayrischen Bieres wieder einmal eingetroffen war und im Keller zum Ausschank gelangte, zumal wenn es von einer bereits Ende 1835 eingestellten echten Münchner altbayrisch gekleideten Kellnerin kredenzt wurde, doch das alte aus besten bürgerlichen

Kreisen zusammengesetzte Stammpublikum bald wieder vollzählig ein, um sich an dem liebgewonnenen Stoff einer „Echten" zu laben, und es verschlug nichts, daß bereits damals der für jene Zeit vor 100 Jahren gewiß verhältnismäßig hohe Preis von 3 „Silbergroschen" für die „Kuffe" betrug. Wie aus alten Geschäftspapieren hervorgeht, wurden in den ersten Jahren nach der Einrichtung des Bierkellers, die erhebliche Mittel erfordert hatte, 90–100 „Eimer" Bier monatlich benötigt. In der ersten Zeit stammte das von Kißling ausgeschenkte Bier, wie bereits erwähnt, nicht aus Kulmbach, sondern wechselnd aus verschiedenen anderen bayrischen Brauereien, kurze Zeit, von 1848 ab, übrigens auch aus einer von Kißling selbst von einem Baron von Wohnlich auf Hohenberg bei Hof gepachteten Brauerei. Erst seit November 1835 wurde Bier auch aus Kulmbach, erstmalig von Heinrich bezogen, später von Weiß daselbst, der damals das beste Bier bereitet haben soll. Später wurde die Brauerei von Scheiding Hauptlieferantin, und die Reichel-Brauerei in Kulmbach (J. W. Reichel) braut und liefert das Bier für Kißling erst seit Ende 1872 und bis heutigen Tages noch, also bereits seit mehr als 60 Jahren. Kißling war demnach der erste, der „echt Bayrisches Bier" in Breslau eingeführt und zum Ausschank gebracht hat. Daß er damit ein gutes Werk getan und zum mindesten einem damaligen dringenden Bedürfnis abgeholfen zu haben scheint, dürfte aus einer Bescheinigung des Polizeipräsidenten von Breslau aus dem Jahre 1839 hervorgehen, worin ihm die Anerkennung zuteil wird, daß er durch die Einführung bayrischen Bieres mehreren Breslauer Brauern die Anregung gegeben hat, fortan auch besseres, d. h. dem bayrischen Bier gleichkommendes gutes Bier zustande zu bringen.

Das Biergeschäft in dem Keller Ring Nr. 1 nahm trotz des verhältnismäßig hohen Ausschankpreises einen besonders in die Augen fallenden Aufschwung, als Conrad Kißling im Jahre 1843 auf den genialen Gedanken gekommen war, den sogenannten „Schuster" einzuführen, eine Einrichtung, die darin bestand, daß der Gast für das erste Glas, das von ihm getrunken wurde, 3 Silbergroschen, für das zweite und jedes folgende, aber fast ebenso voll geschenkte, nur je 2 Silbergroschen zu zahlen hatte, ein allgemein bald sehr beliebt gewordener Brauch, der leider aber heute nicht mehr besteht, da sich die Firma im Jahre 1909 aus verschiedenen, hauptsächlich mit den verschärften Eichungsvorschriften zusammenhängenden Gründen genötigt gesehen

5.3 Die Abnehmer des Kulmbacher Bieres nach 1900

Conrad Kißlings Bierkeller in Breslau, Ring Nr. 1 ←

Das endgültige Heim der Kißling'schen Gaststätten im Haus „Zum Blauen Himmel", Junkerstraße 9

hat, mit ihm wieder zu brechen. Seit dem 1. August 1909 ist der Schuster wieder abgeschafft.

Der ständig zunehmende Besuch ließ bald die Räumlichkeiten des ersten Bierkellers zu eng werden. So zog man 1849 in ein neues Lokal um; dieses war zwar geräumiger und besser ausgestattet, es entsprach aber nicht den Ansprüchen der Gäste auf Behaglichkeit. Deshalb sah sich Kißling veranlasst, sein Lokal nach verhältnismäßig kurzer Zeit erneut zu verlegen. Der Chronist sagt dazu:

*Das neue Lokal war zwar groß und fein,
doch die alte Gemütlichkeit kam nicht herein,
drum folgte ein jeder, es lag ja nicht fern,
dem Ruf nach der Junkernstraße so gern.*

Bereits im Jahre 1851 erfolgte der Umzug der Schankstätte in das aus dem 16. Jahrhundert stammende Haus „Zum blauen Himmel", Junkernstraße 9, wo die Kißling'sche Gaststätte ihr endgültiges Heim gefunden hat und bis heutigen Tages geblieben ist.

Conrad Kißling erwarb 1879 ein Rittergut in Schlesien, zog sich aus dem eigentlichen Geschäft zurück und widmete sich nun der Landwirtschaft. Er war dank des Biergeschäftes ein wohlhabender Mann geworden.

Das Biergeschäft in Breslau übernahm der Sohn Conrad Kißling jun., während Sohn Hans andere Vermögenswerte übertragen erhielt. Auf die Initiative von Conrad Kißling jun. wurde der Bierverkauf

Ein Reichelbräu-Lastzug mit „Kissling"-Aufschrift mit den damals noch erlaubten zwei Anhängern

en gros eingeführt, und ab 1875 bezog man das Bier ausschließlich von der Reichelbräu in Kulmbach. Mit dieser wurde ein Vertrag abgeschlossen, nach dem der Firma Kißling das Recht des Alleinverkaufs des Bieres – damals gab es nur dunkles – in Schlesien und Posen übertragen wurde. Während aber das En-gros-Geschäft sich zunächst nur langsam und mühsam entwickelte, ging der Lokalbetrieb andauernd gut: So wurden im Jahre 1878 in einem einzigen Zimmer des damals noch so winzigen Lokals von nur 3 kleinen Schankzimmern, in dem sogenannten *Schottländerzimmer,* allein 300 hl pro Jahr ausgeschenkt.

Conrad Kißling jun. verstarb 1886 im Alter von noch nicht 43 Jahren. Deshalb musste die Witwe, Elisabeth Kißling, gemeinsam mit einem Geschäftsführer zunächst die Geschäfte für den noch minderjährigen Sohn Georg weiterführen. Dieser übernahm 1892 die Leitung der väterlichen Firma. In die Zeit nach 1886 fallen mehrere für den Geschäftsbetrieb bedeutungsvolle Neuerungen:

Im Jahre 1888 wurde von der Firma das Nachbarhaus erworben und im Jahre 1890 das Lokal durch Einbeziehung und Ausbau mehrerer Räume dieses Grundstücks erweitert. Im Jahre 1892, nachdem Herr Georg Kißling die Leitung selbst übernommen hatte, vollzog die Bier-Lieferfirma Reichel in Kulmbach ohne Wissen Kißlings ihre Verwandlung in eine Aktiengesellschaft. Georg Kißling wurde Mitglied des Aufsichtsrats der neugegründeten Rei-

chelbräu AG. Am 19. März 1897 wurde von der Reichelbrauerei das erste helle Bier unter der Bezeichnung „Salon" durch die Firma Kißling bezogen und zum Ausschank gebracht. Im April 1899 erfolgte die Eröffnung einer Ausschankfiliale von Kißlings Bierstuben in Kattowitz, im Oktober 1900 einer solchen in Gleiwitz, im September 1902 erfolgte die Eröffnung der Kißlingschen Bierstuben in Posen. Auch in Beuthen wurden später im Jahre 1906 Kißling-Bierstuben eingerichtet, die aber in keinem direkten Pachtverhältnis zur Firma standen.

Um die Jahrhundertwende konnten die Breslauer bei Kißling noch eine Bierspezialität der Reichelbräu kennen lernen: das *Gefrorene*, heute als *Eisbock* bezeichnet.

Dieses „Gefrorene" war vielmehr immer nur als eine gewissermaßen wohlgemeinte Überraschung für die „Kißling-Besucher" gedacht. Der Tag, an dem der Ausschank erfolgen sollte, wurde deshalb, im Gegensatz zu heute, früher niemals offiziell bekanntgegeben, nur die Stammgäste bekamen die Nachricht durch ihren Kellner zugeflüstert. Trotzdem war der Besuch, da sich die Kunde vom Ausschank des „Gefrorenen" meist bald wie ein Lauffeuer in der Stadt verbreitet hatte, stets ein ungeheuer starker, und es verdient bemerkt zu werden, daß auf der Junkernstraße im Jahre 1909 61,75 hl „Gefrorenes" an einem Tage ausgeschenkt wurden.

Im Jahr 1913 hatte die Firma C. Kißling den höchsten Gesamtbierumsatz durch En-gros- und Kleinverkauf in Höhe von 44.600 hl zu verzeichnen, das waren immerhin 30% des gesamten Reichelbräu-Absatzes. Der Erste Weltkrieg und die anschließenden Jahre der Inflation brachten der Firma – wie allen anderen auch – große Verluste. Am meisten aber wirkte es sich wohl schädigend aus, daß Kißling infolge des Friedensschlusses die Vertretungen und Grundstücke in dem großen Absatzgebiet in

Gastraum der Restauration Kißling in Breslau

Ostoberschlesien und Posen durch die Abtrennung an Polen verlor. *Die Folge von alledem war, daß der Bierumsatz von 44.600 hl auf 10.232 hl, also mehr als ³/₄ herabgesunken war. Gleichwohl blieb der Gesamtbierumsatz auch in der Folgezeit gedrückt und ließ sich auch bis in die letzten Jahre nicht mehr bis zu dem Umfang der Vorkriegsjahre stei-*

gern, obwohl die Qualität und Güte des Kißling-Bieres wieder die gleiche ist wie vor dem Kriege.

1930 erwarb die Reichelbräu einen Anteil an der Firma Conrad Kißling in Breslau. 1935 schließlich wurden die Beziehungen dergestalt geregelt, dass das En-gros-Geschäft an die Reichelbräu in Kulmbach überging, während die Restauration mit den dazugehörigen Grundstücken in Breslau wieder Eigentum der Familie Kißling wurde. Zu diesem Zeitpunkt beschäftigte die Restauration 100 Angestellte.

In der Festschrift beschreibt abschließend noch ein Stammgast die Restauration von Kißling: *In der Tat findet dieses für Breslau bereits historisch gewordene Haus in seiner besonderen Eigenheit in unserer Stadt kaum seinesgleichen. Die auch am hellen Tage in Halbdämmerlicht getauchten Räumlichkeiten, die sich wegen der verschiedenen Ausbauzeiten weitläufig und regellos aneinander reihen, sind einfach aber gediegen ausgestaltet. Der Volksmund hat einzelnen Räumen launige Bezeichnungen verliehen, so z. B. „Pferdestall", „Kapelle", „Gemäldegalerie", „Pappschachtel", „Studentenzimmer", „Offizierzimmer" u.a.m.*

So waren die Kißling-Bierstuben von jeher ein beliebter Hort für Stammtische. Spezialität von Kißling waren gutes Essen und Kulmbacher Bier. Unser Stammgast hebt in seiner Beschreibung noch einmal das *Gefrorene* hervor und berichtet von riesigem Andrang und fast tumultartigen Szenen beim Ausschank an den *Gefrorenen Tagen* im Februar oder März: *Indes der Ausschank von Gefrorenem bei Kißling war für Breslau jedesmal ein Ereignis, und wer einmal Zeuge des an solchem Tage dort herrschenden ungeheuren Trubels gewesen ist, wird den nachhaltigen Eindruck, den er dabei gewann, kaum je aus der Erinnerung verlieren.*

Trotzdem herrschten bei Kißling vergleichsweise „strenge Sitten": *Unerbittlich hält die Firma daran fest, daß kein Kartenspiel in ihm gerührt werden darf, und ebenso wird lautes Lärmen und ungebührliches Verhalten von Gästen, die vielleicht dem kräftigen Stoff etwas zuviel zugesprochen haben mögen, in geeigneter, ruhiger, sachlicher und unauffälliger Art von Seiten des Personals sofort abgestellt. Auch Singen im Lokal ist nicht erlaubt, wenn auch hin und wieder bei besonderen Anlässen entsprechender kurzer Gesang im allgemeinen keine Beanstandung findet.*

Das Lokal schloss stets pünktlich nachts um 24 Uhr. Zum Schluss seiner Beschreibung lobt der Stammgast noch das Personal der Firma Kißling: *Das bedienende Personal ist sachlich durchaus geschult, da es traditionell im Kißlingschen Geschäftsbetrieb von Anfang an seine Ausbildung beginnen und durchführen muß. Es ist fast durchweg jahre-, ja jahrzehntelang bei der Firma tätig und in allen Einzelheiten des Betriebes und mit den besonderen Wünschen der einzelnen öfter verkehrenden Gäste durchaus vertraut, und die meisten Gäste finden sich immer wieder bei „ihrem" Kellner ein. So mancher Kellner ist bis an sein Lebensende bei Kißling tätig gewesen, viele haben nach langjährigem Wirken in Kißlings Gaststätten später ihr Lebensglück in eigenen Unternehmungen gefunden.*

5.3.4 Beschwerde des Thüringer Brauerbundes gegen eine Kulmbacher Brauerei

Bei allen Darstellungen stand bisher immer die Kulmbacher Brauindustrie im Mittelpunkt der Betrachtung, und die Entwicklung wurde auch entsprechend aus der Sicht der Kulmbacher Betriebe kommentiert und dargestellt. Mit Genugtuung wurden Umsatzsteigerungen und das Gewinnen neuer Kunden zur Kenntnis genommen. Gerne liest man

5.3 Die Abnehmer des Kulmbacher Bieres nach 1900

Gastraum der Restauration Kißling in Breslau

die entsprechenden Einleitungssätze in den jeweiligen Jahresberichten der einzelnen Vorstände.

Selten dagegen sind Formulierungen zu finden, die sich kritisch mit dem Expansionsdrang der Kulmbacher Brauereien befassen. Zu leicht nur vergisst man, dass ja sehr oft der Zugewinn des einen gleichzeitig der Verlust des anderen ist. Deshalb soll anschließend eine Beschwerde des Thüringer Brauerbundes, die sich mit Werbemaßnahmen einer Kulmbacher Brauerei in Thüringen befasst, ungekürzt wiedergegeben werden. Der Brief beinhaltet zunächst die Beschwerde der Brauerei Deinhardt aus Weimar; anschließend gibt der Brauerbund noch seinen Kommentar dazu. Man kann daraus ersehen, dass die Kulmbacher Aktivitäten nicht überall mit Freude verfolgt wurden:

Thüringer Brauerbund e.V. Erfurt,
den 12. Januar 1935

An den
Deutschen Brauerbund e.V. Berlin &
Bayerischen Brauerbund e.V. München.

Betr.: Beschwerde 212 über die Erste Kulmbacher Aktienbrauerei, Kulmbach

Wir erhielten die nachstehende Mitteilung, die wir Ihnen mit der Bitte, weiteres zu veranlassen, übergeben:
Auf Ihre Anfrage vom 21. d. Mts., Kundenbesuch von Kulmbacher Brauereien in der Gegend von Buttstädt betreffend, teilen wir Ihnen mit, dass wir die gleiche Wahrnehmung, wie diese von der Apoldaer Brauerei erfolgt ist, gemacht haben. Eine Anzahl von unseren Kunden sind von einem sogenannten Herrn Brauereidirektor aus Kulmbach, der mit einer Anzahl Männern angetreten ist und nicht unerhebliche Zechen gemacht hat, besucht worden und hat er sich besonders bei unseren Kunden Canzler in Ellersleben und Helfer in Gutsmannshausen und bei vielen anderen aufdringlich gemacht und hat Ihnen auch Bier verkauft und geliefert. Der Kulmbacher Herr hat unter anderem unseren Kunden versprochen, sie im Sommer regelmäßig mit Eis zu beliefern und zwar in der Woche mindestens drei Mal: es wäre bereits mit einer Erfurter Eisfabrik ein Abkommen getroffen worden, die die Belieferung des Eises besorge und sollte das Eis gratis geliefert werden. Unsere Kundschaft muß das Eis bezahlen.
Mit deutschem Gruss!
gez. Brauerei L. Deinhardt, Weimar
Es dreht sich hier um die Erste Kulmbacher Aktienbrauerei, Kulmbach, die in letzter Zeit eine recht lebhafte Tätigkeit entfaltet. Diese Brauerei hält wohl die Preise; sie macht aber den Wirten solche günstige Angebote, dass diese ohne weiteres von unseren Brauereien abspringen. Insbesondere werden die Wirtschaften als Spezialausschänke eingerichtet.

So wurde in Hardesleben dem Gastwirt Vollandt ein Spezialausschank von Kulmbacher Bier eingerichtet und die Vereinsbrauerei Apolda von der Lieferung ausgeschlossen, nachdem dieser Kunde deren langjähriger Abnehmer war.

In Buttelstädt verkauft der Wirt Konrad, der bisher Kunde der Stadtbrauerei L. Deinhardt Weimar war, fast nur noch Kulmbacher Bier. Der grosse Gemeindegasthof Herrengosserstedt, in welchem seit ca. 15 Jahren nur Bier der Vereinsbrauerei Apolda zum Ausschank kam, wird jetzt von Kulmbach beliefert.

So wird jetzt unsere Kundschaft dauernd durch Kulmbach beunruhigt, zumal der Wirt Karl Brandt in Buttstedt jetzt unter dem Namen „Bierverlag" das Bier der Ersten Kulmbacher Aktienbrauerei absetzt.

Als ein besonders starkes Stück muss es angesehen werden, dass den Wirten versprochen wird, sie erhielten regelmäßig Eis gratis geliefert, da wie aus dem obigen Schreiben der Stadtbrauerei L. Deinhardt zu ersehen ist, deren Kundschaft das Eis bezahlen muß.
Mit deutschem Gruss!
Thüringer Brauerbund e.V.,
die Geschäftsführung

5.3.5 Die Austausch-Brauereien der Mönchshofbräu

Hinweise über die Absatzgebiete der Mönchshofbräu im damaligen Deutschen Reich gibt uns die noch erhaltene Liste *Austauschbier – von fremden Brauereien geliefert*, erstellt Ende 1944 bzw. Anfang 1945. Um unnötigen Transport während des Krieges zu vermeiden, wurde die auswärtige Kundschaft einer Brauerei von einer jeweils nahe gelegenen beliefert. Die Brauereien verrechneten dann miteinander die entsprechenden Malzzuteilungen. Da die Kulmbacher Brauereien vor dem Zweiten Weltkrieg, wie schon anhand der Rizzibräu genauer dargestellt, in vielen und auch weit entfernten Teilen Deutschlands Bier verkauften, war die Anzahl der so genannten Austausch-Brauereien, die für die Kulmbacher bzw. für deren Kundschaft nun brauten, entsprechend groß. Sie betrug allein für die Mönchshofbräu – Ausstoß im letzten Friedensjahr 1938/39 knapp unter 30.000 hl und damit seinerzeit wohl „kleinste" Brauerei am Ort – immerhin 40. Umgekehrt war die Anzahl auswärtiger Brauereien, für die Kulmbacher Brauereien arbeiten konnten, deutlich geringer.

Es sollen nun die einzelnen Brauereien, die während des Zweiten Weltkrieges für Mönchshofbräu brauten und lieferten, aufgezählt werden. Damit wird zwar nicht exakt die auswärtige Kundschaft und ihr mengenmäßiger Bedarf erfasst; die Namen und Orte zeigen uns aber doch heute, in welche Teile Deutschlands Mönchshofbräu vor dem Krieg Bier lieferte.

Folgende Austausch-Brauereien wurden für die Mönchshofbräu tätig:

1. Bautzner Brauerei — Bautzen
2. Deinhardt — Weimar
3. Deininger Kronenbräu — Hof
4. Engelhardt Brauerei — Halle
5. Hennenbrauerei — Naumburg
6. Jung Gebrüder — Suhl
7. Henningerbräu AG — Frankfurt
8. Königsbräu — Wunsiedel
9. Köstritzer Brauerei — Köstritz
10. Männel AG — Wernersgrün
11. Radeberger Exportbrauerei — Radeberg
12. Riebeckbrauerei AG — Gera
13. Bürgerliches Brauhaus — Saalfeld
14. Steigerbrauerei AG — Erfurt
15. Nordhäuser Aktienbrauerei — Nordhausen
16. Schloßbrauerei — Chemnitz
17. Bergbrauerei — Riesa
18. Unionbrauerei — Zwickau
19. Riebeckbrauerei — Leipzig
20. Bürgerliches Brauhaus — Freiberg
21. Aktienbrauerei — Liegnitz
22. Schultheiss-Brauerei — Dessau
23. Aktienbrauerei Neustadt — Magdeburg
24. Brauerei Habereckl — Mannheim
25. Bürgerliches Brauhaus — Schmiedefeld
26. Heckel & Hagen — Naila
27. Bischoff-Bräu — Münchberg
28. Scherdelbräu — Hof
29. Vereinsbrauerei — Apolda
30. Aktienbrauerei Bergquell — Löbau
31. Görlitzer Aktienbrauerei — Görlitz
32. Gottesberger Brauhaus — Gottesberg
33. Schultheiss-Brauerei — Berlin
34. Brauerei Ponarth — Königsberg
35. Union-Brauerei — Groß-Gerau

36. Brauerei Felsenkeller   Wiesbaden
37. Herkules-Brauerei   Kassel
38. Hildebrand   Pfingstadt
39. Palmbräu Zorn u. Söhne   Eppingen
40. Moninger AG   Karlsruhe

6. Der Zweite Weltkrieg, die Nachkriegsjahre und die Jahrzehnte bis 1980

6.1 Die deutschen Brauereien in der Kriegswirtschaft

Wie schon beim Beginn des Ersten Weltkrieges geschehen, so unterbrach auch der zweite Krieg die wirtschaftlichen Abläufe und Beziehungen in Deutschland abrupt: Ähnlich wie in den Jahren 1914 bis 1918 waren außerordentliche Schwierigkeiten zu bewältigen, von denen die einzelnen Betriebe betroffen wurden. Auch die Brauereien waren nun in die Kriegswirtschaft mit eingespannt und mussten mit den verschiedensten Engpässen fertig werden. Im *Handbuch der Wirtschaftsgruppe Brauerei und Mälzerei* beschreibt K. U. SCHWARZE aus Berlin die Situation der Brauereien im Jahre 1941/42. Dieses Geschäftsjahr erscheint für die Darstellung der Kriegswirtschaft besonders aussagekräftig:

Zum einen herrschte nicht mehr die relativ günstige Versorgungslage der Anfangsphase des Krieges vor, zum anderen war aber die deutsche Wirtschaft noch nicht von den harten Verlusten und Rückschlägen in der Endphase – unmittelbar vor der Niederlage – betroffen.

SCHWARZE beschreibt ausführlich die Situation der Brauereien in diesem Sudjahr und nennt dabei auch deren Schwierigkeiten unter der Kriegswirtschaft. Dagegen gehen die Geschäftsberichte der Kulmbacher Brauereien auf solche Schwierigkeiten nicht ein; es erscheint höchstens die Formulierung *kriegsbedingt* bzw. *kriegsbedingte Verhältnisse*. Trotz dieser Zurückhaltung kann aber als sicher angenommen werden, dass die Kulmbacher Brauereien mit den gleichen Schwierigkeiten zu kämpfen hatten wie die anderen Brauereien auch. Deshalb seien im Folgenden die Ausführungen von SCHWARZE auszugsweise wiedergegeben:[1]

6.1.1 Rohstoffversorgung und Absatzgestaltung

Bei weiterer Dauer des Krieges zeigte sich mit immer größerer Deutlichkeit die kriegswichtige und ernährungswirtschaftliche Bedeutung, die einer ausreichenden Bierversorgung von Wehrmacht, Rüstungsbetrieben und Zivilbevölkerung zukommt. Durch den weitgehenden Ausfall von Kaffee, Tee, Wein, Spirituosen und anderen Getränken hat sich die vom Reichsgesundheitsführer schon vor Kriegsausbruch errechnete Getränkelücke von jährlich 10–20 Milliarden Liter noch bedeutend vergrößert. Zum Ausfüllen dieser Lücke stehen im wesentlichen Bier und alkoholfreie Getränke (Limonaden, Selters und ähnliche) zur Verfügung.

Die Verknappung von Gerste führte zu Bestrebungen, andere Rohstoffe, beispielsweise Molke, für die Herstellung des Bieres, oder besser gesagt bierähnlicher Getränke, zu verwenden .... Diese haben allerdings bisher keine allzu große praktische Bedeutung gewonnen, da sie ebenso wenig wie Gerste in ausreichendem Maße zur Verfügung stehen.

Für das Versorgungsjahr 1940/41 mußte aus ernährungswirtschaftlichen Gründen die dem deutschen Braugewerbe zur Verfügung gestellte Gerstenmenge herabgesetzt werden. Eine weitere erhebliche Kürzung ist für das Versorgungsjahr 1941/42 erfolgt. Da die Austausch-Rohstoffe nicht in ausreichendem Maße zur Verfügung standen, waren die deutschen Brauereien vor die Aufgabe gestellt, aus verringerter Rohstoffmenge eine möglichst große Biererzeugung sicherzustellen, um der unaufhaltsam steigenden Nachfrage einigermaßen begegnen zu können. Hier liegt die kriegswichtigste Aufgabe des deutschen Braugewerbes, die unter Anspannung aller Kräfte in recht weitgehendem Maße gelöst werden konnte. Als gangbare Wege zeigten sich die Kontingentierung des Bierabsatzes und die Herabsetzung des Stammwürzegehaltes.

Die beiden zuletzt genannten Maßnahmen waren aber den Brauereien einerseits und den Konsumenten andererseits schon vom Ersten Weltkrieg her bekannt. *Der eigentliche zivile Bedarf mußte selbstverständlich hinter dem Wehrmachts- und Rüstungsbedarf zurückstehen. Hier mußten also unter Umständen gewisse Versorgungslücken in Kauf genommen werden, die sich namentlich in der zeitlichen Beschränkung des Bierausschankes ausgewirkt haben.* Da die Rohstoffe knapp blieben, wurde der Stammwürzegehalt des Bieres insgesamt dreimal in den Jahren 1941 und 1942 herabgesetzt; Spezialbiere waren ab 1. Juli 1942 verboten. Angeblich sollen sich die Verbraucher dieser Notwendigkeit nicht verschlossen und die immer schwächer eingebrauten Biere noch beifällig aufgenommen haben. Aber SCHWARZE musste immerhin zugeben: *Selbstverständlich wäre aus ernährungswirtschaftlichen und stimmungspolitischen Gründen die Herstellung eines stärker eingebrauten Bieres dringend erwünscht.*

6.1.2 Ertragslage und unbefriedigter Investitionsbedarf

Die Ertragslage des deutschen Braugewerbes war im Jahre 1941/42 nicht ungünstig. Wenn auch gewisse Kostenerhöhungen nicht zu verkennen waren, so hat doch andererseits der flüssige Geldeingang zu einer weiteren Liquiditätsverbesserung mancher deutscher Brauereien geführt. Das Gastwirtsgewerbe, als der Hauptabnehmer, hatte seinerseits durch weitgehenden Abbau von Vorräten eine erhöhte Flüssigkeit aufzuweisen. Es sind daher nicht unbeachtliche Darlehensbeträge an die Brauereien zurückgeflossen. Verschiedentlich dürften auch früher schlechte oder zum mindesten zweifelhafte Außenstände wieder gut geworden sein. Auf der anderen Seite darf nicht verkannt werden, daß sich im deutschen Braugewerbe – ähnlich wie in anderen Industriezweigen – ein ganz erheblicher Investitionsbedarf angestaut hat, der nach Beendigung des Krieges den Einsatz sehr bedeutender finanzieller Mittel notwendig machen wird. Die durch den Krieg gebotenen Beschränkungen haben nur noch die Ausführung der aller wichtigsten und lebensnotwendigen Reparaturen zugelassen. Maschinelle Anlagen und sonstige Einrichtungen größeren Ausmaßes konnten so gut wie gar nicht beschafft werden. Es wird daher für die Zeit nach dem Kriege gerade auch im Braugewerbe mit einem erheblichen technischen Bedarf zu rechnen sein. Neben dieser, für die langfristige Ertragsgestaltung des deutschen Braugewerbes wichtigen Tatsache muß darauf hingewiesen werden, daß sich auch im Gastwirtsgewerbe ein recht beachtlicher Erneuerungsbedarf ansammelt. Dies gilt nicht nur für die nach dem Kriege mögliche Wiederauffüllung von Warenbeständen, sondern auch für die technische und bauliche Einrichtung und Ausgestaltung der Gastwirt-

schaften. Auch von dieser Seite aus wird voraussichtlich mit erheblichen finanziellen Beanspruchungen an das Braugewerbe gerechnet werden müssen.

6.1.3 Transportfragen und Austausch von Liefer-Brauereien

Wie zu erwarten, haben die Schwierigkeiten auf dem Transportgebiet bei weiterer Kriegsdauer zugenommen. Dies hat sich beim Braugewerbe ganz besonders stark ausgewirkt, da Bier ein sehr gewichtiges Gut im eigentlichen Sinne des Wortes ist. Nach der alten Faustregel kann angenommen werden, daß 1 hl Bier einschließlich Rücktransport des Leergutes im Faß etwa 2,5 dz, in Flaschen 5–6 dz wiegt[2]. *Da die Brauereien ihr Erzeugnis fast durchweg den Gastwirtschaften und sonstigen Abnehmern selbst zufahren, unterhalten sie einen besonders umfangreichen Werkverkehr, auf den sich die Beschränkungsmaßnahmen bei der Zuteilung von Treibstoffen, Transportmitteln u. dgl. empfindlich auswirken mußten. Bereits bei Kriegsbeginn war aus dem Fuhrpark des deutschen Braugewerbes ein sehr erheblicher Teil von der Wehrmacht mit Beschlag belegt worden. Auch später noch sind Kraftfahrzeuge und Pferde, soweit deren Wiederbeschaffung möglich war, an die Wehrmacht abgegeben worden. Die Brauereien mußten daher ihre Transporte mit einem ganz wesentlich beschränkten Fuhrpark bewerkstelligen.*

Zusätzlich bezeichnet SCHWARZE an anderer Stelle die den Brauereien verbliebenen Kraftfahrzeuge als verhältnismäßig wenig und stark abgenutzt. Es herrschte somit für die Brauereien Mangel an Pferden, Mangel an Lastkraftwagen und Mangel an Treibstoff.

Anschließend wird der Austausch von Liefer-Brauereien erklärt:

Die im Jahre 1940 bereits begonnene Flurbereinigung wurde 1941/42 noch wesentlich ausgebaut. Sie hat zum Ziel das Abschneiden unrationeller Transporte, insbesondere soll das Hin- und Herfahren des Bieres vermieden werden. Die bisher gemachten Erfahrungen sind günstig. Weitere Rationalisierungsmaßnahmen auf dem Transportwege werden noch notwendig sein. Beim Gastwirtsgewerbe und beim Verbraucher haben die Auswirkungen der Flurbereinigung mit dem Austausch von Liefer-Brauereien Verständnis gefunden. Bei der allgemeinen Getränkeverknappung ist es dem Verbraucher die Hauptsache, überhaupt Bier zu erhalten, während er auf die früher häufig ausschlaggebende Marke nicht mehr den gleichen Wert legt.

Auch bei einem nicht verlorenen Krieg hätte dieser – zunächst als vorübergehend angesehene – Verlust von Abnehmern sich für die Kulmbacher Brauereien nach Kriegsende als nachteilig erweisen können. Alle Kulmbacher Brauereien mussten Lohnbrauverträge mit auswärtigen Brauereien abschließen. Wie schon dargestellt, hatte die seinerzeit kleinste Brauerei am Ort, die Mönchshofbräu, allein 40 Austauschbrauereien, die für sie die alte Kundschaft belieferten. Umgekehrt arbeiteten aber auch die Kulmbacher für andere Versandbrauereien; namentlich bekannt ist aber dem Verfasser nur das Brauen der Mönchshof- und der Reichelbräu für die Tucherbrauerei aus Nürnberg.

6.1.4 Rationalisierung

Unter dieser Überschrift wird abschließend eine noch weitergehende Anpassung der gesamten Wirtschaft an die kriegsmäßigen Aufgaben gefordert. *Nach einem Wort des Staatssekretärs Landfried gibt* es in der deutschen Wirtschaft keinen zivilen Sektor mehr. Sämtliche Betriebe müssen daher auf ihre kriegswichtige Fertigung überprüft und gegebenenfalls für vordringlichste Aufgaben eingesetzt werden.

Neben der bereits erwähnten und schon allgemein praktizierten Freisetzung von Arbeitskräften, Einsparung von Kohlen, Transportmitteln, Treibstoffen und Hilfs- und Lieferstoffen wird als weitere Möglichkeit zur „Rationalisierung" noch die Stilllegung und Zusammenlegung von Brauereien genannt.

6.2 Die Situation der Kulmbacher Brauereien im Zweiten Weltkrieg

Beim Lesen der Geschäftsberichte aus den Kriegsjahren fällt zunächst einmal auf, dass diese Berichte nicht unzufrieden klingen. Immerhin bestand weiter Nachfrage nach Bier, man konnte z. T. sogar den Ausstoß steigern. Natürlich musste man nun schwächer eingebrautes Bier herstellen, und auch die alte, zivile Kundschaft konnte nicht mehr im gewünschten vollen Umfang beliefert werden. Bevorzugter Abnehmer war nun die Wehrmacht; Erste Actienbrauerei und Reichelbräu belieferten sogar das deutsche Afrikakorps. Die Reichelbräu-Chronik berichtet zudem für 1940/41 von Bierlieferungen nach Frankreich und Belgien und nennt eine Reihe von Orten in Frankreich, in denen Reichelbier erhältlich war.

Schwierigkeiten für die Betriebe konnten und durften seinerzeit nicht in den Geschäftsberichten genannt werden. Die Leistung musste trotzdem erbracht werden, und sie wurde ja auch erbracht. Hinsichtlich der anderen Engpässe, wie Mangel an Roh- und Hilfsstoffen, Mangel an Lkw usw., sei deshalb auf die allgemeinen Ausführungen nach SCHWARZE verwiesen.

6.2.1 Beinahe unveränderte Ausstoßzahlen

Ausstoß der Kulmbacher Brauereien in den Jahren 1938/39 bis 1944/45 in hl

Jahr	Erste Kulmbacher	Reichelbräu	Mönchshofbräu	Sandlerbräu
1938/39	144.957	147.122	28.401	48.915
1939/40	128.702	132.639	27.397	46.059
1940/41	127.585	128.437	25.939	46.364
1941/42	115.745	118.111	24.645	42.034
1942/43	133.756	131.235	34.031	41.626
1943/44	133.788	145.889	36.206	41.476
1944/45	55.368	51.366	18.595	20.907

Bei Sandlerbräu zeigen die Zahlen ab dem Kriegsjahr 1942/43 deutlich den Austausch der Brauereien untereinander im Deutschen Reich:

Ausstoßzahlen der Sandlerbräu in den Jahren 1940/41 bis 1944/45

Jahr	Eigenausstoß	Lohnsudbier	Austauschbier	Gesamtausstoß
1940/41	46.364	—	—	46.364
1941/42	42.034	—	—	42.034
1942/43	41.626	6.611	5.137	53.374
1943/44	41.476	7.523	4.552	53.551
1944/45	20.907	3.146	5.962	30.015

Dabei bedeuten:
Lohnsudbier: Bier, das bei Sandlerbräu für fremde Brauereien erzeugt wurde.
Austauschbier: Bier, das in fremden Brauereien für Sandlerbräu gegen Braulohnvergütung erzeugt wurde.

Das System von Lohnsud- und Austauschbier wurde bei Sandler – und vermutlich auch bei den anderen Kulmbacher Brauereien – nach Kriegsende bis einschließlich 1947/48 fortgesetzt.

6.2.2 Einberufungen zur Wehrmacht

Die genannten Ausstoßzahlen können leicht den Eindruck vermitteln, dass die Geschäfte wie normal weiterlaufen konnten und dass sich für den einzelnen Brauerei-Betrieb keine wesentlichen Einschränkungen ergeben hätten. Dieser Eindruck täuscht aber über die tatsächlichen Schwierigkeiten hinweg. So nennen die Geschäftsberichte von 1938/39 die Einberufungen zur Wehrmacht und zeigen damit deutlich den Verlust an jungen und qualifizierten Arbeitern und Angestellten. Es wurden bei den einzelnen Brauereien eingezogen:

Erste Kulmbacher Actienbrauerei	62 Mitarbeiter
Mönchshofbräu	20 Mitarbeiter
Reichelbräu	62 Mitarbeiter
Sandlerbräu	unbekannt

Die Arbeit der zum Militärdienst einberufenen Kollegen musste von der Rest-Belegschaft mit geleistet werden. Zusätzlich stellten die Betriebe Aushilfskräfte ein, in der Regel wohl Frauen; Ruheständler arbeiteten nun wieder mit, und auch die Lehrlinge sollten vollwertige Arbeitskräfte ersetzen. Trotz allem ging es aber nicht ohne Mehrarbeit ab. So muss man auch im nachhinein Respekt vor der Leistung der noch verbliebenen Arbeitskräfte haben, und Dank und Anerkennung der Betriebsleitung wurden hier auf jeden Fall zu Recht ausgesprochen. Immerhin wurden ja auch während des Krieges noch weitere Belegschaftsmitglieder zur Wehrmacht einberufen bzw. dienstverpflichtet.

Der Kontakt zu den Einberufenen wurde aufrechterhalten und auch deren Familien wurden unterstützt:

Mit unseren Frontkameraden und Dienstverpflichteten fühlen wir uns wie bisher eng verbunden und pflegen diese Verbundenheit durch regelmäßige Feldpostsendungen. Auch die Unterhaltszuschüsse für ihre Familien wurden in der bisherigen Weise aufrechterhalten.

Gegen Ende des Krieges mehren sich die Todesanzeigen für gefallene Mitarbeiter: So nennt die Erste Actienbrauerei im Geschäftsbericht 1943/44 die Namen von acht Männern, die von Oktober 1943 bis August 1944 gefallen waren. Von der Mönchshofbräu starben insgesamt sieben und von der Reichelbräu 18 Arbeiter und Angestellte an der Front. Doch dürfte die Zahl der Opfer deutlich höher gewesen sein: Es fehlen die Angaben der Sandlerbräu und auch die der Ersten Actienbrauerei für die übrigen Kriegsjahre. Kriegsverletzungen, Jahre der Gefangenschaft und anderes persönliches Leid der einzelnen und ihrer Familien kamen noch hinzu.

6.2.3 Ein Todesurteil wegen Bierdiebstahl

Auf die ganze Härte der Kriegsjahre – auch in der „Heimat" – hat uns HELMUT PAULUS aufmerksam gemacht. Er erwähnt in seinem Bericht über das Sondergericht Bayreuth[3] ein Todesurteil gegen einen 30jährigen Maschinenschlosser aus Kulmbach, der aus seiner Brauerei sechs Kisten sog. *Afrikabier* gestohlen und an einen Kulmbacher Gastwirt verkauft hatte.

Dieses *Afrikabier* war ein speziell für das Afrikakorps gebrautes Bier; es war höherprozentig, durch Pasteurisierung haltbar gemacht und ausschließlich für den Export gestimmt. Dieses Bier wurde nicht im Inland verkauft, und auch die Brauereiarbeiter erhielten es nicht als Haustrunk. Sie mussten sich – wie alle anderen Biertrinker vor Ort – mit dem Schankbier begnügen.

Der Mann war als Maschinist vom 31. Januar 1941 bis zum 18. April 1942 in der Brauerei angestellt. In der Zeit von Ende Februar bis etwa Mitte März 1942 stahl er insgesamt sechs Kisten Afrikabier mit jeweils 48 Flaschen zu 0,7 Liter Inhalt. Außerdem entwendete er ein Fass Bier. Beides veräußerte er an einen hiesigen Gastwirt, der es wiederum in seiner Gastwirtschaft weiterverkaufte.

Zunächst zu dem gestohlenen Fass Bier: Im Winter 1941/42 waren infolge des starken Frostes verschiedene von der Brauerei versandte Fässer mit Bier von 7,5% Stammwürzegehalt auf dem Transport verfroren und deshalb an die Brauerei zurückgegeben worden. Diese Fässer lagerten nun im Februar 1942 im Brauereihof und im Kesselhaus, um aufzutauen. Danach wollte man das verdorbene Bier unter Aufsicht des Zollamtes auslaufen lassen, um die Kriegssteuer rückvergütet zu erhalten.

Ein solches Fass mit etwa 40 Litern zerfrorenem Bier stahl nun – wohl Ende Februar – der Maschinist, brachte es abends nach Arbeitsschluss auf einem Handschlitten und mit einem Sack zugedeckt in die Gastwirtschaft: *Das Fass wurde von der Bedienung ... sogleich angesteckt, und das Bier lief als eine lehmig aussehende Brühe in die Gläser. Es wurde aber trotz seines merkwürdigen Aussehens von den Gästen ... getrunken und sogar wegen seines höheren Alkoholgehalts gelobt. Tatsächlich aber handelte es sich um völlig verdorbenes Bier, das nicht mehr in den Handel hätte kommen dürfen.*⁴

Der Arbeiter hatte sich vorher dem Gastwirt als ein leitender Mann der Brauerei vorgestellt, der Hausbier in unbeschränkter Menge beziehen und dem Wirt davon auch abgeben könne. Dieses Bier sei noch besser als das neue nur noch dreiprozentige Bier, denn die Brauereiarbeiter würden eine solche „Brühe" nicht trinken. Der Gastwirt hatte die Möglichkeit gesehen, seinen Kunden etwas bieten zu können und gleichzeitig ein gutes Geschäft zu machen, und zunächst ein Fass Bier mit etwa 40 Litern bestellt, für das er 15 RM gleich im Voraus bezahlte.

Damit waren der Brauereiarbeiter und der Gastwirt miteinander ins Geschäft gekommen, und letzterer zeigte sich bald auch als williger Abnehmer des Afrikabiers. Der Gastwirt zahlte pro Kiste 25 RM und schenkte das Bier in seiner Wirtschaft zum Preis von 50 Pfennig für den halben Liter aus. Und so verbreitete sich in Kulmbach langsam das Gerücht, dass man hier Afrikabier bekomme.

Mitte April flog die Sache wohl auf, und der Arbeiter wurde in Haft genommen. Mit Urteil vom 8. September 1942 wurde er als *gefährlicher Gewohnheitsverbrecher und Volksschädling* zum Tode verurteilt. Die Strafe fiel auch aufgrund der 13 Vorstrafen des Angeklagten – überwiegend wegen begangener Diebstähle und Betrügereien – so hart aus. In der Urteilsbegründung heißt es unter anderem:

*Wer als Mann im wehrfähigen Alter in einem Zeitpunkt, in dem die gleichaltrigen Kameraden an allen Fronten im schwersten Abwehrkampf ihr Leben für den Bestand des Reiches und die Zukunft des Volkes einsetzen, ohne Not aus reiner Eigensucht sich an den für die Ernährung der kämpfenden Truppe hergestellten und schon versandbereit gemachten Lebensmitteln vergreift, beweist damit eine Gesinnung wie sie nur ein Volksschädling haben kann. Der Angeklagte ist auch ... als gefährlicher Gewohnheitsverbrecher anzusehen.*⁵

[Er] hat sich in gewissenloser Weise an Sachen bereichert, die, wie er genau wusste, für den Lebens-

mittelnachschub der an der Afrikafront unter den schwersten Bedingungen kämpfenden deutschen Soldaten bestimmt waren. Es war ihm gleichgültig, ob die in der erbarmungslosen Hitze und den Sandstürmen der Wüste vorrückenden, an entscheidenden Stellen gestellten Männer zu den ersehnten und wohlverdienten Getränken kommen oder nicht.

Und als Fazit: *Der Schutz des Volkes verlangt seine Ausstoßung aus dieser Gemeinschaft. Auch kann die Schwere seines Verbrechens nur durch seine dauernde Ausmerzung aus dem Volkskörper gesühnt werden… . Die gleiche Strafe verlangt aber auch das gesunde Volksempfinden wegen der besonderen Verwerflichkeit seiner Straftat …*[6]

Nach einem erfolglosen Gnadengesuch des Arbeiters wurde das Todesurteil am 13. Oktober 1942 im Gefängnis München-Stadelheim vollstreckt. Die Vollstreckung wurde durch Aushang an den verschiedenen öffentlichen Anschlagtafeln in Kulmbach und Bayreuth bekannt gegeben.

Nicht aus dem Strafakt ersichtlich sind eventuelle strafrechtliche Konsequenzen für den „Geschäftspartner" des Verurteilten. Denn das Sondergericht kam – aufgrund der Aussagen des Gastwirts und seiner Bedienung – zu der Überzeugung, dass dieser nur bei der ersten Lieferung des gestohlenen Fasses mit dem zerfrorenen Bier gutgläubig war. Hier konnte er noch der Auffassung gewesen sein, dass es sich tatsächlich um Hausbier eines Angestellten der Brauerei handelte, der Erwerb somit sauber und korrekt war. Die Sorglosigkeit, die der Gastwirt beim Bezug der Kisten Afrikabier für sich in Anspruch nahm, glaubte ihm das Sondergericht nicht: Schon die Menge dieses hochwertigen Qualitätsbieres hätte den Wirt stutzig machen müssen; dazu kam noch die für einen Haustrunk nicht passende Aufmachung als versandfertiges Exportbier.

6.2.4 Andere Beeinträchtigungen gegen Kriegsende

Einige Veränderungen bei den Kulmbacher Brauereien, die sich in dem genannten Zeitraum vollzogen, seien noch kurz genannt:

Laut Beschluss der Hauptversammlung vom 20. Januar 1943 wurde die Rizzibräu AG aufgelöst und ihr Vermögen auf die Reichelbräu AG übertragen. Am 26. Januar 1943 wurde die Rizzibräu im Handelsregister gelöscht. Wenn auch der Braubetrieb bereits seit März 1931 geruht hatte, so bedeutete dies doch die endgültige Auflösung für eine früher wohlbekannte und angesehene Kulmbacher Großbrauerei.

Im selben Jahr, mit Wirkung vom 1. Mai 1943, wurde der Betrieb der Markgrafenbräu *vorübergehend,* tatsächlich aber endgültig stillgelegt. Ab 1. Oktober 1943 wurden die Gebäude von Eggers & Franke, einer bekannten Weinhandelsfirma aus Bremen, angemietet. Sie lagerte hier, wie in den Felsenkellern der Sandlerbräu, Süßweine ein. Von diesen Schätzen erfuhr aber die Bevölkerung erst unmittelbar bei Kriegsende, als am 12. April 1945 – einen Tag vor der Besetzung der Stadt Kulmbach durch die Amerikaner – neben anderen Waren auch der Wein an die Menschen verkauft bzw. verteilt wurde.

Bei der Ersten Actienbrauerei waren ebenfalls Lebensmittel eingelagert. Entscheidender jedoch war es, dass – ab Oktober 1944 – Teile der Betriebsgelände der Ersten Actienbrauerei, von Markgrafen- und Rizzibräu von den *Südwerken* aus Essen, einem Zweigbetrieb des Krupp-Konzerns, belegt wurden.

Die Südwerke wollten zunächst sämtliche Betriebsräume der Mönchshofbräu in Anspruch nehmen. Damit drohte der Brauerei die Stilllegung.

Doch ließ sich schließlich eine Lösung erreichen: Mönchshofbräu konnte den Braubetrieb stark eingeengt weiterführen.

6.2.5 Exkurs: Die Südwerke in Kulmbach

Die Südwerke blieben nun für die nächsten acht Jahre in Kulmbach und belegten die genannten Brauereigelände. Sie waren mit zuletzt rund 1.250 Mitarbeitern – neben der Kulmbacher Spinnerei – der mit Abstand größte Industriebetrieb am Ort, und sie stellten ganze Serien von Lastkraftwagen her. Obwohl die hier produzierten, rot lackierten Krupp-Titan-Lkw der EKU in den 1950er Jahren ein markantes und imponierendes Markenzeichen dieser Brauerei waren, geriet diese Schwerindustrie in unserer Stadt bei vielen Einwohnern in Vergessenheit. Deshalb will der Verfasser im Folgenden etwas ausführlicher auf diesen nach Kulmbach ausgelagerten Betrieb eingehen.

Die *Südwerke*[7] waren ursprünglich die Kraftwagenfabrik des Krupp-Konzerns in Essen – kurz *Krawa* genannt. Da seit 1942 die Bombenangriffe auf kriegswirtschaftlich wichtige Industrieanlagen in Nord- und Westdeutschland nicht mehr abrissen, musste auch die Krawa in sichere Gebiete des Deutschen Reichs verlagert werden. Und so wurden schon im gleichen Jahr Teile der Lastwagenfabrik nach Markstädt bei Breslau unter dem Namen *Bertawerke* ausgelagert. Dort wurden dann vor allem Panzer- und Fliegerabwehr-Geschütze hergestellt.

Nach schweren Flächenbombardements Anfang März 1943 mussten – neben anderen Krupp-Geschäftszweigen – die Essener Produktionsstätten der *Krawa* endgültig geräumt werden. Das gesamte Kraftfahrzeugwerk zog nun nach Mühlhausen im Elsass und hieß von nun an *Elsässische Maschinenfabrik AG* – kurz *Elmag*.

Da die alliierten Streitkräfte – nach der Invasion der Alliierten in der Normandie am 9. August 1944 – unaufhaltsam näher rückten, ordnete der Reichsminister für Rüstung im September 1944 eine erneute Verlegung an. Zuerst wurde die Verwaltung, dann die Produktion der *Elmag* nach Nordbayern umgesiedelt. Der Umzug mit dem gesamten umfangreichen und schweren Maschinenpark nahm fast ein halbes Jahr in Anspruch und glich, *angesichts der chaotischen Zustände in den letzten Kriegsmonaten, einem organisatorischen Husarenstück*. Noch unmittelbar vor der amerikanischen Besetzung am 20. November verließen die letzten Deutschen – *Hals über Kopf*[8] – die elsässischen Werksanlagen.

Die Firma hieß nun *Südwerke GmbH*, Hauptinhaber blieb die Friedrich Krupp AG in Essen. Standorte waren Kulmbach, Nürnberg und Bamberg, wo jeweils Teilfabriken möglich waren: In Kulmbach wurden Motoren gefertigt, in Nürnberg erfolgte die Herstellung von Fahrgestellen und Zubehör sowie die Endmontage, und in Bamberg befanden sich der Ersatzteildienst und zunächst die Geschäftsleitung. Die Südwerke befanden sich in Kulmbach nördlich von Bahnhof und Bahnlinie in den Räumlichkeiten der Unima-Malzfabrik (EKU-Brauerei), der ehemaligen Brauereien Markgrafen und Rizzi sowie in der sogenannten Sommerhalle.

Noch in den ersten Monaten des Jahres 1945 entstanden in den Südwerken komplette, wenn auch – bedingt durch Materialknappheit – *entfeinerte* Lastwagen. Erst durch den Einmarsch der amerikanischen Truppen wurde die Produktion gestoppt.

Mitte Januar 1945 mussten auch die *Bertawerke* in Markstädt bei Breslau aufgegeben werden – wenige Tage vor Einmarsch der sowjetischen Truppen.

6.2 Die Situation der Kulmbacher Brauereien im Zweiten Weltkrieg

Die Südwerke während der Jahre 1945 bis 1952 in den Gebäuden der Unima-Malzfabrik bzw. EKU-Brauerei

Ein Teil der Belegschaft kam dann nach Kulmbach und Bamberg. Durch die überstürzte Flucht fielen sämtliche Produktionsanlagen, Vorräte und das Schriftgut in russische Hände.[9]

Unmittelbar nach Kriegsende begannen die Südwerke im Auftrag der amerikanischen Besatzung mit der Ausbesserung von Lokomotiven und Eisenbahnwaggons. Diese Arbeiten an den durch die vorausgegangenen Tieffliegerangriffe beschädigten Lokomotiven und Waggons sollten erst im September 1949 enden. So wurden z. B. schon bis Ende September 1945 14 Lokomotiven und 380 Waggons repariert und im Jahr 1948 sogar 111 Lokomotiven und 1.800 Waggons.

Ende 1948 wurden Verwaltung und Ersatzteillager von Bamberg nach Kulmbach verlegt. Damit war Kulmbach nun auch offizieller Sitz der Südwerke GmbH.

Ab Mai 1946 durfte in den Südwerken wieder mit dem Bau von Lkw begonnen werden, zunächst mit einem Fünftonner. *Mustang*, *Tiger* und *Titan* sollten die folgenden Baureihen heißen. Vor allem der *Titan* war erfolgreich: Mit einem Motor von 190 und dann 210 PS galt er seinerzeit als der leistungsstärkste deutsche Fernlastwagen. Auch optisch traf der Achttonner genau den Geschmack der Zeit, und technisch galt er in vieler Hinsicht als Superlativ.[10] Auch der „Hausherr" der Südwerke – die Erste Aktienbrauerei – verfügte über drei imponierende Lastzüge der Marke Krupp Titan.

1951 wurde schließlich das Unternehmen wieder nach Essen verlegt, und die letzten Handgriffe der

Ein EKU-Lastkraftwagen – Marke „Krupp Titan" – vor dem Portal der Hamburger Elbbrücke

Rückverlagerung waren in Kulmbach Ende Mai 1952 abgewickelt. Viele Mitarbeiter gingen mit nach Essen, andere blieben in Kulmbach. Insgesamt wurde hier die Rückverlagerung von vielen bedauert.

Die Belegschaft betrug zu dieser Zeit 1.258 Arbeiter und Angestellte. In Essen führte das Unternehmen dann noch bis 1954 die Bezeichnung *Südwerke GmbH*, danach bis zur Schließung 1968 hieß es wieder *Friedrich Krupp GmbH*.

Einzige Erinnerung in Kulmbach blieben die drei Krupp-Titan-Lastzüge der Ersten Aktienbrauerei. Die drei anderen Brauereien am Ort benutzten aber andere Fabrikate. Allerdings fällt bei einem Kalenderbild auf, dass Sandlerbräu einen Krupp-Titan als Werbeträger benutzte.

6.3 Das Kriegsende in Kulmbach und die amerikanische Besatzung während des Jahres 1945

Kulmbach wurde am 13. April 1945 von den Amerikanern besetzt; damit waren Krieg und die Herrschaft des Dritten Reiches für diese Stadt, für ihre Bewohner und auch für die Betriebe beendet.

6.3.1 Keine Kriegsschäden an den Brauereigebäuden

Die Stadt Kulmbach erlitt während des Krieges keine wesentlichen Schäden: Nur einige wenige Bomben richteten in den letzten Kriegstagen verhältnismäßig geringen Schaden an. Kämpfe bei der Besetzung durch die Amerikaner fanden nicht statt. Und so blieben auch die Betriebsanlagen der noch bestehenden vier Kulmbacher Brauereien unbeschädigt und voll arbeitsfähig. Nur bei der Reichelbräu war ein Nebengebäude von einer Bombe getroffen worden; sie hatte Schaden in der Registratur und im Reklamelager angerichtet. Insofern hatten die Kulmbacher Brauereien den Krieg relativ gut überstanden. Vergessen werden darf dabei allerdings nicht, dass die betrieblichen Anlagen in den vorausgegangenen Jahren stark abgenutzt worden waren. Während des Krieges mussten ja alle „nicht vordringlichen" Anschaffungen und Instandsetzungsarbeiten für spätere „normale" Zeiten zurückgestellt werden.

Zerstört waren allerdings die Gebäude und Wirtschaftsanwesen, die die Kulmbacher Brauereien in anderen Städten besaßen: So wurden die beiden Anwesen der Mönchshofbräu in Dresden zerbombt. Reichelbräu meldet den gleichen Verlust hinsichtlich ihrer sämtlichen Gebäude in Dresden und Breslau, und auch die Erste Kulmbacher berichtet von schweren Schäden an ihren Häusern in Nürnberg, Würzburg und Dresden.

Mit dem 13. April 1945 waren die amerikanischen Besatzungstruppen an die Stelle der vorausgegangenen Machthaber getreten und bestimmten nun als Sieger das Geschehen in der Stadt. Dies brachte neue, wesentliche Einschränkungen mit sich. Im Firmenarchiv der Mönchshofbräu sind einige Schriftstücke erhalten geblieben, die die Schwierigkeiten für die Brauwirtschaft in den folgenden Wochen und Monaten recht anschaulich vermitteln.

6.3.2 Eingeschränkte Bierabgabe an Wirte

Mit Schreiben vom 25. April 1945 teilte die Erste Kulmbacher ihrer *verehrlichen Wirtekundschaft zur gefälligen Kenntnisnahme* die neuen Regelungen mit. Dabei ist zu beachten, dass es sich bei dem erhaltenen Exemplar nur um einen Entwurf handeln dürfte, da handschriftliche Ausbesserungen vorgenommen worden sind.

Der amerikanische Militärkommandant Major Lamson hat gestattet, daß ab Mittwoch den 25. April an die Wirte Kulmbachs und Umgebung innerhalb der 6-km-Grenze bis auf weiteres Bier abgegeben werden kann. Die Abgabe erfolgt in Fässern und ausnahmsweise nur in geringen Mengen auch in Flaschen zu folgenden Bedingungen

3½%iges Faßbier hell und dunkel per hl   RM 34,--
3½%iges Flaschenbier hell und dunkel
per hl   RM 39,--

Hierzu ist der Kriegszuschlag in der bisherigen Höhe von RM 10,– per hl zu entrichten. Die Bezahlung des Bieres mit dem Kriegszuschlag hat sofort bei Empfang zu erfolgen.

Nachdem ein Ausfahren des Bieres mittels Pferdefuhrwerk infolge des Verkehrsverbotes auf den Hauptstraßen für Zivilfahrzeuge aller Art nicht möglich ist, muß das Bier in der Brauerei abgeholt werden.

Infolge des ausdrücklichen Verbotes der Militärverwaltung, daß Ansammlungen von mehr als 5 Personen weder auf den Straßen noch in geschlossenen Räumen stattfinden dürfen, wird der Bierbedarf wenigstens vorerst ein geringer sein. Der Verkauf des Bieres wird größtenteils nur über die Straße erfolgen können und bitten wir Sie, Ihre Abnehmer entsprechend zu unterrichten.

Flaschen- und Kastenpfand bleibt selbstverständlich aufrecht und ist für die restlose Rücklieferung der Fässer, Flaschen & Kasten besondere Sorgfalt zu verwenden, da andernfalls die Bierabgabe mangels Gefäße eingestellt werden muß.

Die Bierabgabe erfolgt täglich von 8 bis 11 Uhr und von 15 bis 17 Uhr. Außer diesen Zeiten wird Bier nicht abgegeben.

Es dürfte sich empfehlen, das Bier während des Transportes mit Decken abzudecken.

Der Schlusssatz hatte ursprünglich noch eine Begründung, die aber gestrichen wurde: *da andernfalls die Gefahr besteht, daß dasselbe von den amerikanischen Soldaten beschlagnahmt wird.* Es ist anzunehmen, dass alle vier Brauereien ihre Wirte in der oben genannten Art informierten. Demnach hielt man eine regelmäßige, wenn auch bescheidene, Belieferung mit Bier noch für möglich.

6.3.3 Brauverbot und Überwachung

Anscheinend bestand seit der Besetzung durch die Amerikaner ein Brauverbot für die Kulmbacher Brauereien. Wilhelm Dettenhofer, Vorstand der Ersten Kulmbacher, bat nämlich – wohl auch im Namen der anderen Brauereien – den Militärkommandanten um einen Sud pro Brauerei – vermutlich pro Woche – zur Weitererhaltung der Hefe. Major Perry B. Lamson antwortete, dass er vor Erhalt einer Rückantwort aus dem Hauptquartier hierzu nicht Stellung nehmen könne und wies das Ersuchen rundweg ab. Auch die Bitte, während der ganzen Woche Bier an die Zivilbevölkerung abzugeben, wurde abgelehnt. Zugestanden wurde die Abgabe nur an drei Tagen: Freitag, Samstag und Sonntag, also am 4., 5. und 6. Mai. Auf Einwendungen von Dettenhofer erklärte der Kommandant: *Das sind die Folgen des Krieges.*

Am 3. Mai wurde den beiden Brauereien Sandler und Erste Kulmbacher erlaubt, 200 hl Bier zu brauen, um zu verhindern, *daß ihre Hefe zugrundegeht.* Dabei sollte aber nur an einem Tag gearbeitet werden.

Die Bemühungen, das Brauen wiederaufnehmen zu dürfen, gingen allerdings weiter. Als man in Erfahrung gebracht hatte, dass die Brauerei Leutheußer in Weißenbrunn bei Kronach das Brauen aufgenommen und die Erlaubnis dazu angeblich vom Kronacher Kommandanten erhalten hatte, wandten sich die Kulmbacher Brauereien am 4. Mai erneut an „ihren" Kommandanten: In dem Schreiben wird betont, dass die Kulmbacher Brauereien seit mehr als sieben Wochen nicht mehr brauen konnten und dass deshalb die selbst gezüchtete Bierhefe verderben könne und jede weitere Biererzeugung damit unmöglich wäre. Deshalb wurde erneut um zumindest einen Sud pro Brauerei gebeten. Für diesen Sud seien 8.000 kg Malz notwendig; diese geringe Malzmenge stehe aber in keinem Verhältnis zu den in den Brauereien liegenden Malzbeständen.

Nach der erwähnten Zeitangabe hätten die Brauereien seit Mitte März 1945 nicht mehr gebraut.

Damit wäre bereits vier Wochen vor der Besetzung das Brauen nicht mehr möglich gewesen.

Nach einer Notiz vom 17. Mai 1945 wurde Direktor Christian Sandler von Major Lamson zur Überwachung der Brauereien in dem schon bisher von ihm betreuten Bezirk (die Ausdehnung ist dem Verfasser nicht bekannt) bestellt. Ihm und seinem Sohn Horst, als Fahrer, wurden die Benützung eines Autos gestattet und Pässe zugesichert. Auch die anderen Brauereien des Bezirkes durften – genauso wie die Kulmbacher – wöchentlich nur einen Sud ansetzen.

Ende Mai 1945 bemühten sich die Brauereien erneut darum, mehrere Sudtage pro Woche genehmigt zu erhalten. Wegen Strommangels wollte man allerdings nur abwechselnd brauen. Wann und in welchem Umfang im Jahr 1945 wieder gebraut werden durfte, war vom Verfasser nicht zu erfahren. Auf jeden Fall wurde von den Besatzungsbehörden für die Zeit vom 15. Oktober 1945 (laut Reichelbräu-Chronik ab 15. November 1945) bis zum 15. Februar 1946 aus *ernährungspolitischen Gründen* ein generelles Brauverbot verhängt. Ab 15. März 1946 wurde die Biererzeugung erneut untersagt mit der Maßgabe, dass die vorhandenen Vorräte aufgebraucht werden dürften. Auch für die folgenden Jahre sind Beschränkungen im Braubetrieb anzunehmen. Dennoch arbeiteten die Brauereien in den Jahren bis 1949 – wenn auch in bescheidenem Umfang – weiter; dies lässt sich schon anhand der Ausstoßzahlen nachweisen. Ein beträchtlicher Teil der Biererzeugung wurde aber an die amerikanischen Besatzungstruppen geliefert. Für den zivilen Bedarf dürfte dann allerdings wenig übrig geblieben sein.

6.3.4 Auseinandersetzungen um die Malzvorräte der Kulmbacher Mälzereien

Bereits Ende Mai 1945 bemühten sich die Kulmbacher Brauereien um die bei den örtlichen Mälzereien einlagernden Malzvorräte. Mit Argwohn wurde ein einzelnes Auto der Münchner Löwenbräu beobachtet, das Malz aus einer Kulmbacher Mälzerei abholen wollte.

In einer Besprechung am 29. Juni kam die Frage der Malz-Verwendung zur Sprache: *Die Brauereien hatten die Absicht, von den Mälzereien ... Kulmbachs 20.500 dz Malz zu kaufen, was von Major Lamson genehmigt worden war, allerdings mit der Voraussetzung, daß die Mälzereien damit einverstanden sind. Davon sollte die Erste Actienbrauerei 7.000 dz, Reichelbräu 8.000 dz, Sandlerbräu 3.500 dz, Mönchshof 2.000 dz übernehmen, nachdem Major Lamson erklärt hatte, daß aus der diesjährigen Ernte den Brauereien keine Gerste zugeteilt würde.*

Dagegen sahen sich die Mälzereien nicht in der Lage, diese große Menge nur den Kulmbacher Brauereien zur Verfügung zu stellen: *Diese Menge stelle das gesamte ihnen zur Verfügung stehende Malz-Quantum dar. Sie würden daher nicht in der Lage sein, ihrer anderen Kundschaft außerhalb Kulmbachs Malz zur Verfügung zu stellen. Dies würde unter Umständen den Verlust ihrer gesamten auswärtigen Kundschaft bedeuten, was die Mälzereien um so härter treffen müßte, als die Kulmbacher Brauereien keinerlei Garantie dafür übernehmen konnten, daß sie ihnen auch zukünftig Malzmengen in ähnlicher Höhe abkaufen würden. Von den Kulmbacher Brauereien allein könnten die Mälzereien auch nicht existieren.*

Immerhin wollten die Mälzereien die Brauereien nicht im Stich lassen und ihnen entsprechende

Malzmengen zur Verfügung stellen. *Zunächst hätten ja die ... Brauereien noch Malz für etwa 4 Monate.* Die Brauereien wiesen daraufhin, dass sie größere Malzlieferungsverpflichtungen gegenüber ihren Austauschbrauereien hätten, wobei allerdings versucht werden soll, diese Austauschbrauereien zu veranlassen, dieses Malz auf Kosten der Kulmbacher Brauereien bei ihnen nahe gelegenen Mälzereien zu kaufen.

Schließlich vertagte man das Gespräch um vier Wochen. Die Mälzereien versprachen aber, in der Zwischenzeit nicht mehr als 10% der Malzbestände an auswärtige Brauereien zu verkaufen. Damit waren die Brauereien einverstanden.

6.3.5 Betriebsappell am 22. Mai 1945

In einer Aktennotiz wird ein Betriebsappell sämtlicher Brauereibelegschaften Kulmbachs mit dem amerikanischen Kommandanten Major Lamson am 22. Mai 1945 festgehalten. Dieser Appell sollte wohl den guten Willen aller Beteiligten aufzeigen:

Zugegen waren außer ihm [d. h. Major Lamson] Bürgermeister Hagen, die Vorstandsmitglieder sämtlicher Brauereien und die Gefolgschaften... Direktor Sandler sprach namens der Brauereien dem amerikanischen Kommandanten den Dank aus für das bisher den Brauereien bewiesene Interesse und Entgegenkommen und versprach verständnisvolle Mitarbeit sowie Abkehr von den Maximen des Nationalsozialismus. Er dankte auch Herrn Hagen für die Übernahme des Bürgermeisteramtes und sprach ihm das Vertrauen aus. Bürgermeister Hagen erklärte, daß ihm das Wohl der Brauereien, als der Industrie, der Kulmbach seinen Ruf und sein Ansehen verdankte, sehr am Herzen läge und versicherte seine weitgehende Unterstützung. Er geißelte die Fehler des Nationalsozialismus und die begangenen Verbrechen und erklärte, daß dieser überwunden sei und wir alle zusammen stehen müßten, um die Wirtschaft wieder in Gang zu bringen.

Major Lamson sagte, daß er das Kulmbacher Bier wohl kenne; er habe es in New York, Chicago und San Francisco getrunken, aber niemals gedacht, daß er es auch an der Quelle einmal trinken würde. Er versicherte, daß er alles tun würde, um die Kulmbacher Brauindustrie wieder in Gang zu bringen. Er habe bereits genehmigt, daß ein- bis zweimal in der Woche gesotten würde, er hoffe, daß in Bälde dies 6 mal in der Woche der Fall sein könne. Es würde auch Vorsorge getroffen, daß genügend elektrischer Strom vorhanden sei und Kohlen herbeigeschafft würden. Jeder müsse nun auch unter den gegebenen Verhältnissen seine Pflicht tun und treu seiner Arbeit nachgehen.

Aus den Worten von Major Lamson sprach sicherlich gute Absicht; sie sollten sich aber zunächst als zu optimistisch erweisen: Die schwierigen Jahre lagen noch vor den Kulmbacher Brauereien.

6.3.6 Bestandsaufnahme der Kulmbacher Brauereien zum 29. Mai 1945

Die folgende Bestandsaufnahme der vier Kulmbacher Brauereien wurde vermutlich für die Militärverwaltung zusammengestellt. Handschriftlich wurde das Datum 29. Mai hinzugefügt und die Aufstellung mit einem Handzeichen versehen. Ob zusätzliche Unterlagen mit eingereicht wurden, bleibt offen.

Es ist nicht leicht, die einzelnen Zahlenwerte zu interpretieren. Zunächst einmal kann man anhand bestimmter Zahlen – Kapazität, Vorräte an Malz und Bier, Bestand an Fässern – auf die seinerzeitige

	Erste Kulmbacher	Sandler	Mönchshof	Reichel	Summa
Kapazität jeder einzelnen Brauerei pro Tag in hl (25 Tage im Monat)	500	250	150	600	1.500 hiervon werden z. Zt. $^{1}/_{3}$ für die eigene Kundschaft benötigt
Jahreskapazität*	150.000	75.000	45.000	180.000	
Malzvorrat in jeder einzelnen Brauerei in dz	2.000	630	460	1.100	4.190
Malzvorrat in den Kulmbacher Malzfabriken in dz	—	—	—	—	32.000
Augenblicklicher Vorrat in 3–3,5 %igem Bier in jeder Brauerei in hl	6.000	3.600	1.400	3.500	14.560 hiervon werden z. Zt. $^{1}/_{3}$ für die eigene Kundschaft benötigt.
Vorhandene Fässer in jeder Brauerei in Stück	ca. 4–5.000	ca. 1–1.500	ca. 800	ca. 4–5000	ca. 9.800–11.500
	Der wirkliche Verlust an Fässern durch die Kriegseinwirkungen konnte bis jetzt nicht festgestellt werden.				
Vorhandene Flaschen in jeder Brauerei					
Kronenkork 0,3 ltr.	—	100.000	—	—	
0,5 ltr.	—	100.000	—	—	
0,7 ltr.	8.000	—	10.000	—	
Bügelverschluß	10.000	10.000	2.000	2.000	
	Bügelverschlußflaschen kommen für einen Versand nicht in Frage. Beim Flaschenbierversand kommt die Anfertigung von Versandkisten in Betracht.				
Wie lange reichte der augenblickliche Malzvorrat, wenn alle Brauereien mit voller Kapazität arbeiten in Tagen:	80	50	60	37	—

Faßfabriken, die per Auto zu erreichen sind: Kulmbach-Melkendorf, Kitzingen.
Flaschenfabriken, die per Auto zu erreichen sind: Steinbach, Amberg, Neusattl.
Erforderliche Arbeitszeit in den Brauereien bei voller Kapazität: Tag und Nacht.
Erforderliche Elektrizität: Tag und Nacht.
Erforderliche Kohlen: Steinkohlen und Braunkohlen oder Briketts 18 – 20 kg pro hl.

* Vom Verfassen errechnet und eingefügt.

Größenordnung innerhalb der Kulmbacher Betriebe schließen. Des Weiteren drücken die einzelnen Zahlen sicherlich kriegsbedingten Mangel aus. Besonders interessant erscheint der Bestand an Fässern: Die Reichelbräu verlor seinerzeit etwa 27.000, die in Mittel- und Ostdeutschland blieben. Dieselbe Brauerei verfügte in Kulmbach dagegen lediglich über 4.000 bis 5.000 Stück, alle Betriebe am Ort zusammen nur über 9.800 bis 11.500. Die Verluste waren also beträchtlich. Noch geringer erscheint der Bestand an Flaschen, wenn man bedenkt, wie viel hl Bier darin hätten abgefüllt werden können: Sandlerbräu mit dem weitaus größten Bestand hätte rund 1.000 hl Bier abfüllen können, die Erste Actienbrauerei und Mönchshofbräu dagegen nur etwa 150 hl, Reichelbräu mit einem Bestand von nur 2.000 Flaschen etwa 10 hl (die Bügelverschlussflaschen wurden mit 0,5 Liter gerechnet).

Bei Besprechungen der vier Brauereien im Mai und Juni 1945 wurde immer wieder über Beschlagnahmungen geklagt. Trotz des von der Militärregierung erteilten OFF LIMITS wurden von amerikanischen Militärdienststellen öfters die Betriebs- und Büroräume besichtigt und Einrichtungsgegenstände – vor allem Schreibmaschinen und Büromöbel – beschlagnahmt. Bei der Reichelbräu wollte man sogar sämtliche Büroräume mit Einrichtungen belegen.

6.3.7 Auswirkungen auf die Mitarbeiter

Sud- und Arbeitsverbot bzw. -erlaubnis für die einzelnen Brauereien mussten sich letzten Endes auch auf die Arbeiter und Angestellten auswirken: Nur ein arbeitendes Unternehmen kann seinen Mitarbeitern Arbeit und Lohn geben. Inwieweit sich im Einzelfall die eingeschränkte Betriebstätigkeit der Brauereien – sie kam ja fast einer Stilllegung gleich – auf die Einkommen der Mitarbeiter auswirkte, kann heute nicht mehr in vollem Umfang festgestellt werden. Es kann aber mit Sicherheit angenommen werden, dass Lohnausfälle hingenommen werden mussten. Die Unterstützungen an die Familienangehörigen eingezogener *Gefolgschaftsmitglieder* wurden ab Ende Mai 1945 nicht mehr ausgezahlt. Auch die Betriebspensionen wurden anscheinend gekürzt.

Nach einer Aktennotiz vom 7. Juni 1945 war es angesichts der Arbeitslage in den Brauereien ausgeschlossen, sämtliche von der Wehrmacht zurückkehrenden *Gefolgschaftsmitglieder* sofort wieder einzustellen:

Soweit sofortige Einstellung nicht möglich ist, soll diese sukzessive mit der sich bessernden Absatzlage erfolgen. Eine 14-tägige Kündigungsfrist bzw. die im § 12 der Betriebsordnung vorgesehene Kündigungsfrist muß eingehalten werden. Diese wäre sofort bei Rückkunft auszusprechen.

So waren die Mitarbeiter der Brauereien in dieser Zeit ebenfalls ziemlichen Belastungen unterworfen: Entweder waren sie arbeitslos, oder sie waren von Arbeitslosigkeit bedroht. Eine wirtschaftliche Absicherung, wie heute üblich, gab es seinerzeit ja auch nicht. So waren alle Beschäftigten bedrückt von der Frage, wie es mit ihrem Betrieb weitergehen solle. Denn wenn auch der amerikanische Kommandant sicherlich guten Willen zeigte, so verwirrten die ständigen Einschränkungen und Bevormundungen durch nicht sachverständige Außenstehende doch stark. Die seinerzeitige Situation verdeutlicht eine Aktennotiz aus der Mönchshofbräu recht gut. Diese Notiz betraf eine neue Anweisung wegen Abgabe von Bier an die Besatzungstruppe:

Herr Major Lamson hat bei einem Verstoß gegen diese Anweisung angekündigt, den Betrieb der Brauerei sofort zu unterbinden und unter die Mi-

litär-Kommandantur zu stellen und auf eigene Rechnung derselben betreiben zu lassen.

Es trägt also jeder einzelne, der mit der Abgabe von Bier betrauten Betriebsangehörigen die Verantwortung für den ganzen Betrieb.

Eigenmächtigkeiten von Betriebsangehörigen sind unter allen Umständen ausgeschlossen. Im Falle von Differenzen ist sofort die Betriebsführung zu unterrichten.

Etwa ab August 1945 begann die so genannte Entnazifizierung bei Behörden und Betrieben. Die nun folgenden zahlreichen Entlassungen von Persönlichkeiten aus der Industrie gestaltete die Lage für die Stadt allgemein und für die betroffenen Firmen im Besonderen äußerst schwierig. So wurden beispielsweise in der Reichelbräu beide Vorstandsmitglieder von ihren Ämtern suspendiert, weil sie der Partei angehört hatten. Gleichzeitig wurden noch 34 Angestellte, die sich in Schlüsselpositionen befunden hatten, entlassen. Auch aus dem Aufsichtsrat dieser Brauerei schieden mehrere Mitglieder auf Anordnung der Militärregierung aus. Die Probleme für den Betrieb, aber auch die Schwierigkeiten und Not für die einzelnen Entlassenen, die ja oft für mehrere Jahre nicht mehr an ihren alten Arbeitsplatz zurückkehren durften, kann man sich sogar im Nachhinein noch gut vorstellen.

Auch wenn es im Einzelnen heute kaum mehr nachweisbar ist, so waren die übrigen Brauereien und die anderen Industriebetriebe der Stadt Kulmbach ebenfalls von diesen Maßnahmen der Besatzungsbehörden betroffen. Aufgrund des Gesetzes Nr. 8 der Militärregierung wurden in Kulmbach insgesamt 150 Personen sofort aus ihren Ämtern entlassen. Um die Betriebe weiterführen zu können und um weitere Arbeitslose zu vermeiden, bat Oberbürgermeister Hagen die Militärregierung, Treuhänder in die betroffenen Betriebe einsetzen zu dürfen.

Mit Zustimmung des Stadtrates wurden folgende Herren als Treuhänder eingesetzt:
Ludwig Crößmann, 2. Bürgermeister,
 für die Reichelbräu,
Karl Roeder, Landrat,
 für die Erste Actienbrauerei und
Georg Hagen, 1. Bürgermeister,
 für die Sandlerbräu.

Auch andere Betriebe der Stadt erhielten Treuhänder zugeordnet. Deren Aufgabe war es wohl, anstelle der *suspendierten* Eigentümer die Betriebe weiter zu leiten bzw. das Eigentum zu verwalten. Die Tätigkeit der Treuhänder, vor allem Beginn und Dauer ihrer Arbeit, ist im Nachhinein nur schwer zu erforschen, da diese Treuhänder (zunächst) nicht ins Handelsregister eingetragen wurden. Bis Mitte 1947 sind noch die alten Vorstände, obwohl meist suspendiert, aufgeführt. Offensichtlich „ruhte" die Justiz in diesem Bereich über zwei Jahre, so dass das Register nicht die tatsächlichen Verhältnisse wiedergibt. Im Übrigen wurde keiner der 1947 neu eingetragenen Herren als Treuhänder bezeichnet.

6.4 Weitere Erschwernisse in den Nachkriegsjahren bis 1949

Das Jahr 1945 und die folgenden Jahre waren durch vielfältigen Mangel geprägt. Dieser Mangel herrschte zum Teil schon unter der Kriegswirtschaft, erinnert sei hier nur an Personalmangel infolge des Kriegsdienstes, an Rohstoffmangel und an die eingeschränkten Transportmöglichkeiten.

Neue Beschränkungen kamen durch die Besatzung im April 1945 hinzu: Dargestellt wurden bereits die Reglementierungen durch die amerikanischen Militärbehörden und die Entlassungen infolge der so genannten Entnazifizierung. Beides, dazu unsachgemäße Vorschriften und das Fehlen wichtiger Mitarbeiter, belastete auch in den anschließenden Jahren die Arbeit in den Kulmbacher Brauereien.

Andere Schwierigkeiten, so beispielsweise die neue Grenzziehung durch Deutschland infolge der Besatzungszonen, wurden erst im Laufe der Nachkriegsjahre voll wirksam und den Betroffenen erst nach und nach bewusst.

6.4.1 Verlust der Absatzgebiete in Mittel- und Ostdeutschland

Oberfranken und damit auch Kulmbach waren immer in der Mitte des Deutschen Reiches gelegen. Ähnlich wie die übrige oberfränkische Wirtschaft unterhielt auch die Kulmbacher Brauindustrie enge Beziehungen nach Sachsen, zum seinerzeit zweitgrößten industriellen Ballungsgebiet des Deutschen Reiches. Begünstigt wurde dies durch eine vorteilhafte verkehrsmäßige Anbindung an Sachsen und an das übrige Mitteldeutschland: Bereits 1848 war ja der Betrieb auf der Eisenbahnlinie von Nürnberg über Bamberg, Kulmbach und Hof nach Plauen aufgenommen worden. Auch der Autobahnbau des Dritten Reiches hatte Vorteile gebracht, da Kulmbach – 15 km von der Autobahn Berlin–München entfernt – erneut günstigen Zugang nach Sachsen und Schlesien erhielt.

Nach Sachsen waren im 19. Jahrhundert die ersten Kulmbacher Bierexporte gegangen, von Dresden und Leipzig aus war der Aufbau der Kulmbacher Brauindustrie auch kapitalmäßig wesentlich gefördert worden, und Sachsen war – wie schon dargestellt – das wesentliche Absatzgebiet der Kulmbacher Exportbierbrauereien geblieben.

Deshalb traf die Errichtung der Zonengrenze und der Oder-Neiße-Linie diesen Wirtschaftszweig besonders hart: Damit gingen die angestammten Absatzgebiete verloren. Für die Kulmbacher Exportbierbrauereien waren Kulmbach und Umgebung nie der Schwerpunkt der Absatzmöglichkeiten gewesen – ganz im Gegensatz zum Beispiel zu den Brauereien in Nürnberg, Würzburg oder München, die einen wesentlichen Anteil ihres Ausstoßes in der jeweiligen Großstadt verkaufen konnten. Zwar hatten sich die Kulmbacher nach dem Ersten Weltkrieg bemüht, ihr Bier in Nordbayern und auch in West- und Norddeutschland zu vertreiben, dennoch waren Mittel- und Ostdeutschland die wesentlichen Absatzgebiete für die Kulmbacher Brauereien geblieben. Sie hatten nach dort weit mehr als die Hälfte ihrer Bierproduktion verkauft.

Neben der alten Kundschaft verloren die Kulmbacher Brauereien durch die neuen Grenzen in Deutschland auch wesentliche Vermögensteile: Hinter der Zonengrenze blieb der größte Teil der zum Biervertrieb erforderlichen Anlagewerte – wie Fässer, Flaschen, Eisenbahnwaggons, aber auch wertvolle Grundstücke und Spezialausschänke – unerreichbar zurück.

Allein die Reichelbräu beklagte den Verlust von etwa 27.000 Fässern in den östlichen Gebieten. Der Verlust der genannten Gegenstände war ja auch deshalb so schmerzlich, weil es in den Jahren nach 1945 kaum möglich war, Ersatz dafür zu beschaffen. Zumindest drei Brauereien – Erste Aktien, Reichelbräu und Mönchshofbräu – verloren Grundstücke, nachdem die Gebäude schon vorher den Bomben zum Opfer gefallen waren.

Reichelbräu verlor zusätzlich noch eine wesentliche Beteiligung, nämlich die an der Biergroßhandlung Conrad Kißling in Breslau.

Wie hoch die Verluste im Einzelnen waren – sie dürften von Brauerei zu Brauerei unterschiedlich ausgefallen sein –, ist im Nachhinein nicht mehr genau feststellbar. FRANZ MEUSSDOERFFER bezifferte 30 Jahre später den Verlust auf insgesamt rund 25% des Gesamtvermögens der Brauereien.

Die Reichelbräu, die vielleicht die stärksten Vermögensverluste in Mittel- und Ostdeutschland hinnehmen musste, setzte anlässlich der Währungsreform 1948 das Kapital im Verhältnis 5:3 herab, das heißt um rund 1,4 Millionen DM.

6.4.2 Verschlechterung der Verkehrssituation

Die Kulmbacher Brauereien lieferten bis 1945 ihr Bier nach Mittel- und Ostdeutschland. Gleichzeitig bezogen sie aber von dort die seinerzeit wichtigste Grundlage jeder Produktion, nämlich Kohle. Das sächsische Kohlenrevier war für Nordbayern das nächstliegende und schon um 1850 gut entwickelt. Daneben wurde noch Kohle bzw. Braunkohle aus Böhmen und auch aus Oberschlesien bezogen. Durch die Grenzziehung verschlechterte sich die Energieversorgung der Kulmbacher Brauereien – wie die aller Betriebe dieser Region – empfindlich: Denn waren früher die Kohlevorkommen nur 50 bis 150 km entfernt, so mussten nun die Brennstoffe aus dem Ruhrgebiet über eine Entfernung von 400 bis 500 km herangeschafft werden. Dies bedeutete auf Dauer erhöhte Transportkosten.

Es muss hinzugefügt werden, dass in den Jahren nach 1945 – infolge der Einteilung Deutschlands in einzelne Besatzungs- und Wirtschaftszonen – die Versorgung der Kulmbacher Brauereien mit Kohle generell Schwierigkeiten bereitete. Das Ruhrgebiet war britische Besatzungszone und lieferte deshalb nicht bzw. nur unzureichend. Und Bayern selbst – man war zunächst auf diesen *Wirtschaftsraum* begrenzt – hat keine wesentlichen Kohlevorkommen. Immerhin beteiligte sich die Erste Actienbrauerei zum 1. Januar 1947 an der Gründung der Braunkohlengrube Schirnding GmbH mit Sitz in Bayreuth mit 10% oder 15.000 RM. Auch das blieb vermutlich nur ein Versuch, denn allgemein wurde damals über Kohlemangel geklagt.

Die neue Grenzziehung nach Mitteldeutschland brachte gleichzeitig eine Verlängerung der Transportwege nach West- und Norddeutschland mit sich. Vorher konnte Norddeutschland über Eisenbahnlinien und Straßen erreicht werden, die durch Thüringen verliefen und nun geschlossen waren. Es entstanden dadurch für den Biervertrieb Umwege bis zu 200 km. Es muss dabei noch erwähnt werden, dass Kulmbach zwar sehr günstig an der Autobahn Berlin–München lag, deren Nutzen nun sehr eingeschränkt war. Eine entsprechend ausgebaute Verbindung nach Westen gab es aber nicht.

6.4.3 Absoluter Mangel an sämtlichen Roh-, Hilfs- und Betriebsstoffen

Schon in den Kriegsjahren herrschte ein allgemeiner Mangel an Roh-, Hilfs- und Betriebsstoffen. Dies galt für die gesamte Wirtschaft und war nicht etwa eine besondere Schwierigkeit der Brauereien. In den Nachkriegsjahren verschärfte sich diese Mangelsituation aber gerade für die Brauereien in gefährlichem Maße. Diese Schwierigkeiten wurden zwar schon öfters in anderem Zusammenhang erwähnt, sie sollen aber nun – ihrer Bedeutung gemäß – noch einmal gesondert dargestellt werden. Ein Memorandum, am 4. September 1947 dem bayerischen Staatsminister für Wirtschaft ausgehändigt, nennt dabei folgende Hemmnisse für Produktion und Absatz:[11]

Ausfall der Malzzuteilung für 1945/46 und 1946/47. Von der Malzzuteilung hing es ab, ob überhaupt gebraut werden konnte. Offenbar hatte man mit Restbeständen des Jahres 1944 in diesen beiden Sudjahren geringe Mengen an Dünnbier hergestellt. Die Reichelbräu-Chronik berichtet: *Zeitweise konnte nur ein Bierersatzgetränk mit einem Alkoholgehalt von 0,5 % produziert werden. Die geringen Malzbestände der Brauereien brachten die unmittelbare Gefahr, daß selbst das bisher zugelassene Dünnbier nicht mehr hergestellt werden konnte. Um die Versorgung der Bevölkerung mit Dünnbier wenigstens noch für eine geringe Zeit zu ermöglichen, wurden die bayerischen Brauereien zu dem Entschluß gezwungen, eine Kontingentierung von 50 % auf der Grundlage der Lieferungen von September 1946 einzuführen. Diese Kontingentierung trat am 1. Dezember 1946 in Kraft. Die Regelung galt für alle bayerischen Brauereien, da die bayerische Brauwirtschaft noch keinerlei Braugerste für das Sudjahr 1946/47 zugeteilt erhalten hatte.*

Man bemühte sich deshalb im Frühjahr 1947 um die beschleunigte Zuweisung von 20.000 Tonnen Gerste für Brauzwecke. Dabei ersuchte der Ausschuss für Landwirtschaft und Ernährung des Bayerischen Landtages die Bayerische Staatsregierung, bei den *zuständigen Stellen neuerliche Schritte ... zu unternehmen.* In dem Beschluss führt dabei der Ausschuss auf, dass 1938/39 in Bayern eine Gerstenmenge von rund 200.000 t – also das Zehnfache der gewünschten Menge – für die Herstellung von 15 Millionen hl Vollbier mit 13 % Stammwürze verarbeitet wurde. Dagegen reichten die geforderten 20.000 t Gerste nur für die Herstellung von etwa 6 Millionen hl Ersatzbier mit 0,4 % Alkoholgehalt aus. Es wurde noch darauf hingewiesen, dass die geforderte Gerstenmenge nur etwa 1,7 % der gesamten Brotgetreide-Ernte ausmachen würde.

Schlechte Hopfenqualität, *verursacht durch zu späte Verteilung, durch unsachgemäße Lagerung in nicht gekühlten Hallen der Anbaugebiete und durch Vorwegdisponierung der besten Güteklassen für Armeebrauereien und Export.*

Einstellung der Kohlenzuteilung bzw. unzureichende Kohlenzuweisungen, da die Bierherstellung nicht als dringlich angesehen wurde. Kohlenzuteilungen waren aber für den Winter notwendig, um Frostschäden in den Brauereien und damit Zerstörung der wesentlichsten Betriebseinrichtungen zu vermeiden.

Die **außerordentlichen Fassverluste** konnten nicht ausgeglichen werden, weder durch Fasseinkauf gegen Beibringung der Bezugsrechte für Holz und Eisen, noch durch eigenen Einkauf dieser Rohmaterialien.

Die **Versorgung mit Bierflaschen** blieb hinter den Zusagen des Brauerbundes zurück. *Vereinbarungen mit der britischen Zone sind nicht eingehalten worden. Die dort gelegene Glashütte lehnte die Lieferung eines Postens von 15.000 Flaschen ab, die vom Brauerbund vereinbart worden war, mit Rücksicht auf andere, vordringlichere Lieferungen. Die Flaschenhütten in Amberg und Steinbach sind zum Teil im Hinblick auf Exportaufträge zur Lieferung kaum in der Lage. Im letzten Jahr [wurde] nur 15 % des normalen Bedarfs befriedigt. Auch Beschaffung von Biergläsern überaus schwierig.*

In der **Transportlage** ergaben sich die besonderen Schwierigkeiten bei der Versorgung mit Reifen, der Neuanschaffung von Lastkraftwagen und der Ergänzung des durch Kriegseinwirkung stark dezimierten Wagenparks. Die Reichelbräu allein verlor über die Hälfte ihrer Eisenbahnwaggons und besaß seinerzeit nur vier fahrbereite Lastkraftwagen gegenüber 18 früher.

6.4.4 Auswirkungen auf den Braubetrieb

Bedenkt man die oben genannten Schwierigkeiten, so kann man sich leicht vorstellen, dass in diesen Jahren der Betrieb in den Brauereien ziemlich darniederlag. Aussichten auf Besserung der Verhältnisse bestanden seinerzeit wohl kaum, obwohl sich – neben den leitenden Herren der Brauereien – auch Oberbürgermeister Hagen sehr engagiert für diesen Industriezweig seiner Stadt einsetzte. Hagen war immerhin zugleich Abgeordneter und Vizepräsident des Bayerischen Landtages, er hatte also schon Möglichkeiten und auch Einfluss. – Einen gewissen Eindruck vermittelt die Meldung der Mönchshofbräu über ihre seinerzeitige Geschäftslage:

Die gegenwärtige Kapazität beträgt 40 % der früheren Leistungsfähigkeit, doch wird auch diese verringerte Leistung nur etwa zur Hälfte ausgenutzt bei einer Belegschaft von etwa 50 Mann. Über das Geschäftsjahr 1946/47 ließ sich noch nichts Näheres sagen, das heißt, man war wohl nicht gerade optimistisch eingestellt. Ein Jahr später gab man offiziell Besorgnis zu: *Durch den Wegfall der Kundschaft in der russischen Zone und durch die neuerliche Unterbindung des Versands an nichtbayerische Kunden sowie der ungeklärten Rohstoffzuteilungen sieht die Gesellschaft der zukünftigen Entwicklung mit Besorgnis entgegen.*

Immerhin konnten die Kulmbacher Brauereien auch in dieser Zeit noch arbeiten und brauchten ihren Betrieb nicht stillzulegen. Einen Hauptabnehmer hatten sie, nämlich die amerikanische Armee: Für 1945 wurden zunächst Sandlerbräu und Mönchshofbräu als *Armeebrauereien* bezeichnet, ab November 1946 wurde die Erste Actienbrauerei zur *autorisierten amerikanischen Armee-Brauerei* erklärt. Sie musste deshalb die Belieferung ihrer Zivilkundschaft einstellen und im Lohnsudverfahren auf andere Brauereien – Sandlerbräu und Mönchshofbräu – übertragen. Ab eigener Brauerei durfte nur noch die Versorgung der amerikanischen Truppen erfolgen.

Und hier wäre es beinahe zu einem Streik der Brauereiarbeiter gekommen. Die *Fränkische Presse* berichtete darüber:

Die Belegschaft der Ersten Kulmbacher Aktien-Bierbrauerei hatte am 16. Mai 1947, ab 13 Uhr, fast einstimmig den Streik beschlossen. … Ein Grund zu diesem Streik war die Entlassung von 10 unbelasteten Arbeitern. Die Belegschaft hatte bisher 48 und mehr Stunden wöchentlich voll gearbeitet. Nun hatte eine Betriebsversammlung beschlossen, die Arbeitszeit auf 40 Stunden herabzusetzen, um Entlassungen zu verhindern. Dir. Rothäusler war anderer Meinung. Er setzte sich über den Willen und über alle Vermittlungsvorschläge des Betriebsrats hinweg und verfügte diktatorisch die Durchführung der geplanten Entlassungen. Die Gewerkschaft und der Betriebsrat vertraten den Standpunkt, daß nicht nur die Arbeiter die Folgen des Krieges zu tragen haben, sondern daß ein Betrieb wie die Erste Kulmbacher Aktien-Bierbrauerei, die seit 1924 von keiner Krise berührt wurde, auch ihren Teil mittragen soll. Wenn man noch in den letzten Jahren Dividenden bis zu 14 Prozent ausschütten konnte, könnte man heute einen Teil der Ueberschüsse dazu verwenden, 10 Familienväter in Arbeit und Brot zu halten.

Durch das Eingreifen der amerikanischen Behörden wurde der Streit zwischen der Direktion, der Belegschaft und den Gewerkschaften jedoch rasch beendet. Nachdem die „Erste Kulmbacher" seit dem 1. Mai 1947 Armeebrauerei ist, wurden gleichen Tages abends dem Gewerkschaftsvertreter und den Betriebsräten der Brauerei durch Mr. Noe und Oberbürgermeister Hagen mitgeteilt, die Arbeit wieder aufzunehmen. Die von Dir. Rothäusler entlassenen 10 unbelasteten Arbeiten sind weiter zu beschäftigen. Somit ist also die Forderung der Belegschaft, die Arbeiter nicht zu entlassen, erfüllt.[12]

Von der Mönchshofbräu ist zusätzlich noch eine Liste von 20 Brauereien erhalten, für die *Austauschbier* in den Jahren 1945 bis 1947 geliefert wurde. Neben der Tucherbrauerei in Nürnberg und Sandlerbräu vom Ort werden nur noch kleine Brauereien aus der unmittelbaren Umgebung um Kulmbach genannt. Es kann deshalb angenommen werden, dass diese aufgrund der geringen Malzzuteilungen seinerzeit ihren Betrieb ganz stillgelegt und die Malzzuweisung auf die Mönchshofbräu übertragen hatten, weil sich das Brauen für sie seinerzeit nicht mehr lohnte. Auch Sandlerbräu hat – wie die nachfolgende Tabelle zeigt – solche Lohnsudaufträge übernommen. Das gleiche kann auch für Reichel und Erste Aktien angenommen werden.

Der Vollständigkeit halber seien noch die Ausstoßzahlen der Kulmbacher Brauereien angegeben. Über die Qualität des gebrauten Bieres lässt sich schwer eine Aussage treffen: Allgemein war nur Dünnbier erlaubt; soweit aber Bier für die amerikanische Armee gebraut wurde, dürfte die Qualität gut gewesen sein. Zum Vergleich werden wieder die Werte des letzten Friedensjahres 1938/39 mit aufgeführt.

Ausstoß der Kulmbacher Brauereien in den Jahren von 1944/45 bis 1948/49 in hl

Jahr	Erste Kulmbacher	Reichelbräu	Mönchshofbräu	Sandler-Bräu
1938/39	144.957	147.122	28.401	48.915
1944/45	55.368	51.366	18.595	20.907
1945/46	81.586	45.203	24.836	47.932
1946/47	82.033	53.787	28.293	27.451
1947/48	67.206	49.607	33.987	20.031
1948/49*	57.936	47.890	33.246	20.850

* Das Geschäftsjahr 1948/49 dauerte vom 20. Juni 1948 bis zum 30. September 1949.

Ausstoßzahlen der Sandlerbräu in den Jahren 1944/45 – 1948/49

Jahr	Eigenausstoß	Lohnsudbier	Austauschbier	Kaufbier	Gesamtausstoß
1944/45	20.907	3.146	5.962	—	30.015
1945/46	47.932	—	3.323	4.701	55.956
1946/47	27.451	7.656	6.109	427	41.643
1947/48	20.031	7.192	4.527	—	31.750
1948/49*	20.850	77	—	—	20.927

Dabei bedeuten:

Lohnsudbier: Bier, in Sandlerbräu für fremde Brauereien erzeugt

Austauschbier: Bier, in fremden Brauereien für Sandlerbräu gegen Braulohnvergütung erzeugt

Kaufbier: Bier von fremden Brauereien gekauft

Das Verfahren der Austauschbiere lief offensichtlich 1948 aus. Zu den hohen Hektoliterzahlen für 1945/46 ist angefügt „Amibelfg." – also Bierherstellung für die amerikanische Armee.

6.4.5 Keine Besserung durch die Währungsreform

Während allgemein die Währungsreform vom 20./21. Juni 1948 als Beginn des wirtschaftlichen Aufschwunges in der Bundesrepublik Deutschland gesehen wird, brachte dieses Ereignis zunächst keine Besserungen für die Kulmbacher Brauereien mit sich. Zunächst einmal mussten bei der Erstellung der DM-Eröffnungsbilanzen die Schäden des verlorenen Krieges und der neuen politischen Verhältnisse auch bilanzmäßig zur Kenntnis genommen werden. So vermerkte die Reichelbräu: *Die erheblichen Kriegsschäden und die großen Verluste, welche die Währungsreform für das Unternehmen brachte, konnten durch die nach dem DM-Bilanzgesetz zulässige Aufwertung des Anlagevermögens nicht annähernd ausgeglichen werden. Den Umstellungsverlusten von insgesamt DM 3.432.387,45 standen nennenswerte Schuldnergewinne nicht gegenüber.* Da auch die Vermögenswerte in der damaligen Ostzone in der Bilanz nur noch mit einem Erinnerungsposten angesetzt wurden, erreichte das nach der Umstellung verbliebene Vermögen nicht mehr das ursprüngliche Grundkapital. Deshalb musste Reichelbräu, wie schon erwähnt, das Grundkapital im Verhältnis 5:3 herabsetzen.

Aber auch hinsichtlich der Braumöglichkeiten war die Ausgangssituation ausgesprochen ungünstig. So verfügten die Brauereien zum Währungsstichtag weder über nennenswerte Rohstoffvorräte noch über ein entsprechendes Fertigprodukt, das den schlagartig steigenden Ansprüchen der Verbraucher hätte gerecht werden können: Das Bier war immer noch von den Besatzungsmächten auf einen Stammwürzegehalt von 1,7% festgelegt. Die Einführung der neuen Währung brachte den Brauereien den *sofortigen vollkommenen Geschäftsstillstand: Der Hauptgrund hierfür ist darin zu suchen, daß an den bisherigen Biersteuersätzen festgehalten wurde. Da innerhalb der Bizone nach wie vor an die Bevölkerung nur Bier mit einem Stammwürzegehalt bis zu 1,7% abgegeben werden darf, trat für die D-Mark-Ausschankpreise keine Änderung gegenüber den bisherigen RM-Preisen ein. Für Bayern bedeutet dies, daß der Verbraucher für ½ Liter 1,7%iges Bier 0,37 DM zu zahlen hat gegenüber 0,25 RM für ein 11%iges Bier in der Vorkriegszeit.* Die Brauereien empfanden den neuen Bierpreis als unverhältnismäßig hoch, denn das ausgeschenkte Bier war *ein Ersatzgetränk. Es war vor Inkrafttreten der Währungsreform trotz seines geringen Gehalts verkäuflich, weil andere Getränke nicht genügend vorhanden waren und weil es für die Mehrzahl der Konsumenten unerheblich war, ob sie 0,20 oder 0,40 RM für ein Glas Bier ausgaben. Heute aber lehnt es die Bevölkerung ab, Ersatzprodukte, die durch die Not der Kriegs- und Nachkriegszeit auf den Markt kamen, zu unangemessenen Preisen zu erwerben und dadurch ihre ohnehin stark geminderte Kaufkraft zu vergeuden.*[13]

Die Kulmbacher Brauereien forderten nun, sicherlich in Übereinstimmung mit der gesamten Brauindustrie, die Erlaubnis für ein Bier mit 8% Stammwürze. Sie betonten gleichzeitig, dass dieses Bier, das immer noch um 3% unter dem Vorkriegsgehalt des Lagerbieres läge, keinesfalls eine Konjunktur im Brau- oder Gaststättengewerbe hervorrufen würde: *Für einen großen Teil des Publikums kann vorerst auch ein gehaltvolles Bier keinen Anreiz bieten, da Mittel für nichtlebensnotwendige Dinge nicht mehr zur Verfügung stehen. Zudem bliebe der Preis für ein etwa 8%iges Bier infolge der Besteuerung mit DM 35,– pro hl nach wie vor sehr hoch.* Auch bei der Einführung eines achtprozentigen Biers erwarteten die Brauereien Ausstoßzahlen, die erheblich hinter denen der Vormonate zurückbleiben würden. Es wird festgestellt: *Es kann keine Rede davon sein, daß durch Verkauf eines höherprozentigen Bieres eine Fehlleitung der Kaufkraft eintreten könnte.* Aus dieser Argumentation kann man leicht erkennen, dass bei der damaligen allgemeinen Notlage normal eingebrautes Bier von vielen als überflüssiger Luxus angesehen wurde. Gleichzeitig hatten die Brauereien noch Bier mit 1,7% Stammwürze eingelagert – in Bayern allein 700.000 hl –, das sich nun als unverkäuflich erwies.

Erst im Herbst 1948 wurde die Herstellung eines zunächst achtprozentigen Bieres erlaubt, dann wieder verboten, dann erneut erlaubt, jedoch mit einem absolut prohibitiv wirkenden Biersteuersatz von DM 1,18 je Liter belastet. Die Herstellung von Bier in friedensmäßiger Qualität wurde erst ab Herbst 1949 wieder gestattet und die Biersteuer vollends erst Anfang 1950 auf einen angemessen zu nennenden Stand gesenkt. So dauerte es nach der Währungsreform noch fast 1½ Jahre, bis die Brauereien wieder normal arbeiten konnten.

6.4.6 Eine Beschlagnahme bei der Mönchshofbräu 1947 und anderer Ärger für die Erste Actienbrauerei 1949

Die genannten Einschränkungen und behördlichen Vorschriften waren nicht die einzigen Schwierigkeiten in jener Zeit.

Schriftstücken aus dem Firmenarchiv der Mönchshofbräu ist zu entnehmen, dass selbst noch Ende 1947 immer wieder Beschlagnahmungen von Brauerei-Vermögen vorkamen. So wurde im Oktober 1947 gleich zweimal bei der Militärregierung um einen Pass für einen leitenden Herrn gebeten. Zunächst musste Direktor Franz Meußdoerffer in der russischen Zone, und zwar in den Orten Saalfeld, Erfurt und Plauen, dringende Verhandlungen führen. Diese betrafen die Rückführung von etwa 500 Fässern, die Eigentum der Brauerei waren und die von den Behörden der russischen Zone beschlagnahmt werden sollten. Ähnliche Verhandlungen musste Anton Wiedenhöfer in der französischen Zone in den Orten Warthausen und Sigmaringen führen. Dort sollten etwa 700 Fässer der Mönchshofbräu beschlagnahmt werden.

Interessanter aber ist ein Brief, geschrieben in deutsch und französisch an Major Arvengas, *Restitution Branch* der Militär-Regierung in München. Er zeigt deutlich, wie sich seinerzeit deutsche Betriebe rechtfertigen mussten:

Durch Befehl der Amerikanischen Militär-Regierung wurde unsere Kronenkorkverschlußmaschine Fabr. Nr. 19263 beschlagnahmt, da die französische Regierung die Rückgabe dieser Maschine fordert. Wir gestatten uns, Sie darauf aufmerksam zu machen, daß wir die genannte Maschine im Jahre 1943 von der Maschinenfabrik Enzinger-Union-Werke in Mannheim gekauft haben, welche ihrerseits die Maschine in Frankreich gekauft hatte. Die Herstellerfirma selbst ist uns unbekannt.

Die Maschine ist nun annähernd 5 Jahre bei uns im Betrieb und wurde in dieser Zeit ziemlich abgenutzt. Es ist sehr unwahrscheinlich, daß sie eine nochmalige Demontage, Transport und Wiedermontage ohne große Beschädigungen aushalten wird. Andererseits wird die Maschine bei uns dringend benötigt, vor allem für die bei uns abzuwickelnden Exportaufträge. Da demnach die Maschine bei uns noch nützliche Arbeit leistet, bei einer Demontage dagegen wahrscheinlich ihre Brauchbarkeit verlieren wird, gestatten wir uns die Bitte, Sie möchten die französische Regierung bewegen, auf die Rückerstattung der Maschine zu verzichten.

Wir richten diese Bitte an Sie in dem Bewußtsein unsererseits nichts getan zu haben, was irgendeinen Bürger Frankreichs geschädigt hätte und hoffen, daß demzufolge unsere Bitte gehört werden möge.

Einen anderen, nachhaltigen Ärger hatte der Direktor der Ersten Aktien, August Rothäusler, schon im Juni 1947 erlebt: Er war – laut Zeitungsbericht[14] *erneut* – vom CIC[15] verhaftet und zur Vernehmung nach Nürnberg geschafft worden. Einen reichlichen Monat später stellte sich die Frage, ob Rothäusler – zur Zeit in Dachau – sich vor einem französisches Kriegsgericht verantworten müsste. Der Vorwurf lautete, er habe als Braumeister der Eichbaumbrauerei in Mannheim französische Kriegsgefangene misshandelt.

Anscheinend erwies sich aber der Vorwurf gegen Rothäusler als gegenstandslos, denn von einer Gerichtsverhandlung bzw. Verurteilung ist nichts mehr in der Zeitung zu lesen. Auch war er ja weiterhin als Direktor bei der Brauerei tätig.

Mit einem Schreiben vom 12. Februar 1949 wandte sich Direktor Samhammer von der Ersten Actienbrauerei an Oberbürgermeister Hagen mit der Bitte um Vermittlung bzw. Hilfe. Es ging dabei um 168 Zentner Gerste, die für die Brauerei bestimmt, aber vorher vom Ernährungsamt A Ingolstadt beschlagnahmt worden waren. Vorgeworfen wurde der Brauerei – was aber von ihr bestritten wurde –, sie habe diese Gerstenmenge „schwarz", d. h. ohne Vermittlung eines Getreidehändlers und ohne Bezugsscheine, kaufen wollen. Gleichzeitig verwies Samhammer noch darauf, dass für seine Brauerei noch sieben Waggon Gerste von der Bezugsscheinzuteilung ungedeckt seien.

Direktor Samhammer war wegen der Beschlagnahme am 27. Januar von Kulmbach nach Kösching zu seinem Einkäufer und zum Getreidehändler gefahren, von dort weiter zum Getreidewirtschaftsverband in München, um anschließend das Ernährungsamt A Ingolstadt anzurufen und wieder nach Kösching zurückzufahren. Wenn man bedenkt, dass ein Brauereidirektor hier wegen 168 Zentnern Gerste unterwegs war, dann kann man sich leicht vorstellen, welche Schwierigkeiten noch 1949 zu bewältigen waren.

Ebenfalls im Februar 1949 traf ein Schreiben des Brauwirtschaftsverbandes Bayern bei der Ersten Kulmbacher Actien-Exportbierbrauerei ein. Darin wurde ihr vorgeworfen, dass sie – trotz des von der VELF in Frankfurt[16] erlassenen Verbotes – rund 12 hl höherprozentiges Bier – das heißt: Bier mit einem Stammwürzegehalt von mehr als 8% – zum Ausstoß gebracht hätte. Trotz der – im Verhältnis zum Gesamtkontingent – recht unbedeutenden Menge musste der Verband *aus grundsätzlichen Erwägungen* Maßnahmen ergreifen: Zunächst einmal wurden der Brauerei 20 Doppelzentner Braumalz aus dem bisher zugewiesenen Kontingent gesperrt. Weiter wurde sie darauf hingewiesen, dass sie bei kommenden Zuteilungen und Kontingentaufstockungen nicht mehr berücksichtigt werden könnte. Im Übrigen wurde der Ersten Actienbrauerei noch eine Ordnungsstrafe in Aussicht gestellt; gleichzeitig sollte sich die Brauerei noch ausführlich zu dem genannten Tatbestand äußern

Es ist dem Verfasser nicht bekannt, ob die genannten Brauereien in den eben geschilderten Fällen mit ihren Bemühungen noch Erfolg hatten oder nicht. Die Vorfälle zeigen aber deutlich, wie selbst noch nach der Währungsreform die Brauereien nicht unter normalen, d. h. friedensmäßigen Bedingungen arbeiten konnten.

6.4.7 Mönchshofbräu feiert 600 Jahre

1949 feierte die Mönchshofbräu ihr 600jähriges Firmenjubiläum.[17] Allerdings sind Zweifel gegen diese stolze Zahl erlaubt. Zwei Tatbestände wurden nämlich recht willkürlich miteinander verquickt:

1. Tatsächlich stammt die erste urkundliche Erwähnung eines Klosters in Kulmbach – es war das Augustinerkloster von 1349[18] am heutigen Holzmarkt. Doch mit dieser Urkunde wurde nur das Kloster bestätigt, ein eigenes, klösterliches Brauhaus wurde hierbei nicht genannt. Eine Brautätigkeit der Mönche ist als sicher anzunehmen, aber ab wann diese tatsächlich in einem eigenen Brauhaus brauen konnten, bleibt offen.
   Dieses Kloster – und damit auch sein Brauhaus – wurde 1553 bei der Belagerung der Stadt Kulmbach zerstört und später nicht mehr aufgebaut. Damit fand diese Brautradition ihr Ende.
2. Die Mönchshofbräu wurde in der zweiten Hälfte des 19. Jahrhunderts auf ehemaligem Klosterbesitz in Blaich bei Kulmbach errichtet; hier besaß das Zisterzienserkloster Langheim bis 1803 ein Vorwerk, in dem Bier gebraut worden sein soll. Der Kulmbacher Heimatforscher HANS EDELMANN wies aber 1957 in einem Aufsatz darauf hin, dass dieses Vorwerk nicht 1349, sondern erst 1749, also genau 400 Jahre später, errichtet worden ist. Außerdem besaß dieser Bau kein Feuerrecht, so dass eine Brautätigkeit von vornherein unmöglich war.

So bleibt dieses „Jubiläum" zwar als eine schöne und werbewirksame Veranstaltung in einer schweren Zeit bestehen. Einer historischen Überprüfung hält es jedoch nicht stand.

Sonderstempel der Bundespost anlässlich „600 Jahre Kulmbacher Mönchshof Bier"

Bieretikett der Ersten Actienbrauerei als US-amerikanische Armeebrauerei

6.5 Die Kulmbacher Brauereien in den Jahrzehnten nach 1950

6.5.1 Neubeginn mit Schwierigkeiten: 1950 und das folgende Jahrzehnt im Überblick

Das Datum der Währungsreform wird allgemein als der Beginn des Wiederaufbaus in der Bundesrepublik Deutschland und des später so bezeichneten Wirtschaftswunders gesehen. Dies trifft aber für die Brauereien – im Allgemeinen und auch speziell für die Kulmbacher Betriebe – nicht zu. Wie bereits dargestellt, sollte es noch bis 1950 dauern, ehe diese Branche wieder normal arbeiten konnte. In den Monaten nach der Währungsreform – sonst immer ausstoßwichtige Monate – verhinderten das ungeklärte Problem des Stammwürzegehalts und die erst im laufenden Geschäftsjahr durchgeführte Biersteuersenkung eine Erhöhung des Ausstoßes. Erst ab Herbst 1949 war die Herstellung der hochprozentigen Friedensbiere wieder erlaubt. Allerdings ließen eine erneut hohe Besteuerung einerseits und die geringe Kaufkraft der Kundschaft andererseits den Absatz zunächst nicht ansteigen. Kurzarbeit war deshalb in den Brauereien die Folge.

Durch den Verlust der Absatzgebiete in Mittel- und Ostdeutschland waren nun die Kulmbacher Brauereien gezwungen, sich neue Absatzgebiete im Westen und Norden des Bundesgebietes zu erschließen. Zur Darlehensgewährung und Vorfinanzierung der Kundschaft mussten zum großen Teil Gelder aufgenommen werden; die eigenen Mittel waren durch die Währungsreform verloren gegangen. Diese Darlehensgewährung an die neue Kundschaft war aber zugleich mit hohen Ausfallrisiken verbunden. Als weiterer Nachteil bei der Belieferung der Kundschaft in West- und Norddeutschland erwies sich die neu geschaffene Zonengrenze: Sie zwang zu Umwegen von bis zu 200 km.

Deshalb überrascht es nicht, dass die Kulmbacher Brauereien in den ersten Jahren nach der Währungsreform ihre Kapazitäten nicht ausnutzen konnten und zum Teil mit Verlust arbeiteten. Zum besseren Verständnis seien deshalb in der folgenden Übersicht die Ausstoßzahlen des letzten Friedensjahres mit aufgeführt:

Ausstoß der Kulmbacher Brauereien in den Jahren von 1948/49 bis 1959/60 in hl

Jahr	Erste Kulmbacher	Reichelbräu	Mönchshofbräu	Sandler-Bräu
1938/39	144.957	147.122	28.401	48.915
1948/49*	57.936	47.890	33.246	20.927
1949/50	60.463	65.520	48.279	22.305
1950/51	83.359	87.184	66.246	30.467
1951/52	98.023	101.238	77.912	35.656
1952/53	102.473	100.200	79.475	41.294
1953/54	108.014	101.724	84.846	47.335
1954/55	110.884	105.073	95.766	51.253
1955/56	111.825	108.761	104.063	57.024
1956/57	123.119	122.523	126.788	63.279
1957/58	117.463	132.641	134.239	68.612
1958/59	111.615	138.837	148.559	73.716
1959/60	109.585	148.355	158.500	77.201

* Das Geschäftsjahr 1948/49 dauerte vom 20. Juni 1948 bis 30. September 1949.
Zahlenangabe von den Brauereien.

Der Ausstoß der einzelnen Kulmbacher Brauereien entwickelte sich sehr unterschiedlich: Die beiden „Großen" – Erste Kulmbacher Actienbrauerei und Reichelbräu – mussten zunächst empfindliche Einbußen gegenüber den Vorkriegswerten hinnehmen. Zu Beginn der 50er Jahre erreichten beide einen Ausstoß von 100.000 hl, ohne diesen aber zunächst wesentlich steigern zu können. Nach dem vorläufig besten Nachkriegsergebnis im Sudjahr 1956/57 musste die Erste Actienbrauerei sogar wieder Umsatzeinbußen hinnehmen, während die örtliche Konkurrenz ihren Ausstoß weiter erhöhen und „davonziehen" konnte. Ihre Vorkriegswerte erreichte die Brauerei in diesem Jahrzehnt nicht mehr. Dagegen konnte Reichelbräu ab 1956/57 deutliche Umsatzsteigerungen erzielen, und ihre Ausstoßzahlen überschritten schließlich die Vorkriegswerte.

Die eigentliche Überraschung war aber die Mönchshofbräu. Sie war mit weniger als 30.000 hl vor dem Krieg wohl die kleinste Brauerei in Kulmbach. Dieser Wert wurde aber schon im ersten Sudjahr nach der Währungsreform überschritten, und die Brauerei erzielte in den folgenden Jahren beträchtliche Zuwächse. In den Geschäftsjahren 1956/1957 und danach übertraf Mönchshofbräu sogar die bis dahin „Großen" unter den Kulmbacher Brauereien, nämlich Reichelbräu und Erste Actienbrauerei. Sandlerbräu schließlich hatte 1948/49 mit Abstand den schlechtesten Start. 1938/39 noch deutlich vor Mönchshof an dritter Stelle in Kulmbach, war Sandler nun – hoffnungslos abgeschlagen – das Schlusslicht unter den vier großen Brauereien am Platz.

Ähnlich wie mit dem Bierausstoß verhielt es sich auch mit dem Betriebsergebnis der Kulmbacher Brauereien: In den ersten Nachkriegsjahren mussten sie Verluste hinnehmen: Als erste zahlten für 1949/50 die Erste Actienbrauerei und Mönchshofbräu Dividende: Die Erste Aktien 4% aus 2,7 Millionen DM Grundkapital und 6% aus 11.250,– DM Vorzugsaktien, Mönchshofbräu 4% auf 720.000,– DM Grundkapital. Sandlerbräu zahlte 1951/52 3% Dividende auf 1,2 Millionen DM Grundkapital. Reichelbräu folgte schließlich 1952/53 mit 4% auf rd. 2,1 Millionen DM Grundkapital. Die gezahlten Dividenden blieben zunächst ungefähr gleich, sie wurden aber gegen Ende der 50er Jahre deutlich angehoben. So zahlte die Erste Actienbrauerei 1959/60 an Dividende 8% auf nunmehr 3,7 Millionen DM Grundkapital und auf 11.250,– DM Vorzugsaktien, Reichelbräu 11% auf 2.103.000,– DM Grundkapital, Mönchshofbräu 12% zuzüglich 3% Bonus auf 720.000,– DM Grundkapital und Sandlerbräu 12% zuzüglich 3% Bonus auf 1.200.000,– DM Grundkapital.

6.5.2 Kulmbacher Bierwoche

Mit ihren Sorgen standen nach dem Krieg die Kulmbacher Brauereien nicht allein. Wohl jeder, gleich wo er beschäftigt war und wo er seinen Lebensunterhalt verdiente, machte sich Gedanken darüber, ob seine Firma auch Aufträge erhielt und ob sein Arbeitsplatz gesichert war. Auch andere Betriebe hatten sich mit Schwierigkeiten auseinanderzusetzen, und so nahm sicherlich so mancher, der nicht bei einer Brauerei beschäftigt war, den Existenzkampf gerade dieser Branche nicht weiter zur Kenntnis. Schließlich gab es ja seit September 1949 wieder das Bier in alter Güte.

Ein Ereignis war aber kaum zu übersehen: 1950 wurde ein lang gehegter Wunsch aus der Vorkriegszeit verwirklicht und die Kulmbacher Bierwoche erneut auf dem Marktplatz abgehalten; die erste Bierwoche war vom 29. Juli bis zum 6. August 1939 – unmittelbar vor Kriegsbeginn – auf dem Marktplatz

Bierfesteröffnung am 27. Juli 1968. Bis zum Jahre 1973 wurde das Bierfest auf dem Marktplatz abgehalten.

6.5 Die Kulmbacher Brauereien in den Jahrzehnten nach 1950

Die Reichelbräu war die erste Brauerei in Kulmbach, die anlässlich des Bierfestes ein besonderes Fass vor dem Rathaus aufstellte. Dieses Fass wurde von dem in Kulmbach lebenden Bildhauer Bernhard Liesenkötter geschnitzt. Besonders einprägsam und beliebt war und ist der Spruch auf dem mittleren Balken, bestehend nur aus Wörtern, die mit dem Buchstaben „b" beginnen:
„Brauchbare Bierbrauerburschen bereiten beständiges, braunes, bayerisches Bier, bekanntlich besonders billiges Bedürfnis begnügsamer, brüderlich behaglich beisammen bleibender Bürger. Betörte, bierfeindliche Bacchusbrüder behaupten bisweilen bestimmt, bayerisches Bier berausche bald, beraube besseren Bewußtseins, beschränke blühende Bildung, begründe breite Bäuche, befördere blinden Blödsinn!
Biedere Biertrinker! Bevor Beweise besseres bewähren, bleibt beigestellt beim braunen Becherblinken, bleibt bayerische Bierfreunde beim bayerischen Bierwirt!"

gefeiert worden. Dieses Fest, das am letzten Samstag im Juli beginnt und insgesamt neun Tage dauert, ist inzwischen Tradition geworden und nicht mehr aus dem öffentlichen Leben der Stadt wegzudenken. Ursprünglich auf dem Marktplatz schänkten die vier großen Brauereien in einem Zelt ihr eigens eingebrautes Festbier aus. Gäste von nah und fern kamen und kommen noch heute, und so mancher richtet nach dieser Bierwoche seine gesamte Termin- und Urlaubsplanung aus. 1953 schließlich veranstaltete die Reichelbräu ihr erstes *Faßmann-Fleischmann-Fest* nach dem Krieg.

6.5 Die Kulmbacher Brauereien in den Jahrzehnten nach 1950

Recht stattlich präsentieren sich das Gasthaus „Schweizerhof" und die Schweizerhof-Bräu (links) um 1900

6.5.3 Schweizerhof-Bräu als neue Kulmbacher Brauerei

Etwas anderes fiel zunächst weniger auf: Mit Wirkung vom 1. April 1946 wurden die Gemeinden Kauerndorf, Mangersreuth und Metzdorf in die Stadt Kulmbach eingemeindet. Und damit erhielt Kulmbach eine neue Brauerei, die Schweizerhof-Bräu bzw. die Brauerei Georg Lobinger in Ziegelhütten. Ziegelhütten gehörte zur Gemeinde Metzdorf und nun zur Stadt Kulmbach. Damit war die Schweizerhof-Bräu auch eine Kulmbacher Brauerei geworden. Die anderen betrachteten diese hinzugekommene Brauerei nicht als Konkurrenz, schließlich war ihr Bierausstoß im Vergleich wirklich bescheiden, sie verkaufte nur an einige wenige Kunden im engeren Umkreis und – das war vielleicht das Wichtigste – sie erhob damals auch nie Anspruch auf einen Platz im Bierzelt.

Die Geschichte der Schweizerhof-Bräu reicht zurück in das Jahr 1848, als Michael Lutz in der Gemeinde Metzdorf eine Braustätte errichtete. 1868 kaufte Johann Michael Rehm das gesamte Anwesen. Nach seinem Tod, um 1900, fiel der Besitz an seinen Sohn Johann, genannt Hans Rehm. Gustav Rehm, der Bruder von Johann Michael und Onkel von Hans, heiratete später Catharina, die Witwe seines Bruders, und betrieb mit ihr zusammen die Gastwirtschaft. Gustav Rehm hatte vorher als Sanitäter in Lenzerheide in der Schweiz gedient. In Erinnerung an seine Dienstzeit nannte er den Gasthof in *Schweizerhof* um. Der Name wurde dann auch von der Brauerei übernommen.

Wegen der Bezeichnung des Erzeugnisses als *Kulmbacher Bier* war es schon 1928 zu einem Prozess mit Rizzi- und Markgrafenbräu gekommen. Schweizerhof-Bräu musste auch weiterhin als Herkunftsort *Ziegelhütten* angeben, das man allerdings

Schweizerhof-Bräu (Brauerei und Gasthof) in Kulmbach-Ziegelhütten, um 1980

durch *bei Kulmbach* ergänzte, wobei man *Ziegelhütten* kleiner und *bei Kulmbach* größer schrieb. Dies taten allerdings auch andere kleinere Brauereien in der Umgebung von Kulmbach.

1937 heiratete Georg Lobinger in die Firma ein. Zusammen mit seiner Frau Elisabeth betrieb er im Folgenden Brauerei und Gastwirtschaft. Georg Lobinger hatte vorher als Braumeister bei der Brauerei Leutheußer in Weißenbrunn gearbeitet. Obwohl kein gebürtiger Kulmbacher, weist Georg Lobinger doch eine interessante Verbindung zur Kulmbacher Brauindustrie auf: Sein Großvater Michael war vor 1900 der erste Brauerei-Inspektor der Ersten Kulmbacher Actienbrauerei gewesen.

Schweizerhof-Bräu lieferte bis 1939 nach Dresden und ins Vogtland und hatte zu dieser Zeit einen Ausstoß von etwa 10.000 hl Bier im Jahr. In Kulmbach und Umgebung hatte man zwölf Zapfwirte und vier Flaschenbierhandlungen als Kunden, u.a. die Gastwirtschaft Giegold im Kirchwehr. Neben der kleinen Brauerei betrieb man noch eine Gastwirtschaft mit Metzgerei und etwas Landwirtschaft. *Schweizerhof-Bräu* erwies sich damit als eine zwar kleine, dafür aber gesunde, bodenständige Brauerei, die seit Generationen von der gleichen Familie betrieben wurde.

Ein altes angerostetes Blechschild der Brauerei Kern

Auch an eine andere ehemalige Brauerei, die im heutigen Stadtgebiet betrieben wurde, soll noch erinnert werden. Zum 1. Januar 1976 wurde die Gemeinde Kirchleus nach Kulmbach eingemeindet. In diesem Dorf nördlich von Kulmbach hatte Simon Heinrich Kern eine Brauerei mit Mälzerei betrieben. Das Braugeschäft von Simon Heinrich Kern war bereits 1863 in das Firmenregister eingetragen worden. Dieser frühe Eintrag einer eigenen Firma lässt auf eine gewisse Bedeutung des Braugeschäftes schließen. Immerhin belieferte Kern etwa 20 Zapfenwirte bis über Kronach hinaus.

1922 schließlich gab die Familie Kern das Braugeschäft auf. Die Backsteine aus dem Abriss in Kirchleus sollen für den Eiskasten der Schweizerhof-Bräu in Ziegelhütten verwendet worden sein.

6.5.4 Treue Mitarbeiter – die Brauereipferde

Der ehemals vielen Brauereipferde gedachte das Anzeigenblatt *Der Bierstädter* mit dem Bericht *Vor fünfzig Jahren verabschiedete die Mönchshof-Brauerei zwei verdiente Mitarbeiter: „Erich" und „Kunz".*[19]

Im Sommer 1962 ... vollzog sich im Fuhrpark der ... Mönchshof Brauerei in der Blaich eine große Veränderung. Die letzten Pferde, die die Gespanne zur Auslieferung der Fässer und Holzkästen mit Flaschenbier vor Ort zu ziehen hatten, wurden abgeschafft. Zwei rare Fotos aus dieser Zeit erhielt unsere Redaktion von Herbert Hollweg, der, ab 1951 beim Unternehmen tätig gewesen, als Gespannbegleiter fungierte.

Das erste Foto [S. 278] zeigt Fritz Popp, den Kutscher, der mit einem 2-PS-Untersatz an der Verladerampe auf dem Betriebsgelände erkennbar ist, seinen „Erich" tätschelnd, ein von ihm gewählter Spitzname für das gutmütige, links eingespannte Pferd. Rechts vor der Kutsche zog „Kunz", ein etwas störrischer, eigensinniger und auch schon mal wütend ausschlagender tierischer Zeitgenosse. Popp, ein eingeschworener Sozialdemokrat, hatte seine politische Gesinnung sozusagen auf die Zugpferde übertragen. „Erich" stand für den damaligen SPD-Vorsitzenden Ollenhauer, „Kunz" für den Bundeskanzler Konrad Adenauer (CDU).

Das zweite Bild zeigt Popp und Hollweg (rechts) in der Fischergasse vor der ehemaligen Gaststätte „Zur frischen Quelle", etwa ein Jahr, bevor diese geschlossen wurde.

Nach der Abschaffung der Pferdegespanne erfolgte nun bei Mönchshof die Belieferung der Gaststätten in Kulmbach ausschließlich mit Lkw. Diese Entwicklung war nicht aufzuhalten und bei den anderen Brauereien am Ort längst abgeschlossen, aber dennoch – so erzählte später ein Brauerei-Angestellter dem Verfasser – stimmte der Abschied von diesen treuen Mitarbeitern alle im Haus schon etwas traurig.

6.5.5 Freche Werbung

Unter der Überschrift *Die liebe Werbung* erinnerte 1998 der *Kulmbacher Bierkurier*, das Magazin der Kulmbacher Brauerei AG, an eine Begebenheit aus dem Jahr 1958:

Werbung soll den Umsatz steigern. Das galt auch schon vor vierzig Jahren, als die EKU das EKU 28 (Kulminator) in Verkehr brachte. Frech sollte die Werbung für dieses Starkbier sein. Und so ließ man sich darauf ein, eine nur mit einem Schleier bekleidete junge Frau auf einer 28er-Flasche durch die Lüfte schweben zu lassen. Das wiederum erschien der Presse, den Kirchen und Teilen der Öffentlichkeit als zu gewagt und führte schließlich zur Rücknahme und völligen Vernichtung aller Zeichnungen und Detailunterlagen auch bei der Druckerei. Jetzt tauchte im Süden ein Exemplar des verbotenen Zapfhahnschildes auf, das wir dem geneigten Leser nicht vorenthalten wollen.[20]

Heute können wir nur noch schmunzeln über die seinerzeitige Aufgeregtheit, doch, wer diese Zeit noch selbst miterlebt hat, weiß: Das war seinerzeit auf jeden Fall gewagt und frech.

Fritz Popp und Herbert Hollweg mit den beiden Brauereipferden „Kunz" und „Erich" – an der Verladerampe der Mönchshofbräu (oben) und in der Fischergasse (unten)

Das „gewagte" Werbeplakat der EKU mit der jungen Frau, auf einer 28er-Flasche fliegend

Kennen sie schon...

das stärkste Bier der Welt?
kulminator-Urtyp 28%

Erste Kulmbacher
ACTIEN-EXPORTBIER-BRAUEREI KULMBACH/BAYERN
GRÖSSTE BRAUEREI KULMBACHS

6.5.6 Ausbau der Marktstellung für Kulmbacher Bier zwischen 1960 und 1980

Ausstoß der Kulmbacher Brauereien von 1959/60 bis 1980/81 in hl*

Jahr	Erste Kulmbacher	Reichelbräu	Mönchshofbräu	Sandler-Bräu
1959/60	109.585	148.355	158.500	77.201
1960/61	117.555	—	167.753	80.674
1961/62	145.154	—	187.631	92.536
1962/63	173.438	194.705	202.115	96.131
1963/64	209.911	210.959	211.951	97.201
1964/65	251.237	215.619	216.743	100.269
1965/66	287.605	227.602	235.444	109.532
1966/67	319.963	230.007	244.014	112.035
1967/68	356.395	237.777	271.195	115.927
1968/69	384.104	248.279	284.906	124.661
1969/70	394.241	258.760	302.865	140.998
1970/71	422.618	260.294	307.596	161.712
1971/72	440.643	288.515	319.014	169.058
1972/73	465.473	330.847	317.065	214.222
1973/74	474.779	364.511	329.692	231.56
1974/75	542.273	395.525	341.192	234.564
1975/76	590.576	444.893	352.456	236.938
1976/77	521.613	471.960	342.568	244.359
1977/78	516.686	491.310	338.569	253.898
1978/79	523.376	497.205	335.824	252.331
1979/80	512.197	503.171	334.150	245.152
1980/81	546.022	545.437	355.351	224.877

* Zahlen von den Brauereien

Betrachtet man die Ausstoßzahlen der Kulmbacher Brauereien seit 1959/60 – bzw. schon seit 1949/50 –, so erscheint das Wachstum fast zwangsläufig und selbstverständlich. Zu leicht werden dabei die Schwierigkeiten und Rückschläge, die überwunden werden mussten, und die Leistungen der Verantwortlichen und ihrer Mitarbeiter übersehen. Beim Lesen der Geschäftsberichte nimmt man zwar Anschaffung und Einbau neuer, moderner und leistungsfähiger Anlagen zur Kenntnis – seien es Sudhäuser, Lagertanks oder Abfüllanlagen –, es sagt aber dem Laien nicht viel. Immerhin investieren die Kulmbacher Aktienbrauereien nunmehr seit rund hundert Jahren, und manche Anlage wurde schon mehrmals durch eine noch bessere und modernere ersetzt.

Einige Begebenheiten aus der Entwicklung seit 1960 seien aber im Folgenden doch noch kurz dargestellt.

6.5.7 EKU – Neubau auf der „grünen Wiese"

Die Ausstoßzahlen der Ersten Kulmbacher Actienbrauerei gegen Ende der 50er Jahre lassen deutlich erkennen, dass sich diese Firma seinerzeit in einer Krise befand. Dies änderte sich aber ab 1960 bzw. 1961 fast schlagartig: Die EKU erzielte nun im Ausstoß beachtliche Zuwachsraten – sie lagen in den vier Sudjahren nach 1960/61 jeweils bei rund 20 % und blieben bis 1975/76 deutlich positiv – und hatte bald wieder in Kulmbach die Spitzenstellung inne. Schon bis 1968/69, also in nur acht Jahren, stiegen die Ausstoßzahlen auf mehr als das Dreifache von 1959/60, und der Bierausstoß des Sudjahres 1975/76 betrug mehr als 500 % des genannten Vergleichsjahres! Dieser unerhörte Aufstieg ist mit dem Namen eines Mannes, Eribert Kattein, untrennbar verbunden; deshalb sei nun sein Werdegang kurz skizziert. Dies soll auch stellvertretend für die anderen Männer des Wiederaufbaus der Kulmbacher Brauindustrie geschehen:

Eribert Kattein wurde 1913 in Berlin geboren und erlernte später den Beruf des Brauers und Mälzers.

6.5 Die Kulmbacher Brauereien in den Jahrzehnten nach 1950

Sein Studium in Weihenstephan und an der TU Berlin schloss er 1939 als Diplombraumeister und Diplombrauingenieur ab. Kattein folgte mit diesem Berufsweg einer Familientradition: Schon Großvater und Vater – letzterer war Vorstandsmitglied der Engelhardt-Brauerei in Berlin – waren in dieser Branche tätig gewesen. Nach Krieg und Gefangenschaft kam Kattein 1947 nach Nürnberg, 1950 trat er bei der EKU ein. Seine Aufgabe war es, neue Märkte zu erschließen, nachdem die alten Absatzgebiete in Mittel- und Ostdeutschland verloren gegangen waren. Kattein wurde damals mit Wohnsitz in Göttingen Verkaufsleiter für Nord- und Westdeutschland sowie für das Exportgeschäft, insbesondere nach Belgien. 1953 zog er nach Kulmbach, wo er zweiter Direktor wurde, und 1957 nach Bamberg, wo er in den Vorstand der damaligen Mehrheitsbeteiligung der EKU, der Bamberger Hofbräu AG, bestellt wurde. Von dort holte ihn Max Geiger, der seinerzeit erste Mann des Mehrheitsaktionärs, der Bayerischen Hypotheken- und Wechselbank in München, am 6. Dezember 1960 – sozusagen über Nacht – an die Spitze der EKU zurück. Das Unternehmen befand sich zu dieser Zeit in einer ausgesprochenen Krisensituation, doch der neue Alleinvorstand brachte die EKU binnen kürzester Zeit in solide Absatz- und Ertragsverhältnisse und wurde in den folgenden Jahren zum Motor eines phänomenalen Aufstiegs.

Der Investitionsnachholbedarf erforderte anfangs der 60er Jahre ein schweres Opfer: Die Trennung von der Bamberger Hofbräu. Der Verkauf des Tochterunternehmens war die Voraussetzung dafür, dass die Reorganisation der EKU ohne übermäßige Inanspruchnahme von Fremdkapital durchgeführt werden konnte. Den entscheidenden Schritt in die Zukunft wagte und vollzog Kattein aber 1968/69, als er die seit 1872 bestehenden Räumlichkeiten in der Innenstadt aufgab, und die EKU in neue Brauereigebäude – auf der „grünen Wiese" errichtet – umzog. Hier nun der Bericht[20] über die Hemmnisse in den alten Gebäuden und über das neue Brauereigelände:

Eribert Kattein, Direktor der EKU von 1960 bis 1981

Im Geschäftsjahr 1967/68 hat die EKU mit 356.000 hl Ausstoß 333 % des Umsatzes vom Geschäftsjahr 1960/61 erzielt. Diesen Umsatzzuwachs hat die EKU in Räumlichkeiten erreicht, die mehrere Jahrzehnte alt sind, zum Teil sogar noch aus dem letzten Jahrhundert stammen. ...

Die Gebäude der EKU-Brauerei in der Innenstadt vor ihrem Abriss. Zur Orientierung mögen der Weiße Turm (vorne links) und das Haus Webergasse Nr. 2 – beide markiert mit einem kleinen Pfeil – dienen. Das große Fabrikgebäude vor der Spinnerei war die Malzfabrik Christenn.

In diesen Gebäuden haben sich im Laufe der Jahrzehnte große technische und maschinelle Änderungen vollzogen. Bisher war es möglich, neue Maschinen – wenn auch oft mit großen Schwierigkeiten und hohen Kosten – in die alten Gebäude einzubringen, so dass selbst im alten Gemäuer Rationalisierungseffekte erzielt werden konnten ...

Der erfreuliche Umsatzzuwachs der letzten Jahre jedoch hat die Kapazitätsgrenze der EKU erkennbar gemacht. Eine weitere Umsatzsteigerung ist nur noch möglich, wenn wir die Gärkeller vergrößern, neue Lagertanks aufstellen und schnellere Abfüllanlagen in Betrieb setzen. ... Die Verladekapazität, mit einfachen Worten: der Brauereihof, muss aus-

6.5 Die Kulmbacher Brauereien in den Jahrzehnten nach 1950

Die heutige Nutzung des ursprünglichen Geländes der EKU-Brauerei: Der Zentralparkplatz mit darunter liegender Tiefgarage und die Randbebauung entlang der Kloster- und der Webergasse. Im Hintergrund das ehemalige Kaufhaus „Bilka" – später umbenannt in „Kaufplatz" und seit etlichen Jahren leer stehend.

gedehnt werden, da wir nur noch mit äußerster Anstrengung in der Lage sind, in dem ... engen Hof jeden Tag alle Fahrzeuge für die Nah- und Ferntouren zu beladen.

Seit fast 100 Jahren liegt die EKU aber mitten in der Altstadt Kulmbachs. Die Straßenführung um das Brauereigebäude herum lässt sich nicht verändern, die EKU muss in der Stadtmitte mit 9.600 m² Grund auskommen.

Es musste eine grundsätzliche Neuregelung gefunden werden. Seit Jahren wird bei uns geplant. Die Entscheidung konnte nur lauten, dass die gesamte Brauerei umziehen muss. Als neues Betriebsgelände bot sich ein Platz in etwa 2 km Entfernung

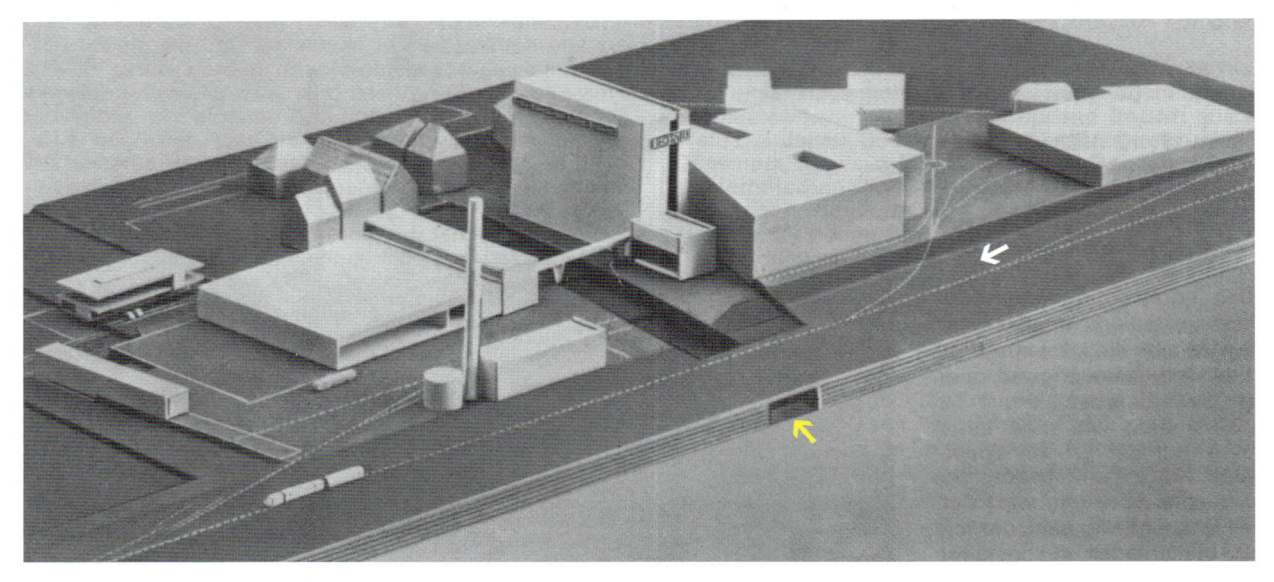

Der Neubau der EKU-Brauerei im Modell – hinter bzw. nördlich der Eisenbahngeleise (weißer Pfeil): Links im Bild die neu zu errichtenden Brauerei-Gebäude und in der Mitte der hoch aufragende Lagerturm. Daran schließen rechts die Gebäude der Unima-Malzfabrik an. Der gelbe Pfeil markiert die Bahnunterführung Hans-Hacker-/EKU-Straße.

von der heutigen Betriebsstätte direkt neben der Konzern-Mälzerei (die Malzfabrik Unima) der EKU an, der bereits vor einigen Jahren durch Zukauf vergrößert worden war.

Mit dem Mälzereigelände steht jetzt ein Areal von ca. 45.000 m² zur Verfügung. Es besitzt zwei Gleisanschlüsse, getrennt für Brauerei und Mälzerei, und liegt verkehrsgünstig, insbesondere im Hinblick auf geplante Umgehungs- und Hauptverkehrsstraßen der Stadt Kulmbach.

Der anvisierte Bauplatz lag nördlich der Bahnlinie in der Mittelau: Das Gelände der Malzfabrik Unima, weitere Gebäude bis hin zur Firma Bergophor und Grundstücke westlich der Mittelau-Straße gehörten schon längst der EKU. Hinzukaufen musste die Brauerei einen Gärtnereibetrieb und Teile des Fußballplatzes des ATS Kulmbach. Bei den Planungen der Brauerei selbst war ein Verkehrsprojekt der Stadt Kulmbach zu berücksichtigen: Danach sollte die Unterführung der Hans-Hacker-Straße deutlich ausgebaut und durch Anbindung an die Reichelstraße der Verkehrsfluss ungehindert Richtung Kronach bzw. Kronacher Straße geleitet werden.

Nach exakt einem Jahr Bauzeit konnte der Vorstand mit Stolz „Vollzug melden"[21]:

Das Geschäftsjahr 1968/69 stand im Zeichen der Verwirklichung des Neubaues unserer Braustätte. … Die neue Brauerei befindet sich auf einem unserer Mälzerei benachbarten Grundstück und kann beliebig erweitert werden.

Der Neubau und die Verlegung des im Jahre 1967 gekauften Sudwerkes wurden in technisch exakter Planung in einem Jahr durchgeführt. Am 17. 10. 1968 wurde der Grundstein gelegt, im Juni

1969 die Gärstation des Tankhochhauses in Betrieb genommen und am 17. 10. 1969 die neue Braustätte feierlich eingeweiht.

Der Verlegungszeitraum, der aus betriebstechnischen und technologischen Gründen auf ein Jahr beschränkt werden musste, hat naturgemäß viele Schwierigkeiten mit sich gebracht und auch von der Belegschaft unseres Betriebes den äußersten Einsatz verlangt. So arbeiteten in diesem Jahre große Teile unserer Belegschaft mit Überstunden und auch samstags und sonntags. Es spricht für den guten Geist unserer EKU, dass alle Mitarbeiter mit einer halbjährigen – in heutiger Zeit gewiss nicht sehr populären – Urlaubssperre einverstanden waren. Dem Betriebsrat, unserer Belegschaft und allen mit der Planung und Durchführung des Neubaues betrauten Mitarbeitern soll hohes Lob und volle Anerkennung für das Geleistete auch nochmals an dieser Stelle ausgesprochen sein. Auch den beteiligten Firmen und deren Mitarbeitern sei in diesem Zusammenhang für die außergewöhnlichen Leistungen gedankt.

Die Verlagerung der Brauerei in neue Anlagen bei laufendem Geschäftsbetrieb war auf jeden Fall ein Kraftakt aller Beteiligten und eine große Leistung zugleich. Und die EKU konnte sogar in diesem Geschäftsjahr ihren Absatz weiter steigern: Obgleich durch Verlegung und Teilarbeit in zwei Braubetrieben erhebliche Schwierigkeiten entstanden, konnte unsere Kundschaft zufrieden gestellt werden. Wir erzielten trotz aller Engpässe ... eine über den Bundesdurchschnitt liegende Ausstoßsteigerung – unser Ausstoß erhöhte sich auf 384.104 hl.

Nach zwölf Monaten Bauzeit war somit eine Anlage aus einem Guss geschaffen, die als technische Pionierleistung das einhellige Lob der Fachpresse fand. Einschließlich des Verwaltungsgebäudes kostete die neue Braustätte insgesamt 18 Millionen DM.

Finanziert wurde dies durch
– Abschreibungen,
– Darlehen vom Hauptaktionär (Bayerische Hypotheken- und Wechselbank) und
– den Verkaufserlös für das alte Brauereigrundstück in der Innenstadt.

Die Kapazität der neuen Betriebsanlagen lag nun bei rd. 700.000 hl.

Das bisherige Brauereigelände in der Innenstadt hatte die Stadt Kulmbach für drei Millionen DM erworben, und Anfang 1970 begann der Abriss der alten Gebäude. Stehen blieb allein das Verwaltungsgebäude, der sog. *Besenstiel*. Zunächst diente die freie Fläche als willkommener Parkplatz für bis zu 300 Pkw. Aber bei dieser Nutzung konnte es natürlich nicht bleiben. Und so stellte dieser Platz nun auch eine städtebauliche Herausforderung für die Verantwortlichen der Stadt Kulmbach dar.

In den folgenden Jahren fiel bei der EKU besonders die Übernahme der Hofer Bierbrauerei AG (Deininger Kronenbräu, Hof) 1974 auf. Diese Brauerei wurde in den nächsten Jahren ausgebaut; ihr Schwergewicht lag dabei auf der Herstellung qualitativ hoch stehender Spezialbiere.

Ab Geschäftsjahr 1977/78 stand Dr. Carl Reischach als neuer Vorstandskollege Eribert Kattein zur Seite. Ende April 1981 schließlich schied Kattein – hoch geehrt – aus dem Vorstand der EKU aus.

Nach dem vorläufigen Rekordergebnis der EKU von 590.576 hl im Sudjahr 1975/76 fiel der Ausstoß auf rund 520.000 hl für die kommenden vier Geschäftsjahre. Erst 1980/81 sollte wieder eine, dafür aber deutliche Steigerung eintreten.

6.5.8 Mönchshof, Sandler- und Reichelbräu

Auch Mönchshofbräu erzielte bis 1971/72 stete Zuwächse, allerdings nicht in dem Ausmaß wie EKU und Reichelbräu. Von 1956/57 bis 1963/64 war Mönchshof sogar die „Nr. 1" in Kulmbach. Nach einem vorläufigen Rekord von 352.456 hl im Sudjahr 1975/76 pendelte sich der Ausstoß gegen Ende der 70er Jahre bei rund 335.000 hl ein.

Ein Resümee der Aufbauleistung nach dem Krieg für Mönchshofbräu zog im Juli 1978 – anlässlich einer Brauereibesichtigung von Stadtrat und Oberbürgermeister – Direktor Franz Erich Meußdoerffer: Vor dem Krieg war Mönchshof die kleinste der verbliebenen vier Kulmbacher Brauereien mit einem Marktanteil von rund sechs Prozent gewesen. 1978 belief sich der Anteil auf 22%. Nach dem Weltkrieg, der einen Verlust von 75% der alten Kundschaft brachte, wurde 1951 ein Ausstoß von 50.000 hl – Vorkriegszahl 28.500 hl – erzielt. 100.000 hl waren es 1956, 200.000 hl im Jahr 1963 und 300.000 hl im Jahr 1971. Der Ausstoß 1977 bewegte sich bei 345.000 hl. Mit Stolz verwies Meußdoerffer auch auf verschiedene, von der Brauerei erbrachte Pionierleistungen auf brautechnischem Gebiet.

In der Wachstumsphase von Mönchshofbräu wurden seit Kriegsende 220 neue Arbeitsplätze geschaffen, 93 Millionen DM an Löhnen und Sozialleistungen erbracht und weniger als 5% dieser Summe an Gewinnen verteilt. Nach den Worten des Direktors flossen in dem genannten Zeitraum 113,5 Millionen DM an Steuern an die öffentliche Hand. Investiert wurden seit der Währungsreform rund 62 Millionen DM; die Finanzierung erfolgte im Wesentlichen aus Abschreibungen und aus nicht entnommenen Gewinnen. Im Interesse der Stärkung des Unternehmens begnügte sich dabei die Eigentümerfamilie mit relativ geringen Ausschüttungen.

Für die Zukunft erwartete Meußdoerffer aber nicht mehr Wachstumsraten in der Größenordnung der vergangenen drei Jahrzehnte.

Sandlerbräu, die eigentlich recht still und unauffällig gearbeitet hatte, kam durch ihre Verkaufsmeldung wieder mehr ins Gespräch: *Oetker kauft Sandler* – diese Meldung vom 23. Juli 1970 überraschte zumindest Außenstehende. Dabei waren monatelange Verhandlungen zwischen dem Konzern und den rund 20 Anteilseignern der Brauerei vorausgegangen. Zunächst konnte Oetker nur 61% des Stammkapitals von 1,8 Millionen DM erwerben, für die restlichen 39% wurde aber gleichzeitig ein Angebot abgegeben (und vermutlich auch umgehend angenommen). Der Oetker-Konzern zählte – und zählt noch heute – zu den größten europäischen Konzernen auf dem Nahrungsmittelsektor; ihm gehören zahlreiche Brauereien, eine Reederei und andere Unternehmen.

Über die Motive zum Verkauf lassen sich nur Mutmaßungen anstellen: Ein Grund könnte gewesen sein, dass sich die Anteile an der Brauerei inzwischen in zu vielen Händen befanden, auch war die Leitung nicht mehr identisch mit einem wesentlichen Anteil am Eigentum der Firma. Sandlerbräu hatte beim Zeitpunkt des Verkaufs rund 150 Beschäftigte und erzielte einen Ausstoß von 140.000 hl Bier. Damit war sie aber mit Abstand die kleinste Brauerei am Platz. Offensichtlich hatte Sandler nach 1949 etwas den Anschluss verloren. Überlegungen hinsichtlich der Überlebenschancen in einem immer härter werdenden Konkurrenzkampf mögen da eine entscheidende Rolle gespielt haben. Da kam manchem Aktionär das Angebot von Oetker sicher recht gelegen.

Allerdings bedeutete dieser Verkauf auch den Ausstieg einer Familie aus dem Braugeschäft, die in

Sandlerbräu im Jahr 1970: Bürohaus und altes Sudhaus im Grünwehr

Kulmbach doch die längste Tradition in diesem Gewerbe aufwies: Ihr Vorfahr Lorenz Sandler hatte ja 1831 den ersten Kulmbacher Bierexport überhaupt durchgeführt, und seit diesem Datum wurde das Braugeschäft von der Familie Sandler betrieben! Stets arbeiteten verschiedene Mitglieder der Familie in der Brauerei bzw. waren im Aufsichtsrat vertreten, so z. B. Christian Sandler (geboren 3. Juni 1881, gestorben 30. November 1968), der rund 56 Jahre lang Direktor und Vorstandsmitglied war.

Nach dem Verkauf von Sandlerbräu war Mönchshof die einzige Kulmbacher Brauerei im Familienbesitz.

Reichelbräu, zu Beginn der 1960er Jahre hinter Mönchshof die Nummer 2 unter den Kulmbacher Brauereien, musste sich ab 1964/65 infolge der enormen Zuwächse bei EKU mit dem 3. Platz zufrieden geben. Allerdings konnte auch die Reichelbräu ihren Ausstoß jährlich steigern. Die entscheidenden Zuwächse gelangen aber erst ab 1971/72: Bereits im darauf folgenden Geschäftsjahr glückte es, den Ausstoß um 42.300 hl zu steigern und Mönchshofbräu zu überholen. Der Abstand zu EKU blieb vorläufig aber noch deutlich; erst Ende der 70er Jahre konnte man mit EKU in etwa gleichziehen.

6.5.9 Ständige Veränderungen

Einige Veränderungen, die sich seit 1960 für alle Kulmbacher Brauereien ergaben, sollen im Folgenden kurz genannt werden. Es waren Neuerungen in der Brauereitechnik, im Sortiment und seiner Gestaltung und in der Absatzpolitik:

Als ein Beispiel für den nun einsetzenden rasanten technischen Fortschritt in den Brauereien seien die Abfüllanlagen genannt: 1961/62 erneuerte Reichelbräu ihre Flaschenfüllerei. Im Neubau wurden die vorhandene Anlage mit einer Stundenleistung von 8.000 Flaschen und eine neue Kolonne mit 15.000 Flaschen stündlich installiert. Im Sommer 1974 – also rund zwölf Jahre später – wurde in der gleichen Brauerei eine Flaschenabfüllstraße mit einer maximalen Leistung von 60.000 Flaschen in der Stunde installiert. Hinzu kam noch eine bereits vorhandene, aber generalüberholte Anlage mit einer Maximalleistung von stündlich 30.000 Flaschen.

Somit berechnete sich die Maximalleistung der Flaschenabfüllung bei Reichelbräu auf 90.000 Flaschen stündlich – gegenüber der 1961/62 installierten Anlage also die vierfache Kapazität.

Im Geschäftsjahr 1966/67 begannen die hiesigen Brauereien von den bisherigen Holzbierkästen auf Kunststoffkästen umzustellen; zum selben Termin wurden auch die 0,5-Liter-Euroflaschen eingeführt. Die Versuche, für alle Kulmbacher Brauereien einen im Emblem einheitlichen Kasten einzuführen, scheiterten aber. Die Einführung der Kunststoffkästen brachte auch eine arbeitsmäßige Erleichterung: Die bis dahin in den Brauereien eher ungebräuchlichen Gabelstapler konnten nun in Betrieb genommen werden.

Insgesamt stieg bis in die Mitte der 60er Jahre der Flaschenbieranteil bei den hiesigen Brauereien auf 70% des Gesamtausstoßes und erreichte am Ende dieses Jahrzehnts 76%. Wesentlicher Umsatzträger wurden bei allen Kulmbacher Brauereien die Pils-Biere, während die Anteile der übrigen Biersorten zurückgingen.

In der Absatzpolitik wurde mit Beginn der 70er Jahre der Erwerb kleinerer Brauereien, vor allem in Oberfranken und Oberpfalz, ein wesentliches Mittel. Zum einen wollte man sich in der unmittelbaren Umgebung eine stärkere Absatzbasis schaffen, da die Umsätze im Versandgeschäft durch stetig steigende Fracht- und Verteilungskosten mit Risiken belastet waren. Zum anderen konnten so die Kulmbacher Brauereien ihre Position in einzelnen Gebieten stärken und ausbauen; eine kostengünstigere Belieferung und die Auslastung der Anlagen wurden zusätzlich erreicht.

Nach dem Kauf wurde im Allgemeinen der Braubetrieb in den erworbenen Brauereien eingestellt und die vorhandenen Gebäude und Grundstücke oft als Niederlassung der jeweiligen Kulmbacher Brauerei weiter genutzt. Mitarbeiter und Geschäftsführer der bis dahin selbstständigen Firmen wurden nach Möglichkeit übernommen. Den Anfang machte Mönchshofbräu 1969/70 mit dem Erwerb der Mehrheitsbeteiligung an der Schübel-Bräu in Schwarzenbach. Aber vor allem die beiden Großen – EKU und Reichelbräu – kauften im Folgenden zielstrebig Kleinbrauereien auf.

Ab Mitte der 1970er Jahre änderten sich auch die Vertriebswege. So verlor der traditionelle Heimdienst, d. h. die Bierauslieferung mit Brauerei-Lkw direkt an die Haushalte, zusehends an Bedeutung. Abhol- und Großverbrauchermärkte boten dem Verbraucher ein immer größer werdendes Getränkesortiment an.

Um in dem sich verschärfenden Wettbewerb bestehen und evtl. den eigenen Absatz steigern zu können, verstärkten die Kulmbacher Brauereien ab

6.5 Die Kulmbacher Brauereien in den Jahrzehnten nach 1950

Luftbildaufnahme von 1975 mit Reichelbräu im Vordergrund und EKU im Hintergrund, rechts oben die Kulmbacher Spinnerei

1970 ihre Werbung wesentlich: So gab die EKU seit 1971 – neben Fernseh- und Rundfunkwerbung – ganzseitige, vierfarbige Anzeigen im Nachrichtenmagazin *Der Spiegel* und Kleinanzeigen in maßgeblichen bayerischen Tageszeitungen auf. Reichelbräu erhöhte im selben Jahr den Werbeetat auf eine Million DM. Erstmals im Frühjahr 1977 kreierte sie einen Fernsehspot und ließ ihn im bayerischen Regionalfernsehen senden. Gleichzeitig wurde die Zahl der geschalteten Rundfunkspots erhöht.

Im gleichen Zeitraum ergänzten die Kulmbacher Brauereien ihr Sortiment mit alkoholfreien Getränken. So erwarb Reichelbräu zum 1. Januar 1978 die Coca-Cola-Konzession Altenstadt bei Weiden und brachte anschließend diese Konzession in eine Produktions-Gesellschaft für Erfrischungsgetränke ein.

Genau ein Jahr später erhielt Reichelbräu von dem Mineralbrunnenhersteller Oberselters das Alleinvertriebsrecht für den nordbayerischen Raum; *Oberselters Prinzenquelle* wurde sogar als Eigenmarke der Brauerei geschützt. Mönchshofbräu übernahm die Niederlassung Ansbach von *Nawinta* in Bad Windsheim.

7. Erneute Konzentration und weiteres Wachstum bei den Kulmbacher Brauereien ab den 1980er Jahren

Bis gegen Ende der 1970er Jahre waren die Verhältnisse der Kulmbacher Brauereien leicht überschaubar und über lange Zeiträume im Wesentlichen unverändert:

Bei EKU und Reichelbräu hatte 1969 die Bayerische Hypotheken- und Wechselbank in München jeweils die Aktienmehrheit erworben. Viele erwarteten deshalb auf Dauer ein Zusammengehen dieser beiden Brauereien. Mönchshof war weiterhin im Besitz der Familie Meußdoerffer, und bei Sandlerbräu hatte 1970 der Oetker-Konzern von den einzelnen Familien die Anteile erworben.

Die kleine Schweizerhof-Brauerei, gelegen in Ziegelhütten und erst 1946 durch Eingemeindung eine Kulmbacher Brauerei geworden, wurde über Jahrzehnte von der Familie Lobinger betrieben und war seit 1966 an die Schultheiss-Brauerei im nahen Weißenbrunn verpachtet. Dabei hatten anscheinend die Kulmbacher „Brauereigewaltigen" den entscheidenden Moment verpasst, um selbst mit Lobinger einen Pachtvertrag abzuschließen und so die fünfte Kulmbacher Brauerei stillzulegen. Denn Jahre später sollte der Brauereibesitzer Gerd Borges aus Marktoberdorf den Pachtvertrag von der Schultheiss-Brauerei übernehmen und mit seinen Aktivitäten bzw. Ambitionen in Kulmbach für einigen Wirbel sorgen.

Doch sorgten dann die Jahre 1979, 1980 und danach für einigen Wirbel, und sie brachten einschneidende Veränderungen in die Kulmbacher Brauereien-Landschaft mit sich.

7.1 1980: Reichel übernimmt Sandlerbräu

Am 1. September 1979 überraschte zunächst die Tageszeitung *Die Welt* mit der Meldung über einen Verkauf von Mönchshofbräu an den Oetker-Konzern:

Die Oetker-Gruppe Bielefeld hat dem Vernehmen nach die Kulmbacher Mönchshof-Brauerei, Kulmbach, aus dem Eigentum der Familie Meußdoerffer erworben. Die Mönchshof-Brauerei hat einen Bierausstoß von rund 300.000 Hektoliter im Jahr. Ihr angegliedert ist eine Mälzerei.

Die Brauerei gilt als sehr gesund. Der Kaufpreis wird mit 27 Millionen DM genannt. Das ist zwar ein sehr hoher Preis, der aber auch die technische Qualität und die geschäftliche Situation der Brauerei widerspiegelt. Rationalisierungsüberlegungen werden zum Kaufentschluss beigetragen haben. Die Sandler-Brauerei (ebenfalls im Oetker-Besitz) liegt in der Nähe der Mönchshof-Brauerei.[1]

Diese Meldung sorgte selbst bei Insidern für Aufsehen und Aufregung, bei den betroffenen Belegschaften aber auch für Unruhe. Von der Eigentümerfamilie wurde der Bericht dementiert: Das Eigentum an der Brauerei liege weiterhin bei der Familie, und der Ausstoß betrage nicht 300.000, sondern knapp 350.000 hl jährlich. Die Sondierungsgespräche selbst wurden bestätigt, sie hätten sich aber zerschlagen: *Die beiderseitigen Vorstellungen konnten nicht zur Deckung gebracht werden.* Die mittelständische Mönchshofbräu wollte ihre bisherige

Geschäftspolitik fortsetzen. – Trotz dieser Erklärung erwartete mancher doch noch eine Fusion Sandler/Mönchshof für die allernächste Zeit.

So wurde die Übernahme von Sandler durch Reichelbräu – mit Wirkung vom 1. Januar 1980, bekannt gegeben aber erst am 17. Januar[2] – eine echte Überraschung. Im Unterschied zu den Verhandlungen mit Mönchshofbräu, diese waren ja im September publik geworden, gelang bei Reichel/Sandler der Abschluss fast gleichzeitig und unbemerkt von der Öffentlichkeit.

Reichelbräu und Sandlerbräu im Vergleich[3]:

	Reichelbräu	Sandlerbräu
Umsatz 1979	61 Mio. DM	29 Mio. DM
Bierausstoß	500.000 hl	210.000 hl
Alkoholfreie Getränke	85.000 hl	10.000 hl
Mitarbeiter	270	170

Reichelbräu hatte in dem vergangenem Jahrzehnt eine hervorragende Entwicklung hinter sich: Der Ausstoß, der sich 1970 noch bei 250.000 hl bewegt hatte, war auf über 500.000 hl angewachsen. Auch Sandlerbräu hatte sich in dem gleichen Zeitraum gut entwickelt: Lag der Ausstoß 1970 beim Kauf durch den Oetker-Konzern noch bei 140.000 hl, so war er nun auf 240.000 hl angestiegen.

Unmittelbar nach dem Erwerb durch Oetker – im Jahre 1971 – war ein neues, hochmodernes Sudwerk bei Sandlerbräu in Betrieb genommen worden. Das vorher benutzte stammte aus dem Jahr 1886 und war damit immerhin 85 Jahre in Betrieb. Es war mit Abstand die älteste „Bierküche" in Kulmbach und vermutlich auch eine der ältesten in ganz Deutschland.[4]

Sandler blieb aber dennoch die kleinste unter den Kulmbacher Brauereien – und dies mit allen Nachteilen. Denn wie die obigen Zahlen zeigen, war das Verhältnis zwischen der Mitarbeiterzahl einerseits und den Umsatz- und Ausstoßzahlen andererseits doch deutlich ungünstiger als bei der übernehmenden Brauerei. Da Sandler – wie alle Kulmbacher Brauereien – im gesamten Bundesgebiet vertreten war, musste die Brauerei eine ähnlich große Vertriebsorganisation unterhalten wie die anderen „Großen" am Ort, mit dem Unterschied allerdings, dass die Brauerei nur den halben Umsatz erzielte.

7.1.1 Die Übernahmeverhandlungen

Die Sandlerbräu wurde vor ihrer Übernahme durch Reichel in der Rechtsform einer Kommanditgesellschaft geführt. Beteiligt daran waren

Dr. Guido Sandler als Komplementär
 (= Vollhafter) mit 18.000 DM und
Rudolf August Oetker als Kommanditist
 (= Teilhafter) mit 1.782.000 DM.[5]

Dr. Guido Sandler war ein Nachfahre der ursprünglichen Eigentümerfamilie und zugleich Generalbevollmächtigter des Oetker-Konzerns. Er hatte – so scheint es – mehr oder minder pro forma die Rolle des Komplementärs übernommen. Oetker hatte eindeutig in dieser Kommanditgesellschaft das Sagen.

Ein erstes Gespräch zwischen Reichelbräu und der Oetker-Gruppe über den Verkauf von Sandler fand schon Ende Januar 1979 statt – offensichtlich unbemerkt von der interessierten Öffentlichkeit. Bei späteren Gesprächen ging es – neben dem Preis – um die Frage: Wird Sandler gegen Zahlung eines

7.1 1980: Reichel übernimmt Sandlerbräu

Sandlerbräu im Juli 1968 aus der Luft von Südosten her gesehen

Kaufpreises erworben oder erhält die Oetker-Gruppe eine entsprechende Beteiligung an der Reichelbrauerei? Dies war eine Entscheidung, die der Aufsichtsrat treffen und der deshalb der Hauptaktionär – seinerzeit die Bayerische Hypotheken- und Wechselbank in München – zustimmen musste.

Die beiden Vorstände der Reichelbräu, Gert Langer und Horst Roßberg, mussten so mit zwei Seiten ihre Gespräche führen. Und die Verhandlungen mit Oetker verliefen – dem Vernehmen nach[6] – sehr zäh. Offensichtlich führte Dr. Guido Sandler diese Verkaufsgespräche nur widerwillig, da er sich persönlich mit der Brauerei in Kulmbach verbunden fühlte. Erst Ende Dezember 1979 wurden die Verhandlungen konkret, es wurde aber heftig um den Kaufpreis „gepokert", und mehrmals schienen die

Gespräche vor dem Scheitern zu stehen. Am Nachmittag des 31. Dezember kam es in Fulda endlich zu einer Einigung: Reichel konnte Sandler mit einem Wertansatz von ca. 17 Mio. DM kaufen. Bezahlt wurde mit einem Aktienpaket von 10 % an Reichel und der Rest „cash". Auch hier fiel es den Reichel-Vorständen auf, wie schwer sich Dr. Guido Sandler mit dem Verkauf „seiner" Brauerei tat.

In den Tagen danach zeigte es sich, wie vorteilhaft es war, dass der Reichel-Vorstand bereits im November erste Überlegungen für die Übernahme der Sandlerbräu angestellt und diese dann bis ins Detail ausgearbeitet hatte, denn auch der eigene Aufsichtsrat musste ja einverstanden sein. Am 15. Januar 1980 billigte dieser in einer außerordentlichen Sitzung den Erwerb der Sandlerbräu und den Vorvertrag vom 31. Dezember 1979. Damit war die Übernahme rechtswirksam geworden.

Am 17. Januar 1980 wurden dann die Belegschaften der beiden Brauereien und die örtliche Presse über die neue Situation informiert.

7.1.2 Der Ablauf der Übernahme

Die Übernahme der Sandlerbräu lief fast generalstabsmäßig ab. Bereits ab Mitte Januar wurden die Außendienst-Organisationen beider Brauereien zusammengelegt – ein Schritt, der mit erheblichen personellen Veränderungen verbunden war. Ab 1. März wurde der Verkauf einheitlich geleitet und auch die einzelnen Verkaufsgebiete von Verkäufern betreut, die sowohl die Marke *Reichelbräu* als auch *Sandlerbräu* vertraten. Ab 1. April wurde die Verwaltung der Sandlerbräu in die der Reichelbräu eingegliedert. Der bisherige Geschäftsführer der Sandlerbräu, Walter Hubl, wurde Mitglied des nun dreiköpfigen Reichelbräu-Vorstandes.

Reichel- und Sandlerbräu verabschiedeten ein einheitliches Sortenkonzept: Unter dem Namen *Sandlerbräu* wurden die umsatztragenden Biersorten *Vollbier*, *Pils* und *Export* weitergeführt sowie das in den letzten Jahren erfolgreiche Spezialbier *Sandler-Weizen*. Alle anderen Biersorten stellte man auf die Marke *Reichelbräu* um, wobei man von Sandler für das dunkle Exportbier den Namen *Fränkisches Urbier* übernahm und damit die traditionsreiche Sorte *Reichelbräu-Urkulm* ersetzte.

Zunächst wurde bei Sandlerbräu weiter gebraut und auch abgefüllt. Anfang Dezember 1980 wurde jedoch die Fass- und Flaschenabfüllung stillgelegt und von der Reichelbräu übernommen. Bei der Sandlerbräu blieben weiterhin das Sudhaus sowie die Gär- und Lagerkellerabteilungen in Betrieb, wobei die Belegschaft auf zwölf Mitarbeiter reduziert wurde. Bahn-Container brachten das in der Sandlerbräu hergestellte Bier zur Reichelbräu, wo es nach Filtration auf Fass- bzw. Flaschengebinde abgefüllt wurde. Die Stadt Kulmbach kaufte das Brauerei-Grundstück von Sandlerbräu als Ganzes, wobei die Stadt aber dem Verkäufer das Nutzungsrecht bis Ende 1984 einräumte.

Die von der Betriebsstilllegung betroffenen Mitarbeiter der Sandlerbräu – rund 100 Personen – erhielten Abfindungszahlungen im Rahmen eines Sozialplanes, der mit dem Betriebsrat abgeschlossen wurde. Bei der Eingliederung des Fuhrparks der Sandlerbräu ergaben sich aber erstmals nicht erwartete Schwierigkeiten: Allen Kraftfahrern wurde ein Arbeitsplatz bei der Reichelbräu angeboten, aber 20 der 31 Mitarbeiter lehnten das Angebot ab und zogen die Zahlung der Abfindungssumme einer Weiterbeschäftigung vor. Für die Versandleitung der Reichelbräu entstand hierdurch vor allem im Dezember 1980 eine außergewöhnlich schwierige Situation, die aber Dank des Einsatzes von Versandleitung und aller Kraftfahrer gemeistert werden konnte.

Der Vorstand der Reichelbräu machte in darauf folgenden Betriebsversammlungen kein Hehl daraus, dass ihm das Verständnis dafür fehlte, dass einerseits die steigende Arbeitslosigkeit beklagt werde, andererseits Mitarbeiter angebotene feste Arbeitsplätze wegen einer einmaligen Abfindungszahlung ausschlügen und das Unternehmen deshalb einerseits Kündigungen durchführen und andererseits im Fuhrparkbereich Neueinstellungen vornehmen müsse.

Bereits mit Abschluss des Geschäftsjahres 1981/1982 konnte Reichelbräu melden: *Eingliederung der Sandler ist bewältigt*. Mit Stolz berichtete der Vorstand, dass in allen drei Jahren nach der Übernahme nicht nur eingeplante Abschmelzverluste – man rechnete mit 10 bis 15% – vermieden werden konnten, sondern dass sich der Gesamtausstoß an Reichel- und Sandlerbieren sogar über Landes- und Bundesdurchschnitt weiter entwickelt hatte. Die Gestehungskosten für Bier konnte man durch die nun mögliche Rationalisierung um 2 DM je hl senken.

7.1.3 Mönchshof kauft zu

Noch einmal zurück zu den Turbulenzen des Jahres 1980: Die gescheiterten Übernahmeverhandlungen zwischen Oetker und Mönchshofbräu und der danach urplötzlich erfolgte Verkauf von Sandler- an Reichelbräu hatte doch für einige Verblüffung gesorgt. Und so stellte die *Bayerische Rundschau* in einem Kommentar sicherlich nicht zu Unrecht fest: *Wieso eine große Brauerei (Sandler) zuerst eine andere große (Mönchshof) kaufen und sich dann von einer dritten großen (Reichel) einverleiben läßt, wird dem Außenstehenden allerdings immer ein Rätsel bleiben.*[7]

Der Verfasser kann sich den Vorgang nur folgendermaßen erklären: Bei Sandlerbräu standen wesentliche Neuinvestitionen an, die sich aber angesichts von Ausstoß und Absatz nicht rentiert hätten. Zudem erwirtschaftete Sandler seit Jahren keinen Gewinn – Oetker sah keine Rendite-Perspektive. Durch den Erwerb der nahe gelegenen Mönchshof wäre eine gute Lösung möglich gewesen. Nach dem Scheitern dieser Übernahmegespräche konnte bzw. wollte Oetker Sandlerbräu nicht mehr im alten Stil betreiben und verkaufte sie deshalb an Reichelbräu.

Durch den im Januar 1980 erfolgten Zusammenschluss Reichel/Sandler war nun Mönchshofbräu[8] plötzlich in der Rolle der kleinsten Brauerei am Platz. Zum Gesamtausstoß aller Kulmbacher Brauereien trug Mönchshof nur mit etwa 20% bei: Die beiden Großen erreichten aber jeweils in etwa den doppelten Wert – Reichel/Sandler etwas mehr, EKU etwas weniger. Mönchshof musste neue Kunden gewinnen.

Gleichzeitig mit den Kulmbacher Übernahme- und Verkaufsgesprächen liefen auch Verhandlungen über die Schultheiss-Brauerei in Weißenbrunn, etwa 12 km von Kulmbach entfernt. Deren Eigentümerin, die Dortmunder Union-Schultheiss AG (DUS), veräußerte bereits seit einiger Zeit kleinere Braustätten in Bayern. In diese Überlegungen fiel auch die Brauerei in Weißenbrunn. Nach längeren Verhandlungen mit verschiedenen Interessenten erfolgte ein Verkauf in zwei Teilen: Der eine Teil war der Vertrieb, der andere die Braustätte. Ersteren erwarb nun zum 1. Juli 1980 die Kulmbacher Mönchshofbräu: *Wir wollten eine Brauerei nicht zu dem Zweck kaufen, um sie dann zu schließen*, so Franz Erich Meußdoerffer.

Mit dem Übernahmevertrag trat Mönchshof in sämtliche Absatzbeziehungen der Schultheiss-

Brauerei Weißenbrunn ein, und sie erwarb auch den größten Teil des Fuhrparks, dazu sämtliche weiteren Gegenstände des Anlage- und Umlaufvermögens. Zu letzterem gehörten auch vier brauereieigene Gaststätten. Rund 90 Gastwirtschaften waren bei der Schultheiss-Brauerei in Weißenbrunn, die rund 70.000 Hektoliter Bier herstellte, unter Vertrag, das Gros davon in Oberfranken, und hier wiederum mit dem Frankenwald als Schwerpunkt. Außerdem wollte Mönchshofbräu die Schultheiss-Niederlassungen in Aschaffenburg, Würzburg und Nürnberg weiter fortführen.

Den zweiten Teil von Schultheiss, nämlich den Braubetrieb in Weißenbrunn, erwarb die Sailerbräu, Marktoberdorf. Für ihr Engagement in Oberfranken waren anscheinend zwei Komponenten maßgebend: in diesem Raum mit den eigenen Produkten absatzmarktnah und kostengünstig einzusteigen und zum anderen die Kulmbacher Schweizerhof-Bräu, die seit 1966 an die Schultheiss-Brauerei in Weißenbrunn gebunden war. Diesen auf 30 Jahre laufenden Vertrag übernahm Sailerbräu mit; hierbei galt es unter Branchenkennern als offenes Geheimnis, dass Sailerbräu-Geschäftsführer Gerd Borges mit dem Gedanken gespielt hatte, über die Kulmbacher Schweizerhof-Bräu einen Einstieg in die Kulmbacher Brauereiszene einschließlich der Teilnahme am Bierfest zu erreichen.

Eine Pointe am Schluss: Auch Reichelbräu hatte im Verlauf des Jahres 1979 Verhandlungen mit der Dortmunder Union-Schultheiss AG über einen Kauf der Schultheiss-Brauerei in Weißenbrunn geführt, diese aber abgebrochen, als der Erwerb der Sandlerbräu feststand. Und die Oetker-Gruppe hatte gleichzeitig – neben den Gesprächen mit Reichelbräu – mit der Familie Meußdoerffer über einen Kauf der Mönchshofbräu verhandelt.

7.1.4 1981: Die EKU – ein Flaggschiff in der Brauindustrie

Unter ihrem Vorstand Eribert Kattein hatte die Erste Kulmbacher Actienbrauerei seit Ende der 60er Jahre kräftig aufgeholt, wieder die Spitzenposition am Ort und damit viel Selbstbewusstsein gewonnen. Äußere Zeichen des Erfolgs waren der Umzug in die neu gebaute Brauerei 1969/70 und die Eröffnung des *EKUinn* am 8. März 1975. Dieses *EKUinn*[9] war ein aufwändig gebautes und ausgestaltetes Doppelgiebelhaus in der Klostergasse, schräg gegenüber dem ursprünglichen Verwaltungsgebäude der Brauerei gelegen. Das geschmackvoll eingerichtete Speiselokal enthielt zusätzlich ein English Pub *anno dom*. Damit, so betonten die Eigentümer mit Stolz, hatte nicht nur Kulmbach, sondern der ganze oberfränkische Raum eine gastronomische Attraktion erhalten.

Nachfolger von Eribert Kattein im Vorstand waren Dr. Carl Reischach und Siegfried Ehrecke[10]. Die Gebrüder März KG in Rosenheim hatte 1979 die Mehrheit des Aktienkapitals von der Bayerischen Hypotheken- und Wechselbank erworben.

Die neuen Vorstände konnten weiter Erfolge feiern. Und so versicherte Josef März, der Vorsitzende des Aufsichtsrats, in der Hauptversammlung am 28. April 1981: *Die EKU wird ein Flaggschiff in der Brauindustrie bleiben*[11]. Die EKU zahlte 16 % Dividende, und der gesamte Getränkeabsatz der Gruppe näherte sich – *trotz aggressiven Wettbewerbs der anderen – der Eine-Million-Hektoliter-Grenze*. Des Weiteren habe die Brauerei gesunde Tochterunternehmen, und EKU-Bier sei in fast allen Staaten der USA vertreten.

EKU-Bavaria ist überall zu finden[12]: Im Februar 1982 – am dortigen Nationalfeiertag – weihte Josef März die zweite Brauerei in Togo ein, in der EKU-

Bier in Lizenz nach Kulmbacher Rezepten hergestellt werden sollte. Schrotmühlen und Siloanlagen für das Sudhaus hatte im Übrigen die hiesige Maschinenfabrik Wilhelm Künzel geliefert.[13]

Im Geschäftsjahr 1981/82 konnte EKU den Bierabsatz überdurchschnittlich um 13,9 % steigern, *wozu In- und Ausland gleichermaßen beigetragen haben*. 1982/83 betrug der erneute Zuwachs 5,15 % und die Dividende wurde von 16 % auf 18 % erhöht. Tochterunternehmen waren u. a. seinerzeit
- Unima Malzfabrik GmbH, Kulmbach,
- Rangau Brunnen GmbH, Bad Windsheim,
- Nawinta Getränke GmbH, Bad Windsheim (alle zu 100 %) und
- Deininger Kronenbräu, Hof (knapp 97 %)

Im Januar 1984 gab Dr. Carl Reischach weitere Vorhaben bekannt: Die Brauerei wollte in den nächsten zwei bis drei Jahren rund 20 Mio. DM investieren und ihre Kapazität von seinerzeit 800.000 auf 1,2 Millionen Hektoliter Bierausstoß jährlich erhöhen. Dazu wurde zum 1. April 1984 das Grundkapital um knapp 1,3 Mio. auf 7 Mio. DM erhöht; der Ausgabekurs der jungen Aktien betrug 500 % – das heißt, für eine 50-DM-Aktie waren 250 DM zu zahlen.

7.1.5 Der Abbruch der Sandler-Brauerei

Das Grundstück der Sandlerbrauerei war bereits im Jahr 1980 an die Städtebau-GmbH verkauft worden. 1985 verlagerte die Reichelbräu die Produktion der Sandlerbiere in die Mönchshof-Bräu[14], mit der man nun kooperierte.

Die Reichel verkaufte das Sudhaus sowie die Gär- und Lagerkellertanks über eine Agentur in Köln, die Firma Subo Export-Import, nach China, wo eine Brauerei unter anderem mit diesen Einrichtungen der Sandlerbräu errichtet werden sollte.

Nach dem Abschluss dieser Arbeiten im Juli 1986 waren die Voraussetzungen für den Abbruch der Sandler-Brauerei geschaffen. Die Städtebau-GmbH ließ, im November 1986 beginnend, sämtliche baulichen Anlagen im Bereich des Grünwehrs wie das Sudhaus und das alte Verwaltungsgebäude abbrechen. Es verschwanden somit alle Gebäude, die zwischen Grünwehr und Mühlkanal standen. Auf diesem Sandlerbräu-Gelände wurden dann zu Beginn der 1990er Jahre mehrere drei- und vierstöckige Wohngebäude errichtet: Eigentümer der *Luise-Fischer-Wohnlage* – Hausnummern 3, 5 und 7 – ist die Bürgerhospitalstiftung; Hausnummer 9 gehört der Gemeinnützigen Baugenossenschaft und Nr. 11 der Städtebau GmbH. Insgesamt sind hier 47 Mietwohnungen entstanden.[15]

Stehen blieb für eine Zeit lang die sog. Sandlerhalle am Schwedensteg, welche ursprünglich die Flaschenabfüllanlage beherbergt hatte. Die Halle diente nun Veranstaltungen verschiedenster Art.

Dem Verfasser ist nicht bekannt, wann tatsächlich die 20 Lager- und fünf Gärtanks ihre Reise nach China antraten: Im Februar 1987 lagen sie – immerhin schon seit einem dreiviertel Jahr – auf einem Areal des Kulmbacher Güterbahnhofs. Eigentümerin war inzwischen die Volksrepublik China geworden. Im März sollte die Reise losgehen: zunächst durch die damalige DDR und Polen, wobei wegen der Größe der Fracht die einzelnen Streckenabschnitte nur ohne Gegenverkehr passiert werden konnten. In der Sowjetunion sollten die Tanks auf die Transsibirische Eisenbahn – mit der russischen Breitspur – umgeladen werden. Die Kosten für den Transport wurden auf mehrere hunderttausend DM geschätzt.[16]

7.2 1984: Reichel- und Mönchshofbräu wollen zusammengehen

7.2.1 Die Meldung vom 21. August 1984

Im August 1984 wurde eine weitere Konzentration in der Kulmbacher Brauindustrie bekannt gegeben. Hier die Meldung aus der *Süddeutschen Zeitung* vom 21. August (leicht gekürzt):

In Kulmbach rücken Reichelbräu und Mönchshof zusammen

Um für die vorauszusehende Verschärfung am Biermarkt besser gewappnet zu sein, rücken die beiden Kulmbacher Brauereien Reichelbräu und Mönchshof enger zusammen. Die Unternehmerfamilie Meußdoerffer aus Kulmbach, zu deren Beteiligungs- und Verwaltungs-KG die Mönchshof GmbH bisher gehörte, erwirkt eine Beteiligung von 25 % an der Reichelbräu AG. Im Gegenzug beteiligt sich die Reichelbräu mehrheitlich an der Mönchshofbräu. Die Bayerische Hypotheken- und Wechsel-Bank AG, München, ermöglicht den Tausch durch Abgabe eines Teiles ihrer Reichelbräu-Aktien nach einer von der Reichelbräu-Hauptversammlung am 18. Oktober zu beschließenden Kapitalerhöhung. Der bisherige Mehrheitsaktionär wird dann nur noch über eine Schachtelbeteiligung verfügen, aber weiterhin den Vorsitz im Aufsichtsrat dieser Brauerei führen.

Wie Sprecher der beteiligten Unternehmen der Presse erklärten, sollen beide Brauereien auch künftig nebeneinander bestehen. Die Vielfalt und die Eigenprofile der jeweiligen Produkte sollen erhalten bleiben. Ziel der Verflechtung sei es, die Sicherheit der Arbeitsplätze in beiden Betrieben durch verstärkte Auslastung der Kapazitäten zu erhöhen, um den ohnehin laufenden Personalabbau in natürlichen Grenzen zu halten. ...

Ausgangspunkt des während der Kulmbacher Bierwoche unterzeichneten Vertrags sind die ungünstigen wirtschaftlichen Rahmenbedingungen für die Kulmbacher Brauereien, bedingt durch die geographische Randlage und die damit verbundenen langen Absatzwege sowie den Bevölkerungsschwund im Regionalmarkt. Für die Zukunft ist die Produktion eines gemeinsamen Weißbieres – der einzigen Sorte mit Zuwachsraten – und von alkoholfreien Getränken ... zu erwarten.

Franz Meußdoerffer wird im Herbst aus der Geschäftsführung der Mönchshof GmbH ausscheiden und für die Wahl des Aufsichtsrates der Reichelbräu AG vorgeschlagen. Der Vorstand der Reichelbräu AG soll gegebenenfalls durch einen Vertreter von Mönchshof ergänzt werden. Die Reichelbräu AG erwirtschaftete ... im letzten Geschäftsjahr mit 492 Mitarbeitern ein Umsatzvolumen von 111 Mill. DM, die Mönchshof GmbH mit ihren 242 Beschäftigten 41 Mill. DM

Beide Brauereien sollten somit auch in Zukunft als rechtlich und wirtschaftlich eigenständige Unternehmen geführt und betrieben werden.[17] Besonders betont wurde dabei, dass bei dieser *Kooperation* von einer *Übernahme* der Mönchshof durch die Reichel – *wie es einst bei der Sandler der Fall war – überhaupt nicht gesprochen werden* könne. Es handle sich, so Franz Erich Meußdoerffer, *um eine finanzielle Verflechtung, nicht einmal um eine Fusion.*

Auch die Sortenvielfalt sollte weiterhin gewährleistet werden. Aber die relativ starke Mönchshof-Belegschaft sollte verringert werden, allerdings weniger durch Entlassungen, als durch Vorruhestands-Regelungen, die eine *aus dieser Sicht relativ günstige Altersstruktur* ermöglichte.

Luftbild der Mönchshof-Bräu, 1985

7.2.2 Die Hauptversammlung vom 18. Oktober 1984

Am 18. Oktober 1984 fand dann die außerordentliche Hauptversammlung der Reichelbräu statt. Mit überwältigender Mehrheit wurde der vereinbarten Kooperation mit Mönchshof zugestimmt und Franz Meußdoerffer in den Aufsichtsrat berufen. Weiterhin wurde beschlossen, das Grundkapital um 1,1 auf 8,2 Mio. DM zu erhöhen. Die jungen Aktien und eigene aus dem Bestand der Hypo-Bank wurden als Schachtelpaket mit der Meußdoerffer-Gruppe gegen Hergabe der Mehrheit an der Mönchshof getauscht.

Allerdings gab es bei dieser Hauptversammlung auch einige wenige kritische Anmerkungen. So bezweifelte Werner Schröder aus München den Sinn der gefassten Beschlüsse für Reichelbräu und fragte, ob mit der Mönchshof nicht *eine Ertragsmaus zu einem Elefantenpreis* erworben und damit den Aktionären ein *Bärendienst* erwiesen worden sei.[18]

Geschäftsführer bei der Mönchshofbräu GmbH blieben Gerhard Wiedenhöfer und Wolf-Dieter von Schau, der Schwiegersohn von Franz Erich Meußdoerffer. Am 14. Februar 1985 schließlich wurde von Schau – als Nachfolger von Walter F. Hubl – in den Reichel-Vorstand berufen. Damit war die Kooperation zunächst abgeschlossen.

7.2.3 Unmut bei der EKU

Diese „Kooperation" von Reichel- und Mönchshof-Brauerei sorgte bei den EKU-Verantwortlichen für Unmut. Dr. Reischach bedauerte in einem Gespräch mit der *Bayerischen Rundschau* das Vorhaben seiner Kollegen[19]:

Es war immer Gedanke von Josef März und mir, diese große Kulmbacher Lösung zustande zu bringen, weil wir gemeint haben, dass dies die zweckmäßigste, vernünftigste und zukunftsorientierteste Lösung für Kulmbach wäre. Dass die Kollegen anderer Meinung sind, haben sie uns jetzt demonstriert. Wir sind aber bisher schon mit Erfolg unseren Weg allein gegangen, und wir werden das auch in Zukunft tun, selbst wenn uns jetzt eine in etwa gleichstarke Gruppe gegenübersteht. Bisher haben wir unsere Erfolge auch ohne Zukauf geschafft.

Dr. Reischach zeigte sich völlig überrascht, denn die Mönchshof-Holding habe mit den EKU-Verantwortlichen *überhaupt nicht gesprochen*. Er sah für das Kulmbacher Braugewerbe grundsätzliche Veränderungen und schärfere Konkurrenz gegeneinander voraus, denn nun gebe es in Kulmbach nur noch zwei Brauereien statt bisher vier. Und Mönchshof werde eines Tages sicher die gleiche Entwicklung nehmen wie Sandlerbräu.

7.2.4. Die Großaktionäre bei Reichelbräu

Nach der außerordentlichen Hauptversammlung vom 18. Oktober 1984 erschien die Meußdoerffer-Holding mit einem Anteil von 25% als neuer Großaktionär bei Reichelbräu.

Ein wichtiger Aktionär war lange Jahre die Familie Rizzi gewesen, die im Oktober 1930 ihre Markgrafenbräu gegen die entsprechende Beteiligung an die Reichelbräu abgetreten hatte. Etwa um 1980 verkauften nun die Erben – sie hielten noch etwa 12% am Kapital der Reichelbräu – ihre Aktien an die Familie Schlutius in Rückersdorf bei Lauf. Diese Familie hatte bereits durch den Verkauf der Coca-Cola-Konzession Weiden etwa 5% Reichel-Aktien im Besitz. Durch weitere Käufe an der Börse verfügte die Familie schließlich über ca. 25% am gesamten Aktienkapital der Brauerei.

Als ein Großaktionär mit einem Anteil von mehr als 25% am Grundkapital bei Reichelbräu wurde bereits die Bayerische Hypotheken- und Wechselbank AG in München – kurz *Hypo* – genannt. Allerdings galt es schon um 1980 als offenes Geheimnis, dass die Hypo ihre Beteiligungen in der Braubranche verkaufen wollte. Sie meldete aber unverändert zu den einzelnen Geschäftsberichten ihren Aktienbesitz mit mehr als ein Viertel am Grundkapital der Reichelbräu. Am 30. Juli 1986 wurde bekannt, dass die Hypo ihren Anteil von 27% an die Paulaner Salvator Thomas Brauerei AG – im Folgenden kurz *Paulaner AG* – des Münchner Bau- und Brauunternehmers Josef Schörghuber verkauft hatte.[20/21]

Es stellte sich nun die Frage, ob die Paulaner bei der Reichelbräu mit einer Rolle als einer von

7.2 1984: Reichel und Mönchshof wollen zusammengehen

Luftbild der Reichelbräu AG, 1986

drei gleich starken Partnern zufrieden sein werde oder ob sie, was stark angenommen wurde, den Erwerb einer Mehrheit anstreben würde. Klar war mit dem Einstieg von Paulaner, dass die von dem EKU-Hauptaktionär Josef März aus Rosenheim angestrebte *große Kulmbacher Lösung* in weite Ferne gerückt war. Die Hypo hatte im Übrigen mit dem getrennten Verkauf ihrer beiden Kulmbacher Aktienpakete – Reichel an Paulaner und EKU an März – eine gewisse Rivalität geschaffen.

Ende Juli 1987 wurde schließlich bekannt, dass die Paulaner Salvator Thomas Brauerei AG den 25%-Anteil der Meußdoerffer-Holding erworben hatte.[22] Damit war nun die Paulaner AG mit knapp 50% Hauptaktionär der Reichelbräu. Offensichtlich hatte Paulaner vorher einen Teil der Hypo-Schachtel an Dritte weitergegeben. Der Kaufpreis wurde mit *unter 15 Mio. DM* bzw. mit *deutlich unter 15 Mio. DM* angegeben. Da die Reichel-Aktien am 21. Juli an der Münchner Börse mit 490 notiert wurden, hätte sich ein Kurswert des Meußdoerffer-Anteils von über 20 Mio. DM errechnet.

Gründe für den Verkauf des Reichel-Anteils waren für die Meußdoerffer-Holding, so Dieter von Schau, Geschäftsführer bei Mönchshof und Schwiegersohn von Franz Erich Meußdoerffer, das Ausscheiden der Stadt Kulmbach aus der Holding und der Erhalt der Braustätte Mönchshof. Letzteres wäre bei der *großen Kulmbacher Lösung* nicht zu erwarten gewesen.

Ende 1987 waren die Aktien der Reichelbräu wie folgt verteilt:
– Paulaner in München knapp unter 50%,
– Familie Schlutius 25%,
– Oetker-Gruppe 10%,
– *in festen Händen* 7% und
– bei Kleinaktionären und damit im freien Handel 7%.[23]

7.2.5 Die Meußdoerffer-Holding

Wie war die Stadt Kulmbach überhaupt an eine Brauereibeteiligung gekommen? 1966 hatte die Stadt aus dem Nachlass des früheren Mönchshof-Direktors Johann Georg Wilhelm Meußdoerffer dessen Anteil von 24% an der Meußdoerffer-Gruppe geerbt.[24] Die Stadt hatte aber seinerzeit auf das sich daraus ergebende Stimmrecht verzichtet und blieb somit als stille Gesellschafterin ohne unmittelbaren Einfluss auf die Geschäftsführung. Später war man jedoch mit dieser Rolle in der Holding immer weniger zufrieden: Es sei auf Dauer nicht Aufgabe einer Kommune, unternehmerisch tätig zu sein. Vielleicht befürchteten Oberbürgermeister und Stadtrat auch Komplikationen mit anderen Firmen – natürlich speziell mit den anderen Brauereien – am Ort.

So kündigte die Stadt Kulmbach mit Stadtratsbeschluss vom 12. Dezember 1985 das Gesellschaftsverhältnis mit der Holding und schied schließlich mit Wirkung vom 31. Dezember 1986 aus. Der Wert des städtischen Anteils wurde auf 3 Mio. DM festgesetzt und war in drei Jahresraten fällig. Dieser Mittelabfluss dürfte die Holding stark belastet haben, und deren Geschäftsführer Franz Erich Meußdoerffer zeigte sich mit der gefundenen Lösung nur *leidlich zufrieden*.

Die Meußdoerffer-Gruppe hielt immer noch einen Anteil an der Mönchshofbräu. Geschäftsführer dort waren weiter Wolf-Dieter von Schau und Gerhard Wiedenhöfer. Bei der Holding verblieben die Malzfabrik Ochsenfurt und die Mälzerei Meußdoerffer in Kulmbach. Deren Bestand und Auslastung galt als gesichert – vor allem, da der mit der Reichelbräu abgeschlossene Malzliefervertrag noch bis zum Jahr 1995 laufen sollte.

Gesellschafter der Holding waren 1987 noch Franz Erich Meußdoerffer und seine drei Kinder Franz, Barbara und Stephan. Tochter Barbara von Schau hatte zusätzlich die Anteile ihres Onkels Wilhelm Meußdoerffer erhalten.

7.2.6 Das Ende der Ära Meußdoerffer

Mit Ablauf des Jahres 1989 schied Wolf-Dieter von Schau aus der Geschäftsführung der Mönchshof-Bräu und aus dem Vorstand der Reichelbräu aus.[25] Gleichzeitig übernahm Reichelbräu die restlichen Anteile der Familie Meußdoerffer. Zwar blieb der Senior, Franz Erich Meußdoerffer, Mitglied im Aufsichtsrat der Reichel und Vorsitzender des Verwaltungsrats der Mönchshof, aber die Bedeutung dieser Familie für die Kulmbacher Brauindustrie war damit – ohne Kapitalbeteiligung und nicht mehr vertreten im Management – beendet.

Gert Langer, Vorstand der Reichelbräu, zeigte sich mit Mönchshof ausgesprochen zufrieden: Die

Brauerei habe in den vergangenen Jahren eine gute und von einer hohen Auslastung der Kapazitäten geprägte Entwicklung genommen. Sie sollte deshalb auch weiterhin ein eigenständiger Betrieb mit eigenem Vertriebssystem innerhalb der Reichel-Gruppe bleiben.

Als neuer Geschäftsführer bei Mönchshof – zuständig für den Bereich Vertrieb / Verwaltung – wurde zum 1. Januar 1990 Dr. Hans-Christof Ihring vorgestellt. Ihring, 34 Jahre alt, hatte in Weihenstephan Brauwesen studiert und war Assistent von Gert Langer bei der Reichelbräu und danach Geschäftsführer des Markgrafen Getränkevertriebs gewesen. Für den technischen Bereich war weiter Gerhard Wiedenhöfer zuständig.

7.3 1985: Der Höhenflug der EKU

7.3.1 1985/86: Die EKU mit Engagements in Afrika und Übernahme von Tucherbräu und Brauhaus Amberg

In den Jahren ab 1985 beherrschten die Meldungen über Aktivitäten und Erfolge der Ersten Kulmbacher Actienbrauerei die öffentliche Wahrnehmung. Schon für das Geschäftsjahr 1983/84 konnte der Vorstand im März 1985 mit Stolz melden:

Erfolg ist der EKU auch im 112. Geschäftsjahr treu geblieben – Zuwachsraten auf allen Gebieten: Günstige Entwicklung beim Export / Künftig EKU-Bier auch auf den Salomoninseln und in China[26], und

Entwicklung über dem Branchendurchschnitt: Trotz schwieriger Situation auf dem Biermarkt Position gefestigt / Großes Lob für Vorstand, Aufsichtsrat und Belegschaft.[27]

Ab August 1985 wurde die EKU erneut in Afrika aktiv: *Verstärkt in Afrika Fuß fassen will die Erste Kulmbacher Actien-Brauerei AG. Nach dem erfolgreichen Engagement in Togo ist die EKU nun auch an Brauerei-Projekten in Gabun beteiligt. In Zusammenarbeit mit der Hamburger Haase-Brauerei GmbH errichtet die EKU zwei Brauereien in der Republik Gabun ..., die für eine Anfangskapazität von 300.000 Hektoliter jährlich ausgelegt werden ... Beide Brauereien werden in Lizenz EKU-Bier für Gabun und die anliegenden Länder herstellen.*[28]

Ende September 1985 überraschte die Erste Kulmbacher mit der Übernahme der Tucher Bräu AG in Nürnberg. Die EKU erwarb mit Wirkung vom 1. Oktober die qualifizierte Mehrheit von 75,36% des Grundkapitals, und zwar Anteile in Höhe von 50,36% von der Deutschen Brau GmbH, einer Tochter des Tabak- und Getränkekonzerns Reemtsma, und 25% von der Bayerischen Vereinsbank. Der Kaufpreis wurde dabei auf insgesamt 50 Mio. DM geschätzt. Dank dieses Erwerbs nahm die Erste Kulmbacher Actienbrauerei nun mit 2,8 Millionen Hektoliter Bier und alkoholfreien Getränken, 1.370 Beschäftigten und knapp 300 Mio. DM konsolidiertem Umsatz die zweite Position im bayerischen Braugewerbe – hinter der Gruppe des Münchner Unternehmers Josef Schörghuber – ein und gehörte zu den zehn größten Brauereien in Deutschland.[29]

Bereits im Frühjahr 1985 hatte EKU die Mehrheit am der Brauhaus Amberg AG erworben. Mit beiden „Töchtern" – Tucher Bräu und Brauhaus Amberg – wurden Beherrschungs- und Gewinnabführungsverträge abgeschlossen. Mitte April 1986 schließlich legte EKU den restlichen bzw. freien Aktionären jeweils ein Abfindungsangebot vor:

Tucher Bräu: 6% garantierte Dividende bzw. Ankauf restlicher Aktien zu 450% des Nennwertes, und

Brauhaus Amberg: 10% garantierte Dividende bzw. Ankauf restlicher Aktien zu 700% des Nennwertes.[30]

Neben diesen „großen Brocken" erscheint die Übernahme – offiziell hieß es *Kooperation* – der kleinen Gambrinusbräu in Naila im April 1986 eher als Randnotiz.[31]

7.3.2 1987: EKU kauft Henninger und wird Großkonzern

Die Meldung vom 29. September 1987[32]
Die EKU – Erste Kulmbacher Actienbrauerei AG (März-Gruppe) – und die Deutsche Brau GmbH (Reemtsma-Gruppe) sind übereingekommen, die Beteiligung ... an der Henninger Bräu AG Vorhaben wurde beim Bundeskartellamt angemeldet
war die Bestätigung für eine der seinerzeit größten Transaktionen in der deutschen Brauindustrie. Aus der EKU-Gruppe in Kulmbach wurde ab dem 1. Oktober ein neuer, gigantischer Brauerei-Konzern mit 6,5 Millionen Hektoliter Bier und alkoholfreien Getränken, 3.300 Beschäftigten und 700 bis 800 Mio. DM konsolidiertem Umsatz. Gemeinsam mit der Oetker-Gruppe lag EKU nun in der Bundesrepublik auf Platz 2 hinter dem DUS-Konzern – Dortmunder/Schultheiss – mit etwa acht Millionen Hektoliter.

Bei den Vertragsverhandlungen mit Reemtsma sei – trotz starker in- und ausländischer Konkurrenz – die EKU mit Josef März von Anfang an sehr gut im Rennen gelegen. Weitere Hauptinteressenten seien aus der Bundesrepublik Oetkers Binding-Brauerei AG und aus dem Ausland Anheuser-Busch und Miller Brewing sowie Kronenbourg/BSN und Heineken gewesen.

Der Kaufpreis für Henninger wurde auf etwa 100 Mio. DM geschätzt. Für diesen Betrag kamen zur EKU-Gruppe folgende Brauereien:
– Henninger Bräu AG in Frankfurt am Main,
– Eichbaum Brauerei AG in Mannheim,
– Frankenthaler Brauhaus und
– Moninger AG in Karlsruhe.

Diese Unternehmen hatten einen Getränkeausstoß von insgesamt 3,7 Millionen Hektoliter, rund 2.000 Mitarbeiter und einen konsolidierten Umsatz von 467 Mio. DM. Auf Henninger selbst entfiel dabei die Hälfte.

Mit dem Erwerb von Henninger wollte EKU – so die beiden Vorstände Dr. Reischach und Ehrecke – in die benachbarten bevölkerungsstarken Regionen expandieren. Und da sowohl Hessen als auch Baden-Württemberg an das zentrale Vertriebsnetz Nordbayerns angrenzten, sei diese Ausweitung ein durchaus logischer Schritt in der Weiterentwicklung der EKU-Gruppe. Zudem seien die Brauerei-Interessen der März-Gruppe weltweit, so dass auch unter diesem Gesichtspunkt ein Hineinwachsen in eine europäische Größenordnung durchaus gewollt sei.[33]

Es war vorgesehen, dass die beiden EKU-Vorstände – Dr. Carl Reischach und Siegfried Ehrecke – den neuen Großkonzern leiten. Auch sollte Kulmbach das Zentrum der EKU-Gruppe bleiben.

7.3.3 War Henninger für Reemtsma ein „Problemkind"?

Die erste Meldung[34] und der Bericht über den Kauf der Südwest-Gruppe mit der Brauerei Henninger als Konzernmutter lässt diesen Erwerb für die EKU-Gruppe als einen außergewöhnlichen Erfolg erscheinen. In derselben Ausgabe meldeten aber

7.3 1985: Der Höhenflug der EKU

Luftbild der Ersten Kulmbacher Actienbrauerei AG, 1984

Bayerische Rundschau und *Süddeutsche Zeitung* übereinstimmend Zweifel am Zustand der erworbenen Betriebe an:

Der Reemtsma-Konzern, Hamburg, hat mit der Henninger-Bräu AG, Frankfurt, noch nie so rechte Freude gehabt, schrieb die *Süddeutsche Zeitung*[35], und: *Für Reemtsma war das Wort Dividende ein Fremdwort.*

Auch HELGA EINECKE[36] zeigte mit der Überschrift *Henninger auf langer Durststrecke* des zweiten Berichts in der örtlichen *Bayerischen Rundschau* – diesmal im überregionalen Wirtschaftsteil – Skepsis:

Die Frankfurter Traditionsbrauerei Henninger befindet sich seit Jahren auf einer Durststrecke. Am stagnierenden und von Konzentration geprägten Biermarkt kämpft das Unternehmen gegen die roten Zahlen an. Binnen zehn Jahren wechselte der Chef der Brauerei viermal, und es war längst kein Geheimnis mehr, dass sich die Mutter Reemtsma von dem Problemkind Henninger trennen wollte.

Branchenkenner würden – so beide Berichte übereinstimmend – das lange Siechtum des Bierriesen mit teuren Fehlentscheidungen in der Vergangenheit begründen, an denen man nun seit mehr als zehn Jahren herumlaboriere. So habe der eine Vorstand – praktisch als Alleinherrscher bis 1979 im Amt – das Unternehmen vor allem international ausgeweitet. Er habe in rascher Folge Brauereien in Italien, Argentinien, Nigeria, Griechenland, Spanien und Kanada gekauft, die sich dann zum Teil als verlustreiche Engagements erweisen sollten. Übernommen habe Henninger sich jedoch vor allem 1971 mit dem Kauf der Mannheimer Eichbaum-Brauerei zum Preis von – *gepumpten* – 100 Mio. DM.

Und in der Wochenzeitung *DIE ZEIT* vom 9. Oktober 1987 heißt es über Josef März:

In der deutschen Brauwirtschaft schüttelt man ob dieser Ansammlung ... den Kopf und fragt sich, warum März für die ... problembelastete Henninger-Brauerei rund 100 Mio. Mark hinlegt. Ist es reine Gigantomanie oder ...? An hilfsbereiten Bankiers hat es dem risikofreudigen Unternehmer bei der Finanzierung seiner Geschäfte nie gefehlt.[37]

Die EKU war durch den Erwerb von Henninger nun zum Großkonzern aufgestiegen. Aber man hatte sich, so scheint es, auch manche Probleme mit eingehandelt. Und die beiden EKU-Vorstände hatten große Aufgaben vor sich. Trotzdem war man sich seiner Sache wohl sicher.

7.3.4 Der EKU-Konzern 1987/88

Der Geschäftsbericht der EKU 1987/88 gibt gut den Umfang des neu geschaffenen Konzerns wieder. So wurden folgende Brauereien mit in den von EKU als Obergesellschaft aufgestellten Konzernabschluss einbezogen:[38]

Die Übersicht[39] über die wesentlichen Gesellschaften der EKU-Gruppe führte insgesamt 31 Firmen bzw. Betriebe auf, darunter

acht Brauereien und Mälzereien,
sechs Mineralbrunnen und Hersteller von Erfrischungsgetränken,
sechs Vertriebsgesellschaften,
sechs sonstige Gesellschaften und
fünf Auslandsgesellschaften.

Die EKU selbst wies zum 30. September 1988 ein Eigenkapital von 43,59 Mio. DM und ein Nominalkapital von 9 Mio. DM aus.[40]

Der Bierausstoß der EKU selbst – Eigenproduktion in Kulmbach – in den einzelnen Geschäftsjahren betrug seit 1979/80 im Überblick:

7.3 1985: Der Höhenflug der EKU

Geschäftsjahr	Bierausstoß EKU in hl
1979/80	512.197
1980/81	546.022
1981/82	621.845
1982/83	657.042
1983/84	645.877
1984/85	659.445
1985/86	668.765
1986/87	662.239
1987/88	667.277
1988/89	651.137
1989/90	884.785

Das neue EKU-Sudhaus, gebaut 1989, zeigte sich – zusammen mit dem hohen Lagerturm – unübersehbar im Stadtbild Kulmbachs und demonstrierte deutlich das Selbstbewusstsein der Brauerei. Es war allerdings nur bis 2004 in Betrieb. In den Jahren 2009 und 2010 wurden beide Gebäude abgerissen.

EKU-Konzern	Eigenkapital in TDM	Nominalkapital in TDM	Beteiligung in %	gehalten von
Deininger Kronenbräu Hof	1.722	1.200	96,875	EKU
Brauhaus Amberg	1.100	1.000	83,250	EKU
Tucher Bräu, Nürnberg	41.358	15.760	75,630	EKU
Henninger-Bräu, Frankfurt	93.364	44.000	88,524	EKU

Teilkonzern Henninger	Nominalkapital in TDM	Beteiligung in %	gehalten von
Eichbaum, Mannheim	12.739	77,323	Henninger
Moninger, Karlsruhe	8.000	54,664	Henninger
Frankenthaler Brauhaus	2.160	97,963	Eichbaum/Henninger
Denner, Bruchsal	1.410	66,667	Moninger

7.4 1990: Neue Positionen im Kulmbacher Brauwesen

7.4.1 Die DDR öffnet ihre Grenzen – geht den Kulmbachern das Bier aus?

Am 9. November 1989 hatte die DDR ihre Grenzen geöffnet und ihren Bürgern die bisher verweigerte Freizügigkeit gestattet: Menschenmassen ergossen sich in den darauf folgenden Wochen und Monaten auf die grenznahen Gebiete der Bundesrepublik – so auch nach Oberfranken und Kulmbach. Die Besucher bestaunten hier Menge und Qualität des Warenangebots im Westen. Vieles, was sie in der DDR entbehren mussten, gab es hier in Hülle und Fülle.

Auch zu Hause gaben sich diese Menschen nun nicht mehr mit dem bestehenden Warenangebot zufrieden, und gleichzeitig gingen westdeutsche Firmen und Unternehmer *in den Osten*, um dort ihre Güter und Dienstleistungen anzubieten. Verständlicherweise nutzten auch die Kulmbacher Brauereien die Chance, die sich in der Noch-DDR zur Rückeroberung alter und zur Erschließung neuer Märkte aufgetan hatte. Sie ließen die Lastzüge rollen, denn die Kunden, die künftig im geeinten Deutschland für Umsatz sorgen sollten, wollten jetzt beliefert sein.

Unter der Überschrift *DDR-Durst sorgt für überschäumende Nachfrage* stellte im August 1990 die örtliche *Bayerische Rundschau* sorgenvoll die Frage: *Geht den Kulmbachern das Bier aus?*[41]

Ein „durstiger" Sommer und vor allem das sprunghaft angestiegene Geschäft mit der DDR hatten dafür gesorgt, dass die Brauereien an der Grenze ihrer Kapazität produzierten und dass es zu gelegentlichen Engpässen kam. Lieferverzögerungen blieben zwar die Ausnahme, aber bei den Randsorten – *Exoten* genannt – wie *Märzen*, *Festbier* oder *Bock* wurde es gelegentlich schon knapp.

Und so sah hier mancher Biertrinker mit Argwohn, wie Zigtausende von Hektolitern Richtung Sachsen und Thüringen entschwanden. In den Wirtshäusern kreisten die Gespräche um die Frage, ob die Brauereien mit der sprunghaft angestiegenen Nachfrage Schritt halten könnten. Doch diese konnten die Biertrinker vor Ort beruhigen: *Wir sind bemüht, zunächst unsere alten und treuen Kunden zu bedienen*, so Dr. Ihring von der Mönchshof, und auch Dr. Streng von der Reichelbräu demonstrierte Selbstbewusstsein: *Klar, wir produzieren gewissermaßen aus vollen Rohren, aber wir kommen zurecht und könnten sogar notfalls noch eins draufsetzen.* Und bei der EKU sah man als Silberstreif am Horizont das neue, im Bau befindliche Sudhaus: *Dort werden wir am Ende des Jahres schon brauen.*

7.4.2 Kooperationen und Übernahmen

Doch die Kulmbacher Brauereien lieferten nicht nur ihr Bier nach Sachsen und Thüringen, sie bemühten sich auch um die Zusammenarbeit mit dortigen Brauereien. Und so schloss die Reichelbräu schon Ende Februar 1990 einen Kooperationsvertrag mit der Sternquell-Brauerei in Plauen, nur 80 km von Kulmbach entfernt, die somit günstige Voraussetzungen für die geplante enge Zusammenarbeit bot.

Sternquell hatte 1989 ca. 700.000 hl Bier und ca. 300.000 hl alkoholfreie Getränke im VEB Getränkekombinat Karl-Marx-Stadt für andere DDR-Brauereien hergestellt und knapp 500 Mitarbeiter beschäftigt. Der eigene Absatz in der Region lag bei etwa 200.000 hl. Sternquell war bereits aus dem Getränkekombinat ausgeschieden und kurzfristig in eine GmbH umgewandelt worden. Reichelbräu sollte an dieser Gesellschaft eine Beteiligung von mindestens 50 % erwerben, sobald die politischen und wirtschaftlichen Rahmenbedingungen es zuließen.

Gemessen an DDR-Verhältnissen wies die Plauener Brauerei einen sehr guten technischen Stand auf. Reichelbräu wollte Sternquell weiter modernisieren und auch finanziell unterstützen. Eine eigene Vertriebsabteilung sollte aufgebaut und der Gastronomie-Service neu geregelt werden.

Die Reichel-Tochter Mönchshof übernahm die Brauerei Braustolz in Chemnitz, die seinerzeit ca. 300.000 hl Bier braute und verkaufte.

Auch die Erste Kulmbacher Actienbrauerei engagierte sich in den neuen Bundesländern. Zuerst erwarb sie die Meisterbräu in Halle an der Saale und dann im Januar 1991 die Diamant-Brauerei in Magdeburg. Auch hier waren eine grundlegende Modernisierung und Rationalisierung im Produktionsbereich sowie das Sichern bestehender und das Gewinnen neuer Kunden die wichtigsten Ziele. EKU investierte 1990/91 bei Diamant 14 Mio. DM und empfand einen Absatz von knapp 300.000 hl als *einen zufrieden stellenden Start in die Marktwirtschaft*.[42]

Meisterbräu in Halle dagegen war deutlich kleiner. Auch hier wurde kräftig investiert. Die Zahl der Beschäftigten sank dabei aber von 128 auf 76 (1992/93).

7.4.3 Pläne und Investitionen in Kulmbach

Auch in Kulmbach selbst geschah einiges, wobei 1990 eher das Jahr des Planens und der Vorbereitungen war, während die Vorhaben in den Jahren danach Stück für Stück verwirklicht wurden.

Die Erste Kulmbacher investierte 15 Mio. DM und weihte Ende Februar 1991 ihr neues Sudhaus mit Mühlenturm ein. Das Sudhaus fiel besonders durch seine moderne Fassade auf – eine Kombination aus Glas und beschichtetem Metall – und zeigte als markanter Industriebau im Kulmbacher Stadtbild deutlich das Selbstbewusstsein dieser Brauerei. Die EKU hatte sich vor allem in den neuen Bundesländern engagiert und blickte mit einem Ausstoß von über einer Million Hektoliter auf ein sehr erfolgreiches Geschäftsjahr zurück. Und im Mai erweiterte die EKU ihre Gär- und Lagerkapazität um vier weitere Großtanks mit je 2.500 hl Fassungsvermögen.[43]

Auch die Reichelbräu hatte ihren Bierabsatz 1989/90 auf über eine Million Hektoliter steigern können und investierte nun ebenfalls kräftig: So wurde Anfang März 1991 eine hochmoderne Flaschenabfüllanlage – Kosten 11 Mio. DM – in Kulmbach eingeweiht, und knapp zwei Wochen später nahm die Sternquell-Brauerei in Plauen ihre neue Abfüllanlage in Betrieb.[44]

Bei der Reichel-Tochter Mönchshof wurden Gaststätte und Biergarten neu gestaltet. Rund 50.000 Besucher kamen zur Eröffnung am Wochenende des 8. und 9. Juni 1991. Außerdem gewann das Vorhaben eines Bier- und Brauereimuseums mit rund 1.000 Quadratmeter Ausstellungsfläche im Mönchshof deutlich an Gestalt.[45]

Und schließlich warben Kulmbacher Bürger für die Idee einer eigenen, kleinen Brauerei mit speziellem Konzept – einer *Kommunbräu* in den Räumen der ehemaligen Limmersmühle im Grünwehr. Am 27. Juni 1990 fand die erste Informationsveranstaltung statt.

7.4.4 Dr. Carl Reischach 65 Jahre alt – Würdigung

Am 24. Januar 1992 feierte Dr. Carl Reischach, Vorstandsvorsitzender der EKU, seinen 65. Geburtstag und sollte mit Ablauf des Monats aus dem aktiven

Berufsleben ausscheiden. Die örtliche *Bayerische Rundschau* würdigte den Jubilar und sein Lebenswerk ausführlich. Einige Passagen seien wiedergegeben[46]:

Mit Dr. Reischach nimmt eine der herausragenden und profiliertesten deutschen Unternehmerpersönlichkeiten Abschied. Er hat, immer getragen und gestützt vom Vertrauen des Hauptaktionärs, der März AG Rosenheim, während seiner 13jährigen Tätigkeit in Kulmbach nicht nur die EKU in ihre erfolgreichste Zeit geführt, sondern unter dem Dach des Rosenheimer Mutterhauses zusammen mit Josef, Willi und Andreas März ein Brau- und Getränkeimperium geschmiedet, das heute mit einem Jahresausstoß von mehr als zehn Millionen Hektolitern das zweitgrößte in Deutschland ist.

Der versierte, zielstrebige Baumeister, der ... auch schwierigste Fusionen zustande bringt, der Wirtschaftler von hohen Graden, der selbst nach geglückten Transaktionen nie das rechte Maß verliert, und der gute Haushalter, den auch beste Bilanzergebnisse nicht dazu verführen können, die Gebote der Sparsamkeit und Bescheidenheit außer acht zu lassen ...

Seine Wiege ... stand ... in einem ebenso streng evangelischen und stark puritanischen Elternhaus in Ulm. Sein Vater ist bis heute das Leitbild von Dr. Carl Reischach geblieben ...

So kann Dr. Reischach ein wohl bestelltes Haus an seinen Weggefährten Siegfried Ehrecke übergeben, durch dessen Nachfolge die Kontinuität gewahrt ist.

Dr. Carl Reischach, EKU-Vorstand von 1978 bis 1992

Der Bericht zählte noch einmal alle Aufsichtsratsmandate des Jubilars auf: Vorsitzender bei den Brauereien Henninger, Eichbaum und Deininger und stellvertretender Vorsitzender bei Tucher, Frankenthaler und Brauhaus Amberg. Bei der Hauptversammlung der EKU am 23. April sollte er noch zusätzlich den Vorsitz im Aufsichtsrat an Stelle des ausscheidenden Willi März übernehmen.

Des Weiteren war Dr. Reischach auch in vielfältiger Weise im sozialen Bereich engagiert, so als Vorsitzender des Fördervereins der Fachoberschule Kulmbach.

In Anerkennung seiner Verdienste hatte Dr. Carl Reischach schon hohe Auszeichnungen erhalten: das Bundesverdienstkreuz am Bande am 19. Dezember 1986, die Kulmbacher Stadtmedaille anlässlich seines 60. Geburtstags am 24. Januar 1987 und den Bayerischen Verdienstorden am 11. Juli 1990. Das Bundesverdienstkreuz Erster Klasse sollte ihm noch am 4. Mai 1994 verliehen werden.

7.4.5 Die Schweizerhof-Bräu „macht dicht"

Neben den genannten Großbrauereien arbeitete nach wie vor die Schweizerhof-Bräu im Kulmbacher Stadtteil Ziegelhütten. Die Familie Lobinger als Eigentümer braute allerdings nicht mehr selber, sondern hatte ihren Betrieb bereits 1966 an die Schultheiss-Brauerei im benachbarten Weißenbrunn verpachtet. Und diesen Pachtvertrag hatte 1980 der Brauereibesitzer Gerd Borges aus Marktoberdorf zusammen mit dem Betrieb der Schultheiss übernommen. Die Familie Lobinger betrieb aber ihre Gaststätte *Schweizerhof*, auf dem Brauereigelände gelegen, weiter.

Die Schweizerhofbräu soll sogar in den folgenden Jahren ausgebaut worden sein. Nach einem Bericht von JOHANNES SCHULTERS in der Fachzeitschrift *Brauindustrie* aus dem Jahr 1984 seien in Ziegelhütten mit nur 2,5 Mann über 30.000 hl *Schweizerhof-Bräu feinherb* (Pilsener Typus) in traditionellem Verfahren gesotten, vergoren und acht bis zehn Wochen gelagert worden. Danach sei es per Container zum ca. 12 km entfernten Brauhaus Weißenbrunn gegangen, wo das Bier filtriert und abgefüllt worden sei.

Hauptabsatzgebiet der 0,5-Liter- und 0,33-Liter-Bügelverschlussflaschen (in Holzkästen) sowie der 2-Liter Siphonflaschen sei der norddeutsche Raum gewesen. Als Fassbier sei das Schweizerhof-Bier auch im Allgäu aus dem Hahn gelaufen. Darüber hinaus seien einige tausend hl auch in die USA und nach Italien exportiert worden.

Als im August 1984 Reichel- und Mönchshof-Bräu ihre Kooperation bekannt gaben, traf Dr. Carl Reischach die Aussage: *Wir hatten bisher in Kulmbach vier Brauereien, und jetzt haben wir nur zwei.*[47] Daraufhin kam als empörte Reaktion von der Sailerbräu der Hinweis auf die Schweizerhof als dritte Brauerei in Kulmbach, die man im Übrigen noch auf 80.000 hl Kapazität ausbauen wollte.

Man kann annehmen[47a], dass die kleine Schweizerhof-Bräu den Kulmbacher „Großen" ein Dorn im Auge war, denn Gerd Borges verkaufte dieses Schweizerhof-Bier recht werbewirksam als *Kulmbacher* und wollte so von dem guten Ruf, den die hiesigen Brauereien sich über Jahrzehnte hinweg erarbeitet hatten, profitieren. Auch reklamierte er, nachdem die Sandlerbräu keine eigene Braustätte mehr besaß, die dadurch eigentlich freiwerdende vierte Ecke im Bierstadel für seine Schweizerhof-Bräu. Umgekehrt ließ er allerdings Aufforderungen der hiesigen Brauereivereinigung, Mitglied zu werden und einen entsprechenden Kostenbeitrag auch für Investitionen in der Vergangenheit zu leisten, unbeantwortet verstreichen.

Im August 1992 machte dann – für Außenstehende etwas überraschend – Gerd Borges die Schweizerhof-Bräu „dicht" und beschloss, bis 2002 – solange lief der Pachtvertrag – hier nicht mehr zu brauen. Doch das Ende der Brautätigkeit in Ziegelhütten hatte sich schon im Jahr 1989 abgezeichnet, als Otto Lobinger, der seinerzeit die Gaststätte führte, mit einem „Markenwechsel" liebäugelte. Lobinger entschied sich für das gemeinsame Pachtangebot von Reichelbräu und der Ersten Kulmbacher Actienbrauerei. Und so tranken nun die Gäste im

Gasthof *Schweizerhof* – auf dem Gelände der Brauerei *Schweizerhof* – *fremdes Bier*, nämlich das von EKU und Reichel. Wenig später stellte Borges seine Brautätigkeit in Ziegelhütten ein.

7.4.6 Die Kommunbräu – eine neue Brauerei entsteht

Die Idee: Etwa gleichzeitig mit der fortschreitenden Konzentration in der Kulmbacher Brauindustrie entstand am Ort eine Art Gegenbewegung – vielleicht auch aus einem gewissen Gefühl der Nostalgie heraus und nach dem Motto *zurück zu den Wurzeln*. So luden Bernd Meile und Hans-Jürgen Päsler zum 27. Juni 1990 ein ins *Kauerndorfer Schlößla*[48], um dort für die Idee einer genossenschaftlichen Kleinbrauerei mit Gaststätte in der alten Limmersmühle zu werben. Es schien fast wie der Traum von der *guten, alten Zeit*:

Es war einmal eine kleine Stadt mit vielen gemütlichen Gaststätten, in denen Hand- und Kopfgesteuerte – kurz Bürger – sich zu Bier und Gespräch – auf kulmbacherisch „Gewaaf" – zurückziehen konnten.

Die Stadt existiert noch, die Gaststätten mit selbstgebrautem ungespundeten Bier aber nicht mehr. Wir meinen daher, dem Rad der Kulmbacher Wirtshausgeschichte in die Speichen greifen zu müssen, um es ein Stück zurückzudrehen.

Wir wollen jahreszeitbedingte Bierarten, die so nicht oder nur selten angeboten werden, ausschenken. Bier als Geschmacksprobe mit wechselnden Sorten ist ein Teil unserer Idee. …

Wir wollen in der Art einer Genossenschaft … eine kleine Brauerei mit Gaststätte einrichten. Er gibt nur Fass- bzw. offenes Bier im Krug. Ort des Vorhabens wird die Limmersmühle … sein.

Benötigt wird ein Kreis von etwa 200 Personen, die mit ihrer Einlage von 4.000 DM die Investitionen ermöglichen. Das Ganze steht nicht unter Renditegedanken. Überschüsse werden an die Mitglieder ausgeschüttet. Eine zusätzlich vorgesehene Rendite sind „Naturalausschüttungen" in Form von Bierkontingenten.[49]

Und im Einladungsschreiben wurde noch einmal betont:

Es geht also um ein Gemeinschaftsunternehmen, das weniger Gewinne als vielmehr Bier und Gemütlichkeit erzeugen soll. Unser Unterfangen will ein Beitrag zur Förderung der Kulmbacher Lebensart sein, eine Ergänzung der Bierstadt Kulmbach und des ansonsten gerne in Anspruch genommenen Angebots ihrer geschätzten Brauereien.

Aber war diese Idee einer Kleinbrauerei in Kulmbach, hier eigenes Bier zu brauen, angesichts der großen Brauereien am Ort nicht eine *Schnapsidee*? Oder: ein Unterfangen wie *Wasser in den Main schütten?*

Der Entwurf: Bei dem genannten Informationsabend[50] sollte sich jedoch zeigen, dass diese *Schnapsidee* auf ein breites Interesse gestoßen war – immerhin kamen rund 300 Besucher! Auch hatten die Initiatoren das Projekt schon soweit entwickelt, dass nur noch zwei Probleme gelöst werden mussten:

Gebraucht wurden 250 Mitglieder, die Anteile zu 4.000 DM zeichnen sollten, um ein Eigenkapital von einer Million für die Investitionssumme von rund 1,2 Mio. DM aufzubringen. Außerdem war eine Baugenehmigung bei der Stadt Kulmbach einzuholen.

Eine Genossenschaft wurde als die ideale Rechtsform für das geplante Unternehmen vorgeschlagen. Bei dieser Rechtsform hatte jede Person – unabhängig von der Anzahl ihrer Anteile – nur eine Stimme.

7.4 1990: Neue Positionen im Kulmbacher Brauwesen

Die Limmersmühle in der Unteren Buchgasse, 1990

Eine Beherrschung durch einen finanzkräftigen Interessenten war damit ausgeschlossen.

Die Gesamtinvestitionen wurden mit 350.000 bis 400.000 DM für ein 10-Hektoliter-Sudwerk mit einer Jahreskapazität von rund 2.000 Hektoliter und etwa 800.000 DM für die Umbaukosten angesetzt.

Als *unterstes Limit* für den Start des Projekts wurden 250 Genossen genannt. Hans-Jürgen Päsler machte dabei aber deutlich, dass es sich bei der angestrebten Wirtshausbrauerei *um eine Risikoanlage ohne ein Versprechen auf Verzinsung* handelte: Wer sein Geld möglichst gewinnbringend anlegen wollte, sei bei einer Bank besser aufgehoben.

Positiv war bereits eine Bauvoranfrage an die Stadt Kulmbach beschieden worden. Eine Baugenehmigung stand natürlich noch aus.

Die Gründung der Genossenschaft: Doch es sollte nicht so schnell gehen, wie es sich die Initiatoren gehofft hatten. Umfangreiche Vorarbeiten waren erforderlich, damit am 18. Februar 1992 endlich in der Gastwirtschaft *Zum Gründla* die Gründungsversammlung der Genossenschaft mit dem Namen *Kulmbacher Kommunbräu eG* stattfinden konnte.[51] Dabei freute sich Gernot Hemmann vom Bayerischen Genossenschaftsverband, *einmal an der Gründung einer Wirtshausbrauerei* *mitwirken* zu dürfen. Seinen Worten zufolge war das Kulmbacher Projekt das einzige seiner Art in Bayern.

Bis dahin waren 196 Anteile zu je 4.000 DM gezeichnet worden.[52] Man hoffte aber auf weitere Mitglieder, auch um die Kapitalbasis zu stärken. Die Haftung sollte auf die Einlage beschränkt bleiben, eine Nachschusspflicht bei eventuellen Verlusten war nicht vorgesehen.

Die Versammlung nahm die vorgeschlagene Satzung einstimmig an und wählte als Mitglieder des Aufsichtsrates:

Waldemar Pfeiffer, Geschäftsführer bei Raps,
Klaus Wendland, Geschäftsführer des Maja-Werks in Kasendorf,
Thomas Lange, Redakteur,
Sepp Bräu, Brauereiingenieur, und
Rudolf Hueber, Inhaber einer Edelstahlgießerei.

Der Aufsichtsrat bestimmte Thomas Lange zum Vorsitzenden und Waldemar Pfeiffer zu seinem Stellvertreter. Ferner oblag dem Aufsichtsrat, den Vorstand zu benennen: Hans-Jürgen Päsler, Bernd Meile und Helga Barth sollten nun die laufenden Geschäfte der Kommunbräu führen.

Vorstand und Aufsichtsrat wollten ehrenamtlich und ohne Vergütung arbeiten. Als nächster Schritt stand der Kauf der Limmersmühle – zusammen mit Umbau eine Investition von etwa 1,7 Mio. DM – an. Dann war noch eine Baugenehmigung einzuholen.

Der Baubeginn: Mit der Gründung der Genossenschaft waren allerdings noch nicht alle Hürden genommen: Erst nachdem die Eintragung ins Genossenschaftsregister erfolgt und mit dem Hausbesitzer Einigkeit über den Kauf der ehemaligen Mühle hergestellt war, konnte im Juni 1992 der Bauantrag gestellt werden. Zwar erteilte der Stadtrat die Baugenehmigung, aber sie wurde nicht wirksam, weil Anlieger im Dezember Widerspruch einlegten. Seither waren die Verantwortlichen bemüht, diesen Widerspruch zu entkräften und die sofortige Vollziehbarkeit der Baugenehmigung zu erreichen. Ein entsprechender Bescheid der Stadt Kulmbach wurde am 25. Februar 1993 erteilt. Damit hatte die Stadt „grünes Licht" für die Errichtung der Kommunbräu in der ehemaligen Limmersmühle am Grünwehr gegeben.[53]

Das erste Bier und die erste Kerwa: Am Donnerstag, 7. Juli 1994, war es dann so weit: Vorstand und Aufsichtsrat konnten – nach mehr als drei Jahren oft mühevoller Vorarbeit und einer Bauzeit von einem dreiviertel Jahr – den Anteilseignern endlich ihr Brauereiwirtshaus übergeben. Die umgebaute Limmersmühle zeigte sich als eine gelungene Kombination aus altem Mühlencharakter des Gebäudes, technischer Ausstattung und ansprechender Einrichtung. Entstanden waren Galeriaräume, Nebenzimmer und ein Saal mit insgesamt knapp 300 Sitzplätzen.[54]

Die Eheleute Hans und Mareike Purucker hatten Brauerei und Gastwirtschaft gepachtet und damit die Bewirtschaftung übernommen. Gebraut wurde helles und dunkles Bier, das ungespundet und unfiltriert zum Ausschank kam. Auf der Speisenkarte standen vor allem deftige Brotzeiten und traditionelle Kulmbacher Gerichte.

Knapp drei Monate später – am Donnerstag, 29. September 1994 – wurde die Kommunbräu zu Beginn ihrer ersten *Kerwa* noch einmal offiziell mit viel Prominenz aus Politik und Wirtschaft eröffnet. Dazu waren auch die Vertreter der großen Kulmbacher Brauereien eingeladen, und sie kamen auch, um zu gratulieren und mitzufeiern. Dies erscheint dem Verfasser als eine ausgesprochen noble Geste von beiden Seiten – man sah sich nicht als Konkurrenz und man gönnte dem Anderen den Erfolg.

Kleinbrauerei und Gastwirtschaft fanden auf Anhieb große Resonanz nicht nur in Kulmbach selbst, sondern auch weit darüber hinaus. So drehte ein Team des Bayerischen Fernsehens schon eine Woche nach der Eröffnung der Kommunbräu für die Sendereihe *Bayern live – der Norden*. Man ging dabei der Frage nach, warum sich ausgerechnet in der Bierstadt Kulmbach etwa 300 Bürger zusammengeschlossen hatten, um ihr eigenes Bier zu brauen.[55] Und ein Jahr später wurde die Kommunbräu als Landkreissieger mit dem *Heimatpreis* der Volks- und Raiffeisenbanken ausgezeichnet.[56]

Die Kleinbrauerei mit ihrer Gastwirtschaft sollte sich nicht nur zu Beginn, sondern auch in den folgenden Jahren als ein Erfolgsmodell erweisen. Doch dem Verfasser erscheint dieses gelungene Vorhaben nicht als ein „Selbstläufer" aufgrund einer spontanen Idee. Vielmehr ist die große Leistung aller Beteiligten zu würdigen: Begeisterung, Durchhaltewillen und unermüdlicher Arbeitseinsatz der Verantwortlichen im Aufsichtsrat, Vorstand und darüber hinaus. Auch ist die Bereitschaft der vielen Mitglieder anzuerkennen, einen höheren Geldbetrag zu investieren, ohne Aussicht auf einen finanziellen Vorteil – einfach für die Teilhabe an der Verwirklichung einer schönen Idee.

Bis zur offiziellen Eröffnung der Kommunbräu waren insgesamt rund 2,3 Mio. DM investiert worden. Auch bei der Anzahl der Mitglieder und der gezeichneten Anteile zeigte sich die wachsende Begeisterung.

Die wachsende Anzahl der Anteile bewirkte auch ein deutlich erhöhtes Eigenkapital der Genossenschaft. Vor allem fällt der kräftige Zuwachs in den Monaten Juli, August und September 1994 auf. Allerdings stieg auch die Investitionssumme deutlich: von ursprünglich geschätzten 1,2 Mio. DM auf geplante 1,7 Mio. DM in den Jahren 1992 und 1993

Anzahl der gezeichneten Anteile, des aufgebrachten Eigenkapitals und der jeweils geschätzten Investitionssumme bei der Kommunbräu Kulmbach eG.[58]

Datum	Anlass	Gezeichnete Anteile	Eigenkapital in DM *	Investitionssumme in DM
27. Juni 1990	Informationsabend – *Vorgabe bzw. geschätzt*	*rd. 250*	*1,00 Mio.*	*1,20 Mio.*
18. Febr. 1992	Gründung der Genossenschaft	196	0,78 Mio.	1,70 Mio.
25. Febr. 1993	Vollziehbare Baugenehmigung	über 220	0,90 Mio.	1,70 Mio.
7. Juli 1994	Eröffnung für Mitglieder	282	1,08 Mio.	über 2,00 Mio.
29. Sept. 1994	Offizielle Eröffnung	413	1,65 Mio.	2,30 Mio.

* Beträge gerundet

und schließlich auf 2,3 Mio. DM nach Bauabschluss im Herbst 1994. Insgesamt zeigen die Zahlen aber doch eine solide Finanzplanung und Finanzierung. In den folgenden Jahren bemühte man sich dann vorrangig um Schuldenabbau: Von 820.000 DM Bankdarlehen konnte die Kommunbräu bis zum Jahr 2000 bereits ein Drittel tilgen.[57]

7.4.7 Ein Brauereimuseum für Kulmbach?

Das Projekt: Im September 1990 sorgte die Meldung über ein geplantes Brauereimuseum auf dem Gelände der Mönchshof-Brauerei für Überraschung[59]. Es sollte auf einer Ausstellungsfläche von rund 1.000 Quadratmeter ein in Bayern bis dahin einmaliges Brauereimuseum entstehen – unter Einbezug auch der täglichen Produktionsabläufe. Alle handwerklichen, wirtschaftlichen, sozialen und kulturellen Aspekte der Bierbraukunst sollten hierbei umfassend dokumentiert werden.

Kleine Firmenmuseen bzw. „Erinnerungsstuben" mit einigen dekorativen Stücken aus der Vergangenheit, die sich zufällig erhalten haben, gab und gibt es ja auch bei anderen Brauereien bzw. an anderen Orten. Das Projekt im Mönchshof sollte sich davon absetzen: man plante kein Firmenmuseum, sondern ein didaktisches Museum zum Thema Brauwesen mit überregionaler Ausstrahlung.

Das gesamte Brauereiwesen, alle damit verbundenen Handwerks- und Industriezweige und auch alle Kulmbacher Brauereien sollten in dieses Projekt einbezogen werden. Die Brauerei beschloss, mit der Realisierung nicht unnötig lange zu warten, sondern den ersten Bauabschnitt möglichst bald in Angriff zu nehmen. Vorgesehen für das Museumsprojekt waren die beiden Obergeschose über dem Gastronomietrakt des Mönchshof Bräuhauses.

Die Mannschaft: Die Initiatoren – Dr. Hans-Christof Ihring, Geschäftsführer bei Mönchshof, und Andreas Eßer, Marketingleiter bei Reichelbräu, – hatten bereits im Juli 1990 Sigrid Daum mit der Projektleitung betraut.[60] Sie hatte schon zuvor Erfahrungen beim Aufbau eines Museums gesammelt und konnte bald ein Konzept präsentieren, das neben Brautechnik und Braukultur auch die historische Entwicklung des Brauwesens umfasste.

Ebenfalls 1990 engagierte die Mönchshof-Bräu Diplom-Kaufmann Bernhard Sauermann, einen leidenschaftlichen Sammler wirtschaftshistorischer Gegenstände, als weiteren Mitarbeiter für den Museumsaufbau. Er sollte sich vor allem um die Beschaffung und Erschließung von Exponaten kümmern.

Zwei Persönlichkeiten – Landrat Herbert Hofmann und Dr. Egon Johannes Greipl – zeigten sich sofort begeistert von dem vorgestellten Projekt und den Räumlichkeiten. Der Kulmbacher Landrat nannte das geplante Museum eine *großartige Idee*, die Stadt und Landkreis viele Vorteile brächte. Und Dr. Egon Johannes Greipl, Leiter der *Landesstelle für die nichtstaatlichen Museen in Bayern*, betonte, das Museum sei das erste dieser Art in ganz Bayern und erhalte dadurch erhebliche überregionale Bedeutung. Mit dieser Aussage gewann das Vorhaben eine Sonderstellung im Freistaat: Aus einer ursprünglich örtlichen Werbe-Idee entwickelt sich plötzlich das Projekt *Bayerisches Brauereimuseum Kulmbach*. Damit wurde einerseits das Anspruchsniveau deutlich angehoben, andererseits ergaben sich nun auch viele neue Fördermöglichkeiten.

Um sich an dem nun „großen Kuchen" nicht zu verschlucken, zerteilte man ihn in „verdauliche Happen". Das heißt, um das Projekt sowohl finanziell als auch personell schultern zu können, entschloss man sich zu vier Abteilungen bzw. Bauabschnitten: Als erstes wollte man *Die Kunst des Bierbrauens um 1900 und heute* rasch in Angriff nehmen. *Das Produkt Bier, Bierkultur im Wandel der Zeit* und Räumlichkeiten für Sonderausstellungen sollten jeweils mit zeitlichem Abstand folgen.

Fragen und Probleme: Bei aller Anfangsbegeisterung sollte es noch drei Jahre bis zur Eröffnung dieses Brauereimuseums dauern; schließlich hatte man sich selbst hohe Ansprüche gestellt und sich dabei – bildlich gesprochen – die Latte sehr hoch gelegt. Viele Aufgaben harrten nun ihrer Lösung:

Zunächst musste anhand der genannten Ideen und Vorstellungen ganz konkret ein museumspädagogisches Feinkonzept erarbeitet werden: Welche Exponate sollten gezeigt und wie sollten sie präsentiert werden? Dazu mussten natürlich die entsprechenden Gegenstände erst einmal gesucht, gefunden und aufbereitet werden.

Entscheidend waren auch rechtliche und finanzielle Fragen: Wer sollte der Träger des Museums sein? Wie teuer würde das geplante Projekt werden, und wer würde das Ganze bezahlen? Welche Institutionen waren überhaupt bereit, Zuschüsse zu geben, und wie konnte man sie ansprechen?

Und schließlich: Welche Personen sollten dieses Projekt eines Brauereimuseums in Angriff nehmen und zum Erfolg führen?

Der rechtliche Rahmen: Als Träger des geplanten Projekts gründete man am 4. Juni den gemeinnützigen Verein *Bayerisches Brauereimuseum Kulmbach e.V.* mit Dr. Hans-Christoph Ihring als Vorsitzendem. Sein Stellvertreter wurde Landrat Herbert Hofmann, die Stelle der Geschäftsführerin übertrug man Sigrid Daum. Gleichzeitig übernahm Bernhard Sauermann als Museumsleiter den technischen Aufbau des geplanten Museums.

Die Suche nach Exponaten: Bereits bei der Vorstellung des Projekts erging an alle Kulmbacher, die geeignetes Material besaßen, die Bitte, dieses als Leihgabe oder als Spende dem Museum zur Verfügung zu stellen. Andreas Eßer: *In manchen Kellern, Dachböden und alten Kisten schlummern Schätze, die ein Stück Brauereigeschichte dokumentieren und auf diese Weise der Öffentlichkeit zugänglich gemacht werden könnten.*[61]

Natürlich wurde das Museumsprojekt nicht ganz bei Null gestartet. So hatte schon der frühere Reichel-Braumeister Bernhard Schuhmann mit Akribie und großem Zeitaufwand ein Reichelbräu-Archiv eingerichtet. Es war 1986 eingeweiht und anschließend im Foyer der Brauerei präsentiert worden.

Auch bei der Mönchshofbräu waren viele alte Dinge nicht einfach untergegangen. Das lag zum einen daran, dass die Brauerei über Jahrzehnte hinweg von der Familie Meußdoerffer als Eigentümerin betrieben wurde. Zum anderen fühlte sich insbesondere der langjährige Direktor Walter König „seiner" Brauerei und ihrer Tradition sehr verpflichtet. Er hatte deshalb hier stets ein wachsames Auge auf die alten, historisch wertvollen Dinge.

Die Bitte um Hilfe bei der Suche nach Exponaten fiel auf fruchtbaren Boden: Immer wieder gingen kleinere Spenden von Kulmbachern und Auswärtigen für das Museum ein, zum Beispiel ein alter Bierkrug einer längst vergessenen Kleinbrauerei oder eine Ansichtskarte von Kulmbach um 1900.

Bedeutsamer waren natürlich größere Bestände, die zur Verfügung gestellt wurden bzw. die erworben werden konnten. So die Sammlungen von Hans Schmidt und Karl Moser. Hans Schmidt, Diplom-Braumeister und Lehrkraft an der hiesigen Berufsschule für die Brauerfachklassen, war ausgesprochen stolz auf seinen Beruf und hatte eine große Bibliothek an entsprechender Literatur und viele andere berufsbezogene Dinge zusammengetragen. Karl Moser, von Beruf Seilermeister und aus einer alteingesessenen Familie stammend, hatte eine beeindruckende und umfassende Sammlung von alten Bierkrügen und -gläsern aufgebaut. Jede Kulmbacher Brauerei – auch die kleinste vor 1900 – war dabei vertreten.

Später übergab Heinrich Schauer einen umfangreichen Bestand von alten Büttnerwerkzeugen dem Museum. Diese Werkzeuge stammten aus seiner früheren Büttnerei bzw. Fassfabrik in der Lichtenfelser Straße, gegründet von seinem Vater Konrad Schauer. Und Herbert Löffler schenkte dem Museum schließlich seine beeindruckende Sammlung von historischen Ansichtskarten zum Thema Kulmbacher Bier.

Alle diese Sammlungen waren mit viel Liebe, Engagement und auch mit finanziellen Opfern zusammengetragen worden. Zudem steckte in ihnen viel Wissen und Sachkenntnis. Den Eigentümern war deshalb sehr daran gelegen, dass diese Bestände nicht „zerpflückt" wurden, sondern für die Stadt Kulmbach und deren Bürger erhalten blieben. Und so gaben sie bzw. ihre Angehörigen die Sammlungen gern dem neuen Museum, denn sie wussten die Dinge hier sinnvoll untergebracht und in guten Händen.

Etwas schwieriger gestaltete sich die Suche für das gestellte Thema *Brauen um 1900*. Hier sollte im Museum eine kleine Brauerei aus der Jahrhundertwende inszeniert werden. Aber woher die alten Geräte und Maschinen nehmen? Auch Brauereien sind, wie alle produzierenden Unternehmen, keine Museen oder Archive. Und so empfand Bernhard Sauermann jeden alten, unbeschädigten Fund als wahren Glücksfall. Die folgende Beschreibung gibt eine solche Begebenheit und die Arbeit, die Sauermann und seine Abbau- und Räumungsexperten leisteten, gut wieder:

Kulmbach – „Hab mein Wagen vollgeladen ..." ... voll mit alten Trümmern. Alt sind die Stücke tatsächlich – durchgängig Jahrhundertwende. Um Gerümpel handelt es sich aber keineswegs bei den Stücken, die die Mitarbeiter der Mönchshof-Bräu mit dem LKW nach Kulmbach geholt haben. Zuvor hatten sie Geräte in der Brauerei Nützel, Münchberg behutsam abgebaut. Es sind zum Teil sehr wertvolle Ergänzungen für die Abteilung Brautechnik des entstehenden ... Brauereimuseums. Bernd Sauermann, dem die technische Betreuung des Museums obliegt, freut sich über diese Aktion besonders. Der notwendige Exponatenbestand für eine durchgängige Abhandlung des Themas „Wie wurde um die Jahrhundertwende Bier gebraut?" ist mit dieser Ladung so gut wie hundertprozentig gesichert.[62]

Vom Umgang mit Exponaten: Die Dinge so zu zeigen, wie sie auf den Tag gekommen sind – mit all ihren Gebrauchsspuren –, so lautete das Restaurierungskonzept von Bernhard Sauermann: nicht renovieren, sondern konservieren, das heißt, behutsam reinigen und bei Bedarf pflegen, sonst nichts. Eine entsprechende Beleuchtung würde die Seele der Gegenstände sichtbar machen. Bedauerlich fand er es, wenn stolze Besitzer alter Dinge diese vor Übergabe an das Museum erst einmal „schön gemacht" hatten – im schlimmsten Fall sandgestrahlt und dann neu lackiert. Für museale Zwecke waren diese Exponate dann meistens wertlos geworden.

Die Eröffnung und weiterer Ausbau: Am 16. September 1994 konnte gefeiert werden, denn die erste Abteilung des Bayerischen Brauereimuseums Kulmbach auf dem Gelände der Mönchshof-Brauerei war endlich fertig gestellt. Auf ca. 450 Quadratmeter hatte man eine kleine Brauerei um das Jahr 1900 aufgebaut, in der – didaktisch aufbereitet – der

7.4 1990: Neue Positionen im Kulmbacher Brauwesen

Brauvorgang erläutert und die Zutaten des Bieres vorgestellt wurden. Der weitere Rundgang lud ein in die Arbeitswelt um die Jahrhundertwende. Originaldokumente, Fotos, Werkzeuge und Maschinen aus dem gesamtbayerischen Raum dokumentierten industrialisiertes Bierbrauen mit Dampfkraft und Transmissionen.

Das neue Museum wies zwei Besonderheiten auf. Zum einen stand es auf historischem Boden: Hier hatte Gallus Knauer, der Abt des Klosters Langheim, vor 300 Jahren – zeitgleich mit dem Amtshof in Kulmbach – das *Vorwerk in der Blaich* errichten lassen.[63] Und zum anderen war es in eine noch produzierende Brauerei eingebettet. Durch ein großes Fenster konnten die Besucher direkt auf das große kupferne Sudwerk schauen und so den Brauprozess miterleben. Der Geruch der Würze lag deutlich wahrnehmbar in der Luft.

Ehrengast bei der feierlichen Eröffnung war der bayerische Wirtschaftsminister Dr. Otto Wiesheu, der auch die Festansprache hielt. Wenig später besuchte der bayerische Innenminister Dr. Günther Beckstein das neue Museum. Beide Minister waren voll des Lobes über die bisher geleistete Arbeit. Doch die Verantwortlichen planten schon die nächsten Schritte.

Am Sonntag, 25. Juni 1995, gelang hinsichtlich touristischer Vermarktung ein wesentlicher Schritt: Unter dem Motto *Vom Bier- und Freizeitparadies Kulmbach in den Eisenbahnerhimmel Neuenmarkt* fand die erste Fahrt mit dem Dampfzug zwischen dem Bayerischen Brauereimuseum und dem Deutschen Dampflokomotiv-Museum statt. Diese Jungfernfahrt war für viele Eisenbahnfreunde ein besonderes Erlebnis. Im Lauf des Sonntags folgte noch ein weiterer Sonderzug mit Dampflokomotive.[64]

So konnte der Trägerverein in seiner Hauptversammlung am 2. Dezember auf ein erfolgreiches

Eine Ansichtskarte mit Bierwerbung aus der Sammlung Herbert Löffler

Jahr 1995 zurückblicken. Mehr als 16.000 Besucher waren bis dahin in das neue Museum gekommen. In einer konzertierten Werbekampagne hatte man die Vermarktung angekurbelt. Die Angebotspakete waren ausgearbeitet, Tourismusmessen besucht und Multiplikatoren kontaktiert worden, um das Projekt auch im weiten Umfeld bekannt und interessant zu machen.[65]

Im Juni 1996 war das nächste Ziel erreicht: Das Museum konnte die Multivision *Bierbrauen heute* in Betrieb nehmen.[66] Ein computergesteuertes, trickreiches Zusammenspiel von 15 Dia-Projektoren zeigte zum einen stimmungsvolle Szenen aus der Bierstadt Kulmbach, zum anderen führte es den Besucher eindrucksvoll in die moderne Brauwelt des Jahres 1996. Der kleinen inszenierten Brauerei von 1900 stand nun eine Dia-Schau gegenüber, die mit grandiosen Bildern und den neuesten technischen Mitteln zeigte, wie *Bierbrauen heute* in einem computergesteuerten High-Tech-Unternehmen funktioniert.

Beide Positionen waren als Momentaufnahmen zu verstehen, denn eine kommerzielle Brauerei war und ist zu keiner Zeit ein statisches Gebilde. Will sie langfristig mit ihren Produkten am Markt bestehen, ist sie einem ständigen Innovationsdruck unterworfen. Um die Nase vorne zu haben, muss sie ihren technischen Bestand permanent auf dem aktuellen Stand halten.

Doch mit der Schau wurde auch deutlich gemacht, dass trotz aller technischer Fortschritte und wissenschaftlicher Erkenntnisse das Brauen von Bier letztendlich eine hohe handwerkliche Kunst geblieben war. Die Empfindungen des Braumeisters und seine Erfahrungen beim Sehen, Fühlen, Riechen und Schmecken sind durch nichts zu ersetzen. Nur die technische Umsetzung ist immer wieder Veränderungen unterworfen – nicht aber das Brauprinzip.

7.4.8 Haus- und Hobbybrauer

Ganz unauffällig und bescheiden starteten 1992 im ehemaligen Klosterdorf Himmelkron – beinahe zeitgleich zur Kommunbräu in Kulmbach – die *Haus- und Hobbybrauer*. Die Grundidee war, nicht – wie üblich – sein Bier einfach fertig von einer Brauerei zu kaufen, sondern einmal „selbst Hand anzulegen" und ein eigenes Bier zu brauen. Den ersten Kurs *Bierbrauen am eigenen Herd* begann Walter Simon am 20. März in der Küche der damaligen Schule von Lanzendorf.[67/68]

Den Stein ins Rollen gebracht hatte Dieter Hornfeck, Pfarrer und seinerzeit an der Berufsschule Kulmbach als Religionslehrer tätig. Er kannte Walter Simon seit seiner Vikariatszeit in Untersteinach, hatte ihn später auch getraut und seine Söhne getauft. Beim gemeinsamen Essen nach der Taufe gab es vorzügliches Bier, und es stellte sich heraus, dass Simon das Bier selbst gebraut hatte und auch entsprechende Kurse an Volkshochschulen gab.

Doch diese Braukurse waren und sind recht anspruchsvoll. Das beginnt schon mit einer umfangreichen Materialliste für die einzelnen Braugruppen. Neben einer Schrot- oder Getreidemühle und zwei großen Töpfen sind Plastikeimer, Siebe mit entsprechendem Filtermaterial, Messbecher, Koch- und Schöpflöffel, Schaumkelle, Küchen- und Briefwaage, Thermometer usw. erforderlich. Zum Abfüllen des fertigen Bieres braucht man dann noch Bügelverschlussflaschen bzw. andere leere Gefäße.

Und auch die einzelnen Arbeitsschritte haben es in sich. Es beginnt – laut *Braufahrplan* für den ersten Kurs 1992 – mit der *Schüttung: ca. 1 kg Malz für ca. 5 Liter Vollbier in Kaffeemühle so grob mahlen, dass die Spelzen hell bleiben, sich in ihnen aber kein hartes Kornteil mehr befindet. Dann ...*

25. Juni 1995: Von einer Dampflok gezogen, trifft der erste Zug – vom „Eisenbahnerhimmel" Neuenmarkt kommend – im „Bierparadies Kulmbach" ein

Hauptguss: 4 Liter pro kg Malz (für dunkles Bier 0,5 l weniger, dafür beim „Anschwänzen" 0,5 l mehr).

Einmaischen: Malz ins Wasser bei 53 °Celsius einrühren.

Eiweißrast: 30 Minuten bei 50 °C, dann Aufheizen auf 65 °C.

Weiter geht es über Maltoserast, Verzuckerung über weitere zwölf „Stationen" bis endlich hin zur Nachgärung bzw. Reifung. Bei allen Arbeiten sind absolute Sauberkeit und exaktes Einhalten der vorgegebenen Zeit- und Temperaturangaben unbedingt erforderlich.

Trotzdem waren die Beteiligten von dieser Art des häuslichen Brauens so begeistert, dass sich in kurzen Zeitabständen weitere Aufbaukurse anschlossen. Aus den Teilnehmern der Anfangskurse bildete sich bald eine tatkräftige Gruppe: die *Himmelkroner Hobbybrauer*, bestehend aus Ortsansässigen und anderen Braubegeisterten aus Stadt und Landkreis Kulmbach.

Erstmals im Frühjahr 1994 reifte unter dem Balkon der Familie Hornfeck der *Gramppus*, ein dunkles, unfiltriertes und ungespundetes Märzenbier, das dann beim Straßenfest am Pfingstmontag ausgeschenkt wurde. Das Rezept ging auf ein Brauwochenende im Landschlösschen Rockenbach (bei Neustadt a. d. Aisch) zurück.

Die notwendigen Geräte hatten die Hobbybrauer seinerzeit von überall zusammengetragen. Ein Jahr später wurde noch bei einem befreundeten Kollegen in Kulmbach gebraut, ehe die Hobbybrauer auf Dauer im alten Gasthof Grampp ihr Zuhause fanden. Die Evangelische Kirchengemeinde hatte 1993 das ländliche Anwesen erworben, um es in den folgenden Jahren in ein Gemeindezentrum umzugestalten.

Die Hobbybrauer arbeiteten von Anfang an bei Renovierung und Ausbau des Grampp-Hauses kräftig mit, und sie richteten Gaststube, Gewölbe, Hofraum und Nebengebäude wieder her. Auch renovierten die Männer den alten Pferdestall, der als Waschküche und Heizungsraum ausgedient hatte, und funktionierten ihn zu einem kleinen Sudhaus um. Dazu Vertrauensmann Dieter Hornfeck: *Bei allen Projekten wurden erhebliche Gelder investiert und unzählige Arbeitsstunden geleistet.*

Ursprünglich ein Waschkessel – nun ein Braukessel: „Bruder Dieter" rührt den ersten Sud an. Zeichnung von Stephan Klenner-Otto

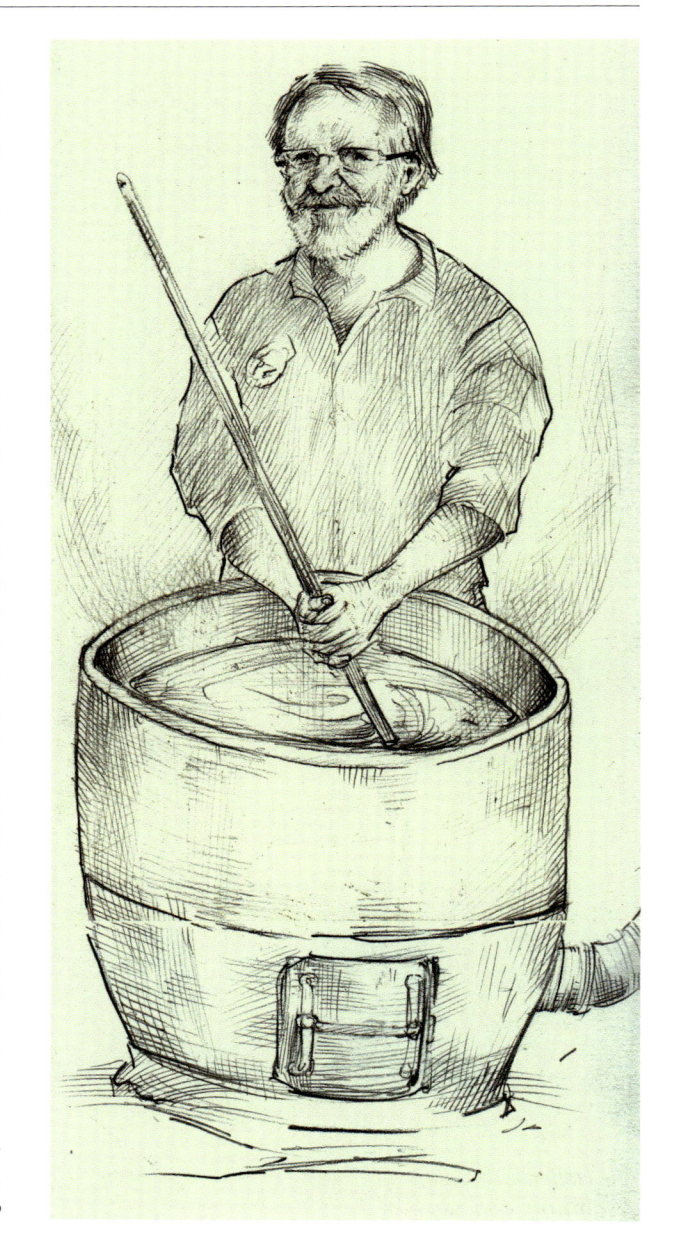

1995 wurde die *Vereinigung der Haus- und Hobbybrauer in Deutschland e.V.* in Kulmbach gegründet. Ziel war es, den Zusammenhalt und den Erfahrungsaustausch zwischen den doch sehr verstreut arbeitenden deutschen Hobbybrauern zu fördern.

Hinsichtlich zu zahlender Biersteuer gilt: Bis 200 Liter Bier im Jahr kann jeder Hobbybrauer steuerfrei brauen. Die einzelnen Sude sind aber beim Hauptzollamt – im Fall Kulmbachs in Schweinfurt – anzumelden.

7.4.9 Reichelbräu bleibt auf Erfolgskurs

Bei der Hauptversammlung[69] der Reichelbräu AG am 22. April 1993 im Schalander der Brauerei konnte Vorstand Gert Langer auch für das Geschäftsjahr 1991/92 eine Erfolgsbilanz vorlegen: Während die nordbayerischen Brauereien insgesamt einen Absatzrückgang von rund sechs Prozent hinnehmen mussten, konnte die Reichelbräu ihren Bierausstoß um 4,2% auf 1,04 Millionen Hektoliter und ihren Bilanzgewinn von 1,3 auf 1,58 Mio. DM steigern. Und so wurden wieder 14% Dividende an die Aktionäre ausgeschüttet.

Der Anteil der Reichelbräu an der in Kulmbach produzierten Biermenge lag bei 43,6%. 15% entfielen auf die Reichel-Tochter Mönchshof und 40,7% auf die EKU. Knapp 0,8% verblieben noch bei der von der Reichel gebrauten Marke *Sandler*.[70]

Der Bierabsatz der Reichel-Gruppe – einschließlich Mönchshof, Sternquell in Plauen und Braustolz in Chemnitz – stieg um 132.000 Hektoliter oder 8% auf 1,86 Millionen Hektoliter. Hinzu kamen noch 353.000 Hektoliter alkoholfreie Getränke. Daraus ergab sich ein Absatz von insgesamt 2,2 Millionen Hektoliter. Der Umsatz der Reichel-Gruppe hatte sich mit nun 280,4 Mio. DM innerhalb von zehn Jahren nahezu verdreifacht.

Besonders erfolgreich hatte sich Sternquell in Plauen entwickelt. Sie erreichte 1992 einen Ausstoß von 311.000 Hektoliter und gehörte somit zur Spitzengruppe der Brauereien in den neuen Bundesländern und schrieb früher als erwartet „schwarze Zahlen". Braustolz in Chemnitz[71] steigerte ihren Absatz auf knapp 200.000 Hektoliter.

Ein Helfer kühlt die gekochte Würze im Roten Main.
Zeichnung von Stephan Klenner-Otto

Das Geschäftsjahr 1992/93 schließlich brachte Reichelbräu den *besten Abschluss ... seit Wiederbeginn nach dem Kriege*, so Vorstand Gert Langer bei der Hauptversammlung am 21. April 1994. Die Brauerei wies einen Bilanzgewinn von 1,7 Mio. DM aus und konnte 15% Dividende ausschütten. Auch mit den Ergebnissen bei den Tochter-Brauereien war man sehr zufrieden.

Diese erfolgreiche Entwicklung hielt bei der Reichelbräu auch in den kommenden Jahren an – entgegen einem allgemein negativen Trend in der Braubranche.

Die Entwicklung bei Reichelbräu und der Reichel-Gruppe in den einzelnen Geschäftsjahren seit 1979/80 im Überblick:

Geschäftsjahr	Bierausstoß Reichelbräu/Gruppe in tausend hl		Bilanzgewinn / Gezahlte Dividende in TDM	in %
1979/80	503		803,5	14 %
1980/81	545	770	877,0	14 %
1981/82	795	Reichel	1.071,4	15 %
1982/83	813	incl.	1.083,0	15 %
1983/84	813	Sandler	871,7	12 %
1984/86 ff Reichelgruppe incl. Mönchshof				
1984/85	799	1.129	9,2	—
1985/86	787	1.092	12,4	—
1986/87	770	1.056	519,2	6 %
1987/88	763	1.046	664,5	8 %
1988/89	741	1.018	670,9	8 %
1989/90	865	1.200	998,8	12 %
1990/91 ff Reichelgruppe incl. Sternquell u. Braustolz				
1990/91	1.002	1.728	1.301,7	14 %
1991/92	1.040	1.860	1.583,0	14 %
1992/93	1.015	1.900	1.694,1	15 %
1993/94	1.003	1.900	1.694,1	15 %
1994/95	1.207	1.838	1.708,3	15 %
1995/96	1.406	2.014	1.298,5	10 %

7.5 1992: EKU –
Auch für härteren Weg gewappnet?

In der Hauptversammlung der Ersten Kulmbacher Actienbrauerei[72] am 19. April 1993 wurde für das Geschäftsjahr 1991/92 der anhaltend negative Trend in der Braubranche beklagt: Dieser sei an der EKU nicht spurlos vorübergegangen; die Brauerei musste einen Umsatzrückgang um 16,6 Mio. DM auf 118,5 Mio. DM hinnehmen. Doch die EKU sei *auch für einen härteren Weg gewappnet*, so der Vorsitzende des Aufsichtsrats, Dr. Carl Reischach.

Ebenso wie Dr. Reischach zeigte Vorstand Siegfried Ehrecke Zuversicht und verwies darauf, dass die Brauerei in den vergangenen drei Jahren über 100 Mio. DM investiert habe und technisch auf dem neuesten Stand sei: *Vom Sudhaus über die Energiebereiche bis hin zur Logistik haben wir eine der modernsten Brauereien Bayerns*.

Ehrecke bezifferte den Gewinn auf 26,74 DM pro Aktie. Die freien Aktionäre erhielten eine Garantiedividende, und an die Obergesellschaft Gebr. März AG in Rosenheim wurden 1,66 Mio. DM abgeführt. Insgesamt schüttete EKU 2,1 Mio. DM Gewinn aus. Das, so Ehrecke, entsprach – gemessen am Grundkapital – *einer Ausschüttung von 23,5 Prozent Dividende – für unsere Branche ein Spitzenwert*.

Der Ausstoß der EKU-Gruppe – also einschließlich der Brauereien Tucher, Deininger in Hof und Meisterbräu in Halle – lag bei drei Millionen Hektoliter und der Umsatz des Teilkonzerns erreichte 380 Mio. DM.[73]

Allerdings hatten schon seit 1992 verschiedene Meldungen über die EKU für Irritationen gesorgt. Diese betrafen:
– rückläufige Umsätze und Erträge überhaupt,
– Abgabe bzw. Schließung von erst vor kurzer Zeit erworbenen „Brauerei-Töchtern",

- eine neue Bescheidenheit, d. h. die Rückbesinnung auf den nordbayerischen Raum,
- einen hektisch wirkenden Austausch von Führungspersönlichen bei EKU selbst und in der Brausparte der Gebrüder März AG insgesamt,
- fortlaufende Gerüchte über die angespannte finanzielle Lage der Konzern-Mutter, der Gebr. März AG in Rosenheim, und daraus folgend über einen möglichen Verkauf der Brauerei in Kulmbach.

Die folgenden Ereignisse bei der EKU sorgten bei Außenstehenden und auch bei Mitarbeitern oft für Überraschung und Irritation, und sie lassen sich nicht ganz einfach darstellen, da sie oft zeitgleich, dafür aber auf verschiedenen Ebenen – bei der EKU selbst, bei ihrer Konzernmutter in Rosenheim oder bei einer der „Töchter" von EKU bzw. März – abliefen. Auch wechselte gelegentlich die Zuständigkeit für die „Töchter" selbst zwischen März und EKU. Des Weiteren betrafen die Vorgänge auch unterschiedliche Bereiche innerhalb der Brauerei – z. B. Umsatzzahlen, finanzielle Transaktionen oder das leitende Personal –, und von außen kamen auch Gerüchte bzw. kritische Stimmen hinzu. Und schließlich wurden bestimmte Tatbestände manchmal sofort und manchmal erst mit deutlichem Zeitabstand bekannt.

Die Geschehnisse um die EKU-Brauerei sollen deshalb im Folgenden nach den einzelnen Bereichen, dort aber chronologisch, dargestellt werden.

7.5.1 Gespräche – Gerüchte

Schon Ende August 1993 wurden Gespräche zwischen Reichelbräu und EKU über Möglichkeiten einer Zusammenarbeit im Logistik-Bereich bekannt.[74] Und so wurde spekuliert, ob die EKU-Brauerei an Schörghuber verkauft werden sollte. Von der März-Gruppe hieß es, sie sei finanziell stark angespannt und wolle ihre Verschuldung reduzieren. Von Seiten der Schörghuber-Gruppe hieß es hinsichtlich möglicher Kaufambitionen: *Es kommt darauf an – auf die Konditionen und auf den Preis.* Ab Mitte September wurden dann die Gespräche im Hintergrund weitergeführt, aber ohne weitere Fortschritte zu erzielen.[75]

Über den Verkauf der Ersten Kulmbacher Actienbrauerei selbst wurde in den Monaten August, September 1994 und danach immer wieder erneut spekuliert. Die Gebrüder März AG galt zwar als hoch verschuldet, hüllte sich aber in Schweigen. Umgekehrt deutete die Schörghuber-Gruppe auch ein gewisses Interesse an EKU an. Aber: Es blieb seinerzeit alles im Ungewissen.

7.5.2 Schlechte Zahlen – Sorgen mit den „Töchtern"

Aufgrund der vielen Erfolgsmeldungen in den Jahren bis 1990 blieb die eigentliche Lage der EKU-Brauerei Außenstehenden lange Zeit verborgen. Erst ab 1992 konnte man aus einzelnen Vorkommnissen und Formulierungen auf Nervosität bei den Verantwortlichen schließen. So sprach beispielsweise Helmuth Pauli von schlechten Rahmenbedingungen für 1992/93 und insgesamt von schwierigen Jahren, die von Ausstoß- und Umsatzeinbußen gekennzeichnet waren. Im Folgenden nun die Zahlen der EKU-Brauerei[76] allein, d. h. ohne Tochterfirmen:

Klar erkennbar ist, dass der Bierausstoß und die Umsatzerlöse bei EKU nach 1990/91 deutlich zurückgingen. Unzufrieden war man bei EKU auch mit den Tochter-Unternehmen Pfleghardt und Tucher-Bräu, die Verluste in Höhe von über 10 Mio. DM „erwirtschaftet" hatten.

So führte Vorstand Helmuth Pauli anlässlich der Hauptversammlung am 25. April 1994 über das Geschäftsjahr 1992/93 aus, dass mit der Umstrukturierung des Beteiligungsbereichs der EKU begonnen wurde; dieser habe die Bilanz mit über 10 Mio. DM belastet. Hauptverlustquelle war Getränke-Pfleghardt in Fürth. Pauli kündigte eine weitere Straffung im Teilkonzern an, denn die Lage bei Pfleghardt und bei der Tucher-Bräu sei nicht zufrieden stellend. Tucher schreibe ebenfalls rote Zahlen; ein Rationalisierungsprogramm solle dort eine Kostenersparnis in zweistelliger Millionenhöhe bringen.

Dagegen erhoffte man für die Meister-Bräu in Halle ein ausgeglichenes Ergebnis; zudem habe dieser Betrieb eine beträchtliche Substanz. Gewinne hatten Deininger-Kronenbräu in Hof, das Brauhaus Amberg und die Unima-Malzfabrik in Kulmbach erzielt.

7.5.3 Ärger beim Verkauf der Tucher-Bräu AG

Ende Juni 1994 wurde schließlich der Verkauf der Tucher Bräu AG – erworben 1985 von Reemtsma – an den Münchner Brauunternehmer Dr. Hans Inselkammer bestätigt.[78] Inselkammer besaß seit 1982 ein knappes Drittel der Anteile an der Augustiner-Brauerei in München. Er war dort als geschäftsführender Gesellschafter tätig gewesen und konnte den Bierausstoß von 400.000 auf knapp 700.000 Hektoliter steigern. Im selben Monat Juni 1994 hatte Dr. Inselkammer von der Schickedanz-Holding 97% der Patrizier-Bräu AG gekauft und hoffte nun auf Synergieeffekte zwischen den beiden Nürnberger Brauereien. Tucher Bräu selbst wies für die ersten sechs Monate des laufenden Geschäftsjahres einen Verlust von über 5 Mio. DM aus.

Der Kaufpreis für Tucher wurde nicht genannt; hier sei Stillschweigen vereinbart worden. Aber EKU hoffte durch dieses Geschäft auf eine Halbierung der eigenen Verschuldung und auf eine Verbesserung der Bilanzstruktur. Auch der Verkauf der verlustreichen Tochter Getränke-Pfleghardt in Fürth stand unmittelbar bevor.

Doch die Hoffnungen der EKU auf einen friedlichen Ausstieg bei der Tucher-Bräu AG sollten trügen: Dr. Ekkehard Wenger, Professor für Betriebswirtschaftslehre in Würzburg, kündigte bei der außerordentlichen Tucher- Hauptversammlung am 30. September eine Anfechtungsklage an, wenn nicht nachträgliche erhöhte Garantiezahlungen von EKU an die Tucher-Kleinaktionäre geleistet würden. Wenger warf dabei der EKU vor, während der vergangenen acht Jahre Vorteile von rund 35 Mio. DM aus der Tucher-Brauerei gezogen zu haben. Die Kleinaktionäre hätten hingegen pro Aktie nur etwa ein Drittel davon erhalten. Tucher-Vorstand Willy

Geschäfts-jahr	Bierausstoß EKU in hl	Umsatz EKU in Mio. DM	Beschäftigte	Gezahlte Dividende an März in Mio. DM	freie Aktionäre	in %
1990 / 91	996.446	135,1	395	—	—	
1991 / 92	888.692	118,5	372	1,66	0,44	23,5 %
1992 / 93	869.541	109,0	338	0,80	0,40	13,3 %
1993 / 94	852.529	102,7	320	1993/94 und 1994/95 mit jeweils zweistelligen Millionen-Verlusten.[77]		
1994 / 95	761.952	—	303			

Hoffmann sagte dazu, dass der Tucher-Unternehmenswert im Zeitraum Oktober 1985 bis September 1994 von etwa 65 Mio. DM auf 35 Mio. DM gefallen sei.[79]

Der Verkauf der beiden verlustträchtigen Töchter Tucher-Bräu AG, Nürnberg, und Getränke-Pfleghardt GmbH, Fürth, hatte mit dazu beigetragen, dass die EKU-Brauerei einen Verlust von insgesamt 74 Mio. DM ausweisen musste. Dieser wurde mit 14 Mio. DM aus den Rücklagen und mit einem Mittelzufluss von 60,7 Mio. DM von der Muttergesellschaft März AG ausgeglichen. Die EKU selbst schreibe im operativen Geschäft wieder *schwarze Zahlen*, betonte Vorstand Pauli in der Hauptversammlung am 7. April 1995. Und die Kapitalsituation sei *so gut wie in den letzten zehn Jahren nicht mehr.*[80]

Bei EKU verblieb noch Meister-Bräu GmbH in Halle. Es fällt aber auf, dass etliche der einstigen Töchter in den Geschäftsberichten bei EKU nicht mehr auftauchten.

7.5.4 Rückbesinnung auf Nordbayern

Helmuth Pauli sah bei der Hauptversammlung am 25. April 1994 für die EKU erste Anzeichen des Erfolgs[81] und betonte, die Konsolidierung sei abgeschlossen[82]. Aber auch als Außenstehender konnte man sehen, dass die zahlreichen Erfolgsmeldungen der vergangenen Jahre getäuscht hatten. Und es war klar, dass sich EKU mit dem Erwerb der vielen Tochterunternehmen übernommen bzw. dass sie dabei keine glückliche Hand gehabt hatte. Der Satz *Unser Interesse gilt der Region, gilt Nordbayern, Sachsen und Thüringen*[83] brachte eine Rückbesinnung bzw. eine neue Bescheidenheit deutlich zum Ausdruck.

Im Januar 1995 schien sich in der oberfränkischen Brauereien-Landschaft eine gravierende Veränderung[84] anzubahnen: Die Erste Kulmbacher Actienbrauerei und die Hofer Privatbrauerei Scherdel – bis dahin Konkurrenten – wollten künftig eng zusammenarbeiten. In Hof sollte auf dem Gelände von Scherdel für 1 bis 1,5 Mio. DM ein gemeinsames Logistikzentrum für Bier und alkoholfreie Getränke gebaut werden. Daran sollten sich auch andere regionale Brauereien und Getränkehersteller beteiligen können. Scherdel wollte außerdem das EKU-Sortiment im Hofer Raum mit vertreiben.

Dafür schloss EKU seine Hofer Tochter Deininger Kronenbräu AG. Das von ihr bezogene Weizenbier – zirka 80.000 Hektoliter jährlich – sollte nun bei Scherdel im Lohnbrau-Verfahren hergestellt werden, und die anderen Sorten mit 80.000 bis 100.000 Hektoliter in der EKU-Brauerei in Kulmbach. Das neue „Gebilde" aus EKU und Scherdel sollte dann 1,5 Millionen Hektoliter Getränke vertreiben, und EKU damit *eine Marktführerschaft in Nordbayern* erreichen, so die Brauerei-Vorstände. Die neuen Partner versprachen sich für beide Brauereien einen höheren Ertrag.

Von der Deininger-Schließung waren 80 Mitarbeiter betroffen. Davon wollte Scherdel 25 übernehmen, und zwölf konnten in den vorzeitigen Ruhestand gehen. Für die übrigen wollte man mit dem Betriebsrat über einen Sozialplan verhandeln.

7.5.5 Einstellung und Entlassung von Führungskräften

Siegfried Ehrecke hatte Ende Januar 1992 von Dr. Reischach den Vorsitz im Vorstand übernommen. Schon ein Jahr zuvor war Peter Feineis zum weiteren Vorstandsmitglied berufen worden. Hinzu kam noch ab Mitte Februar Helmuth Pauli, der Leiter des Finanz- und Rechnungswesen der EKU und schon seit 1988 mit Generalvollmacht ausgestattet war.

Fast zeitgleich mit der Beförderung von Helmuth Pauli, genau am 21. Februar 1992, erhielten aber bei EKU – völlig überraschend für Außenstehende und für die Betroffenen selbst – drei leitende Angestellte ihre sofortige Kündigung[85]: ein Direktor, seit 1961 bei der Brauerei, seit 1973 Prokurist und seit 1988 mit Generalvollmacht ausgestattet, der Marketingleiter und der Justitiar.

Marketingleiter und Justitiar waren seit Februar 1987 ebenfalls mit Prokura im Handelsregister eingetragen. Bereits acht Tage vorher hatte der Verkaufsdirektor für die Versandgebiete von sich aus gekündigt.

Es wurde gerätselt, ob es Zufall war oder nicht, dass diese spektakulären Entlassungen genau in den Zeitraum fielen, in dem Dr. Carl Reischach auf Skiurlaub und ohne ein Amt in der EKU war. Er war ja nun nicht mehr Vorstandsvorsitzender und noch nicht im Aufsichtsrat. Auf jeden Fall ließ schon diese Aktion auf Nervosität bzw. Unfrieden im Vorstand der Brauerei schließen.

Das Jahr 1993 brachte weitere Veränderungen: Zunächst trat am 19. April – also unmittelbar nach der Hauptversammlung der EKU – Dr. Carl Reischach ohne nähere Begründung von seinem Vorsitz im Aufsichtsrat der EKU und von dem der EKU-Tochter Tucher zurück, er blieb aber weiter im Aufsichtsrat der EKU. Neuer Vorsitzender wurde in beiden Gremien Alfred Löb, Getränke-Vorstand der März AG.

Ende Mai wurde schließlich die Entlassung zweier Vorstände im Braukonzern der Gebrüder März bekannt gegeben: So trennte sich die EKU von Peter Feineis, der ja erst seit Anfang 1991 in Kulmbach für die Bereiche Vertrieb und Marketing zuständig war. Als Begründung wurden *unterschiedliche Auffassungen über die Geschäftspolitik* genannt. Das gleiche Schicksal wie Feineis traf auch seinen Kollegen Hans-Peter Blank bei Henninger. Blank war dort ebenfalls für den Vertrieb zuständig und auch nur zwei Jahre tätig.[86]

Ein weiterer Verlust traf die Erste Kulmbacher am 11. November mit dem Tod ihres Vorstandsvorsitzenden: Völlig überraschend verstarb Siegfried Ehrecke im Alter von 61 Jahren an Herzversagen.[87]

1994: Am 1. Oktober wurde Jochen Weber als neuer Vorstand bei der EKU für das Ressort Vertrieb/Marketing berufen.

1995: Dr. Carl Reischach, inzwischen 68 Jahre alt, wurde reaktiviert und übernahm Anfang Februar den Vorstandsvorsitz bei der Brauerei Henninger in Frankfurt. Alfred Löb, sein Vorgänger, war dort nach nur einem Jahr *in beiderseitigem Einvernehmen* ausgeschieden. Dr. Reischach galt als Vertrauter der Eigentümerfamilie März, aber auch Löb hatte im März-Konzern Spitzenstellungen innegehabt.[88]

7.5.6 Die EKU ohne Helmuth Pauli

Für alle völlig überraschend kam schließlich am 26. Mai 1995 das Ausscheiden von Helmuth Pauli aus dem EKU-Vorstand.[89] Dr. Carl Reischach, nun auch wieder Vorsitzender des Aufsichtsrats, teilte dies der Presse mit und betonte, diese Regelung sei *einvernehmlich und auch aus persönlichen Gründen* erfolgt. Der Aufsichtsrat dankte Pauli für die geleistete Arbeit, hätte aber auch *persönliche Gründe zu respektieren*.

Helmuth Pauli, 55 Jahre alt, hatte 1957 als kaufmännischer Lehrling bei der EKU-Brauerei begonnen. Er genoss hohes Ansehen beim Betriebsrat, bei der Belegschaft und bei langjährigen Kunden[90]. Im

Jahr zuvor[91] hatte ihm Andreas März noch für die große Leistung gedankt, die er nach dem Tod von Siegfried Ehrecke – allein an der Spitze des Unternehmens – vollbracht habe. Pauli habe sich in einer sehr schwierigen Zeit mit Tatkraft und Energie bewährt.

Die Arbeitnehmervertreter im Aufsichtsrat waren vor vollendete Tatsachen gestellt worden. Das große Bedauern der Mitarbeiter über diese Entlassung zeigte ein Transparent mit dem Text *Machtkämpfe gefährden unsere Arbeitsplätze* an der EKU-Fassade und – einige Wochen später – eine Anzeige in der *Bayerischen Rundschau* mit einem Geburtstagsglückwunsch für den ehemaligen Vorstand: *Helmuth Pauli – Sie sind ein sauberer, ehrlicher, rechtschaffener Charakter. Ein Vorbild – Ihre Freunde.*[92]

Mit seinem Kommentar *Der Mohr kann gehen*[93] würdigte THOMAS LANGE zum einen Charakter und unternehmerische Leistung Paulis, zum anderen brachte er aber auch das allgemeine Unverständnis über diese Entlassung zum Ausdruck:

Was ... Dr. Carl Reischach gestern als eine „einvernehmliche Regelung" bezeichnete, kommt in Wahrheit einem Hinauswurf gleich: EKU-Vorstand Helmuth Pauli wurde abserviert – nicht weil er sich irgendetwas hätte zu schulden kommen lassen, sondern weil er nicht in das wie auch immer geartete Konzept des alten und neuen Machthabers passte.

Helmuth Pauli hatte ein Konzept. Er war es, der der ... Brauerei einen neuen Konsolidierungskurs und die Besinnung auf den angestammten Heimatmarkt verordnete. Er persönlich stand mit Solidität, Geradlinigkeit und Kulmbacher Bodenständigkeit für seine EKU, der er auch unter schwierigsten Bedingungen bis über die Grenzen seiner Kraft hinaus diente. Und er war es, dem trotz aller unvermeidlichen Konflikte der Respekt und das Vertrauen der Belegschaft galt ...

Helmuth Pauli war es auch, dem die undankbare Aufgabe zufiel, die EKU aus der Sackgasse eines gescheiterten Expansionskurses herauszuführen und sie von der Existenz bedrohenden Last verlustbringender Töchter ... zu befreien. Pauli bestand auch diese Herausforderung mit Kompetenz und mit der ihm eigenen Gewissenhaftigkeit. Nun aber hat der Mohr seine Schuldigkeit getan. Er kann gehen.

Als Nachfolger von Pauli wurde Helmut Weiser, 48 Jahre alt und Finanzvorstand bei der Henninger-Brauerei, vorgestellt. Er sollte die Tätigkeit bei EKU und Henninger auch auf Dauer in Personalunion wahrnehmen. Neben Weiser blieb Jochen Weber (Vertrieb) im EKU-Vorstand.

7.5.7 Das letzte Jahr als eigenständige Brauerei

Die EKU-Verantwortlichen[94] sprachen im weiteren Verlauf des Jahres 1995 die verzweifelte Situation der Brauerei offen an[95], verbreiteten aber dennoch Durchhalteparolen. Eingestanden wurde nun, dass die EKU für das laufende Geschäftsjahr 1994/95 erneut mit einen zweistelligen Millionenverlust rechnen musste. Auf das Ergebnis drückte auch die Tochter Meister-Bräu in Halle, die im vorausgegangenen Jahr rund 3 Mio. DM Verlust eingebracht hatte.

EKU wollte sich auf die Region rückbesinnen und wieder auf Nordbayern massiv konzentrieren. Und von verlustreichen Töchtern wollte man sich trennen. Dabei hielt Dr. Reischach von Schuldzuweisungen für Managementfehler der Vergangenheit nichts: *Die bringen uns nicht weiter. Da kommen sonst nur Emotionen hoch, die uns allen nicht gut tun. Für die EKU gebe es nur einen Weg: Nach vorne schauen.*[96]

Zugleich kündigte die Erste Kulmbacher – nach acht Monaten Laufzeit – den Lohnbrauvertrag für Weizenbier mit der Hofer Brauerei Scherdel wegen angeblicher Qualitätsmängel. Diese Kündigung und die damit verbundene Unterstellung sorgten bei Scherdel für helle Empörung. Denn dies bedeutete nicht nur einen finanziellen Ausfall – Scherdel hatte ja aufgrund des erst am 19. Januar abgeschlossenen Vertrags entsprechend investiert –, sondern auch einen erheblichen Imageschaden. Scherdel erwirkte daraufhin vor dem Landgericht Hof eine einstweilige Verfügung gegen EKU. Später einigten sich die Kontrahenten in einem Vergleich auf Schadenersatz für Scherdel.[97]

Am 1. Dezember 1995 kam die Meldung, dass die Meister-Bräu GmbH in Halle zum 31. Januar 1996 geschlossen werden solle. Auch der Erwerb dieser Brauerei hatte sich als teurer Fehlgriff erwiesen. Die EKU hatte hier *zweistellige Millionenbeträge* investiert, war im April 1994 hinsichtlich der weiteren Entwicklung noch optimistisch und sah eine beträchtliche Substanz in dieser Brauerei. Die Meister-Bräu hatte jedes Jahr Millionenverluste gemacht. Zuletzt verkaufte das Unternehmen 50.000 Hektoliter im Jahr und beschäftigte knapp 40 Mitarbeiter.[98]

In einer Feierstunde Anfang Dezember für die Belegschaft verglich EKU-Vorstand Jochen Weber schließlich sein Unternehmen mit einem *angeschlagenen Schiff in rauer See*.

Und so überraschte die Meldung vom 22. Dezember[99], dass Reichelbräu die EKU-Brauerei übernehmen werde, vermutlich niemand mehr. Danach sollte die Gebrüder März AG ihren Anteil von 96,16 % der Aktien verkaufen. Auch sollte ein Premium Pils mit dem Namen *Kulmbacher* eingeführt werden. Mit dieser Übernahme von EKU wäre nun auch die *große Kulmbacher Lösung* verwirklicht gewesen. Thomas Lange kommentierte in der *Bayerischen Rundschau*:

Für die Traditionalisten unter den Bierfreunden ist die Übernahme der EKU durch die Reichelbräu keine gute Nachricht, denn sie trauern jeder Brauerei nach, die ihre Selbständigkeit verliert oder gar ihren Betrieb einstellt. Nun ist aber die EKU schon seit der Schließung eines Beherrschungsvertrags mit der Rosenheimer Muttergesellschaft März nicht mehr selbständig, und die Marke EKU wird es weiterhin geben.

Vor allem aber ist es so, dass die große Mehrheit der EKU-Belegschaft die Übernahme durch die Reichel nicht mehr als feindseligen Akt, sondern eher als Rettung aus einer Phase der großen Verunsicherung empfindet. ... Und wenn die März AG angesichts ihrer Finanzmisere schon verkaufen musste, dann ist die Kulmbacher Lösung allemal besser als der Einstieg einer ortsfremden oder gar ausländischen Brauerei.

Und schließlich wird es nun wohl bald ein Produkt geben, dass sich bundesweit besser vermarkten lässt als jedes Reichel-, EKU- oder Mönchshof-Erzeugnis: Ein Premium-Pils, das nicht nur Kulmbacher Bier ist, sondern auch so heißt und das damit einen der gängigsten Bier-Begriffe Deutschlands zum Markenzeichen macht.[100]

Reichelbräu selbst hatte auch im Geschäftjahr 1994/95 erfolgreich gearbeitet und konnte erneut – ganz entgegen dem Branchentrend – Ausstoß und Umsatz steigern.[101] Im November hatte die Brauerei zudem mit einem betrieblichen Ökocheck *Vom Sud bis zum Fass* gestartet. Ziel war dabei das EU-Umwelt-Emblem bzw. das EU-Öko-Audit.[102]

Im Übrigen konnte Reichelbräu 1995 ein doppeltes Jubiläum feiern, nämlich *150 Jahre Reichelbräu* und *100 Jahre Aktiengesellschaft*.

7.5.8 Reichelbräu übernimmt den Betrieb der EKU

Anfang 1996 wurde es spannend, fast wie in einem Krimi. Denn aus dem angekündigten EKU-Erwerb wurde vorläufig nichts. Der Mutterkonzern, die Gebrüder März AG, erzielte weiterhin hohe Verluste, die Banken mussten auf viele Millionen DM verzichten, und dem Konzern drohte der Ausverkauf. Am Freitag, 8. März 1996, schließlich sperrten die Gläubigerbanken der Gebr. März AG die Kredite, und damit war der Konzern zahlungsunfähig. Außerdem verweigerte der Bankenpool – es waren insgesamt zwölf Banken unter Federführung der Hypo-Bank, München – die Genehmigung des am 14. Februar unterschriebenen EKU-Verkaufs.[103]

Reichel-Vorstand Gert Langer bezeichnete diese Verweigerung als *unverständlich* und hielt auch weiterhin die EKU-Übernahme für die einzig sinnvolle Lösung.[104] Dafür hätten aber die Gläubigerbanken der EKU auf einen Teil ihrer Forderungen verzichten müssen, und Altlasten und Risiken aus Geschäftsvorgängen vor dem 1. Oktober 1995 hätte der bisherige Eigentümer zu tragen gehabt. Langer: *Wir können nicht die EKU mit allen Verbindlichkeiten übernehmen, sonst geht nicht nur März, sondern gehen auch wir zum Konkursrichter.*

Am Montag, 11. März 1996, beantragte die Gebr. März AG wegen Zahlungsunfähigkeit für sich das Vergleichsverfahren. Die Töchter fühlten sich aber davon anscheinend nicht betroffen, und bei der EKU-Brauerei erklärte Vorstand Jochen Weber tapfer: *Die März AG ist gescheitert, aber die EKU ist nicht gescheitert. Sie hat vielmehr als anerkannte Brauerei deutliche Überlebenschancen.* Die EKU sei ein rechtlich selbständiges Unternehmen, *und wir werden nun die Ärmel hochkrempeln und uns auf die vor uns liegenden Aufgaben konzentrieren.*[105]

Die Eheleute Alexandra und Stefan Schörghuber im Gespräch mit Vorstand Dr. Rudolf Streng anlässlich des Doppeljubiläums der Reichelbräu AG im Jahr 1995

Doch wenige Tage später – am Montag, 18. März 1996 – musste EKU-Vorstand Jochen Weber wegen Zahlungsunfähigkeit für seine Brauerei Konkurs anmelden.[106] Die Produktion lief aber weiter, und die Reichelbräu strebte nach wie vor die Übernahme der Braustätte und die Verwirklichung der Kulmbacher Lösung an. Die Stimmung in der Belegschaft war gedrückt – *recht bescheiden, um's mal gelinde auszudrücken*, so der Betriebsratsvorsitzende Schneider: *Wir waren immer ein Betrieb wie Mercedes. Da hat keiner geglaubt, dass etwas passieren könnte.*

An der Münchner Börse stürzten die EKU-Aktien ab: Von 1.620 DM für eine 50-DM-Aktie am 8. März auf 1.340 DM am 18. und auf 1.150 DM am 19. März. Allerdings erschienen diese Aktienkurse schon lange nicht mehr realitätsbezogen. Vermutlich fand auch selten ein Kauf bzw. Verkauf statt, und bei 96,16 % der Anteile in einer Hand war ja zudem eine echte Bewertung durch Angebot und Nachfrage nicht möglich. Doch die Aktien wurden – auch nach Konkurseröffnung – zur allgemeinen Verwunderung[107] weiter an der Münchner Börse notiert. Erst zum 30. September wurde schließlich die Notierung der EKU-Aktien eingestellt.[108]

Nur zum Vergleich: Die Aktien der über Jahre hinweg erfolgreich arbeitenden Reichelbräu wurden im gleichen Monat März mit etwa 440 DM für eine 50-DM-Aktie notiert. Selbst am Tag ihrer Konkursanmeldung wäre – nach den irrealen bzw. irrwitzigen Kursangaben für EKU – die EKU-Brauerei etwa dreimal soviel wert gewesen wie die grundsolide Reichelbräu AG.

Am 2. Mai 1996 endlich konnte Reichelbräu die Übernahme des EKU-Betriebs bekannt geben.[109] Damit war – nach dreijähriger Ungewissheit – über das Schicksal der EKU und nach langen Verhandlungen die Zusammenführung der Kulmbacher Brauereien unter dem Dach der Reichelbräu gelungen. Der Konkursverwalter, Dr. Volker Grub aus Stuttgart, lobte das faire Angebot der Reichelbräu und betonte den korrekten Preis. Dies habe auch den raschen Vertragsabschluss ermöglicht.

Gescheitert sei die EKU, so Dr. Grub, an *hohen Belastungen durch sachfremde Dinge*, die allerdings der zuletzt tätige Vorstand nicht zu verantworten habe: *Die Wurzeln dieses Übels reichen viel weiter zurück.* Dr. Grub bezifferte die Überschuldung auf mindestens 50 Mio. DM. Und es sei für Reichel ein glücklicher Umstand gewesen, dass die ursprünglich geschlossenen Verträge über den Kauf der März-Anteile nicht vollzogen wurden.

Unkontrollierte Käufe von Brauereien und Beteiligungen hätten zu einer nicht mehr lösbaren Aufgabe geführt. Dr. Grub bezeichnete die EKU als *ein Faß ohne Boden*, in das die März AG noch 100 Mio. DM hineingesteckt habe. So hätten letztlich nicht die Probleme bei März zum Untergang der EKU geführt, sondern die EKU habe die März AG *mit in den Strudel gezogen.*

Reichel-Vorstand Gert Langer betonte, dass die Reichelbräu nur den Betrieb, nicht aber die gesamte Firma EKU gekauft habe. Letztere sei weiterhin in Konkurs. Braukapazitäten müssten aber weder bei Reichel noch bei EKU stillgelegt werden. Aufgabe des bisherigen EKU-Vorstands Jochen Weber war es nun, zusammen mit Dr. Volker Grub die in Konkurs befindliche EKU AG abzuwickeln

In der Hauptversammlung am 23. Mai[110] bekam der Reichel-Vorstand viel Lob für seine Arbeit: Auch 1994/95 hatte der Reichel-Verbund – trotz ungünstiger Rahmenbedingungen – seine *anhaltend erfolgreiche Entwicklung* fortsetzen können. Während der Bierabsatz bayernweit um 3,6% zurückgegangen war, hatte Reichelbräu allein ein Plus von 0,3% auf über eine Million Hektoliter geschafft. Einschließlich Mönchshof, Sternquell Plauen und Braustolz Chemnitz hatte der Bierausstoß bei etwa 1,9 Millionen Hektoliter gelegen.

Das eigentliche Thema aber war die EKU-Übernahme. Reichelbräu hatte dabei aus der Konkursmasse die Brauereigrundstücke, die technischen Einrichtungen, die Betriebs- und Geschäftsausstattung, das Umlaufvermögen, die Lizenzen und die Markenrechte erworben und zahlte dafür 65 Mio. DM. Finanziert werden sollte dies u. a. durch eine Kapitalerhöhung und eine Kreditaufnahme. Gert Langer: *Diese Finanzierung ist solide, da mit dem EKU-Betrieb keine Verbindlichkeiten übernommen wurden, und somit die neue EKU ohne eine Mark Bankverbindlichkeiten ihren Geschäftsbetrieb aufnimmt.*

Die Aktionäre stimmten der vorgeschlagenen Kapitalerhöhung zu: Das Grundkapital wurde um 5,6 Mio. DM durch Ausgabe von Stammaktien erhöht. Bei einem Ausgabekurs von 390 DM für eine Aktie im Nennwert von 50 DM flossen so der Reichelbräu 43,7 Millionen DM zu.

Vorrangig war es nun, den seit Jahren defizitären Geschäftsbereich der EKU in die Ertragszone zu bringen. Und die Sanierung sollte in zwei, höchstens drei Jahren abgeschlossen sein.

7.5.9 Abwicklung der alten Firma EKU

Aber auch die restliche, alte EKU-Brauerei musste noch – nach dem Konkursrecht – abgewickelt werden.[111] Da die Markenrechte *EKU* und *Erste Kulmbacher Actienbrauerei* an die Reichelbräu mitverkauft worden waren, wurde nun in einer außerordentlichen Hauptversammlung am 26. August 1996 das Unternehmen in *E. K. Actienbrauerei AG* umbenannt. Jochen Weber blieb der alleinige Vorstand und sollte – zusammen mit Dr. Volker Grub – noch das in Konkurs befindliche Unternehmen abwickeln.

Bei dieser Gelegenheit wurden den Aktionären noch einmal die Gründe für die Insolvenz des Unternehmens erläutert. So betrug der Gesamtverlust in den letzten drei Jahren 132 Mio. DM. Daran waren u. a. beteiligt
- Tucher-Bräu mit 67 Mio. DM,
- Getränke-Pfleghardt mit 30,3 Mio. DM und
- Meister-Bräu in Halle mit 21,5 Mio. DM.

Da die Firmenkäufe in voller Höhe fremdfinanziert waren, hatte die EKU darüber hinaus noch jährlich 7 bis 8 Mio. DM an Zinsaufwendungen verkraften müssen.

Zur Konkursmasse gehörten noch
- die Vereinsbrauerei Greiz mit 110.000 Hektoliter jährlichem Bierausstoß,
- die in Abwicklung befindliche Deininger Kronenbräu AG sowie

- die Immo KG in Kulmbach, die noch gastronomische Objekte und Immobilien in Kulmbach und Nürnberg zu verwalteten hatte.

Natürlich brachte der Konkurs der EKU einen Verlust an Arbeitsplätzen, auch wenn das Schlimmste durch die rechtzeitige Übernahme verhindert werden konnte. Und die amtliche Notierung der Aktien der E. K. Actienbrauerei AG – vormals EKU – an der Bayer. Börse wurde, wie bereits erwähnt, zum 30. September eingestellt.[112] Aber eigentlich waren diese Papiere schon längst wertlos: Nonvaleurs – interessant höchstens noch für Sammler alter Wertpapiere.

7.5.10 Dr. Carl Reischach †

Am 22. Juni 1996 verstarb Dr. Carl Reischach im Alter von 69 Jahren. Er war der Mann, der in den vorausgegangenen 18 Jahren die Entwicklung der EKU-Brauerei bestimmt hatte – egal, in welchen Positionen er tätig gewesen war. In einem ausführlichen Nachruf[113] würdigte THOMAS LANGE in der *Bayerischen Rundschau* den Verstorbenen als *eine herausragende Brauerpersönlichkeit und als einen in vieler Hinsicht außergewöhnlichen Menschen*. Demnach sei der *Erfolgsmensch Carl Reischach ... von seinem streng evangelischen und stark puritanischen Elternhaus und hier besonders von seinem Vater ..., der ihm die Tugenden Korrektheit, Fleiß und Selbstdisziplin vorlebte*, nachhaltig geprägt worden. Darauf folgte die Auszählung und Würdigung der einzelnen beruflichen Stationen.

Nur recht vage deutete LANGE aber die Mitverantwortung des Verstorbenen für das Desaster bei der EKU und beim März-Konzern an: *Mit dem ihm eigenen Ehrgeiz und der Unterstützung der Eigentümerfamilie März brachte Dr. Reischach die EKU auf Expansionskurs. ... Allerdings führte diese ambitionierte Expansionspolitik zu einer hohen Verschuldung des Unternehmens.* Schließlich musste Dr. Reischach *erleben, dass die Brauerei weiter in turbulentes Fahrwasser geriet. Nicht erleichtert wurde die Lage des Unternehmens, das auf einem von Überkapazitäten geprägten Biermarkt mit erheblichen Verlusten aus Beteiligungen und mit wenig erfolgreichen Aktivitäten in den neuen Ländern kämpfte, von der Finanzkrise der Muttergesellschaft März AG. Diese führte immer wieder zu Spekulationen über die Zukunft der EKU.*

Allerdings war die Zeit der *Spekulationen über die Zukunft der EKU* längst vorbei, denn am 18. März hatte der Vorstand Konkurs wegen Zahlungsunfähigkeit seiner Brauerei anmelden müssen. Und der Konkursverwalter Dr. Volker Grub aus Stuttgart bewertete den Niedergang der Brauerei deutlich anders und weniger schmeichelhaft für die seinerzeit Verantwortlichen.

Noch bei seinem Tod hatte Dr. Carl Reischach folgende Posten inne:
– Vorstandssprecher der Henninger Bräu AG, Frankfurt am Main,
– Vorsitzender im Aufsichtsrat der EKU AG und in dem der Brauerei Eichbaum in Mannheim und
– Mitglied im Aufsichtsrat der Kulmbacher Spinnerei AG.

7.5.11 Weitere Ereignisse seit 1994

Die Vorgänge und Gerüchte um die EKU-Brauerei und schließlich ihr Konkurs und die Übernahme durch die Reichelbräu AG beherrschten seit etwa 1994 die Kulmbacher Brauereiszene und drückten anderes in den Hintergrund. Aber auch diese Ereignisse hatten ihre Bedeutung und sollen nun in chronologischer Reihenfolge genannt werden:

So schloss im Januar 1994 die Magnus-Bräu Adam Düll in Kasendorf. Hohe anstehende Investitionen in der Produktion und für den Umweltschutz zwangen den Inhaber Herbert Kügemann zum Verkauf seines Braugeschäftes an die EKU in Kulmbach. Die Magnus-Bräu beschäftigte 15 Mitarbeiter und produzierte zuletzt 15.000 Hektoliter pro Jahr mit einem breit gefächerten Biersortiment. Das Betriebsende der Magnus-Bräu war kein Einzelfall, denn in Oberfranken hatten in den vorausgegangenen 20 Jahren immerhin 139 kleine Brauereien aufgegeben, und mit jeder war auch ein Stück örtlicher Kultur verloren gegangen. Das galt auch für die im Jahr 1753 gegründete Magnus-Bräu.[114]

1994 konnten schließlich in Kulmbach zwei bedeutsame Vorhaben erfolgreich abgeschlossen werden: Am 9. Juli begann der Ausschank in der Kulmbacher Kommunbräu, und im September wurde die erste Abteilung des Bayerischen Brauereimuseums auf dem Gelände der Mönchshof-Brauerei feierlich eröffnet.

Mit Eintrag in das Handelsregister entstand am 19. bzw. 21. März 1996 in Kulmbach eine weitere Brauerei – zumindest auf dem Papier: die Kulmbacher Kapuzinerbräu GmbH.[115] Unter dieser Bezeichnung wurde und wird das Weizenbier der Mönchshofbräu bzw. der Reichel-Gruppe hergestellt und verkauft. Eine Brauerei mit dem Namen *Kapuzinerbräu* bestand bis 1920 am Schießgraben. Nach ihrem Ende hatte Mönchshofbräu die Namensrechte erworben und unter dieser Marke ihre Biere in Frankreich verkauft.

Das dritte Krupp-Veteranen-Treffen[116] am Wochenende des 12./13. Mai 1996 kehrte an einen historischen Ort zurück: In den letzten Monaten des Zweiten Weltkriegs waren Zweigwerke des Krupp-Konzerns nach Kulmbach auf das Gelände der EKU-Brauerei verlegt worden. Die sog. Südwerke waren seinerzeit der größte Arbeitgeber in Kulmbach und stellten hier in den Jahren von 1946 bis 1952 Lastkraftwagen und Omnibusse her.

Anfang Juli 1996 kaufte die IREKS GmbH von der Familie Schlutius, Rückersdorf, deren Schachtelbeteiligung von gut 25% und wurde so neuer Hauptaktionär der Reichelbräu AG[117]. Der IREKS-Geschäftsführer Hans Albert Ruckdeschel bezeichnete diesen Einstieg bei der Reichel als einen *Ausdruck besonderen Vertrauens* in die Leitung der Reichelbräu AG und in die Zukunft der neu entstandenen Kulmbacher Brauereigruppe.

Mit dem Einstieg von IREKS bzw. der Familie Ruckdeschel war nun wieder eine Kulmbacher Firma bzw. Familie maßgeblich in der hiesigen Brauindustrie beteiligt. Davon nicht betroffen war aber die entscheidende Position der Münchner Schörghuber-Gruppe mit einem Anteil von deutlich über 50% an der Brauerei. IREKS hatte im Übrigen schon im Herbst 1995 die Malzfabrik Unima von der EKU-Brauerei erworben.[118]

8. 1997 – endlich Kulmbacher Brauerei AG

Mit der Übernahme des EKU-Brauereibetriebs zum 1. Mai 1996 war endlich die Zusammenführung der Kulmbacher Brauereien – unter dem Dach der Reichelbräu – gelungen. Damit konnte man sich nach Jahrzehnte langem Zögern und Zaudern der *großen Kulmbacher Lösung* nähern. Sicherlich war es ein Manko, dass sich nicht etwa zwei gesunde und erfolgreiche Betriebe zusammengeschlossen hatten, sondern dass erst die eine große Brauerei in Konkurs gehen musste, bevor die wirtschaftliche Vernunft siegen konnte.

Zusammen mit ihren beiden „Ost-Töchtern" – Braustolz Chemnitz und Sternquell Plauen – produzierte die Kulmbacher Gruppe 2,4 Millionen Hektoliter Bier. Sie stand damit auf Platz zehn in der Bundesrepublik und – nach Paulaner – auf Platz zwei in Bayern.

Mit der Übernahme von EKU war der Bierstandort Kulmbach auf jeden Fall sicherer geworden. Gleichzeitig bedauerte Reichel-Vorstand Gert Langer verpasste Gelegenheiten:

Wir konnten als Kulmbacher ... nicht das machen, was man aus meiner Überzeugung aus der Marke hätte machen können. Dass wir heute hinter einer Krombacher oder Bitburger liegen, das liegt daran, dass sich die Kulmbacher über Generationen im gegenseitigen Wettbewerb verzettelt und eigentlich mit ihrem stärksten Werbeargument, nämlich ihrer Herkunft, nicht geworben haben. Jetzt haben wir die Chance, mit „Kulmbacher" zu werben.

Ohne diese Möglichkeit hätte die Brauerei nicht die Perspektive, die sie jetzt hat.[1]

THOMAS LANGE bewertete die neue Situation als *Abkehr von brauherrlicher Kleinstaaterei*[2] in der Kulmbacher Brauindustrie.

Diese *Abkehr von brauherrlicher Kleinstaaterei* und ein Ende der Verzettelung der Kräfte im unnötigen Wettbewerb der Kulmbacher Brauereien untereinander waren dringend nötig, um überhaupt auf nationaler Ebene bestehen zu können. Denn Konkurrenz gab und gibt es genug; auch war und ist *Kulmbacher* nicht automatisch ein Selbstläufer. Speziell im Jahr 1997 häuften sich die Probleme für die gesamte deutsche Brauwirtschaft.

8.1 Ein Krisenjahr für die deutsche Brauwirtschaft

Anfang 1997 sollte die Krise in der deutschen Brauwirtschaft offenbar werden. Unter den Überschriften *Kater nach dem Mengenrausch*[3] und *Die Expansionsstrategie der Bierkonzerne ist gescheitert* berichtete DIETMAR H. LAMPARTER in der Wochenzeitung *DIE ZEIT* über die Probleme des seinerzeit größten Getränkekonzerns in Deutschland, der Brau und Brunnen AG in Dortmund. Hier hatte seit 1986 ein neuer, ehrgeiziger Chef – *im Wettbewerb mit zwei weiteren großen deutschen Bierkonglomeraten – gekauft, was an Braukapazitäten im Lande*

KULMBACHER

Die Lange Kulmbacher Filmnacht im Jahr 1997 hatte über 20 Millionen Zuschauer. 69% nannten bei einer Umfrage KULMBACHER EDELHERB Premium Pils als Sponsor der Filmnacht. 68% sagten: „Die Lange Kulmbacher Filmnacht macht KULMBACHER Pils sympathisch."

zu haben war.⁴ Nun kam nach einem Jahrzehnt das böse Erwachen:

Eine Dekade ungezügelter Expansionspolitik hat ihm zwar den ersten Platz in der nationalen Hektoliterstatistik eingebracht, zugleich aber einen drückenden Schuldenberg und anhaltende Verluste im Biergeschäft. Ohne schmerzhafte Schnitte scheint eine Gesundung kaum denkbar.

LAMPARTER hielt als Fazit fest: *Wohl wahr: auf dem Biermarkt in Deutschland tobt seit Jahren ein gnadenloser Wettbewerb. Überkapazitäten, sinkender Verbrauch und Preisverfall machen allen Brauern zu schaffen.*

Insgesamt muss man festhalten, dass sich die deutsche Brauwirtschaft schon seit Jahren auf Talfahrt⁵ befunden hatte: Rückläufiger Absatz und harte Preiskämpfe hatten deutliche Spuren hinterlassen. Produktionskapazitäten und Personal gab es in der deutschen Brauindustrie im Überfluss. Neben vielen kleinen Brauereien, die aufgeben mussten, hatte es auch schon eine Großbrauerei getroffen: Der Getränkekonzern Brau und Brunnen AG beschloss im Februar 1997, die Produktion bei der Bavaria-St. Pauli Brauerei in Hamburg einzustellen. 300 Mitarbeiter waren von der Schließung betroffen. Weitere große Brauereien sollten später noch folgen.⁶

Auch die Zahl der Beschäftigten in der deutschen Brauwirtschaft war innerhalb von fünf Jahren drastisch gesunken: von 69.300 im Jahr 1991 auf 48.000 im Jahr 1996.⁷

Vor diesem Hintergrund wird das Ausmaß der Anstrengungen deutlich, das nötig war, um in einem schrumpfenden Markt den Umsatz halten bzw. auch noch zulegen zu können. Und selbst ein Umsatzverlust, der geringer war als in der Gesamtbranche, war noch als Erfolg zu werten.

8.2 Aus Reichelbräu AG wird die Kulmbacher Brauerei AG

Der erste Schritt der Umstellung auf *Kulmbacher* geschah am 11. Dezember 1996 in der Gastwirtschaft *Anno* am Marktplatz: Das Pils der Reichelbräu erhielt nun den Namen *Kulmbacher Edelherb*. *Der Name ist neu, das Pils bleibt gleich*, so Vorstandssprecher Gert Langer.⁸

THOMAS LANGE hatte bereits ein Jahr zuvor in der *Bayerischen Rundschau* betont:

*Und schließlich wird es nun wohl bald ein Produkt geben, dass sich bundesweit besser vermarkten läßt als jedes Reichel-, EKU- oder Mönchshof-Erzeugnis: Ein Premium-Pils, das nicht nur Kulmbacher Bier ist, sondern auch so heißt und das damit einen der gängigsten Bier-Begriffe Deutschlands zum Markenzeichen macht.*⁹

Mit der Werbung für das *Kulmbacher Edelherb* ging die Reichelbräu außergewöhnliche Wege: Das neue Pils wurde ab 1997 im Fernsehsender SAT 1 vermarktet, aber nicht mit gewöhnlichen Werbespots, sondern in vier abendfüllenden Sendungen.¹⁰ Mit der *Langen Kulmbacher Filmnacht* wurden an vier Samstagen jeweils drei Kinofilme ohne Werbeunterbrechung gezeigt. Für die Moderation konnte die Brauerei den Kulmbacher Thomas Gottschalk gewinnen – seinerzeit einen der beliebtesten deutschen Fernsehstars. Zwischen den Filmen gab es natürlich immer wieder Hinweise auf Kulmbach und das *Kulmbacher Pils*. Vor jeder *Langen Kulmbacher Filmnacht* wurden 300 Ankündigungsspots geschaltet. Mit den insgesamt 1.200 Spots sollte die ganzjährige TV-Präsenz der Marke *Kulmbacher* sichergestellt werden.

Die erste Filmnacht fand am Samstag, 12. April 1997, statt. Gezeigt wurden die Filme *Der mit dem Wolf tanzt*, *Internal Affairs* und *Gefährliche Lieb-*

schaften. Gast von Thomas Gottschalk war u.a. Eislauf-Star Katharina Witt.[11] Und THOMAS LANGE[12] beschrieb das Logo zu dieser Filmnacht als so *schaurig kitschig, dass es fast schon wieder schön ist: Die Plassenburg, bekränzt mit einem Heiligenschein aus vollen Biergläsern*. Die Werbeaktion brachte es auf eine Einschaltquote von immerhin 20 bis 27%, kostete die Brauerei aber auch etwa 10 Mio DM.

In der Hauptversammlung am 16. April 1997 wurde auch offiziell die Umfirmierung der Reichelbräu in *Kulmbacher Brauerei AG* beschlossen.[13/14] Insgesamt zeigte man sich mit dem abgelaufenen Geschäftsjahr 1995/96 zufrieden: Die Brauerei habe die Übernahme der EKU schneller als erwartet bewältigt und in ihrem Kerngebiet ihren Anteil an einem insgesamt rückläufigen Biermarkt steigern können. Erwirtschaftet wurde ein Bilanzgewinn von 1,3 Mio. DM, und so konnte die Hauptversammlung eine Dividende von immerhin 10% – im Vorjahr 15% – beschließen.

8.3 Der neue Konzern und seine Töchter

Die Verantwortlichen der neuen Kulmbacher Brauerei AG hatten nun große Aufgaben bzw. Probleme zu lösen[15]:
- das Zusammenführen der ehemals eigenständigen Brauereien EKU, Mönchshof und Reichelbräu zu einer Kulmbacher Brauerei – auch die drei Braustätten, über die man nun verfügte, mussten sinnvoll ausgelastet werden –;
- die Sanierung des mit hohen Verlusten übernommenen Geschäftsbereichs der EKU-Brauerei;
- den Neuaufbau der Marke *Kulmbacher* und den Verzicht auf das bisher erfolgreiche *Reichelbräu*, denn die neue Marke musste mit einem hohen Werbeetat erst am Markt durchgesetzt werden, während die vorherige, über 150 Jahre erfolgreich aufgebaut, nun aufgegeben werden sollte;
- die Pflege und Weiterentwicklung der anderen erfolgreichen Kulmbacher Biermarken.

8.3.1 Sorgen mit der EKU

Die Aussage bei der Hauptversammlung vom 16. April 1997, Reichelbräu habe die Belastungen aus der Übernahme der EKU schneller als erwartet bewältigt, sollte sich als verfrüht erweisen. Denn ein Jahr später – nach dem ersten Geschäftsjahr als *Kulmbacher Brauerei* – wurden doch erhebliche Belastungen aus der Übernahme der EKU erkennbar.[16] Dies und der rückläufige Biermarkt, der auch zu Absatzverlusten bei der Hauptsorte *Edelherb* führte, beeinträchtigten die Ertragssituation erheblich, so dass nur ein Bilanzgewinn von 54.801 DM – Vorjahr 1,3 Mio. DM – ausgewiesen werden konnte. Der Verzicht auf Zahlung einer Dividende war somit unumgänglich.

Probleme hatte vor allem die stark rückläufige Marke *EKU* mit einem Rückgang des Bierausstoßes um 300.000 Hektoliter bereitet. Ursache dafür war zum einen der Verzicht auf 200.000 Hektoliter unrentabler Absätze – vor allem im Einweg- und Dosenbereich. Zum anderen führte die Anhebung der EKU-Preise auf Reichel- und Mönchshof-Niveau zum Verlust weiterer 100.000 Hektoliter. Gert Langer sagte dazu später in einem Interview sehr deutlich: *Wir haben mit der EKU Geschäfte übernommen, die diesen Namen nicht verdienen*. Und: *Es sind Geschäfte betrieben worden, die ganz klare Verluste gebracht haben. Diese Geschäfte, in der Regel Einweg-, Dosen- und Exportgeschäfte, haben* wir abgeschnitten, immerhin ein Volumen von rund 200.000 Hektolitern.[17]

Rückblickend sprach der Vorstand von einem Geschäftsjahr 1996/97, das so ereignisreich gewesen sei wie kein anderes seit den Wirren des Zweiten Weltkriegs. Die Eingliederung der EKU habe sich auf nahezu allen Bereichen der nun gemeinsam operierenden Kulmbacher Brauereien ausgewirkt. Aufgabe des Vertriebs sei es nun, in der Kernregion die einzelnen Marken *Kulmbacher*, *EKU* und *Mönchshof* eigenständig fortzuführen und zu entwickeln.

Dies und die bundesweite Präsentation der Marke *Kulmbacher* – vor allem durch den Fernsehauftritt im Rahmen der Langen Kulmbacher Filmnacht – erforderten erhebliche Investitionen. So fielen allein für die Umstellung von Gebinden, Gläsern und Werbemitteln Kosten in Höhe von 10 Mio. DM an, und der Werbeaufwand im Media-Bereich belief sich auf rund 14 Mio. DM.

Am 23. September 1998 hatte Gert Langer die unangenehme Aufgabe, seine Belegschaft über einen allgemeinen Umsatzrückgang und besonders über den Einbruch der EKU-Biere im Handel zu informieren. Die nun erforderlichen Maßnahmen waren mit einem erneuten Personalabbau verbunden: Die seinerzeitige Belegschaft von 610 sollte auf 550 Mitarbeiter reduziert werden. Zwar hoffte man auch auf Vorruhestandsregelungen, aber dennoch erschienen ca. 40 Kündigungen innerhalb der folgenden zwei Jahre unvermeidlich.[18]

8.3.2 Mönchshofbräu

Bereits mit den Umstellungen im Zuge der Übernahme der EKU-Braustätte durch die Reichelbräu AG 1996 waren Teile der Mönchshof-Produktion in

Gert Langer, Vorstand der Reichelbräu bzw. der Kulmbacher Brauerei AG von 1972 bis 1999

die EKU und auch in die Reichel ausgelagert worden.[19] So wurde schon das *Mönchshof-Pils* in der Reichel gebraut. *Kapuziner-Weißbier* und das *Original* wurden zuletzt noch in der Mönchshof hergestellt, aber bei EKU und Reichel abgefüllt.

Ende September 1997 wurde nun die Braustätte Mönchshof endgültig geschlossen und die Produktion in die der EKU und Reichel verlagert. Die Einrichtungen waren zwar immer noch in einem technisch einwandfreien Zustand, aber wirtschaftliche Gründe und die allgemein rückläufige Entwicklung auf dem Biermarkt – hier insbesondere auch der Einbruch der Marke *EKU* – hatten den Ausschlag gegeben. Auch erlaubte die räumliche Nähe zwischen Reichel und EKU eine kostengünstigere Produktion. Zudem wollte man noch eine Verbindung zwischen beiden Braustätten schaffen. Zur Entlassung von Mitarbeitern sollte es aber in diesem Zusammenhang nicht kommen.

Nicht betroffen von der Stilllegung der Braustätte waren das *Bräuhaus* mit Gaststätte und Biergarten in der Hofer Straße. *Das kulturelle und gastro-*

nomische Zentrum Mönchshof bleibt von der Schließung der Braustätte unberührt, so Geschäftsführer Dr. Hans-Christof Ihring. Und auch die Marke sollte erhalten bleiben und weiter gepflegt werden.

Anfang 1998 wurde für die Marke *Mönchshof* eine neue Strategie bekannt gegeben: *Mönchshof* setzte nun auf Nostalgie und bot die Biersorten *Original* und *Premium Lager* in der Bügelverschlussflasche an. Damit besetzte man eine Marktnische und wollte vor allem junge Leute ansprechen. Abgefüllt wurde das Bier zunächst bei der Brauerei Scheidmantel in Coburg, die eine spezielle Abfüllanlage besaß.[20]

Im März 1998 begann schließlich der Abbau auf dem Mönchshof-Gelände[21]: Die dänische Harboes-Brauerei hatte acht Gärtanks erstanden, die nun abmontiert und auf eine 1.500 km lange Reise nach Estland geschickt wurden. Dort wollte Harboes eine erworbene Brauerei modernisieren. Die Tanks hatten jeweils eine Länge von 15 Metern, einen Durchmesser von vier und fassten etwa 1.500 Hektoliter Bier. Den Kauf vermittelt hatte Hermann Hambach, der in Kulmbach bei der Reichelbräu gelernt hatte. Anschließend hatte Hambach in Weihenstephan Brauwirtschaft studiert und war nun bei Harboes in Dänemark beschäftigt.

8.3.3 Markgrafen-Bräu GmbH i. L.

Eher als kleine historische Fußnote mag das Wiederaufleben der Markgrafenbräu erscheinen.[22] Diese Brauerei war 1910 gegründet worden, kam 1930 zur Reichelbräu und wurde – kriegsbedingt – zum 1. Mai 1943 stillgelegt. Nach Jahrzehnte langer Existenz nur *auf dem Papier* wurde Markgrafenbräu erst 1986 im Handelsregister gelöscht. Nach der Wiedervereinigung aber machte die Rechtsabteilung plötzlich auf noch vorhandenen Grundbesitz in Chemnitz aufmerksam. Um darüber verfügen zu können, wurde Markgrafenbräu am 24. April 1998 als Abwicklungsgesellschaft wiederbelebt und ins Handelsregister mit Rechtsanwalt Thomas Haas als Liquidator erneut eingetragen.

8.3.4 Gert Langer übergibt an Jürgen Brinkmann

Am 22. September 1998 teilte die Kulmbacher Brauerei den geplanten Wechsel im Vorstand mit[23]: Der Vorsitzende, Gert Langer, scheide bei der nächsten Hauptversammlung im April 1999 aus dem Unternehmen aus und trete – nach fast 28jähriger Tätigkeit im Unternehmen – seinen Ruhestand an. Neuer Vorstandsvorsitzender werde Jürgen Brinkmann, 42 Jahre alt und bis dahin zuständig für den kaufmännischen Bereich. Hermann Goß, schon seit 1993 bei der EKU für den Vertrieb zuständig, wurde zum 1. Januar 1999 in den Vorstand berufen und übernahm diesen Aufgabenbereich von Gert Langer. Dr. Rudolf Streng trug weiterhin die Verantwortung für Technik und Einkauf.

Anlässlich der Hauptversammlung am 14. April 1999 und einige Tage später noch einmal mit einem großen Brauereifest wurde Gert Langer verabschiedet. Dabei würdigten verschiedene Redner Langers Leistungen für „seine" Kulmbacher Brauerei. Später nannte Stefan Schörghuber, Hauptaktionär und Vorsitzender des Aufsichtsrats, in einer Aufsichtsratssitzung Langers Amtszeit *eine herausragende und überaus erfolgreiche Ära.*[24] Und der Vorstandskollege Dr. Rudolf Streng betonte, Langer sei als *Stratege mit Weitblick und als fairer Chef* stets ein Vorbild für sein Team gewesen.[25]

Der Verfasser hat den Eindruck, dass dieses Lob zu Recht erteilt wurde und nicht zu dick aufgetragen war. Schließlich hatte Gert Langer mit „seiner" Brauerei über Jahrzehnte hinweg erfolgreich gewirtschaftet und die vier Kulmbacher Brauereien zusammengeführt. Dabei sah es zunächst nicht nach einer Brauer-Karriere aus. Zwar war schon der Vater Robert Langer als Vorstand bei der Reichelbräu tätig, aber der Sohn studierte erst einmal anderes. Gert Langer in einem Interview einige Jahre danach[26]:

Eine Tätigkeit in der Brauerei stand für mich nie zur Debatte. Dies zeigt sich daran, dass ich nicht Brauwissenschaft studiert habe, sondern Diplomingenieur für Elektrotechnik geworden bin. Ich habe dann noch ein Wirtschaftsstudium absolviert, weswegen ich beruflich in die Soll- und Habensparte geraten bin. Nach siebenjähriger Tätigkeit bei der zum Philipskonzern gehörigen Firma Loewe wurde mir von der Gruppe ein Posten als Geschäftsführer für den kaufmännischen Bereich in Meersburg am Bodensee angeboten. Zugleich wurde über Anzeigen der kaufmännische Vorstand der Reichelbräu gesucht. Es war ein kurzer Entschluss, im Lande zu bleiben und mich bei der Reichelbräu zu bewerben.

Und so war Gert Langer – Diplom-Ingenieur für Elektrotechnik und Diplom-Wirtschaftsingenieur – zum 1. Oktober 1971 als Direktionsassistent eingestellt worden. Weitere berufliche Stationen bei der Reichelbräu waren: Mitglied im Vorstand ab Februar 1972, Vorsitzender ab 1984, Vorstandsvorsitzender bei der Kulmbacher Brauerei ab 1996.

Schon bei seinem Einstieg in die Kulmbacher Brauereiszene sah Langer für die einzelnen Kulmbacher Brauereien in einem sich verschärfenden nationalen Konkurrenzkampf keine Überlebenschance, zumal sie sich auch im gegenseitigen Wettbewerb verzehrten.

So entwickelte er – wie auch andere am Ort – die Vision einer gemeinsamen *Kulmbacher Brauerei*, die er schließlich verwirklichen konnte. Getragen wurde Langer dabei von dem Vertrauen seiner Hauptaktionäre, die er zunächst von der Notwendigkeit einer Kapitalerhöhung und schließlich eines Dividendenverzichts überzeugen musste. Bemerkenswert ist des Weiteren die lange Dauer von 28 Jahren, die Langer im Vorstand der Brauerei tätig war – zudem unter mehrmals wechselnden Hauptaktionären.

Nachfolger von Gert Langer als Vorstandsvorsitzender der Kulmbacher Brauerei wurde. Jürgen Brinkmann, 42 Jahre alt. Brinkmann, vorher Vorstand der Robert Leicht AG in Stuttgart, war im März 1998 nach Kulmbach gekommen und hatte im Vorstand von Gert Langer das Ressort kaufmännische Leitung und Beteiligungen übernommen.

8.3.5 Die Kulmbacher Brauerei AG in den Jahren 1998 und 1999

Die Entwicklung der Reichelgruppe bzw. der Kulmbacher Brauerei AG in den einzelnen Geschäftsjahren seit 1995/96 in Zahlen:

Geschäfts-jahr	Bierausstoß Reichelbräu/Gruppe in tausend hl		Bilanzgewinn / Gezahlte Dividende in TDM	in %
1995/96	1.406	2.014	1.298,5	10 %
1996/97 ff Reichel incl. EKU – nun Kulmbacher Brauerei				
1996/97	1.505	2.131	55,0	—
1997/98	1.301	1.917	93,1	—
1998/99		1.896	0,0	—

8.3 Aus Reichelbräu AG wird die Kulmbacher Brauerei AG

Reichelbräu hatte im Laufe der Jahre Sandlerbräu, Mönchshof und den Betrieb der EKU übernommen und firmierte nun als Kulmbacher Brauerei AG. Damit hätte eigentlich die Geschichte der hiesigen Brauereien ihren Abschluss gefunden. Denn nun gab es ja nur noch die eine Brauerei, und die üblichen unternehmerischen Probleme und Entscheidungen hinsichtlich Investitionen, Werbung, Konkurrenz und Wettbewerb blieben die gleichen und würden sich im Laufe der Jahre ständig wiederholen. Deshalb sollen die wichtigsten Ereignisse in der Kulmbacher Brauerei für die folgenden zwei Jahre nur in kurzer Form – schlagwortartig – wiedergegeben werden:[27]

1998

4. Februar: Die Mönchshof setzt auf Nostalgie: Das *Original* und das neue *Premium Lager* werden nun in der Bügelverschlussflasche angeboten. Abgefüllt wird das Bier bei der Brauerei Scheidmantel in Coburg; die Kosten der Umstellung einer Abfüllanlage liegen etwa bei 1 Mio. DM.

25. März: Die KULMBACHER zahlt für 1996/97 keine Dividende: Die Belastungen durch die EKU-Übernahme und Absatzverluste wirken sich aus. Vor allem die stark rückläufige Marke *EKU* bereitet Probleme (Rückgang um über 250.000 hl).

1. April: Die Brauerei übernimmt die Bürgerbräu Kitzingen; der dortige Ausstoß beträgt 18.000 hl. Der Sudbetrieb wird eingestellt.

23. April: Dr. Hans Christof Ihring verlässt die Brauerei und übernimmt ab 1. Oktober die Leitung der Arco-Bräu in Moos in Niederbayern.

22. September: Die KULMBACHER gibt die geplante Umbildung des Vorstands bekannt.

23. September: Ankündigung eines notwendigen Personalabbaus um 60 Mitarbeiter. Eine Bierleitung soll EKU und Reichel verbinden.

Jürgen Brinkmann, Vorstandsvorsitzender der KULMBACHER BRAUEREI AG von 1999 bis 2008

28./29. Novenber: Gert Langer beklagt den Verfall der Bierpreise: *Rutsch nach unten*. 0,5-Promille-Regelung drückt Absatz.

1999

4. März: Die KULMBACHER übernimmt die Coburger Scheidmantel KG, die als eigenständige Marke weitergeführt werden soll.

Getränkeabsatz und andere Zahlen der KULMBACHER BRAUEREI AG
von 1999/2000 bis 2004:

Geschäfts-jahr	Bier	Alkoholfreie Getränke	Getränke insgesamt	Dividende pro Aktie	Dividenden-summe
		jeweils in tausend hl			
1999/2000	1.921	779	2.700	15 %*	300,4 TDM
2000 R	Rumpfgeschäftsjahr Okt. – Dez. 2000			15 %**	300,4 TDM
2001***	1.945****	850	2.795	0,60 DM pro Stückaktie*****	2.016,0 TDM
				Ab 2002 in € bzw. T€	
2002	1.971	1.041	3.012	0,31 €	1.041,6 T€
2003	2.133	1.263	3.396	0,31 € + 0,08 Bonus	1.041,6 T€
2004	2.151	1.191	3.342	0,35 €	1.176,0 T€

*/** 15 % nur auf Streubesitz! – *** Nun Kalenderjahr = Geschäftsjahr – **** Lt. GB 2002 nur 1.935 hl
***** Umstellung auf 3.360.000 nennwertlose Stückaktien in der HV 2001 beschlossen

Getränkeabsatz und andere Zahlen der KULMBACHER BRAUEREI AG
ab 2005, nun incl. der Würzburger Hofbräu:

Geschäfts-jahr	Bier	Alkoholfreie Getränke	Getränke insgesamt*	Beschäftigte	Dividende pro Aktie	Dividenden-summe
		jeweils in tausend hl				
2005	2.383	1.171	3.554		0,39 €	1.310,4 T€
2006	2.482	1.224	3.706		0,43 €	1.444,8 T€
2007	2.373	1.233	3.606	1.090	0,11 €	369,6 T€
2008	2.413	1.103	3.516	1.063	Ab 2008 wurde – wegen	
2009	2.334	1.022	3.356	1.028	Wertberichtigung auf die	
2010	2.270	994	3.242	951	Würzburger Hofbräu –	
2011	2.357	989	3.346	903	keine Dividende gezahlt.	

* Getränke-Zahlen bis 2011 einschließlich Lohnproduktion (GB 2011, S. 59). Der GB 2012 weist in seiner Mehrjahresübersicht (S. 64) diese Zahlen ab 2008 ohne Lohnproduktion aus. Dies ergibt für die einzelnen vorausgegangenen Jahre geringere Werte.

8.3 Aus Reichelbräu AG wird die Kulmbacher Brauerei AG

15. April: Umsatzrückgang im Geschäftsjahr 1997/1998 von 193 auf 172 Mio. DM; keine Dividende; trotzdem Zuversicht.

31. Juli: Stars einer Podiumsdiskussion im Rahmen des Kulmbacher Bierforums, das der Eröffnung der 50. Bierwoche vorausging, waren die *Frontal*-Moderatoren Ulrich Kienzle und Bodo Hauser. Der Thüringer Ministerpräsident Dr. Bernhard Vogel erhielt den Kulmbacher Biertaler, den die Brauerei nach langer Pause erstmals wieder verlieh.

31. Juli – 8. August: Die Brauerei und mit ihr die Bürger der Stadt feiern mit einem großen Festzug das 50. Kulmbacher Bierfest. 1939 hatte zum ersten Mal ein Bierfest auf dem Markplatz stattgefunden. Nach Krieg und Nachkriegszeit konnte erst 1950 wieder eine Kulmbacher Bierwoche ausgerichtet werden; und in den Folgejahren wurde diese Kulmbacher Bierwoche zur lieb gewonnenen und unverzichtbaren Tradition. Nur 1952 mussten die Bürger und Besucher auf die Bierwoche verzichten, denn in diesem Jahr grassierte die Kinderlähmung im Lande.

8.3.6 Die neue Strategie

Ende Oktober 1999 stellte die Brauerei ihre neue Werbekampagne und ihre Strategie vor. Dabei sollten die einzelnen Kulmbacher Biermarken so angeboten werden:[28]

KULMBACHER: Premium-Pils mit überregionaler Ausrichtung, aber nicht mit nationalem Anspruch. Verbreitungsgebiete: Bayern, Thüringen, Sachsen und Hessen sowie die Großräume Hamburg und Hannover.

EKU: Regionales Bier mit neuem Erscheinungsbild, sucht als Pils, Export, Hell und Festbier seinen Platz am nordbayerischen Markt. Besondere Kennzeichen: Langhalsflasche und Etikett in Rautenform.

MÖNCHSHOF: Regionalmarke, der es ... mit dem Umstieg auf die Bügelverschlussflasche gelang, sich als Spezialitäten-Brauerei zu etablieren. Für die inzwischen stillgelegte Braustätte in der Hofer Straße wird ein neues Nutzungskonzept gesucht.

KAPUZINER: Weizenbier für die gesamte Gruppe der Kulmbacher Brauerei, also auch für Sternquell Plauen und Braustolz Chemnitz.

SANDLER: Fassbier für eine begrenzte Anzahl von Gaststätten, spielt im Flaschenbierhandel keine Rolle.

Dabei betonte Vorstand Jürgen Brinkmann, dass es sich bei den verschiedenen Produkten unter dem Dach der Kulmbacher Brauerei keinesfalls um ein Einheitsbier handele: *Es sind völlig eigenständige Rezepturen, die wir bewahren. Wir haben damit einen erheblich höheren Aufwand, den wir uns gegenüber den Mitbewerbern leisten. Durch das differenzierte Erscheinungsbild sollte die Eigenständigkeit der verschiedenen Sorten noch unterstrichen werden.*

8.3.7 Die Kulmbacher Brauerei AG in den Jahren ab 2000

Die Entwicklung der Kulmbacher Brauerei AG im neuen Jahrtausend sei zunächst an Hand der üblichen Zahlen[29] wiedergegeben. Dabei ist zu beachten, dass ab 1. Januar 2002 in Euro anstatt in DM gerechnet wurde.

Die wichtigsten Ereignisse für die Kulmbacher Brauerei AG und andere Geschehnisse „rund ums Bier" seien für die folgenden Jahre nun ebenfalls in gekürzter Form wiedergegeben:

2000

1./2. April: Pressemitteilung: Die KULMBACHER wächst wieder: Ihre Biermarken entwickelten sich

1999 deutlich besser als der Markt in Nordbayern. Die Paulaner-Gruppe bzw. Stefan Schörghuber kauft das Oetker-Aktienpaket und erhöht damit den Anteil an der Brauerei von 49,99% auf 60,04%.
Der Grundstein zur Erweiterung des Bayerischen Brauereimuseums auf dem Mönchshof-Gelände wird gelegt.
Juni/Juli: Die Brauerei wird mit der Saison 2000/01 Sponsor bzw. Partner des FC Bayern München. Nach der Vereinbarung wird im Vereinsheim und in der VIP-Lounge des FC Bayern KULMBACHER PREMIUM PILS ausgeschenkt. Auch die zugehörige Service-Crew wird im KULMBACHER Outfit gekleidet. Dazu kommt noch Bandenwerbung im Olympiastadion.

2001

25. April / 16. Mai: Markus Stodden übernimmt an Stelle von Hermann Goß den Vertriebsvorstand
1. Mai: Gert Langer wird mit dem Bundesverdienstkreuz am Bande ausgezeichnet.
31. Mai: Hauptversammlung: Die Brauerei beendet dreijährige Durststrecke: 15% Dividende auf Streubesitz.
3. November: Die KULMBACHER erwirbt die Coburger Brauerei Anton Sturm.

2002

24. Januar: Die Erweiterung des Bayerischen Brauereimuseums ist abschlossen. 3.000 Quadratmeter Ausstellungsfläche stehen nun zur Verfügung, und die neu eingerichtete Museumsbrauerei verfügt über einen gläsernen Sudkessel.
23. Juni: Anlässlich des Altstadtfestes inszeniert sich eine Studentin der Akademie der Bildenden Künste Nürnberg als *Kulmbacher Bierkönigin* – ausgestattet mit Schärpe und Krönchen. Thema ihrer Abschlussarbeit ist die Schaffung und Verkörperung einer künstlerischen Kult(ur)figur, die fränkische Lebensart verkörpern und in die Welt hinaustragen solle. In Kulmbach sorgt die junge Frau mit ihrem Projekt eher für Irritationen
27. Juni: Hauptversammlung: Kulmbacher Brauerei war erfolgreich: Der Jahresüberschuss für 2001 beträgt 2,5 Mio. DM. Die Dividende wird auf 12% festgesetzt.
August: Die Brauerei kauft für ihren Fuhrpark 50 neue Lkw der Marke Mercedes-Benz.
Inbetriebnahme der neuen Abfüllanlage für Bügelverschlussflaschen. Die hohe Nachfrage nach den Mönchshof-Bierspezialitäten macht diese erneute Investition notwendig.

2003

4. April: Pressemitteilung: Rekordergebnis für Kulmbacher Brauerei-Gruppe: Im Geschäftsjahr 2002 wurden erstmals über 3 Mio. Hektoliter Getränke verkauft.
28. April: *Ankommen statt umkommen* lautet das Motto einer Sternfahrt zum Auftakt der Motorrad-Saison, zu der die Staatsregierung eingeladen hatte. Rund 12.000 Biker treffen sich in Kulmbach auf dem Gelände der Kulmbacher Brauerei in der Lichtenfelser Straße.
28. April: Der Technik-Vorstand der Kulmbacher Brauerei AG, Dr. Rudolf Streng, geht in den Ruhestand. Seinen Aufgabenbereich übernimmt Stephan Gimpel-Henning.
26. Juni: Hauptversammlung: Die Brauerei wuchs auch 2002 in einem schwierigen Markt: Bilanzgewinn von zwei Mio. € und 0,31. € pro Stückaktie Dividende (= 12%).
26. September: KULMBACHER übernimmt Scherdel in Hof – eine Privatbrauerei mit 170 Jahren Brautradition. Scherdel bleibt aber ein eigenständiger Betrieb und braut sein Bier weiter in Hof.

8.3 Aus Reichelbräu AG wird die Kulmbacher Brauerei AG

Franz Erich Meußdoerffer, Vorstand bzw. Geschäftsführer der Mönchshof-Brauerei von 1947 bis 1984

2004

27. Januar: Die Brauerei meldet satte Zuwächse: Der Gesamt-Getränkeabsatz stieg im Jahr 2003 um 12,8% auf 3,4 Mio Hektoliter.

27. Februar: Franz Erich Meußdoerffer – *Grandseigneur der Kulmbacher Wirtschaft* – verstirbt im Alter von 85 Jahren. Er war von 1947 bis 1984 Vorstand bzw. Geschäftsführer bei der Mönchshof-Brauerei und vielfach engagiert: bei der Industrie- und Handelskammer von Oberfranken in Bayreuth, zuletzt als deren Präsident, und im Aufsichtsrat verschiedener Firmen.

1. Juli: Hauptversammlung: Die Brauerei wächst weiter. Der Absatz wurde 2003 um 12,8% gesteigert.

24. Sptember: Der bayerische Wirtschaftsminister Dr. Otto Wiesheu nimmt das neue Gläserne Sudhaus in der Lichtenfelser Straße in Betrieb. Die große Fensterfront gewährt nun Einblicke in den Brauprozess. 4 Mio. € wurden investiert.

2005

22. Januar: Die Kulmbacher Brauerei kauft 90,7% der Würzburger Hofbräu AG für 34 Mio. €. Mit starken Marken und einer soliden Geschäftspolitik wird die Hofbräu als die „Nummer 1" in Unterfranken eingeschätzt[30]: *Sie setzte zuletzt 329.000 hl ab und erwirtschaftete mit 150 Mitarbeitern einen Umsatz von rund 28,6 Millionen sowie einen Bilanzgewinn von etwa 1,1 Millionen Euro.*[31]

Mit diesem Kauf wurde das *heimatliche* Absatzgebiet sinnvoll abgerundet und erweitert. Allerdings war der gezahlte Preis wohl deutlich überhöht und sollte in den folgenden Jahren das Betriebsergebnis der Kulmbacher Brauerei entsprechend belasten.

1. Februar: 2004 war ein Absatzplus bei Bier zu verzeichnen, aber Minus bei alkoholfreien Getränken.

12. August: Das Mönchshof-Gelände soll ein *Zentrum für Bayerische Lebensmittelkultur* werden. Landwirtschaftsminister Josef Miller übergibt den Förderbescheid über 2,1 Mio. € für die Angliederung eines Brot- und Bäckereimuseum an das Bayerische Brauereimuseum.

7. Dezember: Das Amtsgericht Bayreuth hebt das Konkursverfahren über das Vermögen der Fa. *Erste Kulmbacher Actienbrauerei AG – EKU* – nach Abhaltung des Schlusstermins auf.

2006

2. Mai: *Ankommen statt umkommen* – Die bayernweite jährliche Sternfahrt der Motorradfahrer mit Teilnehmerrekord: 22.000 Biker treffen sich in Kulmbach.

25. Mai: Die Erdinger-Uhr – vor etlichen Jahren aufgestellt von der Weißbier-Brauerei Erdinger am Kulmbacher Bahnhof – wurde auf Antrag von Stadtrat Prof. Dr. Wolfgang Protzner abmontiert.

31. Mai: Hauptversammlung: Die KULMBACHER-Gruppe legt ein erfreuliches Ergebnis für 2005 vor, und die Aktionäre erhalten eine höhere Dividende von nun 0,39 € pro Stückaktie.

Dennoch beurteilt Vorstand Jürgen Brinkmann die Lage der deutschen Brauereien kritisch: Die Branche leide unter Überkapazitäten, Wettbewerbsdruck und unter vielen gesetzgeberischen Auflagen. Seit Jahre sinke zudem der Pro-Kopf-Verbrauch von Bier. Auch habe sich das Preisgefüge dramatisch verändert.

Diese Einschätzung hatte sich bereits Anfang 2005 abgezeichnet. Damals hatte der Oetker-Konzern beim Getränkekonzern Brau und Brunnen *durchgegriffen* und zwei Brauereien – in Dortmund und in Berlin – geschlossen. 450 Arbeitsplätze waren davon betroffen. Dazu der Chef der Radeberger Brauerei: *Die Auslese auf dem deutschen Biermarkt beschleunigt sich.*[32]

Aber Brinkmann sieht für KULMBACHER nicht schwarz: Die Brauerei setzt auf starke Marken; sie erzielt in schwierigem Umfeld ein gutes Ergebnis und baut ihre Stellung als Marktführer in Nordbayern aus.

2007

24. Mai: Hauptversammlung: Die KULMBACHER schreibt Rekordzahlen und bilanziert eines ihrer erfolgreichsten Jahre. Weil der Preis für Hopfen und Braugerste steigt, soll im Herbst auch das Bier teurer werden.

Juni / Juli: Die Brauerei wird neuer Bier-Sponsor des 1. FC Nürnberg. Sie erhält das Ausschankrecht im easyCredit-Stadion, großflächige, TV-relevante Bandenwerbung und die so genannten CamCarpets im unmittelbaren Torbereich.

15. Juni: Die Brauerei Tucher, Nürnberg, greift die Kulmbacher Brauerei an. Nachdem diese in Mittelfranken nicht nur den „Club" für sich gewonnen hat, revanchieren sich die Nürnberger mit einer Plakataktion für *Nürnberger Braukunst* in Kulmbach.

28. Juni: Der bayerische Ministerpräsident Dr. Edmund Stoiber setzt den modernisierten Gär- und Lagerbereich in Betrieb. Die Investitionssumme beträgt rund 30 Mio. €.

7./8. Juli: Eine neue Abfüllanlage für die EKU – ein 24 Tonnen schwerer Koloss – wird angeliefert und eingebaut.

2008

6. Februar: Laut einer Pressemitteilung sieht sich die Kulmbacher Brauerei AG mit ihrem Konsolidierungskurs gerüstet für den dramatischen Wettbewerb auf dem deutschen Biermarkt.

11. April: Der bayerische Ministerpräsident Dr. Günther Beckstein nimmt die neue Abfüllanlage in Betrieb (10 Mio. € Investitionssumme).

22. April: Die KULMBACHER legt den Geschäftsbericht für 2007 vor und will wegen des Erwerbs der Würzburger Hofbräu auf Schadenersatz klagen, weil vom Verkäufer falsche Angaben gemacht worden seien.

29. Mai: Schock auf der Hauptversammlung: Der Mehrheitsaktionär mit 63,7%, die Brau Holding International – beteiligt an dieser sind Heineken und Paulaner bzw. Stefan Schörghuber aus Mün-

8.3 Aus Reichelbräu AG wird die Kulmbacher Brauerei AG

chen –, verweigert dem Vorstand die Entlastung für 2007. Gleichzeitig wird Hans Albert Ruckdeschel (25,5%-Anteil) im Aufsichtsrat ersetzt durch Thomas Polani (Heineken). Bereits vorher hatte Hans-Peter Hoh den Vorsitz im Aufsichtsrat übernommen.

Eine Woche später werden die bisherigen Vorstände Jürgen Brinkmann und Stephan Gimpel-Hennig entlassen; an ihrer Stelle werden Hans P. van Zon und Dr. Peter Pöschl berufen. Nur Markus Stodden bleibt vom bisherigen Führungstrio.

Jürgen Brinkmann, 52 Jahre alt, kann in Kulmbach auf zehn Jahre erfolgreiche Arbeit zurückblicken, denn er hatte die drei unterschiedlich geführten Brauereien – Reichel, EKU und Mönchshof – zu der einen KULMBACHER zusammengeführt. Für seine Leistungen war er noch im Januar mit der Silbernen Bürgermedaille der Stadt Kulmbach ausgezeichnet worden. Brinkmanns Vertrag bei der Brauerei läuft noch bis 2012.

25. November: Überraschend verstirbt Stefan Schörghuber – mit 63,7 % Anteil der entscheidende Mann für die Kulmbacher Brauerei – im Alter von 47 Jahren in München. Der zurückhaltende Unternehmer – Milliardär und Kunstmäzen – stand nicht gerne in der Öffentlichkeit. So hatte ihn das *Handelsblatt* im Jahr zuvor als *scheuen Braulöwen* charakterisiert. Stefan Schörghuber stand lange Zeit im Schatten seines Vaters Josef, der das Familienunternehmen aus einer Schreinerei heraus aufgebaut hatte. Nach dessen Tod 1995 stellte er die Unternehmensgruppe – bestehend u. a. aus Brauereien, Hotels und Immobilien – neu auf.

2009

22. Januar: Die Brauerei streicht für 2009 das traditionelle Bockbierfest und den Umweltpreis. Das Unternehmen will erst einmal *seine Hausaufgaben machen*.

28. März: Rund vier Monate nach dem überraschenden Tod von Stefan Schörghuber verlässt Hans-Peter Hoh die Unternehmensgruppe. Er war hier neben Konzernchef Stefan Schörghuber der starke Mann und u. a. Aufsichtsratsvorsitzender der Kulmbacher Brauerei. Nach Stefan Schörghubers Tod übernahm seine Witwe Alexandra die Position ihres Mannes und holte mit Klaus H. Naeve den ehemaligen Finanzchef zurück. Dieser übernimmt im Folgenden von Hans-Peter Hoh auch den Vorsitz im Aufsichtsrat der Kulmbacher Brauerei AG.

4. April: Pläne für die Umgestaltung der Braustätte II, ehemals EKU: Der 44 m hohe Lagerturm, die Brücke über die EKU-Straße und das Sudhaus sollen abgerissen werden.

7. Mai: Ein Großbrand zerstört den alten EKU-Lagerturm. Schweißarbeiten haben das Feuer ausgelöst; offenbar war die Styropordämmung seinerzeit ohne Flammschutz aufgetragen worden. 15 Personen erleiden Rauchvergiftung, rund 400 Helfer von Feuerwehr, BRK, THW und Bergwacht sind im Einsatz.

16. Juni: Der ehemalige Brauereivorstand Stephan Gimpel-Hennig wird ab Juli die russischen Brauereien und Mälzereien des türkischen Braukonzerns Efes als Vorstand für den Bereich Technik übernehmen.

16. Juli: Hauptversammlung: Fehlbetrag von 11,3 Mio. € für das Jahr 2008. Zwar verkauften sich die eigenen Marken immer besser, aber die Beteiligung an der Würzburger Hofbräu musste erneut abgewertet werden.

Großaktionär und IREKS-Chef Hans Albert Ruckdeschel zieht wieder in den Aufsichtsrat ein.

6. September: Am *Tag des offenen Denkmals* können – wohl zum ersten Mal überhaupt – Interessierte alte Kulmbacher Bierkeller besichtigen. Erich Olbrich führt eine große Besucherschar durch ein-

zelne Keller am Festungsberg (ehem. Taeffner und Haberstumpf), in der Oberen Stadt (ehem. Angermann) und am Röthleinsberg (ehem. Pertsch).
18. September: Der Abbruch des EKU-Lagerturms ist beendet. Die Arbeiten waren wegen des Lärms und Drecks sehr belastend für viele Anwohner.

2010

15. Februar: Nach dem Lagerkeller wird nun auch die frühere Braustätte II der EKU abgerissen. Das Gebäude war erst 1991 erbaut worden und bis 2004 in Betrieb. Seitdem wird nur noch in der Braustätte I in der Lichtenfelser Straße gebraut und produziert. Das „Innenleben" des alten Sudhauses ist bereits in den Wintermonaten ausgebaut worden; so sollen die großen Maischbottiche und Würzepfannen nach Nigeria verkauft werden. Nach dem Sudhaus wird dann der dahinter liegende Mühlenturm abgerissen. Auch die *EKU-Brücke* wird bald aus dem Stadtbild verschwinden. Das nun freie Areal soll künftig als Parkfläche dienen.
6. Mai: Die Kulmbacher Gruppe erklärt, sie wolle, nachdem sich die zurück in die schwarzen Zahlen gebracht habe, mit ihren etablierten Marken und mit neuen Produkten weiter in der Erfolgsspur bleiben. Im Kerngebiet Nordbayern seien noch nicht alle Potentiale ausgeschöpft.

2011

21. Januar: Helmut Geiger aus Guttenberg, seit Jahrzehnten im Biervertrieb aktiv, veröffentlicht als Ergebnis umfangreicher Forschungen sein Buch *Vom Bierbrauen im Landkreis Kulmbach*. Darin berichtet er aus 40 Orten und von mindestens 75 ehemaligen Brauereien zuzüglich der Kommunbrauer.
28. Januar: Bierdurst der Deutschen schwindet weiter. Im schrumpfenden Markt können die Brauereien Preiserhöhungen kaum durchsetzen. Premiumbiere werden von Supermarktketten zu Schnäppchen-Preisen angeboten.
12. Mai: Hauptversammlung: Die Kulmbacher Brauerei AG schließt das Jahr 2010 mit einem Gewinn von 700.000 € ab. Demographischer Wandel, Rückgänge bei der Gastronomie und ein harter Preiskampf ließen den Absatz bei Bier und bei den alkoholfreien Getränken um 2,7 % sinken.
26. November: Pläne für eine genossenschaftliche Kleinbrauerei am Schlosspark Thurnau – *Schlossbräu* – werden vorgestellt. Geschätzte Kosten für Galerie und Brauerei etwa 800.000 €, Anteile über je 2.500 €. 80 Bierfreunde nehmen an der Info-Veranstaltung teil, 76 Anteile werden gezeichnet.
26. November: Erfolg beim Bierexport – erstmals in der Geschichte der Kulmbacher Brauerei AG wird die 100.000-Hektoliter-Marke *geknackt*. Die wichtigsten Exportländer sind Italien, China, Frankreich, die Vereinigten Staaten und Russland. Besonders erfolgreich war man in China: Dort konnte der Absatz im Vergleich zum Vorjahr verdoppelt werden.

2012

31. Januar: Eine Analyse der Marktforscher von GfK[33] und Nielsen zeigt, dass der seit fast zwei Jahren tobende Preiskampf – auch und gerade bei den Premiumbieren – 2011 einen neuen Höhepunkt erreichte. Noch nie waren die Aktionspreise der großen Lebensmittelhändler so tief.
24. Februar: Dr. Wolfgang Heubisch, Staatsminister für Wissenschaft, Forschung und Kunst, eröffnet in einem Festakt das Museumspädagogische Zentrum (Mupäz) im Mönchshof.
8. Mai: Erich Olbrich und Sohn Thorsten beginnen wieder mit ihren Führungen durch die alten Kulmbacher Bierkeller am Burgberg. Von 83 bekannten Kellern sind elf momentan begehbar.

15. Mai: Hauptversammlung: KULMBACHER blickt auf ein erfolgreiches Jahr 2011 zurück: An Getränken wurden 3,3 Millionen Hektoliter (+ 3,2%) verkauft, darunter 2,36 Millionen Hektoliter Bier (+ 4,9%). Dabei erzielte die Brauerei einen Konzernüberschuss von 1,98 Mio. €, was einem Ergebnis je Aktie von 0,59 € (Vorjahr 0,19 €) entspricht. Auch die weitere Entwicklung betrachtet der Vorstand mit einem gesunden Selbstvertrauen.

30. Juni: Die Hobbybrauer in Himmelkron feiern ihr 20jähriges Jubiläum.

29. Juli: Die Kulmbacher Bierwoche beginnt. Gäste aus China hatten mit 9.600 km wohl die weiteste Anreise.

25. Oktober: Die Mönchshof-Museen bleiben attraktiv: Im Brauerei- und Bäckereimuseum begrüßt Sigrid Daum den 600.000sten Besucher. Allein in diesem Jahr wird die Besucherzahl die Marke von 40.000 deutlich überschreiten.

22. November: Helmut Geiger stellt unter dem Titel *Kulmbacher Biergeschichte(n)* sein zweites Buch vor.

7. Dezember: Die Kulmbacher Brauerei AG baut den Vorstand zum Jahreswechsel um: Der bisherige Sprecher und Finanzvorstand Hans van Zon scheidet aus und übernimmt eine neue Aufgabe in der Heineken-Gruppe. Sein Nachfolger als Vorstandssprecher wird Markus Stodden, in der Brauerei bisher für Marketing und Vertrieb zuständig. Als neuer Vorstand für Finanzen wurde mit Wirkung zum 1. Januar 2013 Otto Zejmon berufen, der in der Heineken-Gruppe zuletzt bei den Vereinigten Serbischen Brauereien (Belgrad) tätig war. Auch Dr. Peter Pöschl, zuständig für Technik, scheidet aus dem Unternehmen aus. Als sein Nachfolger wurde Dr. Jörg Lehmann berufen, bis dahin verantwortlich für den Bereich Technik bei Spaten Franziskaner und Löwenbräu in München.

8.4 Die Kulmbacher Brauerei AG im Jahr 2012

Zur aktuellen Lage der Kulmbacher Brauerei AG und zu der der gesamten deutschen Getränkeindustrie sei aus dem Geschäftsbericht 2012[34] auszugsweise zitiert:

8.4.1 Allgemeine Branchenentwicklung

Die Absatzentwicklung der deutschen Brauwirtschaft beim Gesamtbier war auch im abgelaufenen Geschäftsjahr 2012 rückläufig und lag mit 1,8% gegenüber dem Vorjahr zurück, die Exportabsatzmenge verringerte sich dabei mit 0,2% nur leicht. Trotz Fußball-Europameisterschaft und Olympischer Spiele kann der inländische Verbrauchsrückgang beim Bier nicht gestoppt werden. Der Pro-Kopf-Verbrauch an Bier sank auf durchschnittlich 105 Liter Bier (Vorjahr: 107 Liter) (Quelle: Deutscher Brauerbund). Die Inlandsnachfrage weist im Vergleich zum Vorjahr einen Rückgang von 2,1% aus. Der Bierabsatz in Nordbayern ging um 1,4% zurück. Der Absatzrückgang der Braubranche wird im Wesentlichen durch drei Faktoren beeinflusst:

Aufgrund des demografischen Wandels wird von einer alternden Bevölkerung potentiell weniger Bier nachgefragt. Junge Konsumenten trinken häufiger alternative Getränke.

Veränderte Konsumgewohnheiten führen zu einem Rückgang in der Gastronomie, insbesondere in der Landgastronomie und in den Bierkneipen der Städte. Des Weiteren wird Bier nicht mehr regelmäßig, sondern verstärkt anlass- und veranstaltungsbezogen konsumiert.

Häufige Preis- und Werbeaktionen der nationalen Anbieter von Pilsbiermarken bestimmen auch in Zukunft aufgrund von Überkapazitäten den Markt.

8.4 Die Kulmbacher Brauerei AG im Jahr 2012

8.4 Die Kulmbacher Brauerei AG im Jahr 2012

Der aktuelle Vorstand der KULMBACHER BRAUEREI AG:

Dr. Jörg Lehmann zuständig seit 1. Mai 2013 für die Technik. Vorher war er in München bei Spaten Franziskaner und bei Löwenbräu verantwortlich für den gleichen Bereich.

Otto Zejmon leitet seit 1. Januar 2013 den Bereich Finanzen. Zuvor war er als Finanzdirektor bei den Vereinigten Serbischen Brauereien in Belgrad tätig.

Markus Stodden übernahm am 1. November 2001 das Ressort Marketing und Vertrieb und ist zudem seit 1. Januar 2013 Sprecher des Vorstandes.

← Die Betriebsanlagen der KULMBACHER BRAUEREI AG in der Lichtenfelser Straße.

Diese Preissenkungen tragen nicht zu einer Verbesserung der Wertigkeit nationaler Premiummarken bei. Die Sortimentsvielfalt in der Getränkebranche und die erhöhte Nachfrage nach Kleingebinden und nach regionalen Produkten in der Braubranche spiegelt das Bedürfnis der Gesellschaft nach Individualität und Spezialitäten sowie kleineren Verpackungseinheiten und Lokalbezug wider. Auf die veränderten Kundenbedürfnisse gehen wir mit der Strategie unserer Unternehmensgruppe ein.

8.4.2 Geschäftsverlauf der Kulmbacher Gruppe

Im Geschäftsjahr 2012 lag die Absatzmenge an Getränken einschließlich der Handelsgetränke und ohne Berücksichtigung der Lohnproduktions- und -abfüllmengen gruppenweit mit 3.117 Thl um 0,4 % leicht unter dem Vorjahresniveau (Vorjahr: 3.131 Thl). Preiserhöhungen konnten im Geschäftsjahr 2012 aufgrund der Wettbewerbssituation im Handel nur in der Gastronomie umgesetzt werden. Deshalb konnten nur Teile der gestiegenen Kosten ... kompensiert werden. Die rückläufige Tendenz im Gastronomiegeschäft hält aufgrund des veränderten Konsumentenverhaltens an. Im Gegensatz dazu konnten Absatzmengensteigerungen im Veranstaltungsgeschäft durch zusätzliche Veranstaltungen erzielt werden. Im Handelsgeschäft wurde eine Absatzmengensteigerung durch Erweiterung bei den Wachstumsmarken erzielt. Im Exportgeschäft erreichte die Kulmbacher Gruppe weitere Absatzmengenzuwächse.

Die Kulmbacher Gruppe profitierte von der sehr guten Absatzentwicklung der Wachstumsmarken Mönchshof, Kapuziner und Keiler. Die neuen Produkte „Mönchshof Natur Radler" und „Kapuziner Kellerweizen" im 20 x 0,5-Liter-Mehrweggebinde sowie „Sternquell Bierbrause" im 9 x 0,5-Liter- bzw. 20 x 0,5-Liter Mehrwegkasten und „Sternquell Schwarzbier" profilierten sich positiv am Markt und waren Teil des Absatzmengenerfolgs. Eine wichtige Säule unserer Verpackungs- und Gebindepolitik sind die Kleingebinde, die verstärkt von unseren Kunden nachgefragt werden.

Auf dem ostdeutschen Biermarkt sind unsere sächsischen Marken Sternquell und Braustolz nach wie vor einem harten Verdrängungswettbewerb ausgesetzt. Die Endverbraucher nutzen fast ausschließlich die Aktionszeiträume der Markenanbieter, um ihren Getränkebedarf auf Niedrigstpreisniveau zu decken.

Das Geschäftsfeld „Alkoholfreie Getränke" der Kulmbacher Gruppe umfasst im Wesentlichen die Absätze der Marke Bad Brambacher. Im Bereich der alkoholfreien Getränke herrscht nach wie vor die Neigung bei den Kunden vor, beim Getränkekauf Billigmarken der Discounter wegen der niedrigen Preise zu kaufen. Mit unserer Marke Bad Brambacher verfolgen wir auch weiterhin unsere Strategie, uns als hochpreisiger Nischenanbieter qualitativ hochwertiger und innovativer Erfrischungs- und Wellnessgetränke sowie klassischer Mineralwassersortimente ... von den Billiggetränken der Discounter abzuheben. ... Die Absatzmengen im Segment der alkoholfreien Getränke der Kulmbacher Gruppe ... erreichten im Geschäftsjahr mit 963 Thl (Vorjahr: 987 Thl) die Absatzmenge des Vorjahres nicht.

Die Entwicklung der einzelnen Marken der Kulmbacher Gruppe im abgelaufenen Geschäftsjahr stellt sich wie folgt dar:

MÖNCHSHOF ist als Spezialitäten-Marke ... weiter auf Wachstumskurs und kann seine Position als nationaler Marktführer im Segment der Bügelflaschen-Biere nachhaltig ausbauen. Nach der erfolg-

8.4 Die Kulmbacher Brauerei AG im Jahr 2012

reichen Einführung von „Mönchshof Bayerisch Hell" in 2011 konnte Mönchshof in 2012 mit dem „Natur Radler" einen weiteren Volltreffer landen ...

KULMBACHER Edelherb konnte in Nordbayern seine marktführende Position weiter festigen und die sehr erfolgreiche Entwicklung in der Metropolregion Nürnberg-Fürth-Erlangen fortsetzen. Das alkoholfreie Kulmbacher verzeichnete zweistellige Zuwachsraten, die 2011 neu eingeführte 0,33-Liter-Steinie-Flasche im 20er-Mehrwegkasten hat in diesem Segment bereits im zweiten Jahr die klare Marktführerschaft übernommen.

KAPUZINER als regionaler Marktführer unter den Weißbieren hat weiter kräftig an Absatz gewonnen und konnte seine ohnehin starke Spitzenposition in Nordbayern dadurch nochmals ausbauen. Neben dem traditionellen Hefeweißbier war vor alllem das kalorienarme „Kapuziner Alkoholfrei" mit dem Zusatznutzen „Nur 85 Kalorien pro Flasche" und das im Frühjahr 2012 neu eingeführte bernsteinfarbene Kellerweizen die Wachstumssäulen für Kapuziner Weißbier.

STERNQUELL erreichte den Vorjahresabsatz nicht ganz, konnte jedoch, seine Marktführerposition im Regierungsbezirk Chemnitz ... ausbauen.

BRAUSTOLZ und EKU erreichten ihre Vorjahresabsatzmengen nicht. SCHERDEL verteidigte im nordostoberfränkischen Kernabsatzgebiet in einer

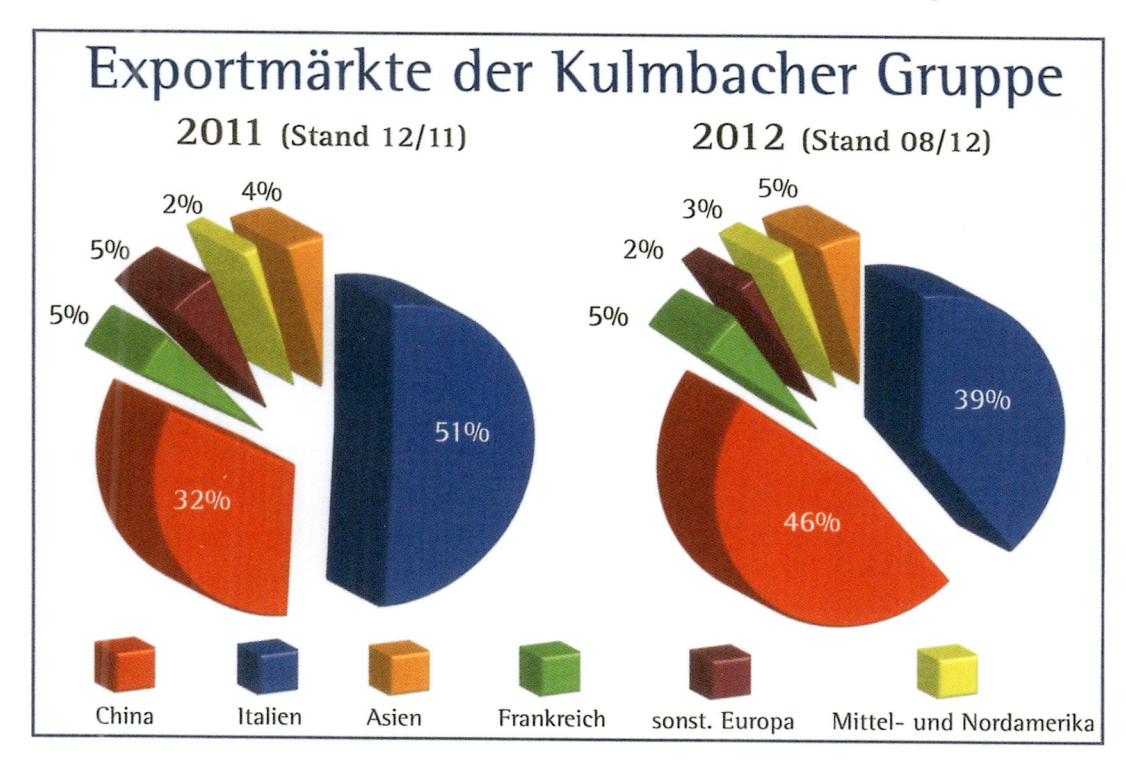

Exportmärkte der Kulmbacher Gruppe

2011 (Stand 12/11)
- China: 32%
- Italien: 51%
- Asien: 4%
- Frankreich: 5%
- sonst. Europa: 5%
- Mittel- und Nordamerika: 2%

2012 (Stand 08/12)
- China: 46%
- Italien: 39%
- Asien: 5%
- Frankreich: 5%
- sonst. Europa: 2%
- Mittel- und Nordamerika: 3%

wirtschaftlich schwierigen Region seine starke Position.

WÜRZBURGER und KEILER, die Kernmarken der Würzburger Hofbräu, haben ihre Position in Unterfranken ... stärken können.

Im Segment der alkoholfreien Getränke musste die BAD BRAMBACHER als Hochpreismarke trotz des äußerst preisaggressiven und von den Discountern geprägten Wettbewerbsumfelds nur marginale Absatzmengenrückgänge hinnehmen und konnte seine starke Marktposition im sächsischen Vogtland und in Nordbayern festigen. Dazu leisteten das sehr erfolgreiche 0,5-Liter-PET-Gebinde und die Produkteinführung „Vita-Mineral Apfel-Zitrone" einen wesentlichen Beitrag. In der Gastronomie wurde eine 0,5-Liter-Gourmetflasche neu eingeführt.

8.4.3 Bierexport

Ein besonderer Erfolg im internationalen Absatz war eine Sondermeldung der Betriebszeitung *FlaschenPost*[35] im November 2011 wert. Sie berichtet über das Exportgeschäft der Kulmbacher Brauerei:

Die wichtigsten Exportländer der Kulmbacher Brauerei sind Italien, China, Frankreich, die Vereinigten Staaten und Russland. Bereits zum 31. Oktober 2011 konnte die 100.000 hl-Grenze erstmals in der Geschichte der Kulmbacher Brauerei AG überschritten werden. Laut Markus Stodden, Vorstand Vertrieb und Marketing, trugen alle Exportmärkte zu diesem sensationellen Ergebnis bei. Aber: „Ein überproportionales Wachstum kommt im laufenden Geschäftsjahr 2011 aus China: Dort ist es uns gelungen, den Absatz im Vergleich zum Vorjahr zu verdoppeln."

Über die Ausfuhr nach China heißt es weiter: *Insbesondere die Kulmbacher Bierspezialitäten in der 5-Liter-Dose werden mittlerweile in vielen chinesischen Provinzen angeboten.* Thomas Wölfel, Leiter Export, sagt: „*Wir haben vor sechs Jahren mit einem Importeur in China begonnen, mittlerweile haben wir sechs Importeure, die mit uns arbeiten und darüber hinaus nun jeweils ein oder zwei Marken unserer Gruppe vertreten.*" *Die Marke EKU ist derzeit die Marke mit dem größten Wachstum, dicht gefolgt von Mönchshof. Insbesondere durch die immer tiefere Distribution ihrer Marken erreicht die Kulmbacher Gruppe in China eine breite Schicht von Konsumenten, die durch steigende Einkommen auch ihrem Verlangen nach Kulmbacher Bieren nachkommen können. In China gilt deutsches Bier allgemein als Luxusprodukt und wird im gleichen Atemzug wie zum Beispiel teure deutsche Automarken genannt.*

Auch die Kulmbacher Brauerei profitiere davon, dass Deutschland in Fernost für Bier stehe – wie Frankreich für Wein oder England für Kekse. Und: *Die Chinesen sind auch sehr interessiert an der Geschichte unserer Biere.* Eine Aussage, die dadurch unterstrichen wird, dass im Bayerischen Brauereimuseum bereits Besuchergruppen aus China begrüßt werden konnten.

80 Prozent des Kulmbacher Biers werden in Fünf-Liter-Dosen auf dem Seeweg durch den Suezkanal nach China geliefert. Bis zu 32 Euro – also mehr als das Dreifache des deutschen Preises – zahlen Privatpersonen, aber auch Gastronomen für die Dosen. Hochwertig verpackt, gehen sie häufig als Geschenk über die Ladentheken. Und was trinken die Chinesen am liebsten? Exportleiter Thomas Wölfel: Dunkles Bier oder Weizen. Alkoholfrei hingegen gar nicht: Unter den 28 Spezialitäten in der Produktpalette tendiert ihr Exportanteil gegen Null.

Ein Bericht aus der *FlaschenPost* schildert anschaulich den Versand der Biere nach China:

8.4 Die Kulmbacher Brauerei AG im Jahr 2012

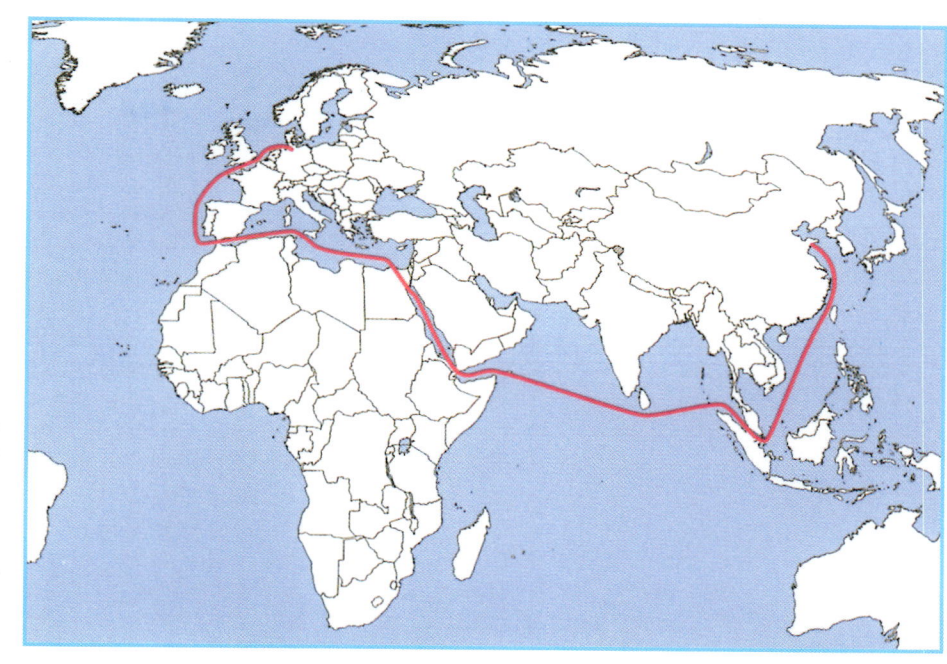

Route der Frachtschiffe nach China: Vier Wochen ist das Kulmbacher Bier von Hamburg aus über Gibraltar, durch das Mittelmeer und den Suezkanal, nach China unterwegs.

Wenn die Ziffern „0086" auf der Telefonanzeige erscheinen, rufen chinesische Großhändler in Kulmbach an, um Bier zu bestellen. Etwa dreißig Aufträge pro Monat ordern überwiegend Pekinger per E-Mail oder Telefon. Am beliebtesten sind momentan EKU und Mönchshof. Aber auch Biere der Würzburger Hofbräu, von Sternquell und Braustolz werden gerne bestellt.

Die Bierflaschen und Fünf-Liter-Dosen werden dann in der Kulmbacher Brauerei von den Technikern in einem Sonderauftrag abgefüllt und in Zwanzig-Fuß-Containern in den LKW verladen. Über 3.700 Fünf-Liter-Dosen oder 19.200 Bierflaschen passen in so einem fußballtorgroßen Container. Das Verladen geht fix: Etwa drei Stunden dauert es. Anschließend fährt der LKW die Bierladung an den Güterbahnhof nach Hof oder Nürnberg, wo sie dann – meistens abends – mit der Deutschen Bahn nach Hamburg, aber auch nach Bremen, transportiert wird. „Der Freihafen von Hamburg ist riesig. Etwa so groß wie Kulmbach", erzählt Logistiker Michael Liebschwager.

Fünf Tage bevor das Frachtschiff ablegt, müssen die Bier-Container im Hafen stehen. Denn dort muss der Zoll die Ausfuhrpapiere ausfüllen. Doch zu früh sollten die Flaschen und Dosen nicht zum Hafen gelangen, da diese sonst für eine Tagespauschale eingelagert werden müßten. Innerhalb eines Tages werden die Flaschen und Dosen an der Containerbrücke mit Kränen verladen. Wie bei Touristen nennt man das „Boarding". Auf moderne Frachtdampfer passen mittlerweile 13.000 Zwanzig-Fuß-Container.

Vier Wochen lang schippert das Bier vom Mittelmeer durch den Suezkanal nach China. Dort legt der Dampfer meist in den Hafenstädten Xingang, südöstlich von Peking, oder Qingdao an. Letztere wird auch als „Deutsche Stadt am Gelben Meer" bezeichnet, da sie einst als Kolonie zum Deutschen Reich gehörte und mit ihrer Architektur an Europa erinnert. Von dort verteilen die chinesischen Großhändler die Kulmbacher Biere an Unterhändler, Supermärkte und Gaststätten. Um einen Wettbewerb in China zu verhindern, erhält jeder Großhändler ein Exklusivrecht auf eine Marke. Allein im Juni [2012] gingen so 65 Ladungen und damit über zehntausend Hektoliter Bier ins „Reich der Mitte".[36]

2012 wurden etwa 134.000 Hektoliter Bier exportiert, das entspricht einem Anteil von 5,7 % an der gesamten Bierproduktion. Davon gingen ca. 54.000 Hektoliter nach Italien und über 60.000 nach China. War Italien noch 2011 mit rund 50 % das führende Kulmbacher Exportland, so wurde es schon 2012 von China als Nummer Eins abgelöst. Und weiteres Engagement im Bierexport insgesamt ist angesagt: *In China werden wir uns zum Jahresende [2012] ordentlich steigern. Neben dem chinesischen Markt sehen wir auch in anderen asiatischen Märkten wie Indien enormes Potential. Auch die Entwicklungen in anderen attraktiven Biermärkten wie Afrika und Südamerika verfolgen wir optimistisch. In Europa trifft dies vor allem auf Italien zu.*[37]

8.4.4 Ertragslage

Die Kulmbacher Brauerei AG erzielte 2012 als Konzern einen Jahresüberschuss von 2,59 Mio. € (Vorjahr: 1.98 Mio. €). Das entspricht einem Ergebnis je Aktie von 0,77 € (Vorjahr 0,59 €). Um das Eigenkapital zu stärken, wurde dieser Überschuss in die Rücklagen eingestellt. Zwar forderten einzelne Aktionärsvertreter in der Hauptversammlung die Ausschüttung einer Dividende; dies wurde aber von der Mehrheit abgelehnt.[38]

Die weitere Entwicklung betrachtet der Vorstand mit einem gesunden Selbstvertrauen:

Trotz widriger Marktbedingungen beurteilt die Unternehmensleitung der Kulmbacher Gruppe die Aussichten ... in den nächsten zwei Geschäftsjahren positiv ... . Wir werden auch in Zukunft daran arbeiten, die Fixkosten unserer Betriebe zu reduzieren, um weiter wettbewerbsfähig zu bleiben. Auch künftig steht die Entwicklung neuer Produktspezialitäten und Gebindeinnovationen unserer Wachstumsmarken im Fokus, um uns von den Wettbewerbern abzuheben und somit zusätzliche Marktanteile in einem schrumpfenden Getränkemarkt zu gewinnen. Auch unser Exportgeschäft werden wir dort ausweiten, wo wir für unsere Marken ertragreiche Entwicklungspotentiale sehen. Für die Jahre 2013 und 2014 gehen wir für unsere Unternehmensgruppe von einem leichten Umsatz- und Ergebniswachstum aus, das wesentlich in den Segmenten „Bier" und „Handel" erreicht werden kann. Im Geschäftsfeld „Alkoholfreie Getränke" rechnen wir in den kommenden beiden Jahren mit einer verhaltenen Umsatz- und Ergebnisentwicklung aufgrund der weiter zunehmenden Marktanteile von Discountern.[39]

Von den Aktien der Kulmbacher Gruppe halten die Brauholding International (Heineken- und Schörghuber-Gruppe) 64 %, die Kulmbacher Unternehmensgruppe IREKS 26 % und ein Privatmann 6 %. Die restlichen 4 % befinden sich in Streubesitz.[40]

8.5 Bier- und Braukultur heute in Kulmbach

Auch wenn die Brauindustrie schon lange nicht mehr die alles beherrschende Industrie Kulmbachs ist, so prägt sie doch noch immer den Ruf unserer Stadt. Und man muss anerkennen, Kulmbach hat auch heute – oder gerade heute – beeindruckendes hinsichtlich Bier- und Braukultur zu bieten. Sehr viel ist in den letzen 20 Jahren geleistet worden.

Bernhard Sauermann und Robert Boser prüfen die Qualität der Würze

Diese Amphore aus einem Hügelgrab bei Kasendorf gilt als ältestes Indiz für Bierbrauen in Deutschland

8.5.1 Das Bayerische Brauereimuseum im Mönchshof

Als Bayerisches Brauereimuseum betont das Museum seine überregionale Bedeutung und zugleich die Beziehung Bayerns zum Bier und umgekehrt. Denn unter allen Bundesländern ist im Freistaat – statistisch gesehen – der Durst nach Bier am größten, die Anzahl der Brauereien am höchsten und die Auswahl an Biersorten am vielfältigsten.

Das Brauereimuseum – eröffnet im September 1994 und in den Jahren 2001/02 von bis dahin „bescheidenen" 450 Quadratmeter Ausstellungsfläche auf imposante 3.000 Quadratmeter erweitert – zeigt heute seinen Besuchern Biertrinken und Bierkultur in folgenden Schritten:

Die Kunst des Bierbrauens:
Inszenierung einer Brauerei um 1900
Multivision *Bierbrauen heute*

Das Produkt Bier
Was ist Bier? Und was sind seine Zutaten?
Bier und Gesundheit
Die unterschiedlichen Biertypen
Welches Bier in welches Glas?

Bierkultur im Wandel der Zeit
Rechtliche, religiöse und wirtschaftliche Aspekte
Außereuropäische Herstellungsverfahren
Trinkgewohnheiten und Trinkgefäße
Bier und Geselligkeit

Bier in der Werbung
Vom Verteilen können zum Verkaufen müssen
Umfangreiche Sammlungen von Plakaten, Gläsern, Etiketten usw.

Brauerei-Architektur
Über vier Stockwerke durch die ehemalige Mönchshof-Brauerei
Großprojektionen

Museumsbrauerei mit gläsernem Sudkessel
Hier braut Braumeister Robert Boser mit einem 7-Hektoliter-Sudwerk seine jahreszeitlichen Spezialbiere auf hergebrachte, handwerkliche Weise. Es soll dabei das Wesen der Bierherstellung im Rahmen des Museumsbesuchs transparent gemacht werden – große Verkaufserlöse oder gar Gewinnabsichten sind nicht vorgesehen. Das hergestellte Bier wird im benachbarten Bräuhaus ausgeschenkt bzw. in 1-Liter-Flaschen auch an Liebhaber verkauft. Das Museumsbier ist unfiltriert und nicht pasteurisiert.

8.5.2 Exkurs: Der Mönchshof heute – das Schaufenster des Lebensmittelstandorts Kulmbach

Doch der Name der Stadt Kulmbach stand und steht nicht nur für Bierbrauen, sondern auch – dank der Firma IREKS – für Brot und Backen. Zudem sind Brauen und Backen artverwandte Handwerke: Beide nutzen die gleichen Rohstoffe Getreide und Hefe. Daher gibt es auch bei der Verarbeitung auffällige Parallelen, und beide Endprodukte zählen von den Anfängen der Menschheitsgeschichte bis heute zu den Grundnahrungsmitteln.[41] In Kulmbach selbst brauten und verkauften vor 1900 etliche Bäcker als Kommunbrauer ihr *Beckenbier*.

Was lag also näher, als neben dem erfolgreichen Betrieb des Brauereimuseums auch an die Einrichtung eines Bäckereimuseums im Mönchshof-Gelände zu denken? So wurde 2006 der Trägerverein in *Bayerisches Brauerei- und Bäckereimuseum Kulmbach e. V.* umgetauft und dessen Aufgabenstellung entsprechend erweitert. Die Vorbereitungen für den Aufbau des neuen Museums übernahm wieder die alte, bewährte Mannschaft mit Sigrid Daum und Bernhard Sauermann an der Spitze.

Die offizielle Eröffnung des Bayerischen Bäckereimuseums erfolgte am 12. September 2008 im Beisein des bayerischen Ministerpräsidenten Dr. Günter Beckstein. Im Museumskonzept wird der Weg des Getreidekorns nachvollzogen: vom Feld über die Mühle hin zum Brot, das in der Backstube gebacken, im Laden verkauft, von der Hausfrau aufbewahrt und im täglichen Leben verspeist wird. Dazwischen gibt es Ausflüge in verschiedene Epochen mit unterschiedlichen, aber immer wiederkehrenden Aspekten:

- Mit welchem Getreide wurde zu verschiedenen Zeiten und in unterschiedlichen Regionen Brot gebacken, und wie sah das Brot aus?
- Wie waren Landwirtschaft und Transport bzw. Lagerung des Getreides organisiert?
- Wie sahen die Backstuben aus, welche rechtlichen und wirtschaftlichen Vorgaben hatte der Bäcker zu berücksichtigen?
- Welche Brot- und Gebäckarten gab und gibt es?
- Wie war die Stellung des Bäckers in der Gesellschaft?
- Welche religiösen Aspekte spielten eine Rolle?

Sämtliche Großexponate stammen aus der Region, so die Mühle aus Thurnau (ehemalige Neidsmühle), der Laden der *Becken-Gretel* (ehemalige Bäckerei Friedrich Will aus Neuensorg bei Marktleugast) und die Backstube der ehemaligen Bäckerei Bauer aus Schney bei Lichtenfels.

Des Weiteren hatte die Familie Ruckdeschel mit ihrer Firma IREKS über Generationen hinweg viele Exponate zum Thema *Backen und Brot* zusammengetragen, und sie stellte diesen wertvollen Schatz nun dem neuen Museum zur Verfügung. Außerdem unterstützte das *Europäische Museum für Brotkultur* in Ulm das Vorhaben mit Know-how, Fotomaterial und Leihgaben.

Wie das Brauereimuseum ist auch das Bäckereimuseum kein „Vitrinenmuseum". Die Exponate werden im inszenatorischen Zusammenhang gezeigt, und der Besucher soll förmlich in die Themen eintreten und die Herstellung des Brotes bewusst erleben.

Neben den Führungen erfreuen sich vor allem Backaktionen im Bäckereimuseum zunehmender Beliebtheit. Ein Umstand, den Stefan Soiné, Geschäftsführer bei IREKS und zugleich Vorsitzender des Museumsvereins, begrüßt und kommentiert:

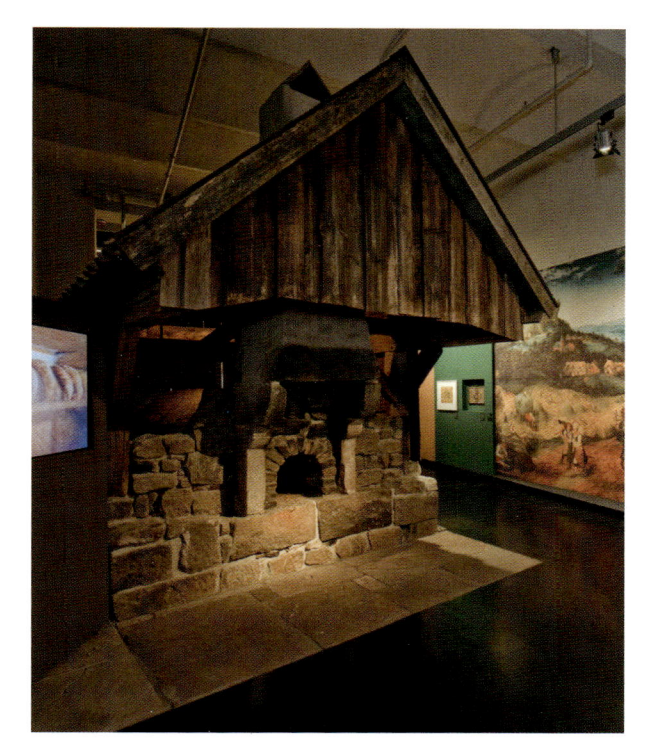

Das alte Backhaus aus Oberdornlach

Wenn es uns gelingt, den jungen Menschen wieder ein wenig mehr Respekt vor der vielen Arbeit, die in einem Laib Brot oder in einer Brezel steckt, zu vermitteln und ihnen gleichzeitig bewusst zu machen, dass die ständige beliebige Verfügbarkeit von Lebensmitteln auf hohem qualitativen Niveau keine Selbstverständlichkeit ist, leisten wir das, wofür das Museum gedacht ist.[42]

Ein Höhepunkt im Jahresreigen ist seit 2008 der Konfirmandentag, an dem jeweils über 100 Konfirmanden des Dekanats Kulmbach einen ganzen Tag im Bäckereimuseum verbringen, um eigenhändig

Ausleger eines Bäckers

Brotteig zu kneten, sich in Brotkultur zu vertiefen und sich auch über die andere Seite der Medaille *Ernährung* zu informieren, über den Hunger in der Welt. Am Ende des Tages haben alle Jugendlichen ihren eigenen Laib Brot aus dem Backofen geholt und laden damit zu Hause ihre Familien zum Abendessen ein, bei dem das Selbstgebackene die Hauptrolle spielt.

Sigrid Daum: *Wir bieten nicht nur kindgerechte Führungen an, sondern auch Aktionen zu einzelnen Themen, die gerade im Unterricht durchgenommen werden. Da ist neben der Theorie auch die Praxis gefragt – und genau das können wir bieten. Die Kinder kneten Teig und backen ihr eigenes Brot. Sie erleben, wie schwer das Korn mit Reibstein und Mörser zu Mehl gemahlen werden muss. Das kommt gut an und macht auch uns viel Spaß.*

Bald zeigte sich, dass das Interesse an pädagogischen Aktivitäten im Museum so groß war, dass die dafür vorgesehenen Räumlichkeiten nicht ausreichten. Grund für ein neues Museumsprojekt, das MUPÄZ, das am 24. Februar 2012 in einem Festakt feierlich eröffnet wurde. Unter dem Motto *Studieren, probieren, spielen* lädt das neue Museumspädagogische Zentrum im Brauerei- und Bäckereimuseum nun auch offiziell seine Gäste ein, die in den Museen gewonnenen Eindrücke praktisch zu vertiefen. So ist das MUPÄZ kein neues Museum, sondern eine Ergänzung zu den beiden bestehenden Museen am Mönchshof; es ist eine Art *Spielwiese* für Groß und Klein.

Das MUPÄZ versteht sich als Bildungszentrum rund um Ernährung, Esskultur und Genuss. Schwerpunkte sind dabei:
– die Vermittlung des Wertes der Nahrungsmittel an sich,
– das Wissen um gesunde, ausgewogene Ernährung,
– das Wecken und Fördern der Verantwortung für die eigene Ernährung,
– das Entdecken fremder Kulturen und
– die Auseinandersetzung mit Überfluss und Mangel.

Diese museumspädagogischen Aktionen bietet das MUPÄZ Erwachsenen in Form von Vorträgen und Seminaren im großen Vortragssaal mit Schauküche oder als Mitmachaktionen in der *Koch- und Backschule* an. Für Kindergärten und Schulen werden *maßgeschneiderte* Angebote zusammengestellt – abgestimmt auf Jahrgangsstufe und jeweiligen Schultyp. Und diese Angebote werden gerne angenommen: 2012 haben insgesamt 195 Veranstal-

8.5 Bier- und Braukultur heute in Kulmbach

Hoher Besuch am 12. Oktober 2012 im Bayerischen Brauerei- und Bäckereimuseum: Sigrid Daum, Markus Stodden, der Ministerpräsident Horst Seehofer und die Eheleute Margit und Hans Albert Ruckdeschel (von links)

tungen stattgefunden, davon 68 speziell für Kinder.[43]

Sigrid Daum: *Wir backen und kochen mit den Kindern ab dem Kindergartenalter. Sie setzen sich spielerisch und mit jeder Menge Spaß mit dem Lebensthema „Ernährung und Nahrungsmittel" auseinander. So können sie lernen, Verantwortung für ihre Ernährung und ihre Gesundheit zu übernehmen. Es hat sich gezeigt, dass wir über die Kinder auch bei den Erwachsenen etwas ausrichten können, die häufig etwas „belehrungsresistenter" sind.*

Auch der bayerische Staatsminister Wolfgang Heubisch zeigte sich vom MUPÄZ begeistert: *Das MUPÄZ setzt ganz neue Akzente. Die Besucher lernen hier mit allen Sinnen: Sie sehen, hören, riechen, schmecken und tasten. Und am Ende sind ihre eigenen Zubereitungskünste gefragt.*[44]

Als weiterer und voraussichtlich letzter Baustein in der Museenlandschaft am Mönchshof ist gegenwärtig ein weiteres Lebensmittel-Spezial-Museum mit den Schwerpunkten Gewürze und Fleisch- und Wurstwaren geplant. In einem ersten Schritt dahin hat die Adalbert-Raps-Stiftung ihre wertvolle Koch- und Gewürzbibliothek als Dauerleihgabe eingebracht. Als größte öffentliche Kochbuch-Sammlung in Deutschland umfasst sie insgesamt rund 12.000 Bücher – darunter das älteste Kochbuch aus Nürnberg aus dem Jahr 1691. Sie beinhaltet repräsentative historische und aktuelle Bücher, Werke zu Handel und Handelsgeschichte der Gewürze, Lite-

Die Adalbert-Raps-Bibliothek im Mönchshof mit mehr als 12.000 Bänden ist eine Präsenz-Bibliothek, die sowohl für Wissenschaftler als auch für Hobbyköche und Gewürzliebhaber eine einzigartige Quelle rund um das Thema Gewürze und Ernährung darstellt.

8.5 Bier- und Braukultur heute in Kulmbach

Der Mönchshof von der Auffahrt zum Klinikum aus gesehen

ratur rund um die Entdeckung und Verarbeitung der Gewürze und eine unvergleichliche Sammlung meist deutschsprachiger Kochbücher vom 17. Jahrhundert bis heute.

Zusätzlich zu den Aktivitäten des Vereins *Bayerisches Brauerei- und Bäckereimuseum e. V.* wählte 2011 das Bayerische Staatsministerium für Ernährung, Landwirtschaft und Forsten den Kulmbacher Mönchshof als einen von zwei Standorten[45] für das neugeschaffene K o m p e t e n z z e n t r u m für Ernährung (KErn) aus. Über die Aufgabe des Kompetenzzentrums schreibt Dr. WOLFRAM SCHAECKE, der Leiter der Einrichtung:

So alltäglich Essen und Trinken als menschliches Bedürfnis ist, so vielfältig sind die Fragen an die Ernährung: Demographischer Wandel, steigende Mobilität und Flexibilität sowie neue Familienmodelle sind Herausforderungen des 21. Jahrhunderts, auf die Politik, Wirtschaft und nicht zuletzt die Gesellschaft Antworten finden müssen.

Mit der Ernährung eng verknüpft sind zentrale Fragen unserer Zeit: Wie vermeiden wir Übergewicht schon von Kindesbeinen an? Welchen Beitrag kann die Ernährung leisten, um die Gesundheit bis ins hohe Alter zu erhalten? Welche Innovationen wollen wir im Ernährungsbereich vorantreiben? Wie können wir sichere und gesunde Lebensmittel nachhaltig bereitstellen?

An beiden Standorten des KErn – Freising-Weihenstephan und Kulmbach – arbeiten wir an diesen Fragestellungen. Ziel ist, Erkenntnisse zu bündeln und daraus resultierende moderne Ernährungsangebote unabhängig umzusetzen sowie Impulse für Innovationsprozesse in der Ernährungswirtschaft zu geben.

Dazu ist es notwendig, Forschungsergebnisse zu analysieren und neue Projekte zu initiieren bzw. zu unterstützen. Gesundheitsförderliche Ernährung ist als wichtige gesellschaftspolitische Aufgabe zu sehen, die wir angehen müssen.[46]

Und so unterstreicht der Mönchshof heute mit seinen Museen und Einrichtungen die Bedeutung Kulmbachs als drittgrößter Lebensmittelstandort im Freistaat Bayern. Die Stadt hat einen hervorragenden Ruf in den Bereichen:
- Bier – Kulmbacher Brauereien
- Brot und Backmittel – Firma IREKS
- Gewürze und guter Geschmack – Firma RAPS
- Fleisch- und Lebensmittelforschung – Max-Rubner-Institut
- Gesunde Ernährung und Wertschätzung von Lebensmitteln – Kompetenzzentrum für Ernährung (KErn)

Um für die notwendigen Baumaßnahmen in den alten Brauereigebäuden, für den Innenausbau und für die Ausstattung die erforderliche öffentliche Förderung zu erhalten, mussten die vorgelegten Konzepte auch die entsprechenden Prüfungsgremien überzeugen. Das setzte Ideenreichtum und gleichzeitig exakte Planung voraus – Herkulesaufgaben, die Sigrid Daum und Bernhard Sauermann zusammen mit ihrer Mannschaft stets mustergültig erbracht haben. Große Verdienste erwarb sich dabei auch Altlandrat Herbert Hofmann, der immer wieder als „Türöffner" bei den zuständigen öffentlichen Stellen segensreich wirkte.

Zunächst waren es Gelder des Bayerischen Staatsministeriums für Ernährung, Landwirtschaft und Forsten und Gelder aus der EU-Struktur-Förderung im ländlichen Raum (diverse Leader-Programme), die die Umsetzung der Museumsideen möglich gemacht haben. Dabei spielte die Unterstützung der Lokalen Aktionsgruppe im Landkreis Kulmbach eine gewichtige Rolle, die sich unter der Leitung von Landrat Klaus-Peter Söllner für den Aufbau des Mönchshofes stark gemacht hat. Ein klares Votum für die Museen kam ebenso von der Oberfrankenstiftung, der Bayerischen Landesstiftung und dem Bayerischen Kulturfonds.

Doch auch die genannten Kulmbacher Firmen bzw. deren Eigentümerfamilien haben sich – weit über ihr jeweiliges Firmeninteresse hinaus – am Aufbau und Unterhalt dieser Museumslandschaft beteiligt – mit Ideen und Vorschlägen, wertvollen Exponaten eigener Firmensammlungen und mit finanziellem Einsatz in beachtenswertem Umfang.

Hingewiesen sei schließlich noch auf den damaligen Hauptaktionär der Kulmbacher Brauerei AG, Stefan Schörghuber aus München, der den Aufbau speziell des Brauereimuseums mit großen Interesse und Wohlwollen verfolgt und gefördert hat. Auch seine Frau Alexandra zeigte sich – nach dem überraschenden Tod ihres Mannes 2008 – den Belangen des Kulmbacher Museums gegenüber stets aufgeschlossen.

Der Hof vor dem Eingangsbereich zu den Museen im Mönchshof

Doch was würde das schönste Museum nützen, wenn die Besucher ausblieben? Und so werben die Verantwortlichen unermüdlich für „ihre" Museen und für das MUPÄZ: vor Ort, in Zeitschriften, bei Omnibus-Unternehmern und auf Tourismus-Messen. Es steht eine engagierte Mannschaft bereit, um Gästegruppen – auch außerhalb der üblichen Öffnungszeiten – durch die Ausstellungsräume zu führen. Gern angenommener Ausklang des Museumsbesuchs ist die Einkehr im Mönchshof Bräuhaus mit seinem reichhaltigen fränkischen Speisenangebot und dem süffigen Museumsbier.

Zugleich bietet das umfangreiche Programmheft – Kulmbacher Mönchshof *Kultur & Genuss unter einem Dach* – alten und jungen Besuchern, Einzelreisenden oder Gruppen mannigfaltige Angebote; so neben dem Besuch der Museen auch: Bierseminare, Bierolympiade, Zapferprüfung und Bierprobe mit mehreren Biersorten.

Dazu kommen Ein- und Mehrtagesprogramme wie *Bier & Brot – Genuss pur!*, *Vom Eisenbahnhimmel ins Bier- und Brotparadies*, *Erinnerungen an frühere Zeiten*, *Bierkulturelles Wochenende*, *Bier- & Eisenbahner-Wochenende* und vieles anderes mehr. Diese Angebotpakete beinhalten auch Stadt- und Burgführungen, Besuch benachbarter Museen und die Vermittlung der notwendigen Hotelzimmer.

8.5.3 Kulmbachs Unterwelt – die alten Bierkeller

An ein längst abgeschlossenes und meist auch vergessenes Kapitel der Kulmbacher Brauereien erinnern seit 2009 Erich Olbrich und sein Sohn Thorsten mit ihren Führungen durch die alten Bierkeller.

83 historische Keller sind bekannt, davon sind momentan elf begehbar. Sie erstrecken sich rund um den Burgberg: vom Spiegel über die Obere Stadt, über Spital- und Fischergasse bis hin zum Grünwehr und in den jeweiligen Gassen dahinter hin zur Plassenburg.

Keller wurden schon seit dem Mittelalter in den Burgberg gegraben. Hierin lagerten die einzelnen Haushaltungen ihre Lebensmittel – Rüben, Kraut und später auch Kartoffeln – und das gebraute Bier. Einen deutlichen Ausbau erfuhren die Keller mit dem Aufschwung der Kulmbacher Brauindustrie in den Jahren nach 1848. Jeder Bürger, der ein Brauhaus errichten und dann auch Bier für den Export brauen wollte, benötigte die entsprechende Größe an Felsenkellern zur Gärung und Lagerung und musste diese Keller dem Magistrat nachweisen. Mit den im Folgenden gewaltig steigenden Produktions- und Verkaufszahlen stieg auch der Bedarf an Kellerkapazität. Die Bierkeller wurden immer wieder ausgebaut und erweitert.[47]

Allerdings erwiesen sich die oft weit entfernten Bierkeller für den Braubetrieb bald als unpraktisch, vor allem bei zunehmender Betriebsgröße. Denn die *Würzweiber* mussten die Würze in Butten aus den Brauhäusern in die Keller tragen. Und so stellt OTTO SANDLER fest: *War eine Hauptschwierigkeit bislang noch immer die Frage der Kellerkühlung, so wurde dieser Mißstand nun beseitigt. Die alten ehrwürdigen Felsenkeller, die für die Brauereien ein notwendiges Übel der Lagerbierbereitung waren und nicht nur einen unbequemen Standortsfaktor, sondern auch eine wesentliche Erhöhung der Produktionskosten durch vermehrten Transportaufwand bedeuteten, hatten ihre Schuldigkeit getan und wurden nach und nach verlassen. Eine rationellere Arbeitsweise konnte Platz greifen; oberirdische Gär- und Lagerkeller mit Natureiskühlung traten nun an ihre Stelle und bewährten sich vortrefflich.*[48]

Die Erste Aktienbrauerei, die zunächst über umfangreiche Felsenkeller am Festungsberg verfügte, nutzte diese bereits ab 1875 nicht mehr. Zunächst arbeitete man mit Natureis und schaffte schließlich 1885 eine Kälteerzeugungs- und Eismaschine nach dem System Linde an. Diese Anlage, gebaut von der Maschinenfabrik Augsburg, kostete seinerzeit immerhin stolze 240.000 Mark.[49]

Vermutlich als erste Brauerei am Ort hatte die Erste Aktien auf die Nutzung ihrer Bierkeller verzichtet. Die anderen Betriebe folgten dem Beispiel. Und so stellte MAX HUNDT schließlich unter dem 11.

8.5 Bier- und Braukultur heute in Kulmbach

Häuser und Bierkeller (hellgrau) – ober- und unterirdische Bauten – zwischen Spitalgasse und Oberer Buchgasse, neu gezeichnet nach einem alten Lageplan. Dabei zeigt der Plan nur einen Teil der Keller in diesem Bereich des Burgbergs; so sind zum Beispiel die vom Gräblein ausgehenden Keller seinerzeit nicht eingezeichnet worden.

Oktober 1905 fest: *Die riesigen Felsenkeller am Festungsberg ... standen ... seit Jahren leer. Zwei solche Keller, die im vorhergehenden Jahrhundert 60.000 Mark gekostet hatten, wurden nun um 3.000 Mark verkauft.*[50]

83 historische Keller sind bekannt, aber kaum jemand weiß von ihnen. Sie verbergen sich hinter unauffälligen Holztüren am Festungsberg oder sie haben ihren Eingang in den einzelnen Häusern selbst. Dabei bilden die Keller ein unterirdisches Labyrinth am Fuße des Burgberges. Auf unterschiedlicher Höhe wurden die Schächte in den Berg getrieben. Im Bereich Röthleinsberg / Gräblein / Arnetsgässchen sind Keller auf insgesamt vier Etagen angelegt. Sie verlaufen – über- und untereinander – unter fremden Grundstücken, Häusern und den Straßen.

Das Angebot der Führung durch die alten Bierkeller stößt auf großes Interesse. Einheimische und Auswärtige nehmen daran teil, warm angezogen und mit einer Taschenlampe ausgestattet: *Ein bisschen muffelig-feucht riecht es manchmal in den vier Kellergemeinschaften, durch die Thorsten Olbrich die Gruppe lotst. Dabei wurden an etlichen Stellen mehrere Meter hohe, oben offene Luftschächte eingebaut. Ein Gewölbe schließt sich an das Nächste an, langsam tastet man sich vorwärts, Gang für Gang, der plötzlich eine scharfe Biegung nach rechts macht. Eine steile Rampe hoch, gebückt durch einen niedrigen Durchgang, den eine Stützmauer hält, weiter in der Dunkelheit. Stellenweise wachsen Wurzeln durch die Risse in der Decke. Uralte Gesteinsschichten werden sichtbar.*[51]

Erich und Thorsten Olbrich führen in den Sommermonaten regelmäßig durch die alten Bierkeller Kulmbachs. Sie erzählen dabei ihren Gästen vom Bierbrauen in alter Zeit, von Arbeit und schwerem Leben früher, dazu vieles aus der Stadthistorie und so manche alte Geschichte. Es überrascht deshalb nicht, dass diese Erlebnistour von Einheimischen und Auswärtigen gerne angenommen wird.

8.5.4 Brauer-Nachwuchs und Meisterkurse in Kulmbach

Bier gilt in Bayern quasi als Grundnahrungsmittel. Und damit der Nachschub nicht versiegt, braucht es Spezialisten: Zum Bierbrauer wird man durch eine anspruchsvolle Ausbildung. Neben der Lust am Genuss sind dabei auch technisches Verständnis und wirtschaftliches Denken gefragt.[52]

Das Anspruchsprofil: Die Lehre zum Bierbrauer beinhaltet zunächst auch körperliche Arbeit. Denn in einer Brauerei sind – neben anderen Arbeiten – gelegentlich Tanks zu reinigen oder Fässer zu schleppen. Aber man braucht heute für das Bierbrauen vor allem technisches Verständnis und analytisches Denkvermögen. Das klassische Handwerk ist einer modernen Produktionskette gewichen: Von der Rohstoffannahme über das Kochen der Maische bis zum Filtrieren, Abfüllen und Lagern des Bieres ist der Brauer für die Überprüfung aller Bereiche verantwortlich.

Dazu muss der Brauer dem Umgang mit komplexen Maschinen und Messgeräten beherrschen. Er kontrolliert an den Sudkesseln die Temperatur der Maische, überprüft den Alkoholgehalt des Bieres und steuert Maschinen zum Abfüllen und Einlagern des Getränks.

Sorgfalt und Geduld sind für den Beruf wichtig. Oft besteht die Arbeit des Brauers darin, Schaubilder auf Unregelmäßigkeiten zu überprüfen oder das Ergebnis von Analysen abzuwarten. Dabei muss er viele computergesteuerte Abläufe verstehen und beherrschen.

Die meist dreijährige **Ausbildung** zum Brauer und Mälzer findet *dual* statt: in der Berufsschule und im

8.5 Bier- und Braukultur heute in Kulmbach

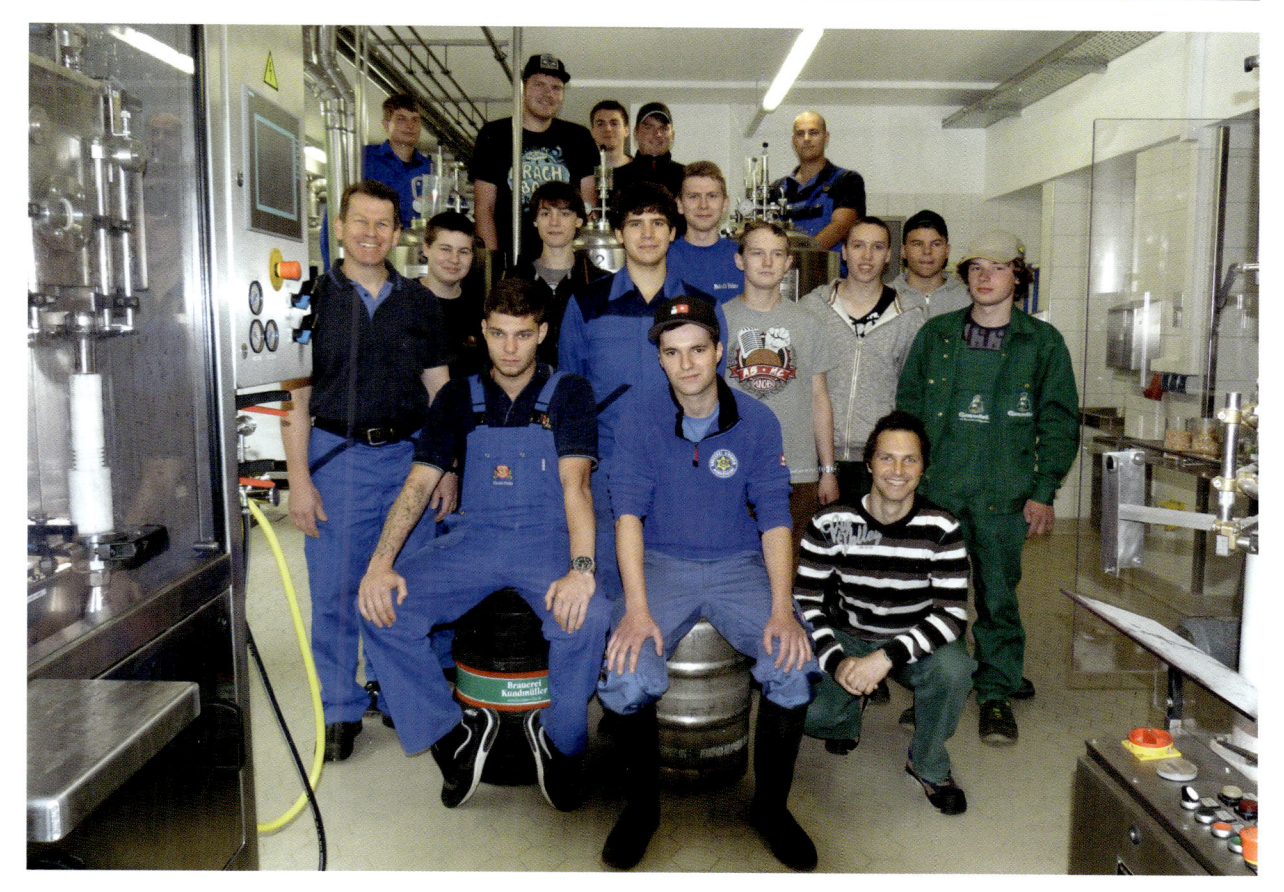

Die Klasse Brauer 12 im Sommer 2013 mit ihren Lehrkräften Marco Scherl und Robert Boser (vorne recht knieend bzw links außen stehend)

Betrieb. Gute Chancen auf eine Lehrstelle haben Bewerber mit mittlerer Reife oder Abitur und mit guten Noten in den Hauptfächern und Naturwissenschaften. Teilweise werden noch Azubis mit qualifizierendem Hauptschulabschluss genommen.

In der Versuchs- und Lehrbrauerei der Hans-Wilsdorf-Schule Kulmbach[53] werden die angehenden Brauer und Mälzer aus ganz Oberfranken unterrichtet. Hier hatte ab 1970 Diplom-Braumeister Hans Schmidt seine Fachpraxisräume eingerichtet – die *kleinste Brauerei der Welt*, wie er mit Stolz betonte. Ab 1992 führte Diplom-Braumeister Hermann Trautner die Arbeit von Hans Schmidt fort. Heute unterrichten die jungen Kollegen Marco

Scherl und Jens Hasselmeyer den Brauer- und Mälzer-Nachwuchs.

Bei der Ausstattung dieser *kleinsten Brauerei der Welt* musste natürlich in den Folgejahren – dank der rasanten Weiterentwicklung – immer wieder nachgebessert werden. Um allen Veränderungen gerecht zu werden und weiterhin eine qualitativ hochwertige Ausbildung in Kulmbach zu gewährleisten, war schließlich eine grundlegende Sanierung der Lehrräume am Beruflichen Schulzentrum Kulmbach notwendig.[54]

Im August 2011 erfolgte der Startschuss für den Bau einer völlig neuen Lehrbrauerei. Hierzu stand dem Landkreis eine Investitionssumme von rund 900.000 € zur Verfügung. Nach der Fertigstellung im September 2012 können nun die angehenden Brauer und Mälzer im Beruflichen Schulzentrum Getreide vermälzen, Bier brauen, Flaschen waschen, abfüllen, etikettieren und an der eigenen Zapfanlage ausschenken – und das alles auf einer Fläche von ca. 120 Quadratmeter.

Das Herzstück der Lehrbrauerei ist das Drei-Geräte-Sudhaus mit einer zentralen Energie- und Kälteversorgung. Das Sudhaus besteht aus Maischpfanne, Läuterbottich und einer Whirlpool-Würzepfanne mit Innenkocher. Bei Bedarf kann eine Maischautomatik eingestellt werden.

Die Ausschlagwürze-Menge beträgt zwischen 80 und 100 Liter Bier, das danach einen zweistufigen Würzekühler durchläuft. Im Anschluss befinden sich fünf zylindrokonische Gärtanks – ZKGs – mit einem Fassungsvermögen von je 140 Liter. Das fertige Bier kann sowohl in Flaschen als auch in Fässer abgefüllt werden. Der Stolz der Schule ist die eigene Pre-Mix-Anlage, mit der Biermischgetränke und Limonaden hergestellt werden können. Eine solche Anlage hat die Berufsschule Kulmbach bis jetzt als einzige deutschlandweit.

Ergänzt wird die Einrichtung durch ein eigenes Labor, um den Schülern die Möglichkeit zu geben, Parameter, die für das Bier relevant sind, zu untersuchen und gegeben falls zu korrigieren.

Diese aufwändige neue Lehrbrauerei ermöglicht es der Berufsschule, ihren Schülern/innen theoretisches Wissen und praktische Fertigkeiten für ihren Beruf zu vermitteln. Während in vielen Betrieben – auch bei den Brauereien – der Herstellprozess vollautomatisiert abläuft und nicht gestört werden darf, können die jungen Leute hier selbst *Hand anlegen* und manches ausprobieren. Und so werden bei den Brauern und Mälzern die einzelnen Teilschritte mit kleinen Mengen erarbeitet. Dabei kann – im Gegensatz zum Ausbildungsbetrieb – alles Mögliche verändert werden, z. B. die Zugabe der Rohstoffe Malz, Hopfen und Hefe in unterschiedlichen Qualitäten und Mengen, höhere oder niedrigere Temperaturen, kürzere oder längere Verweilzeiten usw.

Die Schüler/innen können hier eigene Ideen ausprobieren, von vorgegebenen Regeln abweichen und Fehlermöglichkeiten durchspielen. Sie lernen somit in der Berufsschule nicht nur die einzelnen Verfahrensabläufe bei der Bierherstellung kennen, sondern erfahren durch eigenes Handeln auch, warum diese Abläufe so vorgegeben und einzuhalten sind.

Abgeschlossen wird die Ausbildung zum Brauer und Mälzer mit der Gesellen- bzw. Facharbeiterprüfung.

Wer dann als Geselle seine Ausbildung krönen und die Meisterprüfung als Brauer und Mälzer ablegen möchte, hat in Deutschland nur wenige Möglichkeiten. Unter anderem könnte er in Weihenstephan Brauwesen studieren oder bei Doemens in München-Gräfelfing. Aber viele der rund 200 Brauereien in Oberfranken, der Region mit der größten Brauereiendichte in Deutschland, sind Kleinbetriebe. Für sie ist es nur schwer möglich, im Betrieb auf Sohn oder Tochter gleich für zwei oder mehr Jahre zu verzichten. Deshalb hat nach 1960 die oberfränkische Handwerkskammer einen Ausbildungsgang mit Teilzeitunterricht entwickelt: Die angehenden Braumeister können unter der Woche in ihren Betrieben arbeiten und erhalten den Unterricht an den Wochenenden. 1963 fand die erste Meisterprüfung in Bamberg statt. Seit 1980 werden die Meisterkurse alle zwei Jahre in Kulmbach durchgeführt.

Hier hatte Hans Schmidt in den Räumen der Berufsschule die praktischen und fachtheoretischen Vorbereitungslehrgänge für die Meisterprüfung organisiert. Dabei gewann er seine kompetenten Lehrkräfte meist aus den damaligen örtlichen Großbrauereien EKU, Reichel, Sandler und Mönchshof. In seiner Nachfolge führt nun Hermann Trautner diese Arbeit weiter – in Zusammenarbeit mit Kollegen aus den oberfränkischen Betrieben und aus der örtlichen Berufsschule. Der fachspezifische Unterricht – ohne die Ausbildung im kaufmännischen Bereich – ist von ursprünglich 150 Stunden im Jahr 1980 auf aktuell 290 Stunden angestiegen.

In 17 Kursen wurden im Zeitraum 1980 bis 2012 in Kulmbach mehr als 300 Meister im Brauer- und Mälzerhandwerk ausgebildet.[55] Kurzteilnehmer kommen inzwischen aus dem gesamten Bundesgebiet. Das Angebot der Braumeisterkurse in Teilzeit ist einzigartig in Deutschland und hat sich – auch ohne Werbung – herumgesprochen.[56]

8.5.5 Die Hobbybrauer Himmelkron e. V.

Die Hobbybrauer Himmelkron e. V.[57] betreiben ihre Liebhaberei seit nunmehr 20 Jahren. Domizil ist weiterhin das Grampp-Haus, das sie – mit Unterstützung des Kirchenvorstands – zu einer lebendigen Begegnungsstätte für Jung und Alt gemacht haben.

In der Volkshochschule Himmelkron sind bis heute über 30 Braukurse mit mehr als 350 Teilnehmern durchgeführt worden. Und die Hobbybrauer bieten weiterhin beim Straßenfest zu Pfingsten ihren *Gramppus* an; aus ursprünglich einem Hektoliter sind inzwischen beachtliche sechs pro Fest geworden.

Dabei wird der *Gramppus* nicht verkauft. Die Besucher können Bausteine für den Erhalt des Anwesens erwerben und diese nach Wunsch in Bier umtauschen. Bis 2012 wurden viele Arbeitsstunden abgeleistet und mehrere tausend Euro in dieses Projekt investiert. Dazu der Vorsitzende: *Die 20 Jahre haben wir jeden Cent, den wir eingenommen haben, in das Anwesen und in die Technik gesteckt.* Im Übrigen hat jeder Hobbybrauer anfangs 100 Euro eingezahlt, um damit die Gerätschaften mitzufinanzieren.

Als Ziel ihres Hobbys bzw. ihrer Arbeit nennen die Hobbybrauer Erhalt und Förderung der Tradition des häuslichen Bierbrauens, des Anwesens Grampp in seiner ländlichen Schönheit und des Himmelkroner Brauchtums und Liedguts.

Zugleich betonen die Hobbybrauer ihren Anspruch:

Wir sind keine Konkurrenz für Brauereien. Aber durch unsere Brautätigkeit steigt der Anspruch, den wir an ein gutes Bier stellen. Wir möchten die Menschen ... dafür sensibilisieren, wie Bier in seiner Ursprünglichkeit schmeckt. ...

Deshalb verwenden wir ... nur frische Zutaten für unseren „Gramppus", der nach dem bayerischen Reinheitsgebot gebraut wird. Als Brauwasser verwenden wir das Himmelkroner Trinkwasser. Das Malz beziehen wir von Mälzereien aus Oberfranken. Unser Doldenhopfen stammt aus Eigenanbau

Michel und Franz – zwei stillvergnügte Gramppus-Genießer. Zeichnung von Stephan Klenner-Otto

und aus den Anbaugebieten Hersbruck und Hallertau. Die untergärige Bierhefe spenden Brauereien aus der näheren Umgebung.[58]

Idee und Engagement der Himmelkroner Hobbybrauer strahlen auch in die *heimliche Hauptstadt des Biers* aus. Etliche Kulmbacher arbeiten bei den Himmelkronern mit. Andere wieder haben die angebotenen Braukurse besucht und experimentieren nun zu Hause mit eigenen kleinen Anlagen. Der Verfasser hat den Eindruck, dass hier die *alten Brauer-Gene* der vielen Kulmbacher Brauer des 19. Jahrhunderts wieder erwacht sind. Man will nicht nur Bier konsumieren, sondern am Brauprozess selbst teilhaben und dabei auch eigene Ideen ausprobieren können. Vor einem Trugschluss sei aber gewarnt: Hobby-Brauen bedeutet nicht, sich preisgünstig selbst mit Bier zu versorgen! Rechnet man alle anfallenden Kosten – Kursgebühren, Geräte- und Materialkosten sowie den erforderlichen Zeitaufwand – zusammen und teilt diese durch die erzeugte Biermenge, so kann leicht die *Halbe* einen zweistelligen Euro-Betrag kosten.

Im Umkehrschluss macht diese Rechnung aber auch deutlich, wie sehr es zu schätzen ist, dass unsere Kulmbacher und fränkischen Brauereien ein gutes Bier für einen fairen Preis anbieten.

8.5.6 Kulmbacher Kommunbräu e.G. – Reale Bierwirtschaft

Sofort mit ihrer Eröffnung im Juli 1994 erwies sich die Kommunbräu als große Bereicherung für das gesellige und gesellschaftliche Leben in unserer Stadt. Und für viele Gäste von auswärts war und ist bei ihrem Aufenthalt in Kulmbach ein Besuch der Kommunbräu einfach ein Muss. Aus der bierseligen Idee einiger Stammtischbrüder des Jahres 1990 ist schon lange eine Kult-Brauerei geworden!

Die Begeisterung für eine Idee ist sicherlich gut. Doch mindestens genauso wichtig sind bei deren Realisierung Durchhaltevermögen, solides Arbeiten und sparsames Wirtschaften. Und so können die Geschäftsberichte der Kommunbräu für die vergangenen 20 Jahre leicht unter den folgenden Stichworten zusammengefasst werden: wieder mehr Bier verkauft, weiter investiert und zugleich Schulden reduziert.

Bier und Bierverkauf: In der Gründungsphase hofften die Verantwortlichen auf einen jährlichen Bierverkauf von etwa 500 Hektoliter in ihrer neuen Brauerei. Sie hatten aber Bedenken, ob dieser Wert tatsächlich zu erreichen sei. Im ersten vollen Geschäftsjahr 1995 wurden schließlich 700 Hektoliter gebraut und verkauft. Und man konnte jedes Jahr den Ausstoß steigern und 2001 schließlich die 1.000-Hektoliter-Marke überschreiten.

2012 verkaufte die Kommunbräu 1.352 Hektoliter Bier – 3% mehr als im Vorjahr. 45% des Bieres gingen in die eigene Gastronomie, 40% wurden in Flaschen verkauft, der Rest als Fassbier. Abnehmer außerhalb sind zwei Gastwirtschaften im Landkreis Kulmbach und vereinzelt Getränkemärkte im Raum Coburg, Hof und in Thüringen.[59]

Die beiden Sorten *Hell* und *Bernstein* sind über das ganze Jahr im Ausschank und werden durch Saisonbiere ergänzt. Das besondere am Kommunbier ist, dass es Zeit zum Reifen bekommt und dass sich dadurch die Aromen besser entwickeln. Zwischen acht und neun Wochen dauert es, bis das Bier vom Brauen in den Ausschank kommt. Außerdem werden die Eiweiß-, Gerbstoff- und Hefepartikel des Bieres nicht herausgefiltert, um so den vollen Geschmack zu erhalten.[60]

Zusätzlich bietet Braumeister Alexander Matthes jeweils am ersten Mittwoch im Monat – nach einem speziellen *Bierkalender* – einen besonderen Sud an: vom *Brezenbier* im Januar, über *Kommunator* im Februar und *Schwarze Tinte* im März und weiteren fantasievollen Kreationen, bis hin zu *Geyer-Sturzflug* im November und *Delirium* im Dezember.

Investitionen: Bei Eröffnung im Juli 1994 hatte man zwar die Kleinbrauerei funktionstüchtig und auf dem aktuellen Stand der Technik für rund 1,2 Mio. € eingerichtet, aber in jedem Jahr waren an irgendeiner Stelle in Brauerei und Gastronomie neue und noch bessere Geräte und Anlagen erforderlich. Und so investierten die Verantwortlichen in den Jahren bis 2012 zusätzlich für insgesamt 810.000 € – getreu dem Motto:

Ein Brauer, der nicht baut,
bald nicht mehr braut!

Gewinn und Schuldenabbau: Aufgrund der hohen Sonderabschreibungen aus dem Gründungsjahr konnte die Brauerei keinen Bilanzgewinn ausweisen; sie arbeitete zunächst – buchhalterisch betrachtet – mit einem Fehlbetrag. 2002 erzielte die Kommunbräu erstmals schwarze Zahlen, und sie arbeitet seitdem mit Gewinn.

Das solide und verantwortungsvolle Wirtschaften zeigte sich im energisch betriebenen Abbau von Schulden. So konnten vom ursprünglichen Bankdarlehen in Höhe von 820.000 DM bis Ende 2000

Vorstand Hans-Jürgen Päsler mit den Wirtsleuten Peter und Sonja Stübinger und ihren Nachfolgern: Sohn Frank mit Ehefrau Susanne

immerhin 330.000 DM getilgt werden; Ende 2010 war das Darlehen ganz zurückgezahlt. Inzwischen arbeitet die Kommunbräu ohne Verbindlichkeiten.

Mitglieder und Anteile: Ende 2012 waren 444 Mitglieder mit insgesamt 494 Anteilen an der Kommunbräu beteiligt. Ein neuer Anteil kostet heute 2.046 € plus 255 € Eintrittsgeld. Es werden aber auch alte Anteile gehandelt. Wenn ein Genosse kündigt, erhält er nach drei Jahren den aktuellen Wert seines Anteils ausgezahlt.

Vorstand Hans-Jürgen Päsler sagt zum Engagement als Genosse: *Unsere Kommunbräu ist reine Liebhaberei, sie war nie als Renditeobjekt geplant. Lediglich bei der jährlichen Generalversammlung gibt es immer Freibier und alle fünf Jahre ein rauschendes Fest für alle Genossen.* Außerdem gab es einen Genossenbeschluss, dass keine direkten Ausschüttungen vorgenommen werden, so lange die Schulden nicht getilgt sind.[61]

8.5 Bier- und Braukultur heute in Kulmbach

Im Sommer ein begehrter Aufenthaltsort – der Biergarten der Kommunbräu

Gastronomie: Seit Juli 2000 betreiben die Wirtsleute Peter und Sonja Stübinger zusammen mit Sohn Frank die Gastronomie in der Kommunbräu. Die drei haben sich der Pflege fränkischer Wirtshauskultur verschrieben: *A gut's Ess'n, a gut's Bier und a wenig mit die Leit waafn* – das ist ihr Anliegen.

Der Kulmbacher kracht nicht auf, sagt Peter Stübinger. Das spiegele sich in der Sprache wider, aber auch in der Küche. Einfach und ehrlich soll sie sein – handwerklich sorgfältig, ohne Schnickschnack, wenn auch mit dem kleinen, gewissen Extra: *Saure Zipfel im Essigsud* gibt es in ganz Franken. Aber *Blaug'sottna im süßsauren Sud* – die kennt man nur im Kulmbacher Land.

Gerichte stehen in der Kommunbräu auf der Speisekarte, die anderswo aus der Mode gekommen sind: *Schwarz' Fleisch* zum Beispiel oder der *Krautsbraten*. Auch Neues wird hier kreiert: die *Bierzwiebel* etwa oder der *Bierbraten*. Doch ab und zu unternimmt Peter Stübinger auch kulinarische Ausflüge nach Italien, Mexiko oder Asien. *Auch woanders gibt es gutes Essen*, philosophiert er. *Warum soll man das nicht auch in der Kommunbräu genießen?* [62]

8.5.7 Kulmbach – die heimliche Hauptstadt des Biers?

Wie steht nun heute die Stadt als *Bierstadt* da? Ist Kulmbach nun tatsächlich *die heimliche Hauptstadt des Biers,* wie immer wieder geworben wird? Hierzu möchte der Verfasser ein persönliches Fazit ziehen:

Kulmbach wird auch heute noch seinem Ruf als *Bierstadt* gerecht. Die Kulmbacher Brauerei AG erzielt als Großbrauerei mit ihren Töchtern einen Bierausstoß von über zwei Millionen Hektoliter pro Jahr. Dabei produziert KULMBACHER kein Einheitsbier, sondern bietet mit seinen Marken *KULMBACHER, EKU, Mönchshof* und *Kapuziner* dem Konsumenten immerhin 28 verschiedene Biersorten an. Die alte Vielfalt der Bierstadt Kulmbach bleibt somit gewahrt.

Darüber hinaus ist das Unternehmen für Stadt und Landkreis selbst wichtig als bedeutender Arbeitgeber und Steuerzahler. Und das Bierbrauen wird auch zukünftig den Ruf und Bekanntheitsgrad Kulmbachs im In- und Ausland begründen.

Natürlich schmerzt es die einheimischen Biertrinker und Lokalpatrioten schon ein wenig, dass im Laufe der Jahrzehnte so viele der einstigen kleineren und größeren Kulmbacher Brauereien aus den verschiedensten Gründen aufgeben mussten und verschwunden sind. Aber der Wettbewerb speziell auf dem Biermarkt ist hart und wird insbesondere über den Preis ausgetragen. Nur gutes Bier anzubieten, reicht schon lange nicht mehr aus. Und da dürfen wir Kulmbacher Bürger uns schon darüber freuen, dass sich die Brauereien Reichel, EKU, Mönchshof und Sandler über Jahrzehnte gut am Markt behaupten konnten. Deren Tradition setzt nun „unsere" Kulmbacher Brauerei AG fort.

Und wie schon dargestellt, sind in Kulmbach noch viele andere *in Sachen Bier* aktiv:

- Die angehenden Brauer und Mälzer aus ganz Oberfranken werden in der Versuchs- und Lehrbrauerei der Hans-Wilsdorf-Schule Kulmbach unterrichtet.
- Engagierte Bürger betreiben seit nunmehr 20 Jahren erfolgreich die Kommunbräu e.G.
- Etliche Kulmbacher haben Kurse der Hobbybrauer in Himmelkron besucht und versuchen sich nun selbst am heimischen Herd als „Braumeister".
- Das Bayerische Brauerei- und Bäckereimuseum führt in die Geschichte *rund um's Bier* ein.
- In der Museumsbrauerei erleben die Besucher den Brauprozess direkt mit.
- Regelmäßig werden Führungen durch die alten Bierkeller am Burgberg angeboten.
- Der Tanz der Büttner gehört zum traditionellen Bierfest.

Deshalb sieht der Verfasser seine Heimatstadt Kulmbach nicht unbedingt aus *die* Hauptstadt, aber doch als eine Stadt des Bieres – und gar nicht so heimlich, wenn man von den vielen Aktivitäten und Angeboten *in Sachen Bier* hier am Ort weiß.

8.5 Bier- und Braukultur heute in Kulmbach

Impressionen von der Kulmbacher Bierwoche

Die Männer des Büttnerfachvereins eröffnen mit ihrem traditionellen Büttnertanz das Kulmbacher Bierfest

8.5 Bier- und Braukultur heute in Kulmbach

Stimmung pur – vor und im Bierzelt →

8.5 Bier- und Braukultur heute in Kulmbach

8.5 Bier- und Braukultur heute in Kulmbach

Gute Laune trotz großer Last – eine schwer beladene Kellnerin

8.5 Bier- und Braukultur heute in Kulmbach

Vorstände und Geschäftsführer in den Kulmbacher Brauereien lt. Handelsregister Bayreuth

Erste Kulmbacher Actien-Exportbierbrauerei AG seit 1872

Vorstände bzw. Vorstandsmitglieder	von	bis*
Michael Taeffner	1872	2. April 1901
Ernst Julius Rudolf Müller	1872 (?)	2. April 1901
Georg Monglowsky	2. April 1901	8. Jan 1904
Georg Walter	2. April 1901	23. Mai 1907
Carl Praetorius stellvertr.	2. Febr. 1907	26. Okt. 1907
Alfred Joseph Julius Döderlein	23. Mai 1907	1. Nov. 1909 †
Karl Hermann Säuberlich stellvertr.	23. Nov. 1907	1. Nov. 1909
	1. Nov. 1909	14. Juli 1930
Max Ludwig Klaußner stellvertr.	7. März 1908	1. Nov. 1909
	1. Nov. 1909	6. Dez. 1935 †
Heinrich Wirt	1. Nov. 1909	28. Aug. 1913 †
Wilhelm Dettenhofer	3. März 1930	13. Juni 1947
August Samhammer stellvertr.	7. Aug. 1937	19. Febr. 1948
Wilhelm Lasse stellvertr.	7. Aug. 1937	13. Jun 1947 †

Treuhänder: Karl Röder, Landrat, 1945 (Weitere Daten fehlen)

August Samhammer	19. Febr. 1948	4. Okt. 1950 †
August Rothäusler stellvertr.	13. Juni 1947	19. Febr. 1948
	2. Juni 1949	16. Dez. 1960
Eribert Kattein	12. Dez. 1960	22. Jan. 1982
Fritz Roeckl stellvertr.	21. März 1974	22. Jan. 1976
	22. Jan 1976	27. Juli 1978
Dr. Carl Reischach	26. April 1978	20. Febr. 1992
Siegfried Ehrecke	15. Okt. 1980	
Vorsitzender	20. Febr. 1992	5. April 1994 †

Vorstände und Geschäftsführer in den Kulmbacher Brauereien lt. Handelsregister Bayreuth

	Vorstände bzw. Vorstandsmitglieder	von	bis*
	Peter Feineis	26. April 1991	9. Sept. 1993
	Helmuth Pauli	9. April 1992	29. Juni 1995
	Hans Kammerer	5. April 1994	12. Aug. 1994
	Helmut Drechsler stellvertr.	12. Aug. 1994	30. Aug. 1996
	Jochen Weber	24. Okt. 1994	23. März 2006
	Helmut Weiser	29. Juni 1995	30. Aug. 1996

Stand: 8. November 2011

Über das Vermögen der AG wurde mit Beschluss des Amtsgerichts Bayreuth am 30. April 1996 um 16:00 Uhr das Konkursverfahren eröffnet. Die Brauerei wurde am 26. August in *E. K. Actienbrauerei AG* umfirmiert und unter diesen Namen abgewickelt.
Mit Eintrag vom 23. März 2006 wurde die Gesellschaft wegen Vermögenslosigkeit im Handelsregister gelöscht.
Neu eingetragen wurde am 3. Mai 1996 die „Kulmbacher EKU Brauerei GmbH"; ihr Stammkapital beträgt 25.000 €.

* jeweils Tag der Eintragung ins Handelsregister
† Ausscheiden durch Tod

Kapuzinerbräu (alt)
AG seit 5. Februar 1898
Sitz zunächst in Mainleus, seit 29. Dezember 1900 in Kulmbach

Vorstände bzw. Vorstandsmitglieder	von	bis*
Christian Viandt	5. Febr. 1898	2. Dez. 1900
Albert Schulz	9. Mai 1898	9. Jan. 1904
Josef Haupt	1900 / 1902 (?)	22. Dez. 1910
Eugen Baer	10. Jan. 1905	14. Febr. 1912
Leo Funck	22. Dez. 1910	25. April 1911
Andreas Marx	30. Juni 1911	1. Sept. 1920
Vinzenz Neumaier	30. Juni 1911	1. Sept. 1920
Heinrich Fiedler	25. Jan. 1913	2. Febr. 1914

Liquidatoren: Andreas Marx und Vinzenz Neumaier

* jeweils Tag der Eintragung ins Handelsregister

Kulmbacher Kapuzinerbräu (neu)
GmbH seit 19. März 1996

Vorstände bzw. Vorstandsmitglieder	von	bis*
Dr. Hans-Christof Ihring	19. März 1996	21. Dez. 1998
Thomas Haas	19. März 1996	21. Dez. 1998
Jürgen Brinkmann	21. Dez. 1998	28. Aug. 2008
Hermann Goß	21. Dez. 1998	29. Mai 2001
Dr. Rudolf Streng	29. Mai 2001	20. Mai 2003
Markus Stodden	20. Mai 2003	

Stand: 20. Juni 2013

* jeweils Tag der Eintragung ins Handelsregister

Kulmbacher Kommunbräu e.G.
Reale Bierwirtschaft
Genossenschaft
seit 29. Oktober 1992
Sitz zunächst in Kulmbach

Vorstände bzw. Vorstandsmitglieder	von	bis*
Hans-Jürgen Päsler	29. Okt. 1992	
Bernd Meile	29. Okt. 1992	23. Juni 1995
Helga Barth	29. Okt. 1992	23. Juni 1995
Walter Schaller	23. Juni 1995	18. Nov. 1999
Roman Geyer	23. Juni 1995	
Heinz Hahn	18. Nov. 1999	

Stand: 20. Juni 2013

* jeweils Tag der Eintragung ins Handelsregister

Vorstände und Geschäftsführer in den Kulmbacher Brauereien lt. Handelsregister Bayreuth

Kulmbacher Schweizerhof-Bräu Georg Lobinger KG
KG vom 22. März 1968 bis 19. Februar 1987; Kommanditistin: Elisabeth Lobinger
Zweigniederlassung der *Brauhaus Weißenbrunn GmbH* mit Sitz in Marktoberdorf ab 19. Februar 1987, erloschen am 30. November 1993.

Persönlich haftender Gesellschafter bzw. Geschäftsführer	von	bis*
Georg Lobinger	22. März 1968	19. Febr. 1987
Gerd Borges	19. Febr. 1987	30. Nov. 1993

* jeweils Tag der Eintragung ins Handelsregister

Markgrafenbräu
GmbH seit 21. November 1910

Geschäftsführer	von	bis*
Adolf Kriegel	21. Nov. 1910	6. Mai 1933
Dr. Heinrich Rizzi, Verwaltungsrat und Stellvertreter des Geschäftsführers	19. Juni 1919	7. Nov. 1928
	7. Nov. 1928	22. Nov. 1930
Erich Fischer	22. Nov. 1930	2. Mai 1933 †
Walter Roßberg	2. Mai 1933	29. Aug. 1947
	15. Jan. 1948	19. Juni 1967
Alfred Helbig	10. Okt 1933	29. Aug. 1947
Ernst Prager	29. Aug. 1947	19. April 1951
Robert Langer	11. Mai 1962	14. Juni 1974
Horst Roßberg	11. Mai 1962	7. Okt. 1986
Gert Langer	14. Juni 1974	7. Okt. 1986

Liquidatoren: Horst Roßberg und Gert Langer

* jeweils Tag der Eintragung ins Handelsregister
† Ausscheiden durch Tod

Mönchshofbräu
AG seit 1. Oktober 1885
GmbH seit 28. April 1962

Vorstände bzw. Vorstandsmitglieder	von	bis*
Heinrich Hering	1. Okt. 1885	26. Mai 1886
Josef Unger	1. Okt. 1885	3. Mai bzw. 4. Juni 1987
Josef Riemer	19. Juni 1886	30. Dez. 1903
Albert Schulz	1. Jan. 1904	9. Jan. 1929
Josef Franz	17. Dez. 1909	6. Okt. 1914
Dr. Franz Meußdoerffer	12. Okt. 1912	19. Juni 1918 †
Wilhelm Meußdoerffer	12. Febr. 1920	17. Juli 1947
	30. Juni 1948	7. Juni 1968 †
Ernst Schönsiegel	2. Okt. 1928	4. Juli 1947
Franz Erich Meußdoerffer	17. Juli 1947	25. Okt. 1984
Anton Wiedenhöfer	10. Nov. 1949	7. April 1982
Gerhard Wiedenhöfer	5. Okt. 1976	2. Okt 1992
Wolf-Dieter von Schau stellvertr.	22. Jan. 1982	20. Jan. 1984
	20. Jan. 1984	12. Febr. 1990
Dr. Hans-Christof Ihring	12. Febr. 1990	21. Dez. 1998
Jürgen Brinkmann	21. Dez. 1998	28. Aug. 2008
Hermann Goß	21. Dez. 1998	25. Juni 2001
Dr. Rudolf Streng	25. Juni 2001	20. Mai 2003
Markus Stodden	20. Mai 2003	
Hans P. van Zon	28. Aug. 2008	15. Jan. 2013

Stand: 20. Juni 2013

Die Gesellschafterversammlung hat am 21. Juli. 2004 die Herabsetzung des Stammkapitals um 3.920.000,00 € auf 100.000,00 € beschlossen.

Die Gesellschaft ist als übertragender Rechtsträger auf Grund des Verschmelzungsvertrages vom 1. August 2012 sowie des Beschlusses der Gesellschafterversammlung vom 28. Februar 2012 und des Beschlusses der Hauptversammlung der übernehmenden Gesellschaft vom 28. August 2012 mit der Kulmbacher Brauerei Aktien-Gesellschaft mit dem Sitz in Kulmbach (Amtsgericht Bayreuth HRB 62) verschmolzen.

* jeweils Tag der Eintragung ins Handelsregister
† Ausscheiden durch Tod

Vorstände und Geschäftsführer in den Kulmbacher Brauereien lt. Handelsregister Bayreuth

Petzbräu AG seit 25. Februar 1886	Vorstände bzw. Vorstandsmitglieder	von	bis*
	Wilhelm Müller	25. Febr. 1886	14. Juni 1923
	Fritz Küffner	2. Juni 1908	16. Aug. 1910
	Alwin Lehmann	5. April 1911	3. Nov. 1911
	Georg Günthner	3. April 1912	30. Juni 1924
	Gustav Müller	14. Juni 1923	16. April 1924

Liquidatoren: Georg Walter und Georg Günthner

* jeweils Tag der Eintragung ins Handelsregister

Reichelbräu Kulmbacher Brauerei AG AG seit 4. Februar 1895	Vorstände bzw. Vorstandsmitglieder	von	bis*
	Wilhelm Schröder	4. Febr. 1895	19. Sept. bzw. 30. Okt. 1930
	Gustav Schmidt	4. Febr. 1895	8. Aug. 1919
	Franz Raabe	8. Aug. 1919	19. Sept. 1930 †
	Erich Fischer	19. Sept. 1930	13. März 1933 †
	Adolf Kriegel	30. Okt. 1930	6. Okt. 1933
	Walter Roßberg	13. März 1933	15. Jan. 1948
		29. Aug. 1947	1. Juni 1967
	Alfred Helbig stellvertr.	6. Okt. 1933	9. März 1934
		9. März 1934	29. Aug. 1947

Treuhänder: Ludwig Crößmann, 2. Bürgermeister, 1945
(Weitere Daten fehlen)

	Ernst Prager	29. Aug. 1947	30. April 1951
	Robert Langer	25. Juli 1955	25. Juni 1979
	Horst Roßberg	25. Juli 1955	25. Okt. 1989
	Gert Langer, *Vorsitzender*	20. März 1972	10. Juni 1999
	Walter F. Hubl	11. März 1980	28. Aug. 1984
	Wolf-Dieter von Schau	14. Febr. 1985	8. April 1987
	Dr. Rudolf Streng	25. Okt. 1989	20. Mai 2003
	Dr. Christof Ihring stellvertr.	5. Juni 1996	16. Nov. 1998
	Friedrich Menze stellvertr.	5. Juni 1996	21. Okt. 1997

Vorstände bzw. Vorstandsmitglieder	von	bis*
Jürgen Brinkmann	31. März 1998	14. April 1999
Vorsitzender	14. April 1999	25. Juni 2008
Hermann Goß	2. Febr. 1999	28. Mai 2001
Markus Stodden	18. Dez. 2001	
Stephan Gimpel-Hennig	25. Febr. 2003	25. Juni 2008
Hans Peter van Zon	25. Juni 2008	15. Jan. 2013
Dr. Peter Pöschl	25. Juni 2008	29. Mai 2013
Otto Zejmon	15. Jan. 2013	
Dr. Jörg Lehmann	29. Mai 2013	

Die HV vom 16. April 1997 hat die Änderung der Firma in *Kulmbacher Brauerei AG* beschlossen; eingetragen ins Handelsregister am 26. Mai 1997.

Stand: 20. Juni 2013

* jeweils Tag der Eintragung ins Handelsregister
† Ausscheiden durch Tod

Rizzibräu
AG seit 9. November 1886

Vorstände bzw. Vorstandsmitglieder	von	bis*
Karl Rizzi	9. Nov. 1886	30. Sept. 1888
Johann Nepomuk Heufelder	1. Okt. 1888	15. Mai 1907
Georg Kaune	1. Okt. 1888	15. Mai 1907
Walther Bergmann	2. Nov. 1904	3. Sept. 1909
Georg Walter	15. Mai 1907	10. Dez. 1941 †
Adolf Baumgartner	16. Dez. 1907	21. Jan. 1925
Dr. Hans Naumann	21. Jan. 1925	3. März 1933
Oskar Thieben	3. März 1933	21. Febr. 1935
Carl Schneider	21. Febr. 1935	15. Febr. 1936
Walter Roßberg	10. Dez. 1941	26. Jan. 1943
Alfred Helbig	10. Dez. 1941	26. Jan. 1943

* jeweils Tag der Eintragung ins Handelsregister
† Ausscheiden durch Tod

Vorstände und Geschäftsführer in den Kulmbacher Brauereien lt. Handelsregister Bayreuth

Sandlerbräu
GmbH seit 1. November 1901,
AG seit 20. September 1921,
KG seit 19. April 1971,

Vorstände bzw. Vorstandsmitglieder	von	bis*
Lorenz Sandler	1. Nov. 1901	10. Juni 1910
	6. März 1916	30. Sept. 1921
Otto Sandler	1. Nov. 1901	10. Juni 1910
	6. März 1916	6. Juli 1918 †
Christian Sandler	14. Nov. 1906	22. Nov. 1947
Philipp Baumer	10. Juni 1910	13. Okt. 1913
Dr. Otto Sandler stellvertr.	30. Jan. 1924	31. Mai 1929
	31. Mai 1929	(?) 1947

Treuhänder:
Heinrich Prager, vorher zeitweise Prokurist bei Reichelbräu, 1945 (?) – 30. Juni 1947
Hans Sandler, vorher und nachher Prokurist bei Sandlerbräu, 1945 (?) – 30. Juni 1947
Herbert Sauer, seinerzeit Prokurist bei der Ersten Aktien, Anfang 1947

Dr. Otto Sandler	22. Nov. 1947	29. Jan. 1958
Christian Sandler	30. Juni 1948	9. Okt. 1962
Herrmann Säuberlich	29. Jan. 1958	4. April 1958
Siegfried Röstel	28. Jan. 1959	18. Jan. 1962
Heinz Krüdener	18. Jan. 1962	25. Juli 1969
Horst Sandler stellvertr.	18. Jan. 1962	9. Okt. 1962
	9. Okt. 1962	8. Sept. 1970 †
Dr. Georg Lämmerhirdt	8. Sept. 1970	19. April 1971
Dr. Georg Lämmerhirdt **	19. April 1971	27. Jan. 1977
Dr. Ludwig Neumeyer	17. Mai 1973	28. Okt. 1977
Walter Franz Hubl	11. Aug. 1976	29. Aug. 1984

Persönlich haftender Gesellschafter:
Dr. Guido G. Sandler, Generalbevollmächtigter, Bielefeld	19. April 1971	9. Mai 1980
Reichelbräu AG, Kulmbach	9. Mai 1980	

Stand: 08. November 2011
* jeweils Tag der Eintragung ins Handelsregister
† Ausscheiden durch Tod

** Das HGB kennt für die Kommanditgesellschaft keinen Geschäftsführer, dessen Aufgabe sollte eigentlich der persönlich haftende Gesellschafter (Komplementär) übernehmen. Deshalb sind die Herren Lämmerhirdt, Neumeyer und Hubl im Handelsregister nur als Prokuristen eingetragen. Daneben gab es bei Sandlerbräu weitere Prokuristen.
Die Geschäftsführer-Eigenschaft beruhte auf einer besonderen Regelung innerhalb des Oetker-Konzerns (Hinweis von Herrn Gert Langer).
Reichelbräu übernahm mit dem Erwerb der Sandlerbräu auch deren Geschäftstätigkeit vollständig. Sandlerbräu besteht inzwischen nur noch als Marke in Form einer GmbH mit einen Nominalkapital von 25.000 €.

Literaturverzeichnis

Kapitel 1

Corpus Constitutionum Brandenburgico-Culmbacensium (CCBC), Bayreuth 1746.

Denzel, Markus A.: Gewerbe und Handel in der Stadt Kulmbach nach dem Übergang an das Königreich Bayern (nach der Montgelas-Statistik von 1811/12), in: Wirz, Ulrich / Meußdoerffer, Franz G. (Hrsg.): Rund um die Plassenburg. Studien zur Geschichte der Stadt Kulmbach und ihrer Burg, Kulmbach 2003 (Die Plassenburg 53), S. 247–262.

Dorfmüller, Theodor: Ältere kirchliche Geschichte von Kulmbach, in: Archiv für Bayreuthische Geschichte und Alterthumskunde 1, 1 (1828), S. 1–57; 1, 2 (1828), S. S. 97–137; 1, 3 (1830), S. 109–140; Archiv für Bayreuthische Geschichte und Alterthumskunde des Ober-Main-Kreises 1, 1 (1831), S. 7–45; 1, 2 (1832), S. 1–49; 1, 3 (1832), S. 88–117.

Edelmann, Hans: Das Augustinerkloster in Kulmbach, in: Aus der fränkischen Heimat 1950, Nr. 3.

Ders.: Die Besitzungen und Einkünfte des Augustinerklosters, in: Aus der fränkischen Heimat 1950, Nr. 7.

Ders.: Die Bezeichnung Mönchshof in Kulmbach im Wandel der Zeiten, in: Aus der fränkischen Heimat 1957, Nr. 7.

Herrmann, Erwin: Geschichte der Stadt Kulmbach, Kulmbach 1985 (Die Plassenburg 45).

Hoeßlin, Franziska von: Quellen zur Besitzgeschichte des Augustiner-Eremiten-Klosters Kulmbach, Diss. Erlangen 1956.

Hundt, Max: Chronik der Stadt Kulmbach für die Jahre ab 1890, I. Teil: Die Ereignisse in den Jahren 1890–1910, Kulmbach 1951.

Ders.: Wörterbuch zur Kulmbacher Heimatkunde, Kulmbach 1950.

Karl, Fritz: Das Markgraftum Brandenburg-Culmbach in rechtsgeschichtlicher Sicht, in: Geschichte am Obermain 14 (1983/1984), S. 96–109.

Kunstmann, Hellmut: Burgen am Obermain. Unter besonderer Würdigung der Plassenburg, Kulmbach 1975 (Die Plassenburg 36).

Kunzelmann, Adalbero: Geschichte der Deutschen Augustiner-Eremiten, Band 1, 3 und 6, Würzburg 1969–1976.

Meyer, Christian: Hardenberg und die Verwaltung der Fürstenthümer Ansbach und Bayreuth, Berlin 1891.

Ders.: Das Landbuch der Herrschaft Plassenburg vom Jahre 1398, München 1898.

Neu revidirte und verbesserte Policey-Ordnung …, Bayreuth 1746.

Reiche, Jobst Christoph Ernst von: Culmbach und Plassenburg, Bayreuth 1796.

Rupprecht, Klaus: Die Geschichte des Schlosses Steinenhausen im Überblick. Ein reichsritterschaftlicher Sitz in fürstlichem Territorium, in: Geschichte am Obermain 22 (1999/2000), S. 25–40.

Ders.: Das Augustiner-Eremitenkloster zu Kulmbach. Ein geschichtlicher Überblick, in: Wirz, Ulrich / Meußdoerffer, Franz G. (Hrsg.): Rund um die Plassenburg. Studien zur Geschichte der Stadt Kulmbach und ihrer Burg, Kulmbach 2003 (Die Plassenburg 53), S. 125–165.

Sandler, Otto: Die Kulmbacher Brauindustrie, Leipzig / Erlangen 1926 (Wirtschafts- und Verwaltungsstudien mit besonderer Berücksichtigung Bayerns 67).

Stark, Harald: Zwischen Westfälischem Frieden und Spanischem Erbfolgekrieg. Aspekte der Nutzung und Baugeschichte der Plassenburg im 17. Jahrhundert, in: Dippold, Günter / Zeitler, Peter (Hrsg.): Die Plassenburg. Zur Geschichte eines Wahrzeichens, Lichtenfels 2008 (CHW-Monographien 8), S. 117–126.

Tournon, Camille de: Statistik der Provinz Bayreuth, zusammengestellt von Baron Camille de Tournon – ehem. Zivilgouverneur der Provinz, Präfekt von Rom 1809. Übersetzt von Bettina Schiller, Bayreuth 2002.

Weigand-Karg, Sabine: Alltag auf der Plassenburg im Mittelalter und in früher Neuzeit, in: Dippold / Zeitler (wie oben), S. 45–58.

Dies.: Die Plassenburg – Residenzfunktion und Hofleben bis 1604, Weißenstadt 1998.

Archive:

Staatsarchiv Bamberg, C 9/VI, Nr. 10478 (von Harald Stark exzerpiert und dem Verfasser freundlicher Weise zur Verfügung gestellt).

Staatsarchiv Nürnberg: Monumenta Zollerana, Band III.

Literaturverzeichnis

Stadtarchiv Kulmbach: Akt 851/1-5 : Das Braurecht der hiesigen Commune, mit Unterschrift von Georg Wilhelm 1725 (nicht auffindbar).

Für Auskünfte und Informationen ist zu danken:
Herrn Alfred Biedermann, StD i. R., Kulmbach,
Herrn Ralf Fuchs M. A., Bamberg,
Herrn Dipl.-Theol. Josef Motschmann, Bad Staffelstein-Schönbrunn,
Herrn Dr. Stefan Nöth, Staatsarchiv Bamberg,
Herrn Dr. Klaus Rupprecht, Staatsarchiv Bamberg,
Herrn Ralph Pfändner, Bamberg, und
Herrn Harald Stark, Kulmbach-Plassenburg.

Kapitel 2

Aus den Erinnerungen von Kunstmaler Michel Weiß, in: Aus der fränkischen Heimat 1983, Nr. 7.
Bauer, Rudolf: Der Wandel der Bedeutung der Verkehrsmittel im nordbayerischen Raum, Erlangen 1963 (Erlanger Geographische Arbeiten 16).
Dörfler, Hans-Dieter: Bierexport aus Bayern 1806–1914. Anmerkungen zu Begriff und Quelle, in: Wirz / Meußdoerffer (wie Kapitel 1), S. 263–278.
Hundt, Wörterbuch (wie Kapitel 1).
Krauss, Georg: Die Oberfränkische Geschichte, Bamberg 1981.
Limmer, Hermann: Kulmbachs Gewerbefleiß und seine geschichtliche Entwicklung, in: VII. und VIII. Verwaltungsbericht des Stadtmagistrates Kulmbach für die Jahre 1896 und 1897, Kulmbach 1898.
Meier, Joachim: Die brauende Bürgerschaft und die Entwicklung des Brauwesens in Kulmbach von Beginn des 19. Jahrhunderts bis 1872, unveröffentl. Diplomarbeit, Nürnberg 1978.
Physikatsbericht des Landgerichts Kulmbach, 1861 (Manuskript in der Bayerischen Staatsbibliothek).
Sandler, Brauindustrie (wie Kapitel 1).
Schmeusser, Heinrich: Denkschrift zur Erinnerung an die Beteiligung oberfränkischer Industrieller und Gewerbetreibender bei der Zweiten Bayerischen Landes-, Industrie-, Gewerbe- und Kunst-Ausstellung in Nürnberg 1896, Bayreuth 1896.
Stößlein, Hans: Heimatkundliche Kurzgeschichten aus dem Kulmbacher Land, Band III, Kulmbach 1994.
Viertausend Einwohner und eine „starke Bierbrauerey als Hauptnahrung derselben" [Bericht über Vortrag von Prof. Dr. Erwin Hermann in Kulmbach am 22.4.1982], in: Bayerische Rundschau vom 28.4.1982.

Zorn, Wolfgang: Probleme der Industrialisierung Oberfrankens im 19. Jahrhundert, in: Jahrbuch für fränkische Landesforschung 29 (1969), S. 295–310.

Archive:
Privat: Rechnung der Schulden-Tilgungs resp. Localmalzaufschlags-Caße der magistralischen Gemeinde Kulmbach pro 1865/66.
Stadtarchiv Kulmbach: Ratsprotokolle (durchgesehen vom 10.12.1830 bis 30.1.1832).

Kapitel 3

1872–1897 Erste Culmbacher Actien Exportbier Brauerei, Kulmbach 1897.
Aus den Erinnerungen (wie Kapitel 2).
Bernhard, Julius: Reisehandbuch für das Königreich Bayern, Stuttgart 1868.
Chronik der Reichelbräu A.-G., unveröffentl., 1961 (?).
Edelmann, Hans: Die Bezeichnung Mönchshof in Kulmbach im Wandel der Zeiten, in: Aus der fränkischen Heimat 1957, Nr. 7.
Fischer, Ulrike: Die Kulmbacher Mönchshofbrauerei, Entwicklung – Sozialstruktur – Brauchtum, unveröffentl. Zulassungsarbeit, Bamberg 1979.
Geographie von Bayern I, 1. Teil: Das Maingebiet, 3. Aufl. Schwabach 1905.
Geiger, Helmut: Mit der Rizzibräu kam der Erfolg, in: Bayerische Rundschau vom 31.7./1.8.2010, S. 12.
Handels- & Gewerbekammer für Oberfranken: Jahresberichte 1880 bis 1900.
Hundt, Chronik (wie Kapitel 1).
Meier, Bürgerschaft (wie Kapitel 2).
Sandler, Brauindustrie (wie Kapitel 1).
Schmeusser, Denkschrift (wie Kapitel 2).
Schmidt, Ottmar: Wegmarken. Chronik einer Region. Was Kulmbachs Orts- und Straßennamen erzählen. Kulmbach 2000.
Stadt Kulmbach: Adreß- und Geschäfts-Handbuch, Kulmbach 1882.
Stadtmagistrat Kulmbach: Verwaltungsberichte 1890 bis 1901.
Starke, Holger: Vom Brauerhandwerk zur Brauindustrie. Die Geschichte der Bierbrauerei in Dresden und Sachsen 1800–1914, Köln / Weimar / Wien 2005.
Ders.: Ein bierseliges Land, in: Ein bierseliges Land. Aus der Geschichte des Brauwesens von Dresden und Umgebung, Dresden 1996, S. 25–103.

Ders.: Privatbrauhaus und Aktiengesellschaft – Die Herausbildung des industriellen Brauwesens in Dresden im 19. Jahrhundert, Vortrag gehalten am 11.4.1997 in Leipzig (maschinenschriftl. Manuskript).

Winkler, Bernd: Michael Taeffner – Ein Pionier der Kulmbacher Brauindustrie, in: Aus der fränkischen Heimat 2000, Nr. 5.

Archive:
Amtsgericht Bayreuth: Firmen- bzw. Gesellschaftsregister.
Privat: Belege zur Rechnung der Schuldentilgungs- resp. Localmalzaufschlagskasse der Stadtgemeinde Kulmbach pro 1878.

Für Auskünfte und Informationen ist zu danken:
Herrn Dr. Volker Schalkhäuser, Brief vom 19.2.2003.

Kapitel 4

1872–1897 Erste Culmbacher (wie Kapitel 3).
Aus den Erinnerungen ... Michel Weiß (wie Kapitel 2).
Brauhaus-Ordnung im Georg Sandler'schen Brauhaus vom 1. Januar 1868 (Bayerisches Brauereimuseum Kulmbach).
Chronik der Reichelbräu A.-G. (wie Kapitel 3).
Deutschlands Städtebau: Kulmbach, Berlin-Halensee 1926.
Dollhopf, Max: Die Standortfrage für die Kulmbacher Industrie, unveröffentl. Diplomarbeit, Nürnberg 1925/26
Edelmann, Mönchshof (wie Kapitel 3).
Fischer, Mönchshofbrauerei (wie Kapitel 3).
Flierl, Julius: Die Entwicklung der Kulmbacher Industrie und ihr gegenwärtiger Stand, Diss. Erlangen 1924.
Geschichte der Frankfurter Zeitung, Frankfurt a. Main 1911; nach einer Mitteilung des Instituts für Bankhistorische Forschungen e.V. vom 18.7.1984.
Die Geschichte der Mönchshof-Bräu GmbH, maschinenschriftl., 1977 (?).
Günther, Hans: Überblick über die Entwicklung der Exportbierbrauerei Christian Pertsch Kulmbach, unveröffentl. Manuskript, 1958.
Handbuch der süddeutschen Aktiengesellschaften, Berlin. Darin: Bilanzen und gekürzte Geschäftsberichte für
  Kapuzinerbräu AG: 1898 bis 1914, ohne 1913
  Petzbräu AG: 1886 bis 1913
  Rizzibräu AG: 1887 bis 1914, ohne 1888 und 1913
Handels- und Gewerbekammer für Oberfranken: Jahresberichte 1901 bis 1913, 1919.
Hofmann, Thomas: Das Recht der Brauereiarbeiter am Ende des 19. und Anfang des 20. Jahrhunderts – dargestellt insbesondere am Beispiel der Kulmbacher Brauereien, Hamburg 2001.
Hundt, Chronik (wie Kapitel 1).

Jüngling, Elisabeth: Streiks in Bayern (1889–1914). Arbeitskampf in der Prinzregentenzeit, München 1986 (Miscellanea Bavarica Monacensia 126).
Kaiser, Gerhard: Die Aktiengesellschaften der Textil-, Brau- und Porzellanindustrie in Oberfranken von 1853–1914 und deren finanzielle Entwicklung unter besonderer Berücksichtigung der „Neuen Baumwollspinnerei und Weberei Hof", der „Kulmbacher Export-Brauerei Mönchshof" und der „Ersten Kulmbacher Aktien-Exportbier Brauerei", unveröffentl. Diplomarbeit, Nürnberg 1976.
Karnitzschky, H.: Beilage zur „Reichelbräu-Chronik", handschriftl. Aufzeichnungen, 1964.
Kellenbenz, Hermann/Kaiser, Gerhard/Schneider, Jürgen: Kapitalbildung und Finanzierung von Aktiengesellschaften Oberfrankens in der zweiten Hälfte des 19. Jahrhunderts (1854–1914), in: Jahrbuch für fränkische Landesforschung 38 (1978), S. 191–218.
Kulmbachs wirtschaftliche Entwicklung, in: Bayerische Rundschau vom 3.9.1910.
Lee, Heinrich: Neue deutsche Städtebilder CXXX: Die nordbayerische Bierhauptstadt, in: Berliner Tagblatt vom 1.1.1911.
Meier, Bürgerschaft (wie Kapitel 2).
Sandler, Brauindustrie (wie Kapitel 1).
Schmeusser, Denkschrift (wie Kapitel 2).
Stadt Kulmbach: Adressbuch 1903 und Adressbuch 1910
Stadtmagistrat Kulmbach: Verwaltungsberichte 1900 bis 1915.

Archive:
Amtsgericht Bayreuth, Handelsregister.
Bayerisches Hauptstaatsarchiv (München): MArb 337.
Firmenarchiv Mönchshof: Kulmbacher Bierausfuhr für die Jahre 1900 bis 1905, 1907, 1908; Malzverschrotung für die Jahre 1907 bis 1923/24 (ohne 1916).
Privat: Anstellungsvertrag des Brauereidirektors Christian Viandt bei der Kapuzinerbräu AG, 1898.
Stadtarchiv Kulmbach:
  851-1/3: Übersicht über die Kommunbrauereien und deren Ausschankstätten 1910.
  851-2/3: Bierexport ... für 1895 und 1896.
  851-3/2: Bericht über die Versammlung der Kulmbacher Brauereiarbeiter am 19.3.1905.

Für Auskünfte und Informationen ist zu danken:
Herrn Heinz-Wolfgang Türk (* 26.10.1926 † 5.2.2010), Gespräch am 24. und 31.3.2004.
Außerdem stand Herr Karl Dachert (†) dem Verfasser in den Jahren ab 1982 mehrmals im persönlichen Gespräch zur Verfügung. Ihm ist für wichtige Erklärungen und Hinweise sehr zu danken.

Literaturverzeichnis

Kapitel 5

Chronik der Reichelbräu A.-G. (wie Kapitel 3).
Erste Kulmbacher Actien-Exportbier-Brauerei Kulmbach, 1872/1922, Solingen 1922.
Erstes Faßmann-Fleischmann-Fest, in: Freunde der Plassenburg, 1938/I, S. 14 f.
Flierl, Entwicklung (wie Kapitel 4).
50 Jahre Schüler & Co. KG, Kulmbach 1969.
Geiger, Helmut: Vom Bierbrauen im Landkreis Kulmbach, Guttenberg 2011.
Geschäftsberichte:
   Erste Kulmbacher Actienbrauerei für 1923/24 bis 1938/39
   Mönchshofbräu für 1917/18 bis 1938/39
   Reichelbräu für 1930/31 und 1931/32
   Rizzibräu für 1923/24, 1925/26 bis 1927/28, 1935/36 und 1937/38
   Sandlerbräu für 1924/25 bis 1937/38
Handbuch der Wirtschaftsgruppe Brauerei und Mälzerei, Nürnberg:
   Bilanzen und gekürzte Geschäftsberichte für die Jahre 1914, 1920, 1922/23, 1927, 1928, 1931/32, 1934 und 1938/39
   Vorwort 1914–1917, 1919–1922
   Die deutsche Brauindustrie von Droege Kurt W. bzw. ab 1933/34 von Ludke Hans für die Jahre 1928, 1929/30 bis 1933/34, 1934, 1936/37, 1938/39, 1939/40
Henning, Friedrich-Wilhelm: Das industrialisierte Deutschland 1914 bis 1978, Paderborn 1979.
100 Jahre Sandlerbräu Kulmbach, Zwickau 1931.
Hundt, Max: Kulmbacher Chronik für die Jahre 1890–1950 [tatsächlich: 1911 bis 1923], in: Aus der fränkischen Heimat 1951–1955.
Karnitzschky, Beilage (wie Kapitel 4).
Kellenbenz, Hermann: Deutsche Wirtschaftsgeschichte, Band II, München 1981.
Kißling, Georg Conrad: 100 Jahre Conrad Kissling 1835–1935, Breslau 1935.
Meier, Bürgerschaft (wie Kapitel 2).
Popp, Gustav: Die Kulmbacher Malzindustrie. Eine volkswirtschaftliche Studie, Leipzig/Erlangen 1925 (Wirtschafts- und Verwaltungsstudien mit besonderer Berücksichtigung Bayerns 66).
Sandler, Brauindustrie (wie Kapitel 1).

Archive:
Firmenarchiv Mönchshof:
   Malzverschrotung für die Jahre 1907 bis 1923/24 (ohne 1916), Thüringer Brauerbund e.V., Beschwerde 212 über die Erste Kulmbacher Actienbrauerei, Austauschbier, von fremden Brauereien geliefert.
Handelsregister in Bayreuth
Stadtarchiv Kulmbach: 851-2/8: Übersicht über die Biererzeugung und die Bierausfuhr, sowie die Einnahmen an gemeindlichem Malzaufschlag der Kulmbacher Brauereien im Jahre 1915, 1916 und 1917.

Für Auskünfte und Informationen ist zu danken:
Zu einem Gespräch über die Verwandtschaftsverhältnisse der Familien Sandler stand Herr Klaus Pöhlmann freundlicher Weise zur Verfügung.
Auskünfte über das erste Kulmbacher Bierfest gaben Herr Senator Anton Wiedenhöfer (†) und Herr Hans Fischer (†), beide seinerzeit Mönchshofbräu.
Gespräch mit Herrn Fritz Stübinger (†), etwa 1982.

Kapitel 6

Bastin, Armand: Dokumentation: Im Reich der Titanen – Die Geschichte des Krupp-Titan, in: Last & Kraft. Nutzfahrzeug-Oldtimer-Magazin 1994, Band 2, S. 35–47 und Band 3, S. 44–55.
Fischer, Mönchshofbrauerei (wie Kapitel 3).
Fränkische Presse vom 20.5., 7.6. und 15.7.1947.
Gackstetter, Leonhard: Mehrkosten der oberfränkischen Industrie infolge Veränderungen ihrer Standortsfaktoren seit 1945, Diss., Nürnberg 1951.
Geschäftsberichte:
   Erste Kulmbacher Actienbrauerei für 1939/40 bis 1943/44
   Mönchshofbräu für 1940/41 bis 1945/46, 1947/48
   Reichelbräu für 1941/42, 1942/43
   Rizzibräu für 1940/41, 1941/42
   Sandlerbräu für 1939/40 bis 1943/44
Guth, Ernst: Wirtschaft. Versuch einer Strukturanalyse, in: Scherzer, Conrad (Hrsg.): Franken – Land, Volk, Geschichte und Wirtschaft, Band II, Nürnberg 1959.
Handbuch der Aktiengesellschaften: Bilanzen und Geschäftsberichte:
   Erste Kulmbacher: 1948 (?), 1950/51
   Mönchshofbräu: 1948 (?), 1949, 1950/51
   Reichelbräu: 1951/52
   Sandlerbräu: 1950/51
Jungbauer, Franz: Die Braustadt Kulmbach – Standortkomplex oder Wirtschaftsformation, unveröffentl. Diplomarbeit, Nürnberg 1981.
Lederer, Wilhelm: Dokumentation 1945. Kulmbach vor und nach der Stunde Null, Kulmbach 1971 (Die Plassenburg 29).
Meußdoerffer, Franz-Erich: Die Kulmbacher Brauindustrie seit 1949, maschinenschriftl., 1977.

Münch, Friedrich: Brau-Tradition verhalf Familie Kern zum Wohlstand, in: Aus der Fränkischen Heimat 1982, Nr. 10.

Paulus, Helmut: Das Sondergericht Bayreuth 1942–1945 – Ein düsteres Kapitel Bayreuther Justizgeschichte, in: Archiv für Geschichte von Oberfranken 77 (1997), S. 483–527.

Schwarze, K. U.: Die deutsche Brauindustrie im Jahre 1941/42, in: Handbuch der Wirtschaftsgruppe Brauerei und Mälzerei, Jahrgang 1941/42.

Skutnik, Elisabeth: Die industrielle Entwicklung Kulmbachs seit 1945 unter besonderer Berücksichtigung der Textil- und Brauindustrie, unveröffentl. Zulassungsarbeit, Bayreuth 1969.

Zeitler, Peter: Neubeginn in Oberfranken 1945–1949. Die Landkreise Kronach und Kulmbach, 2. Aufl., Kronach 1998.

Archive:

Bundesarchiv Koblenz: Auskunft vom 4.3.1988 an Herrn Bertram Lochner, Kulmbach, betr. VELF.

Firmenarchiv Mönchshof:
Austauschbier – von fremden Brauereien geliefert,
Unserer verehrlichen Wirtekundschaft zur gefälligen Kenntnisnahme, 25.4.1945,
Schreiben von 1.5.1945,
Schreiben von 4.5.1945,
Betriebsappell vom 22.5.1945,
Aufstellung vom 29.5.1945,
Neue Anweisung wegen Abgabe von Bier an die Besatzungstruppe vom 6.6.1945,
Besprechung vom 29.6.1945,
Claim-Nr. 10241-F vom 14.1.1948
und andere Akten.

Historisches Archiv der Friedrich Krupp GmbH, Essen, Schreiben an den Verfasser vom 6.6.1990.

Stadtarchiv Kulmbach: 851-41/42:
Stellungnahme der Kulmbacher Brauindustrie zu den Auswirkungen der Währungsreform auf die Absatz- und Beschäftigungslage im Braugewerbe, 30.6.1948,
Inverkehrbringen höherprozentiger Biere, 4.2.1949,
Beschlagnahmung von 168 Ztr. Gerste, bestimmt für die Erste Kulmbacher, durch das Ernährungsamt A Ingolstadt, 7.2.1949
und andere Akten.

Für Auskünfte und Informationen ist zu danken:

Frau Elisabeth Lobinger, geb. Rehm (†), über die Brauerei Lobinger.

Kapitel 7

Bericht über die Prüfung des Jahresabschlusses zum 31.12.1977 der Sandlerbräu KG Kulmbach.

Erste Kulmbacher Actienbrauerei: Geschäftsberichte für 1986/87, 1987/88 und 1990/91

EKU Spiegel Nr. 9 (Januar 1976).

Der Erwerb der Sandlerbräu durch die Reichelbräu, maschinenschriftl. Manuskript, etwa 1980 (Verfasser vermutlich Gert Langer).

Meile, Bernd / Päsler, Hans-Jürgen: Einladungsschreiben für die Versammlung am 27. Juni 1990; Zweck: Gründung der Kommunbräu. Mit Beilage.

10 Jahre Himmelkroner Hobbybrauer, Himmelkron 2002.

Zeitungen:

Die Darstellung beruht im Wesentlichen auf der laufenden Berichterstattung in der örtlichen Zeitung, der Bayerischen Rundschau. Ergänzt wurden die Informationen durch Berichte weiterer Zeitungen und eines Anzeigenblattes.
Die NEUE Kulmbacher. Anzeigenblatt,
DIE ZEIT, Hamburg,
Frankenpost, Hof,
Süddeutsche Zeitung, München.
Alle Berichte sind jeweils im Text zitiert.

Für Auskünfte und Informationen ist zu danken:

Frau Sigrid Daum und Herrn Bernhard Sauermann über das Bayerische Brauereimuseum

Herrn Dieter Hornfeck über die Haus- und Hobbybrauer Himmelkron

Herrn Gert Langer, über den Erwerb der Brauerei Sandler

Herrn Hans-Jürgen Pässler über die Kommunbräu eG

Herrn Armin Pöhlmann, Städtebau GmbH, über die Bebauung des Geländes der ehem. Brauerei Sandler

Kapitel 8

1872–1897 Erste Culmbacher (wie Kapitel 3).

FlaschenPost. Betriebszeitung der Kulmbacher Brauerei, Nr. 24 (Nov. 2011) und Nr. 26 (Okt. 2012).

Hundt, Chronik (wie Kapitel 1).

Kompetenzzentrum für Ernährung (Kern): KErn: Interdisziplinarität – Information, Flyer 2013.

Kulmbacher Brauerei: Geschäftsbericht 2012.

Sandler, Brauindustrie (wie Kapitel 1).

10 Jahre Himmelkroner Hobbybrauer (wie Kapitel 7).

Literaturverzeichnis

Zeitungen:
Wie bei Kapitel 7 beruht auch in Kapitel 8 die Darstellung im Wesentlichen auf der laufenden Berichterstattung in der örtlichen Zeitung, der Bayerischen Rundschau, Kulmbach. Ergänzt wurden diese Informationen durch Berichte weiterer Zeitungen:
DIE ZEIT, Hamburg,
Frankenpost, Hof,
Nordbayerischer Kurier, Bayreuth.
Alle Berichte sind jeweils im Text oder in den Anmerkungen zitiert.

Für Auskünfte und Informationen ist zu danken:
Frau Sigrid Daum und Herrn Bernhard Sauermann über die Aktivitäten im Mönchshof-Gelände insgesamt.
Herrn Hans-Jürgen Pässler über die Kommunbräu.
Herrn Marco Scherl über die Brauer-Fachklassen in der Hans-Wilsdorf-Schule Kulmbach,
Herrn Herrmann Trautner über die Meisterkurse für Brauer in Kulmbach.

Abkürzungen

€	Euro
AG	Aktiengesellschaft
BR	Bayerische Rundschau, Kulmbach
Ztr.	Zentner (= 50 kg)
dz	Doppelzentner (= 100 kg)
eG	eingetragene Genossenschaft
EKU	Erste Kulmbacher Actien-Exportbier-Brauerei
fl.	Gulden
GB	Geschäftsbericht
hl	Hektoliter
Mio.	Millionen
oHG	Offene Handelsgesellschaft
SZ	Süddeutsche Zeitung
T€	tausend Euro
TDM	tausend DM

Auflösung des Literaturrätsels von Seite 128f.

Lösung:
Richtig sind 1c) und 2a)

Wertung:

Zwei richtige Antworten:
Sie sind ja ein echtes Literatur-Ass! Gratulation und Respekt! Belohnen Sie sich mit einem echten KULMBACHER. Sie haben es verdient.

Eine richtige Antwort:
Immerhin, ganz ahnungslos sind Sie nicht. Lesen Sie weiter, vergessen Sie aber nicht, regelmäßig ein erfrischendes KULMBACHER zu trinken.

Keine richtige Antwort:
Pech für Sie. Aber trösten Sie sich mit einem guten KULMBACHER!

PS: Ist Ihnen aufgefallen, dass beide Werke das Wort *Zauber* im Titel führen? Also: Lassen Sie sich mit einem echten *KULMBACHER* verzaubern.

Abbildungsnachweis

Ein Großteil der Abbildungen wurde aus der Auflage 1987 entnommen. Deshalb werden auch die damaligen Quellen genannt – z. B. EKU, Sandlerbräu oder Mönchshof –, wobei es dem Verfasser nicht bekannt ist, wo bzw. bei wem sich die Originale heute befinden.

1872–1897 Erste Culmbacher 75, 76, 183, 185, 187, 189

Architekturbüro Schmidt, Kulmbach 307

Bär, Ingo 383

Bayerische Rundschau, Kulmbach 126

Bayerisches Brauerei- und Bäckereimuseum 62, 169, 319, 321, 359, 361–365, 367

Deutschlands Städtebau: Kulmbach 212

Edelmann, Hans 82

EKU 69, 79, 136 f., 232, 281, 283 f., 305

Fölsche, Gabi 379–382

Gebeßler, August: Stadt- und Landkreis Kulmbach, München 1958 26

Geiger, Helmut 103, 310

Hans-Wilsdorf-Schule Kulmbach 371

Hock, Willibald (†) 159

100 Jahre Sandlerbräu, 1931 45, 94 f.

Kulmbacher Brauerei AG 338, 352 f., 355, 357

Kulmbacher Kommunbräu eG 313, 376 f.

Mönchshofbräu 106, 299

Privat 38, 52, 56 f., 81, 90, 98 rechts, 99, 102, 104, 107, 117, 123, 125 f., 143, 153, 163 rechts und unten, 165 rechts, 167 unten, 171 oben, 175, 192, 202–204, 211, 213, 215–217, 221 oben, 230, 254, 270, 275–279, 340, 343, 347

Reichelbräu 40, 86–88, 98 (3 x links), 219, 222, 223 unten, 236–239, 241, 274, 289, 293, 301, 331

Schmeusser, Denkschrift 77, 92, 96, 100

Stadtarchiv Kulmbach 20, 23 f., 29, 43, 47 f., 54, 89, 105, 121, 134 f., 154, 156, 160, 162, 166, 172, 174, 176, 200, 218, 221 unten, 253, 282, 287, 369

Woerl's Reisehandbuch, 1912 157

Wölfel, Thomas 127

Zeichnungen und Pläne:

Benedickt, Ulrich 91

Klenner-Otto, Stephan 322, 323, 374

Lang, Nicki (nach Hans Edelmann) 18

Prawitz, Laura 81, 93, 97, 130, 155, 163 links oben, 165 links, 167 oben, 171 unten, 223 oben

Anmerkungen

Anmerkungen zu Kapitel 1

1. Vgl. im Folgenden: Hoeßlin, Quellen; Edelmann, Augustinerkloster; ders.: Besitzungen; ders.: Mönchshof.
2. Die Bestätigungsurkunde ist in Latein abgefasst und befindet sich heute – nur als Kopie im „Herrschaftsbuch des Burggraftums Nürnberg" überliefert – im Staatsarchiv Nürnberg. Übersetzung ins Deutsche freundlicher Weise durch Alfred Biedermann, StD i. R., Kulmbach. Vgl. auch Hoeßlin, Quellen, S. 152
3. Vgl. Hundt, Chronik.
4. Heute: „Langheimer Amtshof".
5. Zitiert nach Edelmann, Mönchshof. Ergänzungen in den Klammern durch Edelmann.
6. Weigand-Karg, Plassenburg.
7. Vgl. Weigand-Karg, Alltag, S. 49 und 56.
8. Vgl. Kunstmann, Burgen, S. 145 und 63.
9. Vgl. Stark, Zwischen Westfälischem Frieden, S. 121.
10. Im Folgenden Staatsarchiv Bamberg, C 9/VI, Nr. 10478.
11. Vgl. Meyer, Landbuch, S. 169.
12. Vgl. im Folgenden: Karl, Markgraftum.
13. oder: Vollständige Sammlung der Vornehmsten so wohl allgemeinen als besondern in dem Marggrafthume Brandenburg-Culmbach in Ecclesiastics und Politicis Theils einzeln gedruckten, Theils noch nicht gedruckten Landes-Ordnungen und Gesetze, welche auf Hochfürstlichen gnädigsten Special-Befehl aus den Archiven und Registraturen colligirt, und dem Publico mitgetheilet werden sollen.
14. CCBC S. 462 ff.
15. Neu revidirte und verbesserte Policey-Ordnung …, Bayreuth 1746.
16. Ebd., S. 78, Tit. XXXI, § 1.
17. Zitiert nach Sandler, Brauindustrie, S. 2.
18. Vgl. Hundt, Wörterbuch, S. 5 ff. s. v. „Brauereien".
19. Meyer, Hardenberg.
20. Vgl. Reiche, Culmbach, S. 53.
21. Tournon, Statistik.
22. Ebenda, S. 58
23. Vgl. Rupprecht, Steinenhausen, S. 30.
24. Vgl. auch Denzel, Gewerbe.

Anmerkungen zu Kapitel 2

1. Die folgenden Ausführungen des Kapitels 2 stellen im Wesentlichen eine stark gekürzte Zusammenfassung von Meier, Bürgerschaft, dar. Diese Diplomarbeit wurde 1978 am Sozialwissenschaftlichen Institut der Friedrich-Alexander-Universität Erlangen-Nürnberg eingereicht. Eine Kopie der Arbeit befindet sich im Stadtarchiv Kulmbach.
2. Meier, Bürgerschaft, S. 18 ff.
3. Ein Gebräu oder Sud läst sich nicht exakt in Hektolitern angeben. Sandler berechnet für den Zeitraum vor 1800 ein Gebräu mit 25 Eimern Bier, wobei ein Eimer mit 0,7 hl angegeben wird. Demnach entspräche ein Gebräu seinerzeit rund 17,5 hl. Nach Meier erbrachte um 1850 ein Gebräu entweder 30 Eimer Sommerbier oder 35 Eimer Winterbier. Ein Eimer wiederum ergab 60 Maaß Bier, wobei die Kulmbacher Maaß knapp 1,5 Liter fasste. Demnach hätte ein Gebräu grob gerechnet 2.000 Maaß Bier oder reichlich 25 hl ergeben. Trotzdem lassen sich nach Meier aus der Anzahl der Gebräue keine exakten Rückschlüsse über die Produktionsmenge – ausgedrückt in hl – anstellen: Es bleibt immer offen, wie weit die Kesselinhalte von den brauenden Bürgern ausgenutzt wurden und wie stark das Bier eingebraut wurde. Bei den umsatzstarken Brauern kann aber wohl angenommen werden, dass sie die Kesselinhalte voll ausnutzten. Demnach wäre ein Gebräu um 1850 mit reichlich 25 hl Bier anzusetzen.
4. Schmeusser, Denkschrift, S. 63–65.
5. Der Bericht von der 2. Bayerischen Landesausstellung von 1896 nennt als Datum der ersten Bierausfuhr aus Kulmbach den 23. Dezember 1831. Nach den meisten späteren Darstellungen fand diese aber bereits am 11. Oktober 1831 statt. Dieses Datum steht auch auf der Werbekarte – in der Ausgabe des Buches von 1987 eine Seite weiter. Das hätte seinerzeit dem Verfasser auffallen müssen. Er bittet deshalb um Entschuldigung. Vgl. dazu Dörfler, Bierexport.
6. Vgl. Limmer, Kulmbachs Gewerbefleiß, S. 6 f.
7. Immerhin greift auch in neuerer Zeit Hans Stößlein den 23. Dezember 1831 wieder auf. Stößlein, Kurzgeschichten, S. 78 f.

8 Sandler, Brauindustrie, S. 43 f.
9 Vgl. ebenda S. 51 f.
10 Stadtarchiv Kulmbach, Ratsprotokolle, S. 103 Nr. 890 bis S. 133 Nr. 1134 (10.12. 1830 bis 30.1.1832).
11 Vgl. Sandler, Brauindustrie, S. 47 f.
12 Vgl. Meier, S. 53.
13 Limmer, Gewerbefleiß, S. 7 f.
14 Korrektur der Auflage 1987, S. 23: eiweißhaltig
15 Vgl. Sandler, Brauindustrie, S. 47 f.
16 Ausführlich bei Meier, S. 133 ff.
17 Vgl. Meier, Bürgerschaft, S. 109
18 Bei der Addition der Malzbeträge der einzelnen Quartale wurden die Metzen und Viertel vernachlässigt. Es ergibt sich somit eine geringfügige Differenz in der Endsumme.
19 Physikatsbericht von 1861, S. 35 ff. Um 1860 waren die Amtsärzte der Landgerichte (heute Landkreise) aufgefordert, über ihren jeweiligen Bereich zu berichten, z. B. über die Lebensumstände der Bevölkerung. Die Stadt Kulmbach unterstand seinerzeit noch dem Landgericht bzw. ab 1862 dem Bezirk Kulmbach, sie wurde erst 1890 *kreisunmittelbar*.
20 Vgl. Aus den Erinnerungen ... Michel Weiß.
21 Brauhaus-Ordnung im Georg Sandler'schen Brauhause. Es handelt sich dabei um ein einseitig bedrucktes Blatt, Größe etwa DIN A 4, Querformat.

Anmerkungen zu Kapitel 3

1 1872–1897 Erste Culmbacher, S. 46.
2 Vgl. im Folgenden: Starke, Ein bierseliges Land, und ders., Privatbrauhaus.
3 Vgl. dazu Winkler, Taeffner. Der Verfasser hatte sich ursprünglich ohne Erfolg um zusätzliche Informationen über Michael Taeffner und um ein Bild von ihm bemüht. Erst einige Jahre nach dem Erscheinen der ersten Auflage wurde der Verfasser – in derselben Woche zweimal! – auf Taeffner angesprochen und erhielt so die nötigen Hinweise, um weiter über diesen gezielt zu forschen.
4 Im folgenden: 1872–1897 Erste Culmbacher. – *Erste Aktien(brauerei)* – Aktien mit *k* oder *c* geschrieben –, *Erste Kulmbacher* oder *EKU* wurden später häufig als Abkürzung für die Brauerei verwendet.
5 Die schon lange nicht mehr bestehende Feuergasse verband seinerzeit die Grienleinsgasse (heute Langgasse) mit der Buchbindergasse.
6 Laut Geburtsurkunde aber 4.3.1834. Herr Dr. Hermann Semmelroch, verheiratet mit einer Enkeltochter des Carl Rizzi, informierte den Verfasser mit Brief vom 16.12.1987 über diesen Tatbestand. Dr. Semmelroch konnte aber selbst nicht mehr klären, welche Jahreszahl – 1834 oder 1836 – die richtige ist.
7 Text und Bilder für diesen Abschnitt 3.3.6 hat Herr Helmut Geiger freundlicher Weise zur Verfügung gestellt. Vgl. *Mit der Rizzibräu kam der Erfolg*, in: BR vom 31.7./1.8.2010, S. 12.
8 Geographie von Bayern, S. 100.
9 Vgl. Aus den Erinnerungen ... Michel Weiß.
10 Vgl. BR vom 4./5.8.1985.
11 Vgl. BR vom 11./12.9.1999
12 Zur Familie Trendel ausführlich: Schmidt, Wegmarken, S. 395–397.
13 Für den Hinweis auf die beiden Textstellen dankt der Verfasser Herrn Pfarrer i. R. Klaus Kuhrau.

Anmerkungen zu Kapitel 4

1 Vgl. Sandler, Brauindustrie, S. 80 f.
2 Vgl. Hundt, Chronik.
3 So der Stadtmagistrat Kulmbach in seinem XIII. und XIV. Verwaltungsbericht für die Jahre 1902 und 1903, S. 195. Vgl. dazu auch Hofmann, Brauereiarbeiter, S. 129.
4 Die Zahlen für die Brauereien sind im Folgenden entnommen für die Zeit bis 1908/09 aus BR vom 3.9.1910, danach Handbuch der süddeutschen Aktiengesellschaften bzw. Karnitzschky, Beilage.
5 Korrektur der Auflage von 1987, S. 113: richtig ist Nominalbetrag (statt Normalbetrag).
6 Für die Auflage von 1987 konnte der Verfasser leider die Hektoliter-Angaben für etliche Jahre der Sandlerbräu nicht ermitteln. 1988 erhielt er schließlich eine privat angefertigte Aufstellung für sämtliche Jahre. Dabei handelt es sich aber um die Ausstoßzahlen für die einzelnen Geschäftsjahre – im Unterschied zu den über die Stadtgrenze verkauften Biermengen in den einzelnen Kalenderjahren (Auflage 1987).
7 Zur Unterscheidung: Christian Sandler, * 3.6.1881 † 30.11. 1968, war etwa 55 Jahre lang Geschäftsführer in der Brauerei. Sein Onkel Dr. Christian Sandler war der jüngste Bruder von Otto und Lorenz Sandler und lebte als Privatgelehrter in München.
8 Die Recherchen für die erste Auflage begannen etwa 1981/82.
9 Nach dem Vornamen hätte dieser Johann Simon, genannt Hans, auch der Bruder des Verstorbenen sein können. Die anderen Tatbestände lassen hier aber nur den Sohn, geb. 25.11. 1859, als Teilhaber zu.
10 Gespräch des Verfassers mit Herrn Heinz-Wolfgang Türk (* 26.10.1926 † 5.2.2010) am 24. und 31.3.2004.

11 Einige Angaben wurden ja nur mündlich überliefert. Dieser Tatbestand könnte auch die geringfügigen Abweichungen hinsichtlich Felsen- und Felsenkellerbrauerei sowie Arneths- bzw. Gutmannsgässchen erklären.
12 Zu diesem Abschnitt sind seit 1985 zwei Dissertationen erschienen (Jüngling, Streiks; Hofmann, Brauereiarbeiter), die insgesamt eine deutlich kritischere Sicht der Lohn- und Arbeitsverhältnisse um 1900 vermitteln als in der Auflage von 1987.
13 Vgl. Schmeusser, Denkschrift, S. 68.
14 Vgl. im Folgenden: Sandler, Brauindustrie, S. 104ff.
15 Vgl. im Folgenden: 1872–1897 Erste Culmbacher, S. 38ff.
16 So zitiert Hofmann, Brauereiarbeiter, S. 113, Aussagen von Backer, Eduard: Geschichte der Brauereiarbeiterbewegung, Berlin 1916, dass die damaligen Lohn- und Arbeitsverhältnisse noch jeder Kritik spotteten und die Behandlung der Brauereiarbeiter analog den ostelbischen Gutshöfen war.
17 Vgl. dazu Seite 190.
18 Vgl. XI. und XII. Verwaltungsbericht des Stadtmagistrates Kulmbach für die Jahre 1900 und 1901, S. 163f.; Hofmann, Brauereiarbeiter, S. 118f.
19 Vgl. Hofmann, Brauereiarbeiter, S. 132.
20 Anscheinend wurde vorher oftmals nur minderwertiges Bier an die Brauereiarbeiter abgegeben. Auch die Formulierung in der Vereinbarung von 1901 – *und sind richtig geaichte Gefäße zu benützen* – lässt auf schlechte Erfahrungen schließen. Vgl. Hofmann, Brauereiarbeiter, S. 116, Anm. 455.
21 Vgl. Hofmann, Brauereiarbeiter, S. 192ff.
22 Vgl. Jüngling, Streiks, S. 267, Anm. 16.
23 Vgl. Bericht vom 23.3.1905 (*Lohnbewegung unter den Brauereiarbeitern dahier*) in BayHStA, MArb 337.
24 Vgl. Stadtarchiv Kulmbach 851-3/2: Bericht über die Versammlung der Kulmbacher Brauereiarbeiter am 19. März 1905, S. 25ff.; Hofmann, Brauereiarbeiter, S. 159.
25 Vgl. Jüngling, Streiks, S. 267, Anm. 16; Bericht vom 30.3. 1905 in: BayHStA, MArb 337.
26 In den fünf Jahren 1900 bis 1904 verstarben insgesamt 22 Brauereiarbeiter im Durchschnittsalter von 39¾ Jahren.
27 Die weiteren Aktiengesellschaften – Rizzibräu und Kapuziner – arbeiteten seinerzeit weniger erfolgreich und zahlten keine bzw. nur 1% Dividende.
28 Vgl. im Folgenden Hofmann, Brauereiarbeiter, S. 177ff.; Stadtarchiv Kulmbach 851-3/2: Protokoll über die Versammlung der Brauerei-Vereinigung Kulmbach, 6.4.1905.
29 Diese Brauhaus-Ordnung ist ausgehängt im Bayerischen Brauereimuseum Kulmbach.
30 Dollhopf, Standortfrage, S. 101.
31 Flierl, Entwicklung, S. 70.

Anmerkungen zu Kapitel 5

1 Sandlerbräu, 18. Febr. 1923.
2 Geschäftsbericht der Mönchshofbräu von 1923/24.
3 Die Abkürzungen im Zitat wurden ausgeschrieben.
4 Gespräch mit Herrn Stübinger etwa 1982.
5 RA. = Rechtsanwalt.
6 Mönchshofbräu 1937/38.
7 Vgl. dazu Geiger, Bierbrauen. Geiger weist in seiner äußerst sorgfältig recherchierten Arbeit für den Landkreis – ohne die Stadt Kulmbach – insgesamt 130 Brauereien für 1870 nach. Nach 1900 nahm deren Zahl dann entsprechend ab.

Anmerkungen zu Kapitel 6

1 Zwischenüberschriften nach Schwarze, Brauindustrie; zum Teil vom Verfasser ergänzt.
2 dz = Doppelzentner = 100 kg.
3 Vgl. Paulus. Sondergericht, S. 506f. – Paulus hat aus den Sondergerichtsakten die deutschen Angeklagten nur mit Alters-, Berufs- und Wohnortangabe sowie dem Aktenzeichen der Strafsache zitiert und somit anonymisiert. An diese Vorgehensweise hält sich im Folgenden auch der Verfasser.
4 Soweit der Tathergang in der Begründung des Urteils des Sondergerichts 13/42 vom 8.9.1942, S. 4f.
5 Ebd., S. 11.
6 Ebd., S. 13.
7 Vgl. im Folgenden Zeitler, Neubeginn, S. 439–451; Bastin, Dokumentation; Schreiben der Friedr. Krupp GmbH, Historisches Archiv, an den Verfasser vom 6.6.1990.
8 Zeitler, Neubeginn, S. 442.
9 Vgl. ebd., S. 440, Anm. 144; Schreiben Krupp wie Anm. 7.
10 Bastin, Dokumentation, S. 44.
11 Zitate im Folgenden nach der Chronik der Reichelbräu AG.
12 *Brauereistreik schnell beendet*, in: Fränkische Presse vom 20.5.1947, S. 5 (jk). Für den Beginn der Ersten Kulmbacher als amerikanische Armeebrauerei werden zwei verschiedene Daten genannt.
13 Stellungnahme der Kulmbacher Brauindustrie vom 30.6.1948.
14 Vgl. Fränkische Presse vom 7.6. und 15.7.1947, jeweils S. 3.
15 CIC = *Counter Intelligence Corps* (Spionageabwehr der US Army, 1942–1961).
16 VELF = *Verwaltung für Ernährung, Landwirtschaft und Forsten des Vereinigten Wirtschaftsgebietes* auf dem Gebiet der im Jahr 1947 zusammengeschlossenen amerikanischen und britischen Besatzungszonen. VELF war die Vorläufer-Dienststelle des späteren Bundesministeriums für Ernäh-

rung, Landwirtschaft und Forsten. Auskunft des Bundesarchivs Koblenz vom 4.3.1988 an Herrn Bertram Lochner, Kulmbach.
17 Vgl. Fränkische Presse vom 1.10.1949, S. 6, und 15.11.1949, S. 7.
18 Vgl. dazu oben Kapitel 1.1 und 1.2.
19 Der Bierstädter vom 22.2.2012, S. 3.
20 KULMBACHER BIERKURIER 1998, S. 30.
21 EKU-SPIEGEL Nr. 3 vom 11.3.1969, S. 2f.
22 EKU GB 1968/69, S. 2f.

Anmerkungen zu Kapitel 7

1 Zit. nach BR vom 3.9.1979, S. 5. Der angebliche Kaufrpreis von 27 Mio. DM wurde aber vor Ort als deutlich überhöht empfunden. Man ging stattdessen von 16 bis 18 Mio. DM für Möchshof aus.
2 BR vom 18.1.1980, S. 6.
3 Die Umsatzzahlen beziehen sich auf das Jahr 1979, die Zahl der Mitarbeiter auf den 1.1.1980. Die Hektoliterzahlen sind gerundet.
4 Vgl. *Älteste Bierküche wird bald verschrottet*, in: Frankenpost (Hof) vom 3.11.1971, S. 8.
5 Vgl. Bericht über die Prüfung des Jahresabschlusses zum 31. Dezember 1977 der Sandlerbräu KG Kulmbach, Bl. 23.
6 Laut Auskunft von Herrn Gert Langer, Gespräch am 30.1.2012; vgl. auch: Der Erwerb der Sandlerbräu.
7) BR vom 3.7.1980, S. 7; Einfügungen in den Klammern durch den Verfasser.
8 Vgl. im Folgenden BR vom 28./29.6.1980, S. 6; 2.7.1980, S. 6; 3.7.1980, S. 7.
9 Vgl. EKU-Spiegel Nr. 9 (Januar 1976), S. 4f.
10 Dr. Carl Reischach ab 26. April 1978 und Siegfried Ehrecke ab 15. Oktober 1980. Eribert Kattein selbst schied zum 22. Januar 1982 aus dem Vorstand aus.
11 BR vom 29.4.1981, S. 8.
12 BR vom 5.2.1982, S. 9.
13 Vgl. BR vom 6./7.2.1982, S. 7.
14 Vgl. BR vom 20.8.1984, S. 5.
15 Auskunft von Herrn Armin Pöhlmann, Städtebau GmbH, am 8.12.2011.
16 Vgl. *Warten auf den Zug nach China*, in: BR vom 24.2.1987, S. 2.
17 Vgl. dazu auch BR vom 20.8., S. 5, und 21.8. 1984, S. 7f.
18 Vgl. BR vom 19.10.1984, S. 6.
19 Vgl. *Heute am Telefon*, in: BR vom 21.8.1984, S. 7.
20 Vgl. *Große Kulmbacher Lösung in weiter Ferne*, in: BR vom 31.7.1986, S. 2.
21 Schörghuber hatte um 1979/80 knapp 50% der Paulaner-Brauerei von der Bayer. Hypotheken- und Wechselbank erworben. Vgl. SZ vom 8.11.1980.
22 Vgl. im Folgenden *Reichel ist zur Hälfte in einer Hand*, in: BR vom 22.7.1987, S. 2.
23 Vgl. BR vom 4.12.1987, S. 5. Die Zahlen sind gerundet. Deshalb ergibt die Addition nicht 100%.
24 Vgl. im Folgenden *Anteil bringt drei Millionen Mark ein*, in: BR vom 4.3.1987, S. 2.
25 Vgl. *In der Kulmbacher Brauindustrie ist die Ära Meußdoerffer beendet*, in: BR vom 19.12.1989, S. 3.
26 BR vom 15.3.1985, S. 6.
27 BR vom 16.4.1985, S. 6.
28 BR vom 21.8.1985, S. 2.
29 Vgl. *Kulmbacher EKU übernimmt Tucher*, in: BR vom 28./29.9.1985, S. 1; *EKU wird Großkonzern*, in: BR vom 30.9.1987, S. 20.
30 Vgl. SZ vom 12.4.1986; BR vom 16.4.1986, S. 5.
31 Vgl. *Gambrinusbräu Naila kooperiert mit EKU*, in: BR vom 15.4.1986, S. 2
32 Vgl. im Folgenden: EKU wird Großkonzern, in: BR vom 30.9.1987, S. 20
33 Vgl. dazu auch Geschäftsbericht 1986/87 der EKU, Bericht des Vorstands, Ausblick
34 Vgl. EKU wird Großkonzern, in: BR vom 30.9.1987, S. 20
35 EKU-Eigner März schluckt Henninger-Bräu, in: SZ vom 30.9.1987, S. 34
36 Henninger auf langer Durststrecke, in: BR vom 30.9.1987, S. 20
37 Ein hausgemachter Multi, in: Die Zeit vom 9.10.1987, S. 24
38 Vgl. EKU GB 1987/88, S. 33 und 64.
39 Vgl. ebd., S. 46f. Die Zahlen in dieser Übersicht weichen, weil gerundet, geringfügig von denen auf S. 33 und 64 ab.
40 Vgl. ebd., S. 23.
41 *Geht den Kulmbachern das Bier aus?* in: BR vom 18./19.8.1990, S. 2.
42 Vgl. EKU GB 1990/91, S. 37.
43 Vgl. dazu BR vom 20.2.1991, S. 2, und 16.5.1991, S. 5.
44 Vgl. BR vom 15.3.1991, S. 6.
45 Vgl. BR vom 10.6.1991, S. 4f.
46 *Dr. Carl Reischach wird heute 65*, in: BR vom 24.1.1992, S. 2.
47a *Heute am Telefon*, in: BR vom 21.8.1984, S. 7.
47b Vgl. im Folgenden *Die Schweizerhof-Bräu ist dicht*, in BR vom 8./9.8.1992, S. 3.
48 Lt. Einladungsschreiben aber Gastwirtschaft Paul Küffner in Buchau.
49 Braustube zur Limmersmühle, Beilage zum Einladungsschreiben für die Gründungsversammlung am 27. Juni 1990.

50 Vgl. BR vom 29. Juni 1990, S. 2.
51 Vgl. *Bierstadt bekommt neue Brauerei*, in: BR vom 20.2.1992, S. 4.
52 Laut BR – wohl irrtümlich – 1966 Anteile.
53 Vgl. dazu BR vom 27./28.2.1992, S. 3.
54 Vgl. BR vom 8. und 9./10.7.1994, jeweils S. 3.
55 Vgl. BR vom 16.7.1994, S. 6.
56 Vgl. BR vom 9./10.12.1995, S. 3.
57 Vgl. BR vom 8./9.7.2000, S. 4.
58 Lt. Auskunft von Herrn Hans-Jürgen Pässler.
59 Vgl. im Folgenden *Brauereimuseum für Kulmbach*, in: BR vom 14.9.1990, S. 3.
60 Vgl. im Folgenden BR vom 10./11.12.1994, S. 10.
61 BR vom 14.9.1990, S. 3.
62 Die NEUE Kulmbacher. Anzeigenblatt vom 31.10.1991.
63 Zwischen 1691 und 1694 wurden der Mönchshof, der heutige Langheimer Amtshof am Fuße der Plassenburg, und das Vorwerk in der Blaich gebaut. Die Bezeichnung *Mönchshof* wurde später auf die Gebäude in der Blaich übertragen. Vgl. BR vom 4.12.1995.
64 Vgl. BR vom 26.6.1995, S. 4.
65 Vgl. BR vom 4.12.1995, S. 3.
66 Vgl. BR vom 15./16.7.1996, S. 6 f.
67 Lanzendorf, Gemeindeteil von Himmelkron.
68 Vgl. im Folgenden 10 Jahre Himmelkroner Hobbybrauer;; Werner Reissaus: Der erste Gramppus reifte unterm Balkon, in: BR vom 25.5.2012, S. 18. Des weiteren viele Hinweise von Dieter Hornfeck.
69 Vgl. im Folgenden *Reichelbräu bleibt auf Erfolgskurs*, in: BR vom 13./14.3.1993, S. 2; *Aktionäre mit Reichelbräu zufrieden*, in: BR vom 23.4.1993, S. 2.
70 Die Addition der Anteile ergibt nicht 100,0 % sondern 100,1 %. Diese Differenz dürfte auf Aufrundungen zurückzuführen sein.
71 Braustolz Chemnitz nannte sich vorher *Feldschlösschen Chemnitz*. Freundliche Mitteilung von Herrn Gert Langer.
72 Vgl. im Folgenden *EKU: Auch für härteren Weg gewappnet*, in: BR vom 20.4.1993, S. 2.
73 Vgl. BR vom 25.8.1993, S 11.
74 Vgl. *„Braulöwe" liebäugelt mit EKU*, in: BR vom 25.8.1993, S. 11; *März will Verschuldung reduzieren*, in: BR vom 31.8.1993, S. 3.
75 Vgl. *EKU steht nicht zur Disposition*, in: BR vom 18./19.9.1993, S. 3.
76 Die Zahlen für Bierausstoß und durchschnittliche Beschäftigte lt. Bericht der Oberfränkischen Revisions- und Treuhandgesellschaft mbH für 1994/95, S. 9. – Die Umsatzzahlen nach BR vom 30.4.1993, S. 2; 26.4.1994, S. 2, 8./9.4.1995, S. 2.

77 Vgl. *EKU besinnt sich auf die Region*, in: BR vom 9./10.9.1995, S. 32.
78 Vgl. *Verkauf der Tucher Bräu ist perfekt*, in: BR vom 30.6.1994, S. 2.
79 Vgl. *Die EKU soll zahlen*, in: BR vom 1.10.1994, S. 25; *Wenger klagt gegen Tucher Bräu*, in: BR vom 4.11.1994, S. 25.
80 *EKU: Der Heimatmarkt hat Priorität*, in: BR vom 8./9.4.1995, S. 2.
81 Vgl. *EKU mit ersten Anzeichen des Erfolgs*, in: BR vom 26.4.1994, S. 2.
82 Vgl. *EKU: Konsolidierung ist abgeschlossen*, in: BR vom 26./27.3.1994, S. 3.
83 Ebd.
84 Vgl. *EKU: Position deutlich gestärkt*, in: BR vom 21./22.1.1995, S. 3.
85 Vgl. *Wechsel in den Chefetagen bei EKU und Mönchshof*, in: Die NEUE Kulmbacher. Anzeigenblatt vom 5.3.1992.
86 Vgl. *EKU-Vorstand: Feineis geht*, in: BR vom 24./25.5.1993, S. 2; *Zwei Vorstände gehen gleichzeitig*, ebd., S. 15.
87 Vgl. *Siegfried Ehrecke in memoriam*, in: BR vom 13.11.1993, S. 2.
88 Vgl. *Früherer EKU-Chef führt jetzt Henninger*, in: BR vom 10.2.1995, S. 17.
89 Vgl. *EKU künftig ohne Helmuth Pauli*, in: BR vom 27./28.5.1995, S. 3 und 34.
90 Vgl. *EKU-Gastwirte für Helmuth Pauli*, in: BR vom 10./11.6.1995, S. 3.
91 in der Hauptversammlung vom 25. April 1995. Vgl. *EKU mit ersten Anzeichen des Erfolgs*, in: BR vom 26.4.1995, S. 2.
92 BR vom 22.6.1995, S. 29. Die Gedankenstriche wurden vom Verfasser eingefügt.
93 *Tagesgespräch: Der Mohr kann gehen*, in: BR vom 27./28.5.1995, S. 1.
94 *Dr. Carl Reischach und Jochen Weber – jeweils Vorsitzender des Aufsichtsrates bzw. des Vorstands – im Gespräch mit dem Ring Nordbayerischer Tageszeiten (RNT/Bayreuth)*, in: BR vom 9./10.9.1995, S. 32.
95 Vgl. ebd.
96 Ebd.
97 Der Schadenersatz für Scherdel wurde auf rund zwei Mio. DM festgelegt, sollte sich dann aber auf Grund des Konkurses der EKU auf etwa 10 % davon reduzieren. Vgl. BR vom 24.4.1998, S. 20.
98 Vgl. *Meisterbräu schließt*, in: BR vom 1.12.1995, S. 19.
99 Vgl. *Reichelbräu AG übernimmt die EKU*, in: BR vom 22.12.1995, S. 2.
100 *Tagesgespräch: Kulmbacher Bier*, in: BR vom 22.12.1995, S. 1.

101 Vgl. *Mehr Markenwerbung*, in: BR vom 2./3.12.1995, S. 8; *Umsatz bei 318 Millionen*, in: BR vom 13.12.1995, S. 2.
102 Vgl. *Brauerei auf dem Prüfstand*, in: BR vom 25./26.11.1995, S. 28.
103 Vgl. *März am Ende*, in: BR vom 9./10.3.1996, S. 29.
104 Vgl. *Langer: Unverständlich*, in: BR vom 11.3.1996, S. 5, und Kommentar von Thomas Lange: *Die Arroganz der Großbanken* (ebd.).
105 „Die EKU ist nicht gescheitert", in: BR vom 11.3.1996, S. 5.
106 Vgl. *EKU AG meldet Zahlungsunfähigkeit an*, in: BR vom 16./17.3.1996, S. 2; *EKU: Produktion läuft weiter*, in: BR vom 19.3.1996, S. 2.
107 Vgl. BR vom 24.5.1996, S. 2.
108 Vgl. BR vom 14./15.9.1996, S. 29.
109 Vgl. im Folgenden *Die Übernahme der EKU ist vollzogen*, in: BR vom 3.5.1996, S. 2.
110 Vgl. *Reichel-Aktionäre für Kapitalerhöhung*, in: BR vom 24.5.1996, S. 3.
111 Vgl. im Folgenden *EKU: Nach dem Konkurs ein neuer Name*, in: BR vom 27.8.1996, S. 2.
112 Vgl. BR vom 14./15.9.1996, S. 29.
113 Vgl. BR vom 24.6.1996, S. 2.
114 Vgl. *Aus für die Magnus-Bräu*, in: BR vom 11.1.1994, S. 4; *Die Großen schlucken die Kleinen*, in: BR vom 18.1.1994, S. 9.
115 Vgl. *Handelsregister – Neueintragungen*, in: BR vom 3.4.1996, S. 25.
116 Vgl. BR vom 8.5.1996, S. 3, und 13.5.1996, S. 2.
117 Vgl. *Ireks steigt bei der Reichel ein*, in: BR vom 5.7.1996, S. 2.
118 Vgl. *Unima geht an Ireks*, in: BR vom 19.10.1995, S. 3.

Anmerkungen zu Kapitel 8

1 *Man hat immer wieder Träume*, in: BR vom 24./25.5.1997, S. 26.
2 *Die Woche – Reichel: Werbung für Kulmbach(er)*, in: BR vom 15./16.3.1997, S. 3.
3 Vgl. im Folgenden DIE ZEIT vom 7.2.1997, S. 18.
4 Lamparter nennt hier die Bindung-Gruppe aus Frankfurt und die Gebrüder März aus Rosenheim.
5 Vgl. *Aus für Bavaria*, in: BR vom 14.2.1997, S. 16
6 So schloss der Oetker-Konzern 2005 zwei Brauereien: Kindl in Berlin und Brinkhoff's in Dortmund. Davon betroffen waren 450 Arbeitsplätze. Vgl. *Oetker greift bei Brau und Brunnen hart durch*, in: SZ vom 2.2.2005, S. 23.
7 Vgl. BR vom 14.2.1997, S. 16.
8 Vgl. BR vom 12.12.1996, Jahresrückblick 1996, in: BR vom 31.12.1996.
9 *Tagesgespräch: Kulmbacher Bier*, in: BR vom 22.12.1995, S. 1.
10 Vgl. *Kulmbacher Filmnacht in SAT 1*, in: BR vom 24.12.1996, S. 3.
11 Vgl. BR vom 14.3.1997.
12 *Die Woche – Reichel: Werbung für Kulmbach(er)*, in: BR vom 15./16.3.1997, S. 3.
13 Im Folgenden auch einfach als die KULMBACHER bezeichnet
14 Vgl. *Reichel AG heißt Kulmbacher Brauerei*, in: BR vom 17.4.1997, S. 3.
15 Vgl. dazu auch *Vorwärts in einem rückläufigen Markt*, in: BR vom 23.4.1998, S. 2.
16 Vgl. im Folgenden *Kulmbacher zahlt keine Dividende*, in: BR vom 25.3.1998, S. 2, und wie vorige Anm.
17 *Bierpreise: „Rutsch nach unten"*, in: BR vom 28./29.11.1998, S. 30.
18 Vgl. *Personalabbau und Bierleitung*, in: BR vom 24.9.1998, S. 2.
19 Vgl. *Mönchshof: Aus für die Braustätte* und *Tagesgespräch: Bier-Emotionen*, beides in: BR vom 19.8.1997, S. 7 bzw. 1.
20 Vgl. *Mönchshof setzt auf Nostalgie*, in: BR vom 4.2.1998, S. 3.
21 Vgl. *Ein Stück Mönchshof in Estland*, in: BR vom 31.3.1998, S. 3.
22 Vgl. *Handelsregister HRB 145 – 24.4.98*, in: BR vom 6.5.1998.
23 Vgl. *Brinkmann wird Vorstandschef*, in: BR vom 23.9.1998, S. 3.
24 Vgl. *Das Unternehmen geprägt*, in: BR vom 15.4.1999, S. 5.
25 *Ein Stratege mit Weitblick*, in: BR vom 24./25.4.1999.
26 Vgl. im Folgenden: *Ein Direktor, der auch mal Bier ausfährt*, in: BR vom 29./30.7.2006, S. 15.
27 Der Verfasser bezieht sich im Folgenden, wenn nicht anders angegeben, auf die ausführlichen Berichte der Bayerischen Rundschau.
28 Vgl. *EKU-Bier sucht seinen Platz am Markt*, in: BR vom 27.10.1999, S. 2.
29 Zahlen lt. dem jeweiligen GB, *Absatzkennzahlen* und *Auf einen Blick*.
30 Vgl. Bierkurier 2005, S. 4.
31 BR vom 1.7.2006, S. 9.
32 Vgl. Stefan Weber: *Oetker greift bei Brau und Brunnen hart durch*, in: SZ vom 2.2.2005, S. 23.
33 GfK = Gesellschaft für Konsumforschung, Nürnberg.
34 Kulmbacher Gruppe: Geschäftsbericht 2012, Konzernlagebericht, S. 17 f.
35 Betriebszeitung der Kulmbacher Brauerei AG, Ausgabe Nr. 24, Nov. 2011; vgl. zusätzlich BR vom 26./27.11.2011, S. 11.
36 FlaschenPost, Nr. 26, Okt. 2012, S. 6.

37 Ebd., S. 5.
38 Vgl. GB 2012, S. 30 und 64; BR vom 17.5.2013, S. 11.
39 GB 2012, S. 28.
40 Vgl. Frankenpost vom 17.5.2013, S. 23.
41 So zeigt das Bayerische Brauereimuseum eine Amphore aus der Hallstattzeit, gefunden in einem 3.000 Jahre alten Grabhügel bei Kasendorf (Landkreis Kulmbach). Nach einer mikrobiologischen Untersuchung muss sich in der Amphore seinerzeit ein bierartiges Getränk (aus Fladenbrot) befunden haben. Weitere Hinweise dazu gibt es anderen alten Kulturen. Vgl. dazu BR vom 26./27.7.1969.
42 Anlässlich der Eröffnung des Bayerischen Bäckereimuseums am 12. September 2008.
43 Vgl. im Folgenden Melitta Burger: *Erfolgsgeschichte mit Groß und Klein*, in: Frankenpost vom 17.1.2013, S. 13.
44 Melitta Burger: *Ein Ort lebenslangen Lernens*, in: Nordbayerischer Kurier vom 25./26.2.2012, S. 31.
45 Der andere Standort ist in Freising-Weihenstephan.
46 KErn: Interdisziplinarität – Information, Flyer 2013.
47 Vgl. dazu Kapitel 2.3.
48 Sandler, Brauindustrie, S. 55.
49 Vgl. 1872–1897 Erste Culmbacher, S. 22f.; Sandler, Brauindustrie, S. 57.
50 Hundt, Chronik, 11. Okt. 1905.
51 Ute Eschenbacher: *Ab in die Unterwelt*, in: BR vom 8.5.2012, S. 28.
52 Vgl. im Folgenden Samuel Acker: *Genuss und Grips*, in: BR vom 30.6./1.7.2012, S. 45.
53 Staatliche Berufsschule Kulmbach.
54 Im Folgenden lt. Bericht von Marco Scherl.
55 Für die Hinweise über die Meisterkurse dankt der Autor seinem Kollegen Herrmann Trautner.
56 Vgl. dazu auch Matthias Litzlfelder: *Dem Brauer steht die Welt offen*, in: BR vom 1.2.2013, S. 7; Dieter Hübner: *Prüflinge kommen aus ganz Deutschland*, in: Frankenpost vom 2.2.2013, S. 10.
57 Seit März 2001 als eingetragener Verein organisiert.
58 10 Jahre Himmelkroner Hobbybrauer, S. 2.
59 Vgl. im Folgenden BR vom 23./24.6.2012, S. 13.
60 Vgl. BR vom 16.7.2009, S. 37.
61 BR vom 19./20.11.2011, S. 17.
62 Vgl. Katrin Geyer, *erlebnistour franken*, in: BR vom 3.5.2011.

Korrekturen bzw. Ergänzungen zur Auflage 1987

Seite	Fehler	Richtig!	Hinweis von … / bzw. Erklärung
18 f.	Der erste Bierexport des Lorenz Sandler am 11. Oktober oder am 23. Dezember 1831?		Vgl. Abschnitt 2.2.1 (S. 39 f.)
23	Die hier angebaute Gerste war besonders einweiß~~haltig~~	besonders eiweiß**arm**	
72	Abbildung der Brauerei Sandler mit Villa, um 1896: ~~Fischergasse 35 mit Arztpraxis~~	Sandlervilla Grünwehr 1	Dr. Volker Schalkhäuser, Brief vom 19.2.2003
74	Carl Rizzi, geboren am 04.03.1836	auch möglich 4.3.1834	Dr. Hermann Semmelroch, Brief vom 16.12.1987
81	Blaich als eigenständige Gemeinde bis ~~1900~~	bis 1901	Die Eingemeindung in die Stadt Kulmbach erfolgte zum 1.1.1902.
83	Abbildung der Mönchshofbräu, Gesamtplanung um 1900	Hier wurden einige Gebäude zu viel dargestellt.	
87	Carl Rizzi trat in die Firma J.W. Reichel mit Wirkung vom 29.03.~~1970~~ ein.	29.3.**1871**	
113	Rizzibräu 1901: Bareinzahlung von 350 Mark je Aktie (= 35 % des ~~Normal~~betrages)	35 % des **Nominal**betrages	
215	Die Abkürzung *VELF* war dem Verfasser nicht bekannt.	Verwaltung für Ernährung, Landwirtschaft und Forsten des Vereinigten Wirtschaftsgebietes. – Bertram Lochner	
220	Das Bierfest war bis zum Jahre 1979 auf dem Marktplatz.	**1973**	Hinweis von mehreren Personen: Bierfest ab 1974 auf dem Zentralparkplatz!
243	Sandlerbräu: Verlagerung der Produktion 1981	**1984**	

Personen- und Firmenregister

Die lange bestehenden Großbrauereien – EKU, Mönchshof-, Sandler- und Reichelbräu – kommen im Text sehr häufig vor. Es wurde deshalb darauf verzichtet, diese Betriebe bzw. Marken im folgenden Register einzeln nachzuweisen.
Nicht erfasst sind die Personen und Institutionen, die in den Anmerkungen erwähnt sind.
Namen in Kapitälchen bezeichnen Autoren.

Adalbert-Raps-Stiftung 363f.
Aeltester Kulmbacher Flaschenbier-Export Pensel & Popp 110, 114, 197f., 210
Aktienbrauerei Bergquell, Löbau 243
– Liegnitz 243
– Neustadt, Magdeburg 243
Allgemeine Treuhand-AG, Dresden 224
Alt-Pilsenetzer Bräuhaus 66, 101–104, 146f., 219, 233
Andechs-Meran(ien), Herzöge von 16, 22
Angermann 38, 137, 163, 350
– Adam, Rothwind 115
– Alwin 91
– Elise 119, 152
– Karl 119
– Michael 56, 110, 114–116, 119, 152–154
Anheuser-Busch 304
Apoldaer Brauerei 242
Arnhold, Georg, Dresden 85–87
– Heinrich, Dresden 224
Arvengas, Major 268
Augustinereremiten-Kloster 15–21, 270

Bäckereimuseum → Bayerisches Brauereimuseum
Baer, Eugen 159, 385
Bamberger Hofbräu AG 281
Bank für Brau-Industrie 148
Bankhaus Albert Kuntze & Co, Dresden 213
– Eduard Rocksch Nachf., Dresden 146
– Gebrüder Arnhold, Dresden 85–87
Barth, Eduard 56, 97f., 110
– Helga 314, 386
Bauer 37f.
– Bäckerei, Schney 361
– Franz Ludwig 91
– Georg, Hannover 186, 190
– Gottlieb, Lichtenfels 85
– Heinrich 36
– Johann Heinrich 33
– Maria resp. Thomas 50
Baumann, Richard, Dresden 73
Baumer, Philipp 150, 391
Baumgartner, Adolf 390
Bautzener Brauerei 243
Bavaria-St. Pauli Brauerei 338
Bayerischer Brauerbund e.V. 242
Bayerisches Brauerei- und Bäckereimuseum 309, 316–320, 334, 346f., 350f., 356, 359–368, 378
Bayerische Hypotheken- und Wechselbank AG, München (Hypo) 18, 21, 213, 281, 285, 291, 293, 296, 298–301, 331
Bayerische Vereinsbank AG 303
Beck, Conrad 235
Becken-Gretel 361

Beckstein, Günther, Staatsminister, später Ministerpräsident 319, 348, 360
Bergbrauerei Riesa 243
Bergmann, Walther 390
Bergophor, Futtermittelfabrik 164, 221, 284
Berliner Handels-Gesellschaft 85–87
BERNHARD, JULIUS 114
Bertram, Karl Friedrich, Leipzig 155 f.
Bilka, Kaufhaus 283
Binding-Brauerei AG 304
Bischoff-Bräu Münchberg 243
Bismarck, Otto Fürst, Reichskanzler 88
Bitburger Brauerei 336
Blank, Hans-Peter 328
Borges, Gerd 291, 296, 311 f., 387
Boser, Robert 359 f., 371
Bräu, Sepp 314
Brandt, Karl 242
Braubank-Gruppe 204
Brauereimuseum → Bayerisches Brauereimuseum
Brauerei-Vereinigung e. V., Kulmbach 138, 151, 186, 190, 200, 208
Brauer- und Mälzervereinigung 132, 181
Brau-Haase, Hamburg 303
Brauhaus Kulmbach GmbH 156
– Amberg AG 303 f., 307, 310, 326
– Weißenbrunn GmbH 387
Brau Holding International 348, 358
Brau und Brunnen AG 336, 338, 348
Braunkohlegrube Schirnding GmbH 263
Braustolz Chemitz 309, 323 f., 332, 336, 345, 355, 357
Brauwirtschaftsverband Bayern 269
Brinkmann, Jürgen 341–343, 345, 348 f., 386, 388, 390
Brütting, Ambros, Staffelstein 177
Bürgerbräu Kitzingen 343
Bürgerhospitalstiftung Kulmbach 297

Bürgerliches Brauhaus Freiberg 243
– Saalfeld 243
– Schmiedefeld 243
Büttnerfachverein Kulmbach 379 f.
Burggrafen von Nürnberg 15, 17, 19, 23, 27
Buss, E., Aurich 117

C & A, Modekette 172
Canzler, Ellersleben 242
Caritas(heim) 160
Christenn 74
– Adolph 110, 116, 119, 152, 168, 170
– Brauerei 138, 168–172
– Brauhaus 29, 32, 35, 53, 58, 118
– Chr. Aug. 119
– Chrissy 119
– Christoph Valentin 33, 58
– Friedrich Wilhelm 32
– Johann Christian 33
– Mälzerei/Malzfabrik 21, 282
CIC (Counter Intelligence Corps) 269
Crößmann, Ludwig 261, 389

DACHERT, KARL 151, 154, 164, 177
Daum, Sigrid 316 f., 351, 360, 362 f., 366
Deinhardt, Brauerei, Weimar 241 f.
Deininger Kronenbräu, Hof 243, 285, 297, 307, 311, 325, 326 f., 333
Deinzer, Louis, Neuenmarkt 115
Denner, Bruchsal 307
Dettenhofer, Wilhelm 256, 384
Deutscher Brauerbund e.V. 242, 351
Diamant-Brauerei, Magdeburg 309
Dippold, Günter 14
Döderlein, Alfred 384
DOLLHOPF, MAX 193 f.
Dortmunder Union-Schultheiss AG 295 f.
Drechsel, Georg 25

Drechsler, Helmut 385
Dresdner Creditanstalt 147

Eberlein 37–39, 154
- Adam 42
- Agnes 155
- Andreas 33
- Andreas Leonhard 112, 174
- Babette 155
- Christian 155
- Johann 60, 118f.
- Karl 155f.
- Leonhard 53, 56, 60, 110, 119, 154–160, 174
- Leonhard oHG / KG 114, 116, 119, 137, 152, 154–160, 197
- Malzfabrik 166
- Marie 155

Edelmann, Hans 15f., 18, 161, 270
Eggers & Franke, Weinhandlung, Bremen 251
Ehrecke, Siegfried 296, 304, 324, 327–329, 384
Eichbaum Brauerei, Mannheim 269, 304, 306f., 310, 334
Eichenmüller Anton 110, 152, 170
- August 152
- oHG 114
- Otto 152
E. K. Actienbrauerei AG 333, 385
Eigner, Dorothea 178
Einecke, Helga 306
Elektrizitäts-Gesellschaft Kummer 147
Elmag (Elsässische Maschinenfabrik AG) 252
Ender, Ehrhard 104
Engelhardt Brauerei, Halle 243
- Berlin 281
Enzinger-Union-Werke, Mannheim 268
Erb, Johann Christoph 32
Erdinger Weißbier-Brauerei 348
Ernährungsamt A, Ingolstadt 269

1. FC Nürnberg 348
Eschbach, Daniel 56
Eßer, Andreas 316f.
Etzel, Martin 143
Europäisches Museum für Brotkultur, Ulm 361

FC Bayern München 346
Feineis, Peter 327f., 384
Feller, Elisabeth verh. Reichel 85, 88
Felsenbrauerei Andreas Köhler 177
Felsenkeller Brauerei, Wiesbaden 244
Felsenkellerbrauerei 178
Fexer, Sebastian, Wunsiedel 169
Fiebiger, Theodor, Dresden 73
Fiedler, Heinrich 385
Fiert, Johann Michael 35
Fikenscher, Georg Wilhelm Augustin 21
Fischer, Erich 224, 387, 389
Fleischmann, Gebrüder 114, 116, 138, 152, 164–166, 197, 220
- Karl 99, 164, 166
- Viktor 164
Flessa, Wilhelm, Bürgermeister 143, 182, 186, 188
Flierl, Julius 193f., 199
Frankenthaler Brauhaus 304, 307, 310
Franz, Josef 388
Friedrich, Bürobedarf 162
Friedrich von Hohenlohe, Bischof 15, 17
Fujita, Masacki 125–127
Funk, Leo 385

Geiger, Helmut 13, 102, 350f.
- Max 281
Gerbig, Ernst, Bayreuth 158
Germania Maschinenfabrik, Chemnitz 74, 78
Germania Brauerei, Wiesbaden 90
Getränke Pfleghardt, Fürth 325f., 333
Gewerbe- und Vorschussverein Kulmbach 137

Geyer, Roman 386
Giegold, Gastwirtschaft 276
– Johann 178, 197f.,
Gimpel-Henning, Stephan 346, 349, 390
Gleichmann, Elise 177
Görlitzer Aktienbrauerei 243
Gompert, Albert 12
Goß, Hermann 341, 346, 386, 388, 390
Gottschalk, Thomas 337–339
Gottesberger Brauhaus 243
Grampp, Ernst 36, 42, 50, 53
– Konrad 56
– Sophia 53, 56
– Th. 39
Greipl, Egon Johannes 316
Grethlein, Fritz 118f.
– Heinrich 57
– Johann Konrad 53
– Wilhelm 118f., 178
Grub, Volker 332–334
Günthner, Georg 204, 389
Gummi 38
– Erhardt 36, 42, 44f., 48–50, 170
Guttenberg, Erich Frhr. von 23

Haas, Conrad 36
– Thomas, 341, 386
Haas & Andreae, Strumpffabrik 153f.
Haase-Brauerei, Hamburg 303
Haaß, Christoph Lorenz 36
Habereckl Brauerei, Mannheim 243
Haberstumpf 37, 351
– Christian 49, 58, 114, 118
– Christoph 54f., 57
Häublein, Paulus, Mainleus 158
Hagen, Georg, (Ober)Bürgermeister 258, 261, 265, 269
Hahn, Conrad 118f.

– Heinz 386
– Johann 56
– Victor Karl Richard, Dresden 104
Hambach, Hermann 341
Hammon, Tobias, Mainleus 158
Hans-Wilsdorf-Schule 371–373, 378
Harboes Brauerei 341
Hardenberg, Karl August von, Minister 30f.
Hartmann, Fritz 119
Hasselmeyer, Jens 372
Hattingen, Gustav, Leipzig 113
– & Weerth oHG 113
Haupt, Josef 157, 159, 385
Hauptvereinigung der deutschen Brauwirtschaft 226
Haus- und Hobbybrauer → Hobbybrauer
Hauser, Bodo 344
Heckel & Hagen Brauerei, Naila 243
Heineken 304, 348f., 351, 358
Helbig, Alfred 387, 389f.
Helfer, Gutsmannshausen 242
Heller, Gerhard, Dresden 224
Hemmann, Gernot 313
Henne, Georg, Dresden 86f.
Hennenbrauerei Naumburg 243
Henningerbräu AG, Frankfurt a. Main 243, 304, 306f., 310, 328f., 334
Hereth, Johann Adam 119
Hering 32, 38, 137, 160–162
– Christian 116, 118, 161
– Erhardt 116, 118f., 160
– Ferdinand 118
– Hans 113, 161
– Heinrich 22, 104, 106f., 110, 116, 118, 152, 161f., 388
– Jean 113, 161
– Johann Simon 36
– Konrad 113, 161

– Mathias 110, 115f., 161
– Matthäus 37f., 47, 49f., 56, 110, 113, 119, 152, 160f.
– Simon 22, 49, 52f., 58, 104, 107, 110, 113, 115, 118, 160
Herkules-Brauerei Kassel 244
Hetz, Johann Carl 124
Heubisch, Wolfgang, Staatsminister 350, 363
Heufelder, Johann Nepumuk 101, 390
Heymann, Richard, Leipzig 158
Hiesch, Johann Friedrich 35
Hildebrand Brauerei, Pfingstadt 244
Hillig, Restaurateur, Dresden 52f.
Hobbybrauer Himmelkron 320–323, 351, 373f., 378
Hölzel, Wilhelm 56, 118
Hoesslin, Franziska von 17
Hofer Bierbrauerei AG, Hof → Deininger
Hoffmann, Karl Richard, Notar 85
– Leonhard Christoph 36
Hofmann 38
– Anna Christiana Barbara 53, 60, 71f., 120
– Georg 38, 42, 53
– Herbert, Landrat 316f., 366
– Thomas 13, 184
Hoh, Hans-Peter 349
Hohenner, Zinngießermeister 89
Hollweg, Herbert 277f.
Hornfeck, Dieter 322, 324
Hubl, Walter F. 294, 300, 389, 391
Hueber, Rudolf 314
Hübner, Christian 81, 110, 112
– Johann Martin 49, 56, 58, 80f., 110, 114
Hühnlein, Adam 119, 178
Hundt, Max 12, 30, 68, 102, 131, 140f., 155, 161, 166, 178, 200

Ihring, Hans-Christof 303, 308, 316f., 386, 388

Immo KG, Kulmbach 333
Inselkammer, Hans 326
IREKS GmbH 335, 349, 358, 360f., 366

Josef, Franz 388
Jung Brauerei, Suhl 243
Jungkuntz, Albrecht 35

Kaiser, Gerhard 145, 149
– Karl, Dresden 99
Kammerer, Hans 385
Kappler, Reisender 150
Kapuzinerbräu AG 114, 137, 151f., 154, 156–160, 178, 193, 197, 200, 334, 385f.
Karnitzschky, H. 231, 234
Kattein, Eribert 280f., 285, 384
Kaufhaus Bilka 283
– KDM (Kaufhaus der Mitte) 172
Kaune, Georg 101, 390
KErn → Kompetenzzentrum
Kern, Katharina verh. Schultheiß 112
– Kunigunde geb. Heublein 112
– Simon Heinrich, Kirchleus 110, 112, 277
Kester, Franz, München 91
Kienzle, Ulrich 345
Kißling, Conrad 235–238
– Elisabeth 238
– Firma 38, 173, 224, 229, 233, 235–241, 263
– Georg 87, 238
– Hans 237
Klaußner, Max Ludwig 384
Klein, Johann Paulus 35
Knauer, Gallus 319
Köhler 152
Koehler Andreas 177
– Stephan, Weidnitz 113
– Stephan, Kulmbach 176f.
– & Leipold oHG 113, 177

König, Walter 317
Königsbräu Wunsiedel 243
Körnich, Bernd 13
Köstring, Ernst-August 232
Köstritzer Brauerei 243
Kolb 172
Kommunbräu → Kulmbacher ...
Kompetenzzentrum für Ernährung (KErn) 366f.
Konrad, Gastwirt, Buttelstädt 243
KRAUSS, GEORG 43
Krauß, Christoph 42
– Peter 56, 110, 115
Kriegel, Adolf 166, 217, 224, 387, 389
Krippner, Weißgerbermeister 104
Krombacher 336
Kronenbourg / BSN 304
Krüdener, Heinz 391
Krupp, Friedrich GmbH, Essen → Südwerke
Küffner, Fritz 204, 389
Kügemann, Herbert 334
Küneth, Johann 56
Künzel, Wilhelm, Maschinenfabrik 297
Kulmbacher Bierkönigin 346
Kulmbacher Exportmälzerei GmbH 215
Kulmbacher Kommunbräu eG 309, 312–316, 320, 334, 375–377, 386
Kulmbacher Spinnerei AG 213, 230, 252, 282, 289, 334
Kulmbacher Volksbank 137

Lämmerhirdt, Georg 391
LAMPARTER, DIETMAR M. 336, 338
Lamson, Perry B., US-Major 255–258, 260
Landfried, Friedrich, Staatssekretär 247
Landmann, Georg 50, 53, 56
LANGE, THOMAS 314, 329f., 333, 336, 338f.
Langer, Gert 12, 293, 302f., 323f., 331f., 336, 338–343, 346, 387, 389, 391

– Robert 342, 387, 389
Lasse, Wilhelm 384
Lauterbach, Conrad 56, 118f.
– Georg 118f.
– Kunigunde 178
Lehmann, Alwin 204, 309
– Jörg 351, 353, 390
Leikam, Heinrich 35
Leipold, Johann, Obristfeld 113
LENKER, RICHARD 46
Leutheußer Brauerei, Weißenbrunn b. Kronach 256, 276
– Zoogeschäft 170
Levermann, August 78
Liebschwager, Michael 357
Liesenkötter, Bernhard 274
LIMMER, HERMANN 39
– Margarethe 57
Lobinger, Elisabeth 276, 387
– Familie 291, 311
– Georg 275f., 387
– Michael 276
– Otto 311
Lochner, Bertram 406
Löb, Alfred 328
Löffler, Herbert 318f.
Löwenbräu AG, München 206, 257, 351
Lubinus, A., Hooksiel (Friesland) 117
Ludwig, Andreas 119, 138, 152, 178
Ludwig Prinz von Bayern (später König Ludwig III.) 121
Luitpold Prinzregent von Bayern 122
Luther, Martin 21
Lutz, Michael 275

Machwitz, Georg Adam von 26f.
Mader, Heinrich 173
Männel AG, Wernersgrün 243

Personen- und Firmenregister

März (Gebrüder März AG), Rosenheim 296, 301, 304, 306, 310, 324f., 327f., 330–334
– Andreas 310, 329
– Josef 296, 300f., 304, 306, 310
– Willi 310
Magnus Bräu, Kasendorf 334
Mainpark, Seniorenheim 153, 162
Markgrafenbräu 162, 164, 166f., 176, 197, 208, 210–212, 216–218, 220f., 224–226, 228, 251f., 275, 300, 341, 387
Markgrafen-Getränke-Vertrieb GmbH 303
Markgrafen von Brandenburg-Kulmbach 19–21, 23–28
Marx, Andreas 385
Maschinenfabrik Enzinger-Union-Werke, Mannheim 268
Matthes, Alexander 375
Maurer, Johann Christoph 36
Max-Rubner-Institut 366
Meier, Joachim 12, 33, 35f., 41, 60f., 164, 173
Meile, Bernd 312, 314, 386
Meisterbräu, Halle a. d. Saale 309, 324, 326f., 329f., 333
Meisterkauf (Einkaufszentrum) 97, 218, 221
Menze, Friedrich 389
Menzner, Günter 14
Merkel, Fabrikant, Chemnitz 55
Meserth, Maria 53
– Michael 53
Meseth, Georg 57
– K. 38
Meußdoerffer
– Barbara verh. v. Schau 302
– Familie / Holding 32, 38, 66, 146, 291, 296, 298–302
– Franz 302, 388
– Franz Erich 263, 268, 286, 295, 298–300, 302, 348, 388

– Georg 56, 110
– Nicolaus 33, 42, 47, 49f., 55f., 110, 115, 162
– Stephan 302
– Wilhelm 302, 388
Meyer, Heinrich Wilhelm, Dresden 104
Michel, Michael Elias 49, 56, 58, 110, 116, 118f., 176
Miller Brewing 304
Miller, Josef, Staatsminister 347
Mösch, Johann 56, 118f.
Mösinger, Stephan, Abt von Langheim 22
Monglowsky, Georg 384
Moninger AG, Karlsruhe 244, 307
Montgelas, Maximilian Graf von, Minister 31
Moser, Karl 317
Müller 118, 205
– Adelhaid, geb. Petz 90f.
– Gustav 389
– Wilhelm 89–91, 203f., 389
Münch 53
- Veit 42, 49, 176
Muffel, Wolf von 25f.
Murrmann, Spedition 176
Museumspädagogisches Zentrum (MuPäZ) 350, 362f., 367

Naeve, Klaus H. 349
Naumann, Hans 390
Nawinta Getränke GmbH, Bad Windsheim 290, 297
Neumair 160
– Vinzenz 385
Neumeyer, Ludwig 391
Noe, US-Offizier 265
Nordhäuser Aktienbrauerei 243
Nützel, Adam 56
– Brauerei, Münchberg 318
– Christoph 36, 53

— Conrad 118f.
— Johann Friedrich 36, 53, 56

Oberselters Mineralbrunnen 290
Oetker
— Konzern 286, 291–293, 295f., 302, 304, 346, 348, 393
— Rudolf August 292
Olbrich, Erich 349f., 368, 370
— Thorsten 350, 368, 370
Opel 38, 224
— Carl Friedrich 36, 42, 57
— Maschinist 224
— Simon 56
Oppenheimer, Lazarus, Burgkunstadt 117
Orlamünde, Grafen von 17, 22f.

Päsler, Hans-Jürgen 312–314, 376
Palmbräu Zorn & Söhne, Eppingen 244
Paulaner AG, München 300–302, 336, 346, 348
Pauli, Helmuth 325–329, 385
PAULUS, HELMUT 249
Pensel, Georg 56, 118f.
— Gottfried 155
— Hans 114
— Johann Georg 115
— Louis 155f.
— & Popp 110, 114, 197f., 210
Pertsch Brauerei 74, 162–164, 182, 200, 350
— Christian 56, 58, 110, 115f., 119, 152, 161f., 164, 167
— Christoph 56
— Johann Caspar 45–47, 49, 109, 161f.
— Julius 162, 197
— K. 38
Petz 38
— Adelhaid, verh. Müller 90f.
— Carl 56, 58, 74, 88f., 91, 110, 114–116, 119, 164

— Hans 50, 56, 60, 110, 114, 116, 119, 164f.
— Heinrich 38, 49f., 88, 164
Petzbräu AG 64, 66, 68, 88–94, 107f., 114, 116, 119, 134, 138, 145f., 148f., 190f., 197, 199, 201, 203–205, 216, 218, 389
Petschke, Kohlenhandlung 170
Pfaff, Heinrich 56, 118f.
— Johann Paulus 45
Pfeifer Ritter von Hochwalden, Josef 103
Pfeiffer, Waldemar 314
Pflaum, Siegfried, Fürth 158
Pfleghardt → Getränke
Planck 38f.
— Andreas 37f., 42, 48–50, 56, 119, 152, 170
— Charlotte 113, 168
— Conrad 56, 110, 113, 115f., 119, 152, 168
— Hans (Johann Simon) 56, 58, 110, 113, 115f., 119, 152, 168, 170
— Peter 42
Pöhlmann, Adam 115
— Anna Margaretha geb. Arzberger, Goldkronach 84
— Chrissy 170
— Christian 115, 119
— Eva Margaretha → Reichel
— Färberei 162
— Friedrich 110, 168–170
— Georg jun. 110, 116, 152, 172f., 197, 201
— Johann Georg 36, 49, 56, 60, 110, 173
— J. S. 114
— Marie 119
— Otto Konrad, Goldkronach 84
— Wilhelm (Johann Georg Wilhelm) 49, 56, 58, 110, 115f., 118f., 172
Pöschl, Peter 349, 351, 390
Pohle, Heinrich 60, 110, 119
Polani, Thomas 349
Ponarth Brauerei, Königsberg i. Pr. 243

Personen- und Firmenregister

Popp, Fritz 277f.
- Karl 114
Praetorius, Carl 384
Prager, Ernst 387, 389
- Heinrich 391
Prausnitz, Nathan, Dresden 99
Prell, Bäckerei 179
Priehäuser 38f.
- Georg 56, 111
- Peter 111
Proles, Andreas 20
Protzner, Wolfgang 348
Purucker, Hans 315
- Mareike 315
Putschky, Johann 56
- Martin 36, 53, 56
- Wilhelm 36, 42, 53

Raabe, Franz 224, 389
Radeberger Exportbrauerei 243, 348
Rangau Brunnen GmbH, Bad Windsheim 297
Raps GmbH & Co. KG 366
Rausch, Hans 212
real, Einkaufszentrum 97, 218, 221
Reemtsma-Gruppe, Hamburg 303f., 306, 326
Regelsberger, Rechtsanwalt 225
Rehm, Catharina 275
- Gustav 275
- Hans 275
- Johann Michael 275
REICHE, JOBST CHRISTOPH ERNST VON 30
Reichel 32, 38, 166
- Cornelie, verh. Rizzi 97, 99, 138, 166, 220
- Elisabeth, geb. Feller 85, 88
- Elisabeth, verh. Müller 90
- Karl 83, 85, 87f.
- Margaretha (Eva Margaretha) 14, 49, 80–85, 90, 95, 97, 110f., 119f.

- Wolfgang 50, 56, 80f.
Reichsstelle für Getreide 221
Reinhardt, Friedrich, Leipzig 86f.
Reischach, Carl 285, 296f., 300, 304, 309–311, 324, 327–329, 333f., 384
Restitution Branch 268
Reuschel, Adam 178
Riebeckbrauerei Gera 243
- Leipzig 243
Riedel, Oskar 127
- R. 97
Riedinger, Maschinenfabrik, Augsburg 92
Riemer, Josef 388
- Robert 107, 146
Rizzi 220, 300
- Carl → KARL
- Cornelie geb. Reichel 97, 99, 138, 166, 220
- Heinrich 217, 224, 387
- Otto Ritter von 224
- Karl 80f., 83, 97–99, 110f., 114, 116, 120, 220, 390
Rizzibräu AG 64, 66, 97–104, 107f., 110, 116, 132, 138, 145–149, 166f., 177, 191, 197, 199, 204f., 208f., 216, 218–221, 224–226, 231, 233f., 243, 251f., 275, 390
Robert Leicht AG, Stuttgart 342
Rocksch, Bankhaus, Dresden 146
Roeckl, Fritz 384
Roeder, Karl, Landrat 261
Röstel, Siegfried 391
Roman zu Schernau, Rudolph Frhr. von, Regierungspräsident 186, 188
Rosenberg, Hermann, Berlin 86f.
Rosenkrantz, Karl, Bürgermeister 73
Roßberg, Horst 387, 389
- Walter 387, 389f.
Rothäusler, August 265f., 269

Ruckdeschel 37, 335, 361
- (Johann) Andreas 39, 53, 56, 60, 115, 118, 120
- Gertraud 53
- Hans Albert 335, 349, 363
- Johann 56
- Johann Peter 33, 56
- Katharina 118, 120
- Margit 363
- & Söhne 173
Rupprecht Prinz von Bayern 122
Rußler, Johann 56

Säuberlich, Hermann 206, 215, 384, 391
Sailerbräu, Marktoberdorf 296, 311
Samhammer, August 269, 384
Sandler 32, 37, 39, 53, 94, 162, 206, 215, 291
- Christian 113, 150, 193, 205, 215, 224, 257f., 287, 391
- (Johann) Christoph 42, 47, 49
- Creszenz 193, 205f.
- Frau (Otto) 193, 205f.
- (Johann) Georg 36, 55f., 58, 62, 95, 110, 114, 116f., 120, 152, 192
- Georg Bernhardt 110
- Guido 292–294, 391
- Hans 56, 110, 113, 115, 215, 391
- Horst 257, 391
- Johann Martin 110, 170
- (Johann) Lorenz sen. 33, 36–39, 41f., 44f., 48–50, 71, 95f., 120, 152, 170, 230, 287
- Lorenz jun. 95, 113, 120, 149f., 205f., 393
- Luise verh. Säuberlich 215
- Margaretha 95, 113, 119
- Otto 12, 15, 39, 41, 46, 58f., 70, 95, 113, 118, 131, 141f., 150, 179–181, 196, 205, 215, 370, 393
SAT 1, Fernsehsender 338
Sauer, Herbert 391

Sauermann
- AG, Fleischwarenfabrik 158, 194, 228, 230
- Bernhard 317f., 359f., 366
Schaecke, Wolfram 365
Schalkhäuser, Volker 406
Schaller, Walter 386
Schanz, Edmund, Dresden 73
Schau, von
- Barbara geb. Meußdoerffer 303
- Wolf-Dieter 300, 302f., 388f.
Schauer, Heinrich 318
Schauperth, Barbara 56
Scheiding 38, 83, 236
- Conrad 49f., 56, 60, 80, 110
- Fritz (Friedrich) 56, 80f., 83, 110
Scheidmantel, Coburg 341, 343
Scherdelbräu, Hof 243, 346, 355
Scherl, Marco 371f.
Schlossbräu Thurnau 350
Schloßbrauerei Chemnitz 243
Schlutius, Rückersdorf 300, 302, 335
Schmidt, Christiana 168, 170
- Fritz 137
- Gustav 86f., 389
- Hans 318, 371, 373
- Johann Christian 49, 176
- Ottmar 138, 152, 168, 170
Schneider, Betriebsratsvorsitzender EKU 331
- Carl 390
- Veit, Veitlahm 115
Schobert, Peter, Kottersreuth 26
Schönfelder, Emil 112
Schönsiegel, Ernst 388
Schörghuber, Alexandra 331, 349, 366
- Gruppe 325, 335, 360
- Josef 300, 303, 326, 349
- Stefan 331, 341, 346, 348f., 366
Schott, Adam 118, 120

– Marie 178
Schröder, Dresden 53
– Werner 300
– Wilhelm, Zwickau, später Dortmund 87, 224, 391
Schröter, Erhardt 35
Schubert, Friedrich Gotthold Georg, Dresden 104
Schuberth, Fritz, Bürgermeister 230
Schübel-Bräu, Schwarzenbach a. d. Saale 288
Schüler, Färberei 218
Schuhmann, Bernhard 317
SCHULTERS, JOHANNES 311
Schultheiß, Conrad 50, 53, 56,
– Karl 112, 115, 118, 120, 174
Schultheiss-Brauerei Berlin 243
– Dessau 244
– Weißenbrunn b. Kronach 291, 295 f., 311
Schulz, Albert 146, 159, 385, 388
Schwanenbräu 175
Schwarz, Georg Konrad, Fürth 158
SCHWARZE, K. U. 245–247
Schwarzott, Restauration 172
Schwartz-Storchen-Brauerei, Speyer 206
Schweizerhof-Bräu 275–277, 291, 296, 311 f., 387
Seehofer, Horst, Ministerpräsident 363
Seifert 38
Semmelroch, Heinrich 406
– Paul 56, 118, 120
Seniorenheim Mainpark 153, 162
Simon, Walter 320
Spitzenpfeil, Lorenz Reinhard 23
Söhnlein, Johann Nikolaus 35
– Michael 35
Söllner, Klaus-Peter, Landrat 366
Soiné, Stefan 361
Städtebau GmbH, Kulmbach 297
Städtische Sparkasse Kulmbach 213
STARKE, HOLGER 70
Staupitz, Johannes von c20

Steigerbrauerei AG, Erfurt 243
Stephan, Prälat → Mösinger
Sternquell, Plauen 308 f., 323 f., 332, 336, 355
Stodden, Markus 346, 349, 351, 353, 356, 363, 386, 388, 390
Stöhr, Friedrich 56
Stoiber, Edmund, Ministerpräsident 348
Strauß, Gustav, Hof 91
Streng, Rudolf 308, 331, 341, 346, 386, 388 f.
Ströber, Friedrich (Fritz) 56, 120
Stübinger, Frank 376
– FRITZ 210, 212
– Peter 376 f.
– Sonja 376 f.
– Susanne 376
Sturm, Anton, Brauerei, Coburg 346
Subo Export-Import GmbH, Köln 297
Südwerke GmbH 221, 251–253, 335

Taeffner, Friedrich 39
– Michael 13, 53, 55 f., 59 f., 70–76, 78, 110, 115, 119–123, 154, 164, 173, 350, 384
– Simon 118, 120
Thieben, Oskar 390
Thüringer Brauerbund e. V. 241 f.
TOURNON, BARON CAMILLE DE 31
Trautner, Hermann 371, 373
Trendel, Anton Wilhelm 128
– Eduard Wilhelm 128
– Fritz 128
– Gebrüder 127 f.
– J. J. 97
Trenzinger, Hans 224
Tucherbrauerei Nürnberg 247, 266, 303, 307, 310, 324, 326–328, 333, 348
Türk, Betriebsratsmitglied 224
– Heinrich 177
– HEINZ-WOLFGANG 177

– Katharina 177
– Konrad 177f., 197f.
Türpe, Alwin, Dresden 73

Uhlemann, Horst 12
Unger, Josef, Dresden 104, 107, 388
Unima Malzfabrik GmbH 252f., 284, 297, 326, 335
Union-Brauerei Groß-Gerau 243
– Zwickau 243

Veitl, Carl 66
VELF, Verwaltung für Ernährung … 269
Vereinigte Strumpffabriken Haas & Andreae 153f.
Vereinsbrauerei Apolda 242f.
– Greiz 333
Viandt, Christian 158f., 193, 385
Vogel, Bernhard, Ministerpräsident 345
Vollandt, Hardesleben 242
VW-Dippold 97, 218, 221

Wagner, Adam 57
Walter, Georg 384, 389f.
Weber 37–39
– Anton 103
– Georg Wilhelm 45, 48–50, 170
– Jochen 328–333, 385
– Martin 57, 110
Weerth, Johann, Leipzig 113
Wegener, Hans, Mainleus 158
Weigand-Karg, Sabine 16, 24
Weinreich, Carl 57, 115f., 118, 120
Weiser, Helmut 329
Weiß, Babette 112
– Christian 112
– Christiana 58
– Eduard 112, 119f., 174
– Georg 57, 114, 120
– Heinrich 112, 152, 174, 178, 197

– Jean 118, 120
– Jeanette 118
– Johann 35, 57
– Louis 33, 37, 40, 49f., 56, 110, 112, 115f., 120, 173f., 236
– Louis, Brauerei 152, 155, 167, 174–176, 178, 196, 200
– Michel, Kunstmaler 40, 174
– Valentin 112, 119f., 174
Weiße, Heinrich 89
Weith, Bäcker 37
Welsch, Christoph, Wernstein 115
Wendland, Klaus 314
Wenger, Ekkehard 326
Wenzel, römischer König 27
Werner, Andreas 57, 118, 120
Weyße, Brauhaus 29, 33, 35, 46, 48f., 152, 170
– Gebrüder 33, 46, 49, 170
– Heinrich 33
– Karl 33
Wich, Heinrich 120
Wiedenhöfer, Anton 268, 388
– Gerhard 300, 302, 388
Wiesheu, Otto, Staatsminister 319, 347
Wilhelm IV., Herzog von Bayern 27
Will, Friedrich, Bäcker, Neuensorg 361
Winkelmann, Carl, Bremen 186, 190
Wirt, Heinrich 384
Withauer 39
Witt, Katharina 339
Witzgall, Betriebsratsmitglied Sandler 225
Wöhner, Albert 212, 224
Wölfel, Thomas 127, 356
Wohnlich, Baron von, Hohenberg 236
Wolf, Karl 103
Würzburger Hofbräu 344, 347–349, 356f.
Würzburger, Karl, Bayreuth 99
Wunder, Hermann 60

Zanner, Heinrich 120
Zapf 37, 152, 177
– Johann Paul 50, 53, 55, 57, 60, 110, 115f., 118
– Heinrich 57
Zehmisch, Friedrich, Leipzig 155f.
Zejmon, Otto 351, 353, 390
Zentralverband
– deutscher Brauereiarbeiter zu Nürnberg 143, 184
– deutscher Brauer und Berufsgenossen Hannover 181
Zink, Johann Michael 35
Zisterzienser 15, 270
Zollern → Burggrafen von Nürnberg
Zon, Hans P. van 349, 351, 388, 390
Zorn und Söhne → Palmbräu
Zwerenz, Christiane 33

BRAUEREIEN IN KULMBACH UM 1900

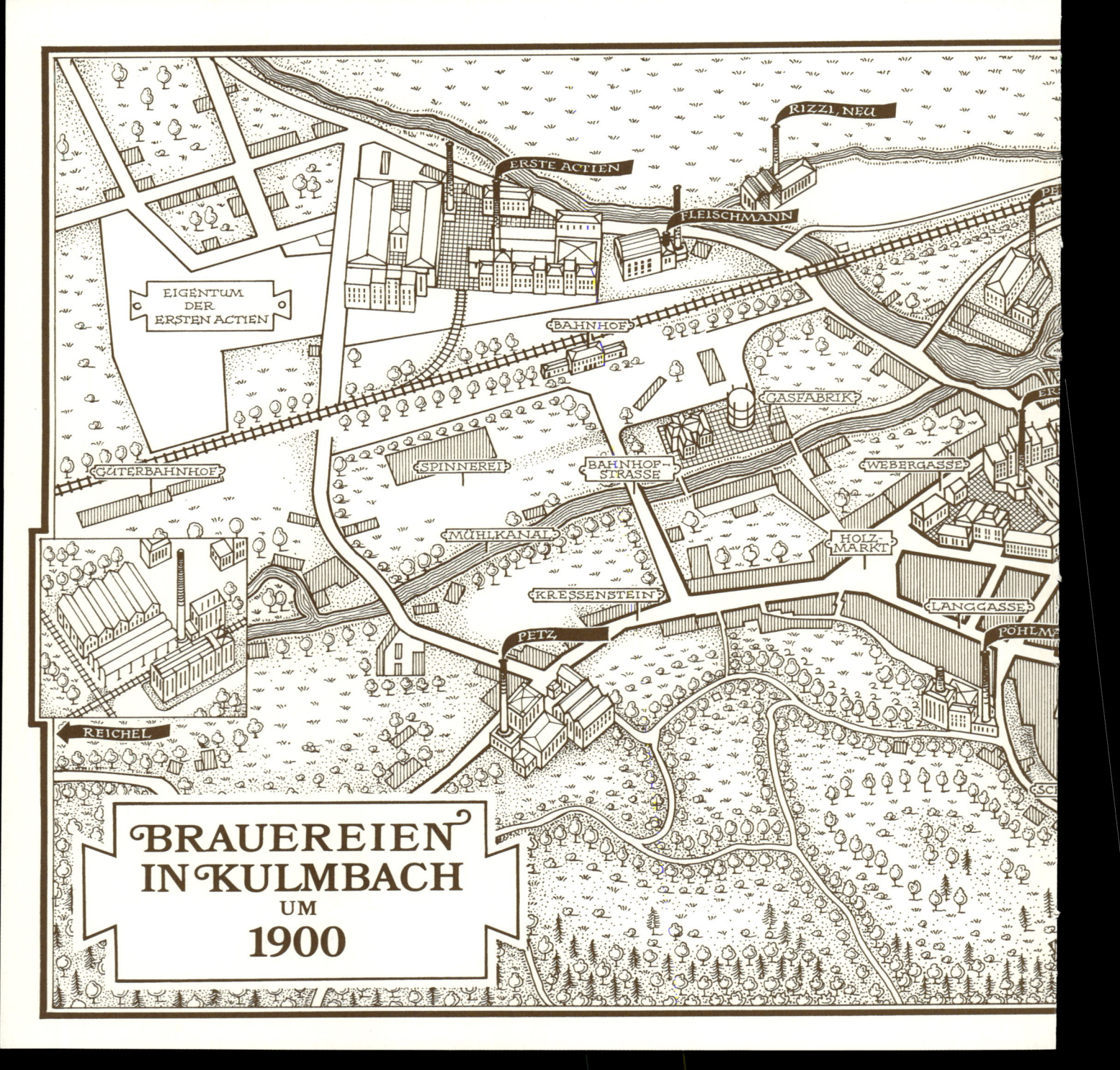